新时代〈职场〉新技能

公文写作底层逻辑

写得出，写得好，写得快

（上册）

房立洲——著

清华大学出版社

北京

内 容 简 介

写出一手好公文，日益成为职场人胜在当下、赢得未来的核心竞争力。本书独辟蹊径，通过作者亲自下场写示例，坚持渔鱼兼授、打通底层逻辑，详析"写得出"的易学技巧，细析"写得好"的易用方法，解析"写得快"的易记窍门，从总体上建构了一套兼具体系化、实战化的全新理论，探索了一套颇具独创性、实战性的独家诀窍。一册在手，为新手进阶、高手突破铺就一条平坦的道路，帮你推开顺畅、高效、轻松写作的梦想之门。

本书封面贴有清华大学出版社防伪标签，无标签者不得销售。

版权所有，侵权必究。举报：**010-62782989，beiqinquan@tup.tsinghua.edu.cn**。

图书在版编目（CIP）数据

公文写作底层逻辑：写得出，写得好，写得快 / 房立洲著.
北京：清华大学出版社，2025. 1. -- （新时代·职场新技能）.
ISBN 978-7-302-67805-2

Ⅰ．H152.3

中国国家版本馆 CIP 数据核字第 2024ZK8066 号

责任编辑：刘　洋
封面设计：徐　超
版式设计：张　姿
责任校对：宋玉莲
责任印制：丛怀宇

出版发行：清华大学出版社
　　　　　网　　　址：https://www.tup.com.cn，https://www.wqxuetang.com
　　　　　地　　　址：北京清华大学学研大厦 A 座　　　邮　　编：100084
　　　　　社 总 机：010-83470000　　　　　　　　　邮　　购：010-62786544
　　　　　投稿与读者服务：010-62776969，c-service@tup.tsinghua.edu.cn
　　　　　质 量 反 馈：010-62772015，zhiliang@tup.tsinghua.edu.cn
印 装 者：三河市东方印刷有限公司
经　　销：全国新华书店
开　　本：170mm×240mm　　　印　张：33.75　　　字　数：611 千字
版　　次：2025 年 1 月第 1 版　　　　　　　　印　次：2025 年 1 月第 1 次印刷
定　　价：158.00 元（全两册）

产品编号：100198-01

自 序

这十多年来，我一直没有停止过对公文写作的研究，甚至有点"走火入魔"。白天倘得一时闲，我就情不自禁地琢磨起公文；临睡前或半夜醒来，我也常会冷不丁想到白天百思未解的"疙瘩"。我的衣兜里、枕头边都存放有随时准备记录的纸片；我的手机记事本里，汇集着各阶段有关写作的灵感碎片。所有这些，都成了《公文写作底层逻辑：写得出，写得好，写得快》这本书的灵感之泉。

曾看过不少大咖关于公文写作的精辟之论，我自己也为此写了不少文章、出了几本专著，但细想来，总感觉有点意犹未尽、力有不逮。陆续有读者跟我说：书看了半人高，课也听了一大堆，为公文写作真是拼了，可一旦拿起笔来，"还是那片旧山河"，不知如之奈何？

读者所求，即我所思。我一直在想，当前的公文写作研究，可能过于局限在"器"的层面，而忽视了向"道"的层面挺进。《易经·系辞》说：形而上者谓之道，形而下者谓之器。这里的"道"是本原、本质，"器"是器物、现象。我以为，公文写作研究只有回归到以"道"为核心上来，才是"正道"，才能为读者提供一针见血、一通百通的指导和帮助。

鉴于此，写作中，我始终带着同一个问题去思考每一个章节：它的底层逻辑是什么？对这一终极答案的执念，倒逼着我对写作各环节进行了全面、深入、细致、反复的思考。其间，经历了一次次的灵光乍泄，一次次的自我否定，以及一次次的打磨定型。鲁迅先生说：写作让我看到了更广阔的天空。我不停地思、不住地写，在经过无数次"否定之否定"后，终于看到了一个全新的世界。虽不能说本书关于底层逻辑的阐述就是公文写作研究的"大结局"，但一定是截至目前我所能提供的"最优解"。正如一次登山之旅，只要能为后来者指明一条前行之路，奉献一束指津之光，我就愿意向着梦想的高度一直攀登下去，并且乐此不疲。

本书以揭示"底层逻辑"为旨归，以新入行笔杆子为原型，将公文写作进阶过程分为写得出、写得好、写得快三个阶段，重点阐述不同阶段的核心技法，并力求给出最全面、最好用、最易记的归纳。例如关于"开头"如何破题，书中提供了"28 式"，并编成了一首易记的诗；关于"总结"如何更出彩，本书提炼为"6 个像"；关于如何"写得快"，本书给出了 10 大即插即用的公式。而且，为了直观体现技法的场景感、真实感，笔者还现身说法，点对点地写例文，手把手演示如何按照"技法图谱"写出公文来，力求帮读者既能入脑，更易上手，彻底解决技法与实操"两张皮"的"老大难"问题，就此告别眼高手低、心累身虚的写作窘境，真正成为一名写得出、写得好、写得快的材料高手。

诗人查尔斯·布考斯基说："写作是一种持续的战斗，只要不停下来，就还能战斗。"昨天，为了公文写作我们并肩苦斗过；今天，为了公文写作我们共同奋斗着；明天，为了公文写作我们还将一直"战斗"下去。心若在，梦就在。我相信，只要我们始终怀有一颗敢于"战斗"、善于"战斗"、乐于"战斗"的心，有朝一日，我们就一定能够得偿所愿地拥抱心中梦想、迎来写作春天！

前　言

公文写作之难，归根结底，可从低到高分为三个方面：写不出，写不好，写不快。其中，写不出，是在接受了写作任务后，"脑中思忖久，枯坐无一字"，由此顿生"差难交"之困；写不好，是虽完稿交差却难让领导满意，"毙稿一次次，徒唤奈若何"，难免有"事难结"之痛；写不快，是文稿交了，领导也满意，但就是效率低下，"一写就加班，熬夜无绝期"，长年饱受"身难脱"之累。

由上可知，写不出、写不好、写不快正是让不少文秘人员身心俱疲的三大"公敌"，不仅削减了干好事业的"成功系数"，影响着写出名堂的"成才概率"，也损毁着广大文秘人员的"热情指数"。究其根源，写不出多因文种不熟悉、思路打不开、技能欠积淀等；写不好多为功力不够、能力不足、火力不到，如不善提炼、修辞生疏、经验有限等；写不快多缘于思想不到位、套路不够多、办法不管用等。换言之，若有朝一日我们解决了写不出、写不好、写不快的问题，公文写作之难将如寒冰遇春阳，一切都会迎刃而解。至此，公文写作就不再是一件令我们"急昏头、熬白头、无尽头"的苦差、难事，而是一项"促满意、生快意、遂心意"的美差、乐事，我们的秘书生涯将就此踏上一条坦途、沐浴一身朝晖。

基于此，本书以如何能写得出、写得好、写得快为切入点，在指导写作中，既避免空洞的说教和老套的理论，也摒弃盲目性的熬夜和摸黑式的写作，而是将理论和实践有机结合起来。一方面，在理论梳理上，笔者不蹈前人不袭今人，而是结合亲身实践和多年思考，自立门户、自创体系，以期从浅显案例中提炼出鲜活、易学的技法经验，力求立马可用、浅显易用、普遍实用，重点突出理论指导的针对性和简易性，如提炼的"N个一起"，顺口易记，一看便知，一学就会，一用就灵，其秘籍就在于：但凡讲技法，都力求从根本上找到解决问题的底层逻辑；另一方面，在实操演练上，笔者避免"行业众多、内容不一"的不利因素，而是以众所皆知的事例为主题，坚持多数篇章亲自下场，现身说法，手把手直观演示"技法引导写作"

的成文过程，深入浅出，举一反三，便于读者看得明白，学得容易，用得到位。可以说，管用的技法讲授和浅显的实操演示，有望为一众新手、熟手、高手的公文写作提供一条务实的捷径、拓展一片广阔的天地。

希望本书的"底层逻辑"，能真正成为助力读者诸君解开写作心锁、书写职业华章的"必胜逻辑"。

目 录

第一篇　写得出
如画童绘树，磨墨涂鸦，描枝画叶

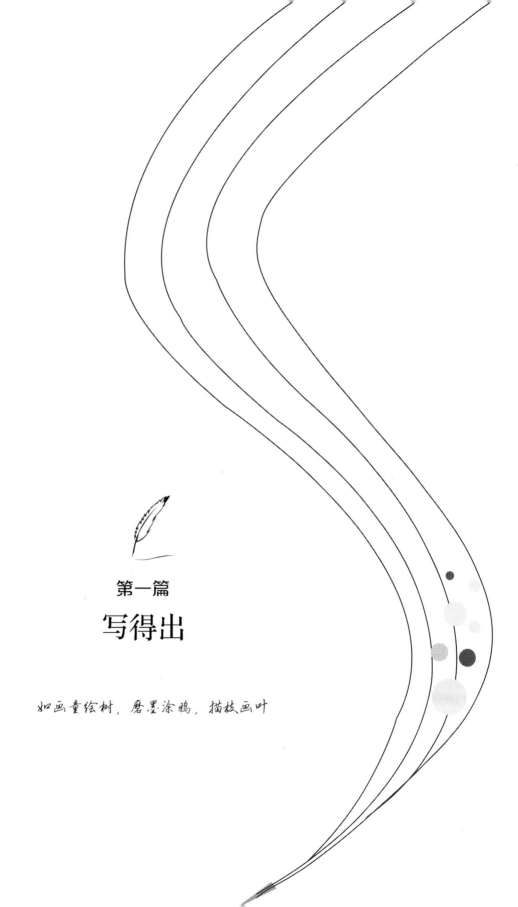

第一篇

写得出

如画童绘树，磨墨涂鸦，描枝画叶

成为一名公文写作高手一般要经历三个阶段：写得出，写得好，写得快。

作为撰稿人，接到一次写作任务，如能运用指定文种，按领导授意一五一十地表达出来，就是"写得出"。

然而，写得出还只是初步完成任务。而要出色完成任务，让写出的公文最终能切合领导意图、吻合工作实际、符合文种规范，还需撰稿人开动脑筋，努力在立意上出新，在构思上出众，在表达上出彩，最大限度地降低返工率，力求一稿过关，这是"写得好"。

客观上说，公文写作是一项苦差。对撰稿人而言，光写得出、写得好还远远不够，如因经常熬夜、持续加班才打磨出好材料，长此以往必然不可持续、难以为继。因此，在写得出、写得好的基础上，文秘人员还要进一步追求"写得快"。有时，写作速度甚至比质量更重要。写得快，一方面，撰稿人"熬尽长夜少白头"的风险骤降；另一方面，领导"甚合我意今最佳"的好感剧增，可谓皆大欢喜！

正如造房子须依图而制、按模而作一样，公文写作也需遵循相应的写作规范。按特定文种的规范模式，依葫芦画瓢地把公文写出来，这是习作，是"技术活"；而如果写作能在合乎规范的基础上随性发挥、自出机杼，文有定法而无定法，进得去又出得来，"戴着镣铐跳舞"，这就是升华到了创作的境界，是"艺术活"。刚一开始，由于撰稿人还处在学习阶段，虽偶有佳作，但多是冥思苦想、焚膏继晷的产物，因此从熟练度上说，还是"生手"；随着写作实践的不断深入，撰稿人对写作规范和技法日益得心应手，每次写作不仅有靓度，还能有速度，直达唾手可得、立等可取的境界，此时的撰稿人，实际已是一个应付裕如、熟能生巧的"高手"。

可见，公文写作进阶之旅，正是撰稿人实现从技术到艺术、从习作到创作、从新手到高手的转型、提升过程。

第一章 写不出，就是写不出
——令人头痛的 10 大"提笔困境"

在起草一篇公文时，我们难免会遇到许多问题，而其中最突出的问题就是：千思万虑写不出。

不光是初入行的文秘，即使是"文海墨涛浸淫久"的老笔杆、大笔杆，也难保"著文千篇从不卡"。

半天无一字，愁云蹙眉峰。写不出，犹如在茫茫暗夜中踽踽独行，又好似面对千山阻隔而无所适从，于撰稿人而言，可谓一次搜肠刮肚而又捉襟见肘的痛苦经历。写不出，就像一道闸，阻隔着宣泄汹涌的思维之潮；又似一把锁，锁住了通往写作春天和人生梦想的山门。因此，推开这道闸，打开这把锁，就成了撰稿人的首要任务和执着追求。

写不出，细析之有多种原因，主观的、客观的，领导的、个人的，构思的、素材的、语言的，等等。只有先深究写不出的原因，搬走写不出的路障，才能铺平写得好的坦途，抵达写得快的佳境。

第一节　无调之困：琢磨不透悟不出

凡曲皆有调。调，以特定音高的主音为核心，按一定音程关系把若干乐音组织成一个有机整体。不同调式可赋予音乐不同的风格和表现力。

公文也因所要表达的思想、意图、内容以及所处角度的不同，而形成不同的"调"。未动笔，先定调。有了调，撰稿人才能确知往哪个方向写，写什么内容，而不至于在不明就里中迷失方向。

公文写作，最应当考虑的是领导的调。动笔之初，相关领导一般会就写什么、怎么写先给出一个调，以确保写出符合自己意图和风格的公文来。最喜领导先定调，因为能极大缩短文秘人员构思摸索的时间，提高命中靶心的精度。令人头痛的是，有些领导要么不给调，要么常"变调"，或者直到文秘人员交稿时才想着试调，甚至"逼"着"转调"，令人颇费思量，吃不准，悟不透。为了尽量避免此种情况，文秘人员要通过各种途径先问调，或借助过往文件、领导讲话等去揣摩领导可能中意的调式。遇有问不到、问不出、问不明的情况，文秘人员一定要反复琢磨，例如通过列提纲让领导审阅的方式来把脉领导的调式，直至与领导合拍。不把领导这个"人"研究透，就写不出领导所要的内容，可能的结局是走调、跑调，让自己先前所有的辛苦付诸东流。

写作不问调，累死也不妙。琢磨后定调，这是提笔写作迈出的第一步。

第二节　无绪之困：思路不清想不出

笔墨未动，构思先行。构思难定，落笔定然无绪。写作定调之后，构思是决定写作成败的关键一步，也决定了文章的先天气质。一着不强，满盘皆输。因此，要如琢玉一般精心构思，力求出新、出奇、出众。开篇构思若清晰、顺畅、满意，后续就会文思泉涌，越写越顺。

提笔构思，会涉及人、事、文的各方面因素，常令文秘人员陷入"老虎吃天，难以下口"的窘境。例如：全文主题怎么定，哪些思想观点需要兼顾？有那么多内容，从哪里切入？用哪一种结构才能更出彩？标题如何更抓人？什么样的语言更吸睛？诸如此类，常让文秘人员下不了笔，有时即使下了笔，很快也会因不满意而推翻重写，一而再，再而三，就此陷入卡壳境地。思路打不通、不出彩，就写不出自己所要的。

提笔无绪，大致有三种情况：一是想不出，脑子一片空白，完全没有思路，多见于公文初习者或新接手工作的人员；二是想不清，内容繁杂，头绪太多，不知哪一个更合适，剪不断理还乱；三是想不好，思路虽有，但总感觉太平常，结构也不新巧，一时想不到出彩点，始终不能让自己满意。

解决上述问题，主要有两个途径：一是多总结，多学习别人的出彩构思法，以他人之长补自己之短，通过坚持不懈的积累丰富写作构思法；二是多阅读，不断拓宽自己的知识面，借其他学科知识来拓展写作思维、丰富表达手段，如文学的描写、烘托、修辞，数学的符号、音乐的调式、绘画的色彩等，近年来在公文写作上多有运用。实践证明，跨界是公文写作构思创新的一个重要手段。

第三节　无识之困：真谛不明挖不出

写作是一种主观色彩浓郁的创造性活动，文秘人员须对写作对象有独到的见解、体验、认识，善于辨表知里、透过现象看本质，方能写出"不一样"，展示"独一份"。否则，提不出想法，拿不出办法，写作终因人云亦云而了无新意。

因此，文秘人员要强化对事物的研究，多思考、多感悟，独具慧眼，别具匠心，颇具灼见。例如某政府机构要总结服务外包这一内容，一般有三种路径：一是平铺直叙，二是总结提炼，三是抽象升华。第一种就事论事，如"引入了第三方参与××工作"；第二种要比第一种更概括，如"实现了××工作的市场化运作"；第三种借用相关理论加以精致"包装"，使文章更加经验化，也越发接近事物的本质，如"坚持政府'掌舵'，让社会'划桨'，推进了协同'善治'"。

显而易见，上述第三种运用善治理论来概括日常工作，就显现出了不一样的高度和深度，全因文秘人员高出一般人的识见，同样的内容，站位不同，写作的品位也大相径庭。如果我们多从思想高度、政治高度、理论高度、历史高度、战略高度、全局高度来思考、挖掘，格调自然不同。

生活中不是缺少美，而是缺少发现。发现不了真正有价值的东西，就写不出高出侪辈的"臻品"。公文写作从"无识"到"有识"，离不开敏锐的洞察和独特的思考。

第四节　无米之困：存货不多倒不出

常言道：巧妇难为无米之炊。这里的"米"，就是写作素材，决定了一篇文章写什么。公文写作中，仓廪满，离不开四处赶——平时要多走动、多搜集、多积累。

公文写作中，无米之炊、勉为其难的情况并不鲜见。有的因新来乍到，两眼一抹黑，仓中无米；有的因工作变化，先前未囤货，后续常断货，自然临阵磨枪，纰漏多出；有的坐享其成，不喜研究交流，"米"到用时方恨少，自家不产米，别家不供米；有的是炊技不好，借米用不好，新米不好用，陈米色暗好用不？最终影响的都是"饭"的质量。

综上，纾解无米之困的良方有二：一是大量囤米，包括理论的、政策的、工作的、掌故的，等等，一应可以用到的素材，多多益善，都应勤囤之；二是提高炊技，包括米的加工、淘洗、提炼、蒸煮技术等，都应学习提高，力争让手头的每一份素材在历经去粗取精、去伪存真的加工后，都能入锅精制，散发香味。

第五节　无言之困：积累不厚吐不出

写作从总体上说有三大门类：文学写作、论文写作、公文写作。门类不同，表达风格也有所差异。只有遵循特定的语言规范，我们才不会把文学写成论文，把论文写成公文，也不会把公文写成文学或论文。

不谙熟公文的语言风格，把公文写成了"四不像"，这是最致命的。

公文姓"公"，涉及的是"公共"，反映的是"公务"，体现的是"公权"，最终要能为"公众"所接受。所有这一切，决定了公文的语言要淡化私人性，显示出庄重、典雅、规范、得体、简明、严谨等特性。公文写作，应把语言规范性放在突出位置，力求用公文话讲公务事。

在长期实践中，公文写作形成了一些特定的专业词汇，必须熟练运用。例如开端用语有据、兹、鉴于、随着等，期请用语有敬请、提请、报请、拟请、切盼等，称谓用语有本（厅）、我（厅）、该（厅）、你（厅）等，批转用语有阅批、批转、颁发、公布等，表态用语有应、遵照执行、原则同意、似应、酌情处理等。这些语言的规范使用，能让写作更具公文味。语言不规范，就写不出公文特有的味道。

公文语言的表达能力不是一天形成的，有待我们长期积累、学习、实践。

第六节　无技之困：实操不够拿不出

公文写作首先是一门技术活。写就一篇公文要用到很多技术，包括立意提炼技术、结构安排技术、材料取舍技术、标题拟写技术、开头结尾技术、句群堆叠技术、语言表达技术等，而最根本的还是语言表达技术。再深邃的思想，再丰富的内容，最终都要通过语言来表现。语言技术不丰富或运用不熟练，就写不出自己想写的。

常言道：实践出真知。提高语言技术离不开丰富的实践，写作实践是文秘人员不断精进写作技艺的大学校。比如：如何拟写出具有强烈视觉冲击力的好标题，是令很多文秘人员头疼的问题。作为初学者，也许你只会套用固定格式的公文式标题如"关于优化营商环境工作的汇报"（事项＋文种）。随着实操的增多，你终于明白不只有公文式标题，还有文章式标题；既可以单标题，也可以正副标题，如：优化营商环境　促进产业发展——××局关于优化营商环境工作的汇报。

此外，公文标题从内容上看，既可以是主旨式，也可以是概述式、事项式。从手法上看，既可以运用文学手段，如描写、烘托等，也可以运用修辞，如对偶、比喻等，还可以运用数学、语言学、经济学的概念来拟写标题。心中有

"技"，文秘人员拟写标题的水平必将大大提高。

第七节 无心之困：准备不周供不出

常言道：不打无准备之仗。写好公文要做好充足的准备，包括思想准备、文种准备、素材准备、专门准备、应急准备等。准备不周，写作时必然像赶鸭子上架一样闹腾，临时抱佛脚一样折腾，盲人骑瞎马一样倒腾。

例如上面领导要来调研去年扶贫结对项目落实情况，为了写好汇报材料，首先要熟悉汇报材料的一般性写法，这是文种准备；其次要吃透调研领导的意图，这是思想准备；再次要带着领导意图搜集相关资料，这是素材准备。还有，要针对领导关注的对象，包括企业、个人、项目建设等，了解其扶贫结对一年来的变化发展情况，并从中选取典型案例，这是重点准备。最后，对下一步扶贫结对工作还要提出一些前瞻性思路、想法，这是对策准备。不做好这些准备，就写不出领导想听的。如果领导来得急，那更要事先做好周密的准备和安排。

第八节 无力之困：情况不熟整不出

公文应具备"三力"：表现力，说服力，执行力。其中，表现力来自于语言表达，说服力来自于高屋建瓴的专业视野，执行力来自于对具体工作的准确把握和精确思考。文秘人员要紧盯这"三力"，强化知识充电，补齐能力短板，扫除眼界盲区。

写好公文必须做到"三个熟悉"：一是熟悉主业，这个主业就是公文写作知识（如实用文种的写法），同时还要拓展自己的写作知识和语言技法积累，让表达更加驾轻就熟，信手拈来；二是熟悉专业，如经济部门要熟悉经济学有关知识，管理部门要熟悉管理学知识，等等；三是熟悉行业，对本系统、本部门的业务情况、发展动态、技术前沿、队伍建设等，要有全面了解和深入研究，了然于胸方能得心应手。情况不熟，自然写不出令人满意的公文。

此外，还要学会换位思考，习惯于用领导的视角来看问题、想办法。领导不同，写作角度也不一样，所谓"关门当市长"，正是此理。否则，以自己的角度写作，自然写不出领导那种气场，未免小家子气，也写不像。

综上所述，文秘人员要立志在公文写作上做专家，这是研究"文"；在业务上做行家，这是研究"事"；在站位上做大家（领导），这是研究"人"。如此，我们才能写出合乎规范、贴近实际、体现水准的公文来。

第九节　无路之困：设计不巧跳不出

公文虽不是造房置业，但也得有造房置业的新颖设计。写作有妙招，不走寻常路。令人苦恼的是：老路何其多，新路不常有。每每想出新，怎奈意迟迟。

公文写作虽有体裁的一定之规，但同样的题材到不同的人手里，写出的公文在风格、内容、表达上却春兰秋菊各极其妍，何也？个中缘由就在于不同文秘人员的主观创造性。不仅是领导讲话、工作总结等事务性公文提倡创新，即便是通知、意见等法定公文也可以写出独特性来。如果写总结必是基本情况、主要做法、存在问题、下步打算这个"套"，写通知必是时间、地点、事项、要求这个"框"，读来岂不味同嚼蜡，令人生厌？公文写作不求新，就无法超越已有的水平。

创新是公文写作的起搏器，也是公文发展的生命线。有时，写不出不是因为不会写，而多是因为思路不新不想写。创新，最出彩的是构思创新，最显著的是内容创新，最常见的是语言创新。

为了写作创新，须把功夫下在平时，多积累亮眼词库、框架汇编、知识宝典等，学会拿来主义，并坚持不懈地学习套用、活用、化用，最终形成自己特有的专用词汇库和思路集。

第十节　无解之困：迷雾不开走不出

写作千难万难，最难的是心里畏难。畏难，是写作追逐梦想和追求进步的天然屏障。开国元勋叶剑英元帅有诗云：攻城不怕坚，攻书莫畏难。科学有险阻，苦战能过关。对于写作路上的一个个拦路虎，只有不怕难、觅良策、求突破，才能战而胜之。心里一畏难，就先自己堵上了向上的大门；以此心态写作，文秘人员就会是苦不堪言、如坐针毡的状态。写得出，于他永远只是一个难开的扣、无解的结。

兴趣是最好的老师。我们只有始终保持对公文写作的热情，直面写不出的种种问题，善于寻找良方去解决问题，写不出就一定只是一个暂时的问题。笔者多年前曾有一个秘友，领导每次让他写作，简直像要了他的命，他不是愁眉不展，就是整夜失眠，写出的文章令人不忍直视。后来，该同志想方设法调离了文字岗位，彻底离开了他心中这片可怕的"苦海"。子曰：知之者不如好之者，好之者不如乐之者。不管是谁，若因惧怕而排斥，恐怕永远都写不出名堂。

只要喜欢，写作的春天就一直都在。

第二章 直达底层逻辑
——关于公文写作的哲学

我们认识世界，待人接物，办好事情，都离不开哲学的指导。哲学不是凭空产生的，而是人们在认识世界和改造世界的实践中凝成的智慧结晶。概言之，哲学来源于以往实践，包含了人们对外部世界的看法和改造世界的方法；随着实践的不断深入，这些看法、方法越来越经验化，越来越接近事物的本质，最终形成理论化、系统化的世界观和方法论。这些智慧的结晶就是哲学。而越来越丰富、越来越先进的哲学体系，反过来又成为指导未来实践的思维利器。

由上可见，哲学作为思想体系，来源于对外部世界的认识，说明了物质第一性，意识第二性，这是本体论，此其一。其二，借助实践活动，人们的主观意识是可以认识客观世界的，这种物质和意识的同一性就是认识论。其三，人们通过实践与外部世界紧密联系，对发展中的世界的认识也在不断发展、深化，变得越来越系统，这种认识世界的全面、联系、发展的观点，就是哲学的辩证法。此外，人们在改造世界的实践中形成了一些根本性方法，如归纳和演绎、分析和综合、具体和抽象、历史和逻辑的方法等，这就是哲学的方法论。

公职人员在长期公务实践中形成的具有独特理论体系的"公文哲学"，蕴含着文秘人员对于公务活动的看法，闪烁着公职人员改造外部世界的智慧火花，包含着人、事、物、理、情、意六要素，共同构成了公文的两大内容：前三为事实性内容，后三为事理性内容。

上面六要素中，首先，实践的主体是"人"，"人"实践的是"事"，做事的宗旨、目的是"情""意"，公文写作以人、事、情、意为出发点，这是主体论；同时，外部世界是"人"认识和改造的"物"，这是一切公文材料的本源，好似公文写作的"本体论"。其次，对于公务的看法，处理公务的方法，都根植于人的思维，人通过处理公务，看法越来越透彻，认识越来越深化，越来越谙熟公务活动的内在方法、机"理"（逻辑），这是公文写作的"认识论"。最后，公务活动是复杂的、运动的，是人、事、情、意、物、理各种要素的统一体，且在不断发展变化。

此外，公文写作要运用很多技巧、方法，要觅得写作真经（即底层逻辑），必须掌握一些根本方法、技巧，这是"法（方法）"的问题。作为文秘人员，从本质上说，多为替"人"（领导或单位，即真正作者）代言（代拟），应看到公务活动中各种要素及其相互关系，坚持用全面、联系、发展的观点"代为"分析公务、提出看法、指明方法，这是公文写作的辩证法。最后，哲学的一般方法论，如归纳和演绎、分析和综合等，对公文写作也有着极为重要的指导意义，可以说是指导写作的基本方法。

可以说，一切公文写作都包含着独特的本体论、认识论、方法论和辩证法，四者的叠加就是公文写作的哲学，其说明了公文写作大多源于人、事、物、理、情、意这六要素，再加上用以表达上述要素的"法"，就是七个字，用一个简单公式来表示，就是："文＝人＋事＋物＋理＋情＋意＋法"。换言之，要写好"文"，先得弄懂"人"、理清"事"、贯穿"情"、表达"意"、说明"物"、阐析"理"、用好"法"，借此展现公务活动的规律性。从公文写作的本源看，这正是公文写作的底层逻辑。

从时下各级各类机关企事业单位发布的公文看，写作源于人、事、情、意、物、理这六个字的情况比比皆是。源于"人"的，如《关于进一步加强老年体育工作的通知》；源于"事"的，如《关于加强和改进消防工作的实施意见》；源于"情"的，如《关于对××同志见义勇为行为通报表彰的决定》；源于"意"的，如《关于推进高质量就业工作的意见》；源于"物"的，如《关于加快商业特色街建设和可持续发展的实施意见》。

公文写作大多情况下不只缘于上述某一个字，如《关于深化全域"无废城市"建设工作的实施方案》，即是源于"意""理"，《××市关于全面推开"证照分离"改革的工作方案》，则源于"事""理"。

第一节　写公文，是职场核心竞争力

——用笔点亮梦想的 7 大方针

记得当年选读哲学专业时，受一些同学影响，有段时间我对学哲学比较轻视，总是问自己：哲学能当饭吃吗？当备尝生活多艰之后，我才幡然醒悟：人生一世，职场打拼，思维才是决定成败的真正胜负手。学哲学、用哲学，焉能一日缺之？哲学，实在是生活、工作和人际交往中实用的思维工具。套用一句流行语：哲学不是万能的，但没有哲学思维却是万万不能的。

后来，转入秘行，同样的错误我竟又犯了一回。那时，我终日以笔为犁，焚膏继晷，孑身苦熬。每当腰酸背痛之际，想起那些满面春光、呼五喝六的同事来，总不免枉自嗟叹，暗自神伤，每每对影自怜，自感苦海无边，孤帆远影，不知梦归何处。久之，心中对公文竟升腾起一种强烈的反感和排斥。只要与人提起公文，我竟气不打一处来，嘴边总是"八股文""卑之无甚高论"之类，言语之间尽是愤懑和不屑。

生活以痛吻我，我当报之以歌。后来，我的思想渐渐发生转变，皆源于公文对我的巨大帮助。写公文，不仅改变了我的人生轨迹，也给了我一次次人生出彩的机会。公文写多了，写好了，写快了之后，我不再感觉写作苦不堪言，反而从中收获了满满的成就感。同时，拜公文所赐，无论是干工作还是即席讲话，我都能眉头一皱，"语"上心来，常常让领导和同事感觉出一点与众不同。渐渐地，写公文带给我的加分项竟越来越多。从写公文中获得的巨大红利让我切身体会到：公文其实是和哲学一样实用的人生工具。写公文其实写的是逻辑，潜移默化地，它不仅锤炼了我的思维能力，也提高了我的交往能力和工作水平。有人说，职场出彩离不开四大能力——会想、会写、会说、会干，我认为，会想就会写，会写就会说，会说就会干，而写公文则是这"四个会"中核心的核心。

正是缘于自己的人生际遇，我对写公文的认识发生了180度大转变。写公文于我，不再是一种负担，而是满满的正能量。在很多场合，我都极力提倡：不光是专门写材料的人，即使不写材料，也要认真研究公文，努力写好公文。写公文，不能"无意"插柳，而要"有意"为之；不仅要锻炼"思路"，更要磨练"思维"；不仅视为"技术"，也要看作"艺术"；不仅要努力"会写"，还要尽力"会赢"；不仅要当作"作业"，更应当成"事业"；不仅是分内"工作"，更是人生"工具"；不仅收获"成长"，还要走向"成功"。这是笔者从多年写公文中收获的7大理念。其间，从先到后，体现了从为文到立身、从思想到实践、从奋斗到成功的进阶过程。

写作意识：从无意到有意。干事无意，则事难成；为文无意，则文没魂。这里的"意"，是公文所要表达的意图、目的、宗旨等思想性因素，是一篇之统帅。动笔之初，首先要考虑好表达何意，其次要思考该选用什么材料表现"意"。如此，文章才能形神兼备，直遂其意。否则，劳而无功，于事无补，领导差评率、写作返工率和心魔复发率注定要一路飙升，盘桓难去。

写作习惯：从思路到思维。就写公文而言，思路是短期行为，思维才是长线投资；思路是个别特色，思维是普遍原理。初始阶段，我们每写一篇公文，自当先想好思路，未待纸上成"竹"，先得胸中有"竹"。思路清方能结构顺、文理通。但我们不能只满足于思路层面，换句话说，如果每写一篇都要搜肠刮肚想思路，那样既无迹可寻，也要累坏卿家。能否找到一种从思路到套路、放之四海而皆准的根本途径，从此让写作思路变得有章可循、举重若轻呢？如果说有，唯有思维。为此，我们要加强对写作思路的研究，善于举一反三，通过反复实践、感悟，不断总结和积累出一些具有较强普适性的"万能"套路来。这正是更高层面的写作思维。例如"提出问题—分析问题—解决问题""是什么—为什么—怎么办—怎么样"的结构思维，在公文谋篇布局上就十分实用、管用、好用。

写作方法：从技术到艺术。毫无疑问，公文首先是技术活，无论是通知、决定、请示等法定公文，还是工作总结、调研报告、领导讲话等事务公文，都有一定格式规范，具体写作时只需依葫芦画瓢就是。但如果我们把公文只当成技术，不论何时何人写作，都万古如斯，千文一面，就会味同嚼蜡，毫无创造性和可读性可言。果真如此，写公文也无需人的创造性劳动了，只需格式化后交由机器去完成。显然，艺术才是公文的"珠穆朗玛峰"。事实上，领导讲话稿等，正是文秘人员驰骋文思、展示才华的"逐鹿场"。近年来，不时有各种领导讲话爆红网络，公文虽有特定使命，但同样可以写出艺术文章的韵味来。这正是公文的魅力所在。

写作态度：从作业到事业。从特定使命来看，写公文首先是领导交待的一项特殊工作，这是作业。但文秘人员如果始终把公文当作业，估计写到老也终将成就寥寥，说得白一点，最多获得一句"材料写得不错"的评价，仅此而已。虽说把公文当成文章的人不多，我们也不必纠结于此。换言之，干什么不是干？三百六十行，行行出状元。既然此生入此门，为什么我们不把公文当文章、把作业当事业呢？实践证明，靠着写公文是完全可以干出一番事业的。我们且不说现当代公文界名震遐迩写出名堂的大笔杆，单说古代政坛那些一等一的文章耆宿，如诸葛亮、韩愈、王安石、苏轼等，哪个不是红极一时、名倾朝野？哪个不曾写出名垂千古的公文佳作？

写作转型：从会写到会赢。写公文是十分重要的人生历练，价值巨大。对于有志向的文秘人员而言，当务之急，首先要把公文写好，让领导满意，努力获得广泛认可，这是安身立命的本钱。其次，当公文写好了之后，我们要积极运用这个工具，努力把写公文获得的逻辑思维应用于处理事务、口头表达、人际交往中。笔者以为，这将有助于我们站在先人一步、胜人一筹的起跑线上，人生出彩的机会将大大增加。

　　写作功用：从工作到工具。如前所述，公文是一种实用工具。工具是否先进、管用，决定了我们写公文这份工作的出色程度。因此，只要身在公文场，我们就要努力把每一篇写到最好，同时要多感悟、多总结、多积累、多实践，把公文这个工具锻造得越来越强大、越来越先进。如果说哲学是人生工具最基础的1.0版，那么公文就是实操层面的2.0版。有了这两个工具的加成，人生将势不可挡、风帆正劲、一往无前。

　　写作梦想：从成长到成功。每个文秘人员都有一个梦。这个梦，因人而异，个个不同。但不管是什么梦想，其实现并非都一帆风顺。作为一名文秘人员，通向成功最重要、最便捷的路途就是写公文。一次次的写作之旅，就是直达成功的一块块奠基石。在这条路上，我们要努力在一身汗水、双脚泥水、满腹墨水中收获养分、强筋健骨、不断成长，以数年如一日的努力，叩开我们梦绕魂牵的成功之门。

　　写公文，实在是职场核心竞争力。不管你信不信，反正我信了。

第二节　谁 写 像 谁

——主体论（1）：公文中的"人"（领导）

　　德国哲学家莱布尼茨说：世上没有两片完全相同的树叶。换言之，世上也没有两个完全相同的人。茫茫人海，芸芸众生，各有其性，千差万别，这才构成了丰富多彩的人类世界。即使是同一个人，若置身不同时空、情境，其性情、人格有时也会发生或大或小的变化。

　　与人共事，为人服务，只有深入体悟不同"人"的性情、喜好及其变化，我们才能深入了解人、不断走近人，从而更好服务人。

　　平时，我们撰写公文，多为代人拟稿，所代的"人"是相关领导（或单位）。这里的领导（或单位），既是公文的作者，也是文秘人员的服务对象。每次服务的作者对象不同，写作的要求必定不同，文章也由此体现出不同风格。这种风格，须与作者的身份、性情相一致；反过来说，作者的身份、性情体现在公文中，必然显现出独特的写作风格，这个风格就是"文稿人格"。正如我们看到辛辣深刻的小品文，第一感觉是鲁迅写的，不会认为是周作人写的，因为只有鲁迅才会写出那样的文章。

　　常言道"文如其人"，即写出的文章必须符合"人"的身份、性格、想法、口吻。文学写作如此，公文写作亦如此，古今皆然。作为公文代拟人，我们只是为作者代拟文稿，写出的文稿须"谁写像谁"，即符合作者的身份、性格、想法、口吻，展现作者独特的"文稿人格"。说具体点，就是什么身份定什么调，什么性格说什么话，什么想法施什么策，什么口吻像什么人，这是公文能否"写得像"的关键因素。比如代市长拟稿与代处长拟稿，代党委领导与行政领导拟稿，所体现的身份、性格、想法、口吻定然不同。倘若写出的公文让人感觉不像作者口吻，写作注定要失败。从某种程度上说，"风格即人格"，先得写得像，才能写得好。

我们每次写作，往往要面对不同作者，或者是不同情境下的同一作者，预示着写作可能要体现不同的"文稿人格"。我们要写得"像"，不只形似，更要神似，务须先在研究作者上下足功夫，力求"不明人格不动笔"。只有"吃透"作者，才能写得像。如果作者是领导，就要研究该领导的思想意图、工作作风、学科背景等；如果作者是单位（抽象的"人"），就要全面了解该单位的历史沿革、职能定位、发展战略等。聚焦不同的文稿人格，有针对性地写作，有助于我们精准命中作者的"靶心"，写出让领导满意的文稿，提高一稿过关率，降低多次返工率。

笔者曾给三个领导写过稿，也就是说，曾用笔服务过三个不同的作者。经工作接触和用心体悟，笔者感到三个作者的文稿人格迥然不同。其中，为第一个作者写稿，一般要把握三点：一是追求大而全，二是要体现精细管理的理念，三是得有点文采；为第二个作者写稿，要注重两点：一是用事实和数据说话，二是要体现社会化管理的思想；为第三个作者写作，须记牢三点：一是条目式写作，二是要体现智慧化的思想，三是用词尽量通俗易懂。作为文秘人员，如果不按相关领导的写作风格"出牌"，比如用给第一个作者写作的思路给第二、三个作者写，或者用给第二个作者写作的风格给第一、三个作者写，最终百分百难逃被毙稿的厄运。

可见，对"人"研究水平的高低，从起步阶段就决定了。为领导代写，务须把写得像当作谋篇构思的优先项。

当然，写得像，也并非完全排斥文秘人员的主观能动性。像，不只像作者，也指像文秘人员。一般来说，公文写作当符合基本，抓住根本。这里的"基本"就是符合作者意图，体现文稿人格；"根本"是注重创新，写出个性。代拟公文，一方面要按作者要求写作，另一方面文秘人员也可以有自由挥洒的创新空间。有时，自由创新越多，效果越佳。

有一次，笔者所服务的第一个作者在升职多年后重回故地听汇报。听了数十篇简短发言，会后他还专门指出某作者的发言稿是笔者代拟的。这个准确判断至少说明两点：一是该稿在众多文稿中别树一帜，创新突出；二是说明文章符合笔者的一贯文风，与众不同，辨识度高，而不是那种千人一面、分不出彼此的"八股文"。

因此，只有追随作者，勿忘笔者，我们才能最终成长为一名写得像、写得好的公文高手。

第三节　写谁像谁

——主体论（2）：公文中的"人"（受众）

任何公文，都由"人"（作者）发起，借"人"推行，使"人"遵从。其中，推行"人"是执行任务的主体，即各有关部门、公职人员等公务群体；遵从"人"多是公务活动指向的社会客体，即受众人群、公众群体。此两者，正是公文指向的两大对象。一般来说，内部流转的公文只指向主体，对外发布的公文同时指向主体和客体。

例如《××市关于开展节水宣传周活动的通知》由市级水利部门发出，既包括市区水利条线有关部门的公职人员，也指向居民、企业以及其他社会机构等被宣传的对象。

公文所规定的公务活动都有时效要求，要确保顺利实施、达成目的，必须贴近对象群体，做到"写谁像谁"。

要想写谁像谁，就要努力为"谁"画像，使得思想、精神、行为、诉求、作风以及成果等，都符合"谁"的身份、职权、习惯、特点。主要把握四个方面：

一是须修的德。作为公务群体，应当自觉学习马克思主义理论，加强政治品德、职业道德、社会公德和家庭美德教育，内外兼修，努力做干事楷模和人民公仆；作为公众群体，应当遵章守纪，维护公序良俗，克勤克俭，努力做"五有"好公民（群体）。

二是应做的事。作为公务群体，应当恪尽职守，廉洁奉公，一举一动都合规合法，努力为国奉献，为党尽忠，为民服务；作为公众群体，应当爱岗敬业，勤劳创业，切实履行公民（群体）权利和义务。

三是可用的法。作为公务群体，严格行使法律所赋予的职权，采取业内专属的办法，利用一切可用的手段，积极履行公务；作为公众群体，始终在法律规定的范围内活动，法有禁止不可为，法无所限皆可为，公有所倡积极为。

四是常讲的话。作为公务群体，往往通过行话、专业术语等体现自己的职业特点，"到什么山上唱什么歌"；作为公众群体，每每通过方言口语辨识身份特征，"一方水土养一方人"。

公文写作主要面向公务群体。坚持"写谁像谁"原则，就是要写出公务群体的职业特征，包括部门特性、专业特点、岗位要求等。当然，也有小部分面向公众群体的公文，如《关于提高农业劳动模范等医疗待遇的通知》，文中主要对象"农业劳动模范"，即相对于公务群体而言的社会公众，本文显然要紧扣特定公众群体的范围和提高待遇的内容这两部分展开。对于公众群体，就要写出他们的社会性、差异化特征，包括普遍现象、个性诉求、区域特点等。

当然，大多公文中一般都涉及公务群体和公众群体两大对象。例如《关于开展"清朗·从严整治'自媒体'乱象"专项行动的通知》（以下简称《通知》），既涉及实施整治的主体网信部门，又涉及整治的客体对象"自媒体"，也就是说，该通知要同时给整治行动的主客体"画像"。作为撰稿人，一方面要熟悉当前自媒体的各种乱象，分析情况要准；另一方面，要熟悉网信部门的职责所在和工作特点，落实措施要准。唯有把准这两个方面，"画像"才像，整治的针对性才强，最终才能实现公文发布的预期目的。

且看这个《通知》的"工作任务"部分，从中即可窥见文秘人员对主客体情况了然于胸、笔笔精准。

关于开展"清朗·从严整治'自媒体'乱象"
专项行动的通知

一、工作目标

二、主要任务

（一）坚决打击"自媒体"发布传播谣言信息、有害信息和虚假消息

1. 打击"自媒体"造谣传谣。

2. 打击"自媒体"炮制有害信息。

3. 打击"自媒体"恶意炒作。

（二）坚决取缔假冒仿冒官方机构、新闻媒体和特定人员的"自媒体"

1. 取缔利用账号名称信息假冒仿冒的"自媒体"。

2. 取缔利用信息内容假冒仿冒的"自媒体"。

3. 取缔无专业资质假冒仿冒的"自媒体"。

（三）全面整治"自媒体"违规营利行为

1. 从严整治"自媒体"蹭炒热点吸粉引流。

2. 从严整治"自媒体"造热点博流量。

3. 从严整治"自媒体"利用弱势群体进行流量变现。

三、工作要求

1. 严格处置标准。

2. 遏制违规营利。

3. 健全管理体系。

4. 加强部门联动。

5. 强化宣传引导。

整治的客体"自媒体"当前存在什么乱象，长成什么"相"？通知主要从造谣传谣、假冒仿冒、违规盈利三个方面准确勾画了外形轮廓，抓住了主要特征，与公众对当前自媒体负面行为的总体评价一致。

同时，《通知》还注意从细处刻画，让自媒体的"形象"更加传神，也使《通知》的内容更加有血有肉。如：无教育、司法、医疗卫生等领域资质，擅自使用"教师""教授""律师""医生""医师"等称谓假冒仿冒专业人士，发布育儿、教育心理学、法条解读、案件剖析、医学知识科普等专业领域信息的"自媒体"。

这样的细致说明，一方面，看得准才能画像准，这就抓住了典型问题、突出方面；另一方面，画像准才能打击准，有利于提高整治措施的可操作性和公文的执行力。

至于执行主体，《通知》仅用打击、取缔、整治三个词语即说明了行业主管部门应该做什么、怎么做的大问题，亮明了监管身份，宣示了行政职权，展现了职能部门严格执法、敢于亮剑、果断出击、精准打击的良好形象，凸显了"专业部门干专业事"的特殊使命。同时，《通知》的第三部分"工作要求"还从五个方面就如何整治打出了一系列组合拳，画出了执行主体工作职责的立体感，一个有章、有为、有力、有效的网信部门形象跃然纸上、呼之欲出，做到了"写谁像谁"。

第四节　未成曲调先有情

—— 主体论（3）：公文中的"情"

但凡文章写作，多为作者心灵受到触动后的情感表达。刘勰在《文心雕龙》里说"登山则情满于山，观海则意溢于海"，阐述了情感在文学创作中的重要性。所谓"不平则鸣""大喜大悲出诗人"等，无不说明写作须有感而发。

情，在公文写作中的地位虽不如文学作品那样突出，但也不可或缺。写作没了"情"，正如做菜没有盐，终将寡淡无味。对反映对象情从中来，下笔才能真情贯注，令人读来心弦颤动，心领神会。

情，不仅是公文写作的发动机，也是内容发展的助推器、决策指示的显示屏，更是凸显主题的定盘星。

情是公文写作的发动机。"情动于中而形于言（《毛诗序》）"。出于对特殊群体、特定事件的持续关注，公文写作发端于"情"的情况并不鲜见，或关爱，或期待，或恳请，或严厉，等等，一股股情感的甘泉或显或隐地流淌在字里行间。

不仅领导讲话稿、感谢信、倡议书等事务性公文常常笔蘸真情，如《×××在××市第××届××·××旅游艺术节开幕式上的致辞》《无偿献血倡议书》等；即使是决定、命令、通知、通报等法定公文也注重以情动人，如《关于进一步做好农民工工资清欠工作的通知》《关于表彰××××年度先进集体、先进工作者的决定》等，可谓情感鲜明、态度分明。

情是内容发展的助推器。有些公文，不仅缘情而起，在行文过程中也始终以情贯穿，由此推动内容不断发展、深化。例如某赛事组委会致某保障单位的一封感谢信：

感 谢 信

××××：

××××会完美收官，××成为首个举办过×××的城市。××馆赛事保障工作已圆满完成，××馆共××次刷新××会纪录、××次刷新××纪录，向所有关注××馆的朋友们交出一份满意的答卷。

为做好××××会赛事服务保障工作，贵单位为××馆运行团队提供了××工作属地服务保障，展现了良好的责任意识、奉献精神、服务态度和工作作风，高质量地完成了××属地服务保障工作。

在此，谨向贵单位及保障团队的鼎力支持表示由衷的感谢！让我们并肩携手、一起向未来！

××场馆运行团队

××××年××月××日

本文言简意赅，纸短情长，"情"是贯穿全文的一条红线。首段先从大的背景落笔，对举办城市和场馆方的出色工作给予充分肯定，为下文表达感谢之情蓄势；次段切入正题，高度赞扬为赛事完成作出贡献的保障单位；末段表达感谢和期待，以情作结。

情是决策意见的显示屏。古人云：在心为志，发言为诗。公文作为政务机关的施政工具，发出指令、作出决策、提出意见、亮出想法，往往态度鲜明，直截了当，不严自威，体现出决策机构当机立断、执令以行的坚定意志。这种"强推"工作的严肃、坚定、果断之情显著增强了文势，有利于提高公文执行力。例如："现将修订后的《××市居住证积分管理办法》印发给你们，请认真按照执行。""加大改革政策解读宣传力度，进一步畅通政企政民沟通渠道，主动上门送政策、送服务、解难题（'主动'体现热情的态度）。"

情是凸显主题的定盘星。公文常常借助直接抒情来揭示文章主题，一般出现在开头或结尾。例如《关于××××年度办理市人大代表建议和政协提案工作评估考核结果的通报》的末段：希望上述单位再接再厉，不断创新，充分发挥示范引领作用，争取办理工作更大成绩。希望各区政府、各部门、各有关单位向先进学习，不断夯实办理工作基础、完善办理工作机制，努力提升办理工作水平，圆满完成××××年度办理工作任务。

公文表达感情的方式灵活多样，可视情在文中变换手法，穿插使用。常见的方式有：

开篇见情，如"气象事业是科技型、基础性、先导性社会公益事业。为贯彻落实国务院有关文件要求……"，开篇通过肯定气象事业的重要意义来蓄势。

委婉含情，如"要切实加强信息收集、研判、报送工作，及时开展风险评估，搞好预警防控，抓早、抓小、抓苗头，积极避免和快速妥善处置违法讨薪、集访上访等突发事件"，透过文字，不难捕捉其中寄予的关切、托付、期待之情。

议论生情，如"农民工工资问题是涉及千家万户幸福安康、关乎社会和谐稳定的大事。做好农民工工资清欠工作，切实维护农民工合法权益，是各级党委、政府义不容辞的责任"，一腔关爱和担责之情溢于言表。

修辞显情，如"坚持人民至上，为人民高品质生活提供更有'温度'的气象服务"。"温度"既是气温，也指情感，语带双关，满含热望。

可见，发自内心地培养感情，匠心独运地表达感情，恰到好处地升华感情，有助于进一步增强公文的美感和韵味。

第五节　一"意"贯之

——主体论（4）：公文中的"意"

中国书画创作讲究"意在笔先"，即在动笔挥毫前，脑海中对于如何写字绘画先得有大致的"意"。严格来说，公文写作也是未动笔先有意，事先不带意图的公文写作是不存在的。

意，是公文写作的原始动机、思想来源。正如物质决定意识、意识对物质具有反作用一样，公文写作主观的"意"和客观的"物"也是一个双向的互动过程。一方面，外物的现状"刺激"到"人"产生某种想法、意图，并试图对外物进行改造；另一方面，人在某种突发其"意"的情况下，产生了改变外物的欲求。

意，是行文的意图、目的、想法等，意确立了，事才有眉目，由此再进一步安排人、物等要素，思考处置事情的措施、方法，最终形成全文的轮廓。可见，"意"是一篇文章的统帅，决定了公文写作的方向和路径。

这好比造一幢房，在确定建房风格的总体意图后，才有了图纸设计、配型选料、加工打磨、立架竖梁、进场施工等一系列工作，并安排各支施工队伍分头实施，直至全体工程告竣。房屋建造始于房主的最初意图（建造师只是执行者），公文写作同样起于作者对相关事务的看法（文秘人员同建造师一样，只是代为实施）。

待"意"明确之后，文秘人员要重点思考的是如何谋篇布局，即抽象的"意"如何具体化，要从哪几个方面写，选择什么素材等。构思的过程其实就是公文结构设计和选材加工的过程，从宏观上形成了文章的大致脉络。

反过来说，公文写作的过程，就是选用相关素材表意、达意的过程，就是让"意"贯通、传导于文章各处，做到"一'意'贯之"的过程。这样的文章才主线分明，环环相扣，纲举目张。

例如《××市人民政府关于进一步推进新时代民营经济高质量发展的实施意见》，此文写作可能缘起于作者所见的新时代民营经济发展质量不高的现状，由此作者产生了要加快高质量发展的总体想法，这就是原初的"意"。而要表现高质量发展之"意"，必然要在观念、做法、制度、保障等方面作出改变，在文中提出一揽子有利于推动高质量发展的新思路，所有这些，就构成了这篇实施意见的主要内容。显然，高质量发展之"意"正如思想之泉，沿着思维的管道稳步充盈全文各处。

基于上述，可设计这篇文稿的主要框架为：一、推进民营经济高质量发展的目标要求。二、强化民营经济高质量发展的创新支持体系。三、强化民营经济高质量发展的要素保障体系。四、强化民营经济高质量发展的成长激励体系。五、强化民营经济高质量发展的权益保护体系。六、强化民营经济高质量发展的环境支持体系。七、强化民营经济高质量发展的工作保障体系。

从行文可见，高质量发展之"意"作为一条主线，串起了全文七个部分，兼及民营经济高质量发展所必需的内外、远近、前后等各方面要素。总体看来，行文脉络清晰，以七个方面的丰厚材料托起了文章的"意"。

第六节　咋 干 咋 写

——本体论（1）：公文中的"事"

一篇公文的内容，一般都要涉及人、事、物、理、情、意诸要素。从表面来看，"人"是全文的主题要素，而从根本上说，"事"才是文章的核心。有了"事"，公文中涉及的所有"人"才能立得住、"活"得好。

任何公文都要写事，少了"事"的支撑，不仅"人"会空心化，文章内容也没有血肉，缺少质感。公文写作源于生活而高于生活，干啥写啥，咋干咋写，这是公文写作的源头活水。

有些公文初习者，接到写作任务时常有下笔难的问题。其实，很多情况下并不是他的文字功底不够，而是对事情不熟悉，理事不清，自然思路不明。

因此，先理事、后写事，这是公文写作的前提和基础。

要把事写好，得先学会从不同维度、多个角度理事，看得透彻才能写得明白。有些事千头万绪，看似剪不断、理还乱，需文秘人员快刀斩乱麻、三下五除二地解析清楚；有些事纷繁复杂，主次不清，需要文秘人员紧扣写作意图，要啥写啥，删枝削叶，去芜存菁。要成为会写事的行家，必得先成为善理事的专家。

理事的"理"法，其精髓在于：理出脉络，理出主旨，理出精华，理出亮点，理出要素，理出逻辑。一理万事皆分明，事各有序自成理。把"事"理清爽，写作就成功了大半。事情发展的客观逻辑有头绪，文章写作的主观逻辑就有条理。主观是客观的反映，主观逻辑和客观逻辑必须高度一致。

大致说来，公文的理事方法有以下9大维度：

一是时间维度。按时间维度理事是常见的方法。事情的发展有时间上的先后，据此我们可按时间节点、环节、程序、过程、阶段等把整个事件分为若干部分。如《关于开展新一轮市容环境大整治的通知》的主体部分（下同），就可以把行动过程分为几个阶段来写：宣传发动阶段，问题发现阶段，集中整改阶段，长效巩固阶段。

二是空间维度。有时事件太庞杂，合在一起写很难具体化，如果按不同的空间分布"切块"来写，就易于让复杂的事情简单化。空间分布，可按方位、区域、地点、范围等作细分。如上例，按区域分块来理事，可分为以下五个部分：路边整治，水边整治，墙边整治，山边整治，城边整治。

三是构成维度。按事情的内在构成梳理脉络，这是应用频次最高的理事方式之一。分类不同，构成也不一样，由此显示出理事的较大灵活性。如上例，可按不同标准对市容环境进行分类，在此基础上分条列项来写。如按涉及的内容可分为部件类（静态设施）整治和事件类（动态行为）整治；按事情的重要程度分，包括窗口地区整治、工地周边整治、城郊结合部环境整治、卫生死角整治等。分类的前提是要能覆盖事情的主要内容。

四是主题维度。公文写作都有一定的主题，主题确定了之后，要带着主题去理事、选材。主题不同，理事的结果可能会大相径庭。如上例，按"民本化"主题梳理为：应民所呼，实施道路"平整工程"；应民所求，实施四边"净化行动"；应民所盼，实施环境"提升计划"。按"精细化"可梳理为：拟订方案，细化整改责任；编制标准，细化工作要求；加强保障，细化工作机制。

五是主体维度。公务活动往往牵涉很多主体，包括部门、对象等，不同的主体有不同的工作任务。按"以人定责"的原则来理事，也是行之有效的方法。如上例可按涉及的不同部门来理事：编制方案，牵头组织实施（城管部门）；分块负责，推进环境"四清"（区级城管、街道）；加大督查，强化工作考核（市文明办）；强化宣传，推进社会共治（宣传部门）。

六是重点维度。工作当有重点，写作须分主次。抓住工作的重点内容，就等于抓住了"牛鼻子"，其他问题都将迎刃而解。因此，紧扣工作重点理事，文章的主体就得以确立。我们可以区分事情的轻重缓急，先主后次、主详次略地安排全文内容。如上例，可按重点理为"四面"：开展路面大整治，抓好"一平三净"；开展水面大整治，推进"两清两除"；开展立面大整治，聚焦"四乱四改"；开展市面大整治，清理"三边三角"。

七是性质维度。清人王国维说：以我观物，故物皆着我之色彩。以此推之，若以"我"观事，则事皆有我之色彩。换言之，"我"不同，对事情的认识、判断不同，事情就可能有不同的属性和分类。这是从个人主观认识的角度来理事。根据个人对事情认识和选材用途的不同，就可以从性质、特点、程度等方面对事件进行不同的分类。如上例"市容环境大整治"这一事件，从性质上看，可梳理为：开展市域卫生大整治，做好"面子工程"；开展市域道路大修缮，做强"底子工程"；开展违章乱象大执法，做优"里子工程"。从特点上看可梳理为：做细洁化，消除"脏乱差"现象；做强序化，整治"违偷占"乱象；做深亮化，改观"暗弱散"景象；做实绿化，展现"精美优"气象。

八是事理维度。事情的发生有其原因，事情的发展有其规律，紧扣原因、规律来理事，主观思路和客观过程交织，逻辑性都很强。常见的表达次序多为三段论（详略视具体文种和事件内容作恰当安排）：起因＋经过＋结果（也可以是目的、宗旨、愿景、目标等，下同）、问题＋措施＋结果、思路＋措施＋结果、情况＋措施＋结果、要求＋措施＋结果、目标＋措施＋结果。在此基础上，也会形成一些变体，如：（做事的）原则＋思路＋措施＋结果、目标＋思路＋措施＋结果、问题＋原因＋措施＋结果＋经验，等等。如上例可按"目标＋思路＋措施＋结果"梳理成四个部分：（大整治的）主要目标、总体思路、重点任务、加强保障（结果考核等）。

九是逻辑维度。写公文时，事情逻辑是思维逻辑的具体参照，而文秘人员的思维逻辑一般要通过行文的结构逻辑体现出来；反过来说，我们可以按结构逻辑的思路去梳理事情逻辑，有多少种结构逻辑，就有多少种梳理事情逻辑的方法。

常见的结构逻辑有六种：一是文体逻辑，即按特定文种的基本结构去梳理事情；二是总分逻辑，即先总写后分写；三是递进逻辑，如"是什么—为什么—怎么办—怎么样"，环环相扣，层层推进；四是并列逻辑，即同一层面的不同内容；五是主次逻辑，先写主要内容，再写其他方面；六是虚实逻辑，即先虚后实，先写指导思想、总体思路、目的宗旨等内容，再写具体任务、措施等。

如上例，按"通知"这一文种的文体结构逻辑，可按惯例组织结构为：时间安排、整治范围、主要任务、工作保障。若按虚实逻辑梳理，内容可为：市容环境大整治的指导思想（虚）；市容环境大整治的主要目标（实）；市容环境大整治的重点任务（实）；市容环境大整治的工作要求（虚＋实）。

第七节　有啥写啥

——本体论（2）：公文中的"物"

马克思主义哲学认为：物质第一性，意识第二性。公文作为一种主观创作，其内容来源于"人"对外物的认识和改造活动。物，是人认识的本源、需求的起源，也是公文素材的第一来源。对外物的认识程度，决定了公文写作的质量和公务活动的水平。

不同的公务活动，对应不同的外物。物，按存在方式的不同，可分为实体物（如楼宇）和虚拟物（如网络）；按所属领域的不同，可分为自然物（如树）和社会物（人类智慧的产物，如桌子、制度等）；按外在形态的不同，可分为有形物（如灯杆）和无形物（如风）；按活动状态的不同，可分为动态物（如水）和静止物（地面）。

归根结底，公务活动萌发于物，公文写作也发端于物。反言之，物，是一切公务活动和公文写作的隐含前提。如《关于××市科学绿化的实施意见》，要反映的公务活动是推进科学绿化，而科学绿化的隐含前提是目前绿化还存在规划不科学、布局不合理、景观不够美、网络不发达等问题。可见，此文写作缘起于当前绿化（物）存在的问题，这些问题引发了改进的需求，由物生事，就此影响到"人"的行为，这是催生公文写作的由头。再如《关于严格规范农村土地综合整治工作的通知》《关于进一步加强廉租住房管理的意见》，显然，农村土地、廉租住房（物）管理上的乱象是综合整治、加强住房管理（事）的根源。

因此，研究"物"的特点，紧盯"物"的变化，辨明"物"的联系，看清"物"的影响，并用好"物"的功能，公文写作就能抓住根本，认清对象，写到点上。

要让"物"在公文写作中发挥关键价值，须从物质、物体、物品、物资四个层面来把握。

物质，独立存在于人的意识之外的客观实在，与"精神"一词相对，一般比较抽象，多表示一个总的概念；也特指金钱、生活资料等，如物质生活、物质文明等。

物体，由物质构成的，占有一定空间的个体都称为物体，一般分气态、液态和固态。

物品，多指日常生活中应用的东西，如手机。

物资，指生产生活上所需的物质资料，如防汛物资。

那么，在公文写作中如何用好物质、物体、物品、物资这四个关键词呢？我们以公文《××市关于做好抗雪防冻应急准备工作的通知》为例，对写作涉及的相关要素进行全面梳理。

从标题可以看出，"雪"这个自然"物"是抗雪防冻工作的总根源；因"雪"而影响到道路、桥梁、水气电等"物体"；人们抗雪防冻需要准备好食物、手电筒等"物品"，以及铲雪车、防滑链、融雪剂等应急"物资"。这是"物—物"的关系，一切皆由雪引起，产生了一系列"物质"需求。

雪，还引起一系列的公共事件，唤醒和激发人们实施某种公务活动的意识。雪过大，会产生一连串的不利后果，影响社会运转和日常生活。为了抗雪，需要从思想上高度重视，切实做好"五保"（保生产、保畅通、保供给、保安全、保民生）工作；要提前做好风险排摸、应急演练和物资储备，还要加强应急值守、清雪除冰、气象预警、信息播报等相关工作，这是"物—意""物—事"的关系。

因为一场"雪"，很多"人"和部门要参与其中，如交警部门、气象部门、交通部门、建设部门、基层单位等，这是"物—人"的关系。

为了打好抗雪防冻这场战役，"人"还要通过文件来沟通相关工作，传递动态信息，总结工作经验，出台相关文件等，这是"物—文"的关系。

可见，全面观察"物"、深入认识"物"，影响和决定着做什么事、怎么做事、谁来做事等内容，这就形成了一篇公文的基本框架和主要内容。

我们可以借助"睹物思人""事在人为""情投意合"这三个词语来构思。主要思路是：睹物，"物"即雪，由雪而起，开篇先写雪情；"思人"，从雪到人，接着写"人"的总体应对情况；事在，说明干什么事，主要是"五保"；人为，就是"人"怎么干，明确各部门职责；情投，结尾部分，从顾大局、惠民生的高度发出呼吁、寄予情感；意合，以"意"收束全文，点出最终要实现的目标。具体如下：

××市关于做好抗雪防冻应急准备工作的通知

据气象台最新预报，1月4日白天我市仍有暴雪，夜里小雪；1月6—7日将再次迎来降雪过程；1月9—10日最低气温降至−8℃左右。（雪情简介，"睹物"，借物起兴）

为全力应对此次抗雪防冻工作，做好防风、防寒、保暖、生活物资储备及安全出行等工作（"思人"，如何做），现将有关事项通知如下：

一、迅速组织，高效应对

各部门要高度重视此次雨雪冰冻天气防范应对工作，牢固树立安全意识、大局意识、责任意识，认真落实……（"思人"，简写"人"的思想认识，略）

二、突出重点，抓好防范（"事在"：干什么）

（一）保生产。（略，下同）

（二）保畅通。

（三）保供给。

（四）保安全。

（五）保民生。

三、精心组织，强化保障（"人为"：怎么干）

（一）明确部门职责。

（二）排摸隐患风险。

（三）组织应急演练。

（四）做好物资储备。

（五）安排应急值守。

（六）加大宣传力度。

当前，正值省、市"两会"召开，××××年新春佳节将至。做好抗雪防冻工作，是围绕中心、服务大局的切实行动，也是真抓实干、服务人民的重要体现（"情投"），各单位一定要聚精会神，甘于奉献，敢打硬仗，合力一处，努力向全市人民交上一份满意答卷（"意合"，画龙点睛，收合全文）。

第八节　看得透彻　想得清楚

——认识论：公文中的"理"

一篇公文，从主体部分看，可分为事实性内容和事理性内容，二者相互关联，互为表里，一实一虚。

事实性内容是公务活动的物质支撑，其构成要素主要是人、事、物等。事实性内容是公文写作的主要对象，从宏观上立起了一篇公文的主体框架，但要把这三要素联结为一个有机的整体，写出一篇环环相扣、血肉丰满的公文，还离不开中观上的"理"和微观上的"法"。微观上的"法"，即人们分析问题和处理公务的一般性方法论，包括辩证法、辩证思维方法等，这些将在后文介绍。本文重点阐述公文中"理"的价值和应用。

提到"理"，就会指向公文另一大内容：事理性内容。

事理性内容为公务活动提供精神支撑，其构成要素主要是情、意、理（情、意二要素，已在前文介绍）。事理性内容有助于拉升高度，掘长深度，透过现象看本质，进一步升华文章的主题。

"理"，蕴含着人们对公务活动的思想、认识，包含着人们对公务工作构成、措施的深入思考、分析，它潜藏于公文主体内容的深层，指引着公文中的主体"人"按部就班、行之有效地完成特定目标、任务，这是公务活动的"认识论"。

晋人刘勰说：情者文之经，辞者理之纬；经正而后纬成，理定而后辞畅。写作理路通，才能思路顺。一篇公文，首先要阐明事务的道理，精准剖析"为什么"；还要认清公务活动的内在"事理"，分析相关事务的构成"机理"，显露采取某些措施的基本"原理"，回答好"是什么""做什么""怎么做"等问题。

理，即"里"也，包含着人的内在认识和事的内在规律，侧重拨开人们思想的迷雾，照亮人们认识的误区。常言道"理不说不明"，公文唯有借助对主客观的深入分析，才能理清义明。我们常说"通情达理"，理达则气顺。在说明事务处理方法前，如果先透彻地分析事理，阐析道理，不仅能消除人们的思想疙瘩，也有利于凝聚干事合力，营造居高临下的文势，为后文写作奠定基调，铺垫蓄势。

分析事理。从客观看，事物内在构成（横向）和发展变化（纵向），既是人们开展特定公务活动的对象，也为解决相关问题提供了内在方法，是公文事理性内容的主要来源。写作中，通过研究"事"，把握事情发展的内在逻辑，有利于形成一条前后关联、层层推进的逻辑顺序，即事理逻辑。

阐明道理。道，即事务处理之"道"。从主观看，人们内在的思想认识、处理公务的思路方法，决定了人们对公务活动的态度和行为；认识的全面性和深入性，以及思路、方法的确定性和丰富性，从根本上决定了公务活动的成果，其中蕴含着人们认识事物的逻辑，即道理逻辑。

例如《国务院关于加快发展生产性服务业促进产业结构调整升级的指导意见》开宗明义这样写：

①国务院高度重视服务业发展。②近年来陆续出台了家庭、养老、健康、文化创意等生活性服务业发展指导意见，服务供给规模和质量水平明显提高。③与此同时，生产性服务业发展相对滞后、水平不高、结构不合理等问题突出，亟待加快发展。④生产性服务业涉及农业、工业等产业的多个环节，具有专业性强、创新活跃、产业融合度高、带动作用显著等特点，是全球产业竞争的战略制高点。⑤加快发展生产性服务业，是向结构调整要动力、促进经济稳定增长的重大措施，既可以有效激发内需潜力、带动扩大社会就业、持续改善人民生活，也有利于引领产业向价值链高端提升。⑥为加快重点领域生产性服务业发展……

例文①至⑤是主要内容，⑥是承启语。其中，①②两句简述在国务院的高度重视下，生产性服务业的发展情况，这是肯定成绩；接下来的③④两句深入"生产性服务业"这一事物内部，从客观上分析事理，其中，③指出问题，④分析特点，两句从内外两方面加快生产性服务业发展的客观缘由，实际上也暗示了解决问题的可能路径；⑤在前文剖析写作对象自身特点的基础上，进一步从主观上阐明道理，"是……既……也"从三个角度指出加快发展生产性服务业的重要意义，从更广、更深层次揭示了公务活动的内在原因，论述简明，看法透彻。

探究原理。原理，是具有普遍意义的最基本的规律或道理。写公文，唯有深入研究公务活动的基本原理，方能在文中提出有建设性针对性的措施。如果说机理聚焦相关事务的构成，那么，原理则重在研究事务的处理方法，而且是普遍性方法；这里的普遍性方法，是普遍适用于同类公务活动的根本方法。

例如：在公文写作中，遇有要贯彻落实上级有关精神、指示要求的事务，该如何提出策略措施？按处理公务的有关原则，大多遵循"认识论—方法论—实践论—目的论"的内在逻辑。"认识论"即内在的思想、目的，"方法论"即总体的原则、目标、方法，"实践论"即具体的任务、措施，"目的论"即为实现目标所必需的手段、支持等，或是相关工作所要实现的目的、结果。这"四论"，是公文部署公务、指挥事务的基本原理，既为一段话的写作提供思路、脉络，也可作全篇的整体框架。意见类公文多用此写法。

例如《关于推进本市"四好农村路"高质量发展的实施意见》一文的结构为：

一、指导思想。二、基本原则。三、发展目标。四、重点任务。（一）全路网推进农村公路设施规划建设。（二）全方位深化农村公路养护体制改革。（三）全过程加强农村公路数字赋能治理。（四）全要素强化农村公路设施精细管理。（五）全链条提升农村公路交通服务供给。（六）全方面促进农村公路多元融合发展。五、保障措施。（一）强化组织模式。（二）健全标准体系。（三）制定资金政策。（四）建立考核机制。（五）推进示范引领。

上例中，第一部分是"人"的思想，是认识论；第二、三部分是方法论；第四部分指向"事"，即做什么和怎么做，是实践论；第五部分聚焦"物"，是工作保障，属于"目的论"。可见，人、事、物三要素构成了例文的主体框架。

揭示机理。即事物形成要素及其关系。严格来说，机理也属于事理的范畴，单独列出来讲，为的是进一步分析事物的内在构成，为写作提供详细"摹写"结构图。清晰、准确地画出写作反映对象的机理关系图，就为"事物怎么样就怎么写，事情怎么干就怎么写"提供了参照物。对事物机理的研究越深入，就越接近事物的内在本质。

例如上例的第四部分从六个角度多方位聚焦公共产品"路"，（一）涉及"谋"和"建"，先谋后建，这是"始"。（二）（三）（四）向"内"对准"路"自身，立足当前着眼"管"，即：体制在先管根本，数字赋能立大潮，精细管理贯长期，顺序是从先到后，从大到小。（五）转笔向"外"，拓展功能显示"用"。相对于"谋""建"，（二）—（五）是"中"。（六）是向"远"求"进"（前五立足当前，是"近"），面向未来促发展，这是"终"。

综上，第四部分主要说明"路"从建设到使用的全过程要素构成及其关系：谋、建、管、用、进，其间遵循从先到后、从大到小、从近到远的顺序，机理严密、顺理成章。

第九节　打开思维的根本方法

——写作辩证法：下笔有"思"

在起草公文时，我们难免会遇到思路打不开的情况，写作路径千万条，一时竟云遮雾罩分不清。遇到思路卡壳怎么办？请用辩证法来多面看。

马克思主义唯物辩证法认为：世界是物质的，应坚持用全面的、联系的、发展的观点看世界，这为人们科学认识世界，进而顺利改造世界提供了思维密钥，理应成为我们写作公文时打开思维的根本方法。

公文作为主观思维活动，反映的是公务；而公务活动源于人们对外部物质世界变化的认识和改造外部世界的欲求，并借此决定开展什么样的公务活动，需哪些"人"参与，具体部署什么"事"，等等。由此可见，公文写作须以外部物质世界为思考对象。

公文反映外部世界，持不同观点的人会看到不一样的世界。有的人坚持用全面、联系、发展的眼光看问题，并善于分析事物的内部矛盾，写出的公文自然重点突出、内容全面、常写常新；而有的人看事物孤立、片面、静止，由此写公文也就思维僵化、内容单薄、了无新意。

因此，我们在写公文时，必须养成用全面、联系、发展的眼光看问题的思维习惯。

全面的眼光，即"圆"形思维。全面，就是全方位、全天候，两者一空间一时间，包括纵横两个维度，涉及方方面面，形成一个圆形回路。当然，这里的"全面"是一个相对的概念，绝对"全面"是不可能的，也是做不到的。

联系的眼光，即"链"形思维。联系，就是全链条、全闭环、全要素地思考，是从横向上尽可能把一切有联系的构成因素考虑周全。

发展的眼光，即"线"形思维。发展，就是全周期、全流程、全时段地向前看，力求从纵向上展现事物发展的过程，把握趋势、展望前景。

运用辩证法全面、联系、发展的思维构思写作，不论是写一篇文章，还是写一段话或是一句话，都能视野开阔、素材丰厚、内容全面，使行文体现出错落有致、严谨有序的层次感、立体感。

例如这篇《在全省脱贫攻坚总结表彰大会上的讲话》，全义结构宏大，内容丰富，分为四大部分：

（一）

——经过这场感天动地的脱贫攻坚大战，人民生活实现历史性跨越。

——经过这场感天动地的脱贫攻坚大战，山乡面貌发生历史性巨变。

——经过这场感天动地的脱贫攻坚大战，农村产业取得历史性突破。

——经过这场感天动地的脱贫攻坚大战，群众精神风貌实现历史性转变。

——经过这场感天动地的脱贫攻坚大战，基层基础得到历史性巩固。

（二）

——我们要向不幸牺牲的脱贫英烈致敬，永远铭记你们以生命赴使命、愿得此身长报国的忠诚品质。

——我们要向坚守一线的扶贫干部致敬，永远铭记你们舍小家顾大家、俯首甘为孺子牛的为民情怀。

——我们要向无私援黔的帮扶干部致敬，永远铭记你们把他乡当故乡、不破楼兰终不还的奉献精神。

——我们要向自立自强的干部群众致敬，永远铭记你们用实干拔穷根、敢教日月换新天的使命担当。

（三）

——××能够按时高质量打赢脱贫攻坚战，最根本的是有习近平总书记掌舵领航和党中央坚强领导。

——××能够按时高质量打赢脱贫攻坚战，最重要的是有中国共产党领导和中国特色社会主义制度的显著优势。

——××能够按时高质量打赢脱贫攻坚战，最关键的是坚持以脱贫攻坚统揽经济社会发展全局。

——××能够按时高质量打赢脱贫攻坚战，最管用的是因地制宜精准施策。

——××能够按时高质量打赢脱贫攻坚战，最主要的是一切为了人民、紧紧依靠人民。

——××能够按时高质量打赢脱贫攻坚战，最有力的是把全面从严治党贯穿脱贫攻坚全过程和各环节。

（四）

——我们要坚持不懈巩固拓展脱贫攻坚成果。

——我们要乘势而上推进乡村振兴开新局。

——我们要矢志不渝促进全体人民共同富裕。

从结构看，（一）是总结成绩，（二）是顺势表彰，（三）是经验启示，（四）是发展思路，前后之间呈现出因事及人、由表及里、从今到后的顺序，无论从纵向还是横向看，都内容全面、重点突出，各部分环环相扣，层层推进，关涉了各条线、各方面、各阶段的人、事、物、理等要素，离不开全面、联系、发展思维的加持。

再从每段话来看，例如：

经过这场感天动地的脱贫攻坚大战，山乡面貌发生历史性巨变。贫困地区经济实力不断增强，基础设施建设突飞猛进，行路难、用电难、通信难等问题得到历史性解决（总述）。率先在××实现县县通高速，在山地丘陵高原上架起了一马平川、四通八达的"交通平原"，昔日"地无三尺平"的贵州，如今万桥飞架、天堑变通途（"率先""昔日"，联结内与外、远与近，体现了横向、纵向联系、比较的思维）！在××地区率先实现村村通硬化路、村村通客运，建成×万公里通组硬化路，铺就了产业发展的"致富路"、子孙后代的"幸福路"（"率先"，联系的思维；"村村"，全面的思维；"铺就"，用了拈连的修辞手法和发展的思维。全句把内外、点面、前后联系了起来）。贫困村全部实现通动力电、光纤或4G网络，"交通靠走、通信靠吼、照明靠油"的日子不再有（"全部""不再"，兼顾点与面、昔与今，体现了全面、发展的眼光）。××万群众搬出了"一方水土养不起一方人"的大山，"昔日破旧土坯房，如今新屋亮堂堂"（"××万""昔日……如今"，全面、联系、发展的思维）。从出山要攀"手扒岩"、坐"溜索桥"到组组通，从透风漏雨茅草房到宽敞明亮砖瓦房，从电力进村寨到网络广覆盖，××大地旧貌换新颜，处处呈现山乡巨变、山河锦绣的时代画卷（在上文分写的基础上收笔总写；"从……到""××大地""处处"，全面、联系、发展的思维，全句联结了点面、昔今、新旧、虚实等多个方面）！

上段采用"总—分—总"结构法，先总写历史性巨变，再从交通、电力通信、住房三个方面分写今昔变化，最后联结昔与今，再次总写脱贫攻坚的巨大成就。从中不难看出，用全面、联系、发展的眼光看问题、作思考，就是要把点面、虚实、前后、上下、内外、主次、远近等多个相关要素联系起来，从纵横两个维度上观察、思考、分析和谋篇。

第十节　千法万法，首在四法

——写作方法论：表达有"法"

公文写作的过程，是作者开动思维机器、搜索相关素材并运用语言表达的过程。为了写出优质的公文，作者要用到很多方法，包括思维方法、结构方法、选材方法、表达方法等，其中的思维方法是贯穿写作全过程的核心方法。要写好公文，先要锤炼思维。

马克思主义辩证法与认识论、方法论是一致的，辩证法就是认识论和方法论。辩证法作为认识论和方法论，就成为辩证思维方法。通常说的"照辩证法办事"，实际上就是要把辩证法转化为认识论和方法论，转化为辩证思维方法。

辩证思维是人们把握客观事物的一种认识工具，其实质就是按照唯物辩证法的原则，在联系发展中把握认识对象，在对立统一中认识事物。

公文写作，千法万法，首在辩证思维方法。公文写作要在辩证思维的指导下，运用联系、发展和矛盾的观点，对接收的外部信息进行加工和处理。

常见的辩证思维方法有归纳和演绎、分析和综合、抽象和具体、历史和逻辑，这些也是公文写作居于"底层逻辑"层面的方法。

一、归纳和演绎

这是最初也是最基本的思维方法。从字面上看，归纳的"归"是归结，"纳"是收纳，"归""纳"合起来就是从多到少压缩、提炼的过程；演绎的"演"是阐发，"绎"是连续不断，"演""绎"合起来就是连续不断地阐发出来，即从少到多。

归纳和演绎都是推理方法，其中，归纳是由一系列具体事实概括出一般原理，这是从个别上升到一般的方法。演绎是从一般原理推论出个别结论，这是从一般到个别的方法。

公文写作中经常要用到归纳和演绎的方法。例如：

前些年，在推进背街小巷改善、庭院改善中，通过落实"四问四权"，我们的工作得到了老百姓的高度认可（个别事实）；这两年，在实施二次供水改造、无障碍设施改造中，我们进一步完善"四问四权"的工作机制，啃掉了很多"硬骨头"，实现了改革的"软着陆"（个别事实）。可见，"四问四权"一直是我市做好民生实事工程的基本经验，其实质就是：民生的问题要运用民主的方法去解决（一般结论）。

"四问四权"是我市用民主方法解决民生问题的一条主要经验（一般原理）。前几年，通过落实"四问四权"，我们实施的背街小巷改善、庭院改善等民生工程获得了广泛好评，被老百姓誉为家门口的"实事工程"（个别事实）。今年，我们大力开展的旧改、无障碍设施改造工程，同样要坚定不移地把"四问四权"这一民主工作法贯彻好，落实好（推导出的个别事实）。

显而易见，前段采用的是归纳法，后段采用的是演绎法。

二、分析和综合

分析法。分，即分解；析，即析出。分析，是把事物分解为各个部分、侧面、属性，分别加以研究。分析法，是"执果索因"的思维方法，即从结论出发，不断地去寻找需知，直至达到已知事实的方法。分析法的思维过程可概括为："结论→需知→需知→已知"。例如：

这次换届，省委对××、××就有别于其他市州（结论：果）。比如，常委职数，其他市州××个，我们××个；市委书记与人大常委会主任，其他市州分设，××、××不分设；其他地方党委常委、政法委书记与公安局长分设，××可以不分设（需知）。这都是按照中心城市和省域副中心城市来配备领导体制的（已知：因）。

综合法。综，聚总、集合；合，合并、归拢。综合，是把事物各个部分、侧面、属性按内在联系有机地统一为整体，借此掌握事物的本质和规律。综合法，是"由因导果"的思维方法，即从已知条件出发，不断地展开思考，去探索结论的方法。综合法的思维过程可概括为下面形式："已知→可知→可知→结论"。例如：

全省"十二五"规划提出的GDP总量目标是×万亿，六分之一就是××××亿（已知）。按现在的发展势头，有望达×万亿。如果按×万亿算，六分之一就是××××亿（可知）。我们去年是××××多亿，翻一番是××××亿，还有××××亿的缺口（可知）。要达到这个目标，以我们现在的产业基础，难度还是相当大的（结论）。

分析和综合是两种相反的思维方法，但它们又是统一的，相互联系、相互转化、相互促进。分析是综合的基础，没有分析就没有综合；综合是分析的完成，离开了综合就没有科学的分析。分析法和综合法经常联系起来使用。例如：

怎么看待中央和省委对××省域副中心城市的定位？我理解，所谓省域副中心城市，它的内涵至少包括两个方面：一个方面是，省域副中心城市一定是省级城市的规划、建设和管理水平，而不是地市级的。如果说我们仍然是一个地市级的规划水平、建设水平和管理水平，那就一定不是省域副中心城市。另一个方面是，省域副中心城市一定是一个区域性中心城市，具备区域性中心城市的功能和作用。这就决定了我们这个城市必须承担一些责任：一是对全省的支撑作用；二是对区域的带动作用；三是对自身的提升作用。

上例先从两个方面分析省域副中心城市的内涵，在此基础上，通过"综合"进一步指出所要承担的三个责任。

三、抽象和具体

抽象，指从具体事物中抽取出来的本质的特征、属性、关系等，从这个角度来说，抽象的同义词应该叫"归类"。

具体，指客观存在着的或在认识中反映出来的事物的整体，是具有多方面属性、特点、关系的统一。能够用感官直接接触到的，统统都是具体的。

抽象和具体在人的认识中互相联系和转化。认识从感性的具体认识开始，经分析形成概念、判断的抽象认识，又经综合再现具有多方面属性、特点、关系的统一整体，形成高级的理性的具体认识。例如某领导在总结民生工作时这样讲：

在近些年的为民办实事中，××市有很多创新。其中，扩大公民有序参与就是最为出彩的一个。如在庭院改善中，××市实行开放式决策，坚持"改不改，让百姓定；改什么，让百姓选；怎么改，让百姓提；改得好与坏，让老百姓评判"，极大地调动了老百姓支持改造、参与改造的积极性。在犬类管理上，充分发挥犬类自治协会的作用，在规范化建设小区稳步推出了"红榜制"，养什么犬、怎么养犬等，都由犬类自治协会按照"养犬公约"规范处理，每周对违规犬只进行"红榜"公示，实现了市民养犬的自我管理、自我监督和自我教育。在清水治污中，坚持以百姓诉求为第一信号，通过××日报、××电视台等市级媒体广泛征集民意，将老百姓反响强烈的黑臭河纳入优先整治名录，并张榜公示。

回顾上述民生实事工程的改造历程,有这样一条宝贵的经验:始终把老百姓当成改造工程的"剧中人",把改造的参与权、决策权、选择权和监督权交给老百姓,一方面,显著增强了老百姓的获得感和满意度,另一方面也有利于实事工程的顺利推进(感性具体:历数具体事件,先演绎后归纳再分析)。这条经验的实质就在于:用民主的办法促进民生问题的解决,通过民生问题的解决进一步深化民主制度的落实。这条经验,归结起来说就是"民主促民生"工作机制(抽象:贯穿上述事件的一般原理,抽象的过程也是综合的过程)。

当前,全市范围内正在推进新的民生实事工程,包括加装电梯、二次供水改造、无障碍设施改造等,没有一项不是"硬骨头",没有一项不面临民意协调的困境。怎么办?我始终坚信,民主促民生仍是我们把实事办好、把好事办实的一把利器。只要让民主的阳光照进每一个庭院、每一条道路、每一片心田,民生实事工程就一定能结出新的硕果(理性具体:用一般原理指导新的实践)。

上例以"具体—抽象—具体"的辩证思维组织结构,从实践到理论,用理论指导新实践,逻辑严密,其间也同步运用了演绎和归纳、分析和综合的思维方法。

四、逻辑和历史

由抽象上升到具体的逻辑思维过程同客观事物的历史过程和认识的历史过程应当符合,也就是逻辑和历史的统一。

恩格斯说"历史从哪里开始,思想进程也应当从哪里开始",说的就是逻辑方法和历史方法的统一。

逻辑指的是理性思维或抽象思维,它借助分析和综合的方法,以理论的形态反映客观事物的规律性。

历史包括两层意思:一是指客观现实的历史发展过程,二是指人类认识的历史发展过程。历史的方法,就是按照客观事物自身历史发展的自然进程去分析和揭示对象的本质及其运动规律的方法。

真正科学的认识是现实历史发展的反映,要求思维的逻辑与历史的进程相一致。例如:

在对待城市基础设施安全监管问题上,我们曾走过一些弯路,吃过不少苦头。比如:过去,对供水管道不时被挖断或错接的情况,我们处理起来十分被动,往往是举报一件处罚一件,爆管事故多是按下葫芦浮起瓢,令我们耗费了巨大的人力和物力（感性具体），这都是缺少通盘考虑、多方协同所致（理性抽象）。后来，我们建立了挖掘许可、执法查处、巡逻抢修的联动机制，违规开挖行为虽有遏制，但事故率仍居高不下。直到××××年××村污水管乱接导致供水污染事件的发生，我们对保障供水管网安全的认识才上升到了一个全新的高度。我们从管网的规划和建设、开挖的许可和查处、部门的协同和联控、法制的修订和完善、保护区域的划定和监控等方面（理性具体），系统考虑管网安全问题，健全了动态监管和长效机制，从根本上解决了没人管、没法管、管不住的问题。

上例从"过去"到后来的内容推进，从感性具体到抽象再到理性具体，既体现了基础设施监管从"乱象"到"善治"的发展过程，也遵循着人的认识从表层到深层的思维逻辑，体现了历史和逻辑的统一。

第十一节　写什么，打通任督二脉有妙招

——写作方法论：12 要素成文法

不知写什么，是不少新笔杆遇到的最大"拦路虎"；而一旦他们弄清楚写什么，思路往往会如高山之泉，喷涌而出。

提到写什么，有人可能会马上想到以下内容：内涵、意义、认识、宗旨、目标、任务、措施、问题、原因、成效、计划、思路、总体思想、指导原则、对策、工作保障，等等。

以上说法有错吗？没错。但讲写作方法时，倘若我们只满足于对上述内容安排法一一详细作答，感觉还是琐细了点。因为文章不同，上述内容的呈现就会千差万别，纵使我们连篇累牍，不厌其详，也难以彰显普遍的指导意义。

怎样才能找到公文写什么的终极门径呢？写作中应该有底层逻辑。换句话说，不论是什么文种，也不论包含上述何种内容，都应有贯通上述内容的几种本质要素。我们知道，屋宇楼台不论有多少种造型，归结起来也就是砖瓦木石、钢筋水泥等基本要素；人体再复杂，医生治病也必须从细胞、基因、各种微量元素等主要成分入手。写作正如工匠造屋和医生治病，必须找到构成一篇公文的基本元素和主要成分。

公文写什么，能否找到基本要素和主要成分呢？当然能。笔者以为，公文虽然因内容不同而千差万别，也因思维差异而丰富多彩，但从普遍性上说，主要包括 7 项内容构成和 12 大基本要素。写作中，只要我们精心安排相关内容，熟练

用好"12要素成文法"，就会顺利打通公文内容安排的任督二脉，如愿走出下笔想断肠、愁煞秘书郎的困境。

公文7项内容，按重要程度可分解为"6+1"。这里的"1"是独立于公文主体部分之外的附加性内容，包括附件、附注、附录等。"6"是主要内容，包括事实性内容、事理性内容、生发性内容、结构性内容、语言性内容和想象性内容。具体如下：

事实性内容构成公务活动的主干，主要包括人、事、物、时、空五要素。其中，人，既包括公务活动涉及的有关人物，也包括人的思想、品德、言行、心理等；事，既包括大事小事急事难事具体事，也包括事情的起因、经过、结果、问题等；"物"有实在物、虚拟物和抽象物，前者如钢笔、桥梁、电脑等，中者如网络、通信等，后者如资源、仓储、媒体等；时，即时令和季节特征、历史回溯及时事、形势分析；空，包括地域特征、地区差异、地貌特点、空间构成说明等。

事理性内容，是开展公务活动的思想基础、观点见解和精神支撑等，侧重于"认识和精神"层面，主要是理、情、意三要素。理，包括原理、规律、看法、道理阐析、机理揭示等。情和意，是公文写作的主题性要素。情，即作者的情感注入，包括感谢、祝愿、关爱之情等；意，是文章写作的意图、目的、宗旨、理念以及所要体现的精神等。

生发性内容，是基于对人、事、物等实体性要素内涵的生发、挖掘、铺陈和拓展，有利于深化主题。常运用从粗到细、从点到面、由表及里等方法，包括意、理二要素。如十九大报告指出："在市县党委建立巡查制度（事），加大整治群众身边腐败问题力度（从点到面拓展）。不管腐败分子逃到哪里，都要缉拿归案、绳之以法（由表及里拓展，升华主题）。"

结构性内容，是支起文章内容的框架性要素，人、事、物、理、情、意等要素经常被用来结构文章，如"政府部门要履行好'舵手'职责，新闻媒体要发挥好'喉舌'作用，社会机构要运用好'齿轮'功能"。此外，人、事、物的存现和变化场域，即时、空二要素，用于结构文章的情况也比比皆是。时间结构如"这一年来……这一年来……这一年来"。空间结构如"在机关部门……在厂矿车间……在基层社区……"。

语言性内容，其要素是语、数、符，即各种语汇、数字、符号和相关语言技巧等（数、符也属于"语"）。主要包括五个方面：一是上下文的承启和衔接，常见方法有语词、语意、语音连接。二是对相关概念的阐释和解读，常运用语义分析法。三是连通文章相关内容结构，如有些文章借助名言、语词拆解法来结构文章。四是深化和细化文章内容表达，如公文中经常用到的数字、符号、公式、图表等。五是工作的方式和手段等，包括舆论、宣传等。

相象性内容，一方面是由人、事、物等实体内容联想到其他事物，使表达更生动，内容更丰富，思想更深刻，常用联想、想象、修辞等手法，包括想（联想、映衬、对比、比较、比拟等）、象（想象中的物）二要素；另一方面也包括公务活动所必需的智力支持，侧重"做法"方面，包括法规、章程、文件、制度、思路、措施、方法、策略等，本文统称为要素"法"。

综上，公文7大内容共有12大要素，可连读为：人+事、物+理、情+意、时+空、语+法、想+象。用好"12字要素成文法"，公文内容即可千变万化、奥妙无穷。当然，在实际写作中，上述"7+12"内容经常结合在一起出现，彼此孤立的情况绝无仅有。例如：

这次××超强台风，是有记录以来在我市发生的强度最高、持续时间最长、防御难度最大的一次自然灾害事件（事实、事理性内容，侧重说"事"，其他要素还有：时、空、意）。对我们来说，这是一次危机，也是一次大考（生发性内容：由事及"人"——"我们党"）。经过艰苦努力，目前抗台防汛形势积极向好的态势正在拓展（事实性内容："人"推动"事"向好发展；主要要素有：人、事、时；"经过"化繁为简，举重若轻，运用省略法）。实践证明，市委市政府统筹各方、科学调度的方针是正确的，各项工作部署是及时的，采取的举措是有力有效的（事理性内容：情、意，同时回溯当"时"行动的正确）。这次抗台风工作取得的成效，既是全市应急管理格局优化、机制创新后交出的一份完美答卷，也充分显现了我市在体系防灾、智慧防灾、科技防灾上的独特优势。（生发性内容：情、意，进一步讴歌"我们党"）。

例文除了段落中提到的事实性、事理性、生发性内容，还有语言性内容和结构性内容。语言性内容如"对我们来说""经过""实践证明"等，用于上下文衔接；结构性内容为"事—人"，从"这次（事）……对我们来说（人）……；经过（事）……实践证明有效（人）……取得的成效（人）"等语句，可以看出一条清晰的时间线索，环环相扣，层层推进，逻辑严密。

当然，上述12要素归根结底就是4要素——人、事、文、物，如"情、意、理、想"可归之为"人"；"时、空、语"属于"文"，"时、空"是结构性因素，"语"是语言（包括数、符等），"像"属于"物"。为了铺陈说明，本书按"12要素成文法"进行详述。

第三章 模仿不可少，摹写最重要

——写得出的 3 大基础工程

下笔要写得出，必须具备三个条件：脑里有型想得出，肚中有料倒得出，笔底有话写得出。有型，就是动笔写作前脑中先有文章的轮廓、构图、框架、模型；有料，就是在一定的思想意图指导下，用以装填框架、模型的各种写作素材；有话，是把写作素材和写作框架联结在一起的语言"黏合剂"。有型、有料、有话，这是确保写得出的三大基础工程。做到这"三有"，就不愁下笔写不出。

第一节 有 型

有型：就是照着模板写，循序渐进步履稳。

新手初入行，少不了模仿。有句话在文秘人员中很流行：天下文章一大抄，看你会抄不会抄。如果只看到前半句，就是断章取义。这句话的关键在后半句，强调的是要"会抄"。会抄，才是真正意义上的模仿。模仿值得提倡。"一大抄"但"不会抄"，那无异于抄袭，不仅于人有害，也于己无益，必须坚决反对。

既然模仿被允许，那么新手就应潜心学会正确的模仿。对新手来说，今天模仿是为了将来不模仿，为此，要致力于"仿"出一条路，从倚杖而行到弃杖而走。

所谓"模仿"，就是"模"和"仿"，"模"就是模子、模板、模型，"仿"就是仿照、仿写。"模""仿"二字合起来，就是仿照模板写。那么，有哪些模板值得新手下真功夫去"仿"呢？

如前所述，有型就是照着模板写，一是既定模板，二是自创模板。换言之，文秘人员要学会模仿，一方面要熟悉各种现成的标准模板，另一方面要善于总结适合自己的模板。若能从各种模板中"仿"出学问、"仿"出水平来，不仅有利于写得出，也有助于写得快。接下来对上述两种模板作——说明。

但凡公文写作，都有一定之规，其框架结构、语言表达都有基本的范式、模板，这既是公文处理规范、高效的需要，也让公文写作变得有章可循、简便易行。初习公文，先要对照所用文种的基本格式，认真研习和模仿，努力掌握常用文种基本模板的写作"技术"。待烂熟于心之后，再进入到自创模板的"艺术"创作阶段。

在日常公文写作中，常用的文种有二三十种，一般可分为两大类：法定公文和事务公文。法定公文，即《党政机关公文处理工作条例》（中办发〔2012〕14号）中明确列举的15个文种，如决议、决定、命令、请示、批复、会议纪要等；事务公文是各级各类单位用来处理日常事务、沟通关系的书面文体，常见的有领导讲话稿、工作总结、信息、调研报告、感谢信等。

遇到上述文种的写作任务，我们就可以仿照该文种的基本模板写。例如：请示一般包含"背景说明＋请示缘由＋请示事项"三部分，"背景说明"有时可以不要；会议纪要常按"会议（简况）＋（分事项）纪（实）＋（讨论的）要点"三部分写，常用"会议认为""会议指出""会议同意""会议明确"等承启语串联结构；动员部署性讲话一般写思想动员、工作部署和保障要求等三大方面；总结表彰性讲话主要有肯定成绩、指出问题、下步安排三部分，等等。如把常用文种的基本格式、框架都记牢、会用，写得出大抵没有什么问题。

由于"文无定法"，天下文章总不可能按一个模式写，这就使自创模板有了很大空间。只要遵循规范、合乎逻辑、体现章法，自创模板就是有助于提升表达质量和速度的"独门绝活"。自创模板既适用于一篇公文写作，也可用于一个句群或一段话。例如应用较广的"事—理—应"的议论模式（多见于篇章段的开头）：

党中央决定，从今年4月开始，分两批开展学习贯彻习近平新时代中国特色社会主义思想主题教育，目前，×级以上单位已经开展，这是一件关乎全局的大事。（事：当前的事）谋划好、组织好、落实好，对全面贯彻党的二十大精神、对推进中国式现代化、对建功新时代等有重要意义。（理：认识、说理）在强国复兴征程上，各级党组织要深刻领悟主题教育的"永恒课题""动力之源""宝贵经验"，奋力书写"社会主义现代化国家"最美华章。（应：总体提出"应该如何做"的要求）

上例"事—理—应"中，"事"是起因，"理"由"事"起，先说"思想到位"，在此基础上提出行动要求，顺理成章，非常合乎逻辑。

公文中发表议论的常用模板还有"重要性＋必要性＋实践性"。例如：

调查研究是谋事之基、成事之道，没有调查就没有发言权，没有调查就没有决策权。（重要性：内在属性）正确的决策离不开调查研究，正确的贯彻落实同样也离不开调查研究。（必要性：工作离不开）调查研究是获得真知灼见的源头活水，是做好工作的基本功。（在前文议论基础上进一步提出结论性观点，引出下文该如何落实的"实践"内容）

第二节 有 料

有料：就是照着生活写，大海取水笔充盈。

公文写作的"生活"，就是实际工作。有些新手写不好公文，一部分确因文字功底不够，还有一部分其实是不熟悉工作，有劲使不上。熟悉工作包括两个方面：一是"实"的方面，即实实在在的内容，包括具体工作事项、涉及人员、实施过程、物质手段等；二是"虚"的方面，即潜藏于表象后面的看不见的内容，包括工作规律、原理、机制，以及"人"的思想、意图、认识等。由此可见，文秘人员光研究"文"不行，还得研究"事"。公文写作的三个研究，永远是第一研究"人"，第二研究"事"，第三研究"文"。

我们常说创作源于生活，高于生活。文学创作如此，公文写作亦如此。在一定程度上，公文就是对相关工作的照实"摹写"。摹，是临摹，公文反映的是公务，要求实打实，力避空对空。摹，才能确保写得真、写得像。

工作，只是提供了公文写作的原初材料。熟悉了工作，确保了文秘人员写作"有料"，但并非要对工作的所有内容一网打尽。文秘人员还要根据事先确定的主题思想，对原始材料进行取舍和加工。总的来说，公文的"有料"包括主料和辅料。主料构成一篇公文的主要内容，包括来料、原料、实料、新料等；辅料是公文的辅助性内容，即在文中起到铺垫、衔接、佐证、补充说明等作用的材料。具体如下：

一是来料。包括派来的、转来的和拿来的。派来的，即上级交办的工作事项，也是公文重点内容的优先项；转来的，即其他部门或条线转办的工作事项；拿来的，即其他公文（包括本篇公文）也可以参照使用的材料。

二是原料。原料，即公文所反映公务事项原来就有的、原本应有的内容，前者指过去就有、现在还有的一贯性内容，后者指别家都有、自家也有的普遍性内容。一般公文都对应着特定范围内的工作事务，以及开展工作必需的基本要素，这些事务也保持着长期不变的稳定性，从而成为公文的基本素材来源。如会议通知按工作事务选材，一般应包括会议准备、会议组织、会议保障、会议落实等相关内容，按要素分应包括会议时间、地点、人物、程序、内容等要素。这些是任何会议通知都应具备的基本材料。

三是实料。重在一个"实"，即能具体反映公文主要人、事、物等要素的细节性材料，如人的言行、事的过程细节、物的种类特性等。

四是新料。包括时代新出现和作者新加工的素材。时代新出现的材料，如随着智慧城市的到来，很多公文都要提及智慧化有关内容；某地正在承办大型节会，该地特定阶段的各类公文大多要提及节会保障的有关内容。作者新加工，是指作者对某些素材进行特殊加工后形成的新素材，如就相关问题提出独到解决方案的思路性材料。

五是辅料。辅料，顾名思义，是对表达主题起辅助性作用的材料，包括作者生发议论的思想性材料、相关文字资料、佐证史料、细节材料，以及数字、图表等相关辅助性材料等。

如某局某年度工作总结包括以下内容（未按结构排序）：解放思想大行动、上级巡视问题整改工作；（来料：当年全市范围内的"规定动作"）党务＋政务＋业务＋服务＋杂务；（原料：人有我有、昔有今有的内容）主要工作和成绩；（实料）重大活动保障；（新料：新出现）思考和问题；（新料：作者加工）领导批示和媒体肯定、百姓赞扬；（辅料）形势分析和思路。（新料：作者加工）

第三节 有　　话

有话：就是照着范文写，含英咀华营养丰。

脑海中有了模板框架和内容素材之后，还需借助合适的语言表达出来，这是写得出的最后一环，也是最基础的一环。所谓"合适"，就是要用合乎公文规范和文种特点的语言来反映相关公务。

合乎公文规范，要求语言表达必须庄重、典雅、得体，体现行政机关的权威性和严肃性。在现今的公文中，保留了相当一部分文言词汇，如"兹因""特此""妥否""谨启""切勿""业经""责成""收悉""希予""如无不妥"，等等，用于公文表达给人十分规范、正式的感觉。此外，在一些涉及业务的公文中，运用专业术语也有利于增强其庄重性，如"善治""资产分割""腾笼换鸟""营商环境""供给侧""放水养鱼"，等等。

文秘人员应在公文写作实践中多积累上述词汇，让自己的公文写作更加规范、专业，日积月累，就构成了文秘人员的规范话语体系。这是"有话"的第一个来源。

"有话"的第二个来源，是师承话语体系。文秘人员在学习相应文种写作的过程中，会从相关范文中学习到别人新鲜而有效的表达方式，多多地拿来应用，有助于提高自己的表达水平。如特色词汇表达："本色""底色""亮色"等；诗句表达："不畏浮云遮望眼"的清醒，"乱云飞渡仍从容"的自信，"直挂云帆济沧海"的豪情；方言口语的运用："组合拳""铁脚板""和稀泥"；等等。

"有话"的第三个来源，是自建话语体系。这是文秘人员语言宝库中最为庞大的话语体系。在多读、多写、多悟中，文秘人员一方面学到了大笔杆们的表达技法，另一方面也打磨了具有自我特色的话语表达手段，这是个人公文写作出新、出色的重要方面。例如下面两例：

放眼望去，连天的山巅，恍如飘动的云彩，白色的，如银装素裹，红色的，似火龙翻卷，鲜丽的，艳得灼人眼目，淡雅的，素得怡人情怀……人在花山行，仿佛置身色彩的世界。（描写）

现在大家整天忙忙碌碌，但是静下心来想一想：人这一辈子到底想干点什么？苏东坡有句话，"哀吾生之须臾，羡长江之无穷"。人在时空两大维度中都是非常渺小的，转眼就过去。人生观正确的人，一辈子可以活得很充实，很积极，可以干出很多有意义的事。如果在人生观问题上没有一个合理的定位，稀里糊涂就过去了，最后什么也不是。（口语化）

规范话语体系、师承话语体系、自建话语体系，这三大话语体系的不断完善和丰富，必将有助于文秘人员文思泉涌、落纸生辉。

虽为老调，却是金律

——写得出的底层逻辑

从实操层面看，提笔要能有话写、写得出，不是语言功底好就行，也不是有想法就好，而是一项涉及立意、构思、结构、选材、语言这 5 大环节的系统工程，需要进行大量的系统训练。

上述 5 大环节，任何公文写作都绕不开，文秘人员在任何一个环节上出现思维阻滞，最终都会导致写不出。因此，如何把上述 5 大环节安排妥帖，是文秘人员的中心任务。

从这 5 大环节出发，考虑公文写什么和怎么写，有利于全面、系统地梳理写得出的基本方法，解锁写得出的终极密码。如此做，貌似老调重弹，实则金律在手，由此会把我们带向一片写得出的广阔天地。

第一节　自然律，公文写作的头条金律

老子说：道生一，一生二，二生三，三生万物。老子认为，道独一无二，繁衍万物。万物既生，万象遂成。

于是乎：日月经天，江河行地，风起云飞，电闪雷鸣，雨润山原，万物生焉，春耕夏耘，秋积冬藏，万世浩浩，绵延不息……

这是跨越时空、包罗万象的"天地图"，也向我们昭示了天行有常、万古如斯的"自然律"。

公文也有"道"（写作规律），独一无二的写作之"道"。在"道"的驱遣下，"因字而生句，积句而成章，积章而成篇"（刘勰《文心雕龙》），一篇公文因之而成。

公文之"道"，千头万绪，难以尽述。惟其繁富，"书不尽言 言不尽意"，就只能用典型去代表。一篇公文，包含开头、段落、结尾、主题、线索等各种构成，若以自然譬喻，其间也有"日月""江河""风云""雨物""雷电""山原"等典型元素。

由此，我们可绘出公文的"天地图"，并定位一篇公文的各相关要素，从中探寻公文写作的"自然律"。

开头："日"起胸臆耀"四方"。

"日"，是作者酝酿于胸的主要思想、宗旨、意图。"日"出胸臆，即成为一篇公文的主题。公文作为传达政令、执行公务的工具，表达务须简明、高效，往往在开头便单刀直入，直奔主题。一"日"既出，必将光芒万丈，照耀四方，正如主题必须一贯而下，统领全篇。

主体："风云雨物"生平冈，"雷电"突击发炫光。

"红日"普照平原和山冈，造成空气流动、水汽升腾而生"风"、成"云"，继而随着气压、气流、气象变动而变"雨"，"雨"洒山原，滋生"万物"，偶或有"电"闪"雷"鸣伴其间，让人猝不及防，不由眼前一亮。

公文主体各段的成文过程，一如"万物"生发、生长的过程。

随着主题思想的"瀑流直下"，沿途会分成若干径流、支脉，这就是文章的思路，正如"风"行各处。思维之"风"劲吹，"风"行生活之"水"，雾"气"蒸腾而成妙想之"云"，这正如思路的不断明晰、拓展，离不开必要的阐释、阐述、说明，并进一步具体化为各条微流、细脉。最终，妙想之"云"凝结、飘落为文字之"雨"，倾泻笔端而成文，孕育不同的观点、见解，这好似不同"物"的长成。

可见，一篇公文的成稿过程，离不开一个"生"字。思想照耀，"生"机盎然。上述成稿过程，可以类比概括为：主题思想如"日"，由此产生"思路"（生"风"）——由"思路"衍生的看法、理解等（生"气"）——进一步具体化的微流、细脉（生"云"）——观点的铺展、表现（生"雨"）——新的观点、见解（生"物"）。

在风雨飘飞的过程中，有时还会伴有电闪雷鸣，这好比文章的"节外生枝"，如插入的逸闻、事例、知识说明、背景介绍、相关见解等，往往带给我们一股拂面的清风。

线索："江河"蜿蜒贯中央。

一篇公文，涉及的内容可能千头万绪，必须有一条线贯穿始终，串珠成链，形成一个有机的整体。这好似江河行地，流水映日，借助线索的四通八达，作者得以把主题的巨大光辉和能量传布文章各个部分。

结尾："月"明星稀韵味长。

日落西山，风息浪止，此时，新月初升，悬于东山。就好似思想宣泄奔突之后，复归平静，文章就此结尾。夜幕降临，宣示一天终结，预示要收结上文；同时，月轮东升，迎接新的一天，预示公文在结尾还要揭示下步打算，展示美好未来，言近旨远，意味深长。当然，有些公文也可以没有结尾，正如"月"也不是每夜高悬一样。

修炼："春耕夏耘"笔如铧，"秋积冬藏"玉满仓。

世间万物绵延不息，离不开自然的伟力，也少不了人力的加持。春耕夏耘，方才播下希望；秋积冬藏，方能金玉满仓。由此想到公文写作，唯有经过辛勤笔耕、日积月累，才能翻山涉水，广采博收，最终成就自己公文写作的梦想。

最后，我们通过一篇例文来具体展示公文写作的"自然律"。

政企同向谋发展　干群同心促和谐

××把"三服务"细化成××项具体行动，力戒形式主义，努力把企业、群众、基层的痛点、难点、堵点逐一解决到位，取得良好成效。

对企业，打造良好的营商环境是最好的服务。服务的温度决定了企业对营商环境的满意度。为此，××一方面建立企业事马上办平台，事无巨细全部闭环办理，做到无事不插手、有事不撒手；另一方面开展上门送惠企政策菜单活动，为企业量身梳理可享受的政策条款，实施企业转型"诊断式服务"，"量体裁衣"制定转型路线图，服务成了营商环境最好的黏合剂。

对群众，实施初心行动是最好的服务。针对"三服务"中群众诉求最集中的问题，开展了民有所呼、我有所应的初心行动，主要抓了四件事，一是让全市××户低收入家庭入股飞地抱团项目，每年领取固定分红；二是对××个老旧小区实施标准化改造，年内全面完成，惠及十万居民；三是推进农民住房改善行动，××年内基本满足农民住房改善的多样化需求；四是开展天然气进老旧小区、进农村新社区、进小餐饮行业行动，今年××%的城市居民和××户农村家庭将用上天然气，服务成了干群关系最好的润滑剂。

对基层，开展减负减压是最好的服务。只有敢于为基层担当，基层才能减负减压、轻装上阵。为此，××紧盯基层难协调、难拍板、难解决的问题，建立市领导领衔破难、部门领导驻点破难、镇街道领导一线破难的三级联动破难机制，前两年梳理的×批××个破难项目已有××个成功攻克，今年第一批××个破难项目正在奔跑破解中，服务成了基层活力最好的催化剂。

例文是一篇主题鲜明、纲举目张、言简意赅的工作汇报。开篇即和盘托出文章主题——"服务"（如"日"），并以此统领全文各段。在"服务"这一思想的照耀下，形成"对企业""对群众""对基层"三条思路（三股劲"风"）。其间，

"最好的服务"作为一条思想红线贯穿全文。针对文章的三大思路，作者还进行了一针见血的阐述、论证（犹如散发之"气"），如"服务的温度决定了企业对营商环境的满意度""只有敢于为基层担当，基层才能减负减压、轻装上阵"等；结合生成的不同水"汽"，又凝结成为不同的"云"朵，如"对企业"一段中，"一方面……另一方面……"即为两朵"云"。在飘移的"云朵"之下，"甘霖"普降，形成了更为具体的措施、行动，如"对企业"一段"另一方面……"中的"梳理政策条款""诊断式服务""量体裁衣"等，可谓"雨"量充沛。此外，在文中各主体段落，大"雨"普降还催生了新的思想、观点（好似生"物"），如"服务成了……黏合剂""润滑剂""催化剂"等段落结尾句。

最后，本文随处可见作者扎实的文字功底，均来源于显而易见的"厚积薄发"，包括思想的积累、生活的积累、知识的积累、语言的积累，如"三服务""无事不插手、有事不撒手""领衔破难、驻点破难、一线破难"，以及上面提到的"三个剂"等。

第二节　开笔四件事

一篇公文的写作过程虽然比较复杂，要统筹考虑立意、选材、标题、逻辑、照应等多个环节，但从根本上说，文秘人员要重点做好四件事：定调、建构、填充和表达。这四件事，涵盖了一篇公文成稿的全过程。

第一件事，定调。写公文就像唱歌、弹琴，未构思，先定调。对公文来说，这个"调"就是主题。下笔定什么调，决定了笔者能写出什么样的公文。调性不同，写出的公文大相径庭。根据来源不同，公文的主题可分为八个"调性"：

高调。上级部门的政策、文件，或领导的思想、指示、要求等，都可以成为公文主题的来源，这就是"高调"。主题起调高，有助于抬升文章的高度。例如上级提出要促进"高质量发展"，围绕这一"高调"，下级各部门在较长时期内的各类公文写作，都可以结合本行业特点，阐述高质量发展的思路、措施、成果等。

原调。大部分文种"自带调性"，本身就潜在地决定了写作的主题。如表彰决定的主题是"表彰"，商洽函的主题是"商请"，感谢信的主题是"感谢"，倡议书的主题是"提倡"，总结表彰性讲话的主题是"表彰"，等等。按所采用文种"自带"的主题写，这就是"原调"。

平调。任何单位都有特定的工作职责，任何事件都呈现出自身的特点，职责特点、事件特性往往成了相关单位公文写作的常规主题，这就是"平调"。如公安部门的职责是"保平安"，交通部门的职责是"保畅通"，民政部门的职责是"保民生"，卫健部门的职责是"保健康"，民生实事工程的宗旨是"惠民"，绿道工程建设的初衷是"便民"，绩效考核工作的目的是"高效"，纪检工作的意图是"清廉"，城市大脑工作的根本在"智慧"，城市环境大整治工作的实质是"品质""精细"，等等。按部门职责、事件属性等"与生俱来"的特定主题写，就是按"平调"写作，也是多数文秘人员写作定调的"优先项"。

随调。随，就是随来文、随同行、随下级、随潮流等。它山之石，可以攻玉。随调，就是学习别人的长处和优势，跟随社会思潮，其他地域、相关人物和文章的思想、观点、见解来定调。例如有城市在优化营商环境工作中提出了"管家式服务"的理念，其他城市的文秘人员在写作相关事项的公文时，就可以"管家式服务"为主题。

反调。反调就是反弹琵琶，坚持问题导向，从事情的反面、不利的因素、存在的不足等方面去确定主题。如"'三不'精神"（不辞辛劳、不嫌麻烦、不计回报），就是一种"反调"立意法。

升调。升调，是对文章反映对象表面意义的拔高和升华，是经挖掘、整体"包装"后焕然一新的"调"。常见的主题"包装"法是借用相关学科理论、作者思想提炼等。前者如某住建部门文秘人员借用哲学家海德格尔的哲学命题"诗意栖居"来定调，后者如有文秘人员用"效率革命"给管理创新定调，等等。

小调。小调就是非常小众化的主题，这样的立意往往角度独特，构思奇巧，想人所未想，道人所未道。例如有文秘人员写个人工作总结采用了"红黄绿灯"的寓意，令人眼前一亮：红灯停，总结不足常自省；黄灯警，严肃谨慎正当下；绿灯行，斗志昂扬向未来。

主调。写作是高度个人化的行为，体现出极强的主观能动性。以文秘人员自己的观点、见解、看法、想法等作为主题，永远是公文写作的"主调"。文秘人员不同，主调也不同；内容不同，主调也有差异。主调的千变万化，大大丰富了公文写作的构思途径。

第二件事，建构。调子定了，接下来就是演奏或歌唱。对公文来说，确定主题后的主要工作就是打开思路，设计构图，编制框架。公文的建构主要有两个考虑：

首先是路径上的选择，2体选1。2体，即公文体和文章体。公文体格式相对固定，是按所选文种的大致框架写，如报告的结构是"报告缘由+报告事项"，指挥性通知的结构是"缘由＋事项（＋要求）"等。文章体形式不拘，作者可随意挥洒，自由发挥，可按时间逻辑、空间逻辑、事情逻辑、情感逻辑等进行梳理。

其次是类型上的选择，2 型选 1。2 型，即外观型和内在型。外观型，即根据上下文形式上的组合关系，可把结构分为总分型、并列型、递进型、对照型、因果型、综合型等，搭建框架时可 6 选 1。内在型，是着眼于写作内容的深层结构，按文章内容逻辑的演进来梳理结构，前后内容一般呈现环环相扣、层层推进的关系，常见的有"提出问题—分析问题—解决问题""是什么—为什么—怎么办—怎么样"等。

按上述思路建构的过程，是文章内容的打开过程，也是写作主题具体化的过程。

第三件事，填充。正如造房子，定调和建构只是规定了房屋风格和大致功能区域，接下来的浩大工程还在于"垒砖叠瓦"。如果说定调和建构已分别从宏观和中观上决定了一篇公文写什么和包含几大部分，那么，主体工程则是选用相关材料进行内容填充。内容填充主要有四道工序：

一是定向。这相当于造房的图纸设计阶段。各段落的小结构虽有总分、并列、递进、对照、因果、综合等"6 型"，但从根本上说就是两条线：一是纵向结构，包括因果、递进；一是横向结构，包括总分、并列、对照。段落填充的第一步，就是确定采用纵向结构还是横向结构。

二是选点。这相当于造房的选料备料阶段。点位类似于房屋的区块。在定向之后，就要根据线型来选取要写的"点"。如果选用横向结构，就要选取典型的"点"（各个点之间是平行关系，可以颠倒），包括内容、类型、特点等，如围绕"民生工作扎实有力"，一般可选的"点"有就业、教育、医疗、收入等；如果选用纵向结构，就要选取关键的"环节"或"阶段"（前后是推进关系，次序不可颠倒），如围绕开展"解放思想大行动"，可抓住宣传发动、组织实施、总结巩固等阶段写。

三是排序。这相当于造房的实际施工阶段。无论是横向还是纵向，抓取点位还是选取环节，对于各段要写的相关内容，还要根据一定的逻辑进行排序，以使行文结构更加合理、严谨、通畅。总体来说，常见的内容结构顺序有"12 大关系"：主次、先后、面点、此彼、表里、因果、正反、内外、上下、大小、虚实、远近。一段的内容，按主次关系写，如先写主要事项，再写辅助手段；按面点关系写，如先写全局工作，再写部门工作；按因果关系写，如先写存在问题，再写原因、对策等；按表里关系写，如先写现象，再写本质、目的等；按远近关系写，如先写当前工作，再展望未来图景等；按虚实关系写，如先阐明道理，再列举事实；等等。上述"12大关系"也可反向排序。

四是描细。这相当于造房的打磨装潢阶段。一个段落在选好点位或环节后，主体基本告竣。而对于其中重要的点位和环节，还要做好精雕细刻、包装美化工作，如选取事例、充实数据、思想升华或提出思考等，使事实性内容进一步具体化、说理性内容进一步抽象化。

第四件事，表达。在语言表达之前，一切构思都是"内化于心"的潜在思维，而一旦诉诸语言，"暗潮汹涌"的思维一朝"外化于形"，就成了看得见的文章。可见，语言表达是构思成果的外在展示。

公文的语言表达，虽要综合考虑语法、修辞、逻辑等各个因素，但从根本上说，须考虑四大方面：一是各句形式上的结构关系，包括总分、并列、递进等；二是各句性质上的虚实关系，或先虚后实，或先实后虚，或亦虚亦实；三是各句内容上的逻辑关系，如"问题＋原因＋对策""想到＋做到＋达到"，即按一定的逻辑关系来表达；四是各句表达上的主客关系（主句＋副句），主要分为记叙、说明、议论、描写、抒情五种类型，视内容不同合理选用。对公文而言，要重点用好记叙、说明和议论三种表达方式。理顺了上述四大关系，公文的语言表达即可抵达信手拈来、应付裕如的境界。

第三节　立意只需三板斧

意，是一切工作的主脑、灵魂、统帅，写文亦如此。古人云："三军不可夺帅也，匹夫不可夺志也。"公文之"意"正如三军之"帅"与匹夫之"志"，一旦失去，将如失岸之流水，一路狂奔；好似脱缰之野马，四蹄奔突。意，是作者的思想性因素，乃一文之主题，全篇之机杼。不仅一篇公文，纵使一个段落、一个句群，往往都承载着一定的表达意图。带着意图写作不仅是一种素养，也应是一种责任，更要成为一种习惯。

意，就像纳川之海，一切活动之"人"得以归之；好似一室之灯，一众呈现之"物"因之而亮；宛如串珠之线，一应芜杂之"事"为之而聚。正是人、事、物等"沃土"的营养支持系统，意才"好风凭借力"，被送上思维之巅，最终实现写作目的。在一篇公文中，意的表现和实现，离不开水分、糖分、盐分、养分等"混合物"的营养支持。当然，营养不可或缺，但也不是多多益善。

意的"破土"，需要"水分"涵润，但多了会得"浮肿病"，不足会患"干枯症"。这里的"水分"，就是意的牵引、铺垫、托举，回答"立什么"。主题表现往往有个"前奏"更自然，但多了会头重脚轻，少了又形销骨立，比较突兀。如：

×××是干部队伍的重要组成部分，是社会主义事业的中坚力量，是人民的公仆。（理）在××伟大征程中，广大××深入学习××，协调推进××，忠诚履职、努力工作，为打赢××、胜利实现××，开启实现××作出重要贡献，涌现出一大批人民满意的××个人和××集体。（事）在××××即将召开之际，为表彰××、弘扬××，激励××奋进新征程、建功新时代，××决定，授予××、××称号。（意）

可见，后文的表彰、弘扬、激励之"意"，离不开前文"理"和"事"的铺垫和"托举"。

意的"拔节"，需要"糖分"助力，但浓了会得"综合征"，不足会患"眩晕症"。这里的"糖分"，就是意的打开、阐述，回答"是什么"。主题展开一般要有适当的阐述和论证，但多了会使文章患上汗漫拉杂、主次不分、文体模糊等"综合征"，少了让人如坠云雾，不知所以。如：

系统建设的"实用"原则，要求我们立足实际，紧盯问题，坚持"缺什么建什么"，力求建成一个，推出一个，见效一个，确保能用、管用、好用、都用。

这里，既说明了为何建，也回答了建什么、怎么建、如何用，言简意赅，使得"实用"的主题神完气足。

意的"出彩"，需要"盐分"支撑，但超了会得"压迫症"，不足会患"体虚症"。这里的"盐分"，就是意的表现、渲染，回答"怎么立"。手法用多了，会"压迫"主题，喧宾夺主；用少了则会表现不力，主题不显。如：

生态文明建设的着眼点首先在"文明"。所谓"文明"，就是我们的行为要遵循生态规律，项目开发要坚持自然、适度、高效原则，力求最小干预、最少破坏，走出一条生产发展、生态良好、生活富裕的好路子。但目前在我市的开发中，始终存在跟风上项目、污水随处见、尘土满天飞等不文明行为，这严重违背了我们文明开发的初衷，必须坚决予以制止。

例文先讲道理，后摆事实，采用了正反对比论证的手法，使"文明"的主题更加突出。

意的"成熟"，需要"养分"补给，但多了会得"巨人症"，不足会患"侏儒症"。这里的"养分"，就是意的内容、素材，回答"用什么立"。"巨人症"与"侏儒症"的比喻，说明立意的素材运用要准确、适度。

用什么素材来表现"意"，很有讲究。一般来说，议论性素材要适合，否则大而无当。有的作者张口是满嘴的主义思想，落笔是满纸的风格精神，给人的感觉是"假大空"。事实性材料要精准，议论宜适可而止。有的作者一心想着"高度"，于是乎一路高调劲"吹"、慷慨气壮，既不见事实，也难见人物，导致曲高和寡，味同嚼蜡。

用来立意的素材要把握好"两个度"：一个是厚度，即观点要用事实来支撑，才能血肉丰满、骨骼强健。如工作"创新"主题，必须运用理念、技术、措施、制度等方面创新的大量素材来表现。另一个是高度，就是文秘人员站位尽量要高，给市长写是市长的站位，给局长写是局长的高度，所谓"关门当市长"，正是此意。主题的高度，包括全局高度、思想高度、历史高度、政治高度、时代高度、战略高度、理论高度等。如以下一段话就体现了认识、全局、政治、战略和历史高度。

品牌是企业乃至国家竞争力的综合体现，是参与全球竞争的重要资源。（认识高度）习近平总书记明确要求"推动中国制造向中国创造转变、中国速度向中国质量转变、中国产品向中国品牌转变"。（全局、政治高度）"十四五"规划和2035年远景目标纲要提出，开展中国品牌创建行动，保护发展中华老字号，提升自主品牌影响力和竞争力，率先在化妆品、服装、家纺、电子产品等消费品领域培育一批高端品牌。（战略高度）近年来，中国企业增强品牌意识、把握发展机遇，打造出一大批知名度高、美誉度强、影响力大的优秀品牌，中国产品、中国服务、中国标准扬帆出海、走向世界，成为国际市场上闪光的"中国名片"。（历史高度）

当然，立意的"海拔"也不是越高越好，没有节制。主题到底多高才是高？不能一概而论，要因时、因人、因文而异。笔者以为，要从单位、文章实际出发，略高为合适，超高易脱轨。如有基层社区书记要向街道分管领导汇报近阶段以来基层治理的情况，立意构思的"穿靴戴帽"到街道一级即可，最多上到区一级。立意太高，"靴子"要脱脚，穿不牢；"帽子"要滑落，贴不紧。

"意"如此重要，但要把公文之"意"阐述清楚，绝非易事。除了要体现高度，立"意"还必须准确、集中、鲜明、新颖，随着内容的徐徐铺展，渐次弹响心中有意、下笔立意、全文贯意、打磨显意的"四部曲"。

综合来看，笔者以为，立意其实就"三板斧"。

第一"斧"：定调，即明确立意路线。主要解决"立什么意"的问题，方法是"9+8"。

"9"是立意视角，主要是9条路线：上、中、下、里、外、前、远、近、虚。作者借此确定文章的走向。

"上"，是仰望，走高层路线，即从国家层面、省级层面等更高层面来看，有哪些需要始终把握的思想、理论、要求、行动等，如"以人为本""核心价值观""社会管理""简政放权""工匠精神"等。

"中"，是平视，环顾四周，即从当前形势、社会各方、同级部门、百姓诉求等方面选取立意角度，如"老旧改造""协同治理""便民惠民"等。

"下"，是下看，即从下属部门、基层单位的层面来考虑立意问题，如"服务基层""权力下放""排忧解难"等。

"里"，是内审，即举镜自照，透过现象看本质，进一步思考工作的深层经验、规律、精神、存在的问题以及意图、宗旨、目的等，如"精细管理""责任意识""勇于争先"等。

"外"，是外观，即从业内同行角度考量，有哪些走在前列、引领风气的典型经验、先进做法、作风精神等，如"技改创新""智能制造""基层治理"等。

"前"，是前瞻，即精心规划未来发展的路径，科学预判可能的发展趋势，从长计议解决当前问题的策略等，如"智慧经济""绿色制造""社会共治"等。

"远"是回顾，即过去发展的经验、理念等，如"管理精细化""服务为本"等。

"近"是细察，即当前的形势热点、关注重点等，如"抗疫精神""宜商环境""幸福城"等。

"虚"是深窥，即从行业所属的学科、时兴的理念来考虑，如"有限政府""善治"等。

"8"是立意热点，主要是8个维度，即思想、情志、价值、观点、依据、意图、愿景、精神。考虑立意时要多向这8个方面聚焦。8个维度的主要内容是：

思想，包括理论、理念、原理、定律等。

情志，包括情感、志向、志趣、襟抱等。

价值，包括成果、效能、影响、意义等。

观点，包括见解、看法、评价、思路等。

依据，包括领导指示、工作要求、文件规定、会议精神等。

意图，包括宗旨、目的、希望、思考、打算等。

愿景，包括规划、目标、愿望、理想、前景等。

精神，包括品质、作风、格局、责任、意志等。

起笔立意时，我们可以将上述"9+8"任意配对，来得到想要的立意方向，如通过"回顾"工作的"价值"构思总结材料，通过"内审"人物的精神确立经验材料的主题，通过"前瞻"未来的"愿景"制订工作计划等。

第二"斧"：解构，即围绕立意构思。主要解决"意的表现"问题，方法是"2+3"。

"2"是两个结构维度：一方面是对"意"本身构造的解构。例如选取"上层视角"，并以上面8个维度的"思想—理念"为基点，围绕"以人为本"的理念写一篇经验材料。显而易见，此文的立意关键点集中体现在"本"上，即"根本、基本"，作为"根本"的表现有很多，包括思想上、行动上、保障上等，我们可以从"思想上"解构为"三个第一"：

把老百姓的诉求作为"第一追求"；

把老百姓的呼声作为"第一信号"；

把老百姓的评价作为"第一标准"。

另一方面，是对"意"指向对象结构的解构。如上例指向的对象是"人"（有的文章是"事""物"等），紧扣"人"，我们可以从两个方面展开思路：包括哪些人？为了人的哪些方面？这里不妨紧扣第二问解构为"三个点"：

紧盯关注热点，把老百姓的诉求作为"第一追求"；

聚焦民生难点，把老百姓的呼声作为"第一信号"；

推出出彩亮点，把老百姓的评价作为"第一标准"。

在上面三部分标题中，为了文字简练的需要，前半句都"蒙后省"，在"紧盯、聚焦、推出"等动词后面省略了"老百姓"，因为后半句已点明。至此，通过解构，就形成了一篇经验材料的基本框架。

可见，上述的"2"，明确了全文写作的大"方向"。

"3"是"三方"：方面、方法、方式。

其中，"方面"是按纵向（时间维度）或横向（内容或空间的构成维度），将上述"2"中明确的大框架进一步细化为几个"方面"，如紧扣上例的"聚焦民生难点"，我们可以按横向维度进一步解构为四个"方面"：

> 针对"办事难"，开办了网上办事窗口；
> 针对"信访难"，健全了考核督办机制；
> 针对"参与难"，架设了问政直通桥梁；
> 针对"就业难"，促进了扶持政策落地。

"方法"，是围绕已明确的"方面"，说明采取的措施、策略等。如围绕上例的"考核督办机制"，可以从纵向（也可以横向）维度解构为"三个化"：

> 优化"事前"的制度设计；
> 细化"事中"的绩效考核；
> 强化"事后"的长效督查。

"方式"是对"方法"的进一步细化，包括采取的手段、运用的资源、借助的渠道等。一般来说，方法侧重思想层面、宏观层面的原则性思考、方法论指导，"方式"比"方法"更具体、更直接，是实践论、工具论层面，具有很强的可操作性。如可以对上例的"长效督查"从横向维度解构为"三率"（本层次的"意"是"长效"）：

> 考查同类问题发生率；
> 考查疑难问题反弹率；
> 考查突出问题整改率。

依此类推，围绕"意"从方向、方面、方法、方式等"4方"渐次展开思路、逐步演绎生发，我们可以形成一篇文章的完整"鱼骨图"。由此编织的文章框架"意"规"言"则，思路缜密，纲举目张，赏心悦目，如果再稍作润饰上彩，就是一套出色又出众的文章结构。

第三"斧"：修饰，即打磨立意质量。主要解决"意的统一"问题，方法是"2+2"。修饰，就是全文构思完了之后，回头围绕立意练好修、改、润、饰"四字诀"，使之更准确、凝练、集中、大气。其中，"修"是保持主体，细微增补；改是去除冗杂，补缺换新；润是变枯为靓，使之充盈；饰是装点打扮，美化增彩。四个字各有侧重。

第一个"2"是"回眸2看"。一看统一性，重点看文章立意是否贯穿全文，是否从开篇坚持到终篇；二看卓越性，带着"原意"回眸看，特别是文章内容重点段，要逐字逐句敲打琢磨，重点看立意高度是否够，看典型事例是否显，看形势结合是否紧，等等，要透过现象看本质，对主题或上拉，或下沉，或里挖，或外拓，或正"点"，或侧击，该拔高的拔高，该挖掘的挖掘，该点睛的点睛，使主题不断出新、抬升或凸显。

如上例的"细化'事中'的绩效考核"有这样一段数字说明：

一年来，共受理咨询、投诉××件，办结率××%，市民满意率××%。

如果就此收笔，文章显然欠点火候，结合该文"以人为本"的立意感觉还"差口气"，因此，作者后来透过数字看本质，结合立意再深挖：

尽心竭力解决老百姓院落外的急事、家门口的难事、解不开的愁事、心尖上的盼事，切实落实"民有所呼，我有所应"。

如此一提炼，立意立马显筋见骨，平增了几分卓越气质。

第二个"2"是"显隐2改"。所谓"显"，就是开枝散叶，直接将立意的关键词汇"嫁接"贯穿到文章不同层次的重点部位。如某篇汇报材料的结构：

坚持"生态优先"，打造美丽风景；
推出"和谐指数"，提高处置效率；
大兴"文明办案"，展示作风形象；
用好"法治之手"，落实依法行政；
建设"平安站所"，构筑坚强堡垒。

其中，"生态、和谐、文明、法治、平安"是某市"美丽之都"建设的五大内容，被作者"照搬"进文章结构，省力又讨巧。

所谓"隐"，就是"草蛇灰线，伏脉千里"，不再像上例那样原词照搬，而是采用"等义词汇"作替换的潜性表达。如还是上例的五个方面，主题维持原意，但不一定要那么直接，可以"委婉"表达为：

坚持岸水同治，建设风光河、幸福河；
畅通上下桥梁，提高办结率、满意率；
坚持软硬齐抓，打造文明窗、示范窗；
坚持法规并重，当好贴心人、守护人；
坚持内外结合，绷紧安全弦、安全网。

第四节　6大构思法，写得出的王牌武器

构思，其实就是关于结构的思考。由于结构是把全文各部分联"结"为一体的"构"造物，串联和融合了立意、选材、语言等各个环节，因此，构思不仅开启于动笔之初，也贯穿于写作全过程。构思，好似公文写作的起搏器，随着内容的展开始终跳动着思维的火焰。

是否写得出，会构思才是王道。

按照写作进程的先后，可以把公文构思分为两个阶段：写作前和写作中。写作前，构思要着重考虑全文写作的内容和方法；写作中的构思，是对开笔前全文构思的分步实现。如果顺利完成了写作前的总构思，写作中的分步构思就有的放矢、顺理成章了。

较之写作中的阶段，写作前的构思地位更高，难度更大，因为要对一篇公文为何写、写什么和怎么写做出全面、周密的安排。公文怎么写，先要通过构思理出个头绪来，待到胸有成竹再动笔。由此看，理头绪是全文构思的重中之重，也是难中之难；头绪理得出、理得好，公文就能写得出、写得好。

头绪，包含"头"和"绪"，通俗地讲，"头"是露出来的"线头"，喻示着公文写作要有显明的切入点；"绪"是条线，喻示着要写几个方面。理头绪，就是要弄清楚公文写作要从哪几个点切入，分为哪几个主要方面等问题。

虽然理头绪的方法因人而异，难以穷尽，但常见的构思法主要有以下6种。

一、12要素成文法

本书前文从底层逻辑上把公文写作的"原初物质"分析为6个词12大要素：人事、情意、物理、时空、想象、语法。抓住这12大要素，或单个，或多个，呈纵向、横向或纵横交错的排列，皆可构思成文。其中，用来构思的每一个要素（如"人"），相当于构思切入点（即"头"），而行文紧扣"人"的内容铺开（如下文1的"助手""号手"等），相当于全文要写的几个方面（即"绪"，可按不同方面旋转角度打开思路），动笔之初，可从通篇谋划上把相关"头"和"绪"都考虑清楚（下文以某单位办公室工作总结为例）。

（一）以"人"为要素构思

举目仰视（上面），当好领导的参谋助手。

张眼平视（侧面），当好同事的顾问号手。

转睛环视（四面），当好单位的哨兵能手。

决眦内视（正面），当好履责的秘书高手。

上文构思错开了"方位角度"，其实，着眼点还可以看得再远一些，如"侧面"不仅可以看到同事，还可以看到媒体、其他平行单位等，其他的"面"也类同；内容还可以打开得更宽些，如"领导"，可以是本单位领导，也可以是更上一级甚至是更高的领导。如此，文章思路和内容必将越来越丰富。"人"可以是单位（部门），也可以是个人；如果是个人，还包括不同"人"的职责、言行、品德、作风、细节、成果等，只要适合，都可作为构思切入点。

（二）以"事"为要素构思

重视"急事"，第一时间落实办理。

化解"难事"，建规立档协同处理。

妥处"险事"，专人盯办全程跟踪。

盯紧"要事"，健全机制加强考核。

办好"琐事"，分工明确提高效率。

"急难险重琐"，是从性质上对"事"的高度抽象（每一个都可以多头打开，如难事可以分解为协调难、执行难等），还可以再具体点，如紧盯"提高办文规范""紧盯会议落实"，等等，这样理头绪的思路会更广（因为具体事项有无限多）。除此，同样理出的头绪，语言表达模式还可以灵活多变，例如"平衡好急与缓的关系，掌握工作艺术""把握好难与易的关系，创新工作方法"，等等。

（三）以"物"为要素构思

完善"制度"，强化内部管理。

健全"机制"，发挥中枢作用。

管好"物品"，提供坚强保障。

与工作相关的"物"有静物、景物、财物、用物、器物、虚拟物等，可视情况不同，努力发现"物"与"事"的联结点，并以关联物作为构思切入点。

（四）以"理"为要素构思

责任高于一切，切实履行三大职能。

服务大于一切，大力强化三个保障。

作风强于一切，着力提升三个意识。

三个"一切"，是抽象的说"理"。理，有哲理、公理、原理、事理、机理等。"理"与"意"的区别在于：前者侧重对办"事"原理的抽象；后者侧重对"人"目的的揭示。

（五）以"情"为要素构思

虚心好学，不断锤炼业务素质。

用心履职，切实提高工作效能。

真心服务，积极发挥群团作用。

情，可以是"人"的情感、心理、态度等，把"情"从"人"中分离出来单独作为一大要素，体现了"情"在构思中的显著地位。

（六）以"意"为要素构思

1. 理念

坚持高标准，全面提高办文能力。

坚持高效率，努力提高办事效率。

坚持高水平，切实提高办会品质。

2. 目的

围绕"零差距"，切实强化办文考核。

围绕"零差评"，不断优化办事机制。

围绕"零差错"，持续细化办会流程。

3. 看法

突出"专"，办文水平显著提高。

狠抓"实"，办事效率深受好评。

注重"细"，办会程序不断完善。

意，包括干事的目的、理念、要求、宗旨、意图、看法、想法等"目的性"内容，一般揭示写作的主题。

"意"的内容不同，写出的内容会完全不同。如分别以"精细化""规范化""高效化"为"意"构思办公室总结：

围绕"精细化"构思

注重质量，推进办文管理精细化。

完善机制，推进办会管理精细化。

明确责任，推进办事管理精细化。

围绕"规范化"构思

加大培训，提升办文规范化水平。

制定标准，提升办会规范化水平。

明确要求，提升办事规范化水平。

围绕"高效化"构思

坚持日清日结，实现文件处理高效化。

坚持跟踪督办，实现目标管理高效化。

坚持职责挂钩，实现事务办理高效化。

可以说，文秘人员能想出多少种"意"，就能想出多少条不同的构思路径。

（七）以"时"为要素构思

作为＋作风，狠抓三大重点，群策群力写就"过去时"。

圆心＋内芯，紧盯三大建设，提质增效描绘"现在时"。

文化＋优化，着眼三大工程，建章立制擘画"将来时"。

（八）以"空"为要素构思

抢占"高位"，着眼全局会"谋事"。

坚守"阵位"，履职尽责能"干事"。

奔向"前位"，创先争优善"成事"。

空，可以是具体的地点，也可以是某个抽象的、并不确指的说法，如本例的"高位""阵位"等。

（九）以"语"为要素构思

有的放"矢"（党务），筑基铸魂守初心。

"志"之所趋（政务），笃行不怠强管理。

"奋"力扬帆（业务），中流击水勇争先。

"斗"转星移（服务），群团结对树形象。

上文运用语言构思法，对"矢志奋斗"进行拆解，以"语"为切入点，错开"内容角度"，以拆分的四个字串起全文四大方面，是为"绪"。除此，语言构思法的常见手段还有运用诗句、成语、谐音、数字、符号，以及变换语法结构等，一应语言技巧，不可穷尽，只要适合，均可采用。

（十）以"法"为要素构思

学思践悟（学法），紧抓主题教育不放松。

盯管跟督（办法），紧握全年目标不放松。

走访帮教（做法），紧扣大抓基层不放松。

破改创立（想法），紧盯未来发展不放松。

法，即工作的措施、方式、方法等，内容无限丰富，决定了思维的宽广性。

（十一）以"想"为要素构思

1. 相关联想

初心若虹（联想过去），心灵家园一天天被照亮。

使命在肩（联想对象），管理网格一次次被优化。

征途如歌（联想未来），奋斗蓝图一步步被描靓。

2. 工作思路

围绕"三项服务"，党建延伸取得新成效。

着眼"三个聚焦"，内部管理有了新起色。

紧盯"三大重点"，社会宣传打造新亮点。

3. 思想升华

激发"传导效应"，推动主题教育蔚然成风。

展现"头雁风采"，注重身体力行争当表率。

制定"懒人法则"，实现奖惩考核入脑见行。

想，侧重"人"的联想、想象、思路、方略、思想升华等方面。"想"与

"意"的区别在于：前者侧重思维、思想，后者侧重目的、意图。

（十二）以"象"为要素构思

象，是通过思维虚构产生的关联"物"。例如：

编计划建制度，高擎主题教育"一盏灯"。

创特色增亮色，喜晒文明创建"成绩单"。

抓政务带业务，唱响全年目标"主旋律"。

严管理树形象，筑牢作风建设"防波堤"。

这里，虚构"物"成了构思切入点（"头"），由此"带"出主题教育、文明创建、目标完成、作风建设等4条"绪"。

上述12大要素基本涵盖了公文写作的主要内容，从性质上可以分为两类：一类为"实"的内容，常支起文章的横线，如人、事、物、理、情、意；一类为"虚"的内容，一般竖起文章的纵线。如此"横实纵虚"，两两任意组合（或者更多，如人—时、事—空、意—事，时—事—意，等等），能大大丰富公文写作的构思方法。

围绕上述12大要素构思，若错开角度，如前文的方位角度、内容角度，此外还有主题角度、思想角度等，文章写作构思法远不止上述12例；若变换切入点，可得成百上千条不同的构思路径。如此，"下笔难"将不复存在。

二、"点线面体"构思法

几何学认为：点连成线，线组成面，面构成体。点、线、面、体是组成事物的基本单元。

一篇公文的写作也有"点、线、面、体"，从不同维度上定义着公文内容组成的基本单元，都可以作为构思的切入点和着眼点。

（一）抓"点"构思法

写作构思不一定要面面俱到。以思维"睿眼"扫视实际工作，可从中捕捉一些关键点构成全文的主要内容。常取的"点"有：重点、难点、热点、亮点、原点、节点、特点、散点。

1. 聚焦重点。重点，即紧扣政府中心工作采取措施，对准的是目标、要求。

2. 聚焦难点。难点，即工作中的复杂性、不利性因素，对准的是痼疾、短板。

3. 聚焦热点。热点，即当前关注度高的内容，对准的是形势、时事。

4. 聚焦亮点。亮点，即工作中引人注意的创新和高于一般的成果，对准的是措施、效果。

5. 聚焦原点。原点，即贯穿工作始终的宗旨、意图、理念等"出发点"，对准的是思想、目的。

6. 聚焦节点。节点，即关键的时间点（如省市"两会"、中高考）和事物发展的关键环节（如年底考核阶段），对准的是环节、阶段。

7. 聚焦特点。特点，即人无我有、昔无今有的"独一个"，对准的是个性、特例。

8. 聚焦散点。散点的"散"就是剔除上述"7点"之外有写作价值的关注点，如为工作打"补丁"的"支点"（如制度修订），持续发酵的"焦点"，少有关注的"盲点"等。

如按照"8点构思法"，某单位召开媒体宣传圆桌会，有领导在讲话时提出：

1. 加强对民生实事工程的宣传（重点）。

2. 加强对历史遗留难题攻坚行动工作的宣传（难点）。

3. 加强对亚运保供工作的宣传（热点）。

4. 加强对"综合改一次""综合查一次"工作的宣传（亮点）。

5. 加强对"最美××人"典型案例的宣传（原点）。

6. 加强对"国庆"施工的宣传（节点）。

7. 加强对今年"社区恳谈会"的宣传（特点）。

8. 加强对施工损坏公用设施查处（盲点）、优化营商环境工作的宣传（增点）。

（二）取"线"构思法

一篇公文，通过旋转思维的"纺机"，可以织成多条构思线索，包括主线和副线、天线和地线、实线和虚线、纵线和横线、粗线和细线、直线和曲线、长线和短线、总线和分线、单线和多线、连线和断线等。这些线，纵横交错，既可以贯穿全文，也可以穿插于文章局部。常见的有：

1. 主线和副线。主线，即贯穿全文的中心事件或主要观点；副线，即在文中居于次要地位的内容。

2. 天线和地线。天线，是围绕上级政府、有关部门的政策文件、领导指示等实施的行动；地线，即来自一线或基层的具体行为措施。

3. 实线和虚线。实线，即某阶段某单位开展的实际工作；虚线，即潜藏于实际工作深层，用于指导工作开展、揭示事情本质的思想、精神、理念、观点、见解等。

4.纵线和横线。纵线，就像"树干"，是贯穿于全文或局部、具有连贯性和系统性的要素，如时间、思想等；横线，就像"电线"，在文章中平行分布、看似无甚关联实则皆为同一层面的内容，如办公室工作的办文、办事、办会等内容。

5.粗线和细线。粗线，即文章浓墨重彩的重点内容，任何单位的工作不论如何复杂，只要略加梳理，即可"拎"出比较突出的几大块；细线，即地位不算突出、只需略施笔墨的内容。正所谓"疏处能跑马，密处难容针"，粗线和细线，使文章重点突出、详略得当。

6.直线和曲线。直线，即文章内容按一个方向不断向前推进，如"宣传发动—采取行动—总结巩固"；曲线，是文章内容在向前推进的过程中曲曲折折、横生枝节，还插入了反向或多向的其他内容，如某调研报告的结构：现状—问题—原因—国内外借鉴—对策建议。

7.长线和短线。长线跨度比较大，甚至涵盖事件发展的整个过程；短线，是某个阶段的工作内容，相对来说，时间跨度比较小。

一般来说，在提笔构思时，会综合运用到上述多种线型，如《国务院关于加强文化遗产保护的通知》（国发〔2005〕42号）的全文结构：

一、充分认识保护文化遗产的重要性和紧迫性

二、加强文化遗产保护的指导思想、基本方针和总体目标

（一）指导思想。

（二）基本方针。

（三）总体目标。

三、着力解决物质文化遗产保护面临的突出问题

（一）切实做好文物调查研究和不可移动文物保护规划的制定实施工作。

（二）改进和完善重大建设工程中的文物保护工作。

（三）切实抓好重点文物维修工程。

（四）加强历史文化名城（街区、村镇）保护。

（五）提高馆藏文物保护和展示水平。

（六）清理整顿文物流通市场。

四、积极推进非物质文化遗产保护

（一）开展非物质文化遗产普查工作。

（二）制定非物质文化遗产保护规划。

（三）抢救珍贵非物质文化遗产。

（四）建立非物质文化遗产名录体系。

（五）加强少数民族文化遗产和文化生态区的保护。

五、明确责任，切实加强对文化遗产保护工作的领导

（一）加强领导，落实责任。

（二）加快文化遗产保护法治建设，加大执法力度。

（三）安排专项资金，加强专业人才队伍建设。

（四）加大宣传力度，营造保护文化遗产的良好氛围。

从全文来看，是"思想（人）—措施（事）—保障（物、法）"的脉络，从提出问题到解决问题，层层递进，是一条纵线；而其中的相关章节，如第三、第四部分，分别提出相关保护措施，是横线。

文中还运用了其他线型构思法。如第一部分是虚线，后文主要是实线；第二部分是总线，第三、第四部分是分线，同时也是文章的重点，是粗线。

从通知正文局部看，也综合运用了其他线型。例如文章开头部分：

中国是历史悠久的文明古国。在漫长的岁月中，中华民族创造了丰富多彩、弥足珍贵的文化遗产（长线）。党中央、国务院历来高度重视文化遗产保护工作，在全社会的共同努力下，中国文化遗产保护取得了明显成效（细线）。与此同时，也应清醒地看到，当前中国文化遗产保护面临着许多问题，形势严峻，不容乐观（短线，与上句构成曲线）。为了进一步加强中国文化遗产保护，继承和弘扬中华民族优秀传统文化，推动社会主义先进文化建设，国务院决定从2006年起，每年6月的第二个星期六为中国的"文化遗产日"（上两句联系起来看，这是本段的主线：设定"文化遗产日"）。

（三）竖"面"构思法

为了凸显公文内容的立体感、丰富性，我们还可以从不同的"面"梳理文章脉络，形成总体框架结构。总体来看，可着眼在"八面玲珑"上：

1. 全面和截面。全面，是就涉及工作的各方面来说，是总体概括；截面，是从"点"上截取突出方面来说。构思兼顾全面和截面，文章就能有血有肉。

2. 迎面和背面。迎面，就是当前值得关注的事项；背面，就是该事项"背后"不易为人所知的关键内容（背景）。写清迎面和背面，有利于把握事情的来

龙去脉。

3.上面和下面。上面，就是上级的指示、要求以及指定事项；下面，就是下级意见、诉求以及关于工作的开展情况等。上面、下面再加上"本面"，基本囊括了工作的全部。

4.外面和里面。可从两个维度打开：一是单项事件的外面和里面，即表里关系；一是本级部门（里面）和本级以外的各个方面，如媒体、同行等，都可以看作"外面"，即正侧关系。

5.正面和反（侧）面。正面，即积极的方面；反面，即存在的不足、不利因素等。

6.立面和平面。立面，就是从多个角度进行立体说明；平面，即从单一方面进行说明。

7.前面和后面。这是时间和位次上的先后关系。

8.凸面和凹面。凸面，就是重点内容；凹面，就是非重点内容。

如办公室工作总结，先按"八面玲珑"构思，可"获得"丰富内容，之后在此基础上酌情增删，在素材剪裁上可作先加后减的取舍。

（四）遵"体"构思法

这里的"体"，是体裁、文种。遵"体"构思法，即按特定文种的常规格式进行构思写作的方法。

如前所述，公文分为两大类：公文体和文章体。公文体，即按相应文种的特定规范来构思，多见于法定性公文；文章体，即写作自由度比较大，一般可以不按某种固定格式写，多用于事务性公文。

写作构思，既可以按公文体，如工作总结一般由"情况—做法—问题—打算"等内容组成，动员部署性讲话一般包括"思想动员＋任务布置＋工作保障"等内容；也可以按文章体，即围绕主题自由发挥，本章所讲其他构思法都可以选用，如某单位工作总结"规定动作获满分；自选动作得高分；创新动作多加分"。从性质上把各方面工作看作不同的"动作"，即是围绕要素"想"进行的构思。

三、分解仿套构思法

分，就是分类，即从不同的角度对事物进行分类，最终分成了几类，文章就包含几个部分。如"区域经济发展"可以分为国有经济、集体经济、个体私营经济发展等，由此可以由这三大方面组成全文结构。

解，就是解构，即构思抓住主题的关键词，就此解析为更细的几块，并作为文章的几个部分，该关键词和解析出的几块内容构成包含关系。例如关于教育创新有关公文，可将"教育"解构为学前教育、义务教育、高等教育、社会教育等内容进行分述。

解构，是对事物内在结构的摹写。写作作为一种主观思维活动是对客观事物的反映，客观结构如何，文章结构就如何，事物结构决定了文章结构。我们对客观事物结构认识角度越丰富，解析方法越多，文章结构形式就越灵活。如围绕"加快农业发展"这一主题，我们可把"农业"分析为传统农业、观光农业和智慧农业，文章就此按三部分写；也可以分为规模农业、散户农业等。

仿，就是模仿，即构思时在事先想到某一点的基础上，其他内容也仿照同样的模式表达。如在撰写党建述职报告"学"有关内容时，某作者先想到"学然后知不足"；围绕"学"，作者接着又想到"悟原理、明责任、养大德"等。经重新排列，即有了以下主要内容：学然后悟原理、学然后明责任、学然后养大德、学然后知不足。

套，就是套用，即沿用既有的结构，如上级来文要求、本单位三定职责和目标构成，以及文秘人员自己或他人类似文章的好结构等。如民主生活会剖析报告、文明单位创建总结等，来文单位一般都对文章结构有固定格式要求，按规定的框架写即可。

四、填跨词语构思法

填，就是填充构思法，即围绕主题词在其前或其后通过扩充词语来构思，填充内容对主题词起修饰、限定作用。

可以填充性质。如围绕"如何干"，可以扩展填充为："干"字当头就要"想干"；"干"字当头就要"真干"；"干"字当头就要"敢干"；"干"字当头就要"实干"。由此形成文章四部分内容。

可以填充内容。比如某领导要求公文要紧扣"初心……使命"这一主题，就此扩展为：以"不忘信仰初心"坚定"理想信念使命"；以"不忘本质初心"践行"为民服务使命"；以"不忘道路初心"发扬"艰苦奋斗使命"；以"不忘基因初心"永葆"先进纯洁使命"。

可以填充主题。如某领导强调相关公文中各块内容要突出"实"的要求，据此可填充为：从实谋划、切实准备、扎实推进、如"实"见效等。

跨，就是跨界构思法，即跳出公文写作内容相关学科，借用联想，从其他学科视角来构思。跨界思维在公文写作中也比较多见。如某领导《在园区改造专题会议上的讲话》就跨界"物理学"：积蓄"动能"，创造园区升级的有利条件；扩张"势能"，招引园区提档的先进业态；升高"热能"，激发企业参与的内在热情。

辞，就是修辞构思法，即运用比喻、对比、排比、象征等积极修辞（能使事物更加形象生动）以及数概、统括、警策等消极修辞（能使事物更加抽象概括）来构思。前者如：做好"老树新枝"的文章，加快提升传统产业；做好"插柳成荫"的文章，积极培育新兴产业；做好"育种蹲苗"的文章，大力推进创新创业；（比喻）后者如：要有"水滴石穿、绳锯木断"的执着；要有"默默无闻、俯首为牛"的奉献；要有"攻坚克难、舍我其谁"的担当；要有"追求进取、追求卓越"的标准。（警策）

语，就是语言构思法，即运用语汇、语法、语音、语言表达技法等各种手段来构思。构思时，先想到某个语言要素，以此为"头"；再分析事物结构，铺开"绪"。语言功底越扎实，写作构思中获得的切入点就越多。例如：

抢抓一个"早"字；体现一个"快"字；做到一个"好"字。（拈字）

看成就，"三军过后尽开颜"；瞻未来，"快马加鞭未下鞍"；履职责，"红军不怕远征难"。（嵌入诗句）

坚持"实"字当头，对待工作有"干劲"；坚持"敢"字开路，面对困难有"闯劲"；坚持"严"字托底，抵制诱惑有"狠劲"。（语汇：三个"劲"对应不同内容）

"全媒体"学习模式；"微时代"教育模式；"直播间"共享模式。（语法：偏正短语）

吹响扶贫攻坚"集结号"；打响破难解困"当头炮"；唱响安民富村"同心调"。（语音：押韵）

坚持标准，让好书记"当家带路"；强化指导，让好制度"落地生根"；大抓基层，让好资源"倾斜下沉"。（形象化的语言技巧）

五、两阶四维构思法

一篇公文，从构思到写成可分为反映阶段和表达阶段两个层次。其中，反映阶段是客观对象进入文秘人员主观思维并被反映的过程，表达阶段是文秘人员运用语言表达内容的过程，对象、思维、语言、内容，形成了构思的四大维度。

一是对象维度。客观是主观的起点。着眼于写对象的哪些方面，这是写作构思的出发点，也是关键点。写公文要先学会认识对象、分析其构成要素，文秘人员能作出几种分析，就能获得几种写法。如：要以思想上的清醒增强看齐自觉；要以政治上的坚定养成看齐习惯；要以行动上的担当检验看齐成效；要以内心上的自省保持看齐常态。显而易见，全文主题是"看齐"。从哪些方面看齐？文章紧盯对象，分别从思想、政治、行动、内心四个主要方面入手。

立足对象本身特点，从纵、横两方面考虑，是从对象维度出发常用的构思方法。事物有什么特点、如何构成、发展体现什么规律等，构成事理逻辑。按照事理逻辑写，往往能使主观与客观相一致。例如：

严把初始提名关，秒杀"带病"干部；严把组织考察关，筛查"带病"干部；严把民主决策关，挡住"带病"干部；严把制度落实关，遏制"带病"干部。（"四关"，按先后次序构思，这是纵向构思法）

培育领军型优秀人才，做高"塔尖"；培育创新型技术人才，做牢"塔身"；培育技能型乡土人才，做实"塔基"。（塔尖、塔身、塔基，是"塔"的三大结构，对应人才的两头和主体构成，是横向构思法）

二是思维维度。这是从主观思维出发的构思方法，常见的有：

夯实思想根基，多一些自觉，少一些自满；保持行动作为，多一些实干，少一些"形式"。（辩证思维）

五年来，总有一种信念让我们砥砺前行，这种信念就是担当；五年来，总有一种力量让我们迎难而上，这种力量就是实干。（着眼"五年"的全面、系统思维）

把握宏观和微观相结合的维度；把握供给和需求相结合的维度；把握公平和效率相结合的维度。（联系思维）

从自己督查向多方督查转变；从线下督查向线上督查转变；从重视时效向重视质量转变。（发展思维，也是过程思维）

减负不减初心，做"求真务实型"干部；减负不减责任，做"担当有为型"干部；减负不减激情，做"吃苦耐劳型"干部。（矛盾思维）

关注"衣食住行"，抓好"基本民生"；关爱"生老病死"，保障"底线民生"；关切"安居乐业"，强化"热点民生"。（典型思维）

贴近群众，做到宣传内容精准，解决"宣传什么"问题；落实责任，做到宣传主体精准，解决"谁去宣传"问题；不断创新，做到宣传方式精准，解决"怎

么宣传"问题。（问题思维）

"点"上强龙头，从引资升级为选资；"线"上抓延伸，从行业升级为产业；"面"上求突破，从单个升级为集群。（同一思维："点线面"的连续性）

一个窗口全程代办；一个会议预审督办；一个大厅中介联办。（求同、趋同思维：围绕"如何办"）

把忠诚于组织作为第一信仰；把忠诚于人民作为第一标准；把忠诚于事业作为第一追求。（主体思维：紧扣主要对象）

坚持"有为者才有位"，把"帽子"戴到有能力的人"头上"；坚持"实干者得实惠"，把"票子"发到干实事的人"手里"；坚持"庸劣者受惩戒"，把"板子"打到做虚功的人"身上"。（主旨思维：思想＋行动）

"科学谋划＋压实责任"添干劲；"修好房子＋建致富路"强基础；"发展产业＋培训就业"促增收。（加号：跨界思维）

要积极主动干，不当算盘珠子；要创新方法干，不做无头苍蝇；要注重实效干，不做点水蜻蜓。（排异思维，也是反向思维）

学习上先学一步；工作上先干一寸；形象上高人一尺。（比较思维）

"蹲苗历练"不可"拔苗助长"；"不拘一格"更要"保质保量"；"唯贤是举"仍需"加送一程"。（强调思维：指出突出的方面）

必须把握"大德"这条高线；必须站稳"公德"这条基线；必须管好"私德"这条底线。（惯性思维："三德"是常见说法）

"修"，修初心、悟党性；"齐"，齐短板、补不足；"治"，治流程、建体系；"平"，平差异、提整体。（简化思维：以简驭繁）

不搞蜻蜓点水——由表及里，深挖病灶；杜绝鸵鸟心态——攻坚克难，问责追责；力戒旧疾复发——固化成果，形成机制。（总分思维）

开设"阳光"课堂，让教育灌输"活"起来。搭建"阳光"舞台，让主题活动"潮"起来。培育"阳光"心态，让健康心理"亮"起来。营造"阳光"氛围，让内部风气"纯"起来。（发散、拓展思维）

创新选拔机制，解决好"选准"的问题。完善培训机制，解决好"提高"的问题。健全管理机制，解决好"稳定"的问题。强化激励机制，解决好"尽心"的问题。（节点、要点思维）

高度重视，提起党务公开的"领子"。健全机制，拉好党务公开的"链子"。全面公开，掀开党务公开的"底子"。发动群众，摆开党务公开的"场子"。（形象思维）

实施"育星"工程，人才队伍强手如云；实施"优建"工程，训练场地量质并举；实施"雄心"工程，争优创先不甘人后。（抽象思维）

战备演练贵在"一"，就是要做到流程一步不落；战备演练贵在"一"，就是要做到样式一个不少；战备演练贵在"一"，就是要做到问题一抓到底。（具象思维）

夯实"根子"，确保举旗铸魂不迷航。建强"班子"，确保坚强有力站排头。搭好"台子"，确保勇立潮头显身手。盘活"棋子"，确保持续借力放光芒。（整体思维）

找准一个支点，就能撬动整个地球；找好改革支点，就能开创发展新局。（类比思维）

多用"压针缝"，强化领导，压紧推进脱贫攻坚的责任"链条"；善用"锁边缝"，加强监督，织密推进脱贫攻坚的监督"网络"；巧用"回针缝"，严格检查，堵塞推进脱贫攻坚的工作"漏洞"。（类比思维）

要用好总结这个"平面镜"，把全身的"像"照出来；要用好总结这个"透视镜"，把问题的"根"揪出来；要用好总结这个"望远镜"，把前行的"路"找出来。（平行思维：同类型的内容）

着力深化思想认识，鼓足真抓的实劲；着力提振精神状态，鼓足敢抓的狠劲；着力把握规律方法，鼓足善抓的巧劲；着力锤炼意志品质，鼓足常抓的韧劲。（演绎思维：后者是前者的引申）

以大视野谋划大格局，提升发展理念；以大项目推动大发展，强化产业支撑；以大策划打造大品牌，彰显××特色；以大文化构建大服务，实现惠及全民。（前瞻思维）

正心是前提，心正则立志。正身是关键，身正则立德。正行是根本，行正则立威。（逻辑思维：以"正"为中心）

三是语言维度。借用语汇的丰富性和多变性带动构思，在现今公文写作中比比皆是。常用的语言手法有引用、突出、求同、求变、求工、相关、替换、拆分组合、韵律、创新、提炼、运用语法等。例如：

政治信仰之"钙"补得更实；政治方向之"舵"把得更准；政治立场之"根"扎得更稳；政治纪律之"底"守得更牢。（突出）

突出实际实效，实施"实打实"考核；突出责任刚性，实施"一对一"管理；突出末位淘汰，实施"硬碰硬"兑现。（求同：突出、ABA模式的词汇连用；求变，在求同中，内容和语言表达皆有变化）

着力服务全局；着力谋划布局；着力干好开局。（相关性："三个局"）

做给群众看，带着群众干，帮助群众赚。（讲究韵律）

采取"五个一点"，克服资金保障难；推行"三大模式"，克服坡地增收难。（提炼）

运用丰富的语法关系，包括词汇、短语、单句和复句等，有时可大大拓展构思的空间。名词、动词、形容词、数词等实词用于构思的情况比较常见，如前文12要素就是名词，动词如：转方式调结构，提品质拓功能，促改革增活力；形容词如：目标明；举措实；成效显。

虚词用于构思主要见于介词和副词，两者表意十分丰富，若以下述内容和相应词语作为切入点，往往使构思主次分明，十分灵活。其中，介词常表示时间、处所、方向、方式、依据、目的、原因、对象、范围、工具、排除、被动、比较、身份等，副词常表示时间、频率、地点、方式、程度、疑问、连接、范围、关系、顺序、肯定、否定、情态、语气等。例如：

以改革的思维谋划工作；以开放的视野配置资源；以担当的勇气破解难题。（方式：介词"以"）

在"深度贫困"上再聚焦；在"精准帮扶"上再深入；在"稳定脱贫"上再发力。（范围：介词"在"）

给他们健康成长"搭建好台子"；为他们担当作为"撑起腰杆子"；让他们成才创业"勇挑重担子"。（对象：介词"给""为""让"）

作为"领头人"，要当好示范；作为"责任人"，要抓好目标；作为"贴心人"，要做好服务。（身份：介词"作为"）

从自己督查向多方督查转变；从线下督查向线上督查转变；从重视时效向重视质量转变。（表方向：介词"从……向"）

要积极主动干，不当算盘珠子；要创新方法干，不做无头苍蝇；要注重实效干，不做点水蜻蜓。（表否定：副词"不"）

思想决不松劲；目标决不降低；行动决不迟疑；效果决不打折。（表语气：副词"决"）

成绩非常显著；措施非常到位；思路非常清晰。（程度：副词"非常"）

要多向基层走；要多从事中学；要多在做中思。（频次：副词"多"）

真正以德服人。真正以责为重。真正以律为戒。（情态：真正）

从主要指标来看，"稳"的态势在持续；从经济结构来看，"进"的力度在加大；从发展动能来看，"新"的动能在成长；从发展质量来看，"好"的因素在累积。（对象：介词"从……来看"；时间：副词"在"）

四是内容维度。这是从"文"的角度来构思，即写作时按所用文种的基本结构模式去构思。如决定的结构是缘由、事项、目的，批复的结构是依据、事项、要求，意见的结构是指导思想、基本原则、总体目标、主要措施、工作保障等；动员讲话的结构一般是意义、任务和要求；剖析报告的结构一般是问题、原因、措施，工作总结的结构一般是成绩、做法、问题、打算等；行动计划的结构主要是指导思想、目标任务、思路措施、目的结果等。

六、实用逻辑构思法

公文写作离不开逻辑的指引。一方面，逻辑离不开学习，即从他人的文章中获得对构思有指导性的逻辑框架；另一方面，我们也要善于在写作实践中不断总结适合自己的结构逻辑。前者可称为借用逻辑，后者可叫作自创逻辑。

借用逻辑构思法。党的十九大报告里，很多段落的写作都遵循"是什么—为什么—怎么办—怎么样"的结构逻辑。如有领导在给下级单位部署营商环境有关工作时，重点讲了四个部分：营商环境测评是什么？为什么要优化营商环境？当前，优化营商环境怎么做？通过这一年的工作，在国家营商环境测评中最终要达成什么样的目标？这就是"是什么—为什么—怎么办—怎么样"构思法。此外，常用的还有"提出问题—分析问题—解决问题""情况—问题—原因—做法""过去—现在—将来"，等等，类似这样的逻辑积累得越多越好。

自创逻辑构思法。在写作实践中，有时我们借助独特思考，也可形成一些实用性很强的逻辑框架，在今后写作中也可以视情采用。例如："总体—具体—主体—客体"（前2是"事"，后2是"人"；主体指管理者，客体指管理对象）逻辑构思法，可用之于写通告：

××市人民政府关于加强××××年度中高考等特殊时期
噪声管理的通告

为确保××市区考生在中高考等特殊时期享有安静的复习、考试和休息环境，根据噪声污染防治有关法律、法规规定，市政府决定，在××××年度中高考等特殊时期加强噪声管理。（总体）现将有关事项通告如下：

一、除抢修抢险工程外，禁止市区所有建筑工程在中高考期间夜间施工作业。禁止夜间施工作业时间为：××××。（具体1）请相关施工单位提前做好准备，合理安排施工作业。

二、在××××年度高考日、中考日及普通高中学业水平考试日考前半小时至考试完毕前，禁止在市区各考点周边实施下列行为：（具体2）

（一）产生噪声的建筑施工作业（包括拆房施工作业）和建筑物内装修作业；

（二）使用高音广播喇叭或其他发出高噪声的音响器材；

（三）机动车船鸣喇叭；

（四）燃放烟花爆竹；

（五）其他产生噪声污染的活动。

三、在中高考等特殊时期，各单位和个人应严格遵照噪声污染防治有关法律、法规及本通告要求，积极配合有关管理部门做好噪声污染防治工作，严禁违法产生噪声干扰考生复习、考试和休息。（具体3）

有关管理部门应严格按照相关规定，各司其职，密切配合，切实加强对噪声污染的执法监督管理，对违反本通告的单位和个人，要根据噪声污染防治相关法律、法规予以处理。（主体—客体）

本通告自××月××日起施行。如××××年度中高考等时间发生变化，上述噪声管理措施实施时间自动作相应调整。

特此通告。

××市人民政府

××××年×月××日

自创逻辑，需要我们在写作中多思考，多总结，多运用。写作中，自创逻辑的能力越高，运用越多，写作就越轻松，这是公文写作高手的"标配"之一。

第五节　一个小案例，疏通构思"脑梗阻"

写公文之难，最难在构思。起草一篇公文，我们要直面并全力攻破的第一关就是构思。蹙眉举笔间，起草人在思维之海劈波斩浪，不仅要苦寻各种可能的路径，还要努力搜求其中最闪亮的一条。构思，是"横"在每个起草人面前的一只最大"拦路虎"。构思的任督二脉一旦打开，后续的死结都将迎刃而解。

世间万事开头难。有的大笔杆尽管经验十分老到，有时却也迟迟不肯轻易命笔。他们整日价愁眉不展、熬红双眼，可能并不是构思不出，而是一时拿不出新人耳目、足慰己意的出彩构思。倘为应付交差，于他其实无难。而从新手角度看，奇巧构思亮人眼，那似乎还是很遥远的事。当务之急是：要尽可能掌握更多构思法，确保在接受写作任务后，至少能眉头一皱，计上心来，立马能一、二、三、四、五地按图索骥"想得出"若干选项。"踏破铁鞋无觅处，得来全不费工夫。"如此构思训练多了，日久必能从"想得出"迈向"想得到""想得好"，最终达到"文章本天成，妙手偶得之"的天然境界。

由此看，"想得到"，就是该想到的都能立马想到，这就为最终解决构思难题奠定了坚实基础。要"想得到"，在我们脑海中先得有一张相对全面的构思全景图，以帮我们临纸构思时心中有谱、有法可依，避免一提笔就茫然和窘迫。

在上一篇中，笔者已基本画出了公文写作常规构思全景图，本文将结合某水务局"安全"主题的公文案例（题目是《在国庆节前安全保障工作会议上的思路汇报》），详解"想得到"的"12 大路径"，我们只要学会依样描红、触类旁通，就此铺开酣畅构思的光明大道，当无难矣！

一、从两大写法入手

前述公文两大写法：公文式写法大多有一定之规，只需套仿照搬即可，法定公文一般都采用此种写法；文章式写法往往不拘一格，多适用于事务性公文写作。

《在国庆节前安全保障工作会议上的思路汇报》（下称"本例"）作为工作汇报，若按公文式写法，大体可按"基本情况—主要做法—存在问题—下步打算"的"四部曲"构思，甚至都无须吾"思"，尽管仿套其"构"即可！这是时时可借、处处好用的"懒人模板"，如此"千文一式，万人皆同"，实在是"形容枯槁，面目可憎"，又焉能指望出彩？除非万不得已，日常写作安可取也？特别是当写作有高要求时，更要秉持弃之如敝屣的态度，因为泥淖里再怎么打地基，终究立不住"金銮殿"，即使勉强立起也大煞风景、有碍观瞻。

文章式写法，就是只要适合，一应构思皆可取，一众路径皆可选，一切方法皆可用。从实质上说，后文 11 种构思法，都是因文而异、因人而异、因时而异的"文章式写法"。

二、从常规角度入手

所谓"常规角度"，就是写作不必抛却寻常路，有时也可按套路出牌。具体说，就是人家怎么写，我就怎么写；或者本人本单位过去怎么写，现在就怎么写。前者是共性写法，后者是个性写法。无论是共性还是个性，都有一个共同特点，就是人云亦云，了无新意。人说"天下文章一大抄"，抄了别人抄自己，正是抄来抄去的"歪风"，结果好端端地把"一阵风"抄成了"四季风"，把"风景"抄成了"盆景"，把"创作"抄成了"拙作"，将"艺术"等而下之地抄成了僵化的"老八股"。长此以往，文竟无"文"，焉能"写"稳致远？没有丝毫创造性的"一抄了之"，应在禁止之列。

当然，如是说，并不是说常规写法一无是处、绝无可取。即使再大的笔杆、再高的水平，也难以篇篇创新、次次出彩。国学大师陈寅恪讲课有"三不讲"的豪气，但我们日常写公文却很难做到"三不写"。笔者以为，在要求平"常"或有"规"约束的情况下，也可以"千年'常'一回"，按"规"写一次。只要我们不照抄，坚持"消化吸收再创新"，旧瓶即可装新酒，老树也能绽新芽，如此"智抄"，平常或可变超常，旧规兴许成新规。那种一着墨就是"前无古人，后无来者"的旷世佳构，百年难得一见，实可遇不可求也。

既遵"常规"，当知"常规"之一般性写法。现结合本例，分别从共性和个性两方面来解析其构思。

从共性来看，这样的汇报大多有临时性指示，这是首先要考虑的；其次，安排"安全"工作一般都要讲提高认识、厘清责任、排查隐患、加大巡查、加强值守等几个方面（因人而异，略有不同）。因此，本文构思就可重点写这五个方面（接下来就是对五个标题加工美化的工作）。

从个性来看，该单位往年一贯强调的是思想安全、设施安全、水质安全、施工安全、内部安全这五个方面，据此可形成本次汇报的初步框架：高度重视，拧紧思想安全"一根弦"；加大巡查，握紧设施安全"一条线"；动态检测，关紧水质安全"一道阀"；协同出击，看紧施工安全"一个雷"；各尽其职，绷紧内部安全"一张网"。

三、从特定要求入手

有时，上级往往对公文写作提出特定要求，这其实是为写作定了调，当是好事。这些特定要求，正是公文构思须优先考虑的"点"，否则，规定动作丢一边，写得再好都是偏。

按特定要求写作，要重点考虑人、会、文、时、事五大因素，主要包括：一是领导指示，二是近期会议精神，三是上级文件，四是形势，五是广为关注的业内或相关事件（如近期水务安全事故）。

本例按"特定要求"可这样构思：一、按照"确责、尽责"的要求，（"人"）织密有人管安全的"安全网"。二、按照"彻查、彻底"的要求，唱响全力查安全的"交响曲"。（"会"："百日安全大检查"的要求）三、按照"重视、环视"的要求，消灭各处不安全的"风险点"。（"时"：从反思近期全国安全事故的教训）四、按照"落细、落实"的要求，建立重点护安全的"隔离带"。（"文"："亚运"保供水方案）五、按照"牵动、联动"的要求，筑牢长期抓安全的"防火墙"（"事"：××村未装止回阀致水质受污的公共安全事件，继续牵头推进各区安装止回阀，协同水务集团做好"防回流"工作）。这五点，也是汇报的重点，如还有其他日常安全工作，可适当添加。

四、从立意层面入手

公文之立意，亦是所写公务之宗旨。立意，是对文章写作的通盘考虑，是对开展相关工作的总体思想、理念、宗旨等统领性意见（此指安全工作），是著文之"神"，办事之"魂"。否则，作文没谱会跑调，办事弃旨打乱仗。带着想好之"意"去构思，写作多半不会出现忘了要事再回马的"折返跑"。构思无"意"，成文后推倒重来的概率必然大大增加，因为这是"方向性失误"。

公文所立之"意"，可谓"大海何其阔，江流八面来"，来源十分广泛。立意的视角越广，构思的选项就越多，因为立意不同，写作的路径和写出的"模样"就迥然不同，各异其趣。大致来说，写一篇公文，立意的方向性选择有：上级的思想、理念，本级的宗旨、要求，通行的观点、看法（大众），学科的理论、视角，流行的思潮、见解（业内），笔者的思路、想法，概念本身的内涵、意义，等等，都是为文中客观对象"勾边画像"的绚丽色彩。

以本例"水安全"事项为例。上级理念如"五水共治""让老百姓喝上干净水放心水"等，本级要求是"清水入城、净水出厂、好水到家"，业内观点是"管住源头水、改善管网水、优化末梢水、检测回流水"，等等。

如以"让老百姓喝上干净水放心水"为主题构思：始终固守安全意识，加强"水质"检测不放松；牢固树立安全思维，做好"水量"调蓄不松劲；加快推进安全建设，保证"水压"稳定不松弛；积极防范安全风险，加大"水患"执法不松懈；严格执行安全要求，消除"水荒"苗头不松动；切实落实安全责任，紧握"水情"动态不松手。

五、从结构角度入手

结构，顾名思义，是把事先想出的文章各块内容"结"合在一起的"构"造物，是起草人构思的最大成果。结构既成，写作将半，后续工作只是按照既定框架填充素材即可。

如前所述，从形式上看，公文主要有六大结构：总分型，并列型，递进型，对照型，因果型，综合型。这六大结构类型启示我们，公文若按结构类型来构思，从宏观上看就可以得出六种不同的写作路径。

本例若按并列结构写，或抓住供水条线几个职责岗位，或关注当前水安全工作的几个突出问题，或紧盯几项有关"水安全"的重点工作内容，其关键是：写作选取的几个"点"要构成平行关系。如：盯隐患整改，强化安全执法；盯管网设施，加大安全检查；盯项目建设，强化安全监管。

若按对照结构写，就要坚持对立统一的比较思维，关注事物间的差距和不同处，把有明显相对或相反关系的要素放在一起写，包括今年和往年的不同（时）、麻痹思想和防范意识（人）、紧盯破坏和加大巡防（行）、摸清隐患和强化管控（事）、紧盯"老旧"和加快"更新"（物），等等。例如：围绕"抓不实"的问题，细化保障方案；围绕"盯不紧"的问题，强化值守力量；围绕"叫不应"的问题，优化监管考核；围绕"管不到"的问题，强化市区协同；围绕"防不住"的问题，坚持严管重罚。

六、从概念道理入手

写公文不都是就事说事，很多时候需要看高一点、挖深一点、想透一点，如此写出的文章自会与众不同。同样平常稀松的日常事件，一般人往往止于平面化的说明，倘有人能积极调动自己的知识储备，站在一定的理论高度，从所在学科角度阐释概念内涵，引述和简析一些大道理，触及本质、涉及原理、旁及其余地做出阐述，虽有别于论文，但也能宏论滔滔，获得一种如在云端的"高贵"气质。文秘人员能调用丰富的知识储备，就能获得丰富的构思方案。由此作出的构思，不妨称之为道理逻辑法。

道理逻辑，就是关于"道理"的逻辑思考。这里的"道"，指向客观对象，即关于相关事项的普遍原理、一般规律和学科理论等，如本例"水安全"的"道"既涉及"水"的理论，如水质、水量、水工艺等方面，也包括"安全"管理方面的学科理论。这里的"理"是文秘人员主观上对于"道"的解析、认识、思考等，直接点说，就是对前文提出的相对抽象的"道"，在文中该如何作出阐释，并与实际工作相结合。

本例若引用相关安全管理理论，可构思为：确立安全意识，记取"不等式法则"。提高管控标准，避免"跳蚤效应"。严格巡查要求，杜绝"南风法则"。细化责任分工，防范"墨菲定律"。强化细节管理，谨防"海恩法则"。坚持慎终如始，远离"青蛙效应"。稳步优化措施，恪守"戴明公式"。

七、从要素方面入手

前文提到，任何公文，从"细胞"级层面看，无外乎人、事、物、理、情、意、时、空、语、法、想、象"12 要素"。若再从比"细胞"更小的"基因"层面考虑，"12 要素"还可以再作切分，如"人"按层级可分为上级、下级、平级等，按岗位可分为文员、助理、内勤、外业等，按其表现可分为思想、言语、行为、精神、作风等；"事"按类别可分为公事、私事、社会事等，按岗位可分为文事、人事、政事，按性质可分为大事、小事、难事，按来源可分为省里事、市里事、局里事；等等。其他要素同样可以作出多种多样的精细分类。树立要素分类的思维，无疑为拓展写作构思提供了难以穷尽的途径。

本例从"空"的角度构思，如以不同的工作场所或岗位部门为切入点：以抽查水厂泵站安全为重点，管好"上水"；以巡查管网水箱为核心，管好"中水"；以督查道路工地为抓手，管好"用水"；以调查居民家庭为契机，管好"下水"。

八、从事理逻辑入手

事理逻辑，是通过对事物构成和发展过程的观察、分析和研究，作出的关于事情规律和内在逻辑的预测和判断。写作来源于客观事物，是主观思维对客观外物的反映。因此，文秘人员对事理认识得越全面、越透彻，越接近于真理性认识，写作过程就越容易，构思路径就越丰富。

对事理的分析，一般可从纵、横两个维度展开。纵向维度，主要从发展过程、发展程度、发展认识三个方面考虑，前者表明时间的先后，中者显示程度的深浅，后者表示内容、思想、意义的纵深掘进（如由表及里：从表象到实质）。横向维度，主要从不同角度来分析事物内部构成，由此形成不同的文章结构法。常见的横向构成分析法可以围绕"事""物"和"理"展开。"事"包括内容、性质、来源、类别、目标、任务、成效、环节、范围、程度等，"物"包括形成、构成、组成、特点、成因、性质、类别、功能等，"理"是有关"人"做事的思想、理念、认识、观点、思路、措施、方法、方式、途径、手段、机制、宗旨、目的、意义等，其中每一个方面都可以作为写作构思的着眼点（每一个"点"还可以细分）。

选取适当的角度，做好对"事""理"的纵向分析、横向解构和"填充"，即可获得相应的构思。

本例若从纵向构思，即如：制订保障方案，按部就班管安全（前期）；突出保障重点，到边到角保安全（中期）；严格保障考核，盯人盯事促安全（后期）。

横向维度，先以"事"为切入点。如从"性质"解构入手：突出水安全"大事"，加强重点工地监管；纾解水安全"急事"，协同处置突发事件；关注水安全"小事"，优化居民用水服务。如从"类别"入手：坚持常态监管，管好日常安全业务；严格过程管理，办好条块安全政务；面向广大用户，做好细致安全服务；紧盯动态事件，抓好突发安全事务。

再以"理"为切入点。如从"理念"解构入手：坚持"安全大如天"，群策群力聚"人心"；坚持"安全无小事"，防微杜渐强"人治"；坚持"安全猛于虎"，严管重罚绝"人祸"。如从"方法"入手：立足群防群治，凝聚保障合力；突出智防智治，提高处置能力；坚持专防专治，盯紧风险隐患。

也可以运用"填充法"构思。以写作主题"节假日水安全保障"为例。以其中的任何一个词为中心词，从不同视角进行填充、扩展思路式构思。如以"节"为中心词：抓排查去风险，确保"安心过节"。强追查促监管，确保"平安过节"。重筛查优服务，确保"快乐过节"。抓倒查补短板，确保"和谐过节"。

九、从思维角度入手

公文写作，写的是逻辑思维。思维的活跃度和覆盖面，直接决定了构思路径的宽窄程度。

思维，是"思"和"维"，联系起来理解就是：我们的思考必须要按照一定的"维度"来进行，从什么角度来构思，影响着思维活动进行的流畅度。法国作家维克多·雨果说："世界上最宽阔的是海洋，比海洋更宽阔的是天空，比天空更宽阔的是人的胸怀。"这里，不妨说比天空更宽阔的是思维。因为"人"的思维是天马行空，没有边际的。然而，思维可以无边，讲授技法却不能无边，否则不便于学习。因此，必须给任意驰骋的思维方法套上一个"规范"的"辔头"。这是公文写作构思时的重要参照。

构思的思维方法实在太多，但总的来说，要特别掌握"18大思维"。主观思维反映客观对象，要围绕特定的"维度"展开。从"全面性"考虑，要运用系统思维；从"对立性"考虑，是辩证思维；从"相关性"看，是联系思维；从"过程性"考虑，是发展思维；从"区分性"看，是比较思维；从"本质性"考虑，是抽象思维；从"多面性"考虑，是发散思维；从"具体性"考虑，是形象思维；从"规律性"看，是逻辑思维；从"对应性"看，是同一（看齐）思维；从"显要性"考虑，是重点思维；从"代表性"考虑，是典型思维；从"开创性"考虑，是创新思维；从"前瞻性"考虑，是超前思维；从"差别性"考虑，是求异思维；从"共同性"考虑，是类型思维；从"缺陷性"考虑，是问题思维；从"一致性"考虑，是平行思维。

这里结合本例，例说运用上述思维的构思方法。

系统思维，是把"水安全"当作一个系统考虑，涉及人、事、物各个方面。如：突出设施安全（物），排查隐患险情；突出水质安全（物），密切检测动态；突出施工安全（事），宣贯操作规程；突出行为安全（人），严防开挖破坏；突出环境安全（地），强化内部协同。

同一思维，是对应相关精神、文件内容、工作要求、固定模式等，在构思时作出"点对点"的结构安排，如本例根据上级文件"安全检查了没发现，有责任；发现了没抄告，有责任；抄告了没督促，有责任；督促了没整改，有责任；整改了没效果，有责任"，可构思为：提高检查频次，确保问题全发现；加大抄告力度，确保责任全明确；建立督办机制，确保问题全跟踪；明确办理要求，确保整改全到位；严格结果考核，确保派单全销号。

逻辑思维，是关于事情"抓什么"和"怎么抓"的规律性思考，并以此为基础，作为文章的主要结构。如节日水安全保障应该这么抓：紧扣关键"点"，坚持"有章理事"；抓住关键"人"，突出"有责问事"；围绕关键"事"，做到"有法办事"；紧盯关键"物"，落实"有备管事"。

重点思维，就是抓大放小，抓住工作中的关键要素构思。如：按照要求管安全（上级）；紧扣中心抓安全（全局）；贴近问题促安全（反面）；围绕专项强安全（细处）；关注热点讲安全（外面）；落实长效保安全（前面）。

十、从主观看法入手

随着思维机器的高速运转，对写作涉及的人、事、物、法等，执笔人往往会产生情感的细微变化，内心会生成对有关写作对象的主观评判，形成对于外物的独特认识。"情动于中，而形于言""观之外物，而后有感"，这里，可归之为情理逻辑。

鉴于上述，情理逻辑可进一步提炼为"情＋理""观＋感"。

（一）情＋理。构思时，可先对应不同事物或事物的不同部分、发展的不同阶段，梳理出情感的关键词，如针对本例，应该有"重视""认真""坚信"等；接着，从"理"的角度思考这几个情感的先后次序。结合本例，接到水安全保障任务，首先应该是"重视"，然后落实要"认真"，对效果当然是"坚信"。由此，形成本文的思路：高度重视，周密布置，坚决打好"有准备之仗"；落实认真，细化职责，坚决打好"有战法之仗"；充满信心，齐抓共管，坚决打好"有成果之仗"。

（二）观＋感。"观"，就是对写作对象进行全面、深入、细致的观察，看到什么写什么，看到的"点位"多寡和精彩度，决定了构思的路径和质量。"感"就是对于所"观"外物的感受、认识、观点、评价、看法等。如"二十大报告"心得交流发言，构思路径十分广阔，可以讲讲体会的点实在太多。我们既可以选取理论阐述的"点"，如关于政治学的民主治理、社会治理、基层治理等；也可以选取关于实践阐述的"点"，如关于生态文明建设、经济发展、党建工作的论述等，可以坚持"做什么工作就选什么写"。从原文中选出相关"点"后，再通过思考提炼出相应的"感受"。

结合本例，"观"之水安全"保障"，可以选的"点"也不少，如监管、执法、服务等，由此生发的"感"为：实、严、细，由此形成框架：突出"实"，力求监管有人问有章循；秉持"严"，力求执法看得到管得住；落实"细"，力求服务沉到底见成效。

十一、从技法套路入手

公文可以写的素材再多，也是通过"技法"写出来的。多研究一些公文写作的技法、套路，有助于提高构思的靓度和速度。

从文章写作技法角度来构思，实际上就是"文理逻辑"。按文理逻辑构思，关键在"文"和"理"二字上。"文"，就是所写公文的结构、技法等，不同的文种有不同的写法；"理"是关于文章结构安排、技法运用的理性思考。如本例作为工作汇报，从该文种特点来看，要重点汇报想法、思路和措施，这种结构是按部就班的写法。另外，水安全保障，从日常工作来看，不同阶段都会存在一些典型问题，比如节假日如何重点保障？按照这一思路，可以采用"问题—措施"的写法。

从具体技法看，大致说来，公文写作会用到以下写法：虚实相生、欲扬先抑、小中见大、点面结合、烘云托月、反弹琵琶、触景生情、情景交融、托物言志、借物起兴、借题发挥（如借故事、案例、问题、名言等）、夹叙夹议、细节刻画、场景描绘、反振一笔、片段剪辑、铺垫蓄势，以及象征、渲染、对比、类比、想象等。

结合本例，以"借题发挥"为例，可构思为：全国范围内的"安全事故"，提醒我们必须紧绷"一根弦"。往年市域内的"安全险情"，启示我们必须下好"一盘棋"。近期条线内的"安全缺位"，催促我们必须打通"一条道"。

从写作套路看，有赖于文秘人员平时的思考、感悟、总结和积累。如本例，从实质上说是一篇表态发言，表态发言怎么写呢？有一个通行的套路就是"回应＋回答＋回响"。其中，"回应"，是对上级要求作出简要响应；"回答"，是对如何落实要求作出具体说明；"回响"，是回应开头，再次掷地有声地重申完成任务的决心和目标。本例就此构思为：围绕本次保障要求，主要做到三个方面：不折不扣（态度上回应）、即知即改（措施上回答）、保质保量（目标上回响）。由于"即知即改"是文章重点，可稍作展开：关注舆情，重点信访一站办结；加大巡防，发现问题一次告知；强化协同，现场整改一步到位。

十二、从语言表达入手

语言是思维的物质外壳。林林总总的各种构思，作为"内核"，都离不开语言的承载和包装。在构思时，既可以思维搅动语言之"春水"，也可以语言推动思维之"涡轮"。

以语言手段助推构思，形式丰富，手法众多，可主要从语汇、句式、语音、修辞、语法、提炼等方面着手。

从语汇方面看，主要有"10大技法"，即叠、提、嵌、拆、换、解、仿、造、排、递。叠，就是叠词，如大大地、牢牢地；提，就是抽取、提炼事物中本质或共同的内容，如有作者见"综合改一次"而想到"综合查一次""综合建一次"，因"一个码"想到"一类事""一次跑"，由此提炼为"6个一"；嵌，就是引用或突出某些词汇，常见的有主题词、关键词、疑问词、固定词汇等，如将上级文件中"应改必改，能改则改，愿改尽改"的要求，分别嵌在不同内容中；拆，就是拆开词汇，如人心不"安"，措施难"全"；换，就是换掉固定词汇中的个别字产生特殊表达效果，如"管理错位，导致排污口成了堵污口"；解，就是对词汇意义作出独到解析，如"安"首先是安心，"全"就是要求要"全"记牢；仿，就是仿造某个词汇结构，衍生一系列类似词汇，如由"不着边"可仿出不着调、不着力、不着数等，并以此安排在不同部分中；造，就是自己造词，如"'智'在必得""杭州样本"；排，就是连用某个词汇，如落细、落小、落实，亲民、利民、惠民，等等；递，就是一系列词语有环环相扣、层层递进的关系，如"建设文化长廊，建好心灵家园，建强先锋阵地"。

由上可见，借助"词汇"构思的方式是，先由一个词想到其他角度的类似词汇，再用"想出"的不同词汇作"标签"去"引"出其余内容，由此形成文章的思路框架。

从句式上看也是如此。构思时，我们可以建立"仿句思维"，先确定一个"模式句"，借此对应其他事项内容"仿"出其他框架句式，由此降低构思的难度。常用的模式句有：

介词句式。如："以……为，加……"，前半句表示方式、对象、思路、目的等，后半句明确措施。对应本例，可扩充为：以工地为重点，加大水安全检查力度；以执法为手段，加强水安全动态监管；以长效为目标，加深水安全综合研究。

复合句式。如："不仅要……也要……"，表示递进关系。以此句式作为本例构思的模式句进行扩展：不仅要保证水量稳定，还要确保水质优良；不仅要管好静态设施，也要防控动态违章；不仅要发挥主力优势，也要强化市区协同。

类似句式积累越多，思维就越活跃，构思的路径也越广泛。要借助脑海中成熟的句型去组织各个方面的素材，并按一定的顺序组合成不同部分的结构、层次，在此基础上形成文章完整的框架。例如本例，就水安全保障工作而言，一般要写思想、措施、保障几个方面，其中，思想在前，保障在后，由此形成文章的结构；再次，这三大结构还可以细分为更小的层次，如"措施"部分，还可细分为设施安全、行为安全、应急安全等。最后，用选好的句式搭建框架。如可用"要在……落到……，从……从……抓"这个句式把相关材料组合在一起，具体为：要在思想上落到位，从快从紧抓部署；要在措施上落到点，从严从实抓督查；要在保障上落到底，从高从远建机制。

借助一些语音变化，也可以拓展构思路径，如谐音、同音、近音、押韵、节奏谐和与变化等。谐音如"有些干部思想'倒胃'，工作'钞钱'，口碑靠'厚'"，近音如"健康的爱好当有值域，宛若知遇，可以自娱，多能治愈，终可自愈"，等等。

运用修辞手法辅助构思，不仅能够启迪思维，也有利于"写得好"。常用的修辞手法有比喻、排比、反复、对偶、拈连等。例如某文秘人员运用比喻手法写"干部教育"相关的信息，犹如清风拂面，览之不胜悦目怡心：一是建好"书香一隅"，弹响静心修为"春兰韵"。二是带回"土香一掬"，奏响实践修炼"夏竹调"。三是奉献"心香一瓣"，吹响品德修行"秋菊曲"。四是点燃"暗香一缕"，拨响励志修身"冬梅引"。

第六节　吸睛养眼结构靓，经典必经久

动笔之前，文秘人员"静观默察，烂熟于心，凝神结想，一挥而就"的构思，最直观的结果就是形成了全文的结构。结构一定，百事皆顺。一旦有了一套相对满意的结构，文秘人员的思维活动将彻底摆脱千搜万寻的痛苦抉择，就此踏上"照单发货"的轻松之旅。

公文结构，不同的人可能有不同的分析方法，包括形式分析、内容分析、关系分析等。其中最常用的分析是形式分析，即常见 6 型——总分型，并列型，递进型，对照型，因果型，综合型。实践证明，形式上的结构分析有助于降低构思难度，提高公文写作效率。

（1）总分型。这是把总体介绍和分项分层说明结合起来的一种结构方法。其主要表现形式有总—分、总—分—总、分—总，等等。总分型结构纲举目张，使读者既可掌握全貌、知其原委，又能突出重点、把握细部。

例如某市组织部编发的一篇题为《坚持"引育留用"并举做好新时代人才工作》的政务信息，开头先总述人才工作的意义、思路：人才是引领发展的第一资源，是带动发展的"第一引擎"。做好新形势下的人才工作，要做好"引育留用"文章，在人尽其才、才尽其用、用当其时上下更大功夫，全面提升人才工作水平。

接下来，文章从四个方面说明了推进人才工作采取的主要措施：一、要以活力迸发的机制引才（略）。二、要以筑巢引凤的办法育才（略）。三、要以海纳百川的胸怀留才（略）。四、要以任人唯贤的导向用才（略）。

可见，全文是总分结构。

（2）并列型。总分型的变种，省去"总写"部分即为并列型结构。其全文各部分内容在性质上属于同一层面，有一个特点：前后各段可以颠倒而不会给人逻辑不顺的感觉。可以并列的内容很多，包括事项、对象、措施、方式、特点、效果、类别、功效、观点、情况，等等。例如：

××区政务服务体验活动初显成效。一是组织"沉浸式"体验活动。二是强化"精准式"问题整改。三是开展"解剖式"总结提升。（事项并列）

××局四措并举开展效率攻坚行动。勤于做"加法"，重点是补短板。勇于做"减法"，重点是降不良。善于做"乘法"，重点是建制度。敢于做"除法"，重点是控成本。（方式并列）

（3）递进型。即文章各段落之间从先到后有环环相扣、层层推进的深化关系，其显著特点是：前后内容不能颠倒，颠倒了会令人感觉逻辑不通。递进型结构主要有两种情况：时序递进和语意递进。例如：

创新行政方式，迈出基层便民服务"最先一公里"。创新发展思路，走好提供个性化服务"中间一公里"。创新服务理念，跑完优化公共服务"最后一公里"。（时序递进）

语意递进如某领导《在主题教育读书班上的表态发言》，有一段这样写道：

我们要保持归零心态，当好"小学生"。始终求知若渴、孜孜不倦，秉持"负箧曳屣行深山巨谷中"的理念，从头开始学习"基层"这门课。

我们要保持奋斗状态，当好"实习生"。发扬与老百姓"同吃同住同劳动"的精神，"晴天一身汗，雨天两腿泥"，始终坚持在一线发现问题、处理问题、解决问题，以实干赢得信任，以业绩铸就口碑，一步一实学习"实践"这门课。

我们要保持昂扬姿态，当好"研究生"。我们要树立"只唯实"的价值取向，通过无数次的"尝试""假设""反复论证"，认准调查研究的思路和方向，聚焦民生诉求，把脉突出问题，努力寻求民生"急难愁盼"的破解之策，身体力行学好"发展"这门课。

全文言简意赅，主题鲜明，"小学生""实习生""研究生"的内容安排，在语意上层层递进，直观提示了本文是递进结构。

全文共166字，言简意赅且主题鲜明。文章三句话间层层递进，"不要只说……也不要只说……更应该记住"，直观提示了这是递进结构。

（4）对照型。即前后内容相反或相对。可分为段内对照和段间对照两种。段内对照如：

面对新的形势任务，作风建设只能加强不能削弱，作风标杆只能提升不能降低。我们要持续抓作风、深入抓作风、强力抓作风，坚持牢记宗旨，提倡坚守信念、志存高远，反对胸无大志、自由散漫；坚持团结协作，提倡和衷共济、共事共心，反对拉帮结派、各自为政；坚持激情干事，提倡雷厉风行、真抓实干，反对不思进取、碌碌无为；坚持勤政为民，提倡爱岗敬业、亲民爱民，反对高高在上、脱离群众；要坚持廉洁自律，提倡公道正派、干净干事，反对趣味低下、堕落腐败。

段间对照，如有领导在作风建设大会上这样分析当前作风建设现状：

新一届党委、政府坚持把干部作风建设作为应对挑战、推动发展的重要举措，进一步强化领导、狠抓落实，干部作风建设取得显著成效，表现在：一是干部队伍更加团结务实；二是工作作风更加扎实过硬；三是整体风气更加向善转好。

但是，我们也必须清醒看到，成绩虽然不小，但遗憾仍然不少，干部作风仍存在许多问题，突出表现在：一是思想解放不够；二是工作作风不实；三是工作效率低下；四是服务意识较差；五是责任意识不强。

上面两个段落先列举成绩，再分析问题，前后反差分明，形成对照型结构。

（5）因果型。前因后果，先果后因，多因多果，都是因果型结构的表现形式。无论哪种形式，在语意上都有向前推进、向深挖掘的意味，因此因果型也可看作递进型的变体。因果型结构多见于分析性、议论性公文材料中。例如：

去年城镇调查失业率一度明显攀升。（原因）财税、金融、投资等政策更加注重稳就业。对困难行业企业社保费实施缓缴，大幅提高失业保险基金稳岗返还比例，增加稳岗扩岗补助。落实担保贷款、租金减免等创业支持政策。突出做好高校毕业生就业工作，开展就业困难人员专项帮扶。在重点工程建设中推广以工代赈。（措施）脱贫人口务工规模超过3200万人，实现稳中有增，就业形势总体保持稳定。（结果）

（6）综合型。即综合采用上述两种（含）以上的结构方法，如有领导在谈到干部修为时讲了四个方面：想干事，会干事，干成事，不出事。显然，前三段之间是递进关系，而前三段与第四段构成对照关系，总体看，本篇讲话是综合型结构。

上述6型结构启示我们，同样的内容，选用不同的结构，至少可获得6种不同的写法。如果在选用每一种结构类型时，从不同的角度构思，写法还可以进一步拓宽。

在琢磨公文结构时，首先要按上述6型斟酌形式结构，同时也要分析各部分深层的意义关系，重点探析不同内容间的结构规律。笔者以为，根据分析的对象不同，文章各内容间主要有四种逻辑结构，即文理逻辑、事理逻辑、推理逻辑、情理逻辑。这四种逻辑结构为我们公文构思又提供了四个选项。

文理逻辑，重在"文"，指向对文章写作规律的研究。本书前文提及的不同文种大致固定的写作格式，以及本章提及的6种结构型，大体规定了公文写作的基本结构。按文理逻辑组织行文，一般四平八稳，中规中矩。

事理逻辑，重在"事"，指向对事件客观规律的研究。公文写作的主要对象是事件，事件自身的客观逻辑是文秘人员主观思维逻辑的来源。换言之，事物本身怎么样，文章就怎么写。事件的客观逻辑可从横向和纵向两个维度去研究。

横向，即考察事物的构成。我们可以从不同的角度去分析事物的构成，分析事物结构的方式越多，形成文章结构的方法就越多。如：把信访群众当"家人"，把群众来信当"家书"，把信访之事当"家事"，把信访工作当"家业"。这是从信访涉及的人、物、事、业等方面作出的"要素结构"分析，因此文章结构按事物构成分为四部分。我们还可以按性质构成分：重大信访领导亲自抓，日常信访健全机制抓，零星信访落实专人抓；按方式构成分：电话信访晓之以理，书面信访答之有方，上门信访动之以情；按内容构成分：民生信访坚持以人为本，业务信访坚持广开言路，政务信访坚持即知即改；等等。

纵向，即着眼事物的发展或意义的深化。如：为官要善为，"法"字当头做功课；为官要敢为，"干"字为要抓效率；为官要有为，"好"字为纲惠民生。善为—敢为—有为，从能力到想法、行动，从内在到外在，从行动到结果，步步深入，不断推进。

推理逻辑，重在"理"，指向对笔者思维规律的研究，也叫认知逻辑。即调动思维去推导、推究事物发展的规律。人们对事物的认识有一定的规律性，比如从整体到部分，从感性到理性，从低级到高级，从具体到抽象，从表面到深层，等等。按照人们的认知特点和"常理"来谋篇布局，这就是推理逻辑。例如：深入教育引导，让官兵"用心"学。（思想驱动）聚焦使命任务，让官兵"融入"学。（目标导向）广泛开展活动，让官兵"多样"学。（行动落实）建立长效机制，让官兵"常态"学。（形成习惯）按常理推测，官兵的学习先要思想认同，其次要有目标指向，然后才能诉诸行动，通过不断行动最终形成习惯，因此，安排学习要遵循这样的潜在思维，组织行文结构也"照搬"这样的思维结构，这就是推理逻辑。

再如：生态造林"给力"，生态保护脱贫一批。（主要措施）特色产业"发力"，生态产业脱贫一批。（创新措施）退耕还林"用力"，生态补偿脱贫一批。（补救措施）行文从主到次，由此及彼，先正后反，体现出严谨而缜密的思维规律。

情理逻辑，重在"情"，指向对笔者情感规律的研究。人们情感的表达有一定的规律性。一般来说，情由境生，情自象出。什么场合生什么"情"，什么事情发什么"情"。按照人们的情感发生逻辑，我们可以组织文章的结构。

例如，某领导在××市××届"××花海"国际摄影节上的致辞，抓住以下几个情感的关键词就形成了全文的结构：祝贺—欢迎—肯定（上届节庆以来的工作）—希望—相信—预祝—祝愿—感谢。

文理逻辑、事理逻辑、推理逻辑、情理逻辑运用不是孤立的，四者常常结伴而行，高度统一。例如一篇某市委书记的离任讲话，开头从总体上抒发离情别绪后，用"难离、难舍、难忘"这三个感情色彩浓郁的词语串起全文，形成情感强烈、层层推进、纲举目张的内容结构。具体如下：

一、此时此刻，让我最难离的是××这个家乡

1. 之所以难离，因为这里有我成长的足迹。

2. 之所以难离，因为这里有我精神的家园。

3. 之所以难离，因为这里有我眷恋的记忆。

二、此时此刻，让我最难舍的是××这份事业

1. 我们共同见证××"快"起来了。

2. 我们共同见证××"强"起来了。

3. 我们共同见证××"高"起来了。

4. 我们共同见证××"美"起来了。

5. 我们共同见证××"富"起来了。

三、此时此刻，让我最难忘的是××这些亲人

1. 让我无比感激的是，四套班子的鼎力支持。

2. 让我无比感动的是，各级干部的奋力拼搏。

最后，驻锋收笔，再次从总体上表达惜别之情，并表示良好祝愿。通篇看来，文章先写"难离家乡"，这是"地"；次写"难舍事业"，这是在"家乡"这篇土地上干的"事"，承前而下；最后抒写"难忘亲人"，即在"家乡"这片土地上一起共"事"、生活的"人"。"地—事—人"的内容安排，环环相扣，层层推进，总体上看是递进结构；各部分内部，从不同方面分述，这是并列结构；综合

全文看，又是总—分—总的结构，体现出严谨有序的文理逻辑。同时，该文"情—事—情"的内在线索，事业"快、强、高、美、富"的发展，以及个人成长、事业发展离不开亲人的支持等，体现了情理逻辑、事理逻辑、推理逻辑的统一。

第七节　真材实料填充，有材更有才

确定公文的结构后，要想血肉丰满、神完气足，还须有材料的支撑。

选材，实则起步于构思之初。构思形成文章结构的过程，也是选用素材填充的过程。素材，正如屋宇的砖瓦木石，一块块、一片片、一条条地支撑起了文章的大厦。公文要避免空对空，素材必须实打实。

巧妇须为有米之炊。写公文好比炊事，要想做出一桌让人满意的饭菜，一方面先得有好"米"，另一方面须"炊"艺高超，前为"有材"，后为"有才"，二者缺一不可。

由此看来，公文写作要做好三大工作：一是获取上好素材，二是加工重点素材，三是经思维之"锅"将素材烹煮成佳作。

先说第一项工作。

公文的上好素材，直白点说，就是真材实料。

真材实料，顾名思义须具备两个条件：一是"真"。公文，写的是公务，反映的是本单位对外形象，推动的是工作，因此所用素材必须真实可信，是历经一线阳光普照、饱经实践雨露滋润的鲜活"原装货"，来不得半点虚假。二是"实"，就是去水除杂之后的"干货"。

真材实料的"真"，要求所用素材须现场"传真"、原型"写真"、要旨"保真"和落实"成真"。其间，引用领导指示必须原汁原味，记叙事件必须原原本本，分析现象必须究本溯原，等等。背离了事物本质的素材加工，就是内容"失真"、写作"失范"，最终可能导致公文所传政令"失效"。

真材实料的"实"，体现在思想务实、措施切实、内容翔实和细节笃实上。思想务实，就是文中倡导的理念、实现的宗旨、追求的目的等上通云气下接地气，必须杜绝"假大空"；措施切实，就是提出的思路、采用的方式、搭建的载体等切实可行，具有很强的针对性和可操作性；内容翔实，就是涉及的人、事、物、时、空等要素齐全，交代清楚，事出有因，执行有法，落实有终；细节笃实，就是对于重点内容，还要有更加直观、周全的印证性素材，如具体案例、佐证数据、文件资料等。

综上所述，要获得真材实料，文秘人员必须经常往第一现场跑，努力获取第一手资料，并把搜集事例、数据、相关文件等重要信息作为日常积累的第一要务。上述工作，从根本上确保了所写公文的"有材"。

再说第二项工作。

材料的取舍和加工如何更"有才"呢？

前文提到，公文的主要内容有六大方面：事理性内容，事实性内容，生发性内容，结构性内容，语言性内容，想象性内容。从素材角度看，须围绕思维活动的对象进行取舍。

一般来说，对象即素材。公文写作指向的对象主要有两大部分——实践构成物和思维生成物，这是写作素材的主要来源。公文素材据此可以分为两类：务实性材料和务虚性材料。这两大素材在公文中经常是交织在一起使用的，务实是务虚的基础和前提，务虚是务实的生发和升华。

务实性素材也叫事实性素材，即来自一线、与具体实践工作直接相关的第一手资料，包括相关人物、事项、措施、方式、成果、场景、数据等，其特点是"务实"。务实性素材主要包括实践性素材、实物性素材、实证性素材和实效性素材。实践性素材是指"人"在实践中的行为、措施、事件等；实物性素材是客观的存在物，如电脑、书本等；实证性素材是用以佐证的资料，包括实数、图表、实例等；实效性素材就是工作实践取得的实绩、成果、影响等。

务虚性素材特点是"务虚"，主要由四个方面组成：虚有性素材，虚拟性素材，虚构性素材，虚浮性素材。虚有即"看不见、摸不着"，虚有性素材在务虚性素材中占据主要地位，是指"人"的思想、精神、理论等"意识性"因素，一般以阐明事理为主要目的，因此又叫事理性素材。虚拟与现实相对，虚拟性素材是由高科技实现的仿实物，如网络、智慧系统等。虚构性素材也叫创制性素材，即智力活动的成果，它是文秘人员基于现有资料，借助思维加工"创造"出的新素材，如譬喻想象、类比假设、思路方案、问题对策、制度、标准、计划、规划、规章等，其主要包括想象性素材、假设性素材、计划性素材和制度性素材。虚浮性素材，一般指看不见、摸不着但又实实在在存在的事物，如风、声音、花香等（公文一般不涉及）。

从来源看，一篇公文的素材可分为实践性素材、挪借性素材和加工性素材。实践性素材，即事实性素材；挪借性素材，即引用、挪借来的有关内容，如领导批示、文件要求、同类观点等；加工性素材，亦即创制性素材。

下面重点说说事理性素材、事实性素材和创制性素材的加工方法。

一、事理性素材

事理性素材，即与原因分析、本质抽象、事理推论、思想剖析、理论归纳、精神揭示、观点阐释等有关的思想性内容，主要包括有关思想、理论、哲理、定律、指示、精神、要求等。

在一篇公文中，事理性素材具有举足轻重的地位，也是公文写作的一大难点。事理性素材在内容上主要是揭示"是什么"、分析"为什么"，从表达上看主要是议论。除非论说性强的公文，如领导讲话稿、剖析报告等，事理性素材的篇幅占比一般不多，主要目的是统一认识、阐明道理、分析原因、揭示实质、说明意义等。公文有了事理性素材，往往观点更鲜明，主题更突出。

要用好事理性素材，先得全面梳理其类别。根据要实现的表达目的，可以把事理性素材分为7类。

1.遵循性思想。行文一开始先提出"思想性素材"，是为了下文就此提出针对性落实措施。先提出的思想性素材，就是遵循性思想，主要来源是政策文件、领导讲话、会议精神、上级要求等，可先作直引或转述。其写作模式一般是：要求＋措施。例如：

在今年初召开的十九届中央纪委四次全会上，习近平总书记再次发出深化作风建设的动员令，要求坚决贯彻中央八项规定精神，保持定力、寸步不让，防止老问题复燃、新问题萌发、小问题坐大。刚刚召开的省、市纪委全会，也对作风建设进行了重点部署（前两句转引上级"要求"）。我们要对标中央和省市要求，树牢"四个意识"、增强"四个自信"、做到"两个维护"，切实将作风建设各项要求内化于心、外化于行（总体落实"措施"）。

2.对照性思想。先提出某种片面思想、典型现象、他方问题等，为的是下文结合对象作比对、找差距，这就是对照性思想。其写作模式一般是：他方＋己方。

市纪委××书记在城市作风建设突出问题专项整改部署会议上指出，城市作风建设形势和全省良好形势不匹配，仍有少数地方、单位作风建设执行不严、抓得不实，城市"四风"问题复苏势头明显。××书记为何这么说？因为在近期，我市出现了很多作风问题，比如向服务对象投资、借贷，以及最近曝光的非法饮食问题，都与"四风"有关。（他方）这也是全市专项整治的直接动力。虽然这些问题不是发生在我们的系统中，而是发生在我们身边，但我们必须时刻自警、自省、自励，保持对严峻形势的清醒认识，致力于专项整改工作，坚决打好

作风建设攻坚战。（己方）

3. 阐述性思想。这在公文议论性内容中应用很广，大多通过阐述事情的原理、规律、宗旨、目的、性质、意义、条件等，为下文作铺垫。它往往先借助思想性内容的阐述，揭示开展某项工作的内在原因，论述开展该项工作的重要性和必要性，接下来再说明如何做、做得怎么样就水到渠成、顺理成章了。其写作模式是：观点＋阐述＋措施。例如：

良好的政治环境是一个地方首要的发展环境。（观点）政治环境好，可以凝聚人心，鼓舞士气，激发斗志；反之，则会涣散人心，败坏风气，贻误发展。（阐述）

4. 论证性思想。先针对前述观点结合实际进行论证、分析，从中揭示出于"我"有用的论点，再"代入"要重点论述的对象，以此"证"彼，两项类比，"析"出结论，进一步增强说服力。其一般写作模式是：找准靶点＋扣题分析＋代入推理＋得出结论。例如：

"风成于上，俗形于下"（引用作"靶点"）。作风建设下面看上面，群众看干部（第一步打开分析：结合作风建设的主题作分析）。领导干部有什么样的作风，下面往往就会形成什么样的风气（进一步分析论证：从"上下"具体化为"领导干部"）。局领导如果放松了要求，不带头放好样子，把规定当作手电筒、只照别人不照自己，把要求变成口头禅、光说不练，分管条线就会照葫芦画瓢，到了普通职工层面，口子还会开得更大一些（代入"局领导"推理）。因此，打铁还需自身硬，正人必先正己。此次作风建设突出问题专项整治中，局领导要坚持以身作则、率先垂范，以"关键少数"带动"绝大多数"，充分发挥"头雁"作用，敢于喊出"向我看齐"，要求别人做到的，自己先做到，要求别人不做的，自己坚决不做（结论：认识＋措施）。

5. 印证性思想。即通过论述其他时间、另外方面（纵向或横向）的直观结果，为下文提出"为"或"不为"作印证，其特点是"旁敲侧击"。其写作模式一般是：（历史或同类）"参照"＋（现实）行动。例如：

中国人民和中华民族从近代以后的深重苦难走向伟大复兴的光明前景，从来就没有教科书，更没有现成答案。党的百年奋斗成功道路是党领导人民独立自主探索开辟出来的，马克思主义的中国篇章是中国共产党人依靠自身力量实践出来的，贯穿其中的一个基本点就是中国的问题必须从中国基本国情出发，由中国人自己来解答（历史参照：第二句是对第一句的演绎）。我们要坚持对马克思主义的坚定信仰、对中国特色社会主义的坚定信念，坚定道路自信、理论自信、制度自信、文化自信，以更加积极的历史担当和创造精神为发展马克思主义作出新的贡献，既不能刻舟求剑、封闭僵化，也不能照抄照搬、食洋不化（现实行动）。

6. 表明性思想。先陈述相关事实，再由表及里，以简驭繁，从中揭示出观点、见解等。其一般表达模式是：事实+观点。例如：

市第×次党代会以及刚刚闭幕的"两会"，已经全面部署了我市今后五年的发展战略，明确了明年工作的目标任务。完成这些新的目标任务，有一系列决策部署亟待细化实施，有一大批重要项目亟待抓紧运作，有一件件惠民实事亟待加快推进，有一项项具体措施亟待迅速落实，有一个个关键环节亟待强力突破（事实）。工作千头万绪，归根到底靠干，靠各级干部带领群众苦干实干（观点）。

7. 拒止性思想。拒止，即拒绝和制止，即通过剖析反面思想、不利局面等，来说明某种思想"要不得"、某种事件"不可为"。其一般表达模式是以反衬正、以反拒反，或以正避反。例如：

（1）以反衬正，如：

不愿承担责任、不善于解决问题，是懦夫、懒汉的表现。慢慢腾腾抢抓不到发展机遇，轻轻松松实现不了发展目标，躲躲闪闪解决不了发展难题（反）。作为领导干部，责任就是解决困难，对工作要求只能有底线，不能设上限，要尽全力把工作做好（正）。

（2）以反拒反，如：

把一家企业引进来不容易，把一家企业留下来更不容易（正话"反"说）。可我们个别部门、少数工作人员把手中的权力当作谋取部门利益、捞取个人好处的手段，对该办的事情推诿扯皮、设卡刁难，非得请一请、送一送，才能盖章签字放行。对这些××发展的"拦路虎"，社会各个方面反映强烈，许多企业业主叫苦连天（反面实例分析，表明不可取）。我们绝不是说盖章越多、检查越多、收费罚款越多，就能管理得越好（评论：由表及里）。企业满意、百姓满意，才是真管好了，才是真有本事、有能力（推论：从点到面）。转变作风，为企业服务，最核心的是要转变政府职能，精简审批事项，提高行政效能（结论）。

事理性素材的重点在于阐析事理，但要把事理说明清楚、透彻、有力，绝非易事，除了先要明确阐述事理的目的，还要用好"20字诀"：把握内容，明晰顺序，设计结构，区分层次，用好方法。

从内容上看，事理性素材主要体现出10大特性，即倡导性、说理性、必要性、重要性、可行性、实践性、典型性、推论性、结论性、辩证性。复杂性议论内容往往包含上述两个（含）以上特性。

倡导性，提出一种希望大家认同、接受并践行的观点。例如：

开展治庸问责工作，重在行动，贵在落实（倡导性）。各地各单位在前阶段查找了一些问题，作出了公开承诺。对这些承诺，人民群众寄予厚望，时刻都在关注着这些问题（概述、例析）。我们一定要把……

说理性，是结合主题对相关话题进行旁征博引、深入浅出的阐析。例如：

团结出智慧、出力量、出成绩、出干部（说理）。推进跨越发展，建设美好×市，必须团结一心向前看，做到心往一处想、劲往一处使。

必要性，是论述实施某项措施的条件、手段等。

重要性，是揭示论述对象的重要意义。

可行性，是在推出结论前先论述相关观点便于实施的可能性。

实践性，在深入阐析事理的基础上，指出应该"怎么做"。例如：

坚持和发展马克思主义，必须同中华优秀传统文化相结合（观点句）。只有植根本国、本民族历史文化沃土，马克思主义真理之树才能根深叶茂（必要性）。中华优秀传统文化源远流长、博大精深，是中华文明的智慧结晶，其中蕴含的天下为公、民为邦本、为政以德、革故鼎新、任人唯贤、天人合一、自强不息、厚德载物、讲信修睦、亲仁善邻等，是中国人民在长期生产生活中积累的宇宙观、天下观、社会观、道德观的重要体现，同科学社会主义价值观主张具有高度契合性（重要性＋可行性）。我们必须坚定历史自信、文化自信，坚持古为今用、推陈出新，把马克思主义思想精髓同中华优秀传统文化精华贯通起来、同人民群众日用而不觉的共同价值观念融通起来，不断赋予科学理论鲜明的中国特色，不断夯实马克思主义中国化时代化的历史基础和群众基础，让马克思主义在中国牢牢扎根（实践性）。

典型性，是结合个别事实进行说理。

推论性，是从前面事实、观点层层深入地推出进一步的结论、见解。

结论性，通过层层分析、推理、论证，提出最终观点。

辩证性，是正反结合进行说理、论证。例如：

实现跨越发展，迫切需要进位争先，迫切需要大胆突破，迫切需要争创一流（必要性：说理）。当前我们各项工作虽然都在提速进位，但与跨越发展要求相比还有一定差距（典型性：结合"我们"，说"人"言"事"；辩证性：正反结合）。如果我们在发展目标的定位上总想留有余地，在工作标准的确立上总想降格以求，在纵向横向的比较中总是自我满足，肯定无法实现赶超发展（推论性：讲"法"，运用假设作出一种猜测、推断）。我们要看到差距，进一步强化提速进位、争先创优意识，敢于自加压力，永不满足（结论性）。

公文中的复杂性议论，往往涉及很多方面，需要条分缕析，从多个角度打开话题，层层推论，这就要明晰顺序，区分层次，设计结构。顺序明而层次清，层次清而结构立，结构立而事理顺，事理顺而逻辑严。事理性素材常用的议论顺序有：虚—实、大—小、远—近、表—里、总—分、正—反、浅—深、主—次、内—外、上—下，等等。这里举几个例子。

虚—实。例如：

发展才是硬道理，实现超常发展需要率先转变思路。现在，我们思考一个地方、一个部门的发展，决不能把眼光局限于本地、本单位，必须在更高的平台上审视自己，在更广的空间中寻找定位，在更强的对手中争先进位，做到跳出××，发展××。

大—小。例如：

解放思想不能无的放矢，而要从实践出发，与实践结合，为实践服务。其中最重要的标准，就是要围绕全市大局，看是否有利于××的整体发展，看是否有利于××综合实力的增强，看是否有利于××人民生活水平的提高。

远—近。例如：

必须坚持人民至上（观点）。人民性是马克思主义的本质属性（远：马克思主义），党的理论是来自人民、为了人民、造福人民的理论（近：党），人民的创造性实践是理论创新的不竭源泉。一切脱离人民的理论都是苍白无力的，一切不为人民造福的理论都是没有生命力的（反）。

表—里。例如：

马克思主义是我们立党立国、兴党兴国的根本指导思想（观点）。实践告诉我们，中国共产党为什么能，中国特色社会主义为什么好（表），归根到底是马克思主义行，是中国化时代化的马克思主义行（里）。拥有马克思主义科学理论指导是我们党坚定信仰信念、把握历史主动的根本所在（结论）。

在梳理了说理顺序后，接下来组织结构、安排层次就能条理清晰、有章可循，并在按部就班的内容推进中体现出较强的逻辑性。例如：

要加强左右协调。①我们许多事情耽误在相互扯皮之中。②不是我分管的事情不配合，不好解决的矛盾和难题尽量推，不利于我的决策往后拖，顶着不办、推着不办、拖着不办的情况时有发生。③这是非常不好的风气，必须坚决反对和克服。④各级各部门要自觉地在全市发展大局中找准位置、贡献力量，做到相互支持、相互配合、相互协作，不拖拉、不扯皮、不掣肘、不应付，协调一致、扎实有效开展工作。

例文四句话，是因果型结构，先因后果。①坚持问题导向，聚焦现实，针对性强；②列举、阐析典型现象，具体说明"许多"，进一步展示其危害性；③先对现象一针见血地作出评价，后摆明观点"必须反对和克服"，"反对"是态度，"克服"是要采取措施；④紧承③顺势提出要求。例文虽短，却按提出问题—分析问题—解决问题的顺序一贯而下，思路清晰，结构清楚，层次清爽。

最后，作出严谨有序的议论，离不开精到有力的方法。要学会高水平议论，必须掌握树靶、阐述、分析、评论、推论、论证、结论这"七部曲"。

其中，树靶是确立一个议论的对象，可以引用、借用相关观点，可以列举事例，也可以文秘人员自己提出，树靶的关键点在于紧扣论题。

阐述是对提出的观点内涵或事件做法进行详细分述，让模糊的变清晰，笼统的变具体。阐述一方面要对观点进行阐释，另一方面要"抖开包袱"。例如：

当领导，就必须把担当变为内心深处的价值追求（树靶）。领导干部都掌握着一定的权力，而多一份权力就应该多一份责任、多一些担当（紧扣上句，阐述内因，即在于有"权力"，让模糊的清晰）。我们要敢于舍生取义，应该做的事，顶着压力也要干；必须负的责，迎着风险也要担。不愿担责任，就不该当领导；不敢担责任，就不配当领导；不会担责任，就不能当领导（正反结合进一步阐述内涵，使之更具体）。要主动挑起工作的重担，在招商引资、项目推进上，不管遇到什么样的困难和问题，都必须主动协调，贴近服务，努力化解，确保"不误事"；在园区发展、城市建设过程中，不管遇到什么样的矛盾和纠纷，都必须敢于负责，主动化解，做到"不怕事"；在涉及社会稳定、安全生产等敏感问题上，不管在什么地方、什么时候，都必须快速反应，冷静沉着，积极应对，把问题解决在基层，解决在萌芽状态，确保"不出事"（从三项工作入手具体阐述内容）。同时，当领导千万不要好大喜功，揽功诿过，要敢于为同志、为团队的偶然失误担起责任，让我们的团队放心放手去工作（从反面阐述：让笼统的具体）。如果大家难题面前不敢抓，矛盾面前不敢管，风险面前不敢闯，犹犹豫豫、优柔寡断，前怕狼、后怕虎，错失机遇，延误进程，我们的伟大事业就难以实现（收笔，提出结论，运用假设从反面论证）。

分析是结合本文重点论述的对象，虚实结合、由表及里地"析"出实质，为后文推论和得出结论作铺垫。

评论是在分析、阐述过程中，文秘人员适时提出的阶段性见解、观点，通过观点沉淀、思想升华，一步步逼近结论。

推论是通过分析、引申、假设等，推出阶段性结论，步步为营地把论题引向结论。

论证是通过引用名言、作出阐释、插入分析等，进一步证明相关观点，常见的论证方法有反证、例证、实证（事实）、类证（用类比）、喻证（用比喻）、推证（用推理）、理证（讲道理）、谬证（先假设对方的论点是正确的，然后从这一论点加以引申、推论，从而得出极其荒谬可笑的结论来）、设证（提出假设）、引证（引用）等10种。

结论是通过前文分析、推理、论证，最终得出的观点、见解。例如：

要把解放思想统一到奋发有为的精神上来。（论题）事在人为，人在精神。（结合论题的"精神"树靶）不管是干什么工作，只要有一种气势、一种精神、有一股子劲、一股子气，就能给人以信心和力量，也能让周围的人受到感染，形成支撑力和凝聚力。（代入"工作"阐述"人的精神"的意义）总体上看，全市广大干部精神状态是好的，知难而进、奋力拼搏、勇于胜利，是各级干部创事业的集中体现。当前，我们的跨越发展进入关键时期，各级领导干部保持奋发有为、昂扬向上的精神状态，比任何时候都重要。（代入"当前人、工作"进一步评析"工作精神"的意义，越发逼近主题）孙子兵法说："战者，勇气也。"（宕开一笔，名言"引证"，分析精神的重要性）在激烈的市场竞争条件下，在物质基础、外部环境相差不大的情况下，城市之间争先进位，精神区位往往决定高下。（评论）党员干部的工作激情，反映出对人民的深厚感情和对事业的饱满热情，是对群众的社会责任感和对时代的历史使命感，是创造的催化剂和发展的助推器，是党员干部蓬勃朝气和昂扬锐气的生动体现。（阐析）毛主席说："人是要有点精神的。"邓小平同志说："没有一股气呀、劲呀，就走不出一条新路好路。"（引证）这劲、这气、这精神，往往表现为领导干部的激情。（评论）×× 书记在全省经济工作会议上强调："人的精神状态就是投资环境，精神状态就是工作效率，一流的精神状态才会有一流的工作成效。"（引证）担任一个领导职务，负责一方面的工作，既是履行对人民对组织的责任，也是实现自我价值的宝贵机遇。（推论）饱食终日无所用心，浑浑噩噩得过且过，不仅有负人民和组织的托付，也荒废了自己本来可以有所作为的大好时光。（反证）×× 要在新起点上实现新跨越，所有党员干部都要有一种等不起的紧迫感、慢不得的危机感、坐不住的责任感，以只争朝夕的拼搏精神，燃烧激情，奋发有为，以为立位，凭为树威，为全市发展加油助力，为自己的人生书写精彩。（再回到当前，得出结论）

二、事实性素材

事实性素材属于实践层面的内容，在一篇公文中占据主要地位。事实，即"事"和"实"。事，在构成上含有人、物、时、空等要素，在过程上包括起因、结局等环节，在内容上涉及形势、目标、任务、行为、措施、方式、现象、法规、政策、制度等方面；实，即有关"事"的细节、结果等，常用实物、实数、实例、实景等来说明。公文有了事实性素材的填充，就有血有肉，形神兼备。事实性素材的常用表达方式是记叙、说明，还有少量的描写。

一篇公文的事实性素材要周全、翔实、有效，必须精心取舍，合理剪裁。公文材料组织法有很多，笔者以为，最"底层"的方法在于："四面八方"素材填充法。

四面，即纵面和横面、里面和外面。纵面是贯穿始终的内容，主要有两个维度：一是事情的过程，二是上下的组织层级。横面，即事件的构成、组织的架构和空间的分布等。里面，有两个维度：一是事情的本质、深层；二是事件涉及的对象，地区、部门或人物等内部素材。外面，也有两个维度：一是事情的外部"表象"；二是除说明对象以外其他方面的有关素材。

八方，主要是：方位，即所处的历史形势、时代背景；方向，即开展相关工作的思想宗旨；方面，即事情的组成部分或涉及的相关方面；方法，即做法、措施；方式，即所用的渠道、工具等；方块，即事情的重点、细节等；方略，即采取的对策和工作的计划、思路等；方阵，即有关方面所处阵列和位次、关系的基本评判，包括问题分析、成果评价、地位认定、影响判断等。

组织材料时，在分条列项的基础上，若我们打开视野，从"四面八方"获取素材，将使文章内容得到极大丰富。例如：

围绕市场主体的急需制定和实施宏观政策，稳住了经济基本盘（观点）。面对历史罕见的冲击（方位），我们在"六稳"工作基础上（方向），明确提出"六保"任务，特别是保就业保民生保市场主体，以保促稳、稳中求进（方面。这是"纵面"，接下来的五个方面是"横面"）。立足国情实际，既及时果断又保持定力，坚持不搞"大水漫灌"，科学把握规模性政策的平衡点（分说：第一方面，"方法＋方式"，这是"里面"，即深层的考虑）。注重用改革和创新办法，助企纾困和激发活力并举，帮助受冲击最直接且量大面广的中小微企业和个体工商户渡难关（第二方面："方略＋方块"）。实施阶段性大规模减税降费，与制度性安排相结合，全年为市场主体减负超过××万亿元，其中减免社保费××万亿元（第三方面："方法＋方式＋方阵"）。创新宏观政策实施方式，对新增×万亿元中央财政资金建立直达机制，省级财政加大资金下沉力度，共同为市县基层落实惠企利民政策及时补充财力（第四方面："方法＋方式＋方块"）。支持银行定向增加贷款并降低利率水平，对中小微企业贷款延期还本付息，大型商业银行普惠小微企业贷款增长××％以上，金融系统向实体经济让利××万亿元（第五方面："方法＋方式＋方块＋方阵"）。对大企业复工复产加强"点对点"服务（方块。上述四个方面，既隐含"里面"，即国务院本身；也指向"外面"，即各级地方政府和相关机构）。经过艰苦努力，我们率先实现复工复产，经济恢复好于预期，全年国内生产总值增长×％，宏观调控积累了新的经验，以合理代价取得较大成效（方阵，最后一句是"纵面"，是从跨阶段的视野来评判）。

需要指出的是，在运用事实性材料时，难免要用实物、实数、实例等进行"实证"，其安排务须恰如其分，把握"四性"：一是准确性，材料要准确无误，且与观点吻合；二是典型性，选用最具说服力的实证资料；三是精炼性，要去芜存菁，通过归并或筛选，留下精华；四是主观性，要围绕中心选择实证素材，并挖掘其精义，尽力"为我所用"。

三、创制性素材

严格来说，上述事理性素材的很多内容，包括推理、假设、比较等，都是文秘人员思维活动的结晶，也属于"创制性素材"。这里，特指经作者思维虚构、想象、智力加工等全新生成的素材，包括运用修辞、展望未来、描摹前景、勾勒理想、思想抽象、抒发情感等。例如：

> ××既是生态的摇篮，也是歌舞的故乡。这里的每一首歌谣、每一段弹唱、每一支舞蹈，都是××人对生命的歌颂、对生态的礼赞、对生活的祝福。他们崇拜太阳和月亮，所以说话和唱歌就像绝世天籁一样优美嘹亮；他们热爱大地和河流，所以走路和跳舞就像高山流水一样雄壮妙曼，深情表达着高原生灵对绿色故土最本真的人文关怀。

上面这段优美的文字，在抽象性"写实"中（事实性素材，文中的"物"都是抽象的物），既有对具体场景的精炼描绘，也有笔蘸浓墨的感情抒发，更离不开思想的抽象，其间还运用了比喻、排比等修辞手法。从根本上说，都是作者思维加工和想象的结果，是创制性素材。

最后说第三项工作。

要弄清素材如何组合成佳作，必须抓住两个关键：一是要明白公文写作的主要功能，功能不同，对素材要求各异，写法自然也不一样；二是要掌握一些实用的素材组合法。

根据承担的使命和履行的功能，可把公文具体内容大致分为以下20类：总结性、报告性、公布性、传达性、部署性、宣传性、贯彻性、分析性、计划性、交流性、交往性、表彰性、指挥性、宣讲性、礼仪性、规范性、指导性、调研性、建议性、记录性。

其中，总结性内容见之于大多数公文中，这类内容一般都要概述情况，总结做法、措施、成果、经验等，主要手法有记叙、说明，偶有议论。

报告性内容，用于向上级或组织汇报有关工作和情况，以记叙、说明为主，常见于报告、整改报告、述职报告、汇报材料中。

公布性内容，用于向社会或有关方面公布相关决定或需周知的内容，以说明为主，也可议论，常见于公报、公告、通告、知照性决定、知照性通知等。

传达性内容，用于传达上级指示或有关会议精神，一般是提纲挈领地概述所要传达的内容，以概述情况、说明落实要求为主，主要见于会议传达提纲、有关通知等。

部署性内容，用于向有关方面布置工作，以说明、议论为主，常见文种有指示性通知、部署性决定、动员部署性讲话等。

宣传性内容，用于宣传中心工作和人物典型，以记叙、说明为主，也可议论，常见文种有信息、经验材料、节庆致辞讲话等（如果是旅游推介，还可以描写）。

贯彻性内容，用于贯彻相关精神和执行上级指示、要求，重点是提出思路、措施，有时也阐述思想、认识，因此，写作一般以说明、议论为主，常见于事务性通知、实施方案、会议纪要等。

分析性内容，分布比较广，凡需阐述思想意义、揭示事物本质的内容皆要用到分析。分析的过程，是"切分"物质素材从中提取思想"真核"的过程，也是总结提炼的过程。公文中最常见的有 10 大分析：情况分析，思想分析，经验分析，问题分析，思路分析，形势分析，心理分析，现象分析，意义分析、结果分析。由于分析的实质在于透过现象看本质，一方面离不开现实素材，另一方面需要思维加工，因此离不开记叙、说明和议论。分析性内容主要见于分析报告、调查分析、剖析材料、情况报告以及大部分领导讲话稿中。

计划性内容，用于设定目标任务，提出思路、计划和方案等，一般就事论事，故而以说明为主。常见文种有工作计划、工作要点、规划、方案、纲要等。

交流性内容，用于上下之间、内外之间的信息交流，一般以说明、记叙为主，如果涉及号召、呼吁、倡议、答谢等内容，也可适当抒情或议论。常见文种有请示、经验交流材料、工作反馈、倡议书、感谢信、心得体会等。

交往性内容，用于左右平行单位或不相隶属部门之间的工作交流或业务往来，以请求协助、提出思路为主，因此一般以说明为主，也可记叙、抒情或议论，常见文种有函、战略协议等。

表彰性内容，用于表彰先进人物和事迹，可记叙，可说明，偶有抒情和议论，常用文种有表彰性决定、表彰性通报、嘉奖令、总结表彰性讲话等。

指挥性内容，用于提出或公布重要决策，指挥相关方面开展工作，一般以说明为主，常见文种有命令、决议、决定、批复、批转性通知等。

宣讲性内容，用于宣讲有关精神、文件，对焦点话题进行解读等，多以记叙、说明、议论为主，常见文种有党课讲话、表态讲话、电视讲话等。

礼仪性内容，用于重要场合表示相关礼节，常用记叙、议论和说明，多见于欢迎词、开幕词、闭幕词、献词、领导离任讲话等。

规范性内容，用于规范相关措施、行为，一般以说明为主，常见文种有法规、制度、规定、规程、章程等。

指导性内容，用于对实施有关事项的方法、措施、计划等进行指导，一般以说明为主，常见文种有意见、实施方案、指示性通知等。

调研性内容，用于对相关工作、存在问题等进行研究，多用记叙、说明和议论，常见于调研报告、调查报告、决策参考、考察报告、课题研究等。

建议性内容，用于向上级部门或有关方面提出对策、建议，主要采用说明、议论、记叙等表达方式，常见于议案、汇报材料等文种。

记录性内容，用于记录会议有关事项，多用记叙、说明，也可议论，常见文种有会议纪要、会议记录等。

综上可见，对应具体的写作内容，公文主要用到记叙、说明、议论等表达方式，抒情、描写也偶有运用（将在后文介绍）。因此，从表达方式上看，公文的素材可分为五类：记叙性素材、说明性素材、议论性素材、抒情性素材和描写性素材。

从素材到内容，还有一步之遥。要让上述五类素材在内容转化中用得其所，还必须运用一些素材组合和填充技法。主要有十大技法：

一是撮要＋分条。撮要，是在对一组材料进行分析后，提炼出关键点先作总述；分条就是对相关素材分条排列。

二是纵向＋横向。就是对上述已分条列项的素材按纵向（递进）或横向（平行）分列。

经过上述排列，一篇文章或某个部分的素材便"各就各位"了。

三是观点＋材料。先提出相关观点（可引用，也可自论），再引出相关事实性材料。

四是材料＋分析。先列举事实性材料，再通过分析、推论生发出相关结论性意见、观点。

五是一般＋个别。先概述面上情况，再从某些点位上列举实例。

六是归纳＋演绎。一方面，要对事实性材料进行归纳，从中得出共性结论；另一方面，要从推出的共性结论中再生发出实施性意见、执行性内容等。

七是角度＋顺序。这是打开写作思路、用好写作素材的关键。先要分析相关素材的角度，再按一定的逻辑顺序进行先后安排，如正面＋反面、直接＋间接、主要＋次要、内部＋外部、此处＋彼处、近期＋远期，等等。

八是铺垫＋铺陈。先通过交代背景、描写场景、阐述观点、阐释内涵等进行铺垫，再以此为基础重点铺开介绍事实性材料。

九是渲染＋比衬。一方面，要浓墨重彩地舒展主要素材，围绕主题逐步展现素材"本身"的要义；另一方面，还要进一步延展开来，通过与"其他"方面的比较、烘托、反衬等，不断加强、深化、扩展其内涵，增强其表现力。

十是平叙＋升华。先记叙相关事实，后通过抒情、议论升华主题。例如：

①团结出智慧、出力量、出成绩、出干部。②推进跨越发展，建设美好××市，必须团结一心向前看，做到心往一处想、劲往一处使。③总体上说，我市各级领导班子和领导干部都能讲团结、讲大局，团结干事、和谐共事。④但在少数地方、少数部门却不同程度存在着领导班子内部闹不团结、搞窝里斗的现象，大家不是齐心协力抓发展，而是相互拆台，争权夺利；有的甚至缺乏大局观念和协作意识，凡事只考虑本部门、小圈子甚至本人的利益，缺乏配合协作精神；少数人品质恶劣，喜欢造谣生事、乱传谣言、乱写"人民来信"，在同志之间和上下级之间拨弄是非，影响了干部队伍的整体形象；有的地方把团结问题庸俗化，把互相吹捧与自我表扬、表面的一团和气当成团结（夹叙夹议，边列举边阐析）。⑤这些问题不警惕、不解决，就会对领导班子和干部队伍的凝聚力造成极大伤害（评论）。⑥对此，我们必须下决心解决这些问题（结论）。

（一）要加强上下配合。

（二）要加强左右协调。

（三）要加强团结共事。

例文四段话，务实性素材和务虚性素材各占半壁江山。

首先，首段和（一）（二）（三）是总分关系，首段"撮要"，后三段"分条"；同时，首段也是渲染，对典型的作风问题进行了突出说明，为下文铺陈解决问题的措施作了铺垫（撮要＋分条、铺垫＋铺陈、渲染＋比衬）。

其次，从首段看，先简要议论（务虚性素材），从"横向"上列举问题（务实性素材），在一番分析之后，提出要"解决问题"，总体看是"纵向"（纵向＋横向）。

最后，首段共六句话，①提出观点，后文既讲道理，又列举事实材料（观点＋材料）；②讲道理，这是从"里面"的角度论述；③从"正面"说明好的一面；④夹叙夹议，边分析从"反面"列举一般性问题，再分条列举个别现象，既与

③反衬，内部也运用反衬，突出了主题（角度＋顺序、一般＋个别、材料＋分析）；⑤运用归纳，借助上文分析推出结论，既是下句的原因，也为后文三段的演绎展开奠定基础，从前文平叙事实上，把问题"推向"解决，"推动"了内容发展，"潜在"地升华了主题（归纳＋演绎、平叙＋升华）。

纵观例文四点，全面运用了素材组合"10技"，使全文纲举目张，有血有肉，主题鲜明突出。

可见，熟练用好上述10法，必能在素材运用中左右逢源、各尽其能，让每一块素材都能在内容表达中发光。

第八节 "1362法则"：关于选材的底层逻辑

选材问题一直不受文秘人员重视。一般人都认为，构思才是公文写作的首要难题、核心问题，只要思路清晰了，材料的取舍和加工就是水到渠成的事情。

其实，这是一种片面认识。就一篇公文而言，构思的最直接产品就是结构；结构一旦确定，全文写作的大方向就确立下来，从这个意义上说，认为构思是全文写作的大问题并没有错。但与材料比较起来，结构不过是形式，而材料才是内容。我们不能说内容就一定大于形式，也不能说形式就一定优于内容。一篇公文，哪怕结构再华美，倘若空洞无物，所引材料不足以支撑结构，再好的结构也不过是一副"花架子"。

因此，结构与材料两者之间没有优劣之分，只有先后之别。在结构确定了以后，接下来的中心工作就是材料的选择与剪裁。

说起材料，往往都有一种剪不断、理还乱的感觉。每当写作一篇公文，进入我们脑海的素材有很多，起初都处于一团乱麻似的混乱状态，到底哪些该写，哪些要重点写，哪些要先写，必须有一套科学的梳理和加工方法，特别是取材加工的逻辑要清晰，否则，想什么写什么，往往写不到点上。要把材料加工这事彻底整明白，必须有一套清晰的逻辑体系，包括宏观上的理念、中观上的思路、微观上的方法等，确保选材有慧眼，取材有方向，用材有妙法。

归结来说，就是"1362法则"。其中，"13"是理念，"1"是一大核心，"3"是三大类型；"6"是六大思路；"2"是两大方法。

一、一大核心

材料选择和加工要坚持一个核心，就是一个字：人。

任何时候，写任何公文材料，"人"永远都是写作的中心话题。因为任何公务活动都从"人"发起，靠"人"谋划，由"人"实施。一句话，公务活动离不开"人"，公文内容少不了"人"，公文写作必须以"人"为核心来理"事"。

选材以"人"为核心，必须确立五个原则。

一是从发出者看，要确立领导优先原则。公文写作指令一般都是领导发出的，因此，思考写什么要把领导思路、喜好作为优先项，一般有"三必写"：强调多的必写，专门说的必写，有偏好的必写。例如有的领导喜欢引经据典，有的领导喜欢用事实数据说话，有的领导喜好细节传情，等等，这些内容必须在选材时首先明确下来，这基本决定了写作的"重点"。

二是从文秘人员看，要确立主体能动原则。上面"三必写"属于公文的"规定动作"，但一篇公文要出彩，还是离不开文秘人员的"自选动作"。各种素材如流水一样汇聚于文秘人员的思维之海，最终要被"疏浚"成为四通八达的文脉，这需要文秘人员慧眼独具。公文素材除了"大路货"之外的"小发现"，往往才是"亮点"所在。

三是从实施者看，要确立事实典型原则。公文所反映的公务都有相应的执行者和推动者，如某市《关于做好高温期间"送清凉"工作的通知》，"送清凉"的实施者一般是工会部门。为了做好此项工作，相关工会可能要做很多工作，但最典型、突出的主要是准备物资、组织慰问、做好统筹等内容，这些应当是全文写作的"基点"。

四是从承文者看，要确立身份对应原则。承文者和实施者都是公文活动的执行者，只不过所履行的职责不同而已。担什么责做什么事，这是公文的身份对应原则。文秘人员要据此确定受文对象所应担当的角色和负责的工作。例如上述通知要发到属地城区（街道）相应部门的工会，按照身份对应原则，该通知在"相关要求"部分，要明确属地工会的遴选、召集、组织等工作职责。

五是从受动者看，要确立需求适合原则。受动者，即公文活动调节、服务的对象。例如上述通知的受动者应是"送清凉"活动指向的群体，例如一线人员、困难群体、退伍军人等。对象不同，需求不同，导致公文写作内容的差异性。例如"送清凉"对象的遴选标准和名额比例，针对一线人员，要突出行业、年龄、工作性质等特点；针对困难群体，要突出家庭、收入、背景等。

围绕"人"来选材，有助于突出重点，有的放矢。

二、三大类型

公文的材料要选择精当，各归其类，各尽其用，必须从逻辑上进行分类。如前文所述，根据内容的不同，可把公文材料分为务实性、务虚性两类，除此还有承启性材料。

务实性材料，主要涉及人、事、物、境等要素，包括"人"的言语和行动、"事"的过程和细节、"物"的形态和功能、"境"的展现和影响，等等，常常体现为目标、任务、措施、事实、数据、场景等。

务虚性材料，主要指"人"的思维活动的产物，包括思想、理论、认识、评价、想象、推测等。

承启性材料，属于公文的"辅料"，是把务实性材料和务虚性材料串联为一个有机整体的衔接性内容，一般没有实际意义。承启性材料包括：公文的承启语，如"来文收悉""经研究决定"等；作者的插入语，如"据调查""实践证明""不得不说"等；内容演进的标示语，如交代时间变化、地点转换的语言；上下文间的过渡衔接语，如"由此可见""总之"；等等。

三、六大思路

常用的公文文种虽有不少，对材料的要求也不尽相同，若从"全要素"（即所有公文素材类型的总和）的底层逻辑看，主要有六个方面的内容，为我们写公文选材勾画了一个宏观的"路线图"。这六个方面，可统称为"6力"，即心力、智力、战力、能力、物力、引力。其中前两个属于务虚性材料，后四个属于务实性材料。

心力，指思想性要素，一般提出可供遵循的纲领性意见，如指导思想、总体要求、学科理论、政治路线、作风品德、理念精神、宗旨目的，等等。

智力，指生成性要素，主要是思维活动的"脑力"成果、"隐形"产物，如目标思路、原则方法、制度规章、标准规范、案例分析、认识看法、体会思考，等等。

战力，指感官性要素，是见诸实战、诉诸感官的"显性"内容，如言语行动、方法措施、物资工具等，主要包括四大内容：一是工作内容，即所要完成的具体任务事项；二是实践内容，即推动事情发展所采取的措施、方式、手段、途径、机制等；三是完成内容，即公务活动的成果、业绩、价值、意义、影响等；四是细节内容，即事情进展中人的言语、行动，以及最能体现文章主题和人物精神的相关场景、典型案例、特写镜头、个别特点等。

能力，指支撑性要素，即保障公务活动顺利完成的必备条件，特指队伍建设以及资质禀赋，前者包括政治素质、业务培训、学历教育、实践锻炼、作风培树以及人员配备、组织建构等；后者包括技术基础、经验积累、发展规模、自身资质等。这里的"人员"，是静态，而"战力"中出现的"人"，是公务活动中的人，是动态。

物力，指保障性要素，即工作进行的各个阶段所依赖的一应物质条件，包括设备、机械、资金（财力）、土地、厂房等"硬件"资源，还有宣传、媒体、书籍、音像等"软件"资源。

引力，指动力性因素，即牵引、推动工作开展的积极因素，如上级指示、政策推动、社会需求、形势发展、问题倒逼、进位压力等。

四、两大方法

上述"6力"构成了公文内容的主要来源。那么，如何通过科学分类和精心梳理让相关素材各归其类呢？正如一块布料需要巧妙裁剪才能成为一件得体、美观的衣服一样，那么多的材料如何通过加工、剪裁成为一篇公文呢？

总的来说，有两大方法：一是公文式剪裁法。即按特定文章的固定格式规范梳理素材。如会议通知一般由会议缘由、会议时间、会议地点、会议议程、会议人员、会议要求等内容组成，对应上述"6力"，依次是引力、战力（时间、地点、议程）、能力、物力，其中，会议时间、地点、议程属于要素内容和工作内容，而会议要求一般要涉及做法内容、细节内容等。还有一种是文章式剪裁法。即形式自由灵活，可按文秘人员写作时的逻辑分类来梳理、组织材料。

上述两大剪裁法，如果从逻辑上梳理，主要有六种方法：

一是求同式。这是按性质归类，即把属于同一层面、同一类型、同一属性的材料放在一篇文章或一个段落层次中，各材料间是横向的并列关系。例如围绕"角色"的归类：当好群众引路者，当好群众服务员，当好群众贴心人；围绕"事项"的分类：资金扶贫，教育扶贫，项目扶贫；等等。

二是一体式。所谓"一体"，是从先到后连为一体，前后具有不可颠倒的逻辑关系。这是按时间先后或逻辑排序归类，时间先后如：引进项目、园区落地、做大做强；逻辑排序如：高度重视安全工作，规定安全工作内容，制订安全工作计划，明确安全工作责任，采取安全工作措施，取得安全工作实效，这是按"为什么—做什么—怎么做—怎么样"的逻辑顺序排列。

三是摘要式。即抓大放小，选取若干必须强调的重点内容作为公文素材，各块内容之间可能并不相关，也不一定要有明确的逻辑关系。例如关于创建文明单位工作动员讲话：抓统筹、抓管理、抓文化、抓队伍、抓制度等。

四是对照式。即把相反或相对的两类材料放在一篇文章或一个段落层次中，例如：（民生工作的）主要成绩、若干不足。

五是散点式。即把不属同一类型的内容放在一起，感觉东一榔头西一棒槌，相互之间没有统一的分类标准，好像是拼接到一起的。如：关于工程建设，关于经费拨付，关于"回头看"，关于督查整改，关于作风建设，等等。

六是综合式。即综合了以上的剪裁方法，运用其中两项以上（含）方法组织材料。

下面以某市某年政府工作报告为例，来看看"1362 法则"的具体运用。

各位代表：

现在，我代表××市人民政府，向大会作工作报告，请予审议，并请市政协委员和其他列席人员提出意见。

一、××××年主要工作

① 一年来，我们牢牢把握"稳中求进、务实创新、惠民利民"工作基调，突出抓了以下六方面工作。

（一）力促经济平稳运行。

（二）深入推进转型升级。

（三）开启城市发展新篇。

（四）整治提升城乡环境。

（五）努力改善群众生活。

（六）着力优化发展环境。

② 各位代表，过去一年的成绩来之不易，这得益于历届政府打下的坚实基础，也是全市人民齐心协力、共同努力的结果。在此，我代表市人民政府，向×××表示崇高的敬意和衷心的感谢！

③ 各位代表，我们也十分清醒地看到，××发展中还面临不少困难和问题……对此，我们一定高度重视，进一步坚定加快发展、科学发展、持续发展的信心和决心，不为虚名所累，不为指标所困，不为政绩所惑，坚持把群众对美好生活的向往作为奋斗目标，努力做好各项工作。

二、××××年目标任务

④ 今年是贯彻××届×中全会精神的重要一年，是实施"××五"规划承前启后的关键之年，也是××行政区划调整后的开局之年。当前我们正处在转型发展的重要关口，不进则退，慢进也是退。必须牢牢把握发展大势，紧紧抓住发展机遇，主动应对各种挑战，坚持为民取向，坚持问题导向，勇于改革，勇

于担当，努力开创××科学发展新局面。

⑤××××年工作的指导思想是……

⑥综合考虑发展趋势和工作导向，建议××××年全市经济社会发展的主要预期目标为……

⑦围绕这些目标，我们将按照市委确定的"改革创新促发展、求真务实惠民生"工作基调，重点抓好四方面工作。

（一）以改革开放为动力促进持续健康发展。

深化市场取向改革。

实施创新驱动战略。

扩大对内对外开放。

（二）以治水为突破口加快转型升级。

加快建设现代水城。

努力改善生态环境。

积极促进产城融合。

（三）以城镇化为重点大力推进城乡一体化。

合力做强城市平台。

切实加强城市管理。

加大强农惠农力度。

完善城乡基础设施。

（四）以改善民生为根本积极构建和谐社会。

繁荣发展社会事业。

改进社会治理方式。

切实加大民生投入。

三、努力提高政府治理水平

加快政府自身改革。

切实规范权力运行。

全面深化作风建设。

上例是某市年度工作报告的框架。作为一篇综合性材料，全面运用了"1362法则"。

首先，从"1"来看，通篇都可以看到"人"贯穿全文，无论是上年成绩，还是来年思路，无不打着"人"的印记。

其次，从"3"来看，全文以务实性内容为主，其间穿插了务虚性内容，例如①②④⑤⑦。

再次，从"6"来看，①②属于"心力"，⑤⑥属于"智力"，第一部分的"（一）到（六）"和第二部分的"（一）到（四）"属于"战力"，第三部分属于"能力"；③④属于"引力"，"物力"如"切实加大民生投入"这一部分。

最后，从"2"来看，本文基本遵循年度工作报告的常规写法，属于"公文式剪裁法"，几乎用齐了六大逻辑方法。从第二部分来看，先因后果、从总到分，有着清晰的逻辑顺序，这是"一体式"；③先列举问题，后提措施，这是"对照式"；第一部分的六大内容，总体属于"摘要式"；"求同式"，如第二部分的（一）；"散点式"如第二部分的（三）；从全文来看，兼用了多种剪裁法，是"综合式"。

第九节　语言速成特训6法，高手必备

立意明、结构立、材料齐，是否就能够写出好公文呢？严格说来，还差最后一环。

一篇公文，立意再高、结构再巧、材料再厚，倘若缺少了娴熟而高超的语言"装修"技术，也是白搭。语言，是让公文大厦外形美、赚眼球的"临门一脚"。

公文的语言表达，从低到高可分为两个层次：有货"倒"得出和"倒"得好。如上所述，倒得出的要求是技法娴熟，倒得好的要求是技术高超。

有人略加思索，即笔走龙蛇、唾手成文，何故？原因是：他在长期的写作实践中掌握了丰富的写作技巧。

有人大笔一挥，就孤章压倒众篇，诀窍在哪？就在他一枝独秀的表达能力和匠心独运的奇妙构思。

可见，要成为一名兼具写作质量和速度的高手，就必须练就娴熟而高超的语言表达技艺。

先说公文语言表达如何能娴熟地"倒得出"。

在语言表达上，高手与新手的主要区别在于掌握技巧的多寡和熟练程度。特别是对一些关键语言技法的掌握，是公文写作水平高低的分水岭。

要提高语言的娴熟度，笔者以为，须强化六个方面的核心技巧和思维方法训练，如此才能让写出的公文既有料又有型，既显现思想深邃、内容饱满的"厚度"，又具备棱角分明、骨骼清俊的"靓度"。

一、言之有方训练法

从语法上看，公文的句型运用灵活多样，但有 12 种高频句型一定要熟练掌握，并合理使用。如此语句训练多了，思维自然会提高　截，日久必有助于我们"言之有方"。

（一）文言句，气盛言宜的"招牌动作"

刘勰在《文心雕龙·议对》中说："文以辨洁为能，不以繁缛为巧；事以明核为美，不以深隐为奇。"大意是，文章阐述的道理和列举的事实要明晰准确，不要繁杂隐晦。公文，体现的是公务机关的权威性，实现的是言出必随的执行力，反映在语言表达上就是要准确、简明、庄重、典雅、规范、得体。为了体现语言这"六性"，在现代公文里保留了一定数量的文言词汇。文言词在表达上的优势是以少总多，让行文变得格外正式、雅致。例如"令"：

《中华人民共和国××保护法》已由中华人民共和国第××届全国人民代表大会常务委员会第××次会议于××××年××月××日通过，现予公布，自××××年××月×日起施行。

文中运用的"已由""现予""自……施行"等文言词，在寥寥几笔中表达了三层意思，行文顺畅而有张力，紧凑而有层次，简明而有章法。

再如"函"：

你委关于建立××发展部际联席会议制度的请示收悉。经国务院同意，现函复如下……

上例的"你委""收悉""经""现函复"等词语，言出有据，意尽言止，逻辑严密，雅味十足。文字虽少，却体现了行文的正式，办事的规范，文风的朴实和上级机关的公权之"威"。

有时，用不用文言词，效果几乎是云泥之别。例如把"有口皆查"的"皆"改成"都要"，把"来函收悉"改为"来函收到并知道了（相关情况）"，不仅语言烦琐、概括力骤降，公文的庄重性和力度感也一落千丈。

因此，要写好法定公文，一方面，要潜心研习相关法规制度，力求令行有规；另一方面，要规范用语，如大量积累专业术语、文言词汇等，确保言出有矩。

（二）动宾句，势如破竹的"恢宏史诗"

动宾句，可谓公文语言表达的"天之骄子"。在各类公文特别是总结报告性公文中，动宾句大行其道，随处可见。连着使用的动宾句，简明、连贯、顺畅、有力，与公文布政传令的内容高度吻合。例如：

进一步加大乡村文化保护传承与利用的力度，深入开展文化服务进乡村，提升乡镇（街道）、村（社区）综合文化服务中心效能；促进乡村旅游发展，打造一批乡村旅游重点村镇，建设一批乡村休闲旅游景点，推出一批乡村旅游线路，开展一批乡村旅游宣传推介活动等。

文中，由"加大""开展""提升""促进""打造""建设""推出""开展"等一连串动词引出的动宾句，一句一事，层层记叙，再辅以主语省略（各句隐含一个主语：某部门），使行文简洁而流畅。若行文中夹杂其他短语，如主谓短语、偏正短语等，势必要破坏文章的叙事节奏，读来顿生支离破碎之感。

（三）祈使句，令如山崩的"飞泻之瀑"

祈使句，是带有祈使语气的句子，用来表示要求、请求或命令、劝告、叮嘱、建议等，简言之，就是让人做或不做某事。由于公文祈使语气较弱，因此一般用句号结尾。在以布置工作、提出要求、表达希望等为主要内容的公文中（如领导讲话稿、工作方案、指示性通知、部署性决定、实施意见等），祈使句应用比较广泛，体现出上令下从、立说立行的严肃性和权威性。常用来表达祈使语气的词语有请、要、必须、应、应当、务必、务须、勿要、希望等。例如：

要加快研究建立监管执法领域尽职免责办法，对严格依据法律法规履行监管职责、监管对象出现问题的，在创新探索中出现失误或偏差但依照有关规定决策、实施的，且勤勉尽责、未牟取私利的，不作负面评价，予以免责或者减轻责任。对未履行、不当履行或违法履行监管职责的，严肃追责问责；涉嫌犯罪的，移送有关机关依法处理。

上例主语省略（隐含），全段用一个"要"字对相关对象提出要求，贯穿始终。

也有用完整的主谓句对相关对象提出"祈使"要求的，如："地方生态环境部门应会同相关部门，通过核发排污许可证等措施，依法明确排污口责任主体自行监测、信息公开等要求。"文中，用一个"应"字对地方生态环境部门提出要求，命令意味十足，不严自威。

（四）总结句，不动声色的"高能武器"

无总结不公文。公文写作，倘缺少过硬的总结功夫，必将成为空中楼阁，无

113

所凭依。总结能力强，写出来的公文必然技高一筹。不过，不少新手对"总结"二字理解片面，往往有"总"没有"结"，总结工作只满足于罗列事实，导致表达效果寡淡无味。事实上，总结是"总"和"结"的结合体，"总"是对"事"的概括，"结"是对"果"的归纳，一般可表达事情的结局、工作的结果、思想的结晶、分析的结论等内容。公文写作遇到需要总结的内容，唯有"总""结"兼具，有机结合，文章才能有血有肉，形神兼备。例如：

（1）推进乡村学校少年宫建设，投入资金××余万元，落实运转经费××余万元，自建乡村学校少年宫××所，实现全市乡镇少年宫全覆盖。（总＋工作的结果）

（2）聚焦春节等××传统佳节，组织"乡村春晚"等各类活动××余场，吸引老人、学生、工人等社会各阶层人士××余万人参加，在全社会营造了践行社会主义核心价值观和弘扬中华优秀传统文化的浓厚氛围。（总＋思想的结晶）

有时，也用总结句来提出下一阶段的工作任务、要求，其中，"结"表示工作要实现的预期目的、效果等。例如：

要围绕生态文明建设主题推出纪录片、广播电视和网络视听节目等，传递生态文明理念，展示人与自然和谐共生的美丽中国形象（总），切实反映我国生态文明建设的经验和成效，为节能宣传周营造良好舆论氛围（结：预期效果＋目的）。

（五）概括句，高下立判的"天然分野"

公文简明的语言特点、高效的内在要求，决定了其在语言表达上必须要言不烦、一针见血。这是在各类公文中概括句较为多见的重要原因。

所谓概括，拆分理解就是对大概情况的总括。也就是说，我们在记叙事实、说明情况时不必事无巨细，面面俱到，而要练就寥寥数语直击要害的本领。概括水平高，写出的公文自是胜人一筹。

精准、精到、精辟地概括，是公文语言表达提档升级的必备功夫。

要学会高度概括的艺术，首先要会"看"，能一眼就看出事情的总貌、本质和关键；其次要会"抓"，抓住相关要素、事项的共同点，从中抽象出共性本质；最后要会"聚"，即能用概括力强的词汇，囊括全部事项"一起写"。

概括句，一般在一篇文章或一段话的起始部分运用较多，先给读者留下一个总体印象。例如《××县贯彻落实中央生态环境保护督察反馈意见整改落实情况报告》的开头部分：

自第×轮中央生态环境保护督察开展以来，我县认真对照督察反馈意见，坚持问题导向，以鲜明的态度、坚定的决心、有力的举措，高站位全力推进督察整改工作。针对问题和整改任务，我县建立县领导领办、部门领导承办制度，实行表格化、清单式管理。对每一项问题逐一研究制定整改清单，逐条明确整改目标、责任单位和完成时限，确保按时间节点取得实质性成效。截至目前，我县××项整改任务已全部完成并销号；交办信访件××件，已办结销号××件，其余×件均按时序推进中。

例文共4句话。第一句概括总体工作，用"有力""全力"等"模糊语"，增强了概括力。第二、三句针对例文主题"问题整改"，先总后分作答。其中，第二句写总体方法，"表格化""清单式"是对所有整改方法本质的"共性抽象"，概括力很强；第三句写具体问题的整改做法，"逐一""逐条"等词"简化、省略"了单个问题整改的具体说明，内容收纳能力很强。第四句统摄"全面"，统一对阶段性成果作出总结。总体看，例文基本都是在用模糊语，勾勒的是事情的总体轮廓，"血肉"比较模糊，如此语言表达用于概括甚为常见。若有了解详情的需要，则需进一步具体化。

由上可见，要增强语句的概括力，常用的方法有：运用模糊语，抽象、简化、省略、统摄全面，等等。此外，抓大放小、略点或列举主要内容等，也是行之有效的概括方法。

（六）陈述句，任劳任怨的"无休地勤"

汉语的单句，按语气可分为陈述句、祈使句、疑问句和感叹句四种。在公文中，陈述句随处可见，可谓"终日无休"、哪里需要哪里见的"全天候地勤"。

陈述句是表示陈述语气的句子（句末用句号），一般用在说明情况、交代背景、陈述事项、布置工作、提出思路等内容时，凡有记叙、说明处，陈述"身影"皆可见，特别是在总结报告性材料（如年度报告、工作总结）中更为常见。陈述句，可以是主谓句，可以是动宾句，可以是"了"字句，也可以是省略句，等等。

主谓句，一般用于说明情况。例如：

财政赤字率一直控制在×%以内。货币政策保持稳健中性，广义货币M2增速呈下降趋势，信贷和社会融资规模适度增长。

动宾句，一般用于概述措施。例如：

妥善应对"钱荒"等金融市场异常波动，规范金融市场秩序，防范化解重点领域风险，守住了不发生系统性风险的底线，维护了国家经济金融安全。

"了"字句，一般用于概述完成情况。例如：

经过艰辛努力，我们顶住了经济下行压力，避免了"硬着陆"，保持了经济中高速增长，促进了结构优化，经济长期向好的基本面不断巩固和发展。

（七）省略句，身份识别的"通行密码"

出于语言表达简明的要求，公文中大量运用省略句，尤以省略主语的无主句居多（主语隐含）；在一定程度上，无主句甚至是公文的"身份代码"，反过来说，一读到成串的无主句，我们就会认为：这是公文的口吻。无主句的成片使用，确保了公文语言表达的清晰、素净、简雅、严谨。

下面这段话选自政府工作报告，属于事务性公文，全句只用了一个主语"我们"，后文都承前省略，保证了语言的干练、流畅。

面对这种局面，我们保持战略定力，坚持不搞"大水漫灌"式强刺激，而是应把握引领经济发展新常态，统筹稳增长、促改革、调结构、惠民生、防风险，不断创新和完善宏观调控，确立区间调控的思路和方式，加强定向调控、相机调控、精准调控。

法定公文的语言表达，更是以无主句为主。例如"为进一步深化行政审批制度改革，持续优化营商环境，经国务院同意，现将三省行政备案规范管理改革试点经验印发给你们，请结合自身实际学习借鉴。（《国务院办公厅关于推广行政备案规范管理改革试点经验的通知》）"句中省略了发文作者"国务院办公厅"（隐含的主语）。

为了行文简练的需要，公文常常省略不相干的，突出主要的，确保了表达不枝不蔓、重点突出。例如：

强化宣传解读。各地要加强就业政策宣传（观点），及时更新发布本地区就业创业政策清单，分类梳理面向高校毕业生、困难人员等不同群体和经营主体的政策举措，广泛推动稳就业政策进企业、进园区、进校园、进社区（村）。创新政策宣传方式（观点），及时提供通俗易懂的政策解读，提高政策知晓度，稳定各方预期，营造良好社会氛围。

例句以"各地"作为全句唯一主语（后文承前省），紧扣标题的"强化""解读"两个方面，按"观点＋措施＋目的"的思路提出要求，言简意赅。至于政策清单包括哪些方面、政策举措主要有什么、"四个进"怎么进等，都讲得很宏观、概括，只提出了方向性要求，有不少"留白"和省略；关于"政策解读"，只用"通俗易懂"一词说明其要求，用墨极其俭省，体现了公文语言的清、净、简、严。

（八）主题句，映带左右的"意见领袖"

主题句，顾名思义就是表明宗旨、意图、目的、情感、观点、态度等思想性内容的句子。主题句在公文中具有举足轻重的地位，它如一盏明灯，在相关部分具有统摄、挈领作用，能映带相关内容，使之紧密地联结在一起。无论是一段话还是一个句群，都不能少了显旨点睛的主题句。

多数情况下，主题句以小标题担纲，也有出现在段中或句中的情况。例如：

当前，我县财税工作努力绕过××带来的影响，稳中有进、进中向好的态势不断得到巩固。去年，我县财政总收入和一般公共预算收入达××亿元、××亿元，分别增长×％、×％。今年×月份，全县财政总收入完成×亿元，为预期目标的××％，排名全市第×；增收×亿元，增长××％，排名全市第×。

上面一段共三句话，第一句是总起句，也是主题句，主题词是"稳中有进、进中向好"。后两句用数据说明"进"的具体情况。

句中的主题句，一般出现在句首或句尾，以句尾居多。例如：

按照公开透明高效原则和履职需要，编制统一的文化市场综合行政执法工作规程和操作手册，明确执法事项的工作程序、履职要求、办理时限、行为规范等，消除行政执法中的模糊条款，压减自由裁量权，促进同一事项相同情形同标准处罚、无差别执法。

上句的第一小分句是出发点（即依据、思路等），"按照……"是"戴帽句"，拉升了高度；"编制……裁量权"是着力点（即措施），末句"促进……执法"是最终的落脚点（即目的、宗旨），也是全句的主题句。

（九）摆短句，节奏欢快的"燃情乐手"

公文语句宜短不宜长。特别是在要作口头表达的公文中，语句更不宜长，过于冗长的语句要努力摆短。短句，一方面枝叶不多，听者易懂，让人听得清、记得牢；另一方面干脆利落，节奏分明，铿锵有力，讲者易读，也有利于调动情绪，增强文稿的表现力。例如：

今年是打赢脱贫攻坚战的最后交账之年，也是全面建成小康社会的收官之年。脱贫攻坚真正到了消灭问题、清扫战场的阶段，真正到了决战冲锋、全力冲刺的时候，真正到了最为紧要、最为紧迫的关头，必须始终保持思想集中、目光聚焦、精力聚集，不能有丝毫的放松、懈怠、停顿。（选自《脱贫攻坚表态讲话》）

例文没有过长的句子，读起来朗朗上口，语势强烈。

（十）整散句，收放自如的"攻坚标兵"

整散句，就是整句和散句。整句与散句都是句子的结构形式。从形式上看，整齐匀称、结构相同或相似的，称为整句；形式不同、长短不一的，称为散句。

整句和散句在表达上各擅胜场。整句节奏鲜明，气势磅礴，音调和谐，易上口，语势强；散句可随意抒写，自由、灵活、自然，易于体现语言的参差美。

在公文写作中，整句和散句经常结合使用，利于产生语意严密、错落有致、富于变化的表达效果。例如：

各级党员干部要始终奋发有为、主动作为（散），开动脑筋想办法，创新方式解难题，在知重负重中矢志前行，在苦干实干中提升本领（整）。要始终坚持抓具体抓深入，坚决克服形式主义、官僚主义（散），一个问题一个问题研究、一个堡垒一个堡垒攻克（整），以过硬作风确保脱贫质量和成色，真正得到人民认可、经得起历史检验（整）！

（十一）承接句，严丝合缝的"致密榫卯"

中国古建中的木质构造物，各构件间多以榫卯联结为一个有机的整体。公文的语言表达也需要这样的"榫卯"，把上下文衔接为一根致密的"语言链"，使之语意贯通、逻辑严密。语言表达的"榫卯"，就是承接句。

承接句，也叫过渡句。承，即承上；接，即接下。公文常通过承上接下的语句将上下文连为一体。常见的承接方式有时间承接、内容承接、思想承接、收束承接、复述承接等。

（1）时间承接。例如：

农业兴则基础牢，农村稳则天下安，农民富则国家盛，自古以来，"三农"问题都是关系国计民生的根本性问题。进入新发展阶段（时间承接），"三农"工作重心发生历史性转移，持续巩固脱贫攻坚成果，扎实推进乡村振兴战略成为新时期下党和人民赋予当代党员干部的时代课题。

（2）内容承接。例如：

当地社区党员干部邀请企业供岗位、规划土地谋发展、组织活动添温暖，真心实意做好"服务者"，得到了群众积极参加招聘、献计产业方向、党群关系亲如一家的强烈"回音"。细细观想这一幕幕（内容承接），便能从中窥探出我党百年来无往不胜、永葆活力的强大秘诀。

（3）思想承接。即通过对前文的思想提炼提升衔接前后文。例如：

影片中幸福社区党支部争分夺秒召开了一场又一场会议，讨论搬迁后续工作规划，每个人皆面红耳赤。他们为什么讨论得如此激烈、如此认真？是因一份责任，一份担当。群众把权力的"方向盘"交到了我们手中（思想承接：权力的"方向盘"，是对前文本质进行了思想上的提炼），寄予无限期待和嘱托，当不能有丝毫放松和懈怠。

（4）收束承接。即用具有较强概括力的词语做好上下联结，如"经验表明""因此""所有这些"，等等。例如：

回忆烽火连天的战争年代，我们"为换新天"冲前线，群众送粮消后顾；激情燃烧的改革年代，我们用心画好为民"蓝图"，与群众共力谋崛起。事实证明（收束前文），党员干部与群众之间有着割不断的情谊、剪不断的牵挂，常同"家里人"聊聊，为"自己人"办好实事，将心比心，以心换心，我们定能一起开好这艘"复兴船"。

（5）复述承接，即对前文的某些内容进行"复述"，宛如一条贯通前后的线索，常见的线索有人、事、物、意，等等。例如：

实现乡村振兴是人民群众对美好生活的向往，是党和国家的重要决策部署。做好乡村振兴这篇大文章（复述承接，线索是"乡村振兴"这个"意"），其作始也简，其将毕也必巨，党员干部要率先垂范、冲锋在前。

（十二）偏正句，错落有致的"金质语链"

公文语言表达多用单句、短句，能够使表意更加简练、清晰，但也不是绝对化。在内容丰富、层次复杂、表意周密的要求下，采用偏正句往往更能胜任表达任务。

偏正句也可看作"主从句"（多为先从句后主句），至少包括两个小分句，一般是前偏（从属句）后正（中心句），前者宛若"穿靴戴帽"，使后者的意思表达得更加完整严密、井然有序。两者既可以是单句，也可以是复句。

偏正句是单句的情况，即一个大句中前一分句修饰、限定后一分句，即"限定、修饰语＋中心语"，可分为"定中句"（定语＋中心语）和"状中句"（状语＋中心语），分别表示宗旨、目的、时间、处所、状态、方式、原因、频率、范围、语气、程度等内容。例如：

> 在继续推进农村房屋安全隐患排查整治工作的基础上（偏句，表示条件），重点排查涉及公共安全的经营性自建房（正句）。
> 以项目建设为抓手（偏句，表示方法），加大扶贫攻坚力度。
> 对存在设计施工缺陷的（偏句，表示对象），通过除险加固、限制用途等方式处理。
> 经过艰苦卓绝的持续奋斗（偏句，表示历程），我省脱贫攻坚连战连捷。
> 与去年同期相比（偏句，表示比较），外贸出口有明显回升。
> 由于采取了相应措施（偏句，表示原因），电力设施偷盗情况得到了遏制。

偏正句也可以是复句，仍然是"前偏后正"，由正句和偏句两部分组成。正句承担了复句的基本意思，是基本的、主要的；偏句修饰或限制主句，是辅助的、次要的。偏正关系的复句有转折复句、因果复句、递进复句、条件复句、假设复句、选择复句、目的复句、解说复句等。

转折复句的偏句是提出某种事实或情况作为前提，正句转而叙说与偏句相反或相对的意思，正句也是说话人所要表达的真正意图。例如：

> 虽然在去年工作中取得了一定的成绩（偏句），但与领导要求比还有很大差距。

因果复句的偏句说明原因，正句说明结果。一般是偏句在前，正句在后。也有正句在前，偏句在后的。例如：

> 因为日常检查中的麻痹思想（偏句在前），导致安全隐患没能被及时发现。
> 这次之所以在创满意单位中"吃了败仗"，是因为我们没有始终把"四问四权"放在最高位置（偏句在后）。

因果复句分为说明性因果和推论性因果。例如：

偷盗行为得不到及时遏制（偏句，全句是说明性因果），从而导致了"破窗效应"。

很多基层单位给我们打了差评（偏句，全句是推论性因果），可见我们平时的服务工作是多么不到位。

递进复句，表示后一分句比前一分句在程度上更深。例如：

不但中心城区要全面完成今年的经济指标（偏句），副城区也要尽力完成。

条件复句，用来表示开展某个事项的条件，以及在该条件下实现的结果。一般前一分句表示条件，后一分句表示结果。例如：

无论遇到多大的阻力（偏句，表示后一句的"条件"），这项实事工程都必须坚持到底。

只有时时把人民放心中（偏句），我们才能得到人民群众的真心拥护。

假设复句，先提出一种假设，再推出这个假设下可能实现的目标或结果。例如：

如果在这个节骨眼上缺少锲而不舍的钻劲（偏句），我们可能就会因此葬送全年的发展好局。

选择复句，分别说出两件或几件事，并且表示从中选择一件或几件。一般是前偏后正。例如：

我们宁可自己受点累（偏句），也不要让老百姓遭受困苦。

目的复句，即一个分句表示实现某种目的或避免某种结果，一个分句表示为此而采取的行为。两个分句或前偏后正，或前正后偏，往往比较灵活。例如：

我们今天吃点苦（偏句），正是为了将来不吃苦。

节前要细致做好设施安全检查，以免发生意外（偏句）。

解说复句，即一个分句说明一种情况，其他分句对这种情况进行解释、说明或总括。偏句和正句的位置也比较灵活。例如：

本地已出现连续三年干旱的迹象，这在历史上是极为少见的（偏句）。

一种是教条主义，一种是经验主义（偏句），两种都是主观主义。

二、言之有物训练法

从根本上说，公文式写法和文章式写法，其语言表达无外乎五种方式，即记叙、说明、议论、描写、抒情。其中，最常用的是记叙、说明，其次是议论，抒情和描写很少使用。当然，在一些打破常规的文章式写法中，语言表达的限制很小，抒情和描写也时有所见。

不论是否使用以及使用频次如何，写公文都要熟练掌握这五种表达方式。唯其如此，我们才能掌握语言表达的硬核技法。这五种表达方式，兼及人物、事物、景物等，确保了公文的"言之有物"，是提高语言表达技巧的密钥。

记叙，简单地说就是写人记事，是对人物的经历和事件的发展变化过程，以及场景、空间的转换所作的叙说和交代。

说明，是用简明扼要的文字，把事物的形状、性质、特征、成因、关系、功用等解说清楚的表达方式。

议论，是通过摆事实、讲道理等方法，对人物或事情发表自己的观点、看法的表达方式。

描写，描是描绘，写是摹写，描写就是借助一定的写作手段，运用生动活泼的语言、形象传神的细节、场景等，把人物或景物的状态具体形象地描绘出来。

抒情就是抒发和表现作者的感情，具有主观性、个性化和诗意化等特征。

上述五种表达方式，根据反映对象的特点，可分为再现客观类和表现主观类两种。再现客观类，共同点在于反映客观物象，包括记叙、说明、描写；表现主观类，特点是表现主观精神，包括议论和抒情。

语言表达丰富多彩、变化无穷，但万变不离其宗，最终都可归结为这五种表达方式。语言好似清溪奔流，创造性地用好这五种表达方式，有助于思维管道里的语言顺滑"出水"。例如：

我们选派精兵强将尽锐出战，坚持五级书记抓脱贫，选派近×万名干部到基层，把最能打硬仗的精锐力量派到一线，党旗始终在脱贫攻坚战场高高飘扬（记叙，末句描写）。

通过竞聘上岗的××名同志，年龄最大的××岁，年龄最小的××岁，平均年龄为××岁，比原项目副职队伍的平均年龄下降了×岁，顺利完成了项目副职的新老交替（说明）。

竞争性选拔可集中体现干部选拔任用工作公开、公平、竞争、择优的原则，不断提高选人用人公信度，是实实在在的变"伯乐相马"为"赛场选马"，不仅有利于促进优秀人才脱颖而出，也有利于班子队伍结构进一步优化（议论）。

你们始终将人民放在心中，把群众当家人、视民生为家事，一村一寨走、一家一户访，晴天一身土、雨天两腿泥，帮助解决了许多操心事、揪心事，赢得了群众高度评价和真心认可（抒情、描写）。

三、言之有序训练法

从微观上看，一篇公文的语言表达，最终可归为每一个句群或句子的写作；换句话说，若把每一个句子都写好，语言表达绝对是高水平。

在公文写作中，不仅谋篇布局要有结构化思维，一段话乃至一句话的表达都应以结构化的眼光去设计。结构严谨，自然言之有序。

常见的写作结构形式有总分、并列、递进、因果、对照、综合型等。若文秘人员潜意识中选用六大结构型写句子，语言就能如抽丝一样绵绵不断。例如：

总分句：深入推进农村产业革命（总），全面推行"八要素"，大力发展十二大农业特色优势产业，推动思想观念、发展方式、工作作风实现革命性转变，促使传统农业向现代农业"六个转变"。

并列句：持续深化东西部扶贫协作，主动对接中央单位定点帮扶，大力推广教育医疗"组团式"帮扶，扎实用好统一战线帮扶力量（并列）。

递进句：××食品安全办确定抽查地区，会同相关成员单位组成工作组，实地督促上年度考核发现问题整改和本年度食品安全重点工作任务落实。

因果句：针对一些地方和领域工作不深入不扎实的问题（因），先后开展"五个专项治理"，推动各项工作精准再精准，确保扶贫工作务实、脱贫过程扎实、脱贫结果真实。

对照句：脱贫攻坚本就艰苦卓绝，国际不稳定不确定因素明显增多，当前汛期灾情又给脱贫增加新的难度，各项工作任务更重、要求更高（反面因素）！要始终坚持问题导向、强化底线思维，把困难考虑得更充分一些，把应对措施准备得更周全一些，有效驯服"灰犀牛"，切实防范"黑天鹅"，确保今年不管出现任何风险，都能按时高质量打赢脱贫攻坚战（正面预期）。

综合句：针对脱贫攻坚成效考核、挂牌督战、巡视巡察、审计等各种渠道查找、发现的问题，建立部门和地方"双台账"，压实"双责任"，问题整改实行

"双销号"，完不成任务实行"双问责"，确保责任层层压实、任务件件落实（因果、并列、对照）！

运用结构化思维造句，要实现既言简意赅又有血有肉的表达目的，构思时务须确立"虚实、节点、因果、人小、正反、前后"等"12字思维"。"虚"就是抽象、潜在、内在性内容，"实"就是具体、表象性内容；"节"就是过程中的"环节"，"点"就是各自独立而又相互联系的具体构成因素；"因"是起因，"果"是结果；"大"就是总体、全局，"小"就是局部、细处；"正"就是有利因素，"反"就是不利因素；"前"就是开始阶段，"后"就是后续发展。造句时，要紧扣上述五个关键词对内容进行梳理。例如：

在千方百计抓实×大"惠民工程"的前提下，（节1），发起脱贫攻坚最后总攻（节2），"冲刺××天、打赢歼灭战"（总），最大限度发现和解决问题（点1：问题），千方百计抓好产业、多措并举抓好就业（点2、3：产业、就业、实），努力把耽误的时间抢回来、把遭受的损失补回来（反面、虚）！

例文总体看是总分，几乎集齐用足了上述"12字秘笈"。

四、言之有理训练法

理，就是道理、规律、逻辑。言之有理，就是语言表达的规律性。公文写作如何能出口成章、下笔如神？归根结底要掌握语言表达的规律，即流淌于文字里的深层逻辑。

逻辑，说到底是思维，体现着思维的活跃度和严密性。思维合逻辑，下笔就顺畅。遵循逻辑写作，语言表达就会成为顺"理"成章的轻松活。

逻辑，就是一棵思维之树，如何让它扎根语言的沃土呢？总体来说，要把握四个主要方面：一是遵循事理逻辑，二是用好文理逻辑，三是提炼道理逻辑，四是分析情理逻辑。

1.事理逻辑。即以"事"为中心，对照事物发展的一般规律进行表达。按事物的客观逻辑写，最能反映"生活的真实"。例如：

（1）各单位要抓紧制订工作计划，稳步实施，加强督促，确保圆满完成年度目标，努力在满意考评中打一场攻坚仗、翻身仗、漂亮仗！

（2）改善民生力度不断加大（面），城乡就业持续扩大，居民收入较快增长，家庭财产稳定增加，衣食住行用条件明显改善（四个"点"）。

上述（1）（2）分别是对事情发展过程（纵向）和内在构成（横向）的如实"摹写"，可见，熟谙事理自然信手拈来，下笔如风。

2. 文理逻辑。即以"文"为中心，遵循语言表达的基本规范和写法，按一定的逻辑顺序表达，努力将"生活的真实"加工为"艺术的真实"，实现主观与客观、形式与内容的统一。常见的顺序有：主—次，先—后，表—里，总—分、虚—实、面—点、事—情，等等。例如：

工业及其他各类园区或各类开发区外的工矿企业，原则上一个企业只保留一个工矿企业排污口（面）；对于厂区较大或有多个厂区的，应尽可能清理合并排污口，清理合并后确有必要保留两个及以上工矿企业排污口的，应告知属地地市级生态环境部门（点）。

例文的表达顺序是：面—点。

3. 道理逻辑。《易经·系辞》："形而上者谓之道，形而下者谓之器。"道即"本源"，事物的规律；器为形，是"道之载体"。以此观文，就是要通过对大量语言之"器"的揣摩、研究，不断总结公文写作之"道"，使语言表达有"道"可循，化难为易，举重若轻。

道理逻辑，即以"人"为中心，从思维角度把握"以文言事、文事统一"的普遍适用性规律，力求从"表象的真实"升华为"规律的真实"。日常写作总结的"道"越多，越易于让复杂的写作简单化。

大致说来，常用的道理逻辑有：部署性内容一般表达为"目标（要求）+任务+措施+目的"，总结性内容一般为"成绩+做法+经验"，研究性内容一般为"情况+问题+原因+对策"，评价性内容一般为"观点+事例+分析+结论"，报告性内容一般为"情况+问题+思路"，动员性内容一般为"观点+阐析+做法+目的"，计划性内容一般为"思路+做法+目的"，整改性内容一般为"问题+措施+目的"，落实性内容一般为"事项（观点、方法）+措施+结果"，等等。例如：

（1）解放和发展社会生产力是中国特色社会主义的根本任务。要坚持以经济建设为中心，以科学发展为主题，全面推进经济建设、政治建设、文化建设、生态文明建设，实现以人为本、全面协调可持续的科学发展。（阐析+做法+目的）

（2）加大社区及楼道"小广告"治理力度，建立奖惩机制，对乱贴小广告人员进行严肃惩治，对举报人员进行嘉奖，全面提高创建水平。（问题+做法+

目的）

4. 情理逻辑。即以"情"为中心，梳理情感发生的典型特征并以此为表达顺序。换言之，抓住几个表达情感的关键词语，就有了表达的思路。例如：

> 追梦征程荡气回肠（难忘之情），脱贫伟业丰碑永立（讴歌之情）。作为这场伟大战役的参与者、奉献者、见证者，大家正在书写历史、创造历史，也必将被历史铭记（赞美之情）！让我们携起手来，为人民而战、为荣誉而战、为梦想而战（激励之情），确保高质量打好收官战，共同创造无愧于党、无愧于人民、无愧于时代的历史伟业（期待之情）！

五、言之有话训练法

语言是思维的物质外壳。公文的语言是思维的形式，思维的管道里流淌的是清冽的生活旺泉；旺泉枯竭，思维无从生发，语言自然无所依附。因此，凿开生活的旺泉，下笔才能言之有话。这里的"生活"，即是公文表现的公务。与公务有关的内容，为语言表达提供了源头活水。

为了把公务表述清楚，语言表达离不开"10 常起"，即发端于 10 大核心内容：构成、形成、做成、事物、思想、要求、目标、时势、问题、故事。语言表达不过是对"10 常起"单项的陈述或多项的叠加。"10 常起"中，构成、形成、做成、事物是公文内容的四座"主峰"；思想、要求、目标是总起性、发起性内容；时势、问题、故事是影响性因素。

其中，构成是事物的内部结构，形成是事情的起因、经过、结果等发展过程，思想指相关理论、意义、看法、宗旨等"虚"的内容，要求即"人"的指示和"事"的规定、规程等，事物包括任务事项、客观物质等，目标是工作的纲领、指标等，做成（即"做"和"成"）是指"人"工作的做法（包括思路、原则、行为、措施等）和结果，时势是关于时令、形势、要闻的说明和解读，问题是工作面临的困难、不足、短板等，故事是发展过程中有关的插曲、细节以及用来佐证的历史掌故、逸闻等。言之有话，就是驱使"语言流"裹挟上述内容喷涌出思维的管道。

对应"构成"表达，手段最为丰富。例如：

（1）"国庆期间，要管好设施安全，确保环境安全，强化网络安全，注意人身安全。"这是对照安全的领域构成来造句。

（2）"国庆期间，要加强安全工作检查，抓实安全隐患排查，严格安全责任督查。"这是对照安全的不同事项构成进行表达。

（3）"国庆期间，要合力关好安全阀，切实把安全落在纸上，放在心里，抓在手中，人人管安全，事事讲安全，处处看安全，时时查安全，不让安全的管道里松掉一螺丝，漏出一丝气。"这句采用总分结构组织语言，并按安全履职的主体构成（个体和全体）来写。可见，文秘人员从不同角度分析写作对象的结构，就会"临摹"出不同的语言结构。

"10常起"往往结合在一起使用，利于增强语言的严密性和立体感。例如：

坚持稳中求进工作总基调，完整、准确、全面贯彻新发展理念，加快构建新发展格局，全面深化改革开放，坚持创新驱动发展，推动高质量发展，坚持以供给侧结构性改革为主线，统筹疫情防控和经济社会发展，统筹发展和安全，继续做好"六稳""六保"工作，持续改善民生，着力稳定宏观经济大盘，保持经济运行在合理区间。（思想＋目标＋事物＋做成）

六、言之有味训练法

从语体上看，公文的语言分两种：书面语体和口语语体。一般来说，法定公文以及用于书面交流的事务性公文，多用书面语体表达，其余则以口语语体表达为主。

在表达效果上，书面语体规范、庄重、典雅、严肃，口语语体自然、通俗、平易、灵活，这就形成了两种截然不同的语言风格：书面语体显"雅味"，口语语体带"俗味"。公文语言风格，因对象和内容的不同可能会有多种"风味"，但从根本上说就是这"两味"。

从手法上看，语言求"雅"，就应多用规范用语、文言词、专业术语、公务辞令等词汇，并运用概括、省略、直白等手法，简言之，就是语言要尽量规范化、正式化。

语言入"俗"，就是表达要接地气，尽量多用俗语、方言词汇，以及耳熟能详的流行语等，在语音上自然成韵、出口成对，语气幽默、俏皮，给人生动活泼、清新扑面的感觉。

雅和俗，表面看体现的是语言风格，而从中细嗅慢品，却是公文的内在属性和本质特征。

言之有味，要求针对不同的文种、内容、对象和交流方式，在表达上力求体现出或雅或俗的不同风格来。例如：

（1）①聚焦行政执法的源头、过程、结果等关键环节，全面推行行政执法公示制度、执法全过程记录制度、重大执法决定法制审核制度。②按照"谁执法、谁公示、谁负责"的原则，通过××××网站和××××信息公示系统等，公示有关监管执法信息。③通过文字、音像等记录形式，对行政监管执法全过程进行记录和归档保存，做到监管执法全过程留痕和可回溯管理。④落实重大行政执法决定法制审核，未经法制审核或者审核未通过的，不得作出决定。

例文（1）一共四句话，整段读来，语气坚定、明确，给人简练、规范、短促、有力的感觉，整体语言"雅"味十足，其因在于：一是省略，全段"主语"（颁文机关）始终隐含，气势畅达，一贯而下，给人干净利落、不令而行的威严感。二是简练，如"全过程留痕和可回溯管理""谁执法、谁公示、谁负责"等，简括精干，语言工整，增强了语势，与本文"令行禁止"的内容十分吻合。三是运用文言，如"未经""不得"，语气坚定，力透纸背，义正词严，凛然不可违背。四是直白，全段不发议论，有一说一，对于做事的依据、方式、效果等作出直截了当的规定，一针见血，点到即止，绝不拖泥带水，如铸"金质"，铿锵成韵，读来斩钉截铁、掷地有声。

（2）在××村调研，我最大的一个感受就是，当基层干部，不能嘴勤屁股懒，要经常到群众家里去看、去听、去问、去说。走一走，转一转，很多矛盾就成不了矛盾，即使真有问题也能得到很好的化解。

例文（2）读来如话家常，又似促膝谈心，满满的"俗味"，写出了农村调研的真实、朴实之"至味"，语言、内容高度统一。文中运用的俚语、口语，如"嘴勤屁股懒""走一走，转一转""成不了""很好"等，平易可亲，令人如沐春风。这是一段足够"土质"的文字，犹如脱下了全副武装、戒备森严的面具，一下拉近了与读者的距离。

第十节　"高端制造工坊"，让语言更高级

公文写作正如厨师做菜，不同的人拥有的素材虽然相同，最终推出的菜品却有云泥之别。有的高级，有的平庸；有的细致，有的粗糙，其根本差别在于"出品人"技艺的高低。

一篇公文的"制造工艺"是：按照既定的"模型"（主题），启动思维的"搅拌机"，驱动语言的"凝胶"，将相关素材"黏合"为成品——公文的过程。显而易见，最终形成的公文能否见水平，首在所用语言的质量是否高级。

公文语言的高级化不是凭空发生的。有些文秘人员写出的公文之所以让人感觉精致、精深、精到、精美，是因为他运用了与众不同的语言"包装"技艺，借此平中见奇、脱胎换骨，从一众写作好手中脱颖而出，成为领导心中独一档的存在。

若要公文语言更高级，须熟练掌握"10 求 6 象"的包装技术，其中"10 求"是思维层面，"6 象"是实操层面。

从普遍性上说，一篇公文的语言要不落俗套、体现美感，必须坚持 10 大思维。

一、求同

公文语言的"珠串"，是由一个个词汇的"珠子"组成的。求同思维，就是在遣词造句时，尽量在首先出现的关键词上做文章，先找到一个细小的着眼点，以此为基础批量"生产"出结构相同却有变化的一组词汇，就此营造出整齐划一的美感。例如由"服务一站式"衍生出"受理一窗式""考核一体式"等，以这样的短语连用，整体表达效果立马提档升级。

以求同思维造词，大大提升了语言的创造能力。在词语、短语、句子上，都可以求同。例如通过思维求同，由名词"本色"引带出底色、亮色、成色等，由动词"松懈"引带出松手、松劲、松动等，由并列短语"提质增效"引带出强管利民、争先进位等，由叠词"明明白白"引带出坦坦荡荡、老老实实等。造句时，嵌入、代入上述一组经求同后的词语，就显著提升了语言的靓度，如"一年来，围绕年度工作目标，我们紧扣中心任务不松手，推进重点任务不松劲，抓牢难题破解不松动，实现了民生实事再落实、满意考核再提高。"

除了上述在结构形式上的求同，表意上也可以求同。例如：对照整改清单，希望大家要认真议一议"怎么看"，相互比一比"怎么样"，深入想一想"怎么办"，切实把整改工作整到点上，改出实效。这里，就有疑问语气的词汇概括了丰富的意蕴，既含蓄蕴藉、启人思考，又简单大气、明白如话，总括得十分有力。

选择的着眼点不同，可以造出不同的词汇，由此丰富了语言创造的"选项"。例如可由名词"正能量"的"能量"为基点，仿造出"超能量""高能量"等，也可以"正"为着眼点，仿制出"正效应""正评价"等。

二、求简

简，就是简单、简短、简洁、简明、简要、简括，这六个词语联系起来看，说明了公文语言力求直接、短小、干净、明确、精炼、概括的鲜明特点。

简单，就是反映的内容不要繁复复杂，语言不要隐晦曲折，表意要显豁直接、明白如话，让人一看便知。

简短，就是讲究短小精悍、以少总多，不要将简单的事情复杂化，动辄洋洋万言，费时费力，不足取。

简洁，就是语句要非常干净，要言不烦，不枝不蔓，避免不着边际的议论、修饰，不可弯弯绕绕、层层叠叠地看不到头，语言加工务必"删繁就简留精干，淘尽黄沙始到金"。

简明，就是表达意思必须十分明确，"打开天窗说亮话"。这里的"明"，一是指句子的观点要明确，二是指写作的思路要清晰。

简要，就是句子不论多长必须紧扣要点，抓住关键，能让人一目了然看清句子的侧重点是什么。简洁的核心在"去枝叶"，简要的任务是"留主干"。

简括，就是语言要有高度概括力。从根本上说，公文语言要做到简单、简洁、简明、简要、简短，关键就在提高概括力。公文语言要简括，就必须借助概述、省略、抓大、列举、略点等技法。

做到上述"6简"，我们就能写出纲举目张、主次分明、简明扼要、神清气爽的公文来。例如：

××市人民政府办公厅
关于同意调整本市××结算价格标准的通知
×府办〔××××〕××号

市××××局：

××〔××××〕××号文收悉。经市政府研究，同意调整本市××结算价格标准，调整后的标准请自行印发，并会同有关部门、单位和区政府自××××年××月××日起实施。

××市人民政府办公厅
××××年××月××日

例文共两句话，十分清晰地表达了缘由、观点、施行方法等内容，完全符合"6简"要求。全文该明确的非常明确，如办理的观点，以及执行的对象、时间等；该简略的一语带过，如"收悉""经……研究"，到底怎么收的，怎么研究的，全都以模糊语进行了省略，产生了干脆利落、庄重严肃的表达效果。

三、求高

写作之初，文秘人员站在什么样的立场和角度思考问题，也影响着语言表达的质量。公文语言为了展现执行力，大多要借势言事。很多情况下，文秘人员若站在自己的角度说事，每每力有不逮，倘坚持眼光上看，站位再高一些，往往能产生居高临下、借风顺势的权威性。因此，文秘人员在表达时，一定要有"求高"倾向，坚持仰观。

根据文秘人员设定站位的不同，可把语言表达所求的"高"分为思想高度、理论高度、政治高度、全局高度、历史高度、时代高度、战略高度等。例如：

（1）经过艰苦卓绝的持续奋斗，我省脱贫攻坚连战连捷，贫困人口由××××年的×××万减少到××万，累计减贫×××万、每年减贫超过×××万，贫困发生率从××%降至×%，××个贫困县脱贫摘帽，在国家脱贫攻坚成效考核中连续×年综合评价为"好"，由全国贫困人口最多的省份转变为减贫人数最多的省份。（历史高度、全局高度）

（2）崇尚英雄才会产生英雄，争做英雄才能英雄辈出。（思想高度）全省上下要以先进典型为榜样，比学赶超、见贤思齐，在学习先进中提升自我，在对标先进中接续奋斗，在争当先进中赢得荣誉，苦干实干、担当作为，奋力在脱贫攻坚主战场上坚守阵地、再立新功！（政治高度、全局高度）

四、求深

求深，就是写作时要学会透视，善于透过现象看本质。

"灯不拨不亮，理不说不明。"公文的使命是传达政令、布置工作，必然都"携带"着十分明确的思想意图。而潜藏于大量表象下的深刻意蕴，唯有通过思维加工才能揭示出来。

把语言表层下的深意挖掘出来，这就是"求深"。深，就是深度。公文语言的深度，主要表现在四个方面：一是通过归纳对具体事项作出结论性评价；二是揭示出行动措施背后的意图；三是升华出大量事实深处的思想、精神；四是提炼出具体行动背后的基本理论、原理。例如：

（1）××县人民政府高度重视，印发《××县外来建筑渣土专项整治行动方案》，通过专项整治，形成部门合力，（总）有效遏制了外来渣土乱倾倒的违法行为，（结论性评价）规范了我县建筑渣土的管理。（全局高度：更进一步，上升到全县）

例段先"总"后"结"，"结"由点到面分为两层：先就事项作出结论评价，接着从全县高度点明专项整治的影响，由浅入深，挖掘了具体事项背后的深层意义，提升了高度。

（2）组织开展"百日行动"（全局高度：着眼于安全行动全局），对危及公共安全的经营性自建房快查快改、立查立改，及时消除各类安全风险，坚决遏制重特大事故发生（结：表示目的、意图）。

五、求巧

巧，是新巧、精巧、奇巧。在求巧上，公文语言虽无需像结构那样出奇制胜，但新巧的词汇、精巧的组织、奇巧的构思，无疑更加夺人眼球。

公文语言的"巧"，主要表现在：

一是以生动活泼、耳熟能详的语言表达了平常的意义，让人感觉清新扑面。例如：

春风刚刚过去，清明即将到来。日出江花红胜火，春来江水绿如蓝。这是革命的春天，这是科学的春天，让我们张开双臂，热烈地拥抱这个春天吧！

例段借景起兴，以"春天"作双关，清新、自然。

二是语言结构非常致密，就像一根衔接紧凑的链条，经过了思维的精雕细琢、精心设计。例如：

①在苦干实干铸就的脱贫攻坚伟大史诗中，涌现出一大批先进集体和个人，书写了一部部绝境突围、决战贫困的英雄传奇，矗立起一座座令人敬佩、永不褪色的精神丰碑（面）！②这次受表彰的先进集体和个人，就是其中的优秀代表，是当之无愧的时代英雄（点）。③在此，向你们对党忠诚、信念坚定的政治本色致敬（情）！

例段三句话，①先用"一大批""一部部""一座座"等词语，从"面"上总体讴歌脱贫攻坚的丰功伟绩和精神意义；②用"就是"从"点"上赞扬时代英雄，突出重点，并与第一句紧密相连；③紧承上句，水到渠成地表达致敬之情。三句话从"面"到"点"，从"事"到"情"，内容顺畅，结构严谨。

三是句群之间的结构安排出奇制胜，想人未想。例如同样写领导干部的修炼，有作者用"正大光明"拆字，从四个方面分述："正"就是思想要正，"大"就是格局要大，"光"是眼光要毒（具有洞察力），"明"就是思路要明。而另有作者用中国古典朴素唯物主义元素论"金木水火土"来譬喻：惜时如"金"，抓紧学习；奋发如"木"，昂扬向上；包容如"水"，维护团结；激情如"火"，忘我工作；奉献如"土"，提升修养。两者的语言设计有异曲同工之妙，十分"奇巧"。

六、求活

公文"公事公办"的特点，似乎给人留下了语言刻板、"官样文章"的印象。客观来说，并不尽然。一些事务性公文，特别是领导讲话稿，个性十足、文采斐然、异彩纷呈。近年来，公文独抒性灵、自由抒写的趋势日益明显，有的完全可以当作散文来读。例如：

旅游节致辞（节选）：

"春到三、四月，百里杜鹃开，百里花山花如海，放眼望去，连天的山巅，恍如飘动的云彩，白色的，如银装素裹；红色的，似火龙翻卷；鲜丽的，艳得灼人眼目；淡雅的，素得怡人情怀……人在花山行，仿佛置身于色彩的世界。"

读来美感逼人，好似在读一篇写景散文。

领导离任讲话（节选）：

"心若在，梦就在。昨天，所有的荣誉都成为美好的回忆；今天，所有的情谊都必将深藏于心底。无论走到哪里，我都深深眷恋着这片红色的热土，深深关注这座伟大的城市，都会倍加珍惜与同事们、战友们结下的深情厚谊，都会永远感恩这方淳朴善良的父老乡亲。"

字里行间，情感饱满、真挚，俨然是抒情散文的笔触。

这里的"活"，主要包括三个方面：

一是活用。不只公文词汇、专业术语，一切能增彩添色的鲜活语言，如诗句、流行语、俏皮话、方言俗语、学术词汇等，只要适合，皆可应用，始终保持一池"源头活水"。

二是活泼。公文的语言表达要力避呆板、僵化，特别是在一些宣讲、交流性事务公文中，词汇、句式、结构、节奏、语气等，要力求多样化。例如："想干事、敢干事、会干事、善共事、不出事，就没有爬不了的坎，过不了的河，干不成的事。"该句多用口语、短句，流畅自然，节奏鲜明而有变化，十分活泼。

三是活力。语言的活力，体现在鲜明的时代感、突出的思想性、张扬的个性化和独特的创造力等方面。例如：

有少数人大扮"廉洁秀"：台上讲话像孔繁森，台下做事像王宝森，见了上级像和坤，见了下级像泰森。（时代感）

简单是一种为人风骨、一种为官之道、一种处世境界。（思想性）

过去的干部，一靠辈分大，二靠嗓门大，三靠脾气大。（慧眼独具，提炼出三个典型细节，体现创造力）

七、求工

公文，虽以准确表意为上，不必刻意炫技为要，但这并不排斥表达的"求工"。事实上，很多公文正是以语言的精致、精美而首先引起了广泛关注。

公文写作要有一手好语言，必须在技法上"求工"。甚至可以说，求工是公文语言出彩的一个最重要方面，没有之一。在日常写作中，即使相当一部分公文语言表达不必求工，我们也得练就求工之技。

求工，是指在形式上讲究工整、精致、严谨和均衡。

工整，主要表现是句子的字数相等、结构相同、意义相近，在语法上这样的句子谓之整句。语言力求工整的常见方法有：词汇、短语、句子的运用，要尽可能在形式、手法上趋同化。如写公文眼睛要紧盯"现场写真、一线传真、加工保真、不失本真"等方面。此外，采用对偶、排比、反复等修辞手法，也是语言工整的重要方法。

精致，是公文的句子或段落从总体上看来精短、美观，主题凝练，结构清朗，各部分不仅在句式上讲求一致，在词汇上也是前后统一、相互映衬，显现出既亮点纷呈又风格一致的整体美感。

严谨，是各句之间有着紧密的逻辑关联，前后之间相互关联、照应，浑然一体，正所谓"句有可削，足见其疏；字不得减，乃知其密"，字字敲打得响，就像一条致密的链条。

均衡，是段落或句子各部分注重匀齐和平衡，没有过长段落或句子，总体上保持了结构对称、重心平衡。例如：

着力大众创业，开辟"三条路径"。第一条是"舌尖上的乡愁创业路"，把特色美食做成富民产业。××茭白助力××县退出了贫困县序列。第二条是"山居上的乡愁创收路"，建立健全民宿发展激励机制，整合各类要素资源，推动民房变民宿。第三条是"云端上的乡愁创新路"，织牢"电商＋产业＋农户"联结纽带，推动优质农产品搭上电商"数字快车"走向千家万户。

例段不仅"工"，而且"巧"。首先，从结构上看，是总分结构，结构严谨，语句工整；特别是"创业、创收、创新"三个标题，既相互照应，又层层递进，且用"舌尖""山居""云端"作借代，既工整对仗、结体严整，又新颖别致、颇具匠心。其次，例段语言高度概括，如"电商＋产业＋农户""数字快车""推动民房变民宿"等，只是点到做法、成果，并未作具体展开，以一当十，以精炼显精致。同时，文章还抓主要省次要，"××茭白助力××县退出了贫困县序列"，列举典型个案，省略了其他内容，语言十分精要、干练。最后，文章三个层次句子不长，字数也大致相当，总体比较均衡。通观全段，看来比较清爽、美观，有简雅、工巧、新奇之感。

八、求实

一篇公文，虽说要宣讲政策、阐明道理，但从根本使命上看，是要明确目标、指出路径，简言之就是要总结"怎么样"，布置"怎么干"，谋划"怎么抓"。回答这三个"怎么"，必须明确相关细节，具体来说就是时间、地点、人物、起因、经过、结果等"6要素"，否则就是无从落实的"一纸空文"。求实，是公文的显著特征。

公文如何"实"起来？除了上述6要素外，还可以用事项领起、用事实说话、用数据说明、用个案举例、用细节刻画、用场景展示、用实物验示，等等。例如：

坚持以中央环保督察反馈问题整改为核心，重点开展了河道垃圾清理、农村面源污染防治、畜禽养殖污染防治、非煤矿山整治等专项整治工作，××河河道改造、××河截污纳管、××园拦河闸等一批水系治理工程，特别是××河

××桥国控断面水质提标工程开工建设，切实为全区生态环境改善打下了坚实基础。同时，全面推广了"户分类、村收集、镇转运、区处理"垃圾处理模式，制约农村环境改善的这一顽疾得到有效整治，常态化保洁机制基本建立，农村人居环境焕然一新。

例文虽然以概述为主，也没有运用详细的数字说明，但总体看来干货满满，并不虚空，主要原因是行文点到了"人"（省略的主语"该区"），点到了"事"，也点到了"例"，这些细节犹如奠基之石，使文章主题落位、落实、落地。

九、求异

公文作为一门写作学，技巧学习没有止境。但若论众多技巧中一击制胜的"核武器"，非提炼莫属。

公文语言表达水平的最大区别在于：是否运用提炼以及提炼水平的高低。

求异，就是公文写作要力求独树一帜、另辟蹊径。公文写作要通过"求异"展现与众不同的气质，就必须切实提高提炼水平。

提炼，从指向上看可分为语言提炼、精要提炼、本质提炼和思想提炼，主要有"8个一起"。

提炼的过程就是思维抽象的过程，即通过抽象提炼出事物的共性特质；也是以少总多的过程，能够收纳纷繁万象于片言只语间。

语言提炼，主要包括统在一起、串在一起、想在一起、列在一起和"别"在一起。

统在一起，即化异求同、集零为整，把表面看并不相干的内容并在一起，如"三个抓"（强化管理、完善制度、促进协同），把"强化""完善""促进"都改为同一个动词"抓"，以便于"统"。

串在一起，即不必求同，而把相关内容的关键字眼提取出来并连接一处，如围绕"一扣二创三建设"（紧扣1大目标，创建2个文明，建设3项工程）。

想在一起，即思维求同，就是用创造性语言努力统摄涉及的相关素材内容，如有领导在"推进供水设施体检"讲话中用"源、流、事、物、法、路"提神摄髓地概括了以下内容："源"，就是要加强水源地（即出厂水）的管理；"流"，就是要加强水厂"出厂水（即管网水）"的管理，包括水压、水质、水量管理等；"事"就是要加强突发供水安全事件的管理，如水管爆裂、道路挖掘等；"物"，就是要加强对泵站、水箱、管道井等设施的管理；"法"，就是创新管理方法，如智慧水务建设等；"路"，就是精心编制发展规划，谋划未来发展之路。

列在一起，即列举求同，即在总体概括后简要列举类似内容，以点带面、以简驭繁。例如：凝聚向心力，注入热动力，提升软实力。

"别"在一起，即聚向求同，就是以原先相对固定的内容框架为基础，再通过提炼将其他内容像别针一样"别"（附着）在原有的固定框架上，形成"鱼骨图"。例如某单位"创建全国营商环境示范市"工作具体分两步走：一是推进制度化（按要求完善制度），二是落实"方法论"（具体操作标准）。有领导在相关会议讲话中就此提炼出"272"任务措施，第一个"2"即原先的"两步走"；"7"就是对照要求重点在 7 大服务上细化落实：全面服务、及时服务、主动服务、高效服务、惠民服务、应急服务、智慧服务；后一个"2"即实现"硬环境有升级，软环境见水平"两大目标。

精要提炼，即把相关内容的关键要义提取出来，可谓"拎在一起"。例如："重点目标定责，共性目标保质，个性目标求细，创新目标争优，新增目标抓实"，把本单位涉及的各种目标及其特性提取出来，让人一下抓住关键，能起到提纲挈领的作用。

本质提炼，是由表及里地提取出大量表象下的深层本质。提炼，不仅要把看得见的"归"在一起，还要把看不见的分析出来，得出结论性意见，可称为"结在一起"。常见方法有归纳、阐述、挖掘和揭示等。例如：

以污染防治攻坚战为总抓手，通过违法违规项目清零行动、"蓝天保卫战""铁拳"专项行动、"橡胶行业专项执法检查""蓝天""碧水""清废""净土"专项整治行动等，对各行各业环境污染问题进行全方位排查整改，有效保障了县域环境安全，真正护航经济社会发展。

例文中，"蓝天""碧水""清废""净土""铁拳"（前三是形容词作动词，"铁"，是名词作状语）等，都提炼出了专项整治的本质，末句先归纳后挖掘，揭示了各大整治行动的实际效果和根本意义。

思想提炼，是一次脱离具体事务的思想全面升华和飞跃，要从更深广层面上把相关素材统一汇入思想的滚滚洪流，最终熔铸为思想、精神的"结晶体"。因此，思想提炼也可称为"铸在一起"。常见手法有思想结晶、提升和拓展。

①我们按照××要求、结合××实际，出台一系列超常规政策举措，探

索一系列精准管用的"×洲战法"，连续三年开展"春季攻势""夏秋决战""秋后喜算丰收账""冬季充电"等行动，打好"四场硬仗"，探索形成了"八要素""六个坚持""五个体系"等攻坚打法，"三变"改革、"四看法"等成为全国推广的经验。②伟大胜利昭示我们，务求精准是打赢脱贫攻坚战的制胜法宝，改革创新是××脱贫攻坚的鲜明特征。③只要我们坚持一切从实际出发，把××精神与××实际紧密结合起来，用发展的办法和创新的精神研究问题、破解难题，就一定能够为高质量发展提供科学路径和持久动力！

例文高屋建瓴、大气磅礴，多用提炼之法，显得结构紧凑、言简义丰、简括有力。全段共三句话，①主要概述事实，运用了举例子、抓重点等方面，点到即止；"春季攻势""四场硬仗""成为全国推广的经验"等，综合运用了想在一起、统在一起、列在一起等提炼法。②③"跳出扶贫看一般"，由近及远、由此及彼地提炼出普遍经验、精神价值和实践思想，是"铸在一起"；此外，文中的"×洲战法""冬季充电"等，归纳了很多具体的经验、做法，是语言的高度抽象、升华和创造，也是"铸在一起"。

十、求美

求美，是语言表达上的总体要求。一篇公文要成为上乘之作，文秘人员必须坚定这样一个执着的信念，概言之，就是"求美"。公文的语言，朴实是一种美，华丽也是一种美。美的风格不一，但都要美得让人侧目，让人心动，让人难忘。

"求美"，涉及语意、语汇、语音等各个方面，具体说来，有思想美、结构美、语言美、修辞美、逻辑美、想象美、音韵美等。

语言要"求美"，除了上述提到的"9求"以及下文"6象"外，不妨在语音的旋律美上下点功夫，可通过语音和谐、节奏变化、平仄相应、句子复沓等，形成一种或参差错落、或汪洋恣肆、或舒缓柔婉的语感、乐感和美感。例如：

按照做到最好要求，把靶向施治和举一反三结合起来，把解决具体问题与推动建章立制结合起来，把"当下改"与"长久立"结合起来，着力解决深层次问题，实现以巡促改、以巡促建、以巡促治。厅领导班子成员靠前指挥、狠抓落实，各单位倒排时间、挂图作战，对进度和质量达不到要求的盯紧催办、一抓到底，务求取得实实在在的效果，确保经得起检验。坚持把整改融入日常工作、融入深化改革、融入全面从严治党、融入班子队伍建设，推动进一步提升"三服务"工作质量和水平。

例文不以音韵见长，但细析之，却又在漫不经心处自然成韵。如"三个结合""四个融入"的排比，一线串珠，读来气势顺畅，产生了一唱三叹的复沓美；"以巡促改、以巡促建、以巡促治"等短句的使用，节奏明快，语势铿锵；"间""战""办""验"，嘤嘤有韵、乐感盈齿；同时，文章长短句变化使用，张弛有度，收放自如，产生了错落有致的美感。

美是有层次和格调的。大致说来，求美的过程可分为两步：首先，通过大量技巧的学习和实操获得一种"人工的美"。虽然这种美斧凿之痕尚重，但毕竟也体现了文秘人员的匠心。其次，是历经千锤百炼之后唾手可得、信手拈来的美。"出手尽佳句，落纸成高格"，这种美虽为人工，又似天成。唐李白说："清水出芙蓉，天然去雕饰。"真正的美应该是大道至简、返璞归真，一切皆在无意间。巴金说：最高的技巧是无技巧。待各种技巧烂熟于心后，"百炼钢化为绕指柔"，语言的美感会如一股清泉，于不经意间倾泻笔端。例如：

为了更进一步问作风方面的差距、问困难群众的诉求、问为民服务的举措、问加快发展的良策，我到离县城××多公里的××乡××村，吃农家饭、住农家屋、拉农家话，并以该村为标本，对全县农村问题进行解剖。

例文语言平易、流畅，如"四个问"和"三个农家"的表达，如山间清风，自然送爽，没有任何斧凿之痕，有一种超凡脱俗的美。"一语天然万古新，繁华落尽见真淳。"这种语言，当是历经千万次锤炼之后的得心应手。

练就一手高级的语言，除了用好上述 10 大思维，还须注意一些核心技巧的运用。

从特殊性上来说，公文语言的出彩，离不开一些新鲜、高能技法的应用。常见的手法有"6 象"：对象化、具象化、抽象化、意象化、形象化、想象化。象，此指事物的外部形态。可见，公文的政策性再强，思想性再高，也不能脱离具体的"物象"。

一、对象化

从文秘人员角度看，公文写作所指向的客观要素，都是公文的写作对象。日常工作涉及的人、事、物等要素都是客观存在，而一旦被写入公文，就成了文秘人员思考的内容，一步步转化为主观思维的产物，最终成为写作对象。因此，写作思维加工的过程，也是文章所涉及人、事、物要素的对象化过程。

公文写作要有血有肉，下笔必须聚焦对象、精选对象、表现对象、写好对象。例如：

进一步提升市场主体注销便利度，实施"照章联办、照银联办、证照联办、破产联办、税务预检"注销机制，完善企业注销"一网服务"平台，优化简易注销程序，将简易注销登记公示时间压缩至××天，完善市场主体歇业配套政策，推进市场主体歇业"一件事"改革，实行市场监管、税务、人力资源社会保障、医保、公积金等部门办理事项"一窗受理、一网申报、并联审批"。

例文两句话，语言简明，从注销机制和歇业政策两个方面分述为便利企业注销推出的改革。正因为对象明确（市场主体），意图鲜明（退出），因而思路清晰，内容实在，丝丝入扣。

日常写作中，如果对象模糊，有时虽只寥寥数语的事，却会发生主题模糊甚至偏航的严重"事故"。

例如某银行支行给总行汇报年度金融工作，其中一段的标题是"中小企业的突破创新"。就观点上看，对象应该是"中小企业"；从汇报主体看，却是"支行"。该文到底要向总行汇报支行工作，还是代中小企业汇报工作呢？不言而喻，肯定是汇报自身工作。而自身工作跟中小企业又有何干？一推敲，其实不难发现，作为支行，肯定是为中小企业突破创新提供了金融支持。再回头看该标题，对支行工作只字不提，"隐而不发"，造成了汇报对象的"'银'冠'企'戴"，有违支行汇报本意。若在标题前加"支持"或"助推"，即可两者兼顾、表意明确（支持中小企业的突破创新）。失之毫厘，谬以千里。可见，写作对象不明，会影响主题表达。

二、具象化

公文要有指导性和可操作性，离不开对具体物象的说明，也离不开对有关现象的概述。从根本上说，公文的具体物象就是人、物二字。公文写作要务实、落实，就必须通过对"人"言行的记叙、思想的刻画和外"物"的摹写，实现公文内容的具象化，如此公文写作才能有血有肉，避免失之于空。例如：

本位主义、小团体利益至上。少数部门靠条文办事，遇事先说"不"，只讲上级要求，不讲地方实际，更不想创造性地推进地方发展，甚至政府利益部门化、部门利益个人化。对定下来的事情，合意的就执行、不合意的就不执行，致使一些工作有部署、无落实，一些问题久拖不决。还有极个别干部纪律松弛、缺乏原则、自由散漫，不作为、乱作为、胆大妄为，"吃、拿、卡、要""不给好处不办事，给了好处乱办事"。

例文通过列举一些肉眼可见的不良现象，使"本位主义"的思想随物赋形，如在眼前。

三、抽象化

抽象，顾名思义就是从纷繁复杂的大量"物象"中抽取出关键的要义、核心的思想。抽象的思维过程不是一次性完成的，是随着认识的深入不断推进的。抽象的内容、观点要以一般统个别，能够全面概括同类事物的共同本质，否则抽象不"象"，毫无意义。

公文写作离不开抽象，抽象思维是公文写作站得高、看得远、挖得深、讲得透的关键手段。缺少了对事实的抽象，公文就成了一堆繁杂事实的简单叠加，不能形成本质性认知、原理性思想。例如：

①站在全省看×城，站在××看×城，站在×城看周边，区域发展竞争十分激烈，我们面临的发展压力越来越大。②面对这个局面，加快发展自然就成为我们最大的任务、最大的政治、最大的大局。③政治路线确定以后，干部就是决定因素。④把美好蓝图变为现实，关键在干部、关键在干部作风。⑤因此，我们抓作风建设的要求只能更严，抓作风建设的力度只能加大，抓作风建设的标杆只能拉高。⑥否则，既定目标就会落空，转型跨越、争先进位就是一句空话。

例文共六句话，通过层层深入、步步抽取，最终得出作风建设必须要求更严、力度更大、标杆更高的结论性意见。而这个意见，若离开了前文对竞争之"象"的概述、分析和挖掘，缺少了对发展目标、干部作风等方面的层层推论，必如无源之水，难以"破土抽芽"。

四、意象化

意象，本是诗歌中的术语，意即带有诗人个人思想、感情的外物，如"感时花溅泪，恨别鸟惊心"，这里的"花""泪""鸟""心"都是意象。

近年来，意象在公文语言表达中得到了广泛的采用，用以表示理论意义、本质意义、经验意义、特殊意义和共性意义等。有引用通用词汇作意象的，如"有效驯服'灰犀牛'，切实防范'黑天鹅'"（理论意义）。也有文秘人员自创意象的词汇，如"制作'3+1'保障'明白栏'（本质意义）""探索建立'沙盒'监管机制（经验意义），实行'观察期'管理（特殊意义），给予市场主体'容错''试错'的空间（共性意义）"。

公文中的"意象"一般是只言片语的个别词汇，往往以事件、行动、地名、人物等为中心语，通过在其前后嵌入明显带有作者普遍经验或深刻认识的字眼，使其一下获得更为深广的概括作用、典型意义，大大提高了语言的统摄能力，丰富了公文写作的表达手段。例如：

> 总结推广"缙云（注：缙云是浙江衢州的一个县）烧饼模式"，建立"业长制"，设立"爽面办""民宿办"等机构，推进"一办管一业"。做足"缙"字文章，打造农业"有缙道"、工业"缙争力"、文旅"缙情游"、消费"缙情购"四大品牌。推出低收入农户"幸福清单"和数字扶贫"小康码"，实现各项帮扶举措精准"进村入户"。

例文语言十分精巧，突出运用了"缙"作谐音，引出了一系列具有强烈视觉冲击力和思想表现力的词语，如"有缙道""缙争力""缙情游""缙情购"，主题显豁。同时，"缙云烧饼模式""幸福清单""小康码"等词汇，通过嵌入"模式""幸福""小康"等具有丰富意涵的词汇，拉升了表意高度，提升了表达层次，在公文中能够以点带面、以一当十，体现出很强的概括力。这些就是意象化的思维创造。

五、形象化

形象化，是公文语言生动活泼、可见可感的一个重要手段。让看不见的看得见，把抽象的东西形象化，能够让公文从形式到内容都美出天际，如"河海交汇处，又现鸟翩跹"（形象展示了河海交汇、众鸟翩跹的画面）。

形象，可实可虚。形象化的手段主要有人物形象展示、自然场景展示、虚幻场景描摹（如迎接希望的曙光）等。

（1）没有汗水流，哪来谷满仓？脱贫攻坚战的胜利，是干部群众"一个汗珠摔八瓣"干出来的，是奋斗者"不服输、不认命"拼出来的。（思想提炼）和乡亲们一起闯出一条脱贫致富路的"改革女先锋"×××，用实干兑现"水过不去、拿命来铺"誓言的"时代楷模"××，带领××村冲破大山"围困"的"当代女愚公"××，穷则思变创造"××经验"的"牛支书"××，等等，这些在基层工作的干部倾力奉献、苦干实干，在平凡的岗位上干成了极不平凡的事业。（先分后总，列举人物形象）

（2）以国家信息惠民试点项目建设为龙头，积极参与市"四个平台"建设，遨游"云"端，奋力造"云"，全面上"云"，切实用"云"，着力做好××信息化项目的统筹、建设、运行和维护四篇文章，努力为推动××事业的新发展插上一对"智慧"的新翅膀（借"云""翅膀"进行虚拟场景展示）。

六、想象化

想象，是突破写实的限制，充分舒展思维的翅膀，"思接千载，视通万里"，通过打通事物的边界，进一步拓展语言表达的空间。

唐代司空图在《二十四诗品》中说：超以象外，得其环中。意思是艺术家在创作过程中，应驰骋艺术想象，超乎所表现者的物象之外，由实入虚，如门枢一入环中，即可转动如意，以应无穷。公文写作运用想象，既要古今中外上下左右不受拘牵，同时又要在超越作品表面形式的同时把握作品内在核心，换言之，想象不能信马由缰、离题万里。

公文写作展开想象的常见手法有展开联想、运用修辞、实施跨界（包括行业跨界、学科跨界）等。例如：

（1）通过与群众和干部整三天的零距离接触，我深切感到，农村有些情况，就像小马试过的河水，既没有老牛说得那么浅，也没有松鼠说得那么深。（展开联想）

（2）收官之年应对疫情灾情冲击影响，对××州最后剩余的××个贫困县、×××个贫困村开展挂牌督战，组织××个工作专班会同州县力量攻坚冲刺，做好"加试题"，啃下"硬骨头"。（运用比喻的修辞手法）

上述"6象"在实际应用中并不是截然分开的，常常结合在一起使用。如某作者围绕"中国梦"的主题征文，拟定了以下标题：诗意栖居，照亮中国梦的民生图景。该标题之所以出彩，后来高中一等奖，其构思奥秘即在于"6象"使语言变得更高级。其中，"中国梦"主题很大，文章把切口变小变实，以"民生"具象化；民生包括很多方面，如学有所教、劳有所得等，作者选择"住有所居"，这是对象化；如果仅说"住有所居"略显普通，作者特以德国哲学家海德格尔的哲学命题"诗意栖居"拔高，既是写实，也是写虚，且"诗意"寄托了作者的理想，由此使"居"意象化，同时也是对民生工作应该秉持什么理念的一种思想"抽象"；再者，"图景"用了比喻，"照亮"让看不见的看得见，既有想象，也是形象化。

综上，"10求6象"确实是使语言平中见奇、发生质变的"高端制造工坊"。

第五章　千重山门次第开

——开笔如开闸的"分层剥笋术"

下笔如何才能不卡顿？思路怎样才能像飞驰的列车一样，始终沿着设定的轨道行驶？

有且只有一个答案：层次感。这是公文写得出的一个十分重要的技巧。

层次，是贯通公文写作全过程的核心枢纽。一篇层次清晰的公文，既反映了文秘人员思维的清晰，也体现出笔法的干练和语言的精熟。层次清晰，结构皆所由立，内容皆所由起，技法皆所由用，逻辑皆所由成，语言皆所由生。

层次，事关公文写作的全部。

第一节　"照着写"和"顺着写"

——缘于本义的分层

世界万物，人间万事，都有其结构，而结构的细分就是一个一个的层次。层次，包括"层"和"次"，"层"就是可以分出层级、层面、层别的事物、内容，"次"就是"层"排列的次序、顺序。每个层次既相互联系又各自独立，既相对静止又不断变化。事物的不同层级之间倘是平行关系，就是相对静止的事物"构成"；若是有先后次序的递进关系，就是运动变化的事物"过程"。构成和过程，一纵一横，成为公文写作取材的主要源泉。

从事艺术创作，无论绘画、写作或是其他表现形式，一旦我们分清事物的层次，并逐个对应进行有序的表述或表现，下笔就不会艰涩，思维就能像开闸之水一样沿着河道飞溅奔涌。层次一经明确，就为表现什么（内容）和怎么表现（方法）提供了原初摹本。

毋庸置疑，公文也有层次。任何一篇高质量公文，都有着令人一目了然的结构层次，体现了文秘人员写作时思路的严密性和表达的条理性；反过来说，公文清晰的层次离不开文秘人员当初清晰的思路，盖因文秘人员对事物的层次想得清楚，按着层次写，下笔才写得清楚。层次就像前文所说的列车轨道，规定着公文写作的内容和顺序。写公文要知道写什么和怎么写，首先必须厘清层次。

不难发现，从提笔构思到公文写就，需要理清三个层次：一是事物（即写作对象）层次，要重点考虑从什么角度来划分层次和事物主要包括几个层次。二是思维层次，通过梳理、思维抽象等，重点思考先前梳理的事物层次从哪个角度切入，哪些写哪些不写，什么先写什么后写，等等。经过思维分析得到的层次，可以是偏向具体的"事物层次"，也可以是经过抽象的"思想层次""理论层次""意义层次"。三是公文的层次，将文秘人员思维的"层次"倾泻于笔端，并进一步"分流"为公文的层次，两者的转化体现了写作是主客观的统一。

实践证明，在公文写作中确立层次思维，将从特定角度分析出的事物层次逐个诉诸笔端，写作就能清晰、有序、顺畅。分析层次的角度越多，写作的灵活性和自由度就越大；层次分析得越清晰，写作过程中就越能体会到"按'层'照搬"的轻松感和"依'次'写作"的酣畅感。"层"一清，有助于我们理清事物的不同构成，找准写作之源，有几个层次写几个层次，依葫芦画瓢般地逐一"照着写"，一举轻松搞定"写什么"，原先一重重紧闭深锁的阻隔思维之门将就此开启；"次"一明，通过捋一捋、顺一顺先前分析出的层次，我们进一步厘清了写作的逻辑和顺序，即可从先到后"顺着写"，而"怎么写"也就此迎刃而解。

例如"请示"的写作，多按公文式写法，格式相对固定，几乎都是包含请示缘由、请示事项两个层次，只需照着写、顺着写即可。遇有复杂情况的请示，则需进一步细分上述内容的层次。请示"请""示"，先是"向上请"，再是"待下示"。但为什么要"上请"？既要讲理由（晓之以"理"，理由），有时还要向上级交代、说明相关情况（述之以"情"，情况）。因此，就有了情况、理由、上请、待示等四个层次，"照着写"即可。那么，四个层次的"次"序该如何安排呢？需要我们再捋一捋、顺一顺，合乎逻辑的安排是"情况+理由+上请+待示"，按照这一先后次序"顺着写"，最终构成了本篇请示的主要内容。

由此看来，分析层次，实在是写得出的首要问题。

按着层次写，就能让写作像抽丝剥茧一样信手拈来，即有源源不断的语言从我们思维机器的喷口处"吐"出来。这正是开笔如开闸的分层剥笋术。

第二节　层次感，情节和韵味的节拍器

——缘于构思的分层

　　层次，就像层层叠叠的梯田，构成了公文的大面积风景。古人云，文似看山不喜平。一个个层次如皱褶一般存在，让公文饱含丰富"情节"，尽拥无限"风光"，展现无穷韵味。如果一篇公文就是一首乐曲，那么，层次就是公文的节拍器，轻重有别、疾徐有致、张弛有度地推动着内容的发展，不断彰显和深化着文章的主题。

　　无层次不公文。公文因严谨有序的若干层次而变得更有情节、有波澜，更加清爽、立体，更具起伏感、纵深感和节奏感。一篇有情节交织的公文才是有内容的，一篇内容波澜起伏的公文才是有韵味的。

　　这里的所谓"情节"，不妨拆为"情"和"节"理解。"情"即情况，"节"即节点，两者合起来，就是相关节点上的情况，一个一个的"节"（层面）以及"节"上的细节，形成了文章的一个个"波澜"，构成了丰富、饱满的主要内容。由此看，构思时梳理内容层次要把握两个方面：一是聚焦工作"截取"典型突出的几个"节"；二是对"节"上的相关情况，紧扣主题进行或详或略、或表或里的摹写、说明。

　　截取有亮点的"节"、撷取"节"上的细节，一般可从两个维度、两个方向展开。

　　一是从"实"出发，就事论事。这是着眼事物表象，有重点地"照实写"。以"××银行××××年工作报告（总结部分）"为例。纵向看，总体可选取"制定目标，吹响了融合发展冲锋号；分兵多路，打响了助力发展攻坚战；如期收官，唱响了跨越发展胜利曲"三个"节"。横向看，如从年度主要工作看，可选取三大工作作为"节"：金融业务稳步拓展，"新品"开发取实绩；金融服务不断深入，"精品"战略见实效；金融政务持续加强，"品级"管理出实招（业务、服务、政务，是从"类型化"出发，比较概括，还可以更具体些，从重点的具体工作入手）。"节"外可生"枝"，"枝"上再长"叶"，"节""枝""叶"，就组成了公文的脉络和内容。

　　二是从"虚"出发，虚实结合。有时候，公文写作不能满足于就事论事，还需深入一层，通过思维加工、提炼，抽象出事物的关键本质，进而一层层地说明。这里的"层次"，已不是事物表象的"节"，而是直达本质的思维的"节"。

仍以"××银行××××年工作总结"为例。纵向看，可抽象出"思想更统一，凝聚支持发展的金融力量；措施更灵活，打造促进发展的金融样本；效果更明显，贡献护航发展的金融方案"这几个节点。横向看，如以"人"为维度构思："引体向上"树立大局观，努力成为新时代高质量发展的践行者；"躬身向前"树立实践观，努力成为新农村高质量发展的推动者；"眼光向远"树立战略观，努力成为新征程高质量发展的发起者。

无论是从"实"还是从"虚"出发，都首先要看清事物的层次，看明所写对象关键的"节""枝""叶"。倘能如此，写作就可像抽丝剥茧一样，只需气定神闲地一层层抽出、剥开即可。

写公文时对层次的梳理过程，可从先到后分为三个阶段。

首先是对象层次，即写作指向的对象。例如要写《关于进一步构建高质量充电基础设施体系的指导意见》（下称"本例"），写作对象即是"充电基础设施体系"，鉴于是"基础设施"，对照前文"12要素"，着眼从"空"（空间布局）字维度构思更贴切。按事理逻辑，从"面"上覆盖看，这个"体系"应包括城市覆盖、城际覆盖、乡村覆盖等；从关键"点"位覆盖看，可突出居住区覆盖、公共区覆盖等。上述"面"和"点"，就形成了对象的"原初层次"。

其次是思维层次，即经思维抽象后形成的层次，也是文章最终的内容层次。对照上文标题，还必须围绕"构建""高质量""指导意见"等关键词做进一步的深入思考和加工，如此构思才全面、周密。其中，"构建"说明的是一个"过程"，除了上文从"面""点"上对事物空间构成作出的"静态"解析，还应该有"人"为了保障"高质量"而实施的"动态"行为，包括运营管理、科技发展引领等。经此分析，还应增加相应内容：提升运营服务水平、加强科技创新引领、加大支持保障力度等，前者如社会化运用、制定统一标准、建设信息平台、加强行业管理等，中者如智能充电、智能电网以及打造车、桩、网智能融合平台等，后者如落实责任（有人做）、政策支持（有章做）、要素保障（有物做）、协同推进（有力做）等。此外，"指导意见"的特定文种，除了上文提及的具体怎么做，一般还要求增加"总体要求"，包括指导思想、基本原则、发展目标等。

综上，大致可获得本文的主要"内容层次"：网络布局、重点区域、运营管理、科技引领、强化保障、总体要求等。

最后是语言层次，即用语言把思维层次中形成的内容表达出来，也即"表意层次"。表意，由浅入深地可分为三种方式：一是具体化，是什么就怎么说，如推进充电设施的覆盖。二是概括化，即以少总多，如上文的城市、乡村的充电设

147

施覆盖可归纳为：推进充电设施"五个覆盖"或推进充电设施城乡覆盖。三是抽象化，不同于具体化、概括化，抽象化是透过事情、事物的表象，通过提取本质来说事，一般都带有概念化的痕迹（对关键概念进行解构、解析），打着鲜明的思想烙印。如："构建便捷的充电设施网络""构建便民的充电设施网络""构建便利的充电设施网络"等，这种表意方式比较抽象、隐晦，要视情使用，在具体性要求高的公文中不太适合。

通过前文分析，本例内容"层"已十分清晰，"写什么"已经明确，接下来就要考虑"次"怎么安排，文章应该"怎么写"。

一方面，我们可结合指导意见写作的文理逻辑以及前文分析的"充电设施体系"的事理逻辑，按从虚到实、从面到点、从静到动、从近到远、从主到次的顺序，梳理层次如下：一、总体要求（虚）。二、网络布局（"面"）。三、重点区域（"点"）。四、运营管理（动态：针对当前）。五、科技引领（动态：立足长远）。六、强化保障（动态）。其中，"一"说明"干"的总体思想和方法，是"认识论""方法论"，"二—六"具体说明"怎么干"，是"实践论"。

另一方面，本例标题的"构建""高质量发展"都体现了动态变化的发展逻辑，在语言上还必须作如下完善和润饰：

一、总体要求

（一）指导思想。

（二）基本原则。

　　　科学布局。

　　　适度超前。

　　　创新融合。

　　　安全便捷。

（三）发展目标。

二、优化完善网络布局

（一）建设便捷高效的城际充电网络。

（二）建设互联互通的城市群都市圈充电网络。

（三）建设结构完善的城市充电网络。

（四）建设有效覆盖的农村地区充电网络。

三、加快重点区域建设

（一）积极推进居住区充电基础设施建设。

（二）大力推动公共区充电基础设施建设。

四、提升运营服务水平

（一）推动社会化建设运营。

（二）制定实施统一标准。

（三）构建信息网平台。

（四）加强行业规范管理。

五、加强科技创新引领

（一）提升车网双向互动能力。

（二）鼓励新技术创新应用。

六、加大支持保障力度

（一）压实主体责任。

（二）完善支持政策。

（三）强化要素保障。

（四）加强协同推进。

上述框架在加入了"优化""加快""提升""加强""加大"等词语后，鲜明地体现了"构建"的意思和本例"高质量"发展的主题，形式和内容有机统一。

上述框架六大部分，如果从内容角度看，可归为四类：思想要求（"一"）、静态布局（"二""三"）、动态发展（"四""五"）和物质保障；从"12要素"构成角度看，总体是"意""空""事""物"等；从思维角度看，包括"为什么（'一'）""怎么办（'二—六'）"两个方面；从写作套路（经验写法）角度看，主要是"想到（'一'）+做到（'二—五'）+（保障）达到（措施，'六'）"。无论从什么角度看都思路清晰，重点突出，层次分明，体现了严密的逻辑性。我们甚至可以说：层次感≈逻辑性。

层次，也是文章立体感的来源。上例六大部分，也即"六个层级"，每个层级都精心选取了几个各不相同而又具体细化的"点"，如"二"选择了四个"点"，从不同角度共同构成了"布局"这个"面"。我们常说一篇、一段或一句话分成了几个层次写，换言之就是写了几个层面。显而易见，层面是"面"的概念，面上有"点"，连点成"线"，扩点成"块"，就使文章变得丰满实在，体现出丰富多变的立体感。可见，有了层、点、线、块等的区分，不仅对事物分析全面、透彻、深入、具体，我们"照着写"也会纲举目张、重点突出、逻辑严谨。

综上所述，公文的层次总体有六大特征：一是异义。即不同意义群落的组

149

合，如上文的"二""三"。二是独立。即每个层次各有存在价值，不能归并到其他层次去。三是分明。甲是甲，乙是乙，不能混为一谈，如经验（正面）和教训（反面）就有鲜明的区分度。四是多级。即至少有两个以上不同的意义单位，层层叠叠、波澜起伏，文章内容才丰富，才能体现层次错落的立体感。五是秩序。内容的先后安排，可以看出明显的写作顺序。六是转换。即角度在不断变化、情节在向前发展，不是一成不变的，由此形成或数峰并峙、相映成趣、各领风骚的饱满感和均衡美，或环环相扣、步步紧逼、层层推进的纵深感和曲线美。

层次，也是打开和拓展写作思路的利器，调节着思维变化的内在节奏。任何一个写作对象，我们可以从多个角度构思并梳理层次。这里以《××市交通局××××年宣传工作汇报》为例（下称"本例"），从"构思法"出发梳理层次，主要有 20 个写作角度：

一、规范层次

这是公文式写法，即从所用文种的基本规范角度构思。如本例作为工作汇报，一般包括基本情况、主要做法、存在问题、下步打算等。

二、经典层次

即按一般的写法梳理层次，如"想到＋做到＋达到"。本例按经典层次可梳理为：思想上重视，汇聚交通宣传工作合力；做法上创新，突出交通宣传工作重点；机制上优化，强化交通宣传工作保障。

三、方案层次

就是像编制方案一样，尽可能全面地包含完成工作所必须具备的各种要素。如本例：围绕中心，明确交通宣传目标计划；分头实施，落实交通宣传工作职责；切实行动，拓展交通宣传工作渠道；突出重点，加大交通典型宣传力度；强化考核，确保取得交通宣传实效。

四、全程层次

即着眼于事物发展全过程的各个阶段、环节，梳理层次，按序构思。如本例：围绕中心，编制年度宣传"规划图"；强化落实，张挂宣传助势"作战图"；拾遗补阙，晾晒宣传特色"效果图"。

五、要素层次

围绕"12 要素"，可以从单要素或多要素角度构思。按多要素梳理综合性较强，多用发散思维，好似散点透视、多点开花。本例如：围绕中心抓宣传（"意"），关注亮点抓宣传（"事"），拓展渠道抓宣传（"法"），上下协同抓宣传（"空"：范围），组建队伍抓宣传（"人"），全年不懈抓宣传（"时"）。

六、特点层次

即着眼于宣传工作各部分、各环节的特点来梳理层次。本例如：紧盯重大任务，彰显宣传工作的导向性；健全宣传机制，注重宣传手段的灵活性；营造浓厚氛围，体现宣传工作的凝聚性。

七、类型层次

在梳理写作对象层次时，要确立"类型化"思维，即从不同角度对事物进行分类。宣传工作，从重要程度看，可分为重大宣传和一般性宣传；从宣传指向看，可分为面向社会、面向基层、面向业主的宣传等；从宣传手段看，可分为媒体宣传、自媒体宣传和墙绘宣传等。本例如：落实要求，完成规定宣传；服务大局，做好日常宣传；面向实践，强化典型宣传；突出重点，强化项目宣传。

八、性质层次

即围绕宣传的内容性质梳理层次。本例如：时时用心，强化对交通"大事"的宣传；处处留心，突出对交通"难事"的宣传；人人参与，做好对身边"小事"的宣传。

九、具象层次

具象，就是构思时要聚焦具体人、具体事，并对应梳理层次。本例如：做好主题教育活动宣传，展现丰硕成果；做好民生实事工程宣传，展示改造成绩；做好交通系统典型宣传，展露发展成效。

十、重点层次

即紧扣工作重点梳理层次。本例如：挖掘先进性，注重典型人物宣传；发掘经验性，强化典型事迹宣传；采掘独特性，抓好典型问题宣传；开掘引领性，突出典型成果宣传。

十一、构成层次

构成，可以从不同角度进行解析。如交通工作，可以从职责、地域、方式等多个角度分析其结构；宣传工作，可以从方式、主体、对象、范围、过程等多个角度进行结构分析。本例或从交通工作构成、或从宣传工作构成、或从两者结合的角度梳理层次。如从交通地域构成看，可梳理层次为：城市交通迭代升级，宣传强度不断加大；城际交通拓展延伸，宣传精度不断聚焦；乡村交通持续发展，宣传力度不断强化。从宣传的主体构成梳理层次，可分为：发挥媒体宣传"主力军"作用，进一步扩大了影响；认清自我宣传"常备军"地位，进一步提高了水平；借助协同宣传"同盟军"力量，进一步整合了优势；挖掘末段宣传"预备军"潜能，进一步彰显了成效。

十二、主题层次

即围绕不同领域、内容的思想、理念、宗旨、意图等来梳理层次。本例如：坚持发展优先，宣传紧跟大动脉建设；坚持民生优先，宣传紧贴大通道建设；坚持创新优先，宣传紧随大走廊建设。

十三、方法层次

方法，既可以是具体的措施、方式、途径等，如"加大宣传投入（措施）""不定期开展培训（方式）""用好自媒体，小、快、灵地进行宣传（途径）"，也可以是比较原则性的方法论、总原则等，如"将集中宣传与分散宣传相结合，将整体宣传与局部宣传相结合，将内部宣传与外部宣传相结合"，等等。

十四、效果层次

坚持回溯思维，从事情实现的效果、达到的目的来梳理层次。本例如：坚持"一枝独秀式宣传"，产生了"品牌效应"；坚持"狂轰滥炸式宣传"，产生了"叠加效应"；坚持"天女散花式宣传"，产生了"流水效应"；坚持"四面出击式宣传"，产生了"雪球效应"。

十五、抽象层次

按抽象思维梳理层次，要求不能止于事物、事情的表象（即从语言表述看不出对象、事物的具体迹象），而要深入内部，力求在思维加工的基础上，从本体性、本质性、本源性等方面对事物、事理、事情等作逻辑分析。本例如：坚持系统思维，强化综合交通宣传；坚持前瞻思维，强化绿色交通宣传；坚持问题思维，强化平安交通宣传；坚持民本思维，强化和谐交通宣传；坚持战略思维，强化文明交通思维。从各个层次的语言表达看，抽象层次构思法往往意蕴丰富、概括力强，表意空间比较广阔。

十六、联系层次

但凡构思过程，联系思维都在起作用。将上下、左右、内外、表里、正反、主次、先后等多方面因素联系起来，梳理出写作对象的原初层次，有助于体现思维的系统性、立体性、严密性。本例如：紧盯"规定动作"，做好对重大工程的宣传（上下）；围绕"自选动作"，强化对重要典型的宣传（先后）；围绕"创新动作"，强化对重点突破的宣传（新旧）；做好"连贯动作"，突出对重头规划的宣传（近远）。

十七、辩证层次

任何事物都有两面性，对事物作"两面观"，这是构思时梳理层次的常用方法。本例如：全面宣传重协同，局部宣传抓亮点；重大宣传抓规范，日常宣传显效率；成绩宣传占主导，问题宣传求促进。

十八、发展层次

即致力于从事情的发展、进步上梳理层次。本例如：注重宣传质量，实现从做精向做优的升华；精选宣传内容，实现从单线向多点的拓展；丰富宣传手段，实现从常规向创新的飞跃。

十九、叠加层次

将影响事物变化、事情进展的多个因素累加在一起梳理出文章的层次，往往体现出相互连贯性、层层递进性。由于公文执行力的要求，"措施"在叠加层次构思法中出现频次最高。常见的有二元叠加法，如：条件＋结果、思路＋目的、措施＋结果、方式＋措施、对象＋感受等；还有三元叠加法，如：问题＋措施＋目的、理念＋方式＋措施、缘由＋行动＋宗旨等。以上述的一种或多种叠加式为"模板"，对应填充进从纷繁的写作对象（本例为"宣传"）中提取的要素。本例如：以项目为重点，重大宣传突出一个"实"字（对象＋效果）；以引导为目的，民生宣传注重一个"广"字（功能＋效果）；以媒体为平台，社会宣传彰显一个"专"字（方式＋效果）；以机制为保障，日常宣传体现一个"稳"字（条件＋效果）。

二十、语言层次

先有立意、素材，再通过组织语言梳理层次，这是正向思维；运用语言在构思中的引导作用梳理事物层次，这是逆向思维。无论是正向还是逆向，语言在运用思维梳理层次的过程中都起着举足轻重的作用。常用的语言手段有：一是修辞法。即先想到几个修辞语句，以此为基础模式，填充进写作对象的相关要素或环节。常用的有比喻、排比、引用（引用诗句比较多见）、拈连、对比、象征、拟人等，如"加速器""推进器""传感器"（比喻）。二是语音法。即运用能为表达增色的语音技法，常见的有谐音、叠音、同音等，由此确定相关关键词并以此为模板填充内容，如强化宣传效果，要在"渲"字上下功夫（"渲"音同"宣"）。三是语汇法。这种构思应用十分广泛。常见的有：（1）换字法，如整"妆"待发、"码"到成功，等等。（2）拆词法，即把相关词汇拆开，分别串起不同层次，如领到"正"路上、领到"大"路上、领到"光"路上、领到"明"路上（即是对"正大光明"的拆解）。（3）嵌字法，即在构思中紧扣别处的关键词语，引出并嵌入到梳理出的相关层次中，如立足"实际"抓宣传，突出"实用"强宣传，注重"实效"促宣传（用引号嵌入上级文件的三个词）。嵌入的内容很丰富，可以是表示疑问（如"怎么样""怎么办""怎么看"）、特点、对象、目的等意义的词汇，既可以是书面语，也可以是口语（如"想多了""看淡了""太远

153

了"）。（4）析字法，即用引号把能凸显主题、彰显特色的词语凸出来，如宣传务求"精"、讲究"专"。（5）解字法，一般是围绕写作内容涉及的关键词汇，通过作出独到解析巧妙引出相关层次，如围绕"交通宣传"分别解字：所谓"交"，就是四通八达，因此要加强对交通网络的宣传；所谓"通"，就是开通、连通，因此要加强对新建项目、乡村交通的宣传；所谓"宣"，就是宣扬，因此要追求宣传手段的多样性和覆盖的广泛性；所谓"传"，就是传递、传播，因此要突出宣传的目的性和实效性。（6）拈字法，即"拈"出写作内容中涉及对象的某个关键词语，并以此为纽带梳理层次，如"智慧城市"项目汇报，可拈出"智""数"等词，以此为线索梳理层次。

运用语汇法梳理层次，一般运用一些高频词汇进行各个层次间的语意串联或内容列举。常见的方式有：（1）递进词汇，如推动、推开、推广，做好、做优、做强，牵动、互动、齐动等，先后间有递进关系；（2）平行词汇，即各词汇间是指向同等对象或表达同类意义的并列关系，如向心力、执行力、凝聚力，切实、务实、踏实等；（3）对照词汇，"强化"与"弱化"、"接长"与"补短"等；（4）统一词汇，即用同一个词汇串联到底，如抓思想建设、抓组织建设、抓队伍建设等；（5）创造词汇，即以某一事物或事件暗含的构成、变化机理为喻指，代指普遍性原理、规律，产生以点带面、由表及里的表达效果，往往采取"具象+抽象"词汇的方式，如雪球效应、飞地经济、洗碗效应等，此类词汇往往能拉升思想高度，给人耳目一新的感觉；（6）概括词汇，即运用一些概括性词汇，从"类型化"角度梳理层次，如专题宣传、日常宣传等；（7）提炼词汇，即提取思想、事物的内在本质、共有要义或内容精华梳理层次，如注重影响"力"宣传，扩大美誉"度"宣传，突出综合"体"宣传，强化获得"感"宣传，句中引号析出的字都浓缩了丰富内容，如"度"，可细分为精度、深度、浓度等。

此外，运用固定句式引导思维梳理层次的方法也比较常见，运用单句如"以……为……，大力……""在……上下功夫，切实……"，运用复句"只要……就……""无论……都……""如果……就……""既……又……"等。

第三节　层次，治愈写不出的"梗塞通"

——缘于内容的分层

动笔之初，有些文秘人员之所以会深陷写不出的困境，多因一时想不出写什么和怎么写。倘有办法解决这两个问题，写不出难题将不攻自破。

　　本书提到公文写作按重要性排序，必须有的放矢地强化"三个研究"：研究人、研究事、研究文。其中，研究人涉及"为谁写"的方向问题，是前提；而研究事和研究文才是具体的写作问题。前者要解决"写什么"的问题，后者要解决"怎么写"的问题。写什么和怎么写，这是研究文的最主要内容，是否有能一并解决写什么和怎么写的核心技法呢？当然有。如前文所说，就是"层次"。

　　研究事，就是厘清事物、梳理和选择写作素材的过程，概言之就是"理事"；而"理事"说白了就是理层次。这里的"理层次"，理出的"层"是事物的层次、构成，最终会成为文章的内容；理出的"次"是事物的脉络、关系，最终会成为写作的顺序。有了内容和顺序，写什么和怎么写的难题得以破解。

　　由此可见，理出的"层次"，确是彻底治愈写不出这一"阿喀琉斯之踵"的灵药。

　　文秘人员经过构思，最终获得了关于写作的"层"和"次"，就不用再愁"无米下锅"，素材将如潮水骤至，势不可挡；也无需担忧"技法之困"，顺序和逻辑将与事物之"层"如影随形，顺理成章。层次一旦理清、捋顺，就等于打开了公文素材的万花筒，拧开了思维之泉的水龙头。

　　甚至可以说，层次一清，一清百清。

　　那么，公文的层次包含哪些方面呢？从什么角度来梳理公文写作的层次呢？

　　要解决上述两个核心问题，必须确立类型化思维。简单地说，层次看似简单却复杂，梳理方法和角度不一，导致理出的层次有别，由此写成的文章也面目各异。这就要求文秘人员在分析和梳理层次时选择合适角度，进行合理分类，并从中选取最适合的一类进行写作。

　　一篇公文，最先进行也最重要的一道关就是梳理层次。梳理层次尽管是复杂的思维活动，但如果坚持"类型化"思维梳理内容层次，就能化难为易、举重若轻。

　　按一定的逻辑分类梳理写作对象（人、事、物），如"事"按性质分为大事、小事、急事、难事（也可对应采用通用分类，如"事"有急、难、愁、盼），按时间分过去、现在、将来的事，等等。常见的分类标准有性质、功能、时间、空间、职能、属种、意义等。

　　运用"类型化"思维梳理写作对象层次，可分为四部曲：一是分类梳理，先区分出写作指向的几个层面；二是对应梳理出的层面，代入具体内容；三是进一步抽丝剥笋，抽出"下一级"的一根根"细丝"和一片片"笋衣"，这是内容的进一步细化；四是列举具体人、具体事"照着写"。如办公室工作，若按职责可分为服务、保障、管理、协调、宣传等五大层面，这是第一步。第二步，代入，如"服务"，可代入为领导、为同事、为群众等"三为"服务，形成一条条贯通的"线"。第三步，可对"三为"进行抽丝式的分析，形成一个个"点"，如"为领导服务"可抽出当好参谋、做好助手等。第四步，围绕"参谋""助手"等列举事例"顺着写"，组"点"成"块"，使文章纵横贯通、有血有肉。可见，梳理层次写作法的步骤是：分"层"—拉"线"—抓"点"—聚"块"。

大致说来，日常公文写作从内容层次角度看，包括13大类型，即性质和特点、功能和价值、措施和方法、目标和过程、事件和结果、对象和使命、目的（主题）和要求（措施）、类别和属项、一般和个别、整体和部分、联系和发展、具体和抽象、文理和写法。其中，前者是隐含主题、写作角度，后者是层次所属类型，是文章内容。例如写作对象是"人"，若按"性质和特点"梳理：性质是"好人"（隐含主题），"好"在哪里？经梳理，特点可以是（作为内容层次）：品德好，修养好，工作好，待人好，等等，由此形成全文的大致内容。

下面以党建工作总结为例，对上述13大内容类型进行说明。其中，每一类型的两个词语，既可以联用思考，也可以分开构思。

两者联用梳理层次，往往高低相配、虚实结合。以"性质和特点"为例：围绕"走深走实走心"，思想建设树旗帜；围绕"做精做优做强"，业务工作立标杆；围绕"比学比能比德"，队伍建设展风采（即"性质＋特点"，联用）。

两者分开梳理的情况，可以前一个词语作隐含主题（理念、思路）、作分类角度，后一个作为层次类型，在梳理出层次后作为文章的内容结构。

1.性质和特点。性质：管方向；特点：思想工作做得细，业务工作贴得紧，基层工作抓得实，组织工作走得稳。

2.功能和价值。功能：引导、凝聚功能。价值：增强了向心力，提升了凝聚力，促进了执行力，展现了战斗力，显示了竞争力。

3.措施和方法。措施：争先创优。方法：以主题教育为抓手，推进学习型机关建设；以提质增效为目标，开展实干型机关建设；以联乡结村为载体，开展服务型机关建设；以正风肃纪为手段，开展廉洁型机关建设。

4.目标和过程。目标：创争先进单位。过程：统筹全年，唱响党建目标大推进"春之序曲"（明责）；围绕中心，奏响党建措施大结合"夏之交响"（业务）；彰显特色，弹响党建优势大发扬"秋之华章"（群众）；苦练内功，敲响党建制度大落实"冬之新韵"。

5. 事件和结果（主客观结果：情感、感受、评价、影响）。事件：绩效提升年活动。结果：引领中心树旗帜，推动效能创争"步步高"（全年）；聚焦项目惠民生，以虚促实完成"栋栋清"；紧盯基层促发展，纾难解困成为"帮帮团"；完善制度强基础，创先争优实现"年年强"。

6. 对象和使命。对象：人、事、物，既可以一起出现，也可以单个出现。使命：坚持抓班子、带队伍（领导），发挥战斗堡垒作用；坚持抓骨干、创佳绩，践行为民惠民宗旨；坚持抓青年、提素质，锤炼实干担当本色；坚持抓全员、强制度，扎紧作风建设藩篱。

7. 目的（主题）和要求（措施）。目的：党建延伸。要求："一个党员一颗星"，党员要凸显先进性；"一个标准一条线"，党务要展现规范性；"一套动作一股劲"，党建要彰显导向性；"一个组织一面旗"，党组织要体现凝聚性。

8. 类别和属项。类别：基层党建（按层级）。属项：坚持"目标一起盯"，推动思想建设向基层覆盖；坚持"任务一起抓"，推动工作重心向基层移动；坚持"难题一起破"，推动资源要素向基层倾斜；坚持"队伍一起建"，推动党建触角向基层延伸。

9. 一般和个别。一般：效能明显提升。个别：思想建设"阳光"普照，争先创优大推进；攻坚破难"强光"直照，市容村貌大变样；进村入户"微光"细照，满意创建大提升；查漏补缺"回光"返照（制度），强基固本大落实。

10. 整体和部分。整体：机关党建。部分：以班子党建为纽带，在引领全体中干在先走在前；以群众党建为阵地，在创先争优中干在先走在前；以基层党建为抓手，在服务惠民中干在先走在前；以党建拓展为抓手，在协同治理中干在先走在前。

11. 联系和发展。联系：上下左右的联系。发展：围绕中心，推动党建目标沉到底落到位（上）；紧盯圆心，实现机关党建跟得紧贴得牢（中）；聚焦民心，践行服务宗旨不打折出实招（外）；汇聚人心，强化群团建设塑典型创标杆。

12. 具体和抽象。具体：惠民项目。抽象（民主制）：一套问卷察民情，坚持"改不改"让百姓提；一组方案问民需，坚持"改什么"让百姓选；一项机制集民智，坚持"怎么改"让百姓定；一张表单探民意，坚持"绩如何"让百姓评。

13. 文理和写法。文理：党建总结的内容逻辑"成绩—问题—思路"。写法：践行"为民"初心，党建工作再创新佳绩（起）；践行"奋斗"初心，党建引领再获新经验（承）；践行"担当"初心，党建深化直面新挑战（转）；践行"创优"初心，党建发展勇攀新高峰（合）。

选择角度、区分类型，是梳理层次的两大关键，角度越活，类型越多，层次内容就越广。其中，角度定义了类型的"身份"，类型规定了层次的具体内容。因此，在不同情况下，要写出不同的内容，就要从不同的角度入手，区分不同的类型。

例如"××市公义培训班致辞"，按"文理和写法"看，有两种写法，一种是公文式写法，一种是文章式写法。若按公文式写法，格式相对固定。如果是培训机构某领导致辞，可抓住"祝贺、欢迎、感谢，肯定、希望、相信，预祝、祝愿、谢谢"等表示感情"类型"的关键词，即可梳理出本篇文章的内容层次。若按文章式写法，以委培单位领导致辞为角度，可按"目的和要求"梳理层次，目的是"实用、实效"，要求是提高写作能力。如某文在先作一番客套之后，抽象提炼了"5个带"的内容层次：带着要求培训，带着目的培训，带着思考培训，带着态度培训，带着问题培训。

再如"献词"。若按公文式写法（献词写作的一般格式），一般是"追昔、抚今、望远"三个层次；如按文章式写法，可结合"主题和措施"类型，通过紧扣"献"作"献给谁"的逻辑梳理，获得四个主要层次：献给岁月的歌，献给事业的歌（过去），献给同志的歌，献给奋斗的歌（未来）。

综上，选好角度、确定类型、梳理层次这"三部曲"，是让理"事"有板有眼、构思有章可循、写作按部就班的轻巧武器、制胜法宝。

第四节　层次意识，催生秩序井然的"文田美感"

——缘于逻辑的分层

文章虽非田，须得田之韵。田野，一水护田、两山排闼、纵横见方、层层叠叠、铺展如画，令人目不暇接，美不胜收。

所谓"文田美感"，就是说，写出的文章应该像一马平川的田野那样，横成行、竖成列，单如格、众如网，隔有线、连有脉，近见块、远见面，内横干、外生枝，总体看来给人疏密相间、层次错落、秩序井然的"清朗"美感。

这种美感，一切皆因层次而起。田野的层次、层级根源于"人"的规划、布置，而文章的层次也是如此，虽外显于语言，却缘起于思维。思维的严密性，汇成表达的逻辑性（规律），以之驱遣语言，则文章各块内容主线分明、一贯而下、先后有序，各自独立而又紧密相连，这就有了"层次"个个不同、层递而下的外观。

有了层次思维的助力，写出的文章自然主题分明、纲举目张、血脉联通。

不论文学、公文，还是论文，层次思维都是驱动文章"波澜"起伏、"汹涌"向前的思维内力，古今皆然，天下同理。

不妨先从名家经典之作中汲取"层次智慧"。

晋代诗人陶渊明在他的扛鼎之作《桃花源记》中写道："阡陌交通，鸡犬相闻。其中往来种作，男女衣着，悉如外人。黄发垂髫，并怡然自乐。"寥寥几笔，却以饱蘸诗情的笔触描绘了田野图、鸡犬图、劳作图、源外图、老少图等"五幅图"，共同汇成了一幅绿野平畴、动静有序、老少咸宜、宁静和平的桃源幸福生活图。在句中，景、物、人、事等要素浑然一体、相得益彰。这五幅图，除了源外图（为武陵人此时脑中所想，是虚写），其他都是武陵人眼中"实景"。诗人"顺"着武陵人"眼"之所见，从面到点、自远至近、缘景及人、先实后虚、从内而外、由此及彼、辨表知里，既有"此情此景"，又有场景变换，写得脉络分明，很有章法。

这就是层次分明的美感。归根结底，它来源于作者严密的逻辑思维。逻辑清则理路通，理路通则层次清，层次清则气韵显。行文层次星罗棋布、鳞次栉比，正如桃源的"阡陌交通""屋舍俨然"那样，筋节平行、层级分列，尽显"并列逻辑"之韵味，读来令人如沐清风、如饮甘醴。

可见，层次感首先源于"平行感"。写作要显现出严谨清晰的层次逻辑，先按不同层级、层面梳理出内容平行分布的"级"，再以"脉"相连。常见的"级""脉"相连法有：纵横交错，远近参差，高低相间，虚实互补，点面结合，动静得宜，等等。

不同的文章遵循不同的逻辑思维方法，上例区分层次运用了并列逻辑，常见的还有递进逻辑。

例如唐代诗人孟浩然的《过故人庄》："①故人具鸡黍，邀我至田家。②绿树村边合，青山郭外斜。③开轩面场圃，把酒话桑麻。④待到重阳日，还来就菊花。"

①"起"笔交代缘由：故人以"农家菜"鸡黍热诚相邀，"我"欣然赴宴。②"承"①交代近村（路上）所见，由近及远，"绿树""青山"都是"承"上句"田家"写的"农家景"，笔墨紧扣主题，凝练集中。③一"路"向前，顺笔而下，就势"转"笔写本文主要事件：见面吃饭。该句剪辑两个主要场景，由景及人，特写"农家院"，同饮"农家酒"，同吃"农家饭"，同话"农家事"，层层渲染"田家"特色。④由今往后，写友人再邀饮酒赏景，可见"农家情"之深挚，

淳朴自然。末句以景作结，以情点睛，"合"起全篇，意蕴绵长，令人回味不绝。

本诗表面看明白如话，平淡如水，却像中国田园水墨画一样清新、淡雅、隽永，读来主题鲜明、层次井然。全诗虽只四句话，却有三条线索：两条明线、一条暗线。两条明线是：时间线索（从先到后），空间线索（全诗是由远到近）；一条暗线是：感情线索，行文紧扣"田家"，以农家景、农家菜、农家院、农家酒、农家饭、农家事体现"农家情"，尽显农庄之特色和农家之淳朴。

全诗篇幅短小，却尺幅千里，为我们展示了一幅跨越时空、情景交融、意蕴绵长的阔大图景，全文中心突出，主次分明，血肉丰满，层次清楚。从时间上看，按过去、现在、将来（往—今—未）的次序一路行笔；从空间上看，全篇顺序是近—远—近，"近"为故人庄；从内容上看，四句依次写"过故人庄"的所由、所见、所历、所盼，换句话说，分别是写过故人庄的背景、过程、做法和下一步思路。如果说有问题，那就是这次时间太紧，没尽兴，因此下步要改进（所以再邀）。这么看，简直是一篇工作总结或者汇报的层次啊！从情感上看，四句依次表达了期盼、喜爱、舒畅、期盼之情，首尾圆合；写作上：按照事情发展的逻辑"起、承、转、合"，随"事"而变，一波三折，情节丰富；表意上，围绕"田家"，剪辑一系列独具农村、农家特色的场景，浓墨重彩地烘托人事、人情，主题鲜明、意象众多，笔墨过处，如山溪跳峡，场景不断变化，在简短窄小的文字空间内，体现了强烈的层次感、立体感和纵深感。

综观《过故人庄》，内容推进九曲回环、摇曳生姿，各句间层进迭出，跳脱向前，绝不回头。这其实是一种"递进逻辑"，内容每推进一步，就进入到一个新的层次；内容不断"跳跃"，前后勾连，就形成了环环相扣、层层推进的"文澜"胜景！

由此看来，层次感还源于"跳跃感"。

平行感、跳跃感，就像链条一样把文章各部分紧密联系在一起。平行感，让行文内容如条石砌道，级级分明，组合成"面"（要有构成意识）；跳跃感，使情节推进如水波拍岸，层层向前，连成一片（要有过程意识）。而条石之"边"和水波之"纹"，正如桃源之"阡陌"，纵横文中，成了不同层次间轮廓清晰的分界线。写文章要眉目清楚、层次清晰，既要有层面思维，也要有界线意识。

平行感、跳跃感，也是公文层次感、逻辑性的两大来源，是梳理层次的重要手段，是写得出的高效法宝。例如：

这一年，××发展质量高——纳入全省考核的××个县（市、区）均被评为"县域经济工作成绩突出单位"，全面开花，欣欣向荣；××发展动力强——改革经验全国推广，实体经济实力不俗，上升势头强劲，彰显了××风采；××发展效果好——城建、三农、生态、民生等各项工作都成绩不菲，走在全省前列，争当××高质量发展和中部地区崛起排头兵的态势已经形成（发展质量高、发展动力强、发展效果好，三个层次都是成绩，同一层面，同一性质，相互平行）。

坚持市县镇村四级联动，确保××干部全覆盖、镇（街）村（居）全覆盖、各类企业全覆盖、群众家庭全覆盖。在此基础上，注重点面结合，扭住"牛鼻子"、抓在关键处，推进"三查"常态化，加大对重点人群排查管控力度，全市流动人口登记率××%以上，重点人员登记列管率××%，寄递业从业人员登记率达××%以上（"在此基础上"，清晰地表明后文是前文的"向前跳跃"）。

归属感，也是常见的公文层次梳理方法。所谓归属感，就是在梳理层次时要有归位、属种的意识。在公文中，几项内容之间有着明显的大小关系，大的包含小的，大小一起排列，类似于总分结构。运用归属感梳理层次时，要先提起一个总体性的事物，再从中剥离出几个"分支"的小内容，总分并列一起陈述。例如：

加快民族地区教育发展（标题）。全面改善民族地区办学条件，整体提升办学水平（"整体"一词可见这是"大"）。加强民族地区师资队伍建设，强化思想政治素质、国家通用语言文字、学科专业素养、教育教学能力等方面专门培训，加大"特岗计划""国培计划"等项目向民族地区倾斜力度，推进教育人才"组团式"支援工作，引导和支持优秀教师到民族地区学校帮扶任教（队伍建设，这是"小"）。将中华民族共同体意识宣传教育纳入学校育人全过程，筑牢各族师生中华民族共同体思想基础（"全过程"，可见这是"大"）。

写公文交代情况、布置工作经常要分析事情的来龙去脉，因此，梳理层次还要熟练运用"溯源感"。所谓"溯源感"，就是在写作时要树立"因果思维"，先分析为什么，在此基础上再明确做什么、怎么做。这种写法在领导讲话稿中最为多见。例如：

①养老服务工作一头连着国计民生，一头连着社会发展，是政府维护社会公平、提供公共服务职能的体现。②各级各部门都要高度重视，各尽其责、联动推进，把加快发展养老服务体系建设列入保障和改善民生的重要议事日程，纳入经济社会发展总体规划和年度计划，推动我区养老服务高质量可持续快速发展。

161

③民政、卫健要加强对全区养老服务体系建设的统筹协调和指导督促，做好规划部署，落实相关法规政策，切实解决实际问题。④住建、规自等部门要想方设法解决居家养老服务配套用房的规划、建设问题，在美丽乡村建设、城市有机更新中统筹安排，合理布局。

上例四句话，①分析为什么，与后文三句构成因果关系。②中的"各级各部门"是一个整体，③④都是"各级各部门"的代表，归属于②，构成总分关系。

有些相对复杂的写作内容，就像套娃打开一层还有一层，"子又有子，子又生孙，孙又生子，子子孙孙无穷匮也"。此时，文秘人员首先要理清写作对象内在的"辈分"关系，再"一代一代"地剥离、抽取出来，形成高低相生、代代相承的序列关系。梳理层次的这种先导思维，就是"剥笋感"。剥笋感，简单说就是要有"代入感"，即先说抽象内容，再落到相关主体代入具体内容，之后再代入更具体内容。例如：

①民主协商，是人民政协工作艺术的核心要义。通过民主协商解决社会发展中的一些矛盾问题，体现了我国社会主义制度的优越性。②"请你来协商"，一个"请"字，不只是用了一个礼貌用语，更重要的是，它体现了我区党委政府工作作风的一次重要转变，显示了对政治协商重要意义的深刻认识，实现了从"要我协商"到"我要协商"的思想升华，是我区民主政治生活中的一次重要创新。③自去年搭建"请你来协商"工作平台以来，我区广大政协委员、基层代表、社会各界踊跃建言，参政议政，为我们改进工作、提高效率奉献了很多宝贵的意见建议，这也是我们今后卓有成效地推进余杭各项事业发展的一笔珍贵财富。

例文中①②③先后呈高、中、低的大小排列。①首先阐述民主协商的普遍意义，并无具体所指；②围绕"民主协商"，落点落位在"请你来协商"这个做法上，并揭示其意义；③是②的一个"套娃"，说明"请你来协商"的具体做法。显而易见，从①到③越来越具体。

与归属感、溯源感的"一次分级"不一样，剥笋感是"多次划分"，头接尾、尾接头，即甲包含乙，乙包含丙，丙包含丁……正如花朵，是"次第开放"，而不是"一次绽放"。

比较感，是为了使甲事物更突出，或者为了使表达意图更显豁，往往将多个事物放在一起比较，用来比较的对象有多少个，文章就可写成多少层次。运用比较感，要求文秘人员写作时要树立比较思维，将想到的关联事物的不同属性、特征放在一起进行比较。例如：

①无论是在改革发展的各个历史阶段，还是在复杂形势和严峻考验面前；无论是急难险重的特殊任务，还是在重点工作、重大工程推进过程中，绝大多数干部都表现出坚强的党性、顽强的作风、十足的干劲和强烈的创新精神。②同时，我们必须清醒地认识到，干部队伍中还或多或少地存在一些不良现象、不良作风、不良行为，有些还比较严重。③从群众举报投诉和明察暗访的情况看，一些顽症痼疾还远未根治，一些已经解决的问题又发生反弹，一些新情况新问题也逐步暴露出来。④主要表现在五个方面：一是优越感强、自我满足。二是政令不畅、"怕"字当头。三是纪律松弛、缺乏原则。四是本位主义、小团体利益至上。五是精神萎靡、不思进取。

显而易见，例文中①和②—④，也就是"同时"一词的前后内容，将两种截然不同的干部作风放在一起比较，就此将全段分为两个大的层次。②—④，下一句都归属于上一句，形成剥笋关系。

最后，还有生发感，就是将思想观点和任务措施放在一起写，两者前后不限、虚实相生、互为表里。其中务虚一般是指运用假设、推理、想象（包括运用修辞、虚构等）、议论等，务实一般指向具体事物、实际工作。例如：

①对于各级领导干部来讲，如果说讲责任，让××万×城人民生活得更加幸福，就是最大责任；如果说讲感情，对人民群众充满敬畏之心、感恩之情，就是最真感情；如果说讲良心，设身处地为群众排忧解难，就是天地良心。②每一名党员干部，都必须把人民群众放到心中最高位置，越是经济发展快，越要执政为民、发展为民；越是发展任务重，越要凝聚民心、珍惜民力；越是面临困难多，越要倾听民声、体察民情，以爱民为民的良好作风、富民安民的实际行动，进一步赢得群众的信赖和支持，影响和带动全市人民万众一心推进跨越发展，共同创造我们的幸福生活和美好未来。

例文两句话，①务虚，②务实，始终紧扣"为民"主题，先通过假设讲道理，在此基础上提要求，顺理成章，层次严谨清晰。再进一步看，①的内部三个"如果"以"平行感"思维形成三个层次；②的内部较为复杂，三个"越是"是平行层次，其与后文联系起来看，是"要求—措施—目的"的逻辑，这是运用"跳跃感"思维梳理的层次关系。

说到底，每一篇公文都是由大大小小的层次构成的，层次已明，全篇将成，可见梳理层次在谋篇布局、建构成篇中的重要地位。用好上述平行感、跳跃感、归属感、溯源感、剥笋感、比较感、生发感这"七感"，有助于我们熟练掌握梳理层次的节拍器，弹出跌宕起伏、抑扬顿挫、章法分明、气韵贯通的优美旋律。

第五节　层次方法，宣泄下笔如神的"剥笋快感"

—— 缘于标准的分层

在历经对象分析、思维加工后，把获得的内容层次一项项写出来，如百川归海，最终就形成了一篇公文的全貌。其间，一层一层写成文稿的过程，就像剥笋，逐步打开，顺理成章，信手拈来，尽得笔走龙蛇之写意、酣畅淋漓之快感。

除了前文所说的缘于本义、构思、内容和逻辑的分层，梳理层次应该有一些更直观、简便、易用的操作法，这就是缘于标准的分层。

梳理层次后，方能顺"理"成章。在层次梳理上，应是先有标准，后有划分；标准不尽相同，分层方法也千差万别。

我们先得梳理一下分层的常见标准，归结为"8 个理"。

一、按"事（物）理"划分

确定公文的写作内容，必先研究事理和物理。事（物）理，即事情发展和事物构成的规律性。如何区分事理和物理？举个例子，比如"开会"，首先作为一件"事"，肯定有发生、发展、高潮和结束的过程，包括会议准备、会议组织、会议展开、会议结束、会议落实跟踪等；同时，开会的"会"又是一个对象"物"，其构成包括会议主题、会议内容、会议人员、会议场所、会议物品等要素。如果按"开会"和"会"分别来梳理素材，就形成了两条路径：前者是事理，后者是物理。再如"市政设施发展"这个主题作为写作对象，从事理看，应包括市政设施的昨天、今天和明天三大层次；如果从物理看，则可切分为道路、桥梁、隧道、管网、箱涵等内容层次，并围绕这几个方面组织文章结构。

由上可见，按照事（物）理的层次划分，有两个维度：一是纵向，任何事物的发展都符合随时间推移的先后性规律，先发生的先写，后发生的后写，按照时间先后"顺着写"，如此不可颠倒的次序，就是"条理"，也即前文所说的"跳跃感"；二是横向，即着眼于事物内部的构成，宛如矩阵排列，形成一块块清晰的"纹理"，构成有几块就"照着写"几块，也即前文说的"平行感"。纵、横维度的分层法，也即"条块结合"，在写作梳理层次中运用最广，篇、段、句群的梳理层次、组织语言都会用到"条块思维"。按条块思维谋篇，如某环保局领导在××××年度全市目标考核工作会议上的汇报：一部分内容是明确目标—分头实施—结果考核（纵向"分条"）。另一部分内容是紧盯重点目标—突出自定目标—完成共性目标（横向按组成"切块"）。按条块思维造句，如：①围绕市年度目标要求，签订责任状，打好关键仗，执行销号制，努力交出一份提质增效、强管利民的合格答卷（纵向"分条"）。②综观全年工作，我们力求必答题不失分、共答题得高分、选答题多拿分，实现了目标考核达标进位、社会评价保平创优的良好效果（"横向切块"）。

二、按"情理"划分

但凡公文写作，自始至终都流淌着情感的甘泉。随着事情的发展，情感的浪花在不断变化，什么阶段对应什么情感，什么内容吻合什么情感，"事"和"情"主客统一、表里如一，叙事抒情必须合法合规、合情合理。有时，我们梳理出情感发生的内在逻辑，并以此来梳理事情的层次，写作往往能如顺藤摸瓜一样，牵一发而动全身，写不出的窘迫将就此烟消云散。

例如《××县关于表彰先进基层党组织、优秀共产党员的决定》，撰写该文可以通过分析内在的情感线索来梳理内容层次。首先，本文的主要情感元素是"肯定＋表彰（对象）"，表彰先进的前提是高度"肯定"受表彰对象的杰出表现；其次，表彰的对象只是过去一阶段全面工作的一类典型（点），因此，有必要先对全面工作作出肯定（面）；再次，表彰的目的是"希望"他人（彼）学习受表彰对象（此），因此，先要提纲挈领地指出学什么，从受表彰对象的事迹中提炼出精神意义，并加以"表扬"；最后，表彰先进、希望他人学习的目的是什么？就是把精神力量化为工作动力，"勉励"大家合力做好今后工作（后）。

综上，本文主要的情感浪花有"肯定＋认同·表彰＋表扬·希望＋勉励"，按照这条线索可以梳理出"照着写"的具体内容"层"：过去工作＋对象表现＋精神学习＋鼓足干劲。而从"次"上看，文章有两个顺序：一是按时间先后"顺着写"，先肯定过去工作，后激励学习，再勉励奋斗；二是按情感逻辑"顺着写"，从面到点、从此到彼、从今到后。

三、按"机理"划分

与事物的"静态"构成不同，机理反映着事物内部各要素之间的相互影响和动态变化关系。公文写作的对象是公务，公务办理自然要涉及各方面的条件和机制。"机理"的形成往往受人为因素影响较大，同样的工作，单位不同，其工作机制也不同。一事当前，先建机制。例如文明城市创建，要做好此项工作，需要完善哪些机制呢？总的来说，应有八大相互关联、随机变化的机制，即领导机制、落实机制、协调机制、督办机制、保障机制、奖惩机制、宣传机制、长效机制，这就是公文"照着写"的主要来源。

机理，也是事物的组成、形成机制。如果说构成是事物内部的组成元素，那么组成则是"外部"接入，形成是各要素的变化、发展。写公文梳理事物层次，一般要溯源事物内部的成长机制和变化规律。例如"系统全面升级"就内含着系统的开发和优化，略加分析，不外乎包含科学设计、优化模块、智能升级、功能做强等，所有这些，正是关于事物发展机理的分析（事实也大抵如此）。如此一分析，就获得了公文的主要结构层次。

可见，倘要写好"文"，先得弄清"事"。看清事物的内在机理，也是梳理文章内容层次的一个常见方法。例如《关于构建优质均衡的基本公共教育服务体系的意见》，涉及事物对象是"基本公共教育服务体系"，主题是"优质均衡"。一般来说，问题导向，是指引工作发展的重要思路。将两者结合起来分析，经反弹琵琶后发现，要实现"优质均衡"，说明目前基本公共教育体系还存在不优质不均衡的问题，主要存在于哪些方面呢？通过细究当前基本公共教育的内在机理可知，主要存在于区域、城乡、校际等方面，转"反"为"正"，即可得出本文的主要策略路径。同时，为了推动"均衡"、构建"体系"（除了义务教育，还应有其他内容），还需要财政保证，还需要接"短"补"缺"，包括扶贫助学、就业服务、文化卫生服务等，由此可得"照着写"的内容"层"；按照"意见"文种的规范要求，还要梳理"顺着写"的"次（序）"。经梳理，本文的总体层次框架为：

一、总体要求

二、全面保障义务教育优质均衡发展

1. 促进区域协调发展。

2. 推动城乡整体发展。

3. 加快校际均衡发展。

4. 保障群体公平发展。

5. 加快民族地区教育发展。

6. 提高财政保障水平。

三、大力提高家庭经济困难学生应助尽助水平

7. 确保家庭经济困难学生资助全覆盖。

8. 提升学生资助精准化水平。

四、统筹做好面向学生的其他基本公共服务

9. 加强学生卫生健康服务。

10. 丰富公共文化体育服务。

11. 做好毕业生就业创业服务。

五、认真做好组织实施

四、按"原理"划分

原理，是具有普遍意义的最基本的规律或道理。"原理"思维，要求文秘人员写作不能浮于事物表面，而要高屋建瓴、善于从学科高度抓住事物普遍性、根本性的内容，并在此基础上提出解决问题的思路、方案、路径。原理的适用性，就写作涉及的对象范围来说，是放之四海而皆准的。例如公文写作中时有所见的马太效应、海恩法则、戴明公式、墨菲定律、不等式法则、智猪博弈、公地悲剧、修昔底德定律、塔西佗陷阱、灰犀牛事件等，都属于相应学科领域的原理。原理，通俗点说，就是工作所涉及学科的"学理"，如管理学的权责分明原理、经济学的刘易斯拐点等。学理涵盖的"学科"很广，包括哲学范畴的"真理"，以及科学领域的定理、公理等，都在此列。

除了基于学理上的分析，公务办理也有遵循的基本原理，即办事的普遍性规律、方法、原则。部门不同，行业不同，工作原理也不一样。从适用范围看，工作原理分普遍原理和特殊原理。普遍原理是指各部门各行业都实用的一般性工作原则，例如实事求是、因地制宜、量力而行等；特殊原理是某个部门、特殊领域适用的办事原则，如人事工作原理、信访工作原理、应急工作原理等。工作原理提出的是开展工作的基本原则、总的方法论，如《党政领导干部选拔任用工作条例》一开始就提出了选拔党政领导干部的六条原则：（一）党管干部；（二）德才兼备、以德为先，五湖四海、任人唯贤；（三）事业为上、人岗相适、人事相宜；（四）公道正派、注重实绩、群众公认；（五）民主集中制；（六）依法依规办事。这就是干部管理普遍适用的基本"原理"。

围绕学理和工作"办理"规律梳理的对象层次，往往更能体现深度和高度。

例如某领导关于安全工作讲话：坚持"系统论"思想，系统推进"四个安全"一起抓；确立"控制论"思维，着力推进"四个环节"一起查；坚持"信息论"思路，深入推进"四个报送"一起管。系统论、控制论、信息论，即是在相关原理指导下梳理出的层次。

五、按"道理"划分

道理，相对于原理更接近实际，两者虽都指向事物的规律性，但道理在深刻性和普遍性上明显要低一层次。原理是学科、学术层面的，知识性、理论性较强，道理侧重工作实际、日常感悟等方面，因而道理比原理看起来更具体。

道理，即"道"之理。什么"道"？公文所写之工作也。道理，就是行内、行业与所写工作有关的理论、思想、宗旨、观点、行话、行规等，包括领导指示、政策意见、文件规定、社会观点、引用名言警句、谚语俗话（如笨鸟先飞、针尖大的窟窿斗大的风）等。例如某领导在安全工作会议上讲话，四个层次引用了上级文件的"四个一切"的安全工作思想：安全高于一切，常念防患未然、齐抓共管的"安全经"；责任重于一切，密织纵向到底、横向到边的"安全网"；制度先于一切，拧紧遵规守矩、堵漏补缺的"安全阀"；效果压倒一切，共建"摘疣去患，平安常在"的"安全带"。

围绕道理划分层次，文秘人员脑海中首先要闪现出符合实际情况的若干条道理；其次，要结合各条道理选配、代入相应写作对象，并就相关内容作必要阐释；最后，用道理为详述工作内容作铺垫，使道理成为提出工作设想的依据、缘由、背景、依据、原则、方法等。例如某纪委领导党课讲话中有这么一段：

①"天下至德，莫大于忠。"②中国共产党的伟大事业必须由忠诚于党的人来承担、来坚守。③对领导干部而言，对党忠诚是首要的政治品格，纪检监察干部尤其如此。④纪检监察干部要做到对党绝对忠诚，在思想上，始终坚持以习近平新时代中国特色社会主义思想为根本指引，树牢"四个意识"，坚定"四个自信"，做到"两个维护"，筑牢"忠诚"之基，自觉做到在党爱党、在党言党、在党为党；在行动上，把为党工作、艰苦奋斗作为天职，始终牢记自己的第一身份是党员，始终坚持党和人民利益高于一切，恪尽职守、无私奉献，切实履行好党赋予的使命，完成好党交给的任务。

例文共四句话，可分为两个层次。其中，①—③是说"理"，阐明"为什么忠诚"；④在前文的基础上顺势提出"忠诚应该如何做"。全文先讲"理"，再顺势就"应做"提要求，这种"理＋应"的"理应式"逻辑结构，是领导讲话稿写作广泛采用的内容表达模式。

六、按"义理"划分

义理，字典上的解释是：言论或文章的内容和道理，这里特指与写作内容有关的关键词语的内涵、意义。简单地说，就是从内涵或外延两个方面学会解字，善于解字，力求"层次梳理解字得"。构思时，通过对关键词内在意义的解析，即可如抽丝一样"拉"出文章的主要层次。

汉语语意丰富，奥妙无穷。具备扎实的语言功夫，往往给公文写作带来不少便利和红利。例如某市领导在讲话时抓住政协的"协"这一关键字进行总结论述："第一，所谓相'协'，首要之义为协商；第二，所谓相'协'，又有协力之义；第三，所谓相'协'，又有协和之义；第四，所谓相'协'，还有协同之义"，并围绕这四个方面逐层打开，富有新意，赢得了满堂彩。

无独有偶，同样有政协领导在主题教育微党课《不忘初心牢记使命做新时代合格政协干部》的讲话中，抓住政协的"政"分析其意，由此理出文章的四大层次：不忘初心，就是要旗帜鲜明讲政治。不忘初心，就是要加强学习懂政协。不忘初心，就是要善于沟通会政研。不忘初心，就是要做好调研善议政。

解字，也可以围绕字形结构逐一拆解，通过想象赋予其与主题相关的新寓意。"看似平常最奇崛"，具有创意的拆解往往给人新颖别致、拍案叫绝的奇巧感，一方面能增强表达效果，另一方面让层次梳理更轻松。现在，字、词拆解法在公文写作中应用甚多。例如对"赢"字的拆解："赢"字的组成部分"亡"字需要我们基层干部要有危机意识；"赢"字的组成部分"口"字需要我们基层干部要有沟通能力；"赢"字的组成部分"月"字需要我们基层干部要有时间观念；"赢"字的组成部分"贝"字需要我们基层干部要有正确的"取财之道"；"赢"字的组成部分"凡"字需要我们基层干部要有平常心态。再如还有文秘人员结合"领导干部"的要求，围绕"水"从外延上作新解，由此形成四个层次：眼里有泪水，永葆为民初心；头上有汗水，拿出十足干劲；肚里有墨水，提升办事本领；脚下有泥水，坚持实地调研。

七、按"文理"划分

从公文写作角度来梳理层次，借助语言思维的"飓风"吹开写作素材的"土层"，往往能使内容与形式快速对接，找到构思良策。

文理，即文章写作的规律、方法，林林总总，难以尽述。总的来说，可以从文种规范、内容视角、顺序、技法、语言表达五个方面梳理出文章的脉络层次。

文种不同，其内容层次也大相径庭。例如报告的一般格式是情况、做法、问题、打算等，会议纪要的一般格式是会议概况、会议精神、议定事项等，意见的一般格式是指导思想、总体目标、基本原则、工作措施、保障要求等。按照所用文种的固定规范梳理内容层次，这是相对简单的做法。

从内容视角出发，可以从具体、抽象、综合、立体四个维度梳理层次。具体，即按一定阶段的任务事项梳理，有几项列几项；抽象，就是从内在思想、深层事理的角度梳理；综合，就是坚持发散思维，一般追求"大而全"，包括思想、目标、措施、保障等各个基本方面；立体，是从工作涉及的不同层面梳理内容，如宏观、中观、微观、渺观、综观等。

一项写作内容，若从宏观、中观、微观、渺观、综观等"5观"梳理，往往高低错落、收放自如，下笔能够有条不紊、章法清晰，不仅有利于"写得出"，也使行文的立体感大大增强。

宏观上，高举广角镜、多面镜，高屋建瓴观照写作对象，着眼于全域、全局、全员、全程、全心（指思想统一）、全新等"6全"统摄，一般覆盖每个人的每项工作，只涉及思想、原则、根源等，内容远离"具体层"。

中观上，展开立体眼、千里眼，进一步抖开包袱，引出写作对象，但只点到总体概念和本质属性，仍然比较概括。

微观上，阐述基本义、现实义，对写作对象的本质属性作进一步分析，内容进一步具体化、明晰化，但也还是泛泛而谈，有待进一步精确化、细节化。

渺观上，描摹着重点、出彩点，从时间、地点、人物、起因、经过、结果等"6要素"对写作对象作精细刻画，这是文章的重点细节所在。

综观上，编紧收口线、思想线，在文章主要内容表达完备后，"编筐收口"，以概括性语言总结前文，并进一步揭示文章主题。

运用"5观梳理法"（不一定面面俱到），写作往往举重若轻，语言就像河水开闸一样汩汩而出。以某领导民主生活会剖析报告为例，可从宏观、中观、微观、渺观上对"纪律合格"作剖析：

执行纪律合格方面。①虽然在工作中能够认真执行党的路线方针政策，严格遵守规章制度，但有时存在好人主义思想。②表现在工作上就是不愿意得罪人，也不愿批评人，对下属出现的拖拉、失误不能及时指出，总认为他们工作辛苦、压力大，难免出现小差错。③比如在××工作时，一些干部、村干部小病大养，变着法子请假，甚至极少数干部还存在工作日中午饮酒的问题。④对这些违规违纪行为我处理不严，"四风"巡查、督查问责不够，当老好人，搞无原则的一团和气。

例文除了标题共三句话。①先从宏观上对照上级思想原则，再从中观上笼统地提出存在"好人主义"的问题；②从微观上进一步阐释什么是"好人主义"；③从渺观上借助"6要素"细述好人主义的具体表现，使文章有血有肉。④从综观上揭示问题所在。从"5观"梳理层次，一方面思路的"梯度感"十分清晰，就像剥笋一样；另一方面也让写作有章可循，构思不再困难。

遵循写作顺序梳理层次，应用最广。任何一篇公文，从全文看，要处理好收放、疏密、进出"3大关系"，其中，收放是指文章内容既要放得开，也要收得拢，这就是总分顺序；疏密是指文章内容要突出重点、详略得当，"疏处能跑马，密处难容针"，这就是主次顺序；进出，是指对事物的说明既要进得去，也要出得来，即既要触及本质，也不要忽视表象，要处理好表里关系。从文章局部看，常见的顺序还有：时间上的"前—中—后"，方位上的"左—中—右"，形体上的"大—中—小"，距离上的"远—中—近"，层级上的"上—中—下"，观点上的"正—中—反"，关系上的"内—外—内"，记叙上的"因—中—果"，论证上的"虚—实—虚"，说明上的"总—分—总"，抒情上的"情—事—情"，描写上的"面—点—面"，以及内容拓展的"彼—此—彼"，等等。

按照一定的顺序写作，构思的方向感和语言的秩序感会得到明显增强。例如：充分发挥国家森林草原防灭火指挥部及其办公室的牵头抓总作用，强化组织、协调、指导、督促职能。各有关部门及地方政府在国家森林草原防灭火指挥部统一指挥下，细化任务分工，明确衔接关系，形成工作合力（面—点）。

公文写作会经常运用一些写作技法，如欲扬先抑、随物赋形、小中见大、托物起兴、曲笔显旨、对比衬托等。从写作技法梳理层次，关键点在于结合技法要领梳理好先后关系。例如欲扬先抑，写作的先后顺序是：抑—扬；小中见大，写作顺序是：小—大。运用"欲扬先抑"技法，通常先简述遇到的困难、挫折，再说明取得的突破和成功；运用"小中见大"技法，一般先说明某个人、某件事的表象，再管中窥豹，揭示出一群人、全局工作的整体特性、效果或影响。

从语言表达出发梳理层次，往往从新巧性、一贯性、相似性、关联性、逻辑性、嫁接性、生发性等方面列出一组词汇或句子，再以此为脉络，填充进不同的写作题材。

新巧性，常见的有词语巧解、巧妙拆字等。如上文的"赢"运用了拆字法，并借此关联特定的意义。

一贯性，是运用某个词语或句子串起不同内容，如用"一以贯之"串起政治、经济、文化、生态等不同内容。

相似性，就是以一组结构相似的词汇或句子组合不同的内容，如用"借船出海""借鸡下蛋""借脑生智"等串起工业、农业、旅游业发展。

关联性，就是运用关联词语的"层次感"去打开不同的内容层次，如"一方面……另一方面……此外……""既要……又要……还要……"，等等。

逻辑性，就是运用具有紧密逻辑关系的词汇或句子去"剪裁"内容，如："首先……其次……再次……最后……""全链条……全方位……全系统"，等等。

嫁接性，一般借用具有典型时代性、鲜明主题性和连贯成套性的官话、行话、俗话、名言、流行语等，以此为文章经络串起不同内容，如围绕"不敢腐"，教育惩戒置"热炉"；围绕"不能腐"，建章立制立"界桩"；围绕"不想腐"，清风劲吹护"净土"。这里的"不敢腐""不能腐""不想腐"即为"拿来主义"。

生发性，主要是运用修辞、想象等手法来引导构思、梳理层次，如"加强作风建设"可用"警醒钟""安全网""防火墙""高温炉"等比喻不同方面的防范措施。

八、按"自理"划分

自理，即"自家的独门道理"，就是文秘人员个人对所写对象规律的辨识、体察、觉悟和总结。公文写作中，文秘人员的独立思考十分活跃，主观能动性非常突出，常在深入思考、分析、推理、总结的基础上，针对写作对象的特点提出一系列独到的认识、观点、评价、见解、看法、感受、思路、意见等。围绕这些自我的"思维创造"梳理内容，在公文构思中占据主要地位，特别是在事务性公文写作中更易体现写作的独创性和个性化。

例如按"认识"梳理层次：领导干部的作风建设，事关党和人民事业的兴衰成败；领导干部的作风建设，事关中华民族伟大复兴目标任务的顺利实现；领导干部的作风建设，事关党风廉政建设和反腐败斗争能否深入推进。

按"目的"梳理层次：抓教育，使党员干部不想贪腐；抓公开，使党员干部不能贪腐；抓查处，使党员干部不敢贪腐。

按"意见"梳理层次：转作风，要清除思想上的"毒瘤"；转作风，要在工作中见实效；转作风，要用好群众的"眼睛"。

按"观点"梳理层次：始终做到"心中有党"，切实做政治忠诚的干部；始终做到"心中有责"，切实做担当有为的干部；始终做到"心中有民"，切实做服务惠民的干部；始终做到"心中有戒"，切实做清正廉洁的干部。

按"情感"梳理层次：我对××充满了感情；我对××充满了信心；我对××充满了期待。

第六节　层次思维，创造文思喷溅的"开闸动感"

——缘于实操的分层

新解层次的本义，细解分层的类型，例解分层的写法，为的是在公文写作中树立"层次思维"。

层次思维，实质贯穿于公文写作的全过程，是全文逻辑性的重要来源。缺少层次思维的引路（或运用得不好），不是写作活动茫然无绪、举笔维艰，就是写出的公文杂乱无章、言不达意。

在公文写作中，运用层次思维，推动我们始终紧扣"层"和"次"这两个字，考虑两个问题：聚焦哪些"层面"的客观事实？按什么"次序"写？前者是对应思维聚焦的客观内容"照着写"，重点解决"写什么"；后者是梳理不同层次的逻辑关系，理顺次序"顺着写"，侧重解决"怎么写"。层次理得是否顺利、质量如何，决定了公文写作的速度和水平。

熟练掌握了"层次写作法"，写作时，我们就能养成打开事物整体、揭开事物内核、铺开事物层次的良好习惯。其间，思维就像开闸一样，不同层面的内容之"水"顺着"一、二、三"的秩序"航道"汩汩而出，一发而不可收。

写作之初，思维闸门始终紧锁。要写得出，得有开闸之法。这里先以《关于加强新时代水土保持工作的意见》为例，全面展示实际写作中如何运用层次写作法，一起领略公文写作有章可循、出口成章的快感。

首先，结合层次本义（"层""次"）分析文题，包括了人、事、物、文四个要素。下面分别从"文理""物理""事理""人理"（理，指规律性）等方面进行构思分析。

从"文"理看，法定文种"意见"，规定了其必须按"规范层次"构思，内容涉及三大层面：总体要求（人）＋主要任务（事）＋工作措施（法）。

从"物"理看，"水土（物）"从外在构成上可以包括高原水土、草原水土、平原水土等，从内在构成上包括水土的情况、问题和治理等。

从"事"理看，水土要"保持"住，这一"事"应包含抑制流失、固化堤防、落实长效等工作，从先到后依次是预防、管护、治理、保持、规划等。

从"人"理看，题中"加强"一词，若从逆向思维分析不难发现，现在水土保持还存在一些问题，如自然流失、人为破坏、保持能力不够等，综合来看就是管不到、管不紧、管不住、管不好等问题，虽然在采取措施，但还不够，必须"加强"，包括重防控、定标准、抓监督、严治理、编规划、推考核、促创新、建队伍、强保障等。

综合上述分析，可获得此文要写的基本内容（"层"），列纲时，应始终坚持以"人"为核心，对应文理梳理的三大"层面"照着写，并按总体要求、主要任务、工作措施的"次序"顺着写。

其次，从"内容"的分层看，本文可对应12大类之一的"目标和过程"进行梳理，先在"总体要求"中提出水土保持的目标（也是"意见"这一文种的一般写法），再梳理水土保持的主要过程。结合上文事理分析，若对"水土保持"工作进一步细化，应包括有想头、堵源头、遏苗头、盯重头、看前头、强里头等一系列环节，其间遵循从想法到做法、从前端到后端、从治标到治本、从近期到长远的顺序。

其中，有想头，是关于加强水土保持工作的认识、思路、方法等的总体性考虑，由此可梳理出重要意义、指导思想、工作原则等内容层次。

堵源头，是水土保持的"发生端"，主要任务是"防"，可从点、线、面三个方面梳理。点，即重点、易发流域的防控；线，是系统性提升生态保持功能；面，是加强源头防控。

遏苗头，主要任务是"管"，即制止一些动态发生的人为破坏事件，为此要采取一些有力措施，包括健全制度、完善机制、强化协同、管紧易发性责任主体等，如此就能从前端有效避免一些恶性水土流失事件。

盯重头，主要任务是"治"，即推进已流失区域的治理，如小流域治理、耕地水土流失治理、泥沙集中区域治理等，基本覆盖了当前水土流失最严重、最典型的主要地带。

看前头，主要任务是"建"，即从短期治理方面"跳跃"到立足长远、如何根治方面，包括编制规划、推进建管衔接、强化考核、动态监测、科技创新等手段，持续提升水土保持能力建设。

强里头，主要任务是“行”，即如何保障上述思路、计划得到有效落实而采取的一些措施，包括有人干事、有钱做事、有章理事等。

这六大环节，除了“有想头”外，其他各环节按事情发展的规律看，遵循从管准到管对、管住、管理、管好逐步升级的事理逻辑。

再次，从逻辑的分层看，围绕“水土保持”，全篇可按为什么、怎么做的逻辑顺序安排层次。为什么，即思想认识分析；怎么做，主要包括水土保持工作的思路、方法、目标、任务、要求等。

从局部看，“为什么”，按一般的写作规范，可着眼重要性（理论层面）、必要性（实践层面）、全局性、时代性、长期性等方面。

水土保持工作的思路，主要是“指导思想”，一般应包括思想指引（宏观思想）、理论指导（与工作有关理论）、政治指向（上级要求）、目标指路（具体工作思路）、实践指南（措施、做法）、效果指针等方面。

水土保持工作的方法，主要是抽象的“工作原则”，即总体的方法论指导，结合水土保持的事理分析，从先到后应包括生态优先、保障民生、系统治理、改革创新等。

水土保持工作的目标，可按时间先后由低到高排列。

水土保持工作的任务和要求，主要是水土保持全过程各环节的主要工作和保障措施（见前文分析）。

若按逻辑的分层对前文内容进行分析排序，可以看出有的“层”适合“平行感”，如“盯重头”；有的适合“归属感”，如“堵源头”；有的适合“跳跃感”，如“指导思想”“看前头”，等等，如此就有了按章写作的“次”。

最后，从缘于标准的分层看，此文主要采用了“文理”的分层，即按“意见”的“规范层次”将全文分为三大部分；局部看，主要采用了“事理”的分层，既有横向结构的排列，也有纵向过程的分析，使文章内容井井有条，纲举目张。

综上，可得全文主要框架（附部分章节的详细内容）。

中共中央办公厅 国务院办公厅印发
《关于加强新时代水土保持工作的意见》

水土保持是江河保护治理的根本措施，是生态文明建设的必然要求（重要性）。党的十八大以来，我国水土保持工作取得显著成效，水土流失面积和强度持续呈现“双下降”态势，但我国水土流失防治成效还不稳固，防治任务仍然繁重（必要性）。党的二十大强调，推动绿色发展，促进人与自然和谐共生，这对水土保持工作提出了新的更高要求（时代性、全局性）。为加强新时代水土保持工作，现提出如下意见。（本段简要分析"为什么"，后文详述"怎么做"）

一、总体要求

（一）指导思想。以习近平新时代中国特色社会主义思想为指导，深入贯彻党的二十大精神（思想指引），全面贯彻习近平生态文明思想（理论指导），完整、准确、全面贯彻新发展理念，加快构建新发展格局（政治指向），认真落实节水优先、空间均衡、系统治理、两手发力的治水思路，牢固树立和践行绿水青山就是金山银山的理念（目标指路），以推动高质量发展为主题，以体制机制改革创新为抓手，加快构建党委领导、政府负责、部门协同、全社会共同参与的水土保持工作格局（实践指南），全面提升水土保持功能和生态产品供给能力，为促进人与自然和谐共生提供有力支撑（效果指针）。

（二）工作要求。

——坚持生态优先、保护为要。（原则）

——坚持问题导向、保障民生。（宗旨）

——坚持系统治理、综合施策。（过程）

——坚持改革创新、激发活力。（长远）

总体按"跳跃感"安排顺序。

（三）主要目标。

这一部分是"总写"，提出总体思路、方法、目标，接下来"二—五"分写，重点说明通过哪些方面来落实这些思路、方法，目标如何落实；"六"又是总写，说明为了保障上文措施的有效落实，总体上应做些什么。可见，全文是总分结构，如按逻辑的分层看，是按"归属感"梳理层次。

二、全面加强水土流失预防保护

（四）突出抓好水土流失源头防控。（面）

（五）加大重点区域预防保护力度。（点）

（六）提升生态系统水土保持功能。（线）

总体按"归属感"安排顺序。

三、依法严格人为水土流失监管

（七）健全监管制度和标准。

（八）创新和完善监管方式。

（九）加强协同监管。

（十）强化企业责任落实。（跳跃感）

四、加快推进水土流失重点治理

（十一）全面推动小流域综合治理提质增效。

（十二）大力推进坡耕地水土流失治理。

（十三）抓好泥沙集中来源区水土流失治理。（平行感）

五、提升水土保持管理能力和水平

（十四）健全水土保持规划体系。

（十五）完善水土保持工程监管机制。

（十六）加强水土保持考核。

（十七）强化水土保持监测评价。

（十八）加强水土保持科技创新。（跳跃感）

六、保障措施

（十九）加强组织领导。

（二十）强化统筹协调。

（二十一）加强投入保障。

（二十二）强化宣传教育。（平行感）

上述例文的构思分析，是对层次写作法缘于本义、构思、内容、逻辑、标准等各大方法的系统演练。事实上，在日常写作中也不必面面俱到，只用到上述的部分技法即可。

这里以一篇事务性公文为例，写作要求是以××区平安办的名义向辖区业主发出"第××届亚运会平安创建倡议书"。

首先，本次写作所用的文种是"倡议书"，发出倡议惯用的词语是"希望""请"，这就决定了此文应该以"情理"标准梳理主要内容，其感情脉络主要是：希望—号召。围绕这两大感情要素梳理层次，宛若山泉过闸一样通畅。

其次，本文主题是第××届亚运期间的"平安创建"，文秘人员应模拟××区工作人员的身份，对亚运会期间的平安建设提出具体要求，因此，从内容上看，应按12大类的"主题和要求"梳理层次。同时，"亚运"是平安建设的背景，是前提，按一般"情理"，应先作交代后给予"肯定"，并从内心"认同"。综上，全篇的主要层次应为：亚运（事）+肯定+认同+要求（情：希望+号召）。事情"事""情"，先有"事"，后生"情"；因肯定而认同，从认同到提出希望，从希望到呼吁，自然而然，顺理成章，这是情感的内在发生机制，从分层的标准看，这是缘于"机理"的层次划分。如此一层层揭开"真核"，如"剥笋"一般顺畅。

再次，从文章的主要内容"要求"（措施）看，客观上说，希望广大业主首先要配合社区平安巡防人员做好工作，同时希望每个业主做好自己，并为面上平安工作尽一份力。由此，主体部分遵循"平行感"的层次逻辑。而从各项要求的下一级层面看，也按"平行感"思维梳理每一项要求涉及的"子项"内容，一点一点抽取出来并行排列，宛如抽丝一样酣畅。

最后，开头述"事"内容的层次，应先点"事"，再简要阐述其意义，最后过渡到与"平安创建"的关系上来，并就此发出倡议，先后次序具有不可颠倒的"跳跃感"。

结合上述层次的梳理，可写出本文的主要内容：

关于亚运期间"平安创建"的倡议书

亲爱的市民朋友们：

① 今年××月，举世瞩目的××届亚运会和第×届亚残运会将在我市举办（事），这是一场家门口的国际赛事，一场世界期待已久的盛会（肯定）。营造平安和谐的社会环境，共同守护××平安、亚运平安，是亚运会成功举办的基石，也是我们义不容辞的责任（认同）。在这里，我们向市民朋友们发出倡议：

② 作为东道主一员，希望您能积极配合社区工作者和网格员上门开展平安巡访和助困帮扶工作；如家中有房屋出租的，也请及时通过"警察叔叔"App申报居住房屋出租登记，房东和外地租客均可通过浙里办"舒心安居"申报居住登记（"平行感"）。

③ 作为东道主一员，希望您能定期检查家中的消防安全，特别要关注家中老人、孩童的用火用电安全；出门自觉遵守交通规则，骑电动车戴好安全头盔；捂住自己的钱袋子，谨防电信网络诈骗（"平行感"）。

④ 作为东道主一员，希望您与邻里和谐相处，文明守法，并积极参与社区平安守望活动！

⑤ 让我们携手同行，护航平安亚运！

××区平安办

××××年××月××日

本篇倡议共五个自然段，①即事入题，先提及当前万众瞩目的亚运会并高度肯定；②—④从配合平安工作、维护自身平安、共建社区平安等三个方面提出希望，从内而外；⑤发出倡议、作出号召。

第七节　层次特训：捕捉有章可循的"写作灵感"

——缘于经验的分层

写了数十年公文，一直在思考一个问题：公文写作可否有终极密钥，让人一通百通？写作就好似进山，多少天来，我一次次深山探宝，竟一次次无功而返。

一天清晨，在反复的灵感敲窗中，我的思维星空倏地划过一道炫光，而且越来越强烈，越来越分明，最终凝结成为四个字：谋、引、拔、收。

研究了这么多年公文，沉淀、提炼了那么多技法、套路，其间，如果要遴选出一个最底层、最核心的套路，那就是这"四字秘籍"，它是对我脑海深处素材富矿的深掘、精制。这四个字，包含了一篇公文从篇章到段落、句群锻打成形的各个特殊"工艺"。

谋，就是谋篇布局，它从宏观上决定了一篇公文的写作方向和总体框架。"谋"篇，就是文章涉及的相关人、事、物、情、意、理、时、空、法等要素，在思维驱动下"一炉烩"的过程，并最终"析"出文章主题和框架，这也是"谋"的两项主要工作。"谋"的过程，是围绕立意打开文思、放开笔锋的过程。放开笔锋，简言之就是围绕纵、横、大、新、意"五选一"，集成相关要素搭出总框架。纵，就是时间演进、程度递进的顺序；横，就是内在构成、组成；大，就是重点内容、主要部分；新，即最新动态、当下热点等；意，就是作者的意图、思想等。

引，就是引人入境，即自然、巧妙地把读者带入作者预设的情境中。它的思考核心在于文章开头如何"下笔起意"。常言道：良好的开端等于成功了一半。开头要"引"好，必须如建房造屋一样，要有精巧的设计。引，有"五部曲"：引导—引发—引流—引申—引论。引导重在"导"，相当于导语，即或直接或间接地进入话题；引发，借前文导引带出相关观点、阐述、说明、记叙等；引流，即紧扣前文阐述或说明进一步铺开笔锋，是内容的进一步具体化、深刻化；引申，是思维的发散，从反面、侧面或其他方面作补充延伸；引论，即水到渠成地提出论点、主题。当然，上面五个"引"也不是任何起首段都缺一不可。

拔，就是拔"底"而起，这里的"底"就是段落的底层、底座。前面通过

"谋"已在大框架中初定某段的基本内容（即"底座"），接下来就是围绕"底座"往外"拔丝"一样，一层层地"拔"出丰富内容。一般次序是（有时可颠倒）：拔苗—拔尖—拔节—拔萃—拔高。拔苗的"苗"，就是从段落"底座"生发的几个方面枝干；拔尖的"尖"，就是重点内容、典型细节填充（如举例）；拔节的"节"，就是横生的枝节或相关的内容；拔萃的"萃"，就是逐步收笔，透过现象看本质，从前文挖掘、提炼出本质性的观点，为"拔高"作铺垫；拔高，就是由表及里、从点到面、小中见大、从近到远地推高文意、升华主题。

收，就是收篇作结，既要对前文编筐收口，也要对全文点睛作结。收，包括收束和收结两个方面。收束，是就前文而言的，是前文的驻笔聚锋，往往用一两句话作收纳归结，"文波万顷归一句"。收结，是就全文而言的，一般是文章的主旨所在，主要有两个方面：一是静态作结，是封闭性的，重点就前文提出结论性观点、看法；二是动态作结，是开放性的，重点就下步或未来提出思路、构想、愿景等，往往给人文有尽而意无穷、景有限而境无穷的韵味。一般来说，"收"的方法有三种：一是不收，直接从"结"写起；二是"照"收，对前文的几个方面"点"到即可；三是"意"收，即以强调意图、思想抽象来归纳上文内容。"结"的方法有五种：一是以"事"结，即下步要做的事项；二是以"情"结，即寄予希望、期待等；三是以"景"结，即期待中的场景、画面、效果图等；四是以"理"结，揭示某种道理；五是以"语"结，即引用领导要求、相关哲语名言作结。

说完了"四字密钥"的实操图谱，接下来就用实例模拟如何一步步打开公文写作之门，并逐步实现登堂入室的写作之梦。

例如，某单位领导要作国庆长假安全管理节前讲话，该讲稿就可以用"四字密钥"一步步地构思。

谋，要做两件事：立意和搭架。从"安全管理节前讲话"的要求得知，该文的主题是"安全"二字。那么，如何表现"安全"这一主题呢？我们可以围绕纵、横、大、新、意这"五选一"来搭建框架。

比如，我们选"横"（即构成）字来构思。从"安全"内容构成看，包括安全规范、安全流程、安全措施、安全宗旨等。从当前该单位安全涉及的"对象构成"看，主要有五个方面：人员安全、场所安全、行业安全、器物安全、疫情安全。我们采用"措施＋目的"标题法，对上述"对象构成"搭建框架（见本章末附文大框架）。

框架搭好后，接下来写开头段，即按"引导—引发—引流—引申—引论"来一步步推演成文。

（1）引导。讲话因国庆引起，又是"节前"，因此，我们可以从这个特定之

"时"作"引导"：国庆长假将至，安全压倒一切（起笔带"意"）。

（2）引发。接上文进一步思考，安全又是如何"压倒一切"呢？由此"引发"上级相关领导的指示要求（见开头①）。

（3）引流。"流"自"源"来，"源"自上文的领导指示。对照上文的"红线意识""干部在岗""疫情防控"等"出水点"，打开思路，笔畅其"流"（见开头②）。

（4）引申。视情而定，有时可以省去。如果要作引申，多为上文相关内容的延展、生发、补充、交代等。如我们可以紧扣上文某个关键词（如"守土尽责"），从反面"插入"一段相关的经历（见开头③）。

（5）引论。综合前文"引流""引申"的内容推导出结论、观点（承接上文末句，顺势带出，见开头④）。

开好头，起好步，接下来就可以铺展文思，"拔"笔快写迈大步了。拔，是文章总框架五个章节的总体写法。这里不妨以"周密部署，打好行业安全'组合拳'"这一部分为例。从标题看，"周密部署""行业安全""组合拳"都是打开文思的"底座"。我们就来"使劲"拔一拔。

（1）拔苗。不妨以"行业安全"（如供水行业，见例文"三"）为核心打开思路。供水安全涉及很多方面，仍可围绕纵、横、大、新、意"五选一"。这里不妨变换一下构思方法，从"纵向"搭架。按照水厂供水的先后次序，主要有四个重点环节：原水（水源端）、出厂水（加工端）、管网水（输送端）、末梢水（居民端）。围绕四个环节一"拔"，形成四株小"苗"：一是加大原水点保护，把好"取水关"；二是提高出厂水质量，把好"生产关"；三是加强管网水抽检，把好"输出关"；四是随采末梢水样本，把好"消费关"。这四株"苗"，即是下文拔尖细化的框架。

（2）拔尖。即对上文四株"苗"逐一细化，仍可按纵、横、大、新、意打开，我们可随心所欲地以纵、横、大、意这四个字为例（写法是"概述＋举例"，举例视情而定，也可以不举例，见正文三①）。

（3）拔节。这里的"节"，就是打断行文的脉络，插入一段另外的相关内容，虽是"旁逸斜出，节外生枝"，却又与文章密切相关。上文的每一个层次都可以拔出一个或多个"节"，但为了行文紧凑、简练，"节"宜少不宜多，且尽可能简明扼要。如在上文"好声音"后可以插入一段相关的故事（见正文三②）。除了举例，还可以插入相关的知识、补充说明、相关要求等。

（4）拔萃。写到这里，要逐步收笔，一方面对上文进行归纳总结，另一方面要由表及里提炼出精华内容。如接着上文"加分项"可以顺势收笔（见正文三③）。

（5）拔高。即在拔萃的基础上，从全段考量，从全局出发，从宗旨着想，由表及里，接着向深处"挖"、往高处"拔"，全面推高文意，升华主题（见正文三④）。

按照上述五个"拔"的方法，写就全文总框架"对象构成"五大内容后，最后进入到"结"的章节。

首先是收束上文。这里采取"意"收法（见结尾①）。

最后是收结全文。这里采取以"情"结，接着上文往下写（见结尾②）。例文的"希望""期待""祝愿"，就是以"感情"线索串联文脉。

需要指出的是，上文只是笔者"跟着套路走"一环不漏地演练了部分讲稿的写作逻辑，"文有定法，而无定法"（宋·吕本中），当我们熟能生巧以后，技巧运用的灵活性就会大大提高，上文的有些写作环节顺序可以颠倒，或者可以省略，一切因文而异，视情而变。

现将上面所述部分例文完整照录如下：

谱写国庆"安全曲"，打好保障"组合拳"

——在国庆节前安全工作会议上的讲话

国庆长假将至，安全压倒一切。①××市长强调，要牢固树立安全红线意识和底线思维，坚持"干部在岗、群众过节"，严格落实安全生产各项工作，确保广大人民群众过一个安定祥和的国庆长假。②指示就是指令，履职务须尽职（插笔1：意图，承上启下）。特别是在党的二十大即将召开、台风可能过境的当下（插笔2：时势），我们更要紧绷安全一根弦，坚持提前部署、靠前指挥，认真编制任务分解表、隐患本底表、情况日报表"三张表单"，加强人员值班，强化疫情防控，筑牢安全墙基，确保守土有责、守土负责、守土尽责。③在以往值班中，出现过个别意识淡薄、人员脱岗、信息滞后、守土不力的情况，有的还造成了较为严重的后果，希望今年长假坚决避免发生此类事件。④因此，要出色地完成今年国庆保障任务，心怀职责有安全，凝心聚力抓安全，各负其责保安全，应成为当前压倒一切的中心任务（注：如以"意"构思，就可以用这里的"三个安全"作为下文三段框架）。

我主要讲五个方面：

一、重温制度，念好人员安全"紧箍咒"。（略）

二、排患查险，拧好场所安全"安全阀"。（略）

三、周密部署，打好行业安全"组合拳"。①一要加大原水点保护，把好"取水关"（纵向）。继续加强水源地环境管理，借力发威，加大违章搭建、偷排乱倒等环境乱象的执法力度（前）；稳步推进取水设施"体检"，加强水质动态检测，进一步规范取水行为（中）；未雨绸缪，制订应急预案，做好应急演练，强化值班值守，确保万无一失（后）。二要提高出厂水质量，把好"生产关"（横：主体角度）。持续完善出厂水管理规范，优化管理流程，将质量管控落实在平时、强化在战时、贯穿在长时（平时）；坚持细节为王，加大对重点部位、关键点位的检测力度，力求定人、定责、定时加强管理，把供水安全工作进一步落实、落小、落细（现时）。三要加强管网水抽检，把好"输出关"（大）。各水厂要抽调精干力量，对照"隐患清单"，加强全覆盖管网检测，对发现的水质问题力求第一时间发现、第一时间处置、第一时间解决。四要随采末梢水样本，把好"消费关"（意）。秉持"供水无小事"，做到随时待命，及时出动，妥善处理可能发生的每一件供水应急事件；坚持"供水是好事"，对因项目施工供水不便、特发事态供水不到的居民户，要提前做好上门送水准备，力求让送出的每一滴水都留下"好口碑"、传出"好声音"。②去年，××小区因管网挖断造成供水暂时中断的事件，我们的××桥"水务驿站"处理非常及时，送水十分到位，以高效的应对把"水务驿站"打造成了老百姓的"贴心驿站""暖心驿站"，成了水务集团当年社情民意的"加分项"。③把好这"四关"，既是日常供水的工作要求，也是国庆长假的保障要求，更是"客户至上，质量第一"的发展要求；④顺利把好这"四关"，就能最终过好年度考核关、社会评价关，增强人民群众的获得感、幸福感，实现"清水入万家，好水惠万民"的供水初心。

四、明确要求，编好器物安全"责任网"。（略）

①"安全重如山，责任大于天。"上面我就国庆保障重点强调了"五个安全"，接下来各科室部门还要再细化、再布置、再落实。②希望大家要时时牢记，处处留意，个个担责，合力种好"责任田"，关好"安全门"；期待大家管好人、干好事、站好岗，努力交出一份圆满的国庆"安全答卷"；也祝愿大家工作之余吃好玩好旅游好，度过一个紧张又宽松、忙碌又轻松、充实又放松的国庆佳节。

第六章 迷你三步成文法

——轻松写作的"万能口诀"

公文作为一种创造性很强的思维活动，很难用某个模板、公式或口诀机械地去套，这是一方面；但是另一方面，公文写作的规范性却为格式化仿作、公式化套作开启了便利之门。其实，公文写作有很多套路。这些"套路"，可能新手一时看不出来，但在老笔杆那里，实在是轻车熟路、家常便饭的事。多少年的爬格子、费脑子，让他们积存了很多压箱底的绝活，这都是他们写作时才思敏捷、笔走龙蛇的"定海神针"。

这些"绝活"，谁都想要。"绝活"在手，一方面，让复杂的写作"从云端飘落地面"，一下子变得有章可循，化难为易，就像背乘法口诀做乘法运算那样张口即来、提笔如倾；另一方面，也有利于大大提高写作速度，让写作变得更轻松。这样的绝活对文秘人员来说，当然是多多益善。

比如本章要重点介绍的"迷你三步成文法"就是这样的一个绝活。这"迷你三步"是：围绕主题选材、文字＋数字、想到＋做到＋达到。其"绝"在于：这三步中，前者从宏观上指明一篇文章怎么快速构思，中者从中观上揭示了一段话怎么写的窍门，后者从微观上让你顿悟像抽丝一样"吐"句成段之法。掌握了这三步，一般的材料都将信手拈来、出口成章；掌握了这三步，彻底挥别写不出的日子，亦已近矣！

有了"迷你三步成文法"，写作有可能变得像流水作业一样顺手、自然、轻松。一切按程序操作即可，就这么简单。

第一节　一招鲜，吃遍天

——第一步：巧用主题定全篇

任何一篇公文，从根本上说，都包含立意、构思、结构、选材、表达等五大环节。这五环，正是写作面临的五道关，要想轻松逾越其中任何一关，绝非易事，难就难在构思。

构思，就像一台思维的搅拌机，在一开始就把立意、结构、选材等工序"搅拌"在一起综合考虑。构思的轮廓一清晰，文稿的雏形也基本形成。如果说，立意、选材、结构等是一道"单选题"，那么构思就是一道"综合题"。

做好构思这道"综合题"，前文已分门别类列举了大量方法，都为从不同角度解决构思难题提供了单一路径。然而，有没有综合五大环节、构思一步到位的解决方案呢？有！这就是围绕主题选材。

提到"围绕主题选材"，有人可能会忍俊不禁：这不是老生常谈吗？其实不然。我们通常说的围绕主题选材，是就选材的要求说的，侧重点在选材一个环节上。殊不知，围绕主题选材这句话，从宏观上几乎囊括了一篇公文写作的所有密码。如果从综合性上仔细推敲，我们就会发现这句话的奥妙所在。

围绕主题选材，首先，提示我们主题这一环节江山已定；其次，在主题的"强光"指引下，要选的主要素材也陆续浮出水面；再次，围绕主题"分拣"材料的过程，也是全文总体框架的形成过程；从次，在围绕主题选择材料、形成框架的过程中，构思自始至终在起作用。最后，需要指出的是，语言表达作为一项具体而繁复的工作，并不能随着框架的出炉而同步到位，因此将在第三步作专门介绍。

由此可见，围绕主题选材实在是"扼一关而据天下"的奠基之举，其胜负手在于如何从主题中看出推开写作大门的秘道。

一篇公文的主题，大多言简意丰，如果仔细推敲，往往能发现其中藏着一般人容易忽视的很多写作密码。只要找到自出机杼的那一套密码，就能顺利打通写作的任督二脉。

例如某市委组织部牵头开展领导干部下基层活动，并对每个部门都有每月采用信息的要求，某部门负责宣传的同志正为完不成采用量而犯难。有一次，他发来他的文章，请求帮忙支个招。我一看，整篇稿子比较乱，没有一个清晰的主题，于是我让他把组织部的征稿通知发过来。只见通知上赫然印着"大走访大梳理大落实主题活动"的字眼，我灵机一动，这不有了吗？

首先，大走访是征集和发现问题，大梳理是分析和梳理问题，大落实是分轻重缓急解决问题，这不是下基层工作的三部曲吗？

其次，这"三个大"有着不可颠倒的逻辑关系，这不是浑然天成的递进结构吗？

基于上述两点考虑，我按"三个大"的主题从宏观上把文章依次分列为三段，再对照该同志的原稿，把相关素材分门别类地粘贴到"大走访""大梳理""大落实"三个段落中。很快，一篇文章的总体框架就形成了。

最后，我再对粘贴进"三个大"的素材进行分析、提炼。经琢磨发现："大走访"的材料体现了一个"细"，"大梳理"的材料凸显了一个"小"，"大落实"的材料反映了一个"实"，由此，大标题也有了——细处着眼　小处着手　实处着力。全义总体框架如下：

细处着眼　小处着手　实处着力

"大走访大落实"活动开展以来，市××局弘扬××利民服务理念，坚持从群众需要出发改进工作，一手抓走深访透，一手抓问题解决，以真落实、快落实的实招实效，赢得群众点赞。

一、从细处着眼，掀起大走访高潮。一是注重走访内容。二是丰富走访方式。三是固化走访成果。

二、从小处着手，巩固大梳理成果。一是应报尽报不遗漏。二是应梳尽梳不含糊。三是应治尽治不松劲。

三、从实处着力，提升大落实水平。一是"雷霆"整治河道。二是关爱困难群众。三是长期结对帮扶。

后来这篇稿子也顺利被组织部刊物采用。

这是最为简单直接的一种"围绕主题选材"综合构思法，其实质就是"语词拆解法"。这适用于直截了当、就事点事的主题类型。

还有一种主题类型，往往内容包藏比较深，思想意涵比较丰富，需要文秘人员独具慧眼，一层层掘开主题里收纳的内容"岩层"，而内容的显露往往与构思的推进同步进行。这一围绕主题选材构思法，就是"内容打开法"。

例如要撰写某市领导在推动企业高质量发展专题会议上的讲话，该如何围绕主题选材？构思一定要紧扣会议主题，对个别关键词进行深入思考和仔细推敲。

首先，从标题看，有"推动""企业""高质量发展"这三个关键词，都是构思可以打开并展示丰富内容的点，也即前文所讲的打开层次。首先，"推动"，作为党委、政府，可以在企业高质量发展的哪些方面有推动（或推动什么）？细想来，无外乎政策、资金、土地、服务等方面。其次，"企业"包含哪些企业？比如"独角兽"企业、中小企业、成长中企业等，领导在讲话中可以选择需要着重推动的企业类型讲。最后，"高质量发展"包括哪些方面？或者本地企业如何发展才是高质量发展？从企业角度讲，一般包括管理、科技、人才、创新、效率等；而如果站在政府层面讲，还要涉及园区布局、产业结构、项目招引等。

通过分析标题中的三个关键词，我们可以获得三种不同的构思和写作维度。

但问题是，角度不同，反映的主题和写出的内容就完全不一样，这三个词哪一个才是本文的主题呢？稍加思考，我们不难发现，本文的讲话人是市领导，其讲话的站位是党委、政府，而党委、政府在企业高质量发展中应充当什么角色呢？显而易见，是"推动者"。可见，本文的主题是"推动……高质量发展"，最好是围绕党委、政府"推动"这一主题来构思、选材。

作为党委、政府，该如何推动呢？可以联系后面两个关键词，从两个维度打开。一方面，可以"统"在一起考虑，直接讲党委、政府"推动"的具体措施，把"推动"具体化即可，即"在哪些方面推动"；另一方面，要区分企业的不同情况，采取不同的策略，因为企业的规模、类型等不同，决定了他们各自对"推动"的需求也不一样，区分企业不同情况的"推动"，对党委政府来说，策略可能会更精准。因此，综合来看，按后者的思路构思更合理。

围绕"推动"这一主题，在构思上可以从"为什么推动"和"怎么推动"两方面展开（这是领导讲话稿的一贯写法）；在内容上可以区分企业不同情况，按企业类型展开，如"中小企业"和"成长型企业"，不同的企业有不同的需求，如中小企业一般需要党委、政府在土地、资金等方面"推动"，而成长型企业则需要在战略规划引领、融合城市发展、产业迭代升级方面给予扶持（也可以区分不同类型的成长型企业，因类施策）。由此，通过紧扣主题"推动"打开内容，可形成总体框架：

一、高度重视成长型中小企业发展

一是从发展全局看，扶持中小企业做大做强是促进县域经济高质量发展的重要途径。

二是从发展主体看，本土中小企业强烈的发展意愿是促进县域经济高质量发展的内驱力量。

三是从发展现状看，加快中小企业转型升级是促进县域经济高质量发展的主要内容。

二、扎实做好中小企业的帮扶工作

1. 加大政策落实力度。

2. 加大资金帮扶力度。

3. 加大土地保障力度。

4. 加大科技人才帮扶力度。

5. 加大优化环境力度。

三、助推成长型企业抢抓机遇加快发展

一要支持地方特色企业做大做强。

二要完善专精特新企业孵化体系。

三要推动科技创新企业迭代升级。

四要加快新兴优势企业跨越发展。

紧扣标题的三个关键词构思，要重点把握以下两点：

一要认清主题是"推动"，如果抛开"推动"而大讲企业自身如何高质量发展，就不是推动而是"代替"了，这样写明显扣题不紧。如有文秘人员这样写"三、成长型企业要抓住机遇加快发展。一要注重研究发展战略。二要努力提高创新能力。三要打造特色企业文化。四要不断提高自身素质"，从标题上看，党委、政府"推动"的角色定位就不太清晰。

二要厘清三个关键词在构思中的次序关系，这关系到内容打开的层次和思维的秩序。其顺序是：哪些企业？这些企业在高质量发展上存在哪些不足？政府如何用力推动？例如：企业是"中小企业"，其存在资金短板，政府应在资金扶持上用力，由此可得内容之一：加大资金扶持力度。其余内容可根据其他的不足类推。

由上可见，围绕主题选材，不仅决定了一篇文章的总体内容，也决定了公文的写作方向；方向不对，全篇皆偏，最终陷入推倒重来的境地。

因此，围绕确定的主题，把写作方向判断准确是全篇构思的重中之重。同样是"高质量发展"的专题，倘换个角度（从下到上），如某县领导在全市高质量发展务虚会上的汇报，该怎么讲呢？既然是务虚会，那么主题应该围绕理念、思路、方法、精神等方面讲得"务虚"点。例如某文秘人员围绕习近平总书记关于高质量发展要"更高质量、更有效率、更加公平、更可持续、更为安全"的总要求，列出如下五大内容：一、发展要更高质量，我们当更高素质。二、发展要更有效率，我们当更有干劲。三、发展要更加公平，我们当更加清正。四、发展要更可持续，我们当更有远见。五、发展要更为安全，我们当更为谨慎（都是"意＋识"的思路）。

第二节　1+8，任选其一靓"出圈"

——第二步：快速成段的实用招数

跨过围绕主题选材这一步，我们已解决了全文谋篇布局的大问题，接下来就要重点考虑第二步"段落怎么打开"了。

段落打开，无外乎纵向和横向两种方式，纵向注重次序的先后，横向彰显内容的平行。从内容关系看，包括结构打开和逻辑打开两个方面，前者侧重于表层分析，常见的结构打开方式有总分型、并列型、递进型、对照型、因果型、综合型等；后者着眼于深层分析，研究前后内容的深刻关联，常见的有：是什么＋为什么＋怎么办＋怎么样，问题＋原因＋措施，情况＋问题＋措施，观点＋措施＋结果（目的），等等。

根据所用方式的不同，可把段落打开分为直接和间接两种。直接打开，就是开门见山，直来直去，常围绕标题中比较概括的关键词，使之进一步具体化。这种结构多为并列型，常见于总结报告类内容。例如：

我市纪检监察机关"三式"监督助力筑牢校园安全防线。一是开展"地毯式"监督。督促各区县（市）和直属学校成立工作组，开展安全隐患大排查大整治，畅通紧急信息核实报送渠道，常态化推进突发事件处置演练。二是聚焦"下沉式"监督。成立联合督察组实地抽查××所市属高校、直属学校，督促推动整改问题×个。围绕校园专职保安员配备、封闭化管理、一键式紧急报警和视频监控系统联网、"护学岗"设置的"4个100％"目标进行排查整改。××区纪委还督促公安强化护学警务行动，确保重点时段校门口"见警察、见警车、见警灯"。三是强化"融入式"监督。发挥派驻监督优势，督促各校（园）集中开展防溺、防火、交通安全等专题教育，深入开展中小学生敲诈、欺凌等专项治理，为"平安两考"保驾护航。

例文就事论事，结合题目的"三式"从三个方面作并列式说明，都是实打实的"干货"。

间接打开，多运用曲笔，先盘马弯弓、左顾右盼地阐述其他内容，在蓄势已足后，再回归要说明的主题。间接打开一般是递进型、因果型结构。较之直接打开，间接打开要复杂一些。语言表达方式有记叙、说明、议论、描写、抒情五种，公文进入话题多采用前三种。鉴于此特点，下文结合文章结构和逻辑两个方面，侧重从内容上阐述段落的间接打开方式，主要有以下八种。

一、先作＋后作

公文内容推进或事件发展有时间上的先后次序，一般先发生的先写，后发生的后写，段落按"先作＋后作"打开，一方面符合事物发展的规律，同时也便于读者理解。如"开展环境大整治工作"，可按时间先后安排结构为：编制方案、会议动员、推进实施、问题整改、结果考核、总结经验、落实长效等。

二、概述＋分述

先对基本情况、大致思路、主要做法等作简要说明，再逐层展开具体说明，相当于总分型结构。例如：

道德风尚良好，社会责任落实。①围绕关爱他人、关爱社会、关爱自然主题，建立单位××志愿服务队，以为群众办实事、服务乡村振兴等各种活动为载体，倾情服务基层、服务群众。②如与结对××社区共建文明，向其捐赠电脑，帮助建设心理询问室；走访慰问与本局结对的××村困难家庭××户××人；与××村共建文明，先后通过走访调研、安装气象显示屏、提供免费气象短信、开展科普宣讲、捐赠书籍等方式有效推动结对村精神文明建设；主动开展创建省示范文明城市活动，通过参加市容环境卫生监督活动、交通志愿者活动，进一步提高群众的文明意识。③主动利用网络平台传播文明风尚，按要求成立××人的网络文明传播志愿者小组，每位志愿者均开设微博、公众号等新媒体，在繁忙工作之余，主动撰写原创评论，转发微博和公众号，传播礼仪文明新风尚。④通过分布在全市各地的LED气象显示屏、单位宣传栏不定期宣扬崇德修身、向上向善的品格精神，在单位内外营造深厚的道德文化氛围。

①概述总体做法，②③从线下与线上"两个文明"共建方面分述，其中，线下创建活动列举社区、家庭、乡村和城市四个方面，层次清晰，④总结文明创建的效果。

三、说理＋说事

说理＋说事（人、物），其实就是讲道理、摆事实。这是相对复杂的一种段落打开方式，难就难在说理。其中，说理回答"为什么"，先作铺垫蓄势；"说事"回答"怎么办"，是宗旨目的所在。

说理既是公文表达的难点，也是重点，大多数公文，特别是领导讲话稿要频繁地讲理、明事。说理要有逻辑性、彰显说服力，其要诀就是要从高到低、由虚到实地梳理出"层次"，就像剥笋、抽丝一样，一层层、一句句地"拉"出来。例如：

树立正确的权力观。①权力是一把"双刃剑"，用好了可以更好地为党和人民做实事、办好事；而一旦用于为个人谋取私利，这样的权力就会毁掉一个领导干部，就会损害党的事业和人民群众的利益。②大多数腐败分子正是因为在行使权力这一环节上出了问题、栽了跟头。③大家身处领导岗位，手中或多或少都握有一定的权力，如何正确看待这份权力，如何正确行使这份权力，值得大家冷静思考并作出回答。④参加今天大会的，都是县处级以上领导干部，受党长期教育培养逐步走上领导岗位，一步步走到今天确实很不容易。⑤大家一定要倍加珍惜这来之不易的工作岗位，倍加珍惜党和人民赋予的手中的权力，为党的事业、为人民群众的利益掌好权、用好权。

例文按"虚"和"实"可以清晰地梳理为两个层次，其中，①②③是说理，务虚；④⑤是"说事"为主，务实。

先看第一层次。说理的层次感特别分明，①立足于宏观说理，先紧扣标题的中心词"权力"，紧扣"双刃剑"，从正反两方面"抽丝"，论述偏"虚"，指向全体而不针对任何群体或个体；②立足于中观说理，从"云巅"降落"山巅"，指向"大多数"这一群体"行使权力"，还不是"眼前人"，但言在此而意在彼，通过阐明个中"道理"，劝警意味甚浓；③立足于微观说理，从"山巅"滑落"山脚"，"代入"眼前的每一"个体"，指出共同点"都有权力"，两相对照，以不言自明的口吻提出总论点。总体看，说理顺序是由远到近、从大到小，层次感很强。

再看第二层次。总体是说事，但也是夹叙夹议，其中，④承上文，针对眼前个体，分析原因所在，"确实不容易"，以反衬正，告诫大家要正确对待权力，否则就要出问题、栽跟头；在此基础上，⑤水到渠成地得出结论，作出要求，发出号召，是全文主旨所在。

整段看来，①②③④都在说理，就像一条珠链，自始至终都以"权力"贯穿，环环相连，层层推进，丝丝入扣，凸显了议论的逻辑性；也如掀起的一波波浪潮，增强了论证的说服力。

四、问题 + 解题

在日常公务中，我们一般要坚持问题导向，并以解决问题为旨归。公文是以文件解决公务问题的一种重要手段，是主观思维对客观现实的一种能动反映，自然也要坚持问题导向。在段落打开中，先提出问题树靶子，再聚焦问题提出解决措施、方案，在日常写作中比较常见。例如：

克服权力行使中的不良倾向。①从腐败分子身上不难看出，当前领导干部特别是"一把手"行使权力过程中存在这样几种不良倾向，一些同志往往习惯于唯我独尊，作风霸道，不受监督，搞"家长制""一言堂"；习惯于无视组织原则和程序，擅自决定重大事项，把自己凌驾于组织之上；习惯于轻视各方意见，靠拍脑袋做决策；习惯于忽略团队的作用，独往独来、包办代替。②这些不良倾向越明显，产生腐败问题的概率就越大；这样的习惯也许能让你感觉风光一时，但其结局必然是自吞苦果。③对此，各级领导干部要逐一对照，有则改之，无则加勉，严防因滥用权力而滋生腐败。

例文的构思方法是：首先紧扣标题，弄清不良倾向有哪些，然后提出克服什么、怎么克服才能有的放矢，因此例文的打开顺序应是"问题+措施"。

例文共三句话，层次很清晰，第一层次为①②两句，先指向现实，提出问题并作分析，其中①是列举问题，②分"析"出不良后果；第二层次③提出解决问题的措施。

五、表象 + 抽象

表象，就是"实"，即通过描绘实景、说明实物、记叙实事（人）等，铺开文章内容；抽象，就是通过对表象的深入分析和挖掘发表议论、抒发感情，由此表明作者观点，凸显文章主题。

①透过林立的高楼，徜徉在宽阔的大道，畅想着不久的将来××湖的美好景观，我们深刻地感受到了市委、市政府带领全市××万人民改天换地、走向文明富裕和幸福安康的坚强决心。②特别是××书记刚才在介绍××经济社会发展情况时所列举的一串串翔实的数据，更是令人信服、催人奋进。③数字的背后，体现的是科学发展的光辉思想和实事求是的思想路线，反映的是市委、市政府勇立潮头、敢于创新的豪迈气概和艰苦奋斗、真抓实干的优良作风，我们为有这么好的市委、市政府而由衷地高兴。

例文三句话分为两个层次，①②为第一层，③为第二层。第一层两句话为"表象"，先描绘"看到的"，再说明"听到的"，同时都穿插揭示"想到的"。第二层透过现象看本质，阐述感悟，表达情感，从中抽象出文章的主题。

六、引入 + 深入

引入就是"王顾左右而言他"，先放出一个"引子"，即通过介绍背景、阐述缘由、说明根据、交代缘由、引述事件等"导入"，顺势"带入"，逐步"深入"文章主要内容，渐入佳境。这种段落打开术多为因果型、递进型结构。例如：

人民养育军队，军队为人民服务。①××是××上重要的战略军事要地，驻军比较多，并且大都是具有光荣革命传统和显著功绩的英雄部队。②其中有空军第一个承担飞行员训练改革试点的院校，有刚下××又上××的全国抢险救灾先进群体和培养坦克乘员的基地，还有武警支队、消防支队、陆军第××医院等，都是所在单位的优秀群体。③他们在忠实履行使命任务，出色完成军事任务的同时，积极参加××地方经济社会建设。④特别是近两年，响应市委、市政府"全力实施两大战略、培育壮大五大产业、努力实现城乡融合发展"的号召，参加××重点工程建设、生态环境治理、城市道路整治、公共设施建设、新农村建设、扶贫帮困、助学兴教和维护社会稳定等工作，受到市委、市政府的赞扬和肯定，也得到各族人民的拥护和爱戴。

军队的主要任务是军事使命，例文记叙的重点在军队为人民和地方建设服务。但例文一开始并未直接说明军队如何参与地方建设，而是先介绍该部队是一支什么样的军队，通过简要背景说明让读者获得一个关于该驻军的总体认知（足够优秀，为转入、深入主题铺垫）。全段分为两层，①②为第一层，③④为第二层，其中③为承上启下的过渡句。

七、对标 + 对表

对标，就是先提出上级、本级或其他层面的总体要求（指示）、主要目标等；对表，就是对应前文的目标、要求，梳理各项任务、职责和相关保障，并一个个地逐项说明。例如：

强化统筹衔接，全面完成"十四五"主要指标。①对标党的二十大报告关于全面建设社会主义现代化国家开局起步的××方面目标任务，落实市××次党代会对未来五年全市主要经济指标安排，强化与"十四五"规划主要指标的衔接。②紧紧围绕"十四五"规划纲要中的××项主要指标，坚持统筹兼顾、分类施策。③对于××项约束性指标，要树立底线思维，紧盯差距找问题，完善台账排工期，尽最大努力，确保完成国家要求；对于××项预期性指标，要跳起摸高，抓铁有痕，持续用劲，全力确保完成。④特别是要坚持发展第一要务，全力确保完成全市生产总值年均增长××%的目标。

例文节选自领导讲话，共四句话，①为第一层，提出三大目标体系；②③④为第二层，重点"对表"第一层"十四五"的三大类指标，先提出落实总思路，再从面到点，提出落实目标的要求，但没有作过细说明。

八、文字＋数字

前文用文字说明观点、方法、措施等，后文用数字说明结果或目的、影响等，或边文字边数字地阐述思路（要求、措施等）和效果（影响）等，完整的段落打开方式是"观点＋措施＋目的（结果）"，或"观点＋措施"，或"措施＋结果"。这种总结报告性内容中比较多见。例如：

①坚持优化存量、严控增量，坚决遏制"两高"项目盲目发展，无新上和在建"两高"项目。②严格落实能耗"双控"目标责任，深入挖掘重点领域节能降碳潜力；实施用能预算管理，推动能源优化配置和精细管控；强化固定资产投资项目节能审查，深入开展重点用能单位节能审查制度执行情况、违规用能整改落实情况等专项监察。③××××年单位 GDP 能耗下降 ×%，超额完成下降 ×% 的年度目标任务。

例文三句话分两个层次，①②为第一层，"文字"说明措施；③为第二层，"数字"说明成果。

上例是"文字"和"数字"分开说明的方法，也有"文字"（只说明做法）和"数字"（只说明成绩）部分单独成段的情况，或"文字"和"数字"交替出现的情况，还有同步在一起的情况，一般是并列结构，属于段落直接打开的类型。这种情况也十分常见。例如：

××新区核发水域滩涂养殖证 × 个、水产苗种生产许可证 ×× 个；辖区禁养区海水养殖面积 ×× 亩，涉及养殖户 ×× 户，已基本完成清理工作。××特别合作区核发水域滩涂养殖证 × 个、水产苗种生产许可证 × 个；辖区禁养区海水养殖面积 ×× 余亩，已清退 ×× 亩。（单独成段：数字说明成果）

加快污水处理"双转变、双提升"，新建修复污水管网 ××× 公里，创建污水零直排小区 ×××× 个，建成水质净化厂 × 座，新增污水集中处理能力 ×× 万吨／日、总处理能力 ××× 万吨／日，污水收集量增长 ×%。强化降雨期间巡查监测，整治降雨溢流。对公园内湖、社区水塘实施水生态巡查管控。（文字和数字同步出现）

第三节　"到"字诀，突破下笔无话的尖刀利刃

—— 第三步：一学就会的 7 种"傻瓜式"写法

在全文框架初定、轮廓始现后，接下来的第三步工作就是语言表达了。选择合适的语言表达形式，是一篇公文最终成形的实体工程。

日常公文写作中，并不是完成了立意、结构、选材等工序就万事大吉了，立意能否得到精确体现、结构是否严谨新巧、选材是否贴切管用，最终都得看语言表达的功力。语言表达贯穿于公文写作的全过程。前文已就语言表达介绍了多种技法，这里围绕"迷你三步写作法"，重点介绍四种既有助于写得出，又有利于写得快的语言表达式，以供写作不同的内容时选用。加强这些常用表达式的实践训练，可让你信手拈来。

这里重点要介绍的就是"到"字诀，记牢就能写，简直就是快、准、狠的"傻瓜式"写法。熟练用好"到"字诀，一下让语言表达变得超简单。

一、普遍通用型：想到＋做到＋达（得）到＋感（受）到

"四到"，这是一种应用十分广泛的语言表达句式。这"四到"，既符合人们先主体后客体、从认识到实践的客观逻辑，也符合事物发展由表及里、从实践到认识的主观逻辑，遵循"从实践中来，到实践中去"的马克思主义认识论。无论说话还是写作，如果用上"四到"句型，既能出口成章、信手拈来，也能言之有序、言之成理。

"四到"中，"想到"是关于实践工作的理念、宗旨、思路、根据、要求、原则、方法等；"做到"是具体工作的目标、任务、措施、方式等；"达（得）到"是事情发展实现的结果、目的、效益、经验、价值等，可以把直接成果和间接效益、正面收获和侧面评价、近期成绩和长期效果、点上结果和面上价值等方面结合起来；"感（受）到"是从实践工作中获得的感触、感受、感悟、感知，以及产生的影响、外界的评价等，有利于升华主题。

在具体表达时，既可以"四到"俱全，也可以任意组合，可以"三到"，如"想到＋做到＋达（得）到"；可以"两到"，如"想到＋做到""做到＋达（得）到"；也可以"一到"，如"做到"。

"四到"可以用于单句组织，可以用于句群连接，也可以用于段落组合，还可以用于全文构思。

（一）写句子。例如：

以"高质量发展"为引领（想到），坚持全市公共服务一体化均衡发展，坚持创业带就业，高水平发展"美好教育"（做到），争取三甲医院区县（市）全覆盖（达到）。

（二）写句群。例如：

开展主题教育，是推进新时代党的建设的迫切需要（段落标题）。①在中国这样一个有14亿多人口的大国建设现代化，绝对不是一件轻而易举的事情。②中国革命建设和改革开放的历史深刻说明，办好中国的事情，关键在党。③只有把我们的党建设好、建设强，党和国家的事业才能兴旺发达，战争年代是这样，和平建设时期是这样，新时代中国特色社会主义建设也是这样。④党的十八大以来，党中央以作风建设为切入口，从政治、思想、作风、纪律和反腐倡廉各方面加强党的建设，全面从严治党取得不平凡成就，反腐败斗争取得压倒性优势，政治生态根本好转，得到了人民群众的衷心拥护和普遍赞誉。⑤实践证明，我们党有能力、有魄力、有办法反对和纠正党内一切脱离人民群众、腐蚀党的健康肌体的消极现象，这是我们党能够保持生机活力、不断发展壮大的根本原因之一。⑥当前，我们正在进行具有许多新的历史特点的伟大斗争，对党的领导水平和执政水平，对党组织建设状况和党员干部素质、能力、作风，提出了更高要求。⑦开展学习贯彻新时代中国特色社会主义思想主题教育，就是要坚持党要管党、从严治党，不断提高执政能力和领导水平，确保党始终成为中国特色社会主义事业的坚强领导核心。

例文共七句话，围绕"必须加强党的建设"这一主题，可分为两个层次，①—⑤为第一层次，主要是"说理"，论述"为什么"要加强党的建设；⑥⑦两句为第二层次，回到现实，重点"说事"，指出新时期如何加强党的建设，其中⑥提出问题（为什么），⑦解决问题，指出主题教育是加强党的建设的重要方法。

第一层五句话说理的层次感非常清晰，运用了"四到"写句群。其中，①—③是"想到"，总结历史规律，从事情难办（表层"问题"），到办好事情离不开党（浅层"方法"），再到历史证明党在事业发展中的关键作用（深层："答案"），论述层层深入；④是"做到+达到"，用十八大以来的实践例证；⑤是"感到"的认识、经验，全面、深入地总结前文。

（三）写语段。例如：

这是××市践行人民至上、奔向共同富裕的五年。（段落标题）①我们坚持以人民为中心的发展思想，深入推进就业惠民、美好教育、健康×州、文化传承、住房保障、精准脱贫等各项工作。②城乡居民人均可支配收入年均分别增长×%和×%、倍差由×缩小至×，新增基础教育学位××万个，居民人均期望寿命××岁，实证中华××××年文明史的××古城遗址成功申遗，××配供水工程通水，保障住房困难家庭××万户，帮扶××州、××州××个贫困县全部脱贫摘帽，全国双拥模范城创建实现"×连冠"。③我们迈向共同富裕的步伐越走越坚定，道路越走越宽广。

例文中，①是"想到+做到"，概述；②是"达到"，列举相关方面的成就；③是"感到"，虚写提炼，升华主题。

"四到"符合人们的思维特点，在总结情况、概述思路、提出要求时运用较多，属于"普遍通用型"。

选用其中的任意几"到"，我们甚至能快速"吐"句成篇。如：按照"实际、实用、实效"的培训要求（想到），我重点跟大家梳理了公文写作的基本理论，交流了公文写作的常用技巧，讲授了公文写作的实用文种，旨在帮大家全面了解公文写作、深入认识公文写作，并在实践中不断提高公文写作水平（做到+达到）。我相信，只要融会贯通、学以致用，假以时日，大家一定会成长为一名写得出、写得好、写得快的"大笔杆"（感到：升华主题）。

二、事实分析型：转到+点到+拎到

在公文中发表观点、提出看法、作出判断时，往往会用到分析，包括现象分析、情况分析、问题分析、原因分析、结（后）果分析、形势分析、趋势分析、意义分析、影响分析、观点分析等。

要作出准确、高效、客观的分析，首先要把分析与论述区分开来。分析，顾名思义，是"分""析"的合称，它要把所分析的内容"切分"成几块，以独特的视角，逐一指出其隐含或包藏的深层意义，最终"析"出自己独到的见解、观点、看法等。论述，是紧扣议论对象直接揭示性质、提出认识、阐述内涵、发表意见等。例如：

作风建设，关系到工作成效，关系到队伍形象，也关系到党在人民心中的地位（议论）。

作风建设，一头连着党组织，是党的建设的"显示屏"；一头连着群众，是影响群众认同的"晴雨表"；一头连着事业发展，是直观反映兴衰成败的"走势图"（"分"）。因此，我们必须驰而不息地狠抓作风建设，把锻造一支思想纯洁、品德纯洁、作风纯朴的干部队伍作为工作的重中之重（"析"）。

根据分析在文中所处的位置以及要实现的目的，可以把分析的语言表达分为三个方面：转到、点到、拎到。"转到"，就是在提出某个观点、见解之后，调转笔锋，落到所要分析的现象、形势、问题等"事实"内容上来；点到，就是对"事实"作出精准的切分，并切中要害地揭示要义；拎到，就是先放后收，由表及里，从中提炼本质，拔高主题。例如：

有一则故事形象地讲出了信仰的"味道"（转到"事实举例"）。故事的主人公是《共产党宣言》中文版第一个翻译者、著名中国共产党早期活动家陈望道先生（点到"人"）。1920年的一天，正当陈望道废寝忘食地翻译这本书时，他妈妈为他准备了一碟红糖蘸粽子吃，三番五次在屋外催他，后来问他糖够不够（"三番五次""后来"等词，内容省略，高度概括），他说："够甜，够甜的了。"（点到"事"）当他妈妈来收碗筷时，却发现儿子的嘴上满是墨汁，原来陈望道是蘸着墨汁吃掉的粽子（点到特殊"细节"）。可见，当人在信仰的驱使下从事工作时，再苦再累，心里的滋味也是甘甜的。这就是信仰的味道（拎到：叙议结合，升华主题）！

三、观点论证型

公文写作少不了议论，特别是在讲话、汇报类的事务性公文中。议论是语言表达的一个难点。突破"难中难"，方成"王中王"。写好公文的议论性内容，没有一手过硬的议论写作功夫，是绝对不行的。

议论要有说服力和逻辑性，厘清层次最关键。根据论点提出的方式，可把议论内容的语言表达分为直接议论和间接议论两种。

（一）直接议论型：挖到＋拎到＋推到＋归到＋伸到＋回到

直接议论，就是直接紧扣论题阐析和论证。"挖到"，就是"挖"出标题中的某个关键词，从高处落笔，就此展开议论，"向下"进一步挖深，"挖"出其性质、本质、内涵；"拎到"，就是"向上"进一步拔高，引用领导言论或名人名言强化议论的权威性;"推到",即扣紧前文向前推进,推及相关对象,并通过分析推理,进一步挖掘其实质;"归到",就是结合议论对象作简单归结、小结;"伸到",就是反向或转向延伸其他人、事或特殊观点、案例,或引申出相关思想、观点等,以曲笔深化论证,逐步揭示结论;"回到",就是在前文说理蓄势基础上,回到议论对象本身,顺理成章地提出观点。例如:

要严守党的政治纪律和政治规矩(标题)。政治纪律是成文的规矩,规矩是不成文的纪律(挖到)。党的十九大以来,习近平总书记高度重视纪律建设,突出强调严明政治纪律和政治规矩(拎到)。政治纪律是党最根本、最重要的纪律,是打头的、第一位的。如果政治纪律和政治规矩成了摆设,就会形成"破窗效应",使党的章程、原则、制度、部署丧失严肃性和权威性,党还如何团结一心、步调一致(推到)?破坏和违反政治纪律危害甚大(归到)。从我们党的发展历程看,在革命战争年代,能否严守政治纪律直接关系党的生死存亡。1931年,顾顺章被捕叛变,造成党中央差点被摧毁,大批地下党组织被摧毁;长征途中张国焘拥兵自重、搞分裂党的活动,使党和革命事业处在了极其危险的境地(伸到:总—分)。在和平时期,能否严守政治纪律和政治规矩,关系党内政治生活、政治生态,更关系党的团结统一和政治安全。对××机关每名党员特别是党员领导干部来说,遵守政治纪律,必须把准政治方向、站稳政治立场,牢固树立"四个意识",自觉做到"四个服从",即党员个人服从党的组织、少数服从多数、下级组织服从上级组织、全党各个组织和全体党员服从党的全国代表大会和中央委员会,坚决维护以习近平总书记为核心的党中央权威,决不能触犯政治纪律和政治规矩的"红线"和"底线"(回到:面—点、虚—实)。

这"六到",不一定要面面俱到,顺序也不是铁板一块,出现频次视情也可以有变化。

(二)间接议论型:想到 + 接到 + 推到 + 伸到 + 回到

间接议论,就是绕开论题,不从"本处"写起,而是"想到"高处、他处、远处、相关处的人、事、理,绕道入题,通过对共通点的阐述,步步逼近主题,推导出合理性结论;"接到",就是接通议论的重点对象。其他"三到",和直接议论的同类"三到"相仿。"推到",就是进一步深化、强化论述;"伸到",就是进一步推展、延伸,如运用举例论证、反面论证、假设论证、谬证法、反问等;"回到",就是笔墨落在议论对象上。间接议论,也可以视情用到"拎到""归到"。

孟子说：不以规矩，不成方圆（想到）。纪律就是规则，是行为规范（接到）。纪律问题对任何一个社会、一个国家、一个政党、一支军队都具有非同寻常的重要意义（推到：推及相关对象）。总结国内革命战争中我们党取得全面胜利的历史经验，其中一个很重要的原因就是我们的党和军队有严格的纪律约束。井冈山时期党执行纪律就是非常严格的，处罚违规违纪党员是非常严肃的。延安时期一些战功赫赫的战将、将军，只要违纪就要受到处分，比如黄克功，还有建国初期的刘青山、张子善，都受到党纪国法的严厉惩处。中国革命的胜利，靠的就是铁的纪律的保证（伸到）。今天我们党领导全国人民搞建设，谋发展，为实现中国梦而奋斗，依然要靠铁的纪律（归到）。当前我们××机关承担着如此繁重的任务，没有严格的纪律行吗？不行的，包括很小的问题，都有可能对我们党，对我们组织造成伤害，影响我们审计机关的形象。从当前的一些外界反映看，我们××队伍仍然存在一些违反纪律的现象，不该吃的饭吃了，不该报销的报销了，不该做的做了，这些问题得不到重视，不下决心解决，最终是要瓦解我们队伍的战斗力和凝聚力，我们××工作要特别注意严肃纪律这个铁的要求（回到）。

四、事件概叙型：走到＋看到＋聊到＋听到＋想到＋回到

一般的事件概叙，用好时间、地点、人物、起因、经过、结果等记叙"六要素"就好，而有些特殊情况的概叙则要用到独到的写法，如有些调研指导型讲话在进入正题前先概叙相关情况。"走到"，就是曾经到了某处；"看到"，就是眼中所见；"聊到"，提及与相关对象谈话的重点内容；"听到"，即听到的一些诉求、意见、讲话等；"想到"，对所见所闻等发表看法、见解、评论等；"回到"，就是转到本文主题或将要说明的内容、对象上来。例如某领导在工业用地有机更新工作座谈会上的讲话一开篇：

近几天，我陆续到××园区、××街道走访，专题调研了我区工业用地有机更新最新政策的落地情况（走到）。在一些厂矿街道，我看到了后疫情时期大家争分夺秒、撸起袖子加油干的热烈场面，听到了一些关于我区有机更新的不同声音，也和一些基层干部、企业家聊到了我区有机更新该怎么办、高质量发展该怎么抓、业态转型升级该怎么干等话题，大家提了不少真知灼见，令我印象深刻，大受启发，收获很多（看到＋听到＋聊到＋感到）。刚才，我们相关局办的同志聚焦会议专题，做了实事求是的汇报；相关企业代表也提出了很多

新颖、独到的见解，我都赞同，也表示支持（听到＋想到）。总体来看，目前我区的高质量发展情况是好的，成绩是喜人的，大家思想统一，干劲十足，思路广阔，信心满满，这都是我们推进事业发展的积极因素（看到＋想到）。但我们也要看到，与兄弟城区相比，我区的经济发展还存在一些亟须解决的短板问题，比如存量土地如何盘活、产业结构如何优化、政策力量如何加持，等等（回到：提出问题）。围绕我区高质量发展中的这些突出问题，下面我也谈几点个人的想法。

五、情况说明型：圈到＋点到＋回到＋归到＋达到

在工作交流、汇报情况时，需要对人、地、事、物等情况作概括介绍，以作为背景为接下来的内容展开作铺垫。"圈到"，就是提纲挈领、删繁就简，先对所述对象作俯瞰式、全景式的总体介绍，能把重要内容精髓都"圈"在概述之中；"点到"，就是抓住主要要素进行分述；"回到"，就是转移笔锋到要说明的对象上来；"归到"，就是适当作出一些归纳、小结；"达到"，即对所述对象实现的成就、达到的高度、产生的影响等作出一个总体评述。其间，也可以视情运用"拎到""想到"等。例如：

"××五"期间，是我县经济增长最快、发展质量最好、城乡面貌变化最大、群众得到实惠最多的五年（圈到）。五年最突出的成就是，全县主要经济指标实现翻番增长，截至××年末，生产总值达××亿元，比"××五"末翻了一番；全社会固定资产投资完成××亿元，累计达××亿元，增长近×倍；规模工业增加值达××亿元，翻了一番多；财政总收入达××亿元，增长近×倍（一个个分号，表示"点到"）。这些成绩的取得，得益于全县上下的团结奋进和顽强拼搏，离不开电力行业的不断付出和大力支持（归到）。五年来，全县相继实施××、××、××千伏输变电，××、××千伏输变电和城网改造、农网改造等一批电力工程，全县累计完成电网建设投资××亿元，是"×五"时期的×倍（回到：这是本文"电力工作"汇报的主题，因此单列）。我县先后率先在全市实现"户户通电"，创建成全省节能降损示范县、新农村电气化县，县域电网日趋完善，供电质量显著提升，电力服务不断优化，用电条件大幅改善，为城乡人民生活水平提升和县域经济社会发展做出了重要贡献（达到）。

六、场景描摹型：移到＋看到＋点到＋归到＋想（感）到

在抒情、描写色彩强烈的公文中，如领导致辞、离任讲话等，还会用到简要的景物描写、人物描写等。抓住相关细节、展现对象特点，是运用描写为文章增色的关键所在。"移到"，就是把视线转移到要描写的对象上；"看到"，即通过全镜头、长镜头、微镜头，展示具体场景；"点到"，就是区分所写对象的相关细节层次，如关键要素、环节、构成等；"想到（感到）"，就是围绕主题，进一步挖掘思想内涵、深广意义。这"五到"也不是铁板一块，可颠倒可省略可多用，其间还可穿插"归到""回到"等。

（一）人物描写。例如：

在村里面走访（移到，接下来都是"看到"），我还没到门口，老老少少都迎了出来；走进村民家，我想和他们说句话不容易，因为他们一直忙着要给我烧鸡蛋茶；临走了，拉着我的手久久不放，再三要求，这几天一定要到家里喝一杯，实在不行，下次来一定要兑现；还有，我给住宿费、生活费，推来让去，说啥也不要（从四个方面"点到"）。这就是最基层的群众（归到）！当我觉得对他们关心不够而心怀愧疚时，他们展现给我的，却是亲人一样最朴实的情感、最欢快的笑容、最博大的胸怀（感到）。有这样的群众、有这样的支持，我不知道我们还有什么委屈不能忍受、什么困难不能克服、什么事情不能办到（想到：回应全文"干部群众鱼水情深"的主题）。

（二）景物描写。例如某领导旅游节致辞的相关章节：

如果你欣赏×江的秀丽，那么请你走进×西×海国家森林公园（移到）。那几平方公里范围内，散落着××多座波光粼粼的大小湖泊，镶嵌在亭亭玉立的茂翠森林间（看到），湖光倩影，一片静谧（感到），凌空鸟瞰，银光闪闪，状若星辰，又似珍珠坠玉盘，熠熠生辉（看到＋想到）。漫游湖畔，看渔翁行舟，观白鹭划波，听群鸟啼吟（点到），你会陶醉在人与自然的亲情和谐之中，感到比×江如诗，比×江似画（感到）。

以上6大类7种语言表达式，除了普遍通用型，其他6种表达式都是针对记叙、说明、议论、描写（抒情前文已有介绍，按情理逻辑）4种表达方式的特点提出的。运用三步成文法时，可针对不同的内容，先确定拟用的表达类型，再选用适合的语言表达式，将让你尽情体验下笔千言、一泻千里的快感。

第四节　三步是否有效　实操让你知道

——"迷你三步成文法"写作示范

迷你三步成文法，总体来看似乎只讲了一个方法。事实上，第一步"围绕主题选材"包括了两大方法，第二步"快速成段"介绍了9大窍门，第三步"语言表达"分述了7种表达公式，仅从表面来看，每一步任选其一并随意组合，即可得到 2×9×7=126 种写法。写作的技巧是变化无穷的，技巧的魅力是奥妙无限的。

这里以两个文种为例，来演示、检验迷你三步成文法的"即战力"。

首先以"信息"为例。应领导要求，某县政府文秘人员将要结合相关素材提炼，拟写一篇关于"旅游经济发展"的信息。按照"迷你三步成文法"，我们可以通过解构分三步构思。

第一步，围绕主题选材。结合写作要求，我们已经知道本文的主题是"旅游经济发展"，这里的"旅游""发展"都是构思审题的"亮点"，前者提示我们可从"横向"构思（结构），后者暗示我们可从"纵向"构思（过程），也可把两者结合起来考虑，即"××游+××（亮点）"的模式。

前文提到，围绕主题选材主要包括语词拆解法和内容打开法两种方法。这里不妨采用内容打开法（此种应用最多）。回到标题的关键词，显然，"旅游"是一个高度概括的词语，它有着比较丰富的内容，结合本地特色，经推敲，旅游可以打开为湖区游、乡村游、休闲游、新兴游、入境游、体验游、访学游、校园游、专线游、精品游……可以从中精选几项突出的"点"，由此组成全文的框架。

第二步，段落打开。前文提到了"1+8"共9种方案，鉴于该信息从总体上看属于一篇总结性质的材料，我们可以选取"文字 + 数字"类型组合成段，即文字说明措施、数字说明成果（数字部分，实际上就是"达到"）。

第三步，语言表达。鉴于该信息主要内容是总结措施、成绩，因此，可选用"想到 + 做到 + 达到 + 感到"的语言表达式。

经整理，成文如下：

××县"5游"齐下助推旅游经济收入首次突破××亿大关（标题）。①近年来，该县围绕"湖区游、乡村游、休闲游、新兴游、入境游"的"5游"发展路线，采取有力措施，切实推动旅游经济快速发展。②据统计，某年全县共接待国内外游客××万人，实现旅游经济收入××亿元，同比分别增长××%和××%，全县旅游经济收入首次突破××亿大关。③一是拓展湖区游。推出"××"专线、×林+××岛、××湖和××休闲游等旅游产品，湖区旅游得到丰富和提升。④二是狠抓乡村游。在推进核心景区和环湖休闲圈建设的同时，注重旅游业向乡村延伸。建设精品村、特色村××个、乡村旅游景点×个、××基地×个、漂流项目×个、农家乐经营户××户，并逐步形成较为完善的乡村旅游产品体系。某年共接待游客××万人次，实现乡村旅游收入××亿元，同比分别增长××%和××%。⑤三是引导休闲游。完善××湖休闲酒店、餐饮、别墅建设，建成××湖××线绿道，××线绿道、××岛绿道和城市绿道等长达××公里的环湖自行车绿道，全力打造××休闲养生线、××修学线、××避暑线、××漂流亲水线。据不完全统计，某年来淳散客比例占×成以上，高星级酒店客房出租率达××%，同比增长××%。××湖夜游、水上运动等游客增长××%左右，骑行游客增长××%，带动经济总收入超××亿元。⑥四是探索新兴游。举办"××湖国际露营大会""国际毅行徒步大会"、××湖××采摘节等活动，登山、徒步、婚纱、采摘等新兴旅游氛围浓厚，接待游客增长××%以上。⑦五是培育入境游。充分利用××小时过境免签政策，完善景区外文标识相关设施，提高旅行社接待外国游客的水平，推动入境游快速发展。某年接待入境游客××万人，同比增长××%，其中台湾游客增长××%。

例文采用总分型结构。其中①②总写，后文从五个方面分写。总写部分采用"文字＋数字"结构法，①用文字概述做法，②用数字说明成果。从段落打开看，分写部分也都采用了"文字＋数字"组段法，或先数字、后文字，或文字、数字融合法。

从语言表达看，技法运用富于变化，如①运用了"想到＋做到＋达到"，③只有"做到"，⑥是"做到＋达到"，⑦又是"想到＋做到＋达到"，等等。

再以"领导讲话稿"为例。例如某领导要做一次"不忘初心、牢记使命"主题教育学习的交流发言。显而易见，审题思考的关键点有两个：一是不忘什么初心（内涵），二是牢记哪些使命。围绕这两个维度，我们可以按"纵向"由浅入深地打开为三个层次："立"正初心、"修"正初心、"执"正初心。也可以按"横向"打开，比如结合初心内涵和自身实际工作，坚持抓主要方面，围绕不忘的有"哪些初心"展开。对照党的根本宗旨，作为一个党员，不应该忘记的"初心",从高到低,可以抓住人民宗旨、理想追求、担当尽责等主要方面。就此,围绕主题选材,可以把全文框架确定为三大部分。

从段落打开看,鉴于此文的议论性质十分鲜明,宏观来看,可以采用"说理 + 说事"组段法,可以每段先说理、再说事,也可以前文说理、后文说事。在语言表达上可采用直接议论表达式,也可以采用间接议论表达式。全文如下:

在"不忘初心 牢记使命"主题教育学习会上的发言

①"中国共产党人的初心,就是为中国人民谋幸福,为中华民族谋复兴。"在党的十九大开幕会上,习近平总书记的铿锵之音,响彻在人民大会堂,也回荡在辽阔的神州大地。"不忘初心"就是全党要把初心铭刻在心、融入灵魂,真正做到一心向党、全心为民、不忘初心、牢记使命。

②不忘初心,就要不忘记根本。"夫民者,万世之本也。(想到)"党的力量来自人民,党的根基立足人民,一切依靠人民,一切为了人民(接到)。党从一开始就把全心全意为人民服务写在自己的旗帜上,与人民建立了血肉联系,从而也赢得了人民对我们党事业的大力支持(推到)。长征途中,各族人民踊跃参加红军;抗日战争中,军民一家,鱼水情深,打败了日本侵略者;解放战争中,人民踊跃参军支前,"淮海战役的胜利是人民群众用小车推出来的"(伸到 + 归到)……回首过往,我们党之所以能取得一个又一个胜利,闯过一个又一个险滩,关键在于党赢得了人民群众的拥护与支持,始终同人民群众保持血肉联系(回到)。

③不忘初心,就要不忘记追求。"志不立,天下无可成之事。"没有目标,就会在旅途中迷失自己。我们党已经建党 100 多年、执政 70 多年,"精神懈怠的危险,能力不足的危险,脱离群众的危险,消极腐败的危险更加突出地摆在了我们面前",这是值得每个党员干部警惕和警醒的。中国共产党在成立之初,就将共产主义作为自己的伟大理想和奋斗目标。共产主义的实现不是一句空话,需要党带领全国各族人民,不忘初心、继续前进,永久持续谦虚、谨慎、不骄、不躁的作风,永久持续艰苦奋斗的作风,勇于变革、勇于创新,永不僵化、永不停滞,继续在这场历史性"考试"中经受考验,努力向历史、向人民交出新的更加优异的答卷。

④不忘初心,就要不忘记职责。自 1921 年建党至今,中国共产党人历经斗争考验,穿越重重险难,不论外界环境如何变化,不变的是党对祖国人民的一腔忠诚热血和对国家发展、人民幸福的不懈追求。中国共产党人始终坚持艰苦奋

斗、自力更生、砥砺奋进、进取创新，实现了中华民族从站起来、富起来到强起来的伟大变革，为解决人类问题贡献了中国智慧、提供了中国方案。伟大的事业不能一蹴而就，我们党要牢记使命、始终如一地坚持和奋斗。进行伟大斗争，需要我们更加牢记职责担当，始终持续清醒的头脑、清正的作风和昂扬向上的精神状态，在社会主义建设事业、人民幸福安康的追求上更加精益求精、一往无前。

⑤实现人民幸福、民族复兴的伟大梦想，困难和挑战还很多，任务还很艰巨（想到：立足宏观、高处）。正如习近平总书记所说："中华民族伟大复兴，绝不是轻轻松松、敲锣打鼓就能实现的，全党务必准备付出更为艰巨、更为艰苦的努力（拎到＋接到）。"作为拥有9800多万名党员的执政党，没有每一位共产党人的"初心"不忘，又何能有全党的"不忘初心"（推到）？我们每一名党员都应时常反省、扪心自问：是否还记得入党时立下的铮铮誓言？此刻的言行、举止、情操、境界是否贴合共产党员的标准（回到）？只有在反躬自省中不断净化自我、完善自我、革新自我、提高自我，进而敢于担当、勇于负责，才能真正带领群众实现我们的宏伟目标（回到＋归到）。作为一名光荣的共产党员，我们务必深入学习党的精神，时刻坚持努力学习，在学习中不断提升自己的认知潜力、综合文化素质以及应对各种复杂状况的潜力，志存高远，脚踏实地，与时俱进，与时代和国家发展同行（回到）。

⑥心有所指，梦终会圆。不忘初心，牢记使命。历史没有终结，也不可能被终结，肩负使命与梦想同行的人，终会赢得光明的未来。

全文共六段，可分为三个层次。①为第一层，先叙后议，提出论点，揭示主题。②③④为第二层，主要是"说理"，分别从不忘人民、不忘理想、不忘职责三个方面论述初心的内涵、意义；⑤⑥为第三层，主要是"说事"，指出新时代每一个共产党员对照"初心"应该如何行动。从全文来看，各段之间采用了"说理＋说事"组合法。从各段来看，基本都采用了"引入＋深入"组段法，如①的两句话，第一句先借用习近平总书记的话引入论题"不忘初心"，第二句更进一步阐述"不忘初心"的深层意蕴。

从语言表达看，本文多采用间接议论表达式。如②各句采用的是"想到＋接到＋推到＋伸到＋归到＋回到"，⑤是"想到＋拎到＋接到＋推到＋归到＋回到"，等等。

第七章 腾挪转让，顾盼生姿
——硬核实用的"8字锦囊"

武者出拳，非常讲究套路。推挡承转，刚柔相济，疾徐有致，进退自如，犹如鼓风激浪，又似行云流水。一组动作下来，不仅彰显了裂砖断木的力度感，也展现出飞蝶飘虹的姿态美。

写作一篇公文，要运用很多技法，就像打拳一样，借助起、出、展、落、回、收等各种动作的变化组合，生出万千风景、无限风姿。铺毫溅珠玉，落笔生烟霞。要打开一篇公文的丰富内容，一般离不开腾、挪、转、让、顾、盼、生、姿等8个"硬核技法"。

如果把一篇公文比喻成一片海洋，那么，腾、挪、转、让、顾、盼、生、姿就是这片海洋最靓丽的8道风景线。其中，腾是翻卷飞扬之浪花，挪是前涌后推之波澜，转是百转千回之水域，让是拍岸回旋叠新波，顾是四通八达汇千流，盼是奔腾不息赴前海，生是激荡变幻妙无穷，姿是波谲云诡诞奇景。

写作时，围绕特定的主题，运用这"8字锦囊"打开思路，下笔必将胸有成竹、言随意遣、顺理成章，从此为"写得出"铺就一条快车道。

腾挪转让，顾盼生姿，带着这"8字锦囊"写作，写出的公文必然摇曳生姿，气象万千，不同凡响。

第一节 腾："海拔"一高，下笔就不同凡响

写公文最怕"局促"二字。思想一局促，思维即受限；视野一局促，"美景"多被遮。局促，是写出"高广深"（即有高度、广度、深度）公文的拦路虎。

所谓"局促"，是写作时只看见身边巴掌大的一片天，有什么说什么，见什么写什么，看不到上头，窥不到里头，想不到外头，望不到前头，由此写出的公文自然没有精度、缺少气度。

无限风光在"高峰"。写公文，须得有些"高度"，倘自身高度"先天不足"，就必须突破身份限制，努力向高处"飞腾"，跳一跳摘"金桃"。"意"当行

高远，"思"应走细实，唯其如此，我们才能写出高低搭配、虚实相生的佳作来。

腾，是飞扬翻卷之浪花。为了写出"高广深"的公文，我们的思维当坚持"两大起跳"。

第一大起跳，占领思想制高点。思想，犹如音乐之调性，有调方成曲。写一篇公文，首先要从思想上定调，明确全文表达的宗旨、意图。思想好似"泉眼"，汩汩流出的都是文章的内容之"水"。思想的泉眼，一般都潜藏于纷繁复杂的工作表象深处，须经我们千挖万掘、百雕千琢而成。思想，乃一文之"魂"，可来源于上级政策文件、领导指示，亦可探求于相关理论、学说，也可取自于文秘人员的加工提炼。在思想之光的照耀、统摄下，写出的公文必将气象万千，主题鲜明，素材归位，语言生辉。

构思全文时，我们的思维一定要"腾"空而起、登高望远，力求让思想内核的光芒更夺目些。例如某区领导《在全区高质量发展大会上的讲话》，始终紧扣新时代"高质量发展"这一宏大主题构思选材。

首先，文章开头即"第一跃"，先从省市高质量发展大会的大背景起笔，就此交代了召开区高质量发展会议的缘由，也奠定了全文"高质量发展"这一思想基调：

继省、市高质量发展大会之后，我们紧锣密鼓地召开全区高质量发展大会，目的是深入学习贯彻党的二十大精神以及省、市部署要求，动员全区上下抢抓机遇、乘势而上，凝心聚力、加大干劲，迅速掀起新一轮比学赶超、赛龙夺锦的发展热潮，奋力开创××高质量发展新局面，加快打造中国式现代化的××范例。

然后，以饱蘸深情的笔墨回顾本区高质量发展的成果，分析本区高质量发展的难得机遇，为下文激励大家凝心聚力推动高质量发展铺垫蓄势。

接着，文章重点提出推动本区高质量发展的目标、任务和措施，主要有五个方面：一是坚定不移实施抓项目扩投资行动，进一步激活高质量发展动力。二是坚定不移实施产业提质增效行动，进一步夯实高质量发展根基。三是坚定不移实施招商引资攻坚行动，为高质量发展积蓄潜能。四是坚定不移实施"两稳一促"行动，为高质量发展赋能增效。五是坚定不移实行"亲商强企"行动，进一步增强高质量发展内驱力。

最后，结尾处再次起跳，站在二十大报告的认识高度，勉励和号召大家当好本区高质量发展的推动者，共同把本区打造为高质量发展的主阵地和主引擎。结尾段如下：

　　同志们，党的二十大报告明确指出，高质量发展是全面建设社会主义现代化国家的首要任务。各位企业家朋友既是高质量发展的推动者，也是高质量发展的受益者。希望大家抢抓机遇，坚持走强企之路、精明增长之路，争当××高质量发展的先锋；各级各部门要坚定信心决心，凝聚团结奋斗共识，以"开局就加速，起步就冲刺"的昂扬姿态，以"功成不必在我，功成必定有我"的责任担当，振奋精气神，干出新气象，积极营造"跑马争先、赛龙夺锦"的浓厚干事创业氛围，加快将××打造成为××区高质量发展的主阵地和新引擎。

　　通篇看来，全文紧扣高质量发展这条思想主线，脉络分明，既站在了时代制高点，又突出了本地落实的关键点。文章首尾两次往高"腾跃"，先蓄势后收势，立意高远，自然圆合，也增强了表达的说服力和权威性。

　　一方面，坚持向高处看，可先从上级的思想、路线、方针、指示等出发，可借普遍公认的哲理、理论等立论，亦可从所属学科角度作出学理分析，前者是"政"（讲政治）的要求，中者是"理"（讲道理）的指引，后者是"学"（讲学识）的升华。在明"政、理、学（可统称为'知'，即认知、认识）"后，再在行文中安排工作任务、抓好落实等内容（即"行"），这是先知后行、从上到下、由虚转实。

　　另一方面，还要坚持往高处想，即针对具体的工作事项、措施、成果等，从认识、精神、宗旨等角度思考纷繁现象中包裹着的本质内涵，这是由表及里、从实到虚、先行后知。例如：

　　①理想指引人生方向，信念决定事业成败。②理想信念是红军长征前行的灯塔。③红军长征徒步跋涉2.5万里，翻越18座高山，渡过24条江河，转战10余个省，攻占700多座县城，同兵力数倍于己的敌人苦战，平均每行进1公里，就有3至4名战士壮烈牺牲。④如此罕见的人间义行壮举靠什么来支撑？⑤"只要跟党走，一定能胜利"。⑥心中有信仰，脚下有力量；没有牢不可破的理想信念，没有崇高理想信念的有力支撑，要取得长征胜利是不可想象的。⑦坚定的理想信念，经过长征的"淬火"，成了中国共产党人永远的精神之"钙"。⑧党员干部应把坚定理想信念作为终身课题，常修常炼、常悟常进，用理想之光照亮奋斗之路，用信仰之力开创美好未来。⑨要增强事业心，增强紧迫感，干在实处、走在前列、争做表率。⑩要增强责任感。坚持事不避难、奋勇向前，在难题面前敢

于开拓，在矛盾面前敢抓敢管，在风险面前敢于担当。

　　例文共 10 句话，①至⑦为第一层次，明理述"知"，⑧至⑩为第二层次，励"行"述事。文章第一层次说理环环相扣、步步为营，逐渐逼近主题。其中，①是放之四海而皆准的"公"理，②是指向"远处"人物（红军）的"专"理，③承②概述"事"（这是表象），④⑤由表及里分析、推理原因所在（议论简括，兼具高度和深度），⑥通过辩证分析进一步推出取得胜利的本质（信仰），⑦推出为下文张本的结论（理想信念），⑧至⑩承上"理"（理想信念）说明共产党员应该怎么做，一步步逼近议论主题"共产党员"。从全段来看，第一层与第二层是"先知后行"，③和④至⑦是"先行后知"。

　　第二大起跳，找准全局切入点。向上"腾跃"，拉升行文高度，既可以坚持"思想"统率，也可以确立"全局"站位。写公文要胸有全局，方能落纸成"势"、顺高就下、气盛言宜。文秘人员脑海中应秉持"七大全局"构思，即事件全局、单位全局、行业全局、地区全局、时代全局、历史全局、政治全局。其中，事件全局，是从事件发展的全过程构思，借此确定工作事项、方法；单位全局，是述事明理要从本单位全方位、全时段角度入手，如本单位的总体目标、要求、宗旨等；行业全局，是从单位业务所涉及的相关地区、部门角度考虑，如与行业有关的法规、政策、理论、理念、潮流等；地区全局，是从本单位所属地区的大局出发，提理念、明措施等必须与本区的宏观形势、理念密切相关；时代全局，是从对政治、经济等综合时势的阐析出发，进一步明确理念、思路、措施等；历史全局，是站在事业发展昨天、今天、明天的"线形维度"，坚持纵向思考，分析揭示发展规律，由此提出推动工作的方法论指导和引领性意见；政治全局，是坚持全国眼光，确保有令必行、上令下行、政令通畅。例如：

　　①加快推进统计法修改，将党中央关于统计改革发展重大决策部署与防范和惩治统计造假的要求落实到国家法律规范中。②深入开展统计法的宣传，努力营造全社会知晓统计法、遵守统计法的良好氛围。③从严从实开展统计造假专项治理行动，聚焦统计造假重点领域、重点区域，深入开展数据核查、执法检查、统计督察，及时纠正各类统计造假行为。④统筹开展新一轮常规统计督察，压紧压实防范和惩治统计造假责任。⑤结合统计数据造假新特点新动向，研究制定防范和惩治统计造假的刚性制度，以治本之举巩固治标成果。

　　例文五句话，①是政治全局，②是地区全局，③④是事件全局，⑤是历史全局，总体看来，不拘于某时某事，而是从国家、社会、未来等角度出发提出思路、对策，视野广、站位高，彰显了不凡的气度。

第二节　挪：捻得一彩线，串起三明珠

如果说，腾是攀登高处看方向，那么，挪就是沿途迈步观风景。

挪，就像走步打拳，通过脚步的穿梭移动，把一整套动作串联和衔接起来，使之成为一个有机整体，总体看来如行云流水，令人赏心悦目。

在公文写作中，上述"脚步"就是笔锋。笔在纸中行，随着"意"的打开不断游走变化，不经意间就"编织"出一道或明或暗的线，像"串珠"一样把全文各个部分精密地连接起来，使得内容不断向前推进而始终不散，最终形成一篇前后贯通、秩序井然的佳作。

由此看来，挪，实际上就是线索编织术。随着内容的演化、推进，笔锋在不停地向前挪移，好似"前涌后推之波澜"，生生不息，波波相连。挪，就是手中捻个不停的彩线，缜密地串起了主题、结构、材料三颗明珠。

构思不同，捻出的彩线也各不相同。常见的公文捻线法有：以"情"为线索，以"人"为线索，以"意"为线索，以"感"为线索，以"事"为线索，以"时"为线索，以"空"为线索，以"语"为线索，以"物"为线索，以逻辑为线索，等等。

例如某领导在全市作风教育整改工作会议上的讲话，是以"事（整改落实）"为线索：一要在思想认识上重视整改落实。二要在具体工作上推动整改落实。三要在组织领导上保障整改落实。

再如某领导在科技助推乡村振兴工作交流会上的发言，是以"意"（乡村振兴）为线索：一、提振精神是实施乡村振兴战略的强心剂。二、基层基础是实施乡村振兴战略的定心丸。三、产业振兴是实施乡村振兴战略的基础点。四、生态环境是实施乡村振兴战略的主根脉。五、能人队伍是实施乡村振兴战略的生力军。六、文化繁荣是实施乡村振兴战略的主旋律。七、社会稳定是实施乡村振兴战略的压舱石。八、脱贫攻坚是实施乡村振兴战略的突破口。

构思坚持"线索"思维，行文有了线索串联，写出的公文必然主题集中、纲举目张、逻辑严密，如上述两例，正是借助线索把全文紧密衔接为一个有机的整体。

根据在行文中出现的特点，可把线索分为纵线和横线、总线和分线、明线和暗线、实线和虚线等。其中，纵线和横线，前者纵贯全文，后者并行各处，两线经纬交织，让全文纲举目张、四通八达。总线和分线，是全文先有一条总领全文的线索，随后引出若干不同的分线。明线和暗线，前者突出于表面，一看便知；后者隐藏于深处，须辨方觉。实线和虚线，前者串起务实性内容，后者串起务虚性内容。例如某党委书记在廉政警示教育大会上的表态发言：

> 这次全市领导干部警示教育大会，主要任务是，深入学习贯彻党的××届×中全会和全省领导干部会议、全省领导干部警示教育大会精神，联系近两年我市查处的违纪违法典型案件，教育引导全市各级领导干部以案为鉴、警钟长鸣、严格自律、拒腐防变，进一步增强四个意识、树牢四个自信，推动全面从严治党向纵深发展。
>
> 刚才，××同志通报了近两年我市查处的违纪违法典型案件。这些案件有的是领导干部滥用职权，搞违法违纪；有的是不按纪律规矩办事，给党和人民的事业造成不可挽回的损失；有的是利用职务之便，贪占截留、中饱私囊；有的是借职务影响为自己、为他人谋利。
>
> 这些案件发生在全面从严治党的关键时期，影响尤为恶劣，教训尤为深刻，暴露出有些党员干部政治敏锐性不强、律己不严、仍然存在侥幸心理，也暴露出有些党组织在贯彻执行《准则》《条例》、落实两个责任、推进干部廉洁自律等方面仍然存在许多不容忽视的问题。
>
> 全市各级党组织和广大党员干部，一定要引以为戒，从中汲取深刻教训，认真贯彻落实中央和省委、市委全面从严治党的系列决策部署，深入推进党风廉政建设和反腐败斗争，时刻绷紧拒腐防变这根弦，时刻严守纪律规矩，努力营造风清气正的政治生态。下面，我讲五点意见。
>
> 一、务必增强四个意识，始终做政治上的明白人
> 第一，要旗帜鲜明讲政治。
> 第二，要坚定不移维护核心。
> 第三，要确保党中央政令畅通。
> 二、务必强化党性修养，始终做理想信念的坚守者
> 第一，要保持定力，忠诚于党的信仰。
> 第二，要牢记身份，忠诚于党的组织。
> 第三，要心系群众，忠诚于党的宗旨。
> 三、务必严守纪律规矩，始终做清正廉洁的示范者

第一，要心存敬畏，审慎用权。

第二，要严格自律，慎独慎微。

第三，要注重他律，接受监督。

四、务必强化责任担当，始终做管党治党的执行者

第一，要在强化主体责任上下功夫。

第二，要在解决突出问题上下功夫。

第三，要在作风建设上下功夫。

第四，要在清理问责上下功夫。

五、务必真抓实干有为，始终做改革发展的开拓者

第一，要保持改革创新的锐气。

第二，要保持苦干实干的状态。

第三，要保持履职尽责的定力。

例文开头以案言事，"廉政警示"不仅串联开头四段，也贯穿全文始终，这既是总线，也是一条串起全文的纵线。如何做好自我警示？全文五个部分从"明白人""坚守者""示范者""执行者""开拓者"分述，显然，这是以"人"为线索，是分布全文的五条分线，也是横线、明线。

第三节　转：学会多面观，从此写得出

有些文秘人员提起写作，常有枯肠搜尽、下笔无言之困，何也？

这里不妨稍作剖析。写不出，多为思路打不开；思路打不开，应为眼界不够广，一叶障目，只见树木不见森林，如果去除障目之"一叶"，学会"转向"，善于从不同角度去看，自然会看到丰富瑰丽的无限风光。正如在高山密林中观光，如果只是在深谷中行走，只能看见巴掌大的一块天；而一旦走出去，行至山巅，东南西北中，360度无死角旋转，一应奇景皆可徐徐入眼。

角度一转天地宽。写不出的时候，如果能变换一下角度，就会看到不同的写作"点"，思路才会如"万斛泉源，不择地而出"。例如关于"躺平式"干部，有领导在专项整治交流会上这样说：

一、杜绝"躺平"，关键要有履责于行愿担当的思想自觉。

二、杜绝"躺平"，关键要有履责于行敢担当的胆识魄力。

三、杜绝"躺平"，关键要有履责于行善担当的能力本领。

围绕"躺平"，作者看到了矫治这一症结的三大问题，由此提出三大对策。"愿担当""敢担当""善担当"，行文层层递进。显而易见，这是作者看到了"躺平"干部程度不同的三个表征，围绕"程度"——旋转角度，由此打开了思路。

首先，最常见也最常用的是"按照方位旋转角度法"，即上下左右、前后内外、远近表里、正反浅深地旋转，便可像抽丝一样，获得绵延不绝的丰富内容。例如某领导关于推进民生实事工程的动员讲话，其中的"动员部分"，即可从多个角度旋转：

一、这是完成国家、省重点工作任务的需要（上面）；

二、这是纾解基层工作压力的需要（下面）；

三、这是加快建成"生活品质之城"的需要（前面）；

四、这是持续推进"旧改"工作的需要（后面）；

五、这是保持昂扬锐气、继续保持领先的需要（正面）；

六、这是实现民生基础设施"还欠账"的需要（反面）；

七、这是紧跟形势发展的需要（外面）；

八、这是创争"满意单位"的需要（里面）；

九、这是完成年度"惠民清单"目标的需要（表层）；

十、这是践行惠民宗旨的需要（深层）；

十一、这是响应市委打响"六场硬仗"的需要（凸面）；

十二、这是办好"民生小事"的需要（细处）；

十三、这是服务均等化、全面奔小康的需要（全面）；

十四、这是解决社会聚焦热点难题的需要（局部）；

……

有了上述不同"方位"在脑，并逐一进行旋转，即可渐次打开文章可写、待写的内容，围绕主题从中再作精选即可。

按照方位旋转角度法，可用于一篇文章的构思，也可用于一段话的构思，甚至于一句话的构思也可以。例如：

全市党员、干部要永葆共产党人的政治本色（全面），坚定理想信念，厚植人民情怀，锤炼责任担当，激发奋斗热情（里面），勇于到党和人民最需要的地方去冲锋陷阵、拼搏奉献（表面），勇于在最紧要、最危急的时刻站出来、顶上去（凸面：最突出、典型的"点"）。

可见，熟练掌握了"按照方位旋转角度法"，文思之舟从此将彻底告别提笔写不出的苦海，一路驶进畅通无阻的广阔天地。

其次，还有"按构成旋转角度法"也多有运用，只要看清事物的构成，旋转角度就有了清晰的路线。既可以套用照搬现成的构成，也可以自己解析所写对象的构成。

套用的情况如：我们要做心中有党的明白人，在岗位看态度。我们要做心中有民的贴心人，在现场看行动。我们要做心中有责的开路人，在状态看效果。我们要做心中有戒的带头人，在路上看作风。其中，"心中有党、心中有民、心中有责、心中有戒"，即完全"照搬"党的有关规定。

解析对象构成的情况，在公文写作中比比皆是，既实用，又好用，也管用，解析越精细，内容越丰富。例如：

一、提高政治站位，深刻认识召开此次警示教育会的主题和意义

二、围绕初心中心，以案为鉴对照自查

一是问问"两个维护"落到实处没有。

二是问问群众利益维护到位没有。

三是问问纪律规矩严格遵守没有。

四是问问风险底线守住守牢没有。

五是问问管党治党责任压紧压实没有。

三、剖析原因正"三观"，知止知畏守底线

一要增强忧患意识，严防"温水煮青蛙"。

第一，不要被"习惯"绑架。

第二，不要被"风俗""灌醉"。

第三，不要做"随众"的"帮凶"。

二要谨防思想滑坡，严防侥幸心理。

第一，"世上没有无缘无故的爱"，要提高自律力。

第二，"世上没有免费的午餐"，莫怀虚荣心。

第三，"世上没有不透风的墙"，勿存侥幸心理。

第四，"世上没有后悔药"，心中要算"大账"。

四、认真落实"三个责任"，推动全面从严治党向纵深发展

一是关于党委（党组）主体责任的问题。

二是关于党委（党组）主要负责人履行"第一责任人"的问题。

三是关于纪委监委履行监督责任的问题。

例文结构宏大，全文后三个部分从局部看都是构成，选取了同一层面的几个典型方面，正是按构成打开了构思的角度。

标准不同，旋转出的角度就可能不一样，还可以按内容、方法、角色、目标、重点、要素等进行角度旋转。例如创文明城市工作，可以抓住几大重点旋转角度：一要打好舆论宣传攻坚战。二要打好素质提升攻坚战。三要打好环境整治攻坚战。四要打好迎检准备攻坚战。

第四节　让："退"得有风度，"进"得有韵味

在书法创作中，为了下一笔的舒展顺畅，上一笔往往要适当收缩，尽量为笔锋的向前推进"让"出位置，以保证整个字形结体均衡美观。

让一笔，书法中有，公文写作中也有。

公文写作要求简明直接，不遗余力地推动内容发展。但这也不是绝对的，有时稍作驻笔，适当蓄势，或简要回锋，激起点波澜，反而更有韵味。文似看山不喜平，如果通篇都平铺直叙、一路向前，读来也了无趣味。正如浪花，几度飞旋、"拍岸回波叠新浪"，会产生摇曳生姿、跌宕起伏的美感。

公文写作的让笔，主要有礼让、避让、退让三种情况。

礼让：礼尚往来，主客有别。

公文的往来讲究一个"礼"字，表达既要合规，也要合情、合理、合礼。

礼让，是出于礼节表示的需要，而将相关内容放在前文"先写"。

合乎"礼"，务须区分主客，符合事理。一方面，因为"整体大于个别，下级服从上级"的组织原则，往往先写属于组织的事项，再写属于个体的有关内容。另一方面，因着沟通、交流的需要，在陈述本方意见前，先就对方的意见、事项作出肯定性评价。例如某高校一考察函开篇如此写：

贵院是中组部确定的全国13所地方党性教育特色基地之一，在党员领导干部党性修养教育方面经验丰富、成果显著。为了深入学习贵院先进经验，洽谈两校合作事宜，我校有意近期赴贵院考察学习，恳请你们百忙之中协助安排。现将有关事宜函告如下……

例文两句话，重点在第二句。为了达成本方目的，因此第一句先肯定了对方

的相关经验和成果，通过"礼让"为第二句铺垫。

避让：让开大路，占领两厢。"大路"是指凸显主题的重点内容；"两厢"是起说明、烘托作用的其他内容。

任何公文的写作既要主题鲜明、重点突出，也要有主有次、详略得当。

避让，既给主要内容"让道"，不占用过多笔墨，也不是完全忽略次要内容，而是在巧妙避让中给次要内容留有一席之地。这一"让"，即使文章主次各归其道，同时又主尊宾配，各异其趣，相映生辉。例如《国务院关于同意将××省××县列为国家历史文化名城的批复》，开篇这样写：

××省人民政府：

你省关于申报××县为国家历史文化名城的请示收悉。现批复如下：

一、同意将××县列为国家历史文化名城。××县历史悠久、文化厚重，历史文化遗产资源丰富，民族风情浓郁，传统格局和历史风貌保存较好，地域特色鲜明，具有重要的历史文化价值（退一笔）。

二、你省、××州及××县人民政府要以习近平新时代中国特色社会主义思想为指导，全面贯彻党的二十大精神，按照党中央、国务院决策部署，牢固树立保护历史文化遗产责任重大的观念，落实……

例文从内容上看有三个层次：首段为第一层，是承启语，表明收悉；"一"为第二层，该段两句话，第一句先表明同意态度，第二句概叙其历史文化价值；"二"以下为第三层，提出保护要求。

从全文来看，"二"显然是中心、重点。在进入这一重点前，"一"的第二句本可以不写（原请示肯定有相关内容），但这里从"二"的篇幅里专门"让"出一点空间，用以"拎"出"文化价值"内容作简要强调，无外乎两层目的：既交代同意缘由，同时也为下文提出落实要求提供依据、指明方向。这一"让"既烘托了主题，也起到了承上启下的作用。

退让：以退为进，先退后进。退让，换言之就是"退一步说"。退让，不是单纯的后退，而是以退为进，即通过"退"更顺利、更有力地"进"。

退一步说，有时间上的"退"和理由上的"退"两种情况。

时间上的"退"，例如：

过去，我们在推进民生实事项目上进行了许多积极而有益的探索，赢得了老百姓的赞誉（退一笔），也为近两年的"旧改"工作奠定了坚实的基础，可以说成了"综合改一次"改革的先声。

前文退一笔简述过去的实践探索，一方面表明了与当前"综合改一次"的一脉相承性，凸显了改革的主题；另一方面也丰富了文章的内容，行笔改"直线"走"曲线"，增强了内容的波折性、纵深感、章法美。

理由上的"退"，就是先有选择性地部分认同、肯定对方观点、言行，再通过层层论述，更加深入有力地证明本方意见的正确性和可行性，借此增强说服力。例如：

①最近，感觉加班族越来越庞大，越来越多的同志为了把工作干好，经常"5+2""白＋黑"地干。②夜深人静，每当看见办公大楼窗户里投射出的一束束灯光，说实话，我内心非常感动，也十分欣慰。③这是一束束照亮××事业成功之途的奋斗光芒，这是一束束照进××历史之窗的精神光芒，这也是一束束照耀××行业未来之路的希望光芒。④对这样一些拼命工作、无私奉献的同志，我始终心怀感动；其实不只是感动，更是心怀感激、感恩！⑤但这里我特别要提醒大家，一个不可忽视的事实是，无休止地加班，不仅掏空了不少同志的身体，甚至也影响到了他们个人的生活质量和家庭幸福。⑥有些同志，由于工作忙，疏于锻炼，久而久之，身体每况愈下；有些同志，体检表上年年都是一长串问题；有些同志，年纪轻轻就患上了颈椎病、腰椎间盘突出、前列腺炎等"老年病"；有些同志因为连日成夜地加班，顾不上家庭，结果造成了夫妻不和、感情疏远，这都是谁之错？⑦每当听到这些，我既痛心，也更揪心！⑧我承认不少岗位确实工作忙、头绪多（也是"退让"），但真的多到每天都要加班了吗？⑨恐怕也未必！⑩事实上，只要我们多破除一点折腾思维，多确立一点高效思想，多秉持一点时间观念，多讲究一点科学方法，我想我们也完全可以做到不加班，至少是不用每天都加班。⑪因此，这里我提议：从我做起，如非必要，请勿加班。从今天起，就让我们向无谓的加班说"不"吧！

例文是某领导在单位工作作风会议上的讲话，全段的主题在"不赞成加班""向加班说'不'"。但作者并未直入主题，①—④以退为进，先赞赏加班，即部分地认同赞成加班者的观点，如此更易为人接受；在此基础上，⑤笔锋一转，从加班的危害说起，兼及其他，先退后进，最终提出"请勿加班"的提议。显然，前文高调地"退"正是为了后文有力地"进"，由此进一步凸显了文章的主题。

第五节　顾：公文也爱"节外生枝"

我们写公文一般都少不了左顾右盼、前思后想，为的是让文章内容更丰富，表达更严谨。

顾，这里的意思是"看"。提笔写作，除了聚焦主要对象、内容，也要看到文中起说明、支撑、烘托作用的相关要素。写作中，我们不妨从主要内容中抬起头来，间或把目光移向别处，剪辑些别样花絮，采撷些炫彩浪花，借此不断丰富写作内容。无限秀色"节外"看，也能为写作增彩添色。

节外生枝，增添了写作的起伏感，催生了文章的波澜美。节外生枝有艺术，四顾撷英生面开。这"四顾"是自顾、环顾、反顾、细顾。

从"自顾"中汲取力量之源。自顾，是公文写作常用的方法。自顾，通过回顾历程、追叙奋斗、还原细节、交代背景等，一方面点明缘由、分析历史之脉，另一方面也是为了梳理逻辑联系，为下文提出新观点作铺垫。例如：

①××是长江黄河上游重要生态屏障，自然生态本底良好，清洁能源资源富集，具备绿色低碳发展的现实基础和广阔空间。②近年来，我省加快建设全国优质清洁能源基地和国家清洁能源示范省，清洁能源及相关产业迅速发展，在全国产业版图中的地位和作用日益凸显。③乘势而上发展绿色低碳优势产业，是全面服务国家碳达峰碳中和战略、展现绿色发展新担当的自觉行动，是深度融入国内国际双循环、提升产业发展新位势的战略举措，是积极抢抓绿色低碳转型机遇、培育经济增长新动能的主动选择，是更好发挥自身比较优势、激发区域发展新活力的现实需要，必将有力推动全省经济社会高质量发展，为全面建设社会主义现代化四川提供坚实支撑。

例文三句话，①②自顾，其中，①是自顾，说明客观条件好；②是回顾，总述主观优势显。由于主客观条件优越，因此③的"乘势而上"承接①②，水到渠成地说明发展绿色低碳优势产业的重要意义。

从"环顾"中获取进化之方。环顾，是把写作对象放在"六个大"（时代大背景、区域大战略、行业大格局、社会大系统、发展大方向、事业大整体）中，通过比较、烘托、分析、铺排等，进一步丰富文章的内容，同时也揭示事物的本质、指明发展的路径和方法。例如：

①近年来，××发展的战略叠加效应、政策集成效应、形势倒逼效应持续

释放，给县域经济发展带来重大机遇。②从战略叠加看，中部地区崛起、黄河流域生态保护和高质量发展等重大国家战略深入实施，让县域进一步提升了战略地位、凸显了战略优势，为县域经济发展提供了平台、拓展了空间。③从政策集成看，中央、省、市都出台了一系列助推县域经济发展的政策，特别是省委省政府今年出台支持××发展新的政策措施、编制××都市圈发展规划，给县域经济发展带来重大政策利好。④从形势倒逼看，经济发展进入新常态对县域经济转型发展的倒逼作用是十分强劲的，我们要善于在危机中育新机、于变局中开新局，推动县域经济在新起点上实现更大发展。

例文四句话，①与②—④构成总分关系。全段把写作对象"××县经济"放在区域大战略、时代大背景和发展大方向中去考察，环顾四周，视野开阔，为如何实现更大发展提供了宏阔的时代大背景，为提出发展思路提供了客观逻辑。

从"反顾"中求取转变之路。问题导向是推进工作的基本方法，也是公文写作的惯有思维。反顾，就是用辩证的眼光去观察，不仅坚持正面去观察客观对象，有时，从反面审视更易发现症结所在，一下找到解决问题、推动发展的良策。例如：

①当前，面对全面从严治党愈趋愈紧的态势，我们大部分领导干部思想观念有了很大转变，干部队伍的主流是好的。②但个别干部存在"求稳怕错"的心态，把"只要不出事，宁可不干事"奉为金科玉律，嘴上承诺得好，行动上就是不落实，不担当、不作为的现象还比较普遍。③同志们，党和人民把我们放在这个岗位上，就要在其位、尽其责，上不负国家、下不违百姓。④希望大家少一点空谈议论，多一些真抓实干；少一点敷衍应付，多一些积极主动；少一点怨天尤人，多一些群策群力，共同把事关××发展、事关老百姓利益的事情办好。

例文四句话，①从正面肯定主流，②从反面指出突出问题；③④就势提出希望，其中，③说理，④提要求。②的"反顾"就为④提供了靶向，这一转笔节外生枝，增强了文势。

从"细顾"中提取立意之钥。细顾，就是多留意一些细节，多关注一些情节，多撷取一些枝节，往往能让文章摇曳生姿，内容更加丰满。例如：

①民心是最大的政治，正义是最强的力量。②正所谓"天下何以治？得民心而已！天下何以乱？失民心而已！"③社情民意是观察政治问题的晴雨表。④反腐败增强了人民群众对党的信任和支持，人民群众给予高度评价。⑤2015

年，国家统计局问卷调查结果显示，91.5%的群众对党风廉政建设和反腐败工作成效表示很满意或比较满意。⑥中国社科院一个问卷调查显示，93.7%的领导干部、92.8%的普通干部、87.9%的企业人员、86.9%的城乡居民对中国反腐败表示有信心或比较有信心。⑦这再次印证党风廉政建设和反腐败斗争顺党心、合民意，有着广泛和坚实的政治基础和群众基础。⑧只要我们管党治党不放松、正风肃纪不停步、反腐惩恶不手软，就一定能赢得这场输不起也决不能输的斗争！

　　例文共八句话。①②说理，为第一层次；③至⑦先虚后实再虚，以翔实的数据证明反腐败决策的正确性；⑧推论：只要从严治党，就一定赢得胜利。文中，⑤⑥通过两大权威数据展现了反腐败的相关细节。有或没有这两句话，论证效果迥然有别。

第六节　盼：有愿景也有风景

　　《诗·卫风·硕人》：美目盼兮。盼，喻美目流转，后多指看、希望、盼望等义。

　　盼，既然有希望、盼望之义，用以形容公文内容，就"指向未来"，既有总体的愿景，也包含实现这一愿景的"旅途风景"。具体来说，愿景就是未来的目标、蓝图等；风景，是指具体的路径、思路、方法等。

　　除了专篇的工作思路、打算等，很多公文在结合现状预测下一步发展趋势时，都有展望未来之"盼"笔。这一"盼"，既让文章"余波"未了，也增加了公文的"余味"。

　　对下一步"盼"一笔，可以预设一幅未来总体发展的图景，也可以简要提出后续的发展思路、方法，前者为"愿景图"，后者为"风景图"。这一"盼"，拓展了文章的内容空间，起到了画龙点睛的作用。

第七节　此"生"句句无穷已

　　写得出，说到底在于是否会用"内容催生术"的问题。

　　生，主要包括三个方面：一是生成，即通过构思对各种写作要素的分析、综合、沉淀、升华，最终形成一定的表达意图、目的，这是公文的务虚性内容。这一过程是从散到聚、由隐到显的过程。二是生产，即对客观对象所做的分类、细化、阐述，最终形成公文务实性内容（主体部分）的过程，也是从少到多、由粗到精的过程。三是生发，即以务实性内容为基础，借助挖掘、提炼、升华、推理、延宕等手法，最终形成务虚性材料的过程，也是从实到虚、由表及里、从低到高、从点到面的过程。前两个已在本书前文做了大量介绍，这里着重阐述第三点。

生发，在一篇公文中虽篇幅不多，却往往是画龙点睛的神来之笔，对于揭示本质、萃取思想、升华主题具有重要意义。所谓"生发"，首先在"生"，就是萌生、产生，直白点说，就是看到相关文字表述后产生的深入思考，萌生一些独到的观点、见解、思想等；其次在"发"，就是发扬、发挥、发散，紧接着前文萌生的想法，犹如投石入水，会逐渐延宕、蔓延开来，由此及彼地产生更进一步、更深一层的认知，不断将主题升华到新高度。借助生发，有利于启发读者看到字面之外的深广意义，一句接一句，犹如抽丝一样绵绵不绝，也是写得出的常见手法之一。

生发，是公文平中见奇的重要手段。要从"平"中见到"奇"，常用的生发技巧有议论、揭示、阐析、显旨、拔高、提炼、推理、归结、延宕、联想等。

（1）议论。例如：

在正风反腐持续高压态势下，××"微腐败"问题仍在基层发生，禁而未绝。我手中有一份××××年以来××纪委受理问题线索的情况统计分析。这个分析让我感到触目惊心、十分揪心、很是担心（本句议论生发）。

（2）揭示。例如：

这次"旧改"工程意见征集工作，涉及××个小区，××个庭院，××户家庭，发放问卷××张，在不到×周的时间内，旧改办就收回××张，问卷收回率、居民满意率都达到了××%以上，也完全符合"旧改"工程"两个××%"的要求。这充分说明：民生实事工程建设，只要能始终坚持"民有所呼，我有所应；民有所盼，我有所为"，就一定能得到老百姓的热烈欢迎和坚定支持（揭示）。

（3）阐析。例如：

全面从严治党，核心是加强党的领导，基础在全面，关键在严，要害在治。"全面"就是管全党、治全党，面向8700多万党员、430多万个党组织，覆盖党的建设各个领域、各个方面、各个部门，重点是抓住"关键少数"。"严"就是真管真严、敢管敢严、长管长严。"治"就是从党中央到省市县党委，从中央部委、国家机关部门党组（党委）到基层党支部，都要肩负起主体责任，党委书记要把抓好党建当作分内之事、必须担当的职责；各级纪委要担负起监督责任，敢于瞪眼黑脸，勇于执纪问责。（对"全面""严""治"作阐析）

（4）显旨。例如：

深入查找集团党的建设工作存在的短板弱项，有什么问题就解决什么问题，什么问题突出就集中解决什么问题，在不断解决问题中增强管党治党成效。（末句显旨）

（5）拔高。例如：

深化区域交流与合作，着力加快重要基础设施互联互通建设、推进区域生态环境联防联控联治、加强产业协作共兴等，对于促进××深入实施"四大兴区战略"，助推××加速构建××南翼发展骨干支撑都具有十分重要的现实意义，也势必能够为××加快建设中国科技城和西部现代化强市增添强劲动力。（"对于"后层层拔高，且站位越来越高）

（6）提炼。例如：

深化跨区域产业分工协作，重点在电子信息、高端装备制造、文化旅游等方面开展深度合作，实现协同发展。（"协同发展"，是萃取精华作出精要的总结提炼）

（7）推理。例如：

有序推进××区到××县交通通道提档升级和区县骨干路网互联互通，协同推进××线建设，建好"四好农村路"，全面打通两地相邻乡镇断头路，有利于实现公共交通设施、交通体系互联互通，加速区域内人员、物资等资源要素的流动。（"有利于"后，是紧承前文的"结果"推理）

（8）归结。例如：

党的十八大之后查处的领导干部，很多在享乐主义和奢靡之风上没有收手，贪图享乐，大吃大喝，花天酒地，骄奢淫逸，依然我行我素。有的"四风"问题改头换面、花样翻新，出现了各种变异。种种现实表明，全面从严治党任务依然

艰巨，必须持续保持高压态势。（"种种现实表明"，归结）

（9）延宕。例如：

①任何地方、部门、单位，发生了党的领导作用不发挥、贯彻党的路线方针政策走样、管党治党不严不实、选人用人失察、发生严重"四风"和腐败现象、巡视整改不力等问题，就要抓住典型严肃追责。②既追究主体责任、监督责任，又上查一级追究领导责任、党组织责任。③要完善和规范责任追究工作，建立健全责任追究典型问题通报制度，把问责同其他监督方式结合起来，以问责常态化促进履职到位，促进党的纪律执行到位（三句话中，后一句是前一句的延宕，就像连环套一样）。

（10）联想。即针对当前事实，由一方面想到其他方面。主要包括两个方面：一是从客观到客观。例如：

有坚强有力的政策支持，有社会各界的热情助力，有广大村民的积极参与，乡村振兴的明天一定会更好！

二是从客观到主观，即从客观的对象到主观的思考，常用"如果""即使""只要""无论""也许""由此想到"等词语引出。例如：

对于民生实事工程，一些业主还存在一些疑虑，只要我们耐心做好开导工作，坚持落实"四问四权"，惠民的春风就一定会照亮他们的"旧改"之梦；在前一阶段调研中，我们听到了基层对"旧改"还是有一些不同的声音，有的甚至有畏难、抵触情绪，如果不加以引导，任其蔓延开来，会影响整体工作的推进。

一篇公文的内容，归根结底，就是经由思维加工，从客观"对象"生成为一句句的语言"表象"，再由语言"表象"生发为蕴含丰厚的"意象"的过程。上述生发的手段，大多不是单一出现的，往往是多种手法的综合体。例如：

××××年以来，反映违反××制度方面问题×件，反映招标采购方面问题×件，反映违反廉洁纪律方面的问题×件，仅这三个方面问题总占比×%，反映问题非常集中（末句作议论生发）。还有些同志喜好"抱团取暖"搞团团伙伙，更有些同志道德情趣低下，思想道德滑坡，纪律观念淡薄，生活作风盲目追求"时尚"……这里我只提一点，希望大家要好自为之（通过分类梳理，"延宕"出典型问题，并"显旨"表明态度）。

第八节　姿：锁定两个字，尽得文之韵

"腾挪转让，顾盼生姿"八个字各有所求，差不多包含了一篇公文写作的核心技法。细看来，前文七个字指向具体，几乎涉及写作对象的"四面八方"，如"腾"是向"高"，"转"是向"侧"，"盼"是向"远"，"生"是向"里"，等等，而最终这七字都归于"姿"。姿，是对行笔主要动作的"总体设计"。

艺术是相通的。如前所说，写作正如打拳，必须讲究技巧。拳有拳路，文有文法。公文写作，虽不如打拳那样有外露的动作线路，但笔在纸间行，也讲究动作的整体设计，最终定形，会给人固化的视觉效果，这就是"形"；其间的行笔，开合收放、腾挪转让、起落飞停，会产生姿态万千的"势"，得"势"致"形"，"形"中蕴"美"，因"美"成"韵"。由此看，公文之韵味美，皆在"形""势"二字也。两者一静一动，乃公文美"姿"之所由也。

提笔写作，文秘人员思路的汩汩喷溅，渐次流泻为一段段或流畅、或跌宕、或清新、或优美的文字，正如蜿蜒曲折的山泉，最终诉诸人之视觉的，必是姿态万千的"形"。就像山泉一路奔流中少不了各种"动作"，一篇公文的最终成形，也离不开各种笔法的娴熟运用。笔法各异，所生之"形"自然千差万别。因此，最终要获得令人惊艳的"形"，必须注重对笔法的精心选择和"形体"设计。常见的有以下三种。

第一种："风铃型"。也叫"金字塔型"，即上头小、下头越来越大的"造形"。公文的"风铃型"，最直观地体现为严谨有序的层次结构，段下有层，层下有级，级下有块，块下有点……环环相扣，一个比一个庞大具体，然而纵使结构再宏大，最终却也是严而不乱。"风铃型"的结构思考，有助于我们在长期训练中逐渐形成缜密有序的逻辑思维。一般大材料都适合运用"风铃型"设计进行写作。

用好"风铃型"，必须学好"7分法"的行笔技巧，即分类、分级、分步、分层、分头、分条、分点。其中：分类，是对素材（或内容）进行归类；分级，是对已归属不同类别的内容按性质、职级等再次进行分档；分步，是对事件处理过程的思考；分层，是对办理头绪、条理的思考；分头，是确定履责的相关主体；分条，是明确需要落实的具体条项；分点，即找到典型的相关细节。

例如《××局关于××××年目标考核工作汇报》，写作的对象是该年度"工作目标"。

第一，分类。我们可以按不同的标准进行分类，比如按来源不同，可以分为国家级目标、省厅目标、市政府目标，我们可以选后两项写作。

第二，分级。上述目标可以按性质分为不同的等级：（市级）重点目标（如实事工程）、一般目标、创新目标等。

第三，分步。一般来说，不同阶段，目标考核要求不一样。比如上面的（市级）重点目标（如实事工程）可分步为：下达目标、制定措施、督促推进、考核总结等。

第四，分层。即对上面的几个步骤再各自分为几个层次写，如"制定措施"（如实事工程）可分为：民意征集、设计方案、施工管理、协同推进等，结合相关要求可设计标题为：民意征集"全满意"，设计方案"全公示"，施工管理"全链条"，协同推进"全方位"。

第五，分头。通过几次"切分"，文章层次越来越小。分头，即是明确"谁"来做，责任主体可显可隐，但要带着"谁做"的思维去理事。例如上面的"民意征集"，可展开为：（市级）精心设计问卷，（各城区）按制度设计进行为期一周的入户调查，通过问需求计、答疑解惑等，确保"全满意"，画好"同心圆"，力求尽早获取"开工令"。其中，括号内的内容可出现，也可以省略。

第六，分条。如有必要，可对"分头"的内容再分若干条项进一步打开。例如紧接上文的"开工令"进一步分写：

一是设计到"心"。针对广大业主的"普遍焦虑"，问卷设计针对"旧改"的四个方面，精心设计了6个层面的问题，力求将问题发现在初始、解决在基层。二是责任到"人"。明确城区作为民意征求的第一责任人，落实"一线工作法"，会同街道、社区集中上门，采取"滚动制"，一户一户排摸，一家一家答疑，一栋一栋销号，工作力求耐心、细心、贴心，效果确保全心、舒心、称心。三是宣传到"户"。以发放问卷为契机，广泛宣传党委政府工作宗旨，全面普及民生实事相关政策，及时化解工作推进焦点难题，将理解、支持的种子播撒在每一个社区、庭院。

第七，分点。有时，因为务"实"的需要，光泛泛而谈不行，还必须充实有关细节，精心打造几个靓"点"，以进一步凸显主题。例如针对上文的"销号"，可进一步细化为：

如××花苑××业主，任凭怎么宣传，他对"旧改"工作就是不买账、不支持、不配合，俨然"铁板一块"。××区工作人员发扬了跑断腿、说破嘴的"钉子精神"，先后登门××次，一点点地向他释疑解惑，一次次地帮他解决疑难，最终用和煦的春风化解了他心头的寒冰。仅在××城区，类似××花园这个业主的案例，就有××个。

第二种，"16维度综合体"：变化无穷"笔阵图"。这是把公文建构成一个类似圆的理想模型，可从上、下、左、右、前、后、表、里、内、外、正、反等16个维度用力，使其成为一个洋洋大观、异彩纷呈的核心技法"综合体"。也许，在一篇公文中集齐"16维度综合体"各种技法的情况少之又少，然而一旦用熟了，我们写作结构简单的公文时，那简直是居高临下、驾轻就熟、信手拈来。

16维度综合体，最常用的技巧有：

往"上"，即从下往上"拔"（前文所说"腾"法），旨在抬升公文的高度。

往"中"，即从外往里"插"，视表达需要暂时掐断线索，从中插入一段与表意有关的内容。

往"下"，即由表及里、从浅入深"挖"，力求挖掘出潜藏于表象后的深层本质。

上、中、下，是笔锋的"纵向运动"。

往"内"，即从繁到简地"收"，在极尽渲染、铺排之后对内容开始简括、收缩。

往"外"，即从简到繁地铺毫"放"笔，对反映对象进行详尽的表现。这在公文中占据主要篇幅。

往"里"，即从隐到显地"阐"（析），一层层地打开事物结构、揭开事物要义。

内、外、里，是笔锋的"横向运动"。

上述"纵向"和"横向"，呈十字交叉，使公文内容从无到有、从有到丰，向外"拱起"为圆形，全面打开了文章的主要内容。

往"前"，即从近及远"推"（拓），通过层层推导，彰显要义；或层层推进，推动内容发展。

往"后"，即抚今追昔，把内容向往昔的方向"拉"，增大文章的曲度，寻找事情的由头；再从昔到今，使内容一脉相承。

往"远"，即从点到面地"宕"，往往绕开正题，先从其他相关方面迂回侧击，步步被引入正题。

往"近"，即从主到次地"带"，秉承拔出萝卜带出泥的意识，在"拔"出主题"大萝卜"之后，"带"出相关情节。

往"左右"，即从一到多地"联"，通过语意关联、语言关联、语音关联等，注重上下文的衔接，将相关内容联结在一起。

往"尖"，即从大到小地聚向"点"，选取细小片段，极尽铺陈之能事，通过细致刻画展现事物特别出彩的细节。

前、后、远、近、左右、尖，是借助相应笔法，推动内容在既定的发展线路上"左右运动"。

往"正"，即从淡到浓地往同一方向"染"，通过层层上色、反复强化，使内容更具体，主题更突出。

往"反"，即由坏向好地"振"，通过鲜明对比，进一步彰显表达主旨。

往"侧"，即由此及彼地"映"，借助烘云托月，凸显主题。

往"旁"，即由直向曲"转"向别处，通过"内"转、"反"转、"环"转等，增加文章的波澜，使行文曲尽其妙、深化主题。

正、反、侧、旁，环绕于上述笔法之"圆"本身及周边，组成了整体的"运动环境"。

在一篇公文写作中，16维度综合体的"16套动作"，可全用也可选用，运用次数、次序和位次安排也自由灵活、不受限制。这里笔者用"16维度综合体"示范写作一篇《关于"旧改"工作总体情况的汇报》。

尊敬的××：

根据市委、市政府"三年任务、两年完成"的总体要求，我局坚持"人民利益无小事"的宗旨（拔），在推进"旧改"民生实事项目中上下协同、持续用力，始终致力于服务千家万户的衣食住行，解决寻常百姓的急难愁盼，奏响了一曲新时代的奋斗组歌（挖）。××××年，××省领导在现场考察相关项目后欣然题词：老百姓家门口、心坎里的实事工程（插）。

说起"旧改"，不能不提起这样一段往事（宕）。××××年，一位军功卓著的退伍老军人给××市委书记写信说："这次故地重游，我亲眼目睹了××城发生的翻天覆地巨变，贵市高楼林立、层林叠翠、市井繁华，我为曾经战斗过的这片热土感到由衷的高兴，特别是××这一带，简直是今非昔比，再也难寻旧时踪迹。然而，在逛了一圈湖光山色回到宾馆后，我的心情却陡然沉重起来。在我探访一战友所住小区时，我的视线被这么一溜格外扎眼的破败建筑群刺痛了！放眼望去，墙危屋倾、架歪线斜，路洼坡陡、泥流污溢，凸显了该小区与周边红墙碧瓦、绿树繁花的格格不入！据悉，该市近年来正在轰轰烈烈地推进旧城改造，不知"旧改"的春风何时照进××小院？"××书记在看到这封信后感慨万千，并把这封信批给了××部门，一场"改造千幢万舍、惠及千家万户"

的"旧改"工程就此拉开序幕（收）。

旧改，顾名思义，是针对建造年代久远、基础设施不全、存在安全隐患、周边环境破败的危旧楼宇的改造（阐）。整体"旧改"工程共分三个阶段展开（放）。第一阶段，宣传发动阶段。第二阶段，制度设计阶段。第三阶段，全面推进阶段。第四阶段，攻坚扫尾阶段。（略）（这一部分写"基本情况"）

在整体"旧改"工作中，我市坚持理念、制度创新，走出了一条立足××实际、符合××特点的"××模式"，被誉为"旧改"的"××样本"（收）。其中最突出的经验是"民主促民生"双向工作机制，即：一、问情于民，改不改百姓定。二、问需于民，改什么百姓提。三、问计于民，如何改百姓选。四、问绩于民，效如何百姓评。（染：继续写"旧改"，总结其主要做法）（略）

为了讲究"旧改"的整体效果，我们还坚持"旧改"推进到哪里、长效管理就跟进到哪里，通过"跨一步、带一把"，解决周边环境配套的问题（带）。比如，广受好评的"三边小品"工程、古井保护工程等，就是其中最突出的亮点（点）。（略）

回顾近×年来的"旧改"工程，之所以社会美誉度不断攀升、市民满意度持续提升，源于三条主要经验：一是坚持以人为本，二是坚持社会协同，三是坚持从点到面。（拉、挖）（略）

"旧改"是一项覆盖广、难度大、时间紧、任务重的系统工程（联）。为此，我们投入了巨大的人力、物力和财力，相关部门、很多同志工作在一线、吃住在一线、扎根在一线，付出了辛勤的汗水，作出了巨大的奉献，确保了"旧改"的如期推进、顺利完成（收）。"惟其艰难，才更显勇毅；惟其笃行，才弥足珍贵。（插）"尽管过程十分不易，道路十分曲折，但最终各条战线还是心往一处想、劲往一处使，合力交出了一份漂亮的成绩单（转）。据统计，自"旧改"工程启动以来，共投入××亿元，改造楼宇×（万）栋，惠及居民××（万）人。××××、××××等各类媒体给予了高度关注，知名媒体人××曾在专栏中对此给予了"6个之最"的高度评价；共有×××批省内外考察团前来参观考察。（映）

×年的"旧改"工作，虽说是一项既叫座、又叫好的"实事工程""民心工程"，但也暴露了工作中的一些不足（振），有待下一步改进。主要有：（略）

从××××年到××××年，前后历时××年，我们从总体上完成了"旧改"的"上集"（联）。随着城市化进程的加速，广大市民追求更高生活品质的诉求越来越迫切，他们不仅要"住得进"，更要"住得好"。××××年初，××市委全面启动"旧改"的"续集"书写工作（推）。主要有三大工程：一是

加装电梯，二是二次供水改造，三是污水零直排（放）。（略）

奋斗新征程，建功新时代。我们相信，在市委、市政府的坚强领导下，在各城区、部门的协同配合下，在广大工作人员的实干奋斗下，我市的"旧改"工作一定能薪火相传、风景独好，迎来又一个万紫千红的春天。

上述"16套笔法"，上下前后、疾徐有致地"运动"，极大地舒展了语言文字表意的张力，从中选取任意几种，将组成公文写作千变万化、丰富多姿的"笔阵图"。

第三种，"直线型"。即公文内容呈从先到后、层层推进、不可颠倒的"线性运动"（即递进结构）。例如某领导关于学习××等先进典型弘扬社会主义核心价值观的讲话包括四大部分：选树典型—表彰典型—学习典型—争做典型。显然，全篇的结构就是"直线型"。

第四种，"三角型"。即公文内容先总体概述，这相当于一个"顶点"；接下来的内容围绕这个"点"从若干方面"散开"分述，辐射成若干条"边"或"支撑架"；最后，各条"边"或"架"又通过总体归纳的"线"连为一体，这是"底边"。这其实是"总—分—总"的结构类型。例如"××××年我市'旧改'工作汇报"：一、"旧改"情况概说。二、加装电梯。三、二次供水改造。四、污水零直排。五、"旧改"工作成效显、影响大。其中，一、五是总写，二、三、四是分写。

此外，还有四边型、六角型、网格型，等等，完全取决于文秘人员的总体结构设计。"构"设计不同，"姿"自然有别。文秘人员在公文写作中，要努力通过结构设计，让文章整体或局部的"姿"抓人眼球、动人心扉、启人思考、令人叫绝。

静生美，动成韵。如果说"姿"体现了公文的"静态美"，那么，"势"则流淌着文章的"动情韵"。

一篇公文的写作，从起笔、行笔、铺笔再到收笔，可分为有着不同侧重的几个主要部分。这一过程，正如飞瀑入潭，从高到低而生"势"，依其阶段的不同，自始至终依次可分为起势、造势、壮势和收势四个阶段。把握这四个阶段的不同特点，注重笔法变化，体现跌宕起伏，彰显俯仰开合，必能写出一波未平、一波又起，波澜起伏、气象万千的佳作来。

（1）起势。在开篇部分，通过引据法、托物法、生情法、缘由法等渐入正题，就此对题目进行简明扼要的"点读"，概述相关情况，并定下全文写作的基调、主调，初步摆开"架势"。有时，还可以为下文内容作些交代，埋下伏笔，做好"蓄势"。

（2）造势。这是文章的主体部分。紧承开头，借势而兴、顺势直下（也可取逆势，然后再回锋），"笔分五路，墨染四方"，全面打开话匣子，一波波地长"气势"、一次次地起"声势"、一层层地壮"阵势"。通过层层打开、层层推进，文章"姿势"全面展现。

（3）壮势。这是文章的高潮部分。有时，迎着前文写作的汹涌"态势"，面对事业发展的"形势"，紧跟发展规律的"趋势"，文秘人员兴之所至，还要"就势"对当前事物的进一步发展，或对领导关注、社会聚焦的重点方面作出专门的重点介绍，进一步把"文势"推向最高潮。

（4）收势。这是文章的收尾部分。在高潮之后，文势渐落，行笔务须"乘势"收篇，对前文作总结简括，或面向未来，给出"风景无限"的展望，让全文在余音绕梁、余香满口中渐渐"收帆归港"。例如：

××市防汛指挥部关于表彰"防汛救灾闪亮之星"的决定

各县（市）、区防汛指挥部：

①入夏以来，因长江流域持续性强降雨，我市启动防汛二级应急响应。②险情突如其来，救援任重如山。③在市委、市政府号召下，全市上下闻令而动，迅速集结，争分夺秒，转移群众，日夜兼程，抢险救援，周密组织，巡堤查险，全力守住了堤坝防线，实现了"不死人，少伤人，居民家中零积水"的目标。④在此期间，涌现了一批表现突出、敢打硬仗的优秀个人。⑤为表扬先进、激励队伍，市委、市政府决定授予××、×××等××名同志"防汛救灾闪亮之星"的光荣称号。⑥当前正值汛期，据最新气象预报，后续半月还有××个台风过境我市。⑦希望受表彰的同志珍惜荣誉、再接再厉，希望全市各单位和广大党员干部、群众要以此次表彰为契机，进一步提高思想认识，树立人民至上、生命至上的理念，坚决守护人民群众生命财产安全。

附件：××市"防汛救灾闪亮之星"名单（略）

××市防汛指挥部

××××年××月××日

上文中，①是起势，②是造势，③④是壮势，⑤⑥是收势，全文以"事"起，以"意"结曲折有致，摇曳生"姿"。

第八章 向"说"借灵感

——简单地说，酣畅地写

站起来能说，坐下来能写，走出来能干，是对一般公务人员的基本要求。

其中，说和写都属于表达能力；前者是口头表达，后者是书面表达。

表面看来，我们在进行信息交流时，好像说是说写是写，两者似乎界线清晰、泾渭分明。甚至我们常会看到一个客观事实：能说会道的人常常不会写，下笔如神的人往往不会说。说和写之间，看似有一道难以逾越的天然鸿沟。

其实，说和写都是表达，只是方式不同罢了。我们只需找到两者之间的根本联系，就能捅破说和写之间的这层窗户纸，最终"一桥飞架南北，天堑变通途"。

连通说和写的这座桥梁，就是技法。日常表达中，我们不可把说和写割裂开来，说的技法可以适用于写，写的技法也同样能够适用于说。从某种程度上讲，写就是说，说就是写。能写会说，文秘人员就有了事业出彩的核心竞争力。

比较而言，写较之说难度似乎要大一些。生活中，一般人即便不能口吐莲花，但大都能不假思索地说。可见，除非有语言障碍的人，说是一件相对简单的事情。而写就完全不一样了，只要一提到写，有些人甚至会有心理障碍，认为太难了。同样一件事，如果让某些人说，一般都轻而易举，出口成章；而一旦要求他们用笔写，就有点勉为其难，像赶鸭子上架似的。究其原因，这是把说和写完全对立起来了，事先从心理上就人为地把自己拒于能说会写的大门外了。

其实，说和写并没有天然鸿沟，只要我们拆除横亘在两者之间的心理藩篱，说和写几乎是一回事。同样的内容，只要能说，我们就一定会写。只要善于把"说"的状态和技法"代入"到"写"中，怎么说就怎么写，我们就一定能做到简单地说，酣畅地写。

第一节 写作就是工作，绝活来自生活

向说借灵感，首先要弄明白怎么说。同时，"说"的方法还不能太复杂，一定要简单地"说"，如此才能顺畅、轻松地为畅"写"打开通道。

说，像写一样不能凭空产生，其内容都来源于生活。而公文写作的内容主要来源于工作，写作源于工作，说话也源于工作。要会说，先必须熟悉工作。在此基础上，打开话匣子就能水到渠成、取之有源。在会说了之后，怎么说就怎么写，只要移花接木、如法炮制即可。

会说的门道千万种，最根本的是以下五种。

（1）照着说。就是工作"原型"怎么样，发生情况怎么样，我们就怎么说。

例如有领导问办公室主任王某：上午我不在，市领导钱某来参观时说了什么？

王某汇报的原则是发生什么说什么，有一说一，一五一十。王某可这样汇报：首先，钱某来到指挥大厅，开口就说，这里硬件设施比较陈旧，下一步要作改造；然后，他听取了演示汇报，说系统建设不错，令人耳目一新，下一步要继续拓展覆盖面，提高智慧性；最后，他看望了派驻的挂职干部，对挂派锻炼的工作模式给予了肯定。

按照上述活动情况如果要写一篇动态信息，可以按照由主到次的顺序安排结构，领导讲话、主要活动几乎是"照着写"：先交代"6要素"，什么时间哪些人干了什么等；接着，概述领导听汇报，罗列钱某讲话要点；最后，概述钱某对硬件的要求、对挂派制度的肯定，以及补充说明其他参会人员、相关事项等。

（2）拎着说。就是最突出的内容是什么，我们就说什么。如果能坚持求同思维，看到共同本质，从中提炼概括出类似"三个大""五个好""六个强"等模式，那就锦上添花了。

例如有领导问办公室主任王某：上星期我出差期间单位发生了什么？

在接过领导话茬的一刹那，王某的大脑即刻高速运转起来。首先，王某绝对不会事无巨细地"报账"，肯定要有所取舍。在经历一番抓大放小、去粗取精后，他很快提纲挈领地作出简要回答，可按时间顺序依次讲，也可按重要程度讲，还可按不同工作领域分块讲。比如按重要程度讲：一是迎接省领导××调研（普遍关注的）。二是人事制度改进方案已经完成（领导关心的）。三是获得了上级颁发的××荣誉（影响广泛的）。四是接到了一个国家转办的信访件（急等布置的）。

显而易见，上述四件事都紧紧抓住了领导想听的点，思路清晰，条理清楚，表达清爽，按此"说"，倘要写成一篇书面总结，一下子就举重若轻、化难为易了。

（3）顺着说。顺着，就是按照一定的次序说。次序在哪里？就在层次中。层次，保证了说话的逻辑清晰。有了逻辑，说话就不会语无伦次。在说话时，一般先要理出几个层次，然后再学会"一、二、三、四"地说出来。

例如有领导问办公室主任王某：你看看这次某处长张某不打报告违规出国的事情怎么处理？

要回答领导的提问，王某"回话"的方法是：违规出国这件事怎么处理，就怎么说。根据有关规定，王某可这么说：首先告诉张某，疫情以来，人事部门已经加强了对职工外出的管理，健全了处级干部外出报批制度，这次你私自外出，明显违背了组织纪律，造成了不好的影响。其次，根据单位有关制度，要求本人作出检查，并在本单位通报批评。最后，要以此为戒，确保不再发生，同时教育其他同志引以为戒，严格执行外出审批制度。

上面三个方面，依次表达了三层意思：事件定性，端正认识；根据规定，检查通报；引以为戒，严格制度。如果照此写成一篇批评性通报（缘由＋事项＋主旨），顺着写就是三大内容：①背景＋情况（写法：从先到后）；②作出批评决定（写法：先因后果）；③教育全体（写法：由此及彼、从点到面）。

（4）想着说。说话同写作一样，不能完全不顾别人的需求和想法，自己想怎么说就怎么说；而是要"想着"别人的意图，人家让我怎么说，我就怎么说。也不能完全不顾实际情况，而要立足实际、结合意图"想着说"。

例如某领导问办公室主任王某：你看大厅过道的宣传墙怎么布置合适？

针对这个问题，王某首先要把准领导意图，不然就是白忙乎，纵使忙得汗流浃背领导也不会用。据王某对领导喜好和意图的了解，有这么几个关键点不能忽视：一是内容上，当前领导强调最多的理念是人才兴管、科技强管、全民共管；二是领导喜欢蓝色，材料喜欢金色包边；三是最信任的是××广告公司，历次制作领导都很满意；四是用上领导最近推出的LOGO；五是留出一块地方，用于布置领导一直强调而没有落实的公示栏。除此五点，还要考虑过道窄小、灯光偏暗的因素。经此一"想"，王某即可以一、二、三、四、五地把观点简要地陈述出来。

据上，假如要写成一篇《关于大厅宣传墙的设置方案》，内容应包括以下部分：缘由（但凡方案都有缘由，例如：为做好××内部环境的美化布置，进一步营造清雅、文明、向上的工作环境，现就美化大厅宣传墙工作拟订方案如下）、版块设计、内容要求、选材配料、制作方、相关要求等。

（5）兜着说。兜着，就是不要一股脑儿、竹筒倒豆子似的一口气说完，而是要"兜着"相关内容，一点一点、细水长流地"抖包袱"。兜着说，一般是先说个大概，再有条理地倒出来，最后再作个总结。这实际上就是"总—分—总"的结构思维。生活中，无论写作还是说话，总分总都是最常用的高频思路。我们说话一定要学会总分总的逻辑思维，学会开合有度、张弛自如地说出来。

例如有领导问办公室主任王某：这次年度工作会议你认为开得怎么样？

要回答好领导这个问题，王某说话一定要纲举目张，先谈总体感受，再分点回答有此感受的理由，最后再总体回答对于此后开好年度工作会议的看法。按照总分总的思维，王某回答如下：这次会议主题突出、内容充实、安排紧凑、效果显著（总说：从内容到管理、效果）。一是会议内容全覆盖，上面、年度、综合，该有的都有了；二是会议人员全覆盖，市、区、街，该来的都来了；三是会议效果全覆盖，表扬、批评、希望，该点的都点了（分说）。建议以后的年度会议在内容、规模、管理等方面，可参照本次会议模式实施（总说）。

如果要写一篇有关本次会议的心得体会，根据上述内容，主要就是"感受＋理由＋建议"这三部分。

第二节　怎么说就怎么写之一：口信转换说

捎口信，在日常生活中较为常见。有时，如果把所捎口信略作变化和修改，就是一篇很好的会议通知。

例如某办公室主任王某替领导带口信给计财处长张某：××主任让我带口信给你：明早（××月××日）××点在××会议室召开财务工作班子成员碰头会，讨论上半年资金使用情况，届时请带上财务相关报表，你要做专题汇报。

仔细分析上述口信内容：时间、地点、人物、内容、主题等要素齐备，只要按照会议通知的基本格式稍作调整，即可由"说"转"写"，轻松写就一篇会议通知。具体如下：

会　议　通　知

根据××财务工作会议精神，为全面了解上半年财政资金使用情况，统筹用好预算资金，促进下半年工作，经研究，决定召开财务工作碰头会。现将有关事宜通知如下：

一、会议时间

××××年××月××日上午××点

二、会议地点

×楼会议室

三、主要内容

1. 计财处汇报上半年预算资金使用情况。

2. 财务分管领导发言。

3. 其他分管领导发言。

4. 主要领导讲话。

四、参加人员

班子成员；

办公室及计财处负责人；

其他列席人员。

五、几点要求

1. 请计财处做好汇报准备；

2. 请办公室做好会议组织、通知相关人员；

3. 请办公室做好会议记录。

×× 市 ×× 局

×××× 年 ×× 月 ×× 日

第三节　怎么说就怎么写之二：后勤保障说

工作总结大约是使用频率最高的一种事务性公文，没有之一。虽说几乎每个工作人员都要经常性地写总结，但并不意味着写起来就一定轻而易举，不会写、写不出的大有人在。

提起写总结，难度好像直线上升；但如果是"说"总结，似乎难度一落千丈。在日常工作中，其实需要口头"说"总结的情况比比皆是。只要按"说"法去写，窗户纸捅破后，总结写作似乎马上就有法可依、信手拈来了。

例如 ×× 单位周末防汛值班，一把手张主任要求办公室主任王某做好后勤保障工作，事后，张主任让王某就两天保障情况作个口头总结汇报。

总结如何写，梳理最重要。这个汇报切忌"流水账式"，关键是要从中理出个头绪。办公室的防汛后勤保障工作，归根结底，就是"吃、喝、休、行、用"五个字（这种高屋建瓴、提纲挈领的分类术，是写作之真谛）。其中，最要注意的细节是周末这个时间点，人员安排、设备使用都有别于平时，这方面的统筹安排要体现在总结中。

鉴于此，王某可以围绕上述五个字"拎着说"：

第一，关于"吃"的安排。由于周末厨房不开伙，因此专门联系了就近的××饭店送餐，正餐按每人××元的标准，夜宵按每人××的标准，并购买了方便面、水果等一定数量的零食。

第二，关于"喝"的安排。一方面，安排物业开启每个楼层的热水炉，并通知专门后勤人员到岗服务；另一方面，购买了一定数量的矿泉水，放在值班室备取。

第三，关于"休"的安排。主要做好三个方面工作：一是腾出××会议室作为临时休息室，并提前安排人员作了清扫；二是做好××楼专门休息室的清理，并补齐了被褥、毛毯、洗漱用品等，以供夜间休息之用；三是增购了一些简易床，统一放在××房间，以备不时之需。

第四，关于"行"的安排。一是交通工具，排定了司机周末轮值表，要求××辆工程车规范停放在车库，随时待命；二是出行雨具，购置了一批雨靴、雨伞等物资，一旦外出检查，实施统一领取、统一登记、统一回收制度。

第五，关于"用"的安排。一是会议室安排，遵照会议室工作日管理制度，设备管理、环境清扫等工作一切照常；二是其他物品，如手电筒、电池、纸笔、录音笔等，安排了办公室后勤人员××到岗到位，及时保障防汛用品供应到位。

如上，一篇总结的雏形就在王某的"口"中诞生了，离书面总结仅一步之遥，按总结的基本格式稍加整理、打磨，如增添存在问题、基本经验和体会、下步思路等，即可最终成形。

上述五个方面，应该人人会说。会说，写就不难，怎么说就怎么写。但要说得好，就必须要提炼。

例如，围绕"意图"提炼。上述口头总结，如果围绕后勤保障的宗旨或效果提炼一下，表达质量会再上一个台阶。例如：餐餐换新管"吃"好；服务至上保"喝"好；环境舒适让"睡"好；准备齐全包"行"好；精心细致务"用"好。

再如，围绕"本质"提炼。如果"拎"出工作特点，思路会更清晰，听者就会过耳不忘。例如：第一，关于"吃"，送好"一主一副"（餐）；第二，关于"喝"，管好"一热一冷"；第三，关于"休"，腾好"一上一下"（房）；第四，关于"行"，盯好"一有一无"；第五，关于"用"，备好"一大一小"。

这样一"拎"（提炼），是不是出彩了许多？

第四节　怎么说就怎么写之三：旧书捐赠说

动员部署性讲话作为领导讲话稿的一种，但凡文秘人员都没少写。动员部署，顾名思义，包括两个部分：一是动员，旨在回答"为何做"，主要是通过讲道理，让人提高思想站位，从认识上接受后面的工作部署；二是部署，在解决了思想问题后，接下来就是"做"了，这一部分主要回答"做什么"。除了上述动员和部署，为了真正把部署的任务落实到位，还必须要有一些保障措施，以消除出工不出力、出力不出彩等问题，这就是"怎么做"的内容。一篇动员部署性讲话稿，一般应包括动员、部署、保障这三个方面，也就是要把为何做、做什么、怎么做这三个问题解决到位。

事实上，口头性的动员部署讲话在日常工作中屡见不鲜。口头动员都张口即来，怎么说就怎么写，撰写书面性的动员部署讲话有什么难呢？

例如有领导交给办公室主任王某一个任务，让他召集各部门负责人开个动员会，主要任务是让各位负责人把各自条线的职工组织起来，发起向穷困孩子捐赠旧书的活动。

假如你是王某，该如何动员呢？

作为王某，我们要重点考虑前文的三大内容——动员、部署、保障。首先，动员部分要通过讲道理，让大家真正认识捐书的意义；其次，部署部分要跟大家讲清楚如何捐书；最后，保障部分要考虑如何采取措施调动大家捐书的积极性，避免捐与不捐一个样的局面发生。

关于"为何捐"，主要有四个显而易见的道理（用角度旋转术）：第一，（看上面）它是机关扶贫结对行动的一项重要内容；第二，（看自身）这是最大化发挥闲置书籍内在价值的一个重要途径；第三，（看外面）这是满足穷困孩子文化需求的一个重要手段；第四，（看内在）这是彰显凡人微光、爱心善举的一个重要表现（"赠人玫瑰，手有余香"）。

关于"捐什么"，要统一标准、指明方向、给出导向，不然会变成乱捐一通，毫无意义。按常理，第一要有用。一般要按照"能用、实用、好用"的原则提出捐赠要求，否则捐的没有用，捐了也白捐，还要费力组织捐书活动干什么？事理明，则说得出、写得好。第二可多捐。不仅自己积极捐，还可以动员亲朋好友捐。第三新书旧书不作限制。第四要捐赠内容健康的书籍。第五要捐赠少儿喜闻乐见的书籍。第六不宜捐赠明显过时、落伍、破旧的书籍。

综上，可梳理如下：

一是要捐赠有用书籍，特别欢迎学习读物。
二是要捐赠健康书籍，特别欢迎经典读物。

三是要捐赠浅显书籍，特别欢迎图文读物。

四是要捐赠齐全书籍，特别欢迎新出读物。

五是要捐赠便携书籍，特别欢迎纸质捐赠。

六是要满足捐赠数量，特别欢迎协同捐赠。

关于"怎么捐"，要重点考虑一些管用措施，确保保质保量捐赠。至少包括以下几个方面：一是明确捐赠要求。二是落实组织责任。三是做好张榜公示。四是纳入部门加分。

由上可见，会写与会说、会干密不可分。一方面，会说就会写、会写就会干；另一方面，会干就会说、会写。换言之，我们工作的水平越高，说出、写出、提出的思路就越科学、作出的部署就越有现实针对性。

因此，作为一名文秘人员，在平时工作中一定要把会说、会写、会干有机结合起来，努力做一名"三会型干部"。

第五节 怎么说就怎么写之四：检讨错误说

民主生活会制度成为常态，近些年自我剖析性讲话材料写作多了起来。每到岁末年初，各级机关企事业单位文秘人员大多要忙乎一个材料：自我剖析材料。说实话，这个材料并不好写。一听写这个材料，大家都有点云里雾里，不知如何靠"实"写。因着写不实、难出新，所以迟迟不肯动笔。直到被领导逼急了，东拼西凑应差了事。

其实，只要我们从思想认识上"按落云端、回归地面"，剖析材料大多并不难写，我们可以从许多口头剖析中找到最佳模仿"范本"，其中，很多小孩的"口头检讨"就是最好参考。

例如某男生用弹弓射石，击中了一女生的手臂，导致该女生手臂青淤红肿，最终被报告到老师那里。于是，老师责令该男生向女孩道歉，并作出口头检讨。

请看该男生的口头检讨：

我平时特别喜欢玩弹弓，而且打得很准。今天早上，（另一男生）薛某故意刺激我说，你的弹弓打不准，不信你打赵某（那个女生）试试。我一听火起，举起弹弓对着赵某的手臂就是一下子，痛得赵某当时就哭了。

发生这个事情，一切都是我的错。主要错误有：第一，我用弹弓打了同学，还把同学打伤了。第二，我不该头脑发热，听从薛某的唆使，冲动是魔鬼。第三，我不该把弹弓带到学校来，更不该用弹弓打人。

分析原因，主要有：第一，我还缺少明辨是非的能力，哪些话可听，哪些话不可听，什么事能干，什么事不能干，我没有区分开来。第二，我把老师、家长的教诲当成了耳旁风。第三，我没有意识到弹弓打人的严重后果。第四，在我心中还缺少遵章守纪的自觉性。

接下来，我会引以为戒，力争做到以下几点：一是承担赵某的全部医药费，如有需要，我会向她家长作出解释并道歉。二是从此不把弹弓带到学校来，更不会用来打人。三是与同学团结相处。四是遵章守纪，不发生类似事件。五是刻苦用功，把心思全放在学习上，努力把成绩赶上来，力争考出好成绩。

以上是我的检讨，请老师看我的行动吧！

细析该男生的口头检讨，思路清晰，章法严谨。整个检讨共有四段话：第一段说明事情缘由和过程，第二段归纳总结错误所在，第三段分析主要原因，第四段提出改正措施。这不正是一份很"规范"的自我剖析材料吗？代入此法写民主生活会剖析材料，又有何难？

第九章 脑洞大开，奥妙无穷

——起承转合之"实战36计"

古人写诗作文很讲究章法。从各种唐诗选集中随便翻出一首七律，就是起承转合的杰作。例如唐代诗人柳宗元的《登柳州城楼寄漳汀封连四州》：

城上高楼接大荒，海天愁思正茫茫。
惊风乱飐芙蓉水，密雨斜侵薜荔墙。
岭树重遮千里目，江流曲似九回肠。
共来百越文身地，犹自音书滞一乡。

这是一首抒情述怀诗。柳宗元在永贞革新失败后，与韩泰、韩晔、陈谏、刘禹锡等五人一起被贬。这是他第二次被贬柳州时所写，表达了对远在异地贬所四位同道的相思、相惜之情。

首联为"起"，总写登楼所见，视野阔大，一个"愁"字奠定感情基调。颔联"承"上写近景，尽显茫茫之象，"惊""乱""密""斜"等词，借景喻事，令人在恶劣自然中宛见政治险恶。颈联搦管拈毫，既"承"且"转"、先"承"后"转"，把目光推向远景，触景生情，情景交融，"重遮"令人想见五人天各一方、天涯孤旅；"九回肠"似见相隔之艰、相思之苦。尾联承上总收，"合"归主题，"共来"和盘托出遭贬一事，"滞"说明音书不通，令人无比相思，也点明首联"愁"之所在，"犹自"更进一层，是雪上加霜、苦上加苦。

本诗开篇点"愁"，至于为何愁，作者并未单刀直入，而是以愁景"包裹"愁情，一波三折，跌宕起伏，似有还无，若隐若现，一步步把人带入相思的凄婉境界。如此"起承转合"，好似"江流曲似九回肠"，进一步增加了文章的波澜，增添了文章的韵致，增强了文章的层次感，产生了含蓄蕴藉的美感。这正是曲笔的魅力所在。倘若柳氏弃"曲"用"直"，这么竹筒倒豆子：我已来到贬地柳州，与你们相隔那么远，而且书信不通，我想你们几个啊！这样的文字，美感全无，只能让人大倒胃口，也绝对不会成为流传至今的千古名篇。

可见，真正美的文章还是得讲究"起承转合"，尽量"制造"一些波澜迭起的美感。因为，增强了可读性，也就提高了影响力。

再看公文写作。表面看来，似乎更应注重单刀直入、秉笔直书，比如："下面我就××工作讲三点意见……以上意见，请大家抓好落实。"直截了当，干脆利落。这样写可不可以？当然可以。但如果都这样，公文的艺术性、执行力、价值量都将大打折扣，久而久之，写者无劲，言者无趣，读者无味，用者无心，终有一日，公文将"退出江湖"，永无再现。

因此，要写出好公文，就得讲究点艺术，如运用"起承转合"的运笔技巧。不仅是一篇公文，哪怕是一段话，也得讲究起承转合，用好"起承转合"才能把公文写得棱角分明，张弛有度，收放自如，韵味无穷。例如：

①我们党在内忧外患中诞生，在历经磨难中成长，在攻坚克难中壮大，锤炼了不畏强敌、不惧风险、敢于斗争、敢于胜利的风骨和品质。②正是因为始终保持顽强的斗争精神、坚韧的斗争意志、高超的斗争本领，我们党才能将星星之火发展成为燎原之势；才能在风雨如磐的长征路上闯关夺隘，击退百万敌人围追堵截；才能拉开改革开放的大幕，杀出一条血路。③党的十八大以来，我们党进行了许多具有新的历史特点的伟大斗争，打赢脱贫攻坚战，全面建成小康社会，迈上了全面建设社会主义现代化国家新征程。④可以说没有顽强斗争，就没有新时代的历史性成就、历史性变革，敢于斗争、善于斗争是中国共产党人坚持真理、担当使命最宝贵的精神品质，是有效应对重大挑战，抵御重大风险，克服重大阻力，解决重大矛盾，不断夺取新时代伟大斗争新胜利的强大支撑。⑤发扬斗争精神，增强斗争本领，首先要政治上坚定，锤炼忠诚干净担当的政治品格。⑥要学懂弄通做实党的创新理论，做党的创新理论的坚定信仰者、忠实实践者，掌握马克思主义的立场、观点、方法，夯实敢于斗争、善于斗争的思想基础，理论上清醒，政治上坚定，斗争起来才有底气和力量。⑦要把学习贯彻习近平新时代中国特色社会主义思想作为根本，自觉主动学、及时跟进学、联系实际学，增强"四个意识"，坚定"四个自信"，做到"两个维护"。

例文共七句话，"斗争精神"是贯穿始终的主线。围绕这一主线，全文清晰地分为两个层次：①—④为第一层，分析"为什么"，阐述斗争精神的历史意义；⑤—⑦为第二层，弘扬斗争精神，指明"怎么做"。

从第一层次来看，①是"起"，指出党具有敢于斗争的品格；②"承"①，阐述斗争精神的历史意义；③"转"笔当前，指出斗争精神的时代价值；④用"可以说"总收，"合"起前文，推出结论，说明要应对挑战、夺取胜利，就必须敢于斗争、善于斗争，由此为下文"怎么做"铺垫蓄势。显然，这里的"起承转合"，让行文环环相扣、层层推进、曲折回环、变化多姿，增强了文章的纵深感和立体感。

无论是一篇公文，还是一段话，要体现曲折有致、引人入胜的艺术美感，就得讲究起承转合的章法布局。如果说，"起"是导入，"承"是衔接、过渡、铺垫，那么"转"就是打开、铺陈、展示全文的精华，"合"是总结、升华，也是目的所在。概言之，起是入题，交代起因、缘由、背景等，要体现合政务性；承是破题，解读内涵、揭示意义、分析道理、概述方法等，要体现合思想性；转是解题，提出思路、目标，说明方案、措施，展示效果、影响，层层打开最能体现该文种主题的中心内容，体现合事实性；合主要是回归当下，收束全篇，简述想法，表明意图，展望未来，体现合目的性。

当然，起承转合四个字，也不是缺一不可。有时，可以没有"起""承"，直入正题；有时可以没有"合"，"转"就是"合"，"转""合"一体，等等。此外，出现次数也不是唯一，有时还有多次"承""转"的情况，一切视情而定。

第一节　起：熟记28式，开笔像抹油

人言万事开头难，我云开言可像玩。这一"玩"，能在开篇就玩出"破题"百变小花样。就像打开了变幻莫测的"小魔盒"，让公文在一起笔就文思泉涌、高招不断。

提及开头，先要区分两种情况：一种是公文式开头，一种是文章式开头。前者写法相对固定，常用方法有引据式、缘由式、背景式、目的式等；后者笔法自由灵活，较之前者难度偏大，务须重点研究和突破。

根据在全篇中的地位，还可把公文开头分为篇章开头和段落开头，即大开头与小开头。两者虽大同小异，但如果能尽量做些区分，写出变化，必能为文章增色不少。一般来说，大开头常用公文式，小开头多用文章式。

开头开得好，下笔似风跑。开头，不只是简单地打开话题，而是肩负着非常重要的三重使命：首先，要精准破题，有的放矢，把下文引向正确的跑道；其次，要快速入境，笔底生风，把思路推至酣畅的赛道；最后，要巧妙吸睛，引人入胜，把读者带到向往的轨道。

一篇公文的精彩，固然不能只看开头，但如果一开篇就了无新意、寡淡无味，全文又焉能出彩？开篇是最能体现作者匠心的地方，决定了一篇或一段中起承转合的质量。因此，我们不仅要注重大开头，还要努力写好每一个小开头，力求篇篇不同，段段精彩。显然，要做到这八个字，只记住几种开头方法是不够的，必须如"韩信将兵，多多益善"。

因此，本文专门列出28式，基本可覆盖小开头的主要情况。熟练掌握28式，无异于打开了酷炫的"百宝箱"，促使思维从一开始就处在活跃的"导电"状态，让下笔左右逢源，如进园摘菜一样容易。

经反复琢磨，笔者特以同音字"shi"为基础，列出各自代表不同含义的28个字，并编成一诗如下：

士视诗什识时势，侍誓拭失始试十。

恃嗜示矢是逝式，使师释史施实事。

为了便于记诵、运用，不妨望文生义，做如下理解：有识之士通过阅读诗文来认识时势，做好服务工作必须坚定信念、消除不足、开始尝试、不断完善。凭借爱好展示目的的追求已是过往做法，要让高明的老师解读历史智慧、用以指导实践才是务实之道。

接下来逐一例谈这28个字在撰写开头中的妙用。

1. 士。简单地说，是指"人"，此指公务活动涉及的角色，包括人员或单位。例如：开展"走亲连心"活动（标题，下同）。努力当好基层的服务员，通过眼睛下看、身子下蹲、重心下移、资金下沉等，努力帮基层办实事解难题。如针对××问题，先后……

2. 视。就是"看"，可以上下左右、前后里外各个方向地看，以寻找写作切入点。例如：开展"走亲连心"活动。通过去年的情况来看，基层对"走亲连心"活动非常支持，今年要继续推进这项活动往深里走、往实里走、往心里走。今年，我们将开展以下三大工作……

3. 诗。就是借助诗句引出话题，可以引用诗歌名句，也可以自拟，或引用相关文章、言论。例如：开展"走亲连心"活动。三言两语传真意，一枝一叶总关情。走亲连心，就是要把基层当亲戚，民有所呼、我有所应，民有所盼、我有所为，真心实意为基层解决"急难愁盼"……

4. 什。就是"物"，包括用物、景物、器物，以及实物、虚物（智力活动的产物，如网络、想象物）等。例如：开展"走亲连心"活动。心、眼、脚、手、脑，这是我们"走亲连心"活动要随身携带的"五件宝"。一是带着真心去……

5. 识。即思想、认识、看法、思考等。例如：开展"走亲连心"活动。"走亲连心"，是市委"三个大"活动的重要内容，是××部门改作风、树形象的一个重要抓手，也是切实帮基层解决现实难题的重要手段。"走"要走得实、走得深，"连"要连得紧、连得广……

6. 时。就是从时间切入，可以是过去、现在、将来的某个时间，也可以是泛化的一个时间，视情而定。例如：开展"走亲连心"活动。一直以来，我们都非常重视基层工作，现在更要把基层工作摆在突出位置、中心位置……

7. 势。就是形势、趋势、态势等背景情况。例如：开展"走亲连心"活动。重视基层基础，从中央到地方都越来越重视。从 ×× 工作情况来看，基层压力有不断增大的趋势，每天都有各种"翻斗车"把不同的任务倾泻到基层，基层几乎不堪重负。因此，要下决心为基层减压纾困，先要以我们的真心、尽心在上下之间架起一座连心桥……

8. 侍。就是"服务"行动、以对方为先的意识。例如：开展"走亲连心"活动。在前段时间走访中，基层反映最多的有七大难题，这就是我们当前要主攻的方向……

9. 誓。即"誓言"，可引申为宗旨、理念、意图等。例如：开展"走亲连心"活动。基层的诉求就是我们的追求，基层的难题就是我们的课题。这次"走亲连心"，我们既要摸清基层的诉求，更要努力解决基层的难题……

10. 拭。就是"擦去"，引申开来，就是改变现有做法，说白了就是创新。例如：开展"走亲连心"活动。这次"走亲连心"，我们改变过去"走一走就完事"的心态，摒弃以往"到一到就交差"的做法，要在以下三个方面来一次革新……

11. 失。即失误、过失，即存在的不足、问题、缺陷、劣势等。例如：开展"走亲连心"活动。去年的"走亲连心"，客观上存在着虚、假、浅等问题，今年我们要本着"刀刃向内"的初心，聚焦基层工作的痛点、堵点、盲点，真正让活动实起来、真起来、深起来……

12. 始。就是"开始"，从开端写起。例如：开展"走亲连心"活动。今年活动分三个阶段。第一阶段……

13. 试。即尝试、试验，引申为探索、试点、初步实践等。例如：开展"走亲连心"活动。通过前一阶段的探索，大家在心态上已逐渐适应基层工作的需要，在行动上也在日渐适合基层工作的标准，值得肯定。接下来……

14. 十。指"全面"，引申为两层意思：一是代指总体，二是十全十美，即优势、成绩等。例如：开展"走亲连心"活动。总体来看，"走亲连心"已经实现了"三个多"：一是想着基层多了……

15. 恃。即倚仗、依托、凭借、根据，包括领导指示、政策文件、实现途径

（条件、手段）等。例如：开展"走亲连心"活动。要以前期梳理的"问题清单"为基准，进一步明确"走"的方向，确保"连"的实效。一是……

16. 嗜。即爱好、倾向，一般是基本保持不变的因素，引申为习惯、制度、机制等。例如：开展"走亲连心"活动。多为基层想，常往一线走，这既是工作理念、要求，也是工作机制、方法，最终要成为我们的工作目的、习惯……

17. 示。原意"给……看"，此处主要指两层意思：一是具体指示、要求；二是具体思路、措施等内容的集中展示。例如：开展"走亲连心"活动。为基层减负，帮基层解难，助基层转型，是本次活动的主要内容（思路）。推进活动深入，我们不仅要身去，更要手到、心入（要求）……

18. 矢。即"箭矢"，常言道"有的放矢"，此处引申为"目标"，可实可虚（想象、愿景等）。例如：开展"走亲连心"活动。以"结对一批、帮扶一批、提升一批"为目标，切实解决基层的操心事、烦心事、揪心事……

19. 是。与"否"相对，就是回答"是什么"，即对事物的优点（成绩）、态度、内涵、性质、情况等作出肯定、揭示和说明。例如：开展"走亲连心"活动。走亲，就是像走亲戚一样加强联系，常往基层走；连心，就是通过走亲活动，实现"连心"的目的，努力与基层想在一起、谈在一起、干在一起……

20. 逝。即"逝去、消失"，引申为已完成、已结束、已过去等。例如：开展"走亲连心"活动。在××部门的精心组织、尽心安排、真心落实下，"走亲连心"已圆满完成了第一阶段任务。目前，共收到建议……

21. 式。就是方式、方法，既包括宏观的方法论，也包括具体的方式、途径、渠道、载体、工具等。例如：开展"走亲连心"活动。这次"走亲连心"，不只是简单地去基层走一走，拂皮蹭痒、蜻蜓点水，来去一阵风，而是要耐下心来，蹲下身去，走到田间，真正点对点、面对面、心贴心地帮基层办实事、做好事。

22. 使。就是指使、派遣，即"让……做某事"，一般用在偏重务实的材料中，直接开门见山进入正题，作出相关工作安排和布置。例如：开展"走亲连心"活动。开展好这次活动，机关党委要做好穿针引线工作，精心编制方案，全面做好面上统筹协调；组织人事部门要……

23. 师。就是老师，这里引申为学习、示范等。例如：开展"走亲连心"活动。要坚持以基层为师、以实践为师，实施"一线工作法"，力求在一线发现问题，在一线研究问题，在一线解决问题……

24. 释。就是解释，即对实施某事的背景、初衷、宗旨等作交代说明。例如：开展"走亲连心"活动。开展这个活动，是针对当前突出的问题、经党委集体研究作出的决策，目的是借助这个载体强化与基层的联系，找到为基层的良方，改变对基层的作风……

25. 史。就是历史、历程，即通过对相关往事的回顾，为进入正题伏笔。例如：开展"走亲连心"活动。过去，我们一直有依靠基层的优良传统，基层对我们的评价较高，那种关系是真正的鱼水情谊；后来，有一段时间我们变得急功近利、心浮气躁，渐渐疏远了基层，导致基层叫苦不迭，对我们心生怨言；现在，我们开展"走亲连心"，正是对走偏路线的矫正，是对优良传统的回归……

26. 施。主要包括两个方面：实施（行动计划）；施加（影响）。（1）开展"走亲连心"活动。要按照"走亲连心"行动方案，重点下好"三步棋"。一是……（2）开展"走亲连心"活动。通过"走亲连心"，要把我们的理念、想法、思路等带到基层去，争取基层的理解，赢得基层的支持……

27. 实。就是事实、实绩，以及细节、枝节、情节、环节等具体的"干货"内容。例如：开展"走亲连心"活动。曾有基层同志问我：派遣到基层的任务能否过个"筛子"，把真正属于基层、基层确实能够解决的问题派下来，派活再准一些、细一些，我说"行"。这次"走亲连心"……

28. 事。即从具体事项入手。例如：开展"走亲连心"活动。去年帮基层做了"三件实事"，可谓"走亲连心"的"开篇"，今年要把"续集"写好、写精彩，继续抓好三件事，一是……

上述28式是着重从"内容"角度构思的，可单用，也可混用，语言表达上几乎是平铺直叙的，如要出彩，还可糅入一些语言技法，如修辞、想象、比较、疑问、悬念、倒置等，由此进一步提升开头的艺术性和吸引力。

第二节　承：接住、接稳、接好

公文"起"了头、破了题，接下来还要接过话题，并进一步打开话题，推动相关内容情节向前发展，使之更具体、充实、细致，这就是"承"的任务了。

承，就是"接"。在内容上，不仅要衔接前文的"意""事"，还要连接后文的"情""思"，也就是要"抓两头、带中间"。

接，从方向上看，有顺接和逆接；从手法上看，有语汇接、语音接、修辞接、逻辑接、技巧接、结构接等；从内容上看，有"时"接、"空"接、"事"接、"意"接等。

要把前后文的"事""情"和"意""思"连成一体，必须提高"接"的质量，讲究"接"的方法，概括起来说，就是要接住、接稳、接通、接好。

接住，就是要紧扣"起"的主题、紧接"起"的内容写下去，保持前后一致性。如果"起"说一套，"承"另起炉灶，就是"没接住"。

接稳，就是不但要接住，抓在手中，还要"稳"，即保持不变性、一贯性。如果写着写着就偏离了既定的轨道，那就是"没接稳"。

接通，就是要通过语意贯穿、语言连接等，始终保持上下文之间的逻辑联系，像击鼓传花一样，确保行文的衔接、贯通。

接好，就是要"接"得有章法、有艺术，体现高质量、高水平。要做到"两个高"，务须在四个方面下功夫：一是集中，始终紧扣一个明确的主题。二是明晰，用来反映主题的内容纲举目张、条理清晰。三是具体，有观点、有措施、有材料、有细节，干货满满，十分翔实。四是有力，论证、说明等都靶向精准、有的放矢，语言表达体现很强的表现力、说服力和感染力。例如：

要坚定理想信念。①习近平总书记指出："理想信念就是共产党人精神上的'钙'，没有理想信念，理想信念不坚定，精神上就会'缺钙'，就会得'软骨病'。"②理想信念，它不是个空东西，有巨大的感召力和吸引力。③在这里，有两段十分感人的历史，和大家分享一下。④一个是延安时期。⑤与当时蒋介石所控制的那些地区相比，延安是山沟，穷得不得了，但是大批人才都跑到延安，还要越过几道封锁线。著名的人物有丁玲、冼星海、聂耳、艾青等。⑥当时有评论说，延安不仅是共产党的根据地，也是中国的一大文化中心，这就是共产党的吸引力，因为她代表了抗日救国的正义事业。⑦还有一个很感人的时期，就是中华人民共和国成立以后一大批海外留学人员归国。⑧大家比较熟悉的像钱学森、邓稼先、华罗庚、竺可桢等。⑨实际上，他们中间的一大批人已在欧美学有所成，是我们党的正义事业把他们都吸引回来了。⑩党员干部如何树立正确的理想观？⑪我归纳4个字，即：爱国、信党。⑫爱国，就是珍爱中华民族。⑬我们中华民族是有骨气的民族，是具有强大凝聚力的民族，当前我们正致力于实现中华民族伟大复兴的中国梦。⑭这是正确理想观的"基"和"本"。⑮信党，就是坚信共产党的正确领导。⑯这是政治信仰，是理想观的核心内容。⑰唯有中国共产党才能救中国，才能带领13亿人民全面建成小康社会。⑱我们绝不能以偏概全，看到党内出现几个不廉洁分子，社会上出现不廉洁现象，就动摇对党的信念。

例文除了标题，共19句话，可分为四个层次：①为第一层，②—⑩第二层，⑪—⑱为第三层，⑲为第四层。本段论述的主题即标题：坚定理想信念。

围绕这一主题，第一层为"起"，引用习近平总书记的论述，阐述理想信念的价值，按前文的说法，是"示"式开头。第二层为"承"，紧接①的理想信念话题往深处、往实处作进一步论述，这就是"接住"。同时，②先总体论述理想信念并不空洞，然后紧承"理想信念不空"，列举了两个真实的历史事例，深入浅出地说明了理想信念的巨大吸引力。从②到⑩始终不离"理想信念"，接得非常"稳"。总的来看，②—⑩先总后分，夹叙夹议，阐述了"为什么"要坚定理想信念，具有很强的说服力，充分体现了集中、具体、翔实、有力这四个词，接得非常"好"。

论古说今，重点在说"今"，关键是要通过论述指出现在"怎么办"。因此，第三层顺势一"转"，转入"今"，在分析"为什么"之后就势提出"怎么办"。文章采用设问，先问后答，得出"爱国、信党"的结论，观点鲜明，结构紧凑。那么，道理都讲明之后，对照这一结论，再具体点说，落到"我们"这一对象上，应该怎么做呢？前文议论一波三折，引经据典，根本目的都在为眼下的"我们"提供建议、提出方案。因此，第四层"合"，而且是"反向"合，按照上文的道理逻辑，水到渠成地建议"不要做某事"，如此层层推进，具有高山流水般不可阻挡的论证力量。

第三节 转：笔锋一转百韵生，且承且转入佳境

在一篇公文中，"起"是挑着说，"承"是接着说，与"起"大抵属于同一方向、同一层面的内容。如果行文只按"起""承"的节奏一路顺承而下，始终没有变化，那么就缺少波澜，内容显得比较平直、平面、平淡。要打破这种表达的平静状态，笔锋须善"转"。

转，是内容发展的节拍器，是行文变化的分水岭。正如波澜不惊的江河水行至巨石崩谷处，不再安于现状，水石撞击，要么形成激荡回旋的浪花，要么成为顺流而下的瀑布。这一"转"，思想出现波动，情节产生波折，使行文顿生波澜、高潮迭起，产生曲折回环、跌宕起伏的美感，文章韵味由此而成。

一路"接着说"（承），内容都是一个方向，主要是为积蓄力量，还需"转"得"纵身一跃"，让行文出现变化、向前发展、渐入佳境。通过一次次"承"，一次次"转"，最终凸显主题，正所谓：笔锋一转百媚生，且承且转入佳境。

总体来看，"转"是全文的中心内容，笔墨一般要落在主要对象上。其主要任务是：抖开包袱，列举事实，展示精华。

从对主题的表现看，"转"有三种：一是转"往"，二是转"反"，三是转"入"。

转"往"，也叫"外"转，就是顺着前文"承"的内容向前走笔，但不是一下子进入最突出的主题，而是笔锋外转或回转，节外生枝，引出一个与此相关的内容，即"短暂驶离"，待势足之后再转入正题。例如某领导在"××读书月"启动仪式上的讲话：先"起"，宣布"读书月"的大幕正式开启；再"承"，说明开展读书活动的意义，指出本次活动是前几年读书活动的延续；接着顺势"转"往，简述过去读书活动的经验和不足；再"转"回，提出今年读书活动的具体要求；最后"合"，号召大家通过读书活动涵养知识、提升境界、提高水平、作出贡献，进一步升华主题。文章第一次"转"，就是"外"转。

转"反"，即反转、逆转，在"起"打开话题后，随着"承"的推进，按行文发展，一般是过渡到对主题的揭示，但有时并非按常规行笔，而是出于篇章结构的范式、反振蓄势的需要或是表现主题的目的，忽将笔锋逆向反转，以反衬正、入正，"如拉雕弓如满月"，由此增加行文的曲度、坡度，使文势更饱满。例如一般工作总结都这么写：先通过总括成绩"起"；再"承"前文话题详写成绩和工作；接着且"承"且"转"，先转到总结"经验"上（正面），再二次"转"写"问题和不足"（反面），进一步揭示缘由，凸显主题；最后"合"，承前文"问题和不足"，指出"有待下一步改进"的共同目标，为后文铺垫。上述"问题和不足"，即是"反转"。

转"入"，即顺转、转"正"，就是顺着先前文势，继续往表现主题的方向一路行笔，重点展开应予表现的主要内容。一方面，要注意前后文的语势衔接，不能前后"两张皮"，各归各搭；另一方面，要继续加强文势，深化文意，进一步逼近、进入主题，转入"正题"上来。所谓"正题"，就一般公文而言，都在指出方向、路径，提出要求、希望，归根结底都要落在相关主体"要做某事"上来。提出问题、分析问题说到底都是铺垫、蓄势，根本在于解决问题。而转"入"，就是笔墨落在主体、正题上，这是全文的核心所在。

关于表彰××同学见义勇为行为的通报

各院系部：

①××月××日下午，××学院××班××同学前往××市××景区游玩，途中突遇一女孩不慎落入深水潭中。②在这紧急关头，××同学置个人安危于不顾，当即跃入水中，与另一名女青年奋力将女孩救起。因施救及时，女

孩得以安全脱险。③××同学见义勇为的事迹在全院师生中产生了强烈反响，××网、××网、××报、××报等多家媒体进行了采访报道。

为表扬先进典型，弘扬社会美德，传递正能量，营造新风尚，经学院研究决定，授予××同学"见义勇为先进个人"荣誉称号，颁发荣誉证书，奖励××元，并在全校予以通报表彰。

学院号召全体学生学习××同学见义勇为的精神，自觉践行社会主义核心价值观，努力成为有坚定理想信念、高尚道德修养、强烈社会责任感的当代大学生。

××学院

××××年××月××日

本则通报共三段话，按从先到后、由此及彼的顺序，依次表达事件发生、通报表彰、号召学习三层意思。其中，第一段三句话，①②记叙事件发生，是"起"；③是"承"，概述后续影响。第二段是表彰，也是通报应予表现的主要内容，这是"转"入正题。第三段是"合"，由点到面，号召全体向××同学学习，进一步升华主题。

转，不是对承的完全转变和抛弃。转和承之间有着紧密的联系，是在承中转，在转中承，不断推动着内容的发展，其主要方式有：先承后转，边承边转。以上都是先承后转的情况，这里再举例说说边承边转的情况。

边承边转的情况，其实最为常见，因为大多数内容复杂的公文往往不是一次承、一次转就揭示主题，而是要多次承、多次转，且承且转入主题，好似泛舟览胜的过程，峰回路转，"一山放出一山拦"。例如某市委领导《在全市党组织正副书记集训总结会议上的讲话》。先看全文开头部分：

①刚才宣读了集训表彰通报，为优秀学员颁了奖，在此我代表市委对受表彰的同志和单位表示热烈祝贺。②为期10天的集训班在大家的共同努力下，今天正式结束了，已经圆满完成各项工作计划。③举办这次集训，是我们深入抓建一线的一贯做法，也是年度工作开局的关键一环，更是新时代推进改革发展的奠基之举。④对于这项工作，市委主要领导高度重视，坚持作为党委工程、大事要事摆到重要位置来抓，其间××书记还专门抽出半天时间参加我们的活动，与大家亲切交流，现场进行传帮带，并给予了"这个班办得好，越办越好，值得肯定"的高度评价。

今年这次集训，充分借鉴了以往好的做法，结合当前工作实际和需要，无论从课程设计还是教学方法上，都有了一些创新和发展，因此此次集训的质量效益又有了新的提升，归纳起来有这么"四个更加"：

一是时机选择更加富有意义。

二是内容设置更加显得精实。

三是学员表现更加优异突出。

四是组训方式更加灵活多样。

本篇讲话全文六个自然段，仅看第一自然段，虽只四句话，就几次承几次转，使行文曲折回环，颇具层次感和章法美。其中，①先即事而"起"，再顺"承"表达祝贺之情；②"转"入主题"集训"上来，总体概述；③"承"②接着阐述"举办这次集训"的意义；正因如此重要，所以④"承"③"转"到市委主要领导亲自参加会议上来，并作出高度评价，这又是对②③的"圆满""奠基"等内容的"承"。

接下来的第二段，再次"转"到"这次集训"上来，在略"承"之后，先总后分，作出"四个更加"的具体说明，全面凸显了"集训总结"的中心内容。

可见，上面六段主要通过三次"承"、三次"转"把上下文紧密联系为一个有机的整体，内容复杂而又整饬有序，一波三折而又蜿蜒前行，文势回环而又韵致尽显。

在对"集训"作了全面总结之后，先"承"后"转"，继而从培训对象角度总结三个方面的收获：

这次集训，虽然时间不长，但通过大家平时的发言和日常的交流，同志们普遍反映这次学习很有意义，这次集训很有收获。我感到，主要表现在三个方面：

一是明晰了责任强化了担当。

二是拓宽了视野理清了思路。

三是熟悉了套路提升了能力。

接着，讲话人又边"承"边"转"，"转"而从自身收获的角度与大家分享五个字的感受：

大家今天就要回到各自岗位了，我也和大家一样，这次集训也从大家身上学到了不少东西，特别是听了同志们的发言，也很有收获、很受启发。有五个字送给大家，希望对大家今后抓工作搞建设有所帮助、有所启发，这五个字就是"敏""勤""常""细""新"。

所谓"敏"就是指敏锐。……

所谓"勤"就是指勤快。……

所谓"常"就是指经常。……

所谓"细"就是指细致。……

所谓"新"就是指出新。……

最后，讲话人先"承"后"转"，由此及彼，从业务集训到实践转化，对受训书记提出三点要求，表达目的、宗旨，借此"合"起全文。结尾如下：

以上五个字，是我听了大家发言后个人的一些感受，实际上这些观点都是你们的，归纳后今天与大家一起分享。最后，就这次集训成果的转化运用，我再提三点要求：

一是要持续深化学习。

二是要抓好全员培训。

三是要融入工作实践。

由上可见，全文虽然结构复杂、内容丰富，但由于讲究章法，确保了全文的主题统一，重点突出，内容紧凑。文章通过多次承转，产生了枝上生节，节外有枝，枝又有节，节又有枝……枝枝节节无穷匮的奇景，显示了层层叠叠、环环相扣、步步为营、滚滚向前的曲折之美、回环之态、渐进之势和摇曳之姿。

在一篇公文或一段话中，也存在没有"转"的情况，文章在"起""承"之后，直接揭示目的，就此"合"起全篇。例如：

诗歌进校园是培育民族精神的需要。①习近平总书记指出："中华优秀传统文化已经成为中华民族的基因，植根在中国人内心，潜移默化影响着中国人的思想方式和行为方式。"②中国是诗歌王国，中华民族是酷爱诗歌的民族。③中华诗词从第一部诗歌总集《诗经》问世迄今已将近三千个春秋，它源远流长，博大精深，是我国传统文化的瑰宝，有无穷的艺术魅力。④从这个意义上讲，发挥先进优秀诗歌的文化力量，开展诗歌进校园工作，是对中华优秀传统文化教育的有益补充，是培育青少年学生的文化素养、情感素质和思想品质的有效途径。

例文共四句话，围绕标题，①借引用"起"，②③以文化分支（诗歌）"承"上，先总后分，揭示其价值和影响。④是"合"，揭示缘由、宗旨，在意义上把上下文"统在一起"，收束全文。

第四节　合：锦上添花的艺术

剧场看演出，首先是开启大幕，意味着演出正式开始；最后大幕彻底"合"上，宣布全剧终。其间，每一个节目的开始和结束，也都伴随着大幕的开合。这一开一合，寓示着全场或一个节目的开始和结束。

公文写作也如演出。一篇公文或一段话，都有开有合。开，是开头；合，就是结尾。

公文的"合"，包括两种情况：全文之"合"和段落之"合"。前者是一篇公文的结尾，可称为大结尾；后者是每一个段落（或部分、层次、句群）的结尾，可称为小结尾。

根据"合"的内容特点分析，可把结尾分为公文式结尾和文章式结尾。

公文式结尾格式规范，形式固定，主要有两种写法：一种是套话式结尾，如请示的结尾"妥否，待示"，批复的结尾"此复"，报告的结尾"特此报告"，等等。一种是期求式结尾，常用"希望""请""一定要"等词语引出，对特定对象提出相关希望、要求。

文章式结尾写作灵活自由，在创造性上明显增强。可从小结尾和大结尾两个方面来分析。

小结尾和大结尾的写法本质一致，并没有太大区别，大结尾的方法可用于小结尾，反之亦然。但由于所处位置不同，两者也不可避免地存在细微差别，比如小结尾不宜过长，往往惜墨如金、点到即止，而大结尾有时可以发散思维，给全文补上浓墨重彩的一笔。当然，不论是大结尾还是小结尾，绝不能草草收尾、狗尾续貂、尾大不掉，而应切中要害、简明扼要、锦上添花，努力以压卷之笔成就全文虎头、猪肚、豹尾的"三位一体"。

先看小结尾，常见的写法有七种。

一是以数字的"结算"结尾。有些段落、层次，在介绍了相关措施后，往往用一段精炼的典型数据来说明取得的成果。

二是以时间的"结束"结尾。随着某个时段、环节的结尾，行文也进入尾声。如某文体活动信息末段结尾：……为期三天的××技能比武活动在铿锵有力的乐曲声中落下帷幕。

三是以事情的"结局"结尾。把事情所产生的或好或坏的结果展现出来。例如某区××作风大督查情况报告相关段落的结尾：通过督查，××家单位被通报，××个案例被责令整改。

四是以典型的"结实"结尾。结实，就是结出的"果实"，特指某些细节、形象等。例如：鉴于上述问题，要实行权力清单制度，公开权力运行过程和结果，健全不当用权问责机制，由此有效扎紧制度的笼子，让权力在阳光下运行，严防"牛栏关猫"导致"四风"问题回潮。

前四种属于以"实"合。

五是以主体的"结想"结尾。结想，就是念念不忘，这里指主观的感受、体会、评价、启示、想象等。例如：整场灯火秀主题鲜明、设计新颖、异彩纷呈，把观众带入到绚丽浪漫的光影世界中，给人带来强烈、持久的艺术享受。

六是以问题的"结论"结尾。这种结尾，一般是在前文层层说明、分析、推论的基础上，最后得出结论性意见。例如：由此可见，青年员工的实践经验普遍比较欠缺，有待于在基层的大熔炉中去经风历雨、强筋健骨、塑能增智。

七是以思想的"结晶"结尾。这离不开文秘人员辨表知里、以简驭繁的提炼功夫。这种结尾兼具政治的高度、理论的强度、思想的深度、情感的浓度和视野的广度，往往给人"高大上"的感觉。例如：

这些问题严重损害了党在人民群众中的形象和党群干群关系，必须在领导干部中大力开展中华民族传统美德教育，讲修养、讲道德、讲诚信、讲廉耻，养成共产党人的高风亮节，自觉远离低级趣味，从而形成"头雁效应"，以"关键少数"的自我革命带动"大多数"党员干部的作风转变。

后三种属于以"虚"合。

再看大结尾。鉴于公文的政令色彩，一般以部署、落实、办理、交流等内容居多，因此倡议、鼓励、部署、希望等内容的结尾居多。常见的写法有 10 种。

1. 总结概括式。"合"，换言之就是收束全文，即对前文的主要内容进行总结归纳。因此，概括式结尾在公文写作中运用最为普遍。例如：

今天的电网大检修专题会议，我们重点研究了当前工作中存在的四个问题，包括问题发现、标准统一、管理考核和队伍建设。这四个问题都是影响运行成效和事业发展的大问题；针对这四个问题，大家也提出了一些有针对性的解决措施。希望大家会后认真研究、思考对策，抓好整改。

2. 希望要求式。即在结尾顺势提出希望、要求。例如：

望各级 ×× 机关不断注意发现和总结这方面的典型事例，通过组织学习讨论、通报表彰等多种形式，把思想政治工作切实加强起来。

3. 号召鼓励式。为了激起干事创业的热情，很多下行文往往通过发出号召、情感鼓励等，鼓舞士气，积聚力量。例如某集团领导讲话的下述结尾鼓动性就极强：

同志们，行色匆匆，一年时间很长、也很短，我们已经迎来了一个崭新的××××年，站在了一个新起点上。前段时间看了一个短信，在这里与大家分享、共勉一下，"邮局不努力，顺丰就愿意帮他努力；电信不努力，微信就愿意帮他努力；商场不努力，淘宝、天猫就愿意帮他努力！今天，如果你还在抱怨、不愿努力，就一定有人愿意替代你，帮你努力！你不成长，别人一定会成长，没人会等你！"只要我们努力，××××年就一定会有更大的收获，我们的目标、梦想、再晋××强就一定会实现！我对此充满信心，对公司充满信心，对大家充满信心。如果大家都有信心，请以掌声结束我的总结！

4. 提出建议式。在需要向有关部门提出看法、见解时，多用此种结尾。例如：

建议成立××工作领导小组，加强集中领导，促进部门协同，统筹推进××工作。

5. 交代补充式。即在主要内容结束后，就相关背景、注意事项等作出补充说明。例如某报告的结尾：

上述清单是我们根据相关材料作出的梳理，有些问题未经核实，可能并不完全符合真实情况，在改进当中如发现有对不了号、入不了座的情况，可及时与我们联系。

6. 谋划展望式。即在结尾提出下一步工作设想、思路、措施，或对愿景、前景等进行展望。例如某调查报告的结尾：

我们认为，只要认真做好了这些工作，盗窃倒卖工业用铜的犯罪活动是完全可以制止的（展望）。

某纪检部门作风整顿报告的结尾：

根据上述情况，我们拟选择典型事件连续通报，联系实际加强××队伍的法纪政策教育，并要求各地、市、县××局，结合半年初评总结，对××队伍执行政策法律的情况进行一次全面检查和整顿，以刹住违法乱纪的风气（下步措施）。

7.宗旨目的式。即在结尾提出相关工作要实现的目的、宗旨。例如：

作风问题是事关事业发展的根本性问题，必须通过深入贯彻落实习近平总书记关于纪律建设的重要论述，让党的作风全面好起来，让党的作风建设这张金色名片更加光彩夺目。

8.进展动态式。针对某些持续性工作，由于还没有结束，相关方面非常想了解动态情况，可在结尾处作出说明。例如：

目前，我们正进一步总结经验教训，研究对策，并准备充实堵卡队伍，增设堵卡点位，与侦查破案相结合，更有成效地打击违法犯罪分子的破坏活动。

9.有所警示式。为了确保公文所明确的措施得到行之有效的贯彻，可在结尾处对可能出现的违规越界行为提出惩戒性措施。例如：

对违犯本通告者，视情节轻重给予批评教育或依法给予治安管理处罚，对窝藏或者包庇犯罪分子的，要依法追究刑事责任。

10.设问商讨式。即在结尾处吸引注意，聚焦共同关注的话题，提出设问，引发共同商讨，激励大家提出可行性对策措施。例如：

同志们，××的总战役已经全面打响，能不能夺取这场战役的最终胜利，我们还有很多亟须破解的重要课题。比如，老百姓需要的是什么样的服务？什么样的服务才是最有效的？当前的××工作如何因地制宜，因村施策？××工作与中心工作如何两不误，两促进？××项目如何更快、更好地落地、生根、结果？等等这些，都有待我们认真研究，精准发力，制定措施，加快进度。我们要通过研究和破解这些突出问题，持续提升××工作的质量和成效，有力促进当地的发展和进步，加快实现创富的期待和梦想，共同书写建成全面小康社会的崭新篇章！

上文分别讲了大结尾、小结尾的写作方法，是否两者之间有着天然不可逾越的鸿沟？答案是否定的。只要合适，大结尾的写法可以用于小结尾，反之亦然，一切视情而定。

当然，公文也存在没有"合"、无需"合"的情况。整篇公文无需结尾的情况，如会议纪要。一段话没有结尾的情况也比比皆是，特别是一些务实性内容，如情况报告、政务信息等，限于内容特点和篇幅限制，往往单刀直入，有一说一，无需结尾。例如：

要勤学苦读。①自古到今，大凡有作为的人无不勤学、苦读。②孙敬"头悬梁"、苏秦"锥刺股"、孔子"韦编三绝"、惠施"学富五车"、匡衡"凿壁偷光"、王羲之"读书吃墨"……都是勤学的历史典故。③《论语》讲"朝闻道，夕死可矣"。④年轻干部一定要有一种杨时"程门立雪"的强烈求知欲，有一种叶剑英"攻城不怕坚，攻书莫畏难；科学有险阻，苦战能过关"的精神。⑤著名学者王国维说治学有三种境界：一是"昨夜西风凋碧树，独上高楼，望尽天涯路"；二是"衣带渐宽终不悔，为伊消得人憔悴"；三是"众里寻他千百度，蓦然回首，那人却在灯火阑珊处"。⑥领导干部学习也要有这三种境界：首先，学习要有"望尽天涯路"志存高远的追求，耐得住"昨夜西风凋碧树"的清冷和"独上高楼"的寂寞，静下心来通读苦读；其次，学习要勤奋努力、刻苦钻研，下真功夫、苦功夫、细功夫，即使"衣带渐宽"也"终不悔"，"人憔悴"也心甘情愿；最后，在学习和实践中"众里寻他千百度"，最终"蓦然回首"，在"灯火阑珊处"领悟真谛。

例文六句话，①是"起"；②"承"①顺下，围绕①的"无不"，从点上列举六个勤学事例；③④是"转"向眼前"人"，勉励领导干部当有勤学精神，由此解决了"为什么学"的思想问题，为接下来阐述"怎么学"的方法问题作铺垫；⑤⑥是"转"向另一个话题"怎么学"，⑤承④的"求知"，先引用王国维言论进一步指出治学的权威方法，⑥再对照⑤具体阐述"怎么学"。如果按照常理写下来，还要有学成"怎么样"的目的追求，由此"合"起全文，但该段没有这么写，而是"转""合"合体，因为前面论述已十分充分，意思十分明晰，没有必要画蛇添足。

新时代
〈职场〉
新技能

公文写作底层逻辑

写得出，写得好，写得快

（下册）

房立洲 —— 著

清华大学出版社

北京

内 容 简 介

写出一手好公文，日益成为职场人胜在当下、赢得未来的核心竞争力。本书独辟蹊径，通过作者亲自下场写示例，坚持渔鱼兼授、打通底层逻辑，详析"写得出"的易学技巧，细析"写得好"的易用方法，解析"写得快"的易记窍门，从总体上建构了一套兼具体系化、实战化的全新理论，探索了一套颇具独创性、实战性的独家诀窍。一册在手，为新手进阶、高手突破铺就一条平坦的道路，帮你推开顺畅、高效、轻松写作的梦想之门。

图书在版编目（CIP）数据

公文写作底层逻辑：写得出，写得好，写得快 / 房立洲著.
北京：清华大学出版社，2025. 1. -- （新时代·职场新技能）.
ISBN 978-7-302-67805-2

Ⅰ. H152.3

中国国家版本馆 CIP 数据核字第 2024ZK8066 号

责任编辑：刘　洋
封面设计：徐　超
版式设计：张　姿
责任校对：宋玉莲
责任印制：丛怀宇

出版发行：清华大学出版社
　　　　　网　　　址：https://www.tup.com.cn，https://www.wqxuetang.com
　　　　　地　　　址：北京清华大学学研大厦 A 座　　　邮　　编：100084
　　　　　社 总 机：010-83470000　　　　　　　　　邮　　购：010-62786544
　　　　　投稿与读者服务：010-62776969，c-service@tup.tsinghua.edu.cn
　　　　　质 量 反 馈：010-62772015，zhiliang@tup.tsinghua.edu.cn
印 装 者：三河市东方印刷有限公司
经　　销：全国新华书店
开　　本：170mm×240mm　　　印　张：33.75　　　字　数：611 千字
版　　次：2025 年 1 月第 1 版　　　　　　　印　次：2025 年 1 月第 1 次印刷
定　　价：158.00 元（全两册）

产品编号：100198-01

目　录

第二篇　写得好
如画师绘树，勾染之间，绽芳吐翠

第三篇　写得快
如画师绘树，笔走龙蛇，倚马可待

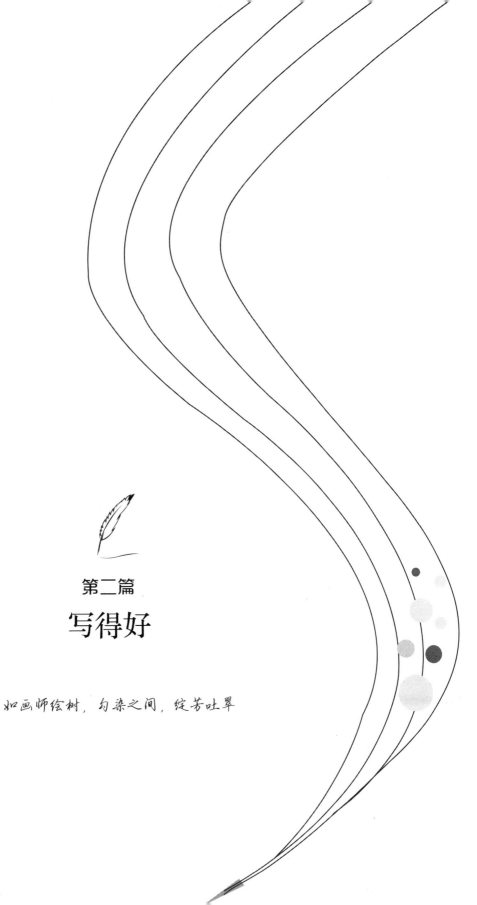

第二篇

写得好

如画师绘树，勾染之间，绽芳吐翠

接到一篇公文写作任务，能按照文种既定规范、领导特定意图和事项主要内容原原本本写出来，还只是基本要求；鉴于公文制发机关的权威性和受文对象的广泛性，笔杆子仅仅满足于写得出是远远不够的，还必须追求"写得好"。

写得好，是从立意、构思、结构、语言到内容"全五星"地好，具体来说，就是思想上扣得紧、内容上通得过、语言上镀得亮、措施上行得通、效果上得高分，令人通读后深感该文不只是一份任务"作战图"，更是一件上好"艺术品"。常用手法有：提炼、修辞、跨界、形象化、抽象化以及语言技法、文学手法等。

实现从写得出向写得好的飞跃，应成为每一个文秘人员多年如一日的不懈追求。

第十章

形神兼备，目之如炬

——好公文的 6 个标准

"踏平坎坷成大道，斗罢艰险又出发。"在历经一番辛苦求索之后，我们终于摆脱了"写得出"的千山阻隔。现在，我们又将"征尘未洗再跃马"，满怀憧憬地迈向前方那片梦想中的春野：写得好。

写得出，让我们战胜了"下笔难"的心魔，做到提笔有话；写得好，将牵引我们驱散"出彩难"的迷雾，实现触墨生辉。从写得出到写得好，是写作从技术转向艺术的根本质变，也是我们从成才走向成功的全面升华。

写得好，是获得领导认可的关键所在，也是实现公文内在价值的要义所在。

写得出，一步步走来殊为不易；写得好，一步步向前同样艰难。写得好，有太多的佳作需要我们去学习，有太多的技法需要我们去体悟，有太多的实践需要我们去经历。奔向写得好的过程，征途无垠也风光无限，是我们秉持好公文的标准不断学习、不断实践、不断超越的过程。

那么，什么才是好公文？有人说：一千个读者有一千个哈姆雷特。确实，实际写作中，面对的领导不同，对公文的评价标准也大相径庭，有的奉立意为圭臬，有的视文采为至宝，有的尊朴实为高标，等等，不一而足。其实，这些都是主观标准，有着极大的不确定性，并不能作为论定公文质量的终极标准，因为如果坚持以主观标准品评公文，很可能这个领导认可的，其他领导和读者往往并不买账，甚至作出完全相反的评价。真正的好公文，应该是不论何时何地在何人眼中都是好公文；真正的好公文，犹如流传千古的文学名篇，都是经得起时间检验的经典之作。

显然，评判公文优劣，更应该有个客观标准。从一篇公文的内容、形式诸要素出发，笔者以为，写得好当秉持"6 有标准"：有我、有神、有骨、有肉、有彩、有味。

第一节　有"我"：有我之境和无我之境

王国维先生在《人间词话》中，将意境分成"有我之境"与"无我之境"："有我之境，以我观物，故物皆着我之色彩。无我之境，以物观物，故不知何者为我，何者为物。"

"有我之境"，是审美主体"实入"客体，以人体物，推己及物，亦即移情手法。如"泪眼问花花不语，乱红飞过秋千去"即是"有我之境"，好像花也因"我"之泪眼婆娑而无语凝噎。

"无我之境"，是指作者不出现在意境画面之中，是一种纯客观的描绘。如："寒波澹澹起，白鸟悠悠下"即是无我之境。

公文虽无须像文学作品那样细致刻画人物形象，但也必须有"我"，而公文的"我"一般是作者而不是文秘人员，作者即所在机构、单位。表面看来，公文多做纯客观的记叙、说明，"我"似乎可做淡化。其实，公文作为体现领导机关意志的工具，无论是传达指令，还是布置工作等，都得体现出鲜明的情感、态度，字里行间自始至终都应让人感觉到有一个活灵活现的"我"，"我"思故我在，"我"为故我在。作为代为执笔的人，要习惯于把自己"代入"进去、沉浸进去，并换位为"我"，代"我"立言，为"我"抒情，替"我"作为，以"我"之口吻发号施令。

如《中共中央国务院关于深化教育教学改革全面提高义务教育质量的意见》有这样一段话："提升智育水平。着力培养认知能力，促进思维发展，激发创新意识。严格按照国家课程方案和课程标准实施教学，确保学生达到国家规定学业质量标准……"行文虽然省略了主语，但透过文字，我们始终能感觉是作者"中共中央、国务院"在对有关各方提要求，"着力""严格""确保"鲜明地表达出作者的态度和意志。

若"我"虚幻不明，文章立意就不甚鲜明，意见就不够清晰，事实就不够分明，模棱两可、若隐若现是公文之大忌。有时，"我"有和"我"无，"我"显和"我"隐，"我"强和"我"弱，公文质量简直判若云泥。

例如某环保工作总结原稿这样写："一年来，开展农村卫生突击整治和创建绿色人居环境活动，对乡村生活垃圾进行了集中清理，共清运处理生活垃圾 ×× 余吨，有效净化了农村环境。"这段文字中，"我"不突出，显得很平淡，内容单一，不足以体现全题，后文也重复。

后在领导要求下改为：一年来，我们以实施县"美丽乡村"攻坚行动为主线，紧盯环境村边事、身边事、手边事，大力开展"村容大整治、村貌大提升、村风大改观"三大攻坚战，大刀阔斧清除卫生死角、清理院角，推动绿化向路边、水边、田边、墙边延伸，共清运处理生活垃圾 ×× 余吨，绿化 ×× 平方米，全镇村容村貌大为改观。

较之原稿，改稿中"我"的意图、思路更突出，内容更充实，语言更简括。

当然，公文也不是任何情况下都需有"我"，在作客观说明的时候，"我"亦可隐。其实，公文多为"有我之境"和"无我之境"的合体。例如：

坚持稳增长与调结构相结合（"我"之所为），经济运行趋稳向好（"我"之观点），全市生产总值××××亿元，成为全国第×个总量超×亿元城市，比上年增长××%，增幅居××第一、××以上城市第二（"我"之评判＋客观说明成果）。

第二节　有"神"：当时明月在，曾照彩云归

有"意"即有"神"。任何公文，都是遵"意"而作，执"意"而成。意遣笔随，犹如春水涣涣，充盈各处，使之生机勃发；又好似明月高悬，照彻全篇，文之彩云，各处飘飞，美轮美奂。"神"，凝之为"魂"，发之为"采"，流之为"气"，辨之有"情"，细品之，皆得神"韵"。

有神的文字，有"魂"。大到一篇文章，小到一段话、一句群，无论包含多少内容、记叙多少事项，均须以意统之，方能形散神聚、百川归海，否则，犹如散椽碎瓦，难以成形。例如：

全市上下时刻牢记习近平总书记殷殷嘱托，全面落实党中央决策部署，交出了一份脱贫攻坚的硬核答卷，与全国人民一道告别了延续千年的绝对贫困。××的脱贫实践是全国脱贫攻坚的生动缩影，是中国减贫奇迹的实际体现。在这场波澜壮阔、气壮山河的脱贫攻坚斗争中，××集聚了磅礴力量，积累了重要经验，收获了深刻启示。

例文三句话从点到面、由实到虚，分别表达了三层意思——落实好，决策好，收获好，总体上凸显了对脱贫攻坚事业的赞美这一主题。

有"神"的文字，有"采"。文如人，神采奕奕，自然光彩照人。例如：

广大脱贫群众从物质贫困中"走了出来"，在精神贫困中"站了起来"，曾经不敢想、不会干，如今主动干、大胆闯，"宁愿苦干，不愿苦熬"成为脱贫地区广大干部群众的精神写照。

例文通过"走""站""闯""宁愿"等词，让我们看到了一个个苦干实干的

奋斗者形象。

有神的文字，有"气"。"气"，气概、气度。文章之气，如人之吐纳，由此得以沟通世界，神气活现。气，来向不同，形态各异，如高屋建瓴，上者为"大气"；扎根基层，下者为"地气"；激浊扬清，中者为"正气"；排除万难，干者为"豪气"；一往无前，进者为"志气"；引经据典，发者为"才气"；等等。众"气"汇聚，文章则如高山大川，气势磅礴。例如：

脱贫攻坚伟大实践充分证明，江山就是人民，人民就是江山（大气）。坚持以人民为中心的发展思想，这是马克思主义政治经济学的根本立场（才气）。××在脱贫攻坚战中始终坚定人民立场，一切为了人民，一切依靠人民，胜利的成果也惠及广大人民（志气）。××把人民群众中蕴藏着的智慧和力量充分激发出来，把"两不愁""三保障"等人民群众最关心最直接最现实的利益问题千方百计解决好，绝不让一个贫困户掉队，不仅极大改善了农村生产生活条件，也大幅提高了贫困群众收入水平（地气、豪气）。

有"神"的文字，有情。情动于中，而形于言。作者内在的情感，通过丰富多彩的神情得以外露，打动人心。例如：

①惟其艰难，方显勇毅。②在脱贫攻坚的战场上，有无数负重前行的身影，有许多感人至深的故事。③各个方面的扶贫干部和专业技术人员，扎根基层、奋战一线，不畏艰辛、倾情付出，以热血赴使命、以行动践诺言，奔走在高山峡谷之间，往来于千家万户之中，晴天一身汗、雨天一身泥，用无私奉献的"辛苦指数"换来贫困群众的"幸福指数"。④脱贫有多难，广大扶贫干部就有多拼。⑤身患严重眼疾、冒着失明风险也要战斗在脱贫一线的"半盲"扶贫局长××，……以及受到国家和省级表彰的广大先进个人和先进集体，就是其中的优秀代表。⑥这些年，全省有××名同志将生命定格在了脱贫攻坚的征程上，他们将宝贵生命献给了带领群众摆脱贫困的伟大事业，树立起新时代××儿女的精神丰碑。⑦还有更多的普通人，他们坚守平凡岗位，创造出了不平凡的业绩。⑧在这场伟大斗争中，每一位参与者都了不起、每一位奉献者都是英雄，人民感谢你们，让我们向你们致敬！

例文总分结合，开合有度，层次清晰，笔酣墨饱，始终以一条讴歌、赞美的情感红线串联全文。其中，①先以"艰难"之意统领全文，②总写扶贫画面，③勾勒奋斗者群像，④承上启下并带出"分镜头"特写，⑤剪辑先进典型的感人场景，⑥收笔凸显"勇毅"的伟大扶贫精神，⑦由此及彼，赞扬扶贫人的巨大付出和成就，⑧直接表达致敬之情。

第三节 有"骨"：万山磅礴，必有主峰

文之有"骨"，犹如屋之椽柱，缺了难立，软了会散。一篇公文，不论内容厚薄，皆须有"骨"。行文如架屋，先竖骨架，再垒内容"砖瓦"，文章就能血脉贯通，纵横交织。

万山磅礴，必有主峰。公文之"骨"，既有贯穿全篇的一条主脉——"龙骨"，也有分布各处的若干支脉——"细骨"，主支连通，就形成了文章的万千气象，令人读来一目了然，速知梗概，有利于提高办文效率。

立文"骨"，其实就是拟制文章的框架。在全文构思明确之后，定骨架是最关键的一环。文之"骨"紧凑、俊朗、新巧，便算是初步奠定了好公文的轮廓。例如一篇经验文章《打造区域高水平社会治安防控体系》的"骨架"：

（一）坚持人民至上，确立防控体系建设新标准。一是切实增强人民群众的平安获得感。二是切实增强人民群众的生活舒适感。三是切实增强人民群众的建设认同感。

（二）坚定群众立场，瞄准防控体系建设新取向。一是做实基层基础，将防控体系建在群众身边。二是做强保障支撑，以防控体系保护群众利益。三是做优服务质量，让防控体系方便群众生活。

（三）坚守群众路线，激发防控体系建设新动力。一是坚持上下联动。二是坚持人技互补。三是坚持专群结合。

例文从结构上看，主题明确（人民），思路清晰，事项集中（防控），逻辑严密，是一篇纲举目张、内容丰厚的好公文。

第四节 有"肉"：既要有美感，更要有质感

一篇公文，不仅从总体上看要给人大气磅礴、清新爽朗的美感，也要给人血肉丰满、情感饱满的质感。这里的"肉"，就是文章的内容。

不同的公文有不同的内容，归根结底就是"人"的活动和"事"的推进，而"人"的活动其实也是"事"，所以公文的主要内容就在"事"上。

事实，会摆"事"才实。让事"实"起来，既要写出"事"的过程、环节，各环节中"人"的思考、行动，也要写各阶段"事"的变化、相关数据以及影响因素等。例如：

深化"五水共治"，××配供水工程有序推进，××水库下闸蓄水。实现××××条乡镇级以上河道"河长制"全覆盖，完成××条×××公里黑臭河整治、××座污水处理厂提标改造，新增污水管网××公里；农村生活污水治理保持全省领先。市控以上断面水质达标率××%，交接断面水质获省考核优秀。节水技术改造持续推进，全市万元生产总值用水量预计下降×%。完成防洪排涝项目××个，××排涝工程建成并在汛期发挥重要作用。

例文围绕"五水共治"，逐条分项陈述事实、列举数据，就事说事，简明直接，满满的干货。

第五节　有"彩"：吟咏之间，吐纳珠玉之声

"彩"，是对语言表达的要求。公文语言虽崇尚朴实，拒绝渲染雕饰，但并不反对语言的生动、形象。

文之"彩"，既在"型"，即从外观上一览便知的形体结构美、章法美；也在"境"，即借助描写、修辞、构图设计等手法体现出来的境界美、绘画美；又在"声"，即因工整对仗、前呼后应、层见叠出、错落有致、音调相协而形成的节奏美、韵律美；还在"言"，即通过运用俗语、新创词汇，引用诗句、缩略提炼等手法而产生的思维之美。例如：

①经过×年攻坚，脱贫地区面貌发生了翻天覆地的变化，脱贫群众正意气风发创造幸福美好新生活。②从基本温饱到吃穿不愁，脱贫群众生活水平显著提高，家底更殷实，日子更富足；从不蔽风雨到住有安居，脱贫群众住上了安全房子，新社区、新村落星罗棋布、欣欣向荣；从缺医少学到全面保障，社会事业长足进步，行路难、吃水难、用电难、通信难、上学难、就医难等问题得到历史性解决；从产业匮乏到百业竞兴，每个脱贫县都建起了现代农业园区、每个脱贫村都兴办了集体经济，农村特色产业蓬勃发展，成了群众增收致富的重要支撑。

例文两句话，①总写变化之大，②紧扣①，从生活（吃穿住医学）、生产两大方面分述脱贫攻坚的巨大变化，内容简明清晰，语句朴实严谨，富于文采，如

"从……到……"的句子，以及"脱贫……脱贫……""每个……每个……"等句子工整对称，体现了结构美；家底更殷实、通信难、上学难等口语化短句，通俗流畅，节奏明快，体现了韵律美；"不蔽风雨""星罗棋布"等词描绘生动，体现了境界美。

第六节　有"味"：理定而辞畅，气盛而语工

有一家餐馆的对联非常形象：闻香下马，知味停车。这副对联活脱脱写出了人们逐"香"闻"味"的浓厚食欲，特殊"香味"也成了该餐馆的"金字招牌""身份代码"。

自古饮食有五味：酸、甜、苦、辣、咸；总体来看，文章也有五味：情味、理味、辣味、雅味、美味。公文作为一种交流公务的工具，有着公事公办的口吻、令行禁止的权威以及气盛言宜的文风，务须"义正而辞严，理直而气壮"，体现公务机关的庄严和神圣，因此要更多地体现"雅味"，即典雅、庄重之味，这正是公文区别于其他体裁文章的"身份代码"。

公文姓"公"，一切都在明面上，陈述事实必须公正、客观，不得夹带私话徇私情；语言必须直截了当、简明有力。一句话，公文至少要让人读出"公文味"。

公文味，是决定公文之所以被看作公文的本质特征、独有特性，如果一篇公文被认为不像是公文，那就是写作的彻底失败。

公文的典雅、庄重，除了事体的严肃、措施的重大外，还有语体的正式、语言的规范等。例如，有时适当地运用文言词汇，就能极大增强文章的权威性、庄重感。请看下列两则文稿，前为原稿，后为改稿。

【原稿】请高度重视，按照相关工作要求，紧扣节点目标，倒排计划，加快未进场的 × 个小区改造推进，原则上 × 月底前全部进场。

【改稿】因全年任务艰巨、工期紧迫，务请高度重视，严格工作要求，扣紧节点，倒排计划，从紧从快推进未进场 ×× 个小区改造工作，原则上须于 × 月底前全部进场。

较之原稿，改稿一方面作了改语病、增语意、润句子等工作，另一方面还通过增加"因""务""从""须"等文言词汇，使语言表达更加简练、规范、典雅、有力，由此显著增强了文章的气势和力度，逻辑性也大大增强。

先求完备，再求完美

第十一章

——影响公文质量的几个因素

常言道：工欲善其事，必先利其器。不论做什么事，要想求得完美的结果，我们先得做好充分准备。影响事情结果性质的可能性因素有多个，既有有利的，也有不利的，我们唯有最大化地减少不利因素，增加有利因素，实现不利向有利的转化，方能在成功天平上持续增加完美的砝码。

磨刀不误砍柴工。要想写出好公文，同样不能忽视事前周密的准备，思想储备、知识储备、技法学习等，哪一样都不可或缺。否则，即使一个细小螺丝的疏忽，也会导致理想火箭的升空受阻，写得好必因"磨枪"不周而遭遇"中梗阻"。

曹丕在《典论·论文》里说："文章乃经国之大业，不朽之盛事。"一旦成为文秘人员，我们当握笔如荷锄，把公文写作当作毕生的事业，一步一步地向上攀登，一颗一颗地去摘取前方耀眼的明珠，持之以恒，追梦不息，先求完备，再求完美，努力从一名写得出的新手成长为写得好的高手。

板凳要坐十年冷，文章不写一句空。要实现从写得出向写得好的飞跃，绝非易事。文章写作向来都是一项"焚膏油以继晷，恒兀兀以穷年"的苦差事，写得好的无数典型案例，可以说都是苦根上结出的甜果。当有一天，我们终于看到写得好的绮丽云霞满天飞舞时，所有因磨刀备战而曾经品尝的苦水都是值得的，我们当有那样的超然、恬淡、自信、豁达和勇毅。

细想来，为了"写得好"，我们得做好研究人、研究事、研究文等各方面的准备。

第一节　不问"为了谁"，焉得"愿将遂"

作为文字工作者，谁都想写好公文，但又不是谁都能写好公文，并非所有努力都能得偿所愿。其实，有时一篇稿子被领导改得稀巴烂，让领导改得大光其火，改得写稿人热情几近熄火，并不是写稿人不努力，也不是他笔头烂难堪大任，而是因为写稿人眼中不分你我他、研究对象不到家，终致红叉毙稿像麻花、愿空如水送春花。

要想写得好，只在文字技巧上做功是远远不够的。写得好，不光要研究文，做好长期的技法积累，练就扎实的文字功底；还要研究事，弄清事情的来龙去脉，看清事情的变化规律；更要研究人，认准对象明定位，辨识身份投其味。不把文、事、人这三项研究做实做深，写稿的返工率就会激增，笔耕的获得感难免剧减。

在三项研究中，研究人位列其首，决定全局。研究人，就是要弄明白公文写作"为了谁"。如果以市场的眼光来看，公文也是产品，必须对接客户需求。大致说来，公文的客户有三类：从写作缘起看，是应"领导要求"而命笔，这是考虑"为谁写"；从写作内容看，须把握"对象诉求"，这是考虑"写的谁"；从写作效果看，当对接"阅读需求"，这是考虑"谁在看"。

准确把握上述三类客户的身份特点、愿望喜好、产品需求等，写出的公文才能产销对路，在文章角度、语言风格、内容措施等方面不会发生大的偏差，不会出现方向性错误。

因此，动笔前，写稿人首先要把一些跟"人"有关的问题想清楚，并做好相关准备。例如：领导重点关注的是什么；基层迫切需要解决的是什么；基于本单位实际（公文"作者"，也是"人"），目前可采取什么措施；相关读者、受众最易接受的内容、风格是什么；等等。人事，把"人"研究透了，"事"也就顺理成章了。

第二节　既要埋头拉车，也要抬头看路

公文写作是一项需要久久为功、持续用力的长期事业，是无数个苦思静坐、伏案疾书场景的生动剪辑，少不了要"埋头拉车"。公文这辆"车"很沉，"装载"了政策领悟、专业研究、事项调研等很多工作，唯有埋头苦干、撸袖实干，才能努力爬坡过坎、奋力向前。

但写稿人在向"写得好"攀登中，如果只会埋头、始终埋头，就很难达到目的地。因为车况在变、路况在变、时机在变，如果写稿人不随机应"变"，十之八九会遭遇车覆功亏的不利局面。

抬头看路，要看的"路"有：时代之路，重点关注时下社会新热点、新时尚、新思潮、新技术、新事变、新动态等；政策之路，紧盯新政策，重要会议精神、上级发展理念等；理论之路，一切有关事业发展的政治理论、专业理论等，

都应密切注意；发展之路，包括事业发展中的问题、经验及面临的机遇和挑战等，都要加强研究，并提出颇具可行性、建设性、创新性的思路、对策。

第三节　先做泥腿子，再拿笔杆子

毛泽东同志说：没有调查就没有发言权。调查，是公文写作获取第一手资料的重要手段。

公文写作的素材多由相关部门或基层提供，然而，写稿人如果把主要来源当成唯一来源，就很难抓住特征鲜明的细节，写出新意。因为人与人视角不一、想法不一，在材料取舍上也就标准不一、做法不一，特别是在一些有争议、有歧义的事情上，难免会有一些问题。例如：想法上有"偏差"，写稿人重点关注的是本单位领导的兴趣点，而基层上报的素材却是从基层领导的诉求出发作了取舍；认识上有"误差"，上级认为要坚持问题导向，下级却因为护短而捂着盖子不松手；效果上有"落差"，上级要了解成绩，有的部门往往夸大其词，或报喜不报忧，上级从基层提供的材料上看不到想要看的；态度上有"温差"，对于写稿人关注的热点，往往是"剃头挑子一头热"，基层或相关部门常假借种种理由敷衍应付。

百闻不如一见，百见不如一现。必要的时候，对于需要重点把握的或有疑问的事项，写稿人最好能身临一线、走现场，带着主题、带着疑问、带着重点去实地，看过程、访人物、寻亮点、问数据、究根本，重点验证一些手头的素材，关注一些生动的细节，征询一些相关的见解，通过亲身所历、亲眼所见、亲耳所闻察实况、摸真情，如此写出的公文，必然会更具质感、更受认同。

很多著名作家创作都特别关注长期生活的故土，如鲁迅的绍兴系列、刘绍棠的京东运河系列、贾平凹的商州系列、汪曾祺的高邮系列等，无不原汁原味地再现了本地的历史人文和风土人情，在众多作家中别树一帜。我们写作公文也应持续关注与工作相关的生活，加大深入一线的"沉浸式体验"频次，不断积淀自己独特的写作素材富矿。

第四节　这一板子，冤否？

"王婆的裹脚布——又长又臭"，说的是说话写文章动辄洋洋万言，不是"下笔千言，离题万里"，就是喜欢堆砌正确的废话、漂亮的空话、时髦的新话、严谨的套话、违心的假话，水货多，干货少，其结果是文章越写越长，脑袋越读越大，令人望而生畏、阅之生厌。

有一则明太祖朱元璋暴打茹太素的故事，应当成为我们每一个文秘人员的"警世钟"。当时有一个叫茹太素的大臣，为官清廉，兢兢业业，任劳任怨，但有个缺点是写文章总喜欢长篇大论、废话连篇，每次都看得老朱头皮发麻，心中发毛。有一次，茹太素又给老朱上了一道"万言书"，可怜中书令王敏从清晨读到黄昏，直听得老朱困了睡、醒了困，几次三番，不由心中火起，斥之为"虚词失实、巧文乱真，朕甚厌之"。于是令人扎扎实实把茹太素痛打了一顿。茹太素挨打，说冤也不冤。冤是因为他进言献良策，于国于民都有利，却因文风不对，好心办了坏事；不冤是因为他文过饰非，17 000字的长文竟只有最后几百字是"真货"，确实该打。如果朝臣每人都这样写奏折，那还了得？这对于公务效率而言，不啻为巨大的灾难。洪武十八年，茹太素升任户部尚书。朱元璋赐酒给茹太素，并对他说："金杯同汝饮，白刃不相饶。"茹太素则回道："丹诚图报国，不避圣心焦。"君臣对话间，还可以看出当年有关这件事的"沉痛记忆"。

此类的"文风之痒"，古代有，现代也有；国内有，国外也有。美国第九任总统威廉·亨利·哈里森，是一位优秀的军事学家、《独立宣言》签署人，谁承想他会成为美国历史上在任时间最短的总统，死因可以说也与文风直接相关。1841年3月4日，哈里森宣誓就职那天，天气异常寒冷，演讲被安排在华盛顿的户外广场进行。或许是为了彰显自己的威严和强悍，哈里森竟然脱掉自己身上所有的保暖装备，仅穿着衬衫和西裤完成了就职演讲，而且一讲就是一个多钟头。据记载，他是美国历史上发表就职演讲时间最长的一个。这场演讲过后，哈里森一病不起，从严重的头风和伤寒转为急性肺炎，在任刚好1个月时不治而亡。哈里森的死，天气固然是一方面原因，但如果他的演讲短一些，文风正一些，恐怕也病不致死。

"凫胫虽短，续之则忧；鹤胫虽长，断之则悲。"（《庄子·骈拇》）文章长短，当视写作主题而定，宜长则长，可短则短。无论是"茹太素之痛"，还是"哈里森之死"，都在启示我们：在写作上，绝对不能把简单的事情复杂化，一定要本着有话则长、有一说一的写作风格，切不可望文生义、信马由缰，否则就会适得其反。

当然，文风不仅要求"短"，还要讲求实、新。习近平总书记曾在中央党校2010年春季学期第二批入学学员开学典礼上提出文风"短、实、新"的"3字真经"，这应成为我们写作的不二法则。

第五节　练好修辞常"加分"

提高公文语言表达水平，练好修辞是一门必修课。是否运用修辞，语言表达的效果天差地别。孔子说："言之无文，行而不远。"实践证明，修辞运用得当，往往会成为文章质量的"加分项"，更易得到广泛的认可。

修辞有消极修辞和积极修辞。运用消极修辞能够使语言更概括、更抽象，在公文写作中常见的有数概、警策、缩略、舛互、统括等。例如："公生明，廉生威（警策）""双增双节（统括）""快马加鞭（三快、五马、四加、两鞭）"，等等。运用积极修辞则能使表达更形象、更生动，常见的有比喻、拟人、排比、对偶、对比、拈连、反复等。例如："打出环境整治组合拳"（比喻），"一张蓝图绘到底，一个声音喊到底，一股劲儿干到底"（排比），"拿出好状态，下足真功夫"（对偶），"走一线，走出访贫问苦好作风"（拈连），等等，不仅能大大丰富表达手段，也能显著增强文章的表现力、感染力。

运用修辞，须在"两习"上下功夫：一是学习，一是练习。学习是基础，练习是转化。我们可以学习的渠道很多，跟书刊学，跟领导学，跟百姓学，等等。每天打开网络、报纸，生动、经典的修辞随处可见、比比皆是，看过就不要错过，特别出彩的要反复阅读、记诵，必要时可摘抄在小本本或保存在电脑上。如打开 2023 年 2 月 17 日的《人民日报》，稍加浏览，就可看到这样的句子："村庄变美，产业兴旺"（对偶），"民航市场迅速回暖"（通感），"从'看天卖粮'到'看价卖粮'"（反复），"让诗词之美在生活中绽放"（比喻），"15 分钟养老圈，托起幸福'夕阳红'"（比喻、拈连、象征等），"在北京五环外，走进艺术'中间'"（指代），等等。持之以恒作这样的积累，语言水平一定会发生从量变到质变的升华。学习积累一厚，实战练习自然就水到渠成。通过标题拟写、句子仿写等途径，不断运用、反复实践，我们的笔头功必将日益精进，发生脱胎换骨的巨变。

《论语·雍也》有云："质胜文则野，文胜质则史。文质彬彬，然后君子。"有了修辞为公文写作加持，我们笔下汩汩流淌的语言就能如东风骤至，满纸春光。

第六节　得有"储备粮"和"拿手菜"

古人云：三年耕，必有一年之食；九年耕，必有三年之食。意思是：耕种三年，一定要有一年的余粮。耕种九年，一定要有三年的余粮。农谚云：老鼠也有三年余粮。古语今谚的智慧启示我们：写公文也得有自己的余粮，而且储备越多越好，包括思想储备、知识储备、业务储备、语言储备、写作技法储备等。

我们常常会遇到这样的情况：领导有时会心急火燎地要一个材料，而且材料中会涉及一些业务"盲区"、知识"高原"和素材"沙漠"。此时，如果我们手中没有一些关键的"储备粮"，就很难轻松过关。因此，在日常写稿中，我们要做个有心人，多积累一些日后可能用得上的材料，多积累一些思想感悟、思路体会等，以备今后不时之需。多年来，笔者始终注意做好三方面的积累：一是分门别类地积累一些使用频次比较高的材料，包括他人的、自己写过的，日后急用时稍作修改即可。特别是关于长期性、专题性、常规性工作等方面的材料，就经常会用到。二是做好重要素材积累，如领导专门批示、新鲜精辟的语句和词汇，以及不同阶段关于工作的思路、感悟、体会等。三是留意与工作有关的学科知识、时势动态，并做好专门资料库。有了上述积累，写作时就能做到"手中有粮，心里不慌"。

为了自如地完成每次的写作任务，一方面，储备粮积累要多多益善；另一方面，"拿手菜"献艺要力求次次最佳。储备粮为的是能"出手"，拿手菜为的是能"出彩"。比较而言，拿手菜越多，越能增加文秘人员人生出彩的机会。

公文写作能否多出拿手菜，既有赖于文秘人员的写作功底，也离不开形式多样、应有尽有的"囤货"。文秘人员的写作素养再高，终究存在短板。它山之石，可以攻玉。如果平时我们多作常用文种的专项训练，多积累一些精巧的思路、框架，多留意清新扑面的语汇，多总结一些以一当十、四两拨千斤的写作套路等，就能借力发威，写出佳作。别人没有的，你的素材"特种箩筐"里有；别人没想到、写不出的，你想到了，也写出了。久而久之，你就是领导身边的"No.1"。例如笔者就曾化用别人的"比喻构思法"（以"金木水火土"分别比喻个人素质的五个方面），完成领导相关个人材料的写作，领导十分满意。

第七节　把书读薄，把人读厚

公文写作涉及政治、经济、社会、管理、科技、文化等各个方面，文秘人员必须有"多桶水"。而且随着时代的进步、社会的发展，我们要不断地往知识储备的"桶"里装水。换言之，我们读书越多，就越能在公文写作中显现出独特优势。宋人黄庭坚说：一日不读书，尘生其中；两日不读书，言语乏味；三日不读书，面目可憎。今人说：把书读薄，把人读厚。就公文写作而言，斯言皆妙。

要真正写好公文，我们的知识积累绝不是只读读公文佳作那么简单。今天阅读有了"一桶水"，日后写作才可能有"一杯水"。因此，为了将来写得容易、写得漂亮，我们要死心塌地做个阅读的"杂食动物"，哲学、社会学、管理学、文学等书籍，只要有价值、感兴趣，都可以拿来读。读书，一方面可以增长知识、拓宽视野，另一方面可以锤炼写作思维。今天阅读的"厚度"，往往决定明天写作的"靓度"。事实证明，我们每一次的阅读都会潜移默化地影响到将来的写作。

例如：管理学的"善治""掌舵划桨"理论，哲学的辩证、发展观点和从现象到本质等思维方法，曾多次被笔者运用到写作中，由此写出的材料就体现出了与众不同的广度和深度，深得领导和同事认可。

读书也好，读公文佳作也罢，其实都是为了将来能用、有用。学习，永远在习作之前。先有书（稿），再无书（稿），这应是公文写作的"大道"。

第八节　每一次实操都是进步

公文写作是一种实操性很强的智力活动，哪怕你知识积累再厚，工作经验再广，最终都要看手中的一支笔写得怎么样。一打纲领不如一次行动。要立志成为一名优秀的文秘人员，从入行的那一天起，就要把实操放在突出位置。

要心态平和地"领写"。现在，在单位里，"怕写"似乎成为一种"另样时尚"，一听说要写材料，就像接了个"爆雷"，个个唯恐避之不及。写公文真有那么可怕吗？非也。如果说写作有什么可怕，笔者以为有三种情况：一是能力不及，二是方法有误，三是领导难测。上述三种情况，其实都可以通过反复实操练习去克服。实操多了，就清楚哪些情况需要摸清，哪些功底需要提高，哪些短板需要补齐，哪些风格需要把准，等等。因此，作为刚入行的文秘人员，特别是在初级阶段，一定要积极主动地领受写作任务，今天不惧写，明天才不怕写。

要心无所惧地"学写"。看到令自己眼前一亮的公文写作好思路、好技法、好语句，我们不妨手勤些，在平常的写作中多运用，必要时还可模仿，努力将别人的变为自己的。搬运工做久了，熟悉了好公文的制造工艺，自然就成了高手。

要不厌其烦地"多写"。写公文最好不要"单打一"。有些同志作为单位的文秘人员，一门心思只在公文写作上下功夫，殊不知"用情专一"往往收效甚微。笔者以为，文秘人员不仅要写公文，论文、文学、新闻等材料都要尝试去写，触类旁通方能事半功倍。孔子说："举一隅不以三隅反，则不复也。"写作之理，古今一也。

要术有专攻地"主写"。提倡各种体裁都写，并不是否定公文写作是主业。

公文写作中，文秘人员可能要写的文种很多，但常写的也就那几种，如有的讲话稿写得多，有的信息写得多。文秘人员可结合自身工作实际，多作针对性习作，力求成为实用文种写作的高手。

需要指出的是，写作从新手到高手有一个过程，有时甚至是一个痛苦的过程。想当初，笔者在刚出道时就经历过这样一个痛苦过程：对公文和业务"两眼一抹黑"，让我经历了两年左右的阵痛期；第一位领导几次三番、锲而不舍地修改文稿，让我几近抓狂。所幸的是：不在折腾中沉沦，就在折磨中成长。"每一次实操都是进步"，在经领导多次批改后，我终于顿悟什么该写、什么不该写。走过一次弯路，我们就不再重蹈覆辙；无数条弯路的叠加，定能为我们铺平一条通向未来的光明大道。

第九节　你点亮我的梦，我照亮写的路

刚进单位那几年，有一个老笔杆很是厉害。领导对他言听计从，对别人写的公文，他手握生杀予夺的大权。而且，那几年的他可谓春风得意，仕途通达，连升三级。他走过的路，不觉成了我遥远的梦。那时，我一心想成为他那样在单位"叱咤风云一时无两"的大笔杆。

此后的我，开始了数年奋斗的历程。书稿读了一本又一本，公文写了一篇又一篇，大考经了一次又一次。终于，在老笔杆退休后，我在别人眼中似乎也成了他那样的一座高峰。后来的写作新手，也像当初学老笔杆的我一样，把我写过的文章奉若神明，一次次地揣摩、探究。类似"1357工程""两手抓三创，一线贯五珠""一一落实，久久为功"的概括等，都成了后来者口口相传的经典。

你照亮我的梦，我照亮写的路。我终于意识到，在单位，"每一次写作都有影响"。其实，写作也是一种传承，个中精粹在一代代文秘人员中传承下去，就渐渐形成了一种文化。这种文化，正如绚丽之光，照亮了无数年轻文秘人员的梦想。

第十节　从"苦行僧"到"大专家"

笔者以为，写公文的快乐在于研究。凡事最怕研究，最怕较真。当我们专注一事，心无旁骛地紧盯一点穷追猛打，再贫瘠的土地也能打出一眼清泉来。研究多了，发现公文写作的底层逻辑，我们就能一通百通，找到迈入"写得好"殿堂的终南捷径。

在反复的写作实践中，我们不能写一篇是一篇，而要写一篇当十篇。每当我们阅读一篇佳作，不能光满足于看热闹，还要用心想门道：人家的文章究竟好在哪？有哪些经验、技法值得学习借鉴？每当我们提笔写一篇文章，就要琢磨原先学到的经验哪些可以照搬，哪些可以自创。其间，有好的模板，好的套路，好的心得，好的感悟，要及时记录下来，形成自己独有的写作宝库，"积溪流成江海"，天长日久，就形成了自己的理论体系，建成了让将来的写作变成游刃有余的强大"核武库"。多年来，在笔者的电脑上，一直存有"名言警句库""标题框架库""经典范文库"等各种素材库，库里的素材在笔者的写作中立下了赫赫战功。古诗云：江湖夜雨十年灯，桃李春风一杯酒。当初的"十年夜雨"，换来了今天的"风甜酒香"。

子曰："学而不思则罔，思而不学则殆。"于公文写作而言，"每一次思考都是升华"，就让我们在学中写、在写中思、在思中悟吧！面向前方，写得好于我们，不只是一个遥远的梦，更是一条现实的路。

第十二章　匠心独运，文心雕龙
——赢得满堂彩的 3 刻拍案惊奇

前文讲到了好公文的"6 有"标准，这是断定公文质量的基本标准。其实，即使是符合"6 有"的众多好公文，在质量上仍然有高下之别。我们可以从低到高将好公文分为三级：

第一级，符合领导要求和"6 有"标准，内容和形式没有明显瑕疵，逻辑上经得起推敲。此类公文只是精雕细琢、中规中矩的产物，在构思、语言上并没有特别过人之处，类似的好公文比比皆是，我们称之为"佳品"。

第二级，不仅具备第一级好公文的所有潜质，还在构思、语言、内容的某一方面有明显的过人之处，或是佳句迭出，或是构思新巧，或是境界阔大，或是内容简奇等。类似的好公文虽有章可循，但不多见，我们称之为"精品"。

第三级，包含了第二级好公文的所有特点和优势，同时，由于构思的奇巧性、语言的新鲜性和内容的独特性而独树一帜，在众多公文中独领风骚，是独一档的存在。此类公文的写就源于作者多年深厚的积累和写作时的灵光乍现，是可遇而不可求的"天赐之作"，换言之，此类公文乃是凤毛麟角，正如古今中外著名作家的传世佳作，细数也就那么几篇，正所谓"奇思今朝见，何时能再寻？"此类公文，我们称之为"孤品""绝品"。

如果说好公文第一级是皇冠，那么，第三级就等于是皇冠上的明珠。毋庸置疑，第三级的绝品"阅千篇而难遇"，是我们追求的最高目标。

称得上绝品的好公文，当具备三个要素：构思巧，语言新，内容特。无论从全篇来看，还是只看局部，哪怕是一段话、一句话，或一个标题，都十分精致、精美，令人掩卷回味、久久不忘。

第一节　想人所未想——心游万仞启"文思"

一篇公文的质量优劣，终极决定因素是构思。构思，启于文之始，是"精骛八极，心游万仞"的创造性思维，涵盖了立意、结构、选材、标题设计等各个方面。"构思"一词，拆分来看，是关于结构的思考，视野宜宽，布局当巧。构思之"巧"，在技法高超，集中体现在新巧、精巧、奇巧上。

新巧，重在一个"新"字。这里的"新"，主要有三层意思。

一是想法新，即想人所未想，对文章结构作出了一般文章没有想到的新安排，另辟蹊径，令人耳目一新。例如一篇组工干部的心得体会这样安排结构："心之所向，素履以往（政治）；心之所向，身之所往（作风）；心之所向，道之所至（品德）；心之所至，境之所达（能力）；心若笃定，无问西东（追求）。"常言道：想法决定做法。全文化用现代作家七堇年的诗句（"凡心所向，素履以往，生如逆旅，一苇以航"），紧扣思想变换角度铺排内容，主题鲜明，结构严谨，内容全面。

二是看法新，即对文章相关内容提出新见解、新感受，作出新阐释、新概括、新表述，并以此安排结构，往往思维独到、观点新颖。如一篇《×市纪委监委"三味"式蹲点督导压实基层责任》的信息这样安排结构：一、"挑刺"式的督导，剑指"杂味"。二、延伸式的跟踪，释放"辣味"。三、温馨式的提醒，耐人"回味"。从文章框架可以看出，作者围绕督导主要事件，提炼出"三味"特点，把老题材写出了新气象。

三是说法新，即巧借有关新形势、新思潮、新事物的新鲜语汇来安排文章结构，如一股"新"风，扑面而来。如一篇《老工业城市××推进转型发展的调查与思考》的调研文章，打破常规写法，紧扣当前发展特点写出了新意：（一）一张来之不易的成绩单：这是新常态下迎难而上的成绩单；这是老工业城市华丽蝶变的成绩单；这是环保新政全面实施的成绩单。（二）一套攻坚克难的解题法：1. 突出产城互动；2. 突出投资拉动；3. 突出创新驱动；4. 突出改革推动；5. 突出开放带动；6. 突出民生联动。（三）一场"赶考"引发的新思考："赶考"须有"功成不必在我"的境界；"赶考"须有破解难题的办法；"赶考"须有舍我其谁的担当。文中，"新常态""华丽蝶变""赶考"等都是一些时兴热词；"成绩单""解题法"，运用了比喻，形象生动。

精巧，重在一个"精"字。"精"在简明扼要、脉络清晰，文章内容不论长短与复杂，都能前呼后应，严丝合缝，紧凑缜密，成为一个有机的整体。例如某领导干部关于如何做群众工作的会议讲话《静听凝思也有力量》：（一）"静听"——敬群众为师，聆民声蓄力量。1."先听"知水情。2."兼听"辨真伪。3."真听"添底气。4."常听"久为功。（二）"凝思"——与群众为友，明智慧聚能量。1. 常思考才能不迷茫。2. 静思量才能明方向。3. 多思议才能聚能量。（三）"静听凝思"——以群众为本，汇聚无穷正能量。1.静听凝思，能增智慧。2.静听凝思，可化隔膜。3.静听凝思，更添力量。从行文脉络清晰可见文章为总分结构，全文紧扣"听""思"二字安排内容，先总后分，从分到合，既各自独立，又紧密联系，最终都是文章标题的有序展开，内容繁复而又化难为易、举重若轻，令人过目不忘。

奇巧，重在一个"奇"字。可以说文章构思能做到"奇"的少之又少，寥若晨星。奇，源于作者刹那间的奇思妙想，缘于作者多年来的厚积薄发、凝神结想，似自天成，鲜能人为。构思欲求"奇"，作者须有广阔的知识面，能运用一般人所难见的知识；须具有丰富的想象力，能作出一般人所难有的表达；亦须有深邃的洞察力，能看到一般人所难见的现象。

例如某领导讲话巧借"坐"字串起讲话结构：一、两种人员身份。"坐"字结构中的两个"人"，代表"党的人、国家的人"双重身份，带来的是对我们更加全面的要求。一是要摆正心态，坚定理想信念。二是要摆正姿态，严肃行为规范。二、"坐"字结构中的两横，代表开展党建和财政监管两项主体工作。代表党建工作的第一横在上，表示我们要听党指挥；代表财政监管工作的第二横更长一些，表示财政监管工作是主体业务。一是要摆正关系，发挥作用。二是要摆正位置，挑起重担。三、"坐"字结构中的一竖，贯穿两人两横，意味着要围绕财政中心工作服务大局这一发展主线。具体说来，主要是积极贯彻落实中央提出的创新、协调、绿色、开放、共享五大发展理念，构建对相关中央资金事前审核、事中监控、事后评价"三位一体"的财政监管工作机制。

例文借"坐"字的结构，通过拆分，分别喻示不同的内容，生动活泼，形象易懂，可见作者打破常规的独特匠心。

第二节　道人所未道——自成高格运"文笔"

同样的内容，在不同的笔下会呈现不同的表达效果，个中差别，即在于文笔。公文的语言，要求庄重、严谨、简明、朴实，但笔者的功力不同，所达到的程度也不一样。写得好，意味着在遣词造句和语言技法上，笔者不仅要以明事为要，还要自出机杼，显示出运斧挥斤、道人未道的过人之处。文种不同，内容不同，对象不同，文笔运用自当"春兰秋菊，各极其妍"。作为一名文秘人员，要实现从写得出向写得好的飞跃，就必须针对不同文种、题材，锤炼不同的语言风格。语言风格，是笔者在长期写作中表现出来的倾向性、一贯性、稳定性特征。

常见的公文语言风格有以下几种类型。

（1）典雅型。大多数法定公文读来都很典雅。典雅，是文章言辞有典据，高雅而不浅俗。公文，作为各级机关公务往来的工具，须体现施政的权威性、严肃性、高效性，务必"言出有据，令出有规，事出有方"。此"三有"，决定了写公文不能像文学创作那样尽情挥洒，独抒性灵；也不能像写论文那样，纵横捭阖，汪洋恣肆。公文表达，不以渲染铺陈为能事，而要当行则行，当止即止；也不可极尽雕饰藻绘之巧，而是有一说一，有二说二。同时，公文措辞还要根据行文方向的不同而有所区别，或谦恭，或严厉，或恳切，等等。综上，公文语言务求规范、简明、朴实、庄重、得体，这正是公文语言的典雅风格。越是高手，写出的公文越是典雅。例如：

行政区划应保持稳定。必须变更时，应本着有利于社会主义现代化建设，有利于行政管理，有利于民族团结，有利于巩固国防原则，制订变更文案，逐级上报审批。（《国务院关于行政区划管理的规定》）

例文观点鲜明，要言不烦。总体看有两个层次，干净利落地表达了对于行政区划保持"稳定"和"变更"的态度。"应""本着""逐级"等具有文言色彩的词汇，权威而有力；三个"有利于"的排比以及"变更""上报"等专业词汇，增强了典雅味、庄重感。

（2）哲理型。公文大多直叙其事，无需宏论滔滔。但对于一些须分析情况、澄清思想的公文，如情况分析、领导讲话等，则需要剖明事理、阐明道理。在一般性说理的基础上，如果能更进一步，从个别到普遍，从现象到本质，读来颇耐咀嚼、耐人寻味，那就是"哲理"了。哲理，不只就事论理，而是字里行间散发着浓郁哲思，见解独到，思维严谨，广征博引，语言活泼，体现出深邃的洞察力和强烈的逻辑性。例如：

要讲究协调的艺术。①协调是一门科学，更是一门艺术，尤其要注重方式方法。②毛泽东同志曾经说过，"我们的任务是过河，但没有桥或没有船就不能过，不解决桥和船的问题，过河就是一句空话，不解决方法问题，任务也只是瞎说一顿。"③党委办公厅（室）的协调工作，关键是要解决桥和船的问题。既要善于抓住事物的本质、问题的要害，善于抓住主要矛盾和矛盾的主要方面，又要考虑到各种复杂因素，照顾到方方面面；既要善于抓大事，抓关键环节，突出工作目标，又要意识到"细节决定成败"，注意细节、注意小事；既要理直气壮，又不能颐指气使，"一句话使人笑、一句话使人跳"，关键是要把握好分寸。

例文三句话，从大到小，从高到低，从抽象到具象，层次感很强。①论述协调是什么；②借用毛泽东的名言，以桥和船为喻，形象直观地阐明协调的重要性；③紧承上句桥和船的比喻，顺势一带，深入浅出地阐述如何处理办公厅工作中的主要辩证关系，既是具体工作原则，也是世界一般原理，而"细节决定成败""一句话使人笑"等名言、俗语的运用，既有警策性，也有形象性，朴中见奇，饱含哲理。

（3）文采型。文采飞扬的典型表现是词汇新鲜，文辞优美，譬喻形象，场景生动，手法丰富，音韵悦耳等，令人如见其人，如闻其声，如入其境。文采的形成包括语汇、情感、说理、描绘等多个方面，离不开对形、色、声、光、音等多种元素的表现。例如：

"林都迎宾不用酒，捧出绿色就醉人。"绿色×洲，景色天成。"群山为砚水为墨，铺开××九尺阔。"梦想中绿色的×洲，应是一幅生态、生产、生活"三生"共融，人与自然和谐共生的水墨丹青。在这里，当坚持生态本真、尊重自然、顺应自然，在自然面前保持敬畏，少一些"人定胜天"，多一些"道法自然"。蓝天白云、远山近树、小桥流水、鸟叫蛙鸣，"明月松间照，清泉石上流"，自然生态得到了最好的保护。

例文综合运用引用、对偶、比喻，以及白描、整散句结合等手法，从远近、高低、动静、虚实等多个角度写景，增强了文章的画面感、节奏感和诗意美，文采斐然，文质俱佳。

（4）通俗型。古人云：大巧若拙，返璞归真。有时，语言明白晓畅些，内容浅显直接些，也能产生意想不到的表达效果。实践证明，在无伤大雅的情况下，越是通俗的公文越接地气，越能成为经典佳作。例如：

要放下架子、走出机关、脱鞋下田，深入实际、深入基层、深入群众，掏出自己的"心窝子"，打开群众的"话匣子"，善于在百姓感受"最痛处"、干部作风"最弱处"、体制机制"最堵处"，了解久拖未决的"老"问题、制约发展的"难"问题、群众关注的"热"问题，一件一件分析原因、厘清思路。

例文在平白的语言中寄予了深切的思想，可概括为四个字：贴近人民。全文多用短句、排句、口语，明白如话、出口成韵、干净利落，而这正是通俗的显著特点，看来爽心悦目、直视无碍，读来气势酣畅、朗朗上口。

（5）知识型。知识就是力量。在一些公文中，如果能就势运用相关学科知识，不仅有利于清晰地为事物画像，令人一目了然，也有利于旁敲侧击，阐明深刻的道理。公文写作中，运用相关学科知识有四个目的：一是说明事物，二是阐明事理，三是增加文采，四是援引佐证。可以运用的知识包罗万象，一切以适用、实用为原则。在领导讲话稿中，我们时常听到领导侃侃而谈，时而跨界引用相关知识，包括历史知识、经济知识、政治知识、科学知识等。例如：

腾冲古时属于乘象国，汉武帝时期归属益州郡管辖，后来成为西南陆上丝路的重要驿站，是经过缅甸进入印度的咽喉之道，更是久负盛名的商业贸易重镇，富甲一方，享誉东南亚。在历史长河中，腾冲为内地与边疆、中国与国外的经济文化交流发挥过重要的作用，我们相信在未来，腾冲必将旧貌换新颜，继续谱写古道新篇。

例文先运用历史知识，说明腾冲古时的辉煌；在此基础上，由古及今，展望新时代的发展新篇。

（6）谐趣型。公文语言给人的感觉一贯都是庄重、严肃，但这不等于公文就不能风趣幽默。特别是在一些领导讲话稿中，为了活跃气氛、形象说理，常常借助错位反差、自我解嘲、巧作对比、细节描写、语言活用等手段增强文章的趣味性和幽默感，让人在会心一笑中欣然接受观点。例如毛泽东同志为了论证"选用年轻干部"的观点，曾在文章中运用古今反差法"制造"了幽默感：要选青年干部当中央委员。三国时代，曹操带领大军下江南，攻打东吴。那时，周瑜只是个"青年团员"，他当东吴的统帅，程普等老将不服，后来说服了老将们，还是由他当，结果打了胜仗。现在要周瑜当团中央委员，大家就不赞成。团中央委员尽选年龄大的，年轻的太少，这行吗？

第三节　到人所未到——研精覃思炼"文质"

文质，是对公文质量预期效果的总体要求，包括构思、语言、内容、技法运用等，要力求"到人所未到"，展现胜人一筹的思维，体现棋高一着的水准。罗马不是一天建成的。文质上的到人所未到之境，源自笔者"铁杵磨成针，功到自然成"的实践淬火，往往体现出"思维直达天界、想象没有边界、内容沟通外界、表达经常跨界"的显著特点。

（1）剀到。即选材切实、周全而表达到位。文质剀到，即以"全"见长，总体来看，思维周密严谨，内容周详细致，语言周严精准，多见于政策性文件、大型会议综合性材料等。

（2）精到。即选材精炼而表达到位。有些材料反映的工作事项十分繁复，如果没有限制地写将起来，一定是枝枝节节，洋洋洒洒。但有时限于篇幅，不能酣畅淋漓地去写，必须拈其概，举其要，有所取舍。有的材料，头绪复杂且不可减少，如果眉毛胡子一把抓，必然令读者如坠云雾，不辨西东，因此，必须以少总多，作出精炼的概括。事实上，食不厌精，脍不厌细（《论语·乡党》），有时，三言两语、寥寥几笔，远比盘根错节、面面俱到的写法表达效果更好。

例如某市第××次党代会报告是一篇洋洋万言的大材料，内容宏富，脉络复杂，作者却用"六扇窗"统括了未来很长一段时期的历史使命，可谓繁而不乱，富而不杂，体系谨严，概括精炼。"六扇窗"是：高质量发展取得重大突破，努力建成创新之窗；历史文化魅力精彩呈现，努力建成人文之窗；人与自然和谐相处共生共荣，努力建成美丽之窗；城市国际化水平大幅跃升，努力建成开放之窗；城市治理水平全国领先，努力建成善治之窗；人民享有高品质生活，努力建成幸福之窗。

（3）独到。即选材独特而表达到位，人无我有，人有我优，人优我特。文质要独到，要求眼光卓越，打破常规，善于从"不一般"处出招，于"不一致"处出新，最终在"不一样"处出众。如有一篇关于实施乡村振兴战略的领导讲话《写一首乡村振兴的"归去来辞"》：一、写下文化回归的关键之笔。二、写下环境回归的点睛之笔。三、写下人才回归的神来之笔。文章从"田园"这个共性元素入手，借用晋代诗人陶渊明的名篇"归去来辞"构思起笔，精选文化、环境、人才回归三个典型方面，删繁就简，取精用宏，既弹响了一曲立意高远的奋斗歌，又谱写了一首充满诗意的畅想曲，笔法独到，自出机杼。

（4）老到。即选材老辣而表达到位。看似平常最奇崛，成如容易却艰辛。在公文写作上，走"内容实在，文笔优美"的路线固然可以写得好，但大道至简、返璞归真的写作也完全可以举重若轻、出奇制胜。有的材料，语言平易、如话家常，看似轻松写意，却平中见奇、浑成无迹，产生了言简意丰、以一当十的表达效果。

民主生活会剖析材料年年写，但让人过目难忘、掩卷寻味的佳作少之又少。笔者曾见过这样一篇民主生活会剖析材料，看似漫不经心、信手拈来，却以朴实、活泼的语言写出批评的力量。全文结构是：一、存在问题。一是学而不勤，临渴掘井。二是至而不力，安时处顺。三是领而不导，独善吾身。四是落而不实，就轻避重。二、原因剖析。一是存在着年龄到杠，前途无"亮"的模糊思想。二是存在着"当官当副，图个舒服"的消极心理。三是存在着"边缘部门，敲敲边鼓"的畏难情绪。四是存在着"转业干部，原地踏步"的不良心态。三、改进措施。一是青春不再，激情尚在。二是职务副的，党员正的。三是身在边缘，心可居中。四是进步有限，奋斗无限。仅从文章框架来看，措辞精巧而又自然工整，虽似俗语，却成佳句，非笔力深厚者难以至此。

从行文语言来看，也是精辟、老到、顺口，与大多数剖析材料迥然有别，在写作上直抵"到人所未到"之境。如其中一段这样剖析自己：尽管深知学习的重要性，也常以"学而不已，阖棺乃止"来鞭策自己。但细思之，学习的自觉性已大不如前。自己一直注重党的创新理论学习，但近年有时也是"算盘珠子——拔一下动一下"，即使学了也是"落水的油滴——浮在表面"，未及深悟精学，常常"书到用时"才"抱佛脚"。文段中既引用了古文名句，又连续用了"算盘珠子""落水的油滴"作比喻，于浅显直白中直戳痛处，既形象生动，又发人深省，可见作者胜人一筹的表达功力。

第十三章 写得好的10字真经

为了写得好，不仅要建立广泛认同的公认标准，还须练就简便易用的硬核技法。

写得好，源于长修炼，成于妙文章，没有一点真功夫不行。但凡写得好的公文，无不在提炼、修辞、思维、语言技巧等方面付出了"追求卓越、勇于超越"的努力。

归根结底，从写得出迈向写得好，务须在以下10个字上作出长期努力，即为文之"则、初、魂、骨、脉、势、序、采、法、道"。

第一节　领导说好，才是真的好

——文之则（1）：研究"人"的"7字经"

笔者曾有一个同事，凭心讲，文字功底很不错。对于写公文，他原先也很自负。可每次写完材料到领导那里交稿，却多见他昂头而去，垂头而回。这样一年半载下来，当初那么意气风发的人，竟也身心俱疲，面有不甘，逢人便说：悔当初不该入行写材料，现如今"一失足成千古恨"。

后据侧面了解，该同志写的材料之所以经常被"毙"，是因为领导看了常有隔靴搔痒之感，不是领导想说的没说到，就是他弹的"曲"领导不爱听。总之，材料风格和领导喜好始终不在一个频道上。后来，领导索性也懒得改了，直接在他写的材料上画一个顶天立地的大红叉。昼夜笔耕苦，一朝兴全无。本可"你侬我侬"，竟变成了"你累我累"，怎么会这样？

细究其因，不外乎二：一是定位问题。我们首先要明白到底是为自己写，还是为领导写。二是标准问题。文章到底谁说好才算数？

答案不言而喻。写公文毕竟不是文学创作，文学创作纯凭个人爱好，完全可以兴之所至，随意挥洒。而写公文不一样。每一个文秘人员，只要在单位从事公文"产品"的研发、生产，那服务的"客户"和最终的裁判有且只有一个：领导。只有最终让"客户"满意，我们的"产品"才算产销对路。

因此，就公文写作而言，领导说好才是真的好，写材料切记要"看人下碟"。反观上述那同事，如果调整了定位，校正了标准，以他的功底，是完全可以写出让自己满意、让领导认可的公文材料的。

综观很多大笔杆的"写稿经"，他们之所以能"一稿打天下，到哪都不怕"，就在于他们事先在研究领导"文稿人格"上下足了功夫，在内容、风格、语言等方面把脉很准，常以领导的"调"去吹领导的"曲"，久而久之，不仅吹暖了领导的心，也就此吹开了人生成功的大门。

细说来，一篇稿子要与领导同声相应、同气相求，最终奏出双赢二重奏，需在以下方面树立靶向意识：

角度要站领导"位"。给领导写稿，首先要确定的是角度。角度一错，方向就错，意味着整个写稿过程都与领导要求南辕北辙。这里的"角度"，就是站在领导的位置看问题。有个网友曾提供他写的原稿和他处长的改稿请我裁定，问我为什么单位一把手最终用了处长后来的改稿。我稍做比较，就明白了原因所在。原来，该网友还是站在他最熟悉的本处角度写材料，现在领导换成了单位一把手，可他的写作角度并没有及时调整，这不啻为一个硬伤。

意图要想领导"为"。"为"，为何而工作，工作为了谁，也就是领导经常提到的工作宗旨、目的、思路等内容。不同的领导，对自己的所在岗位、分管领域一般都有个总体要求和一贯思路，有的体现在年度报告等材料中，有的通过日常讲话表达出来。这些要求、思路，最适合作为写作材料的立意。文秘人员对领导的这些纲领性理念、思路一定要烂熟于心，内注于笔，外化为文。如果对领导所"为"把不准，文秘人员所犯的就是方向性错误，由此写出的文章往往就不是小修小补，而是伤筋动骨的"改头换面"。

风格要对领导"味"。领导的学科背景不同，工作履历不同，人生阅历不同，对文稿风格要求也大相径庭。写稿前，我们首先要做足"诗外功夫"，对领导喜欢什么语言风格、表达什么内容、反映什么问题，以及流露出什么偏好等，一定要多作观察和研究，力求"两情相悦，一拍即合"。比如，笔者曾给三个领导写材料，在文稿偏好上，第一个领导追求大而全，第二个领导喜欢短而实，第三个领导讲究新而洋，如果用给第一个领导写材料的风格去给第二、第三个领导写，或者用给第三个领导写材料的风格给第一、第二个领导写，其结果又焉能不一"毙"了之？

内容要合领导"胃"。一篇公文写什么要符合领导胃口。一般情况下，大多领导对写什么事先都有所交代。如果领导没有交代，我们最好不要贸然命笔。动笔前，要尽量瞅准机会找领导，"试探"一下领导借文稿想说什么。如果实在打探不到，我们可以从三个方面入手：一是提供粗疏的写作纲目报领导批阅，如领导感觉意犹未尽，当即他会面陈一二；二是回忆并梳理领导一贯关注、经常强调的内容，以此确定写作梗概；三是多方搜集素材，最终锁定近期本单位的重点工作内容，由此确定本材料的"必写项"，一般也能与领导要求不差毫厘。

表达要提领导"谓"。"谓"，即领导常说的话，包括他提过的理念、口号，列举的相关事项，以至于他爱说的方言口语等。有些领导在文稿写作上有一些特别的偏好，尤其是对一些词汇情有独钟，大会小会、大事小事都不离口。不仅领导自己爱说，也喜欢别人跟着说，似乎这样他特别有成就感和获得感。对于领导口中的高频词汇，文秘人员要特别留意、格外关注，并在文稿中给予经常性"录用"，如此轻而易举就能"俘获"领导"欢心"，何乐而不为？比如笔者有个领导特别喜欢用新颖的口号来归纳工作内容，后来，我习惯于在他的一些大材料中归纳出一些朗朗上口的口号，不曾想现在竟练就了这一项扎实的基本功，例如"1357 工程""两手抓三创，一线贯五珠"，都是我当时的"杰作"。直到若干年后与该领导不期而遇，他还打趣地当面"背诵"这些口号，也算是一段佳话。

措施要让领导"慰"。公文是传达政令的工具，大多带有自己的使命。现实中的很多工作，其核心是要解决问题，而解决问题离不开切实可行的思路、方案、措施。在公文写作时，文秘人员往往都要模拟领导口吻，先在材料中"代"为提出这些方案、措施，且要格外注意所提思路、措施的可操作性，如此才能让领导其心大"慰"。当然，要提出有见地、操作性强的方案、措施，绝非一日之功。这就要求文秘人员在服务领导、跟会办差的过程中，多向领导学习工作艺术，同时要多思考、多积累、善总结、善分析，必要时要深入一线真刀真枪地处理实际问题，"纸上得来终觉浅，绝知此事要躬行"，看多了，干多了，想多了，至于思路怎么定、措施怎么提，心中自然有话要说，经验告诉我们：会干就会说，会说就会写。

创造要寻领导"未"。"未"，就是领导未想到的，未提过的，未关注的。文秘人员除了为领导写稿，还有一个重要职责，就是当好参谋，而当参谋的重要手段就是以文辅政，即借助笔杆子倾倒心中金点子。其实，文秘人员为领导写稿，也不都是被动接受。领导虽说站得高看得远，但也不是全知全能。领导再强，总有短板；文秘人员阅历再浅，也有强项。工作中，领导智慧再高，总有空白点、遗漏项、陌生区。写作时，文秘人员力求独具慧眼，心细如发，在追求领导崇尚的"高大全"之余，不妨特别提及一些领导未曾想到的、容易忽略的，而又特别重要的"细实新"的观点、事项，这往往会让领导眼前一亮、收到奇效，并最终以妙笔"点睛"换得领导"点赞"，可谓物超所值。试想：如果一个文秘人员，每次领导说什么你就写什么，这样的一支没有丝毫主观能动性的僵硬之笔，领导还要它做什么？

第二节　好公文有模有样　老笔头越磨越亮

──文之则（2）：高手的6级进阶路

一入公家门，都得写公文。但凡文秘人员都想写出好公文，只是好公文不易辨，成高手更难求，如之奈何？

要写出好公文，首先得知道好公文长什么样，再按照科学、系统的方法去练习，一步一步地向好公文的殿堂攀登，积跬步致千里，时长日久，下了苦功、巧劲的"老笔头"，都能写出好公文。这大抵就是公文高手的进阶之路。

这么一说，想必很多读者都要问：这条进阶路怎么练级？如何登顶？

先回答第一问。民谚有云："麻油拌韭菜，各有心中爱""文无第一，武无第二"。话虽这么说，但一篇文章的质量优劣、品级高低，总是有个大致的评判标准的。综合各方面的意见，笔者以为，成为一名大笔杆，新手要经过6级操练，循序渐进地看，依次是规范级、精致级、鲜活级、广厚级、新巧级、自然级。

规范级：犹如"在条条框框中蹲马步"。

规范的"规"，尺规；"范"，模具。前为"量"的限制，后为"形"的约束，合为"规范"，拓展成为对思维和行为的约束力量。公文（特别是法定公文），在体例、范式、内容、语言上都有一定之规。我们说这篇公文很规范，意指逻辑严谨，客观真实，典雅得体，合乎规定。

新手刚入行，暂时还不具备轻车熟路、变化生新的公文写作技能，信笔所至、无所拘牵的写作风格暂时还学不来。"文有定法，而无定法"，新手最高效的学习方法是先学定法，再求无法。先按照实用文种的格式化范例去反复练习，立意讲规则，内容有规矩，语言合规范，力求意遣言随，纲举目张，文从字顺，这就是在练"规范级"。例如：

关于××督察问题整改落实有关情况的复函

市××局：

《关于商请加快落实××督察问题整改相关任务的函》收悉。根据《市直部门××督察问题整改工作任务书》，涉及我局的职责为"××，××"，现将推进情况函复如下：

前期，我局组织了专题调研，已制定××管理办法（初稿），下一步将征求各有关单位、××意见后修改完善，确保在规定期限内出台。同时，我局已将××工作纳入××项目考核范围，督促××企业落实相关工作要求，确保××督察问题整改工作落到实处。

特此函复。

××市××局

××××年××月××日

作为法定公文，函有规范化要求。本篇复函从标题到正文，写得四平八稳、中规中矩。标题为两项式：事由＋文种。正文首段回应来函，"收悉""根据""现……函复如下"等文言词汇区分层次，简练、干净、典雅，可模仿性很强；次段按时间顺序答复办理情况，告知工作内容，目的明确，要言不烦，干脆利落，"前期……下一步……同时"，由近及远，从标到本，全面严谨，层次清晰，一目了然。作为新手，多向规范写法学习，一个文种一个文种地反复实践，写作水平必然会在总结、感悟中稳步提高。

精致级：犹如"在左腾右跳中振羽翼"。

在经历一定程度的"规范级"训练后，作为新手，依葫芦画瓢已非难事。化茧成蝶，期待试羽而飞，他正准备新的突破。此时，正如新蝶初飞，虽说已飞离地面，但想追云逐日，还力有不逮。从本阶段他写的公文中，可以清晰看出，语言崇美尚工，炫技比较明显，斧凿之痕甚重，格式之套勒印清晰，每当为文，总喜列出个一二三。有些文稿拟标题必定工整对称，如：要把创先争优贯穿于劳动竞赛活动始终；要把服务企业贯穿于劳动竞赛活动始终；要把提高素质贯穿于劳动竞赛活动始终；要把发扬精神贯穿于劳动竞赛活动始终。写句子也喜精雕细磨，力求精美，例如："从内心深处真正认可，从情感深处真正接受，从行动上真正践行，学习先进，争当先进，赶超先进，自觉立德、修德、践德，守护好新时代中国人的精神家园。""课程化学习，通俗化讲解，常态化帮学，信息化助学。"这样的语句挑不出毛病，但通篇如此，总感觉呆板、僵硬了一点。

鲜活级：犹如"在大地皆春中看百花"。

在不断的语言打磨中日渐精进，接触的语言风格越来越多，不知不觉中，文秘人员已经来到了第三级。在这一阶段，公文规范已然娴熟，语言表达选项增多，文秘人员正跃跃欲试，不断尝试用新的模式、新的内容、新的语言来写作。俗语入文、诗句出题、新词点睛、修辞炫彩等。"转益多师是汝师"，文秘人员已能博采众长，兼收并蓄，自成一格。从标题上看，刻意求工悄然淡化，出语成诵已成良习，字里行间透露出一股清新之风、淡雅之气、独特之味。例如："常问自己在不在位，常问自己在不在行，常问自己在不在岗。""筑牢信仰之基，补足精神之钙，把稳思想之舵。""规定篇目通读一遍，基本观点摘抄一遍，重点内容测试一遍，心得体会交流一遍。""心无妄思，足无妄走，人无妄交，物无妄受。"上述例句虽也能看出雕琢之迹，但总体上清新、质朴、流畅，更接地气，正冲刺在从必然王国迈向自由王国的路上。

广厚级：犹如"在万仞之厚中取细土"。

广，是写作视野广，思路阔；厚，是知识积淀深，文章功底厚。到达这一级，文秘人员写出的文章已脱胎换骨，较之一般人明显高出一个量级，这个量级已在好公文的"顶尖级"。从相关公文中，可以看出文秘人员深邃的思想、广博的见闻、丰厚的知识、精到的研究、深入的思考，字里行间既可以窥见文学笔法的灵巧，也可以看出学术论文的功底，亦可以捕捉新闻写作的鲜活。兼擅各体，自成一家，既合法度，又显靓度。在布局谋篇中，文秘人员能始终紧扣所述问题，引经据典，侃侃而谈，如数家珍，而又不逾规越矩。如某领导在选调生岗前培训班上如此讲做人：

人字结构只有一撇一捺，真正写好不容易。一划朝天，两笔着地，意为顶天立地。如何做人，古人有一段话讲得非常好："敬天地，忠社稷，孝父母，和夫妇，友兄弟，信朋友，睦乡邻，施穷人，救危困。"《易经》中说："天行健，君子以自强不息；地势坤，君子以厚德载物。"而对于这个问题分析很透彻、很深刻、很全面的还是毛泽东主席，他在《纪念白求恩》一文中旗帜鲜明地提出了我们党员干部的做人主张，那就是要做"一个高尚的人，一个纯粹的人，一个有道德的人，一个脱离了低级趣味的人，一个有益于人民的人"。

例文紧扣"做人"主题，信手用典，转换自如，语出自然，深入浅出，具有很强的说服力。

新巧级：犹如"在千山万壑中觅真金"。

新巧，同处公文写作的"金字塔尖"，不过，这一级似比"广厚级"更难达成。新巧，不是想达成就能达成，它既来自广厚的积累，同时又需要千思百虑中的灵光一闪，好似"踏破铁鞋无觅处，得来全不费工夫"，又似有些公文构思新颖、框架奇巧，可遇不可求。这样的公文，虽作百篇而不一遇也，因其难求罕见，故其量级在"广厚级"之上。笔者曾于《演讲与人生》杂志看过江苏淮安市领导在大学生毕业典礼上的一篇演讲，过目不忘。该文将市名"淮安"作嵌字拆词，并佐以谐音串起全文结构，共三句话："淮"念时光，见岁月"安"然静好；"淮"想将来，唯奋斗"安"放青春；"淮"抱机遇，愿携手"安"心逐梦。"淮"念（怀念）、"淮"想（怀想）、"淮"抱（怀抱）的谐音，"淮安"的巧妙拆词，以及过去、现在、将来的一线串珠，一系列巧思，无不令人击节称奇。

自然级：犹如"在山涧草泽中制佳酿"。

常言道：最高的技巧是无技巧。公文写作到了"自然级"，技能已臻化境。此时的文秘人员，不是不用技巧，而是运化无迹。每当面对新的写作任务，由于积累厚、实践多，文秘人员无需多想，也不假打磨，思路便如春风骤至，语言恰似竹筒倒豆，顷刻间，好似"一泓碧泉从天降，所到之处皆成溪"。再看笔底流淌的文字，随心所欲，触墨皆景，宛若浑金璞玉，又似鬼斧神工，虽如天作，实为人工，李白所云"清水出芙蓉，天然去雕饰"，正是此境也。例如：

××余名干部驻村帮扶，××××多个日夜尽锐攻坚，每月开一次家庭会、干一天农家活、做一件贴心事、吃一顿家常饭、住一晚农家屋，真正帮群众解难题，为群众谋福祉，让群众享公平，做群众贴心人，演绎了呼天抢地、顺天应地、战天斗地、改天换地、感天动地、欢天喜地的攻坚历程，群众满意度跃居全市前列。

这样的领导讲话，出口成章，出口成诵，出口成典，如话家常，如沐春风，怎能令人不爱？

循阶仰望，云雾缭绕的六级石阶正把我们的求索之梦带向金光闪耀的"自然级"殿堂。如何登顶呢？马克思说："在科学上没有平坦的大道，只有不畏劳苦沿着陡峭山路攀登的人，才有希望达到光辉的顶点。"公文写作除了苦练，亦无他耳。苦练之"苦"，要下在临摹研习中，下在思路锤炼中，下在知识积累中，下在语言实践中，下在登堂入室的追梦之旅中。"追风赶月莫停留，平芜尽处是春山"，经过多年如一日的写作、感悟、升华，笔头会越磨越光，我们必将迎来日出东方、览尽秀色的那一刻！

第三节　打开要惊艳　神采若翩鸿

——文之初：构思出彩术

看过了那么多现代建筑，为什么悉尼歌剧院能在心中独领风骚？饱览了那么多名楼古殿，为什么故宫博物院令人恍见遗世奇珠？到访了那么多远乡古镇，为什么周庄风情我们最是梦绕魂牵？

诀窍就在三个词：绝无仅有，造型奇特，精妙绝伦。

简言之，绝无仅有就是"新"，造型奇特就是"巧"，精妙绝伦就是"精"。

正是"新、巧、精"这三个字，十分惊艳地打开了悉尼歌剧院、故宫、周庄古镇这些人文景观的靓丽风姿，使之成为我们心中独一档的存在。换句话说，正是凭着新、巧、精的独特构思，上述景观才得以名扬寰宇，独步天下。

构思，之于人文景观如此，之于公文写作也莫不如是。

公文从应用范围看，可分为法定公文和事务公文。其中，法定公文的内容格式相对固定，构思发挥的空间较小；事务公文的写作相对灵活，往往有着比较独特的构思打开"姿势"。显然，构思的新、巧、精在事务公文上体现得要多一些。

"七步成诗"的魏国文豪曹植在他的传世名作《洛神赋》中这样描绘绝世美女的风姿："翩若惊鸿，婉若游龙。"文田笔耕，阅文无数，其间，若有一篇能在须臾间留给我们惊鸿一瞥、一见倾心的美感回味，那一定是它的精巧构思！

公文的构思，犹如人之神采、树之新花，只需一眼，便令人久久难忘。

一篇公文的写作，在立意明确了之后，接下来一项最重要的工作就是构思。较之框架的条分缕析、纲举目张，构思只是展现立意的一个最佳视角。如果说，框架是构思的具体化、立体化、一体化，那么构思就是立意的总体化、形象化呈现。简单来说，要写出一篇出彩的公文佳作，其构思的主要任务，就是找到一个打开立意的独特角度。

这个角度的独特性从哪里来？密钥就是新、巧、精。三字只要能得其一，我们便可写出一篇让人眼前一亮、心弦一动的公文佳作。

构思之"新"，是思维角度的"想人未想"，其表现立意方式一般人很难想到，也几乎没见过。从内容上看，时新、追新、翻新、创新是构思出新的四大路径。

时新，是当下刚兴起的，就是要紧跟时代，贴近生活，以当下热点、时下热潮、眼下热词构思成文，"文章合为时而著，歌诗合为事而作"。比如，有一篇运用互联网词汇"@"的旅游节致辞，就曾在业内火出圈。文章的开头先总说："在城乡加速融合的当下，没有哪里比乡村更需要被@；而在这么多的发展样本之中，×场也绝对适合被@，因为这里承载了×州城市的最初记忆。下面，我想通过@三个人物，与大家一道寻梦×城、云游×场。"围绕旅游推介的主题，文章主要从三个方面分写：第一个@的，是被奉为×州开城鼻祖的××。第二个@的，是宋代文学大师××。第三个@的，是近代××先生。捧读中，一股时代的"潮"息扑面而来。

追新，是圈内正流行的，就是要紧盯上级、关注同行，在公文构思上要人有我有、人有我优，"删繁就简千秋树，标新立异二月花"。公文写作要"追"的是新理念、新目标、新要求、新时尚等。例如在本地政府提出建设"幸福城"的目标要求后，有作者不懈蹭"热"，在一系列文章构思中"移栽"下"幸福"的思想树，如《推进"五水共治"，合力打造美丽"幸福河"》《围绕"幸福城"建设，五措并举谱写强管利民"幸福曲"》等。

翻新，是原版作改进的，就是老树新花，新瓶旧酒，相当于用"新工艺"装潢"旧建筑"，由此让老文章重又焕发青春风采，"年年岁岁文相似，岁岁年年思不同"。公文写作所面对的"生活"，虽说每年有不同，但总体来说小变多，巨变少，过去写的材料现在仍然可用，只不过构思角度要与时俱进而已。不妨以管理部门为例。提及"管理"二字，写作涉及内容无外乎管理理念、管理标准、管理流程、管理机制、管理方式等。若干年前，精细化管理理念在管理部门十分热门，是文秘人员构思跨不过的"巍巍昆仑"。而当前，智慧化浪潮方兴未艾，有一文秘人员即对旧作调整了构思角度，拟题为《智慧化，让××管理驶上快车道》。

创新，是莽原辟新路，就是另辟蹊径，独树一帜，纯属自己首创，"曲中无限花心动，独许东君第一枝"。显而易见，创新的难度最大，也最容易出彩、出众。总体来看，创新有跨界思维和修辞表现两大方式。跨界就是不同学科、领域的互通有无。要"跨"出新意，必须找到共同点。常见的跨界方法有：借用数学、音乐、建筑、绘画、经济学、语言学、管理学等学科知识、概念、术语、符号等进行构思，或借用传统文化的某些知识进行构思（知识面越广，构思面越宽）。修辞在公文构思中的运用比比皆是，如比喻、排比、反复、拈连、象征等都有采用。具体到表现风格上，或典雅，或通俗，或专业，或质朴，或华丽等。现举例如下，并标明"创新指数"：

1.美术跨界。常见的是运用美术的色调、术语等，创新指数 8.0。如《建设美丽乡村，勾画三幅"图景"》：插绿造景，展现了一幅"原乡风光图"；布局业态，勾画了一幅"安居乐业图"；修补文脉，打造了一幅"乡情寻梦图"。

2. 数学跨界。常见的有数学符号、概念的运用，创新指数 8.5。如《领导干部的"长宽高"》："长"就是独当一面的特长、通盘考虑的专长和处事沉稳的擅长；"宽"就是眼界宽、知识面宽、胸襟宽；"高"就是理论素质高深、谋篇布局高远、工作艺术高超、道德情操高尚。

3. 传统文化跨界。即借用传统文化，如哲学、国画、民俗、中医、诗词、武术等领域的某些知识、元素等进行构思，创新指数 9.0。如《值班工作的"天地人"》：坚持一化一式"得天时"；坚守一室一台"得地利"；坚定一心一感"得人和"。

4. 语言学跨界。即运用汉语、英语、方言俗语的相关词汇概念来构思，创新指数 9.5。如《××旅游启动境外新媒体营销"F 计划"》：一是"F 计划"突出 ×× 时期最 × 州的独特元素。推进时尚（Fashion）、旅游外交（Friendship）、女性（Female）、人文艺术（Fine-arts）、传统民俗（Folk custom）等资源的整合。二是"F 计划"突出全球新媒体最新传播手段。依托自身在"脸书（Facebook）"等境外新媒体社交平台，致力于加强"粉丝互动（Fans interaction）"，借助"直播（Face to Face：Hangzhou@your service）"等技术，面向欧美市场深度推广例如"国际航线（Flights）""节庆会展（Fairs）"等 × 州旅游资讯。三是"F 计划"突出立体化全方位可预期的营销效果。

5. 物理学跨界。即从物理学的有关知识、术语角度进行构思，创新指数 8.5。如《落实"四个齐动"，让作风建设"带电"》：党性修养要"充电"，力求"过得硬"；尽责履职常"带电"，力求"干得好"；正风肃纪多"放电"，力求"守得住"。

6. 运用文学手段构思。如运用文学的描绘、抒情、烘托、细节刻画等手法构思，创新指数 9.0。如《第 ×× 届 ×× 旅游艺术节开幕式致辞》：信仰不负绿水青山的眷恋，寻根 ××，就是寻根生命源泉；胸怀不负蓝天白云的高远，放飞 ××，就是放飞绚丽梦想；心灵不负大地艺术的神奇，描摹 ××，就是描摹自然底色；血脉不负唐蕃古道的呼唤，聆听 ××，就是聆听历史回响。

7. 运用修辞构思。常用的修辞手法有比喻、排比、反复等，创新指数 8.0。如《××市长在××"百日整治"督查会上的讲话》：一、要夺取"百日整治"的最终胜利，保洁保序是个主战场。二、要夺取"百日整治"的最终胜利，难题突破是块试金石。三、要夺取"百日整治"的最终胜利，社会共治是片新蓝海。（运用暗喻）

构思之"巧"，是选择角度的"见人未见"。"巧"虽有天作，更在人为。大多情况下，是人的慧眼识珠、匠心独运和精磨细刻造就了构思之巧，但切忌弄巧成拙，适得其反。构思之"巧"的方法主要有赶巧、取巧、讨巧、凑巧、碰巧。

"赶"巧。这好似将遇良"材"，即"赶"上了适当的时机、场合，耳目所知的内容都可以作为构思角度。例如笔者一次到某地检查治水工作，适逢全省生态文明建设大会在该地召开，会上提出了"绿色、品质、共享、幸福"等理念，在随后的座谈会即兴发言中，我当即现学现卖，以会议理念为角度进行构思，可谓"赶上好时候，无巧不成书"。

"取"巧。就是就地取"材"，即用好与写作主题有关的原有素材，并作"适文"化改造。例如某地历史上有不少文人墨客留下了脍炙人口的诗作，于是在该市创立的国际诗歌节大会上，有领导撷取诗歌遗珍，从就"诗"说"诗"的角度致辞：××是"诗以咏怀"之地——这里有天下第一快诗《××××》。××是"诗以抒情"之地——这里有天下第一情诗《××××》。××是"诗以映景"之地——这里有天下第一景诗《××××》。××是"诗以言志"之地——这里有天下第一律诗《××××》。

"讨"巧。即晋用楚"材"，就是用来人最乐见的话讲来人感兴趣的事，如此便可投其所好，省力又讨巧。例如某市某次党代会开完不久，市委书记来到相关部门调研，文秘人员即用该次党代会提出的相关口号和理念进行构思，标题是《共建"东方品质之城"建设人民满意××》，主要内容为：围绕美丽×州建设，着力深化"四化"管理；围绕生态×州建设，着力改善民生环境；围绕品质×州建设，着力打造精品工程；围绕和谐×州建设，着力破解××难点。

"凑"巧。就是用好栎樗之"材"（加工治理而尚未成器之材），原始材料也许平淡无奇，但经作者一"凑"，立马点铁成金，化腐朽为神奇，奇巧尽显。常见的方法有拆字、解字、换字、借字、化用等。例如有作者这样总结来到基层后的成长和感悟：初到基层，"我就是我"，仍带书卷气，不曾事农桑；来到基层，"我不是我"，但问农家事，躬身在陇亩；扎到基层，"我还是我"，一心做调研，全力促振兴；体悟基层，"我将无我"，寸心察民意，拳拳报国情。行文中，从"我就是我"到"我将无我"的变化，写出该同志的成长过程，个中字眼的些许变化，凑巧中"巧"字尽显。

"碰"巧。即"材"尽其用，就是挖掘事物的内在属性，并找到与相关事物的共通点，擦碰出炫目的火花。常见的构思方法有利用谐音、词语别解等。如亳州市委书记讲话就巧妙运用"亳"的谐音进行构思：亳地不薄；亳人正搏；亳州必勃。此处谐音法的构思，工巧合辙，平中见奇。

构思之"精"，是表现角度的"道人未道"。浓缩的才是精华。有时，公文所要表达的内容虽然林林总总，但由于构思手法高明，尺水兴波，缩龙成寸，往往能"笼天地于形内，挫万物于笔端"。说到底，这是通过高度抽象、运用精巧提炼的手法在构思，往往能产生推陈出新、别开生面的效果。常见的有运用数字、关键词提炼等进行构思（在全文构思时，首先想到的就是几个数字或关键词）。

数字提炼如《人间绝版苏东坡》：第一组数字"8341"，第二组数字"3起3落"，第三组数字"123456"，使一篇宏文的结构显得非常紧凑。

关键词提炼如《一位县委书记的基层调研报告》，运用了"感动、触动、行动"三个词语进行构思：感动，缘于一种境界！触动，缘于一些见证！行动，缘于一肩使命！行文生动活泼，很接地气，十分新颖别致。

第四节　立意高远须赶"潮"

——文之魂（1）：一字定调术

北宋潘阆在他的词《酒泉子·长忆观潮》中写道：

长忆观潮，满郭人争江上望。来疑沧海尽成空，万面鼓声中。弄潮儿向潮头立，手把红旗旗不湿。别来几向梦中看，梦觉尚心寒。

该词描绘了万人空巷争观潮的盛况，最吸睛、令人"梦觉心寒"的，莫过于弄潮儿"潮头立"和"旗不湿"的高超技艺。这两个传神细节，正是画面的主题所在。

由此想到我们写公文的"立意"。作者写出的公文要赢得"圈内人争'稿'上望"的"高曝光率"，得有点弄潮儿精神。

古人云：意，犹帅也。帅强则文佳。从根本上说，会弄"潮"的公文才最"帅"。作为撰稿人，在立意上，我们要赶的"潮"可归纳为"高新心大热，来回思前涨"，即高潮、新潮、心潮、大潮、热潮、来潮、回潮、思潮、前潮、涨潮。

起高潮，这是跟"班"，看"上面"。但凡公文写作，都得体现出一定的高度，文章的"潮头"尽可能要涨高一点。这里，高潮的"高"，就是向上看，即紧跟相关领导，并把他们的意图、想法作为立意第一优先项。领导不同，站位不同，高度也不一样。具体讲，为处长写，就是处长的高度；为局长写，就是局长的高度；为市长写，就是市长的高度。有高度，才会有广度；有广度，就能彰显气度。因此，增高是立意的第一使命。当然，高度要切合文章写作角度，以适度、贴切为宜，不能为高而高，导致文势虚高，最终"基础不牢，地动山摇"。

例如，我们写部门总结，一般只需聚焦本单位领导的思想、意图即可，而若"撑杆跳"似的，每写必与省市领导要求"硬接"，则往往不宜，也大可不必。

追新潮，这是跟"时"，看"当面"。时代潮流浩浩荡荡，滚滚向前。公文的使命是及时处理公务，务须体现强烈的时代感，尤其要关注当前各领域出现的新情况、新事物、新措施、新问题、新表述。这要求文秘人员要慧眼独具，明察秋毫，善于用比较的视角、敏锐的眼光、联系的方法观察时代巨变。例如，我们所处的时代正在建设资源节约型、生态友好型社会，绿色低碳成为新追求，垃圾分类成为新时尚，节水创建成为新热点，基于此，有一篇以"富水城市刮起'节水旋风'"的信息被大刊录用，个中诀窍不言自明。因此，写公文一定要关注不同层面、不同领域的最新风尚、理念、措施等，并以此作为相关公文写作的立意源泉。例如，赞美"人"的公文，就要重点关注各层面精神文明建设的要求、理念；说明"事"的公文，则要精心搜集相关各方面的总体目标、专项行动等，力求给文章增加一点"潮"味。

感心潮，这是跟"人"，看"里面"。公文虽然不是文学作品，但不能忽视"人"的因素。特别是以记叙人的事迹、讴歌人的精神为主的公文，万不可就事论事，一定要善于捕捉、挖掘潜藏于"人"内心深处和行为背后的思想、品德、意志、作风等。例如，某建设局局长在年度总结讲话中这样点赞"建设人"：有的同志热天一身汗、雨天一身泥奋战在建设一线，有的同志白天上班、晚上加班坚守在抗台一线，在他们身上，我们看到了公而忘私、兢兢业业、甘于吃苦、乐于奉献的城市"最美建设者"形象（与该市的"最美"系列行动紧密结合）。

跟大潮，这是跟"风"，看"全面"。大潮，是江海的主导。跟大潮，要兼顾"六个本"：本地区、本行业、本单位、本阶段、本事项、本文种的主要方面、常规思想。例如，某单位领导要在年终总结大会上讲话，毫无疑问，这是一篇总结表彰性讲话，从会议事项及文种看，主题是"肯定、赞扬"相关做法、成果以及"人"的付出，这是立意的大方向。但如果结合本地区、本行业、本阶段"高质量发展"的大势来看，立意的切口还应再集中、具体点，即围绕"高质量发展"，肯定相关人和事。如此立意，既有高度又有精度。

逐热潮，这是跟"点"，看"截面"。热潮，是动态发生的热点事件、最新风尚、流行做法、局部重点、时兴理论等。热潮之"热"，说明具有较高关注度和参与度，如"垃圾分类就是新时尚""河长制"等，曾经广为人知，一路蹿红。无论是从时间还是空间来看，热潮都不是全面的视角，它是局部的、阶段性的事件、现象，因此是"截面"。截面，可以取自社会各领域的不同方面，包括相关领导重点关注的、社会各界普遍诉求的，目前政府大力推进的，等等。比如，近期以来，社会参与管理的热情高涨，涉及绿化、卫生、秩序治理以及民生工程各个方面，这既促进了民生事业的发展，也间接推动了管理的民主化进程。据此，某单位就提出了"民主促民生、民生促民主"的"双促"工作机制，并贯穿到很多公文材料的写作中，如此主题既有"学味"，又有"质感"，令人眼前一亮。

看来潮，这是跟"需"，看"迎面"。 一般公文写作都有个由头，比如说来文说明、会议明确等，这就是"来潮"。所谓来潮，就是"看人下碟""据文命意""因会定旨"，当面锣对面鼓，照单回应。比如上级领导来基层调研，一般事先都有个调研提纲，并在其中明确调研主题，也就是"来意"。这个"来意"，就是基层单位写汇报材料必须紧扣的主题。如"来意"是"基层治理创新"，那么文秘人员就要围绕"创新"，重点汇报本单位有哪些方面的创新和成果。

盯回潮，这是跟"事"，看"背面"。 回潮，就是不止一次发生，来过的"潮"可能要经常性趱回。正如某些领导可能会经常性地"揪"住某些工作不放，隔三岔五来调研。此外，还包括持续性的工作，"回头看"的事项等。对于此类工作，要善于从"背面"入手，即回溯工作的历史，紧扣一贯的做法、宗旨等，重点反映工作的进展和进步情况。例如老旧小区改造是一项须持续数年才能完成的浩大工程，领导的关注点除了服务民生，就是项目进展、落实高效等。领导的关注点，就是我们立意的出发点。

悟思潮，这是跟"学"，看"底面"。 思潮，重在"思"，主要是关于学理的思考，以及在此基础上关于事项本质的揭示和个人独到的思考等。思潮，一般是从宏观的、理论的、学科的角度来立意。我们从事的工作，一般都有所从属的学科背景，比如管理部门对应管理学，社会工作部门对应社会学，经济部门对应经济学，等等。这些学科理论就是实际工作的基本遵循，是"底面"。必要情况下，我们不妨从特定学科的角度来立意。例如某管理部门将具体的行政管理事项外包给社会第三方经营，表面看，这是具体措施的创新，但如果从学理看，这实际上是"政府掌舵、社会划桨"的概念，是"善治""有限政府"的理念。在某次经验交流会上，该单位经验材料即以"善治"为主题，产生了较大影响。学界的一些热门词汇"出镜率"比较高，如"塔西佗陷阱""黑天鹅""灰犀牛""鸵鸟效应"等，可视情取作构思之源。

瞻前潮，这是跟"势"，看"前面"。 前潮，是基于对当前趋势的判断而提出的对未来的设想、规划、愿景、蓝图等。总的来说，前潮是趋势性的、理想化的、终极性的解决方案和策略。例如，关于目前垃圾分类的治理困境，有篇调研报告在分析目前存在的思想拖后、手段滞后、效果落后等问题后，提出未来解决这一问题的根本出路在于"智慧化"，包括智慧分拣、智慧识别、智慧投放等，智慧化就是从"前潮"的视角来立意，这既是理念，也是手段，代表了垃圾分类的未来趋势，立意一针见血，不同凡响。

望涨潮，这是跟"进"，看"凸面"。大多数公文总体以反映工作的进展、成果，以及人物的干劲、作风、精神良性转变为主，因此，"涨潮"是公文立意的一大重点，即"凸面"。在立意时，我们的视角要重点落在人、事不断"涨潮"的突出方面。例如办公室年度工作总结的立意，就要通过纵横比较来发现本年度办公室工作效能提高的情况，包括：参谋助手的作用进一步凸显，桥梁纽带的作用进一步增强，示范带头的作用进一步体现，简政提效的作用进一步发挥，等等，以上这些都是该办公室本年度工作看"涨"的情况，这也是大多数公文材料立意的基本点。

第五节　眼界一高　境界必大

——文之魂（2）：高度"88 战略"

对我们代拟后呈报的公文，领导有时会提出这样的修改意见：文章还不够大气，尽量把高度再拔一拔。

仔细揣摩领导的话，不难发现个中蕴含的逻辑：文章要大气磅礴，就必须有高度；反之，有高度的文章必定是大气的。可见，在领导心目中，文章有高度是多么重要！

那么，什么才是公文的高度？公文写作如何才能获得高度？

打个比方说，如果把要写的公文比作一座山，高度就是山顶与山麓的区别。立于山顶，方能看到层峦叠嶂、云蒸霞蔚、飞流直下的万千气象；置身山麓，由于高山阻隔、视线有障，就只能看见眼前的一面岗、一片林和一线天。一般来说，领导立于山顶，我们处于山麓。显而易见，我们写出的公文要符合领导的意愿，就必须离开"山麓"，向领导所处的"山顶"攀登，直至领导所处的高度。至此，我们的眼界豁然开朗，此时"换"成领导的视角看风景，境界也随之扩大起来。

简言之，公文的高度，要求文秘人员"离开"自己的位置，站在更高的层面悟思想、提认识、看事情、想问题、定措施。站在自身所处的位置，每一个文秘人员都有着角色、站位、格局、思想、认识、知识、视野、谋略等方面的局限。当文秘人员有意识地摆脱这些局限，选择不同角度向更高处攀登时，就有了全局高度、时代高度、政治高度、思想高度、理论高度、行业高度、历史高度、战略高度等。

这"8大高度"，正是文秘人员写公文必须时时仰望的"8大山顶"。

全局高度。这是从写作主题明确的角色出发。总之，写作时，文秘人员要尽可能"忘掉"自己，以笔代言，借领导的口吻"发号施令"。例如某局给市政府上报年度工作总结，文秘人员应考虑"两个全局"：一是从局长视角看的"全局"，二是从市政府视角看的工作"全局（例如市政府的相关要求如何贯彻执行）"。

时代高度。时势，往往成为写作的外因。文秘人员应准确把握时势特点，从工作推进与时代特征的相交点上去构思，由此获得超越自身的高度。例如，关于写作所提及的工作内容，上级有什么新理念、新要求，经济发展对工作有什么新影响，本行业有什么新动向，技术发展有什么新趋势，当前有什么新动态，社会思潮对工作发展有什么新启迪，等等。

政治高度。作为公职人员，要讲政治；写公文，也要讲政治。公文，是传达政令、执行公务的行政工具。直接点说，就是要通过公文以上率下，文秘人员写作时眼睛要学会"上看"，公文内容的核心就是执行、服从、服务。这就是政治高度。写作时，文秘人员要"上看"的主要内容是政治思想、政治路线、政治要求、政治方略、政治任务、政治行动、政治事件等，这些内容多见于上级的有关政策文件、会议精神、领导讲话、领导批示等。这些都是文秘人员动笔时要重点汲取的思想精华。例如：中国梦、共同富裕、科教兴国等，都是二十大提出的当前及今后很长时期全国层面共同面临的政治任务。

思想高度。这里的"思想"，是关于哲学、政治学、经济学、社会学等方面的思想、理念、思潮、精神、原则、本质规律的经典概括，如中国古人的"民贵君轻""以德治国"，以及习近平新时代中国特色社会主义思想，等等，对人们修身、齐家、治国、安邦具有普遍的指导意义。古今中外的一些治理思想，包括一些散发独特智慧光芒的地方治理思想等，如"杭铁头精神（杭州）""胆剑精神（绍兴）"等，都有助于强化本地本行业公文写作的思想指导。

理论高度。这是从实际工作所属的学科角度做出的深入思考。如科研部门对应的是自然科学。写公文有时也需要借助相关学科的专业知识来"装点门庭"，提高层次。例如某单位要总结基层"五票制"民主治理创新，就运用了"思想上尊重群众、感情上贴近群众、工作上依靠群众"的党建理论作高度提炼，广受好评。可见，适当引用相关学科理论，有助于体现内容深度，展示专业水准。

行业高度。写作时，执笔人要视情况"跳出'本埠'之外，又在行业之中"，善于从个性中发现共性，透过现象看本质，习惯于从本地、全国乃至全球行业发展的一般趋势、共同特点等方面，全面系统地分析现状、明确目标、制定策略等，如此就可走在前列，获得不一样的高度。例如撰写《×× 市关于智慧城市建设的意见》，可以立足本地，从纵向、横向两个维度，充分吸收本行业智慧技术发展、城市综合管理，以及共建、共治、共享等各方面理论精华，进一步拓展文章的写作视野。

历史高度。是从过去、现在、将来的一体化联系中审视材料、构思文章。例如撰写有关造林、治水的生态文明建设文章，我们既可以引入本地（或全国）古人的治理经验，也可以阐述当前生态文明建设的政治使命和现实意义，还可以站在子孙后代未来发展的高度，指出生态文明建设的迫切性和重要性，使文章体现贯通古今的纵深感、立体感。

战略高度。较之历史高度，战略高度侧重从未来发展的视角来明思路、定策略。从战略高度出发，公文写作就可以避免"短视""弱视"的缺陷，提出的思路、策略往往高瞻远瞩、大气磅礴、独立高标，体现出管全面、管根本、管长期的内在属性。例如某公文中要说明的某地交通设施建设，如果只顾眼前，提出的策略措施必然是细枝末节的小修小补；而如果着眼长远，则要考虑到未来城市发展的功能区分布。显而易见，前者眼界局促，后者气度恢弘，两者境界悬殊，不可同日而语。

看清了"8 大山顶"在何方，我们接下来要重点考虑的是如何登顶。主要有 8 条路径。

路径一：居高。即在笔杆子自身视域范围内，尽可能选择"有利地形"，让视野尽可能宽广些。构思之初，我们可选择与命题领导相应的全局视角，选择与行业发展相关的时代视角，选择理念先进的行业视角，等等。写作时，我们要眼观六路、耳闻八方，力求搜集时新、丰富的信息，进一步提升文章的境界。例如，适逢全国城市工作会议召开不久，有关本市城市建设、规划、管理的有关材料，是否要贯彻落实全国城市工作会议的有关新要求呢？笔杆子善于"居高"，一开篇就处于多维视角的构思"高峰"，必将有助于形成高山流水、一泻千里、飞花溅玉的文势。

路径二：登高。有时，笔杆子所处高度具有先天的不足，仅手头资料难以达到与领导相应的高度，文章也难以体现出贴近时代、紧跟大势的雄浑气象，那就必须有所凭依，找个"梯子"登高，由此打开全新视角。这个"梯子"，就是相关政策文件、会议精神、领导指示批示等。借梯登高，也因此可以叫"借高"。借高的情况，在公文写作中比比皆是。借高，既可以借用普遍适用的理论、观点，如二十大报告的新思想、新论述、新要求；也可以借用具有明确指向性的专业理念、观点，如习近平总书记关于生态文明建设思想、现代治理思想、民本思想的有关论述，等等。在基层单位公文写作中，引用上级政府、部门领导批示和相关文件精神的情况甚为常见，如此，有利于显示上下级工作步调的一致性，也同时提升了文章高度。

路径三：垫高。也叫"架高"，即现状高度不够明显，要借助一定的方式、方法使之凸显出来。常见的方式就是纵比、横比。纵比，大多是跟自身的过去比，横比，是跟同级层面的其他地区、单位比。不比不知道，一比才显"高"。例如，为了显示当前及今后一段时期内信息化建设的系统性、前瞻性、实用性、便捷性，文章先分析了本单位过去信息化建设目的不明、项目分散、不够便民等弊端，接着介绍了业内同行的有关做法，从中梳理、提炼出未来信息化建设的合理路径，在此基础上提出本部门今后信息化工作的思路、措施，就获得了超越过去和同行的"比较高度"，立意也别出心裁，自成一格。

路径四：拔高。这是一种望文生义的做法。即从表面看，文字本身所反映的高度不足，但若借"巧劲"一拔，文章的高度顷刻一变，令人惊艳。常见的手法有：

（1）**从现象中见本质**。例如：日常工作中还存在松散疲沓、敷衍了事、推诿扯皮等现象，说明市委作风建设"×八条"精神还没有得到坚决的执行。

（2）**从点滴中见精神**。例如：一年来，有些同志舍小家、顾大家，奋战在抗疫一线；有些同志不计个人得失，敢于亮剑，勇于突破工作中的盲区、雷区，极大地促进了事业发展。所有这些，都充分体现了顾全大局、兢兢业业、甘于吃苦、乐于奉献的"××人品质精神"。

（3）**从局部中见全局**。例如：从"礼让斑马线"到"温馨驿站"，从"最美绿道"到"最美遮阳棚"，无不体现着近年来我市"美丽城市"建设的成果。

（4）**从平常中见规律**。例如：如果我们今天不兑现对老百姓的承诺，就会透支我们明天的信用；如果我们今天不积极回应老百姓的诉求，我们明天的权威性和公信力就会受到质疑。久而久之，就会形成政府管理的"塔西佗陷阱"。

（5）**从个性中见共性**。例如：近日，在媒体采访中，××街道工作人员对市政府民生实事政策的理解有明显偏差，类似的事情已经发生了好几次，这充分说明我们的基层宣传还不够到位，接下来要重点加强政策宣贯和培训工作。

路径五：眺高。"眺"，就是远眺，向远方、未来看。即通过对当前行动、措施的推测、估计，对未来发展、事业开展、愿景实现作出一个符合规律、彰显高度和气度的预判。例如：在全面建设社会主义现代化国家新征程中，我们必须把促进全体人民共同富裕摆在更加重要的位置，脚踏实地、久久为功，向着这个目标更加积极有为地努力，促进人的全面发展和社会全面进步，让广大人民群众获得感、幸福感、安全感更加充实、更有保障、更可持续。

路径六：提高。 是指对工作的"提法"要体现高度，即对工作的理念、思路、经验等，作出简练、经典、新颖、大气的概括，能够体现与众不同的站位、宽广超卓的眼光、洞幽烛微的深度、涉险逾障的魄力和敢为人先的气度。例如：全面贯彻落实省委"×八战略"和"创业富民、创新强省"总战略，以城乡一体化、城市国际化为主抓手，着力建设学习型城市、创新型城市、生态型城市，着力打造安居乐业示范区、城乡统筹示范区、人文法治示范区（"三城三区"），全面推进经济、政治、文化、社会以及生态文明建设，把"生活品质之城"建设提高到新水平。

路径七：推高。 推高重在"推"，不断向高处托举。文章开篇可能并未体现出高度，随着内容推进，文意逐步递进，被一步步推向最高潮。例如：中国古语讲，"不积跬步，无以至千里"。阿拉伯谚语说，"金字塔是一块块石头垒成的"。欧洲也有句话："伟业非一日之功。"例如："一带一路"建设是伟大的事业，需要伟大的实践。让我们一步一个脚印推进实施，一点一滴抓出成果，造福世界，造福人民！这里，在前文层层蓄势的基础上，文末的"两个造福"，把文意推向了最高处。

路径八：拉高。 拉，是拉伸；拉高，就是通过"拉伸"本地区、本单位的规划、目标、预期、愿景等，使之与上级的方针、战略、目标、要求等接近、看齐，常见的表达句式有："向……交上一份圆满答卷""为建设别样精彩、独特韵味的……城市作出更大贡献""打造……建设'桥头堡'""向……献礼"，等等。例如：培育打造富有文化底蕴的世界级旅游景区度假区，推出更多高质量文化和旅游融合产品，不断提升"水韵××（省份名）"文旅品牌影响力。"水韵××"的总要求，一下拉升了前文打造旅游产品等一系列具体措施的高度。

第六节　把句子点亮　把全篇照亮

——文之魂（3）：巧笔点睛术

我们都熟知画龙点睛这个成语。用来形容写文章或讲话时，在关键处用几句话点明实质，使内容生动传神。可以说，点睛越精彩，文章越出彩。

点睛之笔，也是神来之笔。正如被点睛的龙一样，在公文的相关部位，我们往往只需略施笔墨，主题即刻就能像龙一样立起来、活起来。这正是高超点睛术的巨大魅力。

"今天上午，我和大家交流了公文写作的基本知识，探讨了常用文种的基本写法，分享了公文写作的基本经验"，如果就此戛然而止，这句话无异于"流水账"，什么思想也看不出。而若在其后接上一句"旨在帮大家认识公文写作的基本规律，进一步提高公文写作水平"，作者的表达意图顿时纤毫毕现。

从中，我们可以管窥点睛的艺术和价值所在：从实转虚，由表及里，寥寥数语，言浅意明，力透纸背。

任何公文都带有一定的意图，承载特定的使命。要把意图和使命传达出来，写作务须常点睛。公文写作中，点睛与不点睛，效果有着天壤之别。

不仅是一篇文章，甚至于一段话、一句话，都不能缺少点睛。必要的点睛会让文章迭代升级，发生质变。

点睛，能让意图凸显，把一句话点亮；把句子点亮，就是让其有灵魂。在一篇公文中，如果努力将句子必要处都点亮，不仅可以照亮各段，也能够让整篇文章亮成一片，非常出彩。

这正如各家各户若把灯都点亮（特别是街头巷尾、关键地点），整条街道、整座城市就会灯火通明，流光溢彩。

可见，写公文时，从每一个细处入手，精心为句子点睛，是多么重要的"亮化"工作、"美化"工程。

我们不妨来感受一下一段话和大块文章的点睛效果。

江苏省2022年政府工作报告的第一部分，是对2021年工作的回顾。这一部分包含三块内容——主要成绩、具体工作和存在问题，总体主题是"肯定成绩"。由于涉及内容繁多，限于篇幅，笔者只能惜墨如金，往往一句话就概括一个方面。这样的文章干货居多，思想内容无法尽情铺展，只能借点睛揭示。而即便是点睛，笔墨也只是"限量供应"，必须一两个关键词就要显旨、出彩。

显然，本部分第一自然段最后一句话即点明了第一部分主题，句末的"'强富美高'新江苏现代化建设迈出坚实步伐"即为点睛之笔，既收束了上文各句，也统摄了下文各段。

我们看下文是如何始终紧扣并神完气足地表现"强富美高"这一主题的。以第一块六个方面的工作成绩为例。例如凸显"高"的内容：

紧扣服务和融入新发展格局新要求，加快打造改革开放新高地，对外合作和竞争新优势进一步增强。"一带一路"交汇点建设高质量推进。中哈物流合作基地、中阿（联酋）产能合作示范园、柬埔寨西港特区保持良好发展势头。

我们一眼看出，这一段中，"加快打造""进一步增强""高质量推进""良好发展势头"即为不同方面的点睛之笔；各处笔墨连成一片，即浓墨重彩地"映"亮了本段"高"的主题，正所谓"点亮每一句，照亮一整段"。

关于回顾成绩的其他六个段落也大致如此。例如"经济结构和区域布局继续优化"这一段，用"新高""较快发展""提升""有效实施""扎实推进"等关键词点睛，凸显了"继续优化"这一主题；"生态文明建设持续推进"这一段，用"继续下降""正式设立""明显改善"等定性说明的词汇，将本段"持续推进"这一主题表现得更为饱满、突出。

总体看来，第一部分"主要成绩"七个自然段，大部分句子都用了点睛之笔，以此照亮每个自然段；而每个自然段的"强光闪烁"，最终照亮了"新的重大成就"这一主题。

因此，细心点亮每一句，用心映亮每一段，精心照亮每一篇，写出的公文就能内容笃实，靶心准确，主题鲜明，是写得好的头等要务，也是关键之法。而点亮每一句，是全文出彩的基础性工作。

那么，该如何给句子点睛呢？

对照开头故事和前面例文，我们可知公文点睛术要体现高质量，一方面要符合四个要求：点睛之笔往往是最后一笔（有时是关键词），文字简明扼要，一招见底亮本质，文章发生全面质变；另一方面，点睛在内容上要"五见"：见"大"，见"人"，见"意"，见"核"，见"效"。

见"大"，就是点睛时要有大局观，尽量看到全时、全域、全体。例如：

××市城市环境提升与交通保障部组建以来，全体成员单位克服时间紧、任务重、责任大的困难，精诚合作，携手前行，圆满地完成了城市基础设施保障、城市环境提升、交通保障等各项工作，诠释了"精致、和谐、大气、开放"的××城市精神。

例句用大部分笔墨概叙事实，最后一句将细小事务与该市的城市精神结合起来，小中见大，这一点睛可谓四两拨千斤，着一句而全段皆活。

见"人"，即不能就事论事，而要想方设法透过事情的表象，挖掘出人物的品德、情感、作风等。例如：

围绕"五个一"工作思路，即：明确"当好东道主，办好××会"这一主题、成立一支志愿者队伍、开展一场环境整治活动、带领党员认领一项工作、共同建设一个美好家园，根据网格分工履行职责，积极凝聚党员、群众等社会各方力量，带头参与"红袖章"巡防队、文明大行动、大清洁大整治、入户信息排查等服务保障工作，当好"领头雁"，点亮"先锋红"。

这一句既言事，也传神，句末的"领头雁""先锋红"，不仅展现了人的风采、精神，也凸显了表达之"意"。

见"意"，就是要体现写作的宗旨、意图、目的等。例如：

我校在拼搏干事、奋发作为的同时，在物品采购、工程招标以及招生编班等重点时间和重点工作上，严格依规办事，严守工作底线，努力在社会上展示共产党员廉洁、务实的良好形象。

"展示共产党员廉洁、务实的良好形象"，即表达了本句的意图。

见"核"，就是事情、事物的实质、本源、特性等。事无巨细，表象纷呈，有时本质是隐藏的，我们必须高举"放大镜""显微镜"，透过现象看本质，进一步揭示文字背后的深层涵义。例如：

××年，××镇通过"五票制"，实施民生项目××个，涉及资金××万元，群众满意率达××%；今年决定实施民生项目××个，涉及资金××万元，目前项目正在稳步实施。"五票制"有效保障了群众的知情权、参与权、表达权和监督权，深化了农村基层党风廉政建设，推进了农村社会管理创新，促进了农村经济发展、社会和谐。

例文两句话，第一句概叙主要做法、成绩，只是表象；第二句是对前一句的挖掘，深入揭示了"五票制"的内在本质在于"社会管理创新"，由此也彰显了主题。

见"效"，包括效能、成果、态势等。"效"，有直接和间接、近期和远期、静态和动态、显在和潜在、浅层和深层、整体和部分等多角度、多层面的区分。见"效"的点睛，在文稿材料中比比皆是。例如：

全县空气质量持续向好，地表水、饮用水达标率始终保持××%，限制和禁止开发区域占县域国土空间比例稳定在××%以上，实现了"气净、水净、土净"，绿水青山的颜值更高了。

最后的"实现了……更高了"，即是该地生态文明建设的深层效果。

归结起来，上述"五见"都是在事实中挖意图，于细微处见精神。常言道：

灯不拨不亮，理不挑不明。有时，尽管字里行间某种意图十分鲜明，呼之欲出，我们还是要一针见血地点出来。例如：

"国内生产总值达到 ×× 万亿元，增长 ××%。全国财政收入突破 ×× 万亿元，增长 ××%。城镇新增就业 ×× 万人，城镇调查失业率平均为 ××%。居民消费价格上涨 ××%。"

透过一堆数字，主题显而易见，但作者并未就此作罢，而是在标题中以"经济保持恢复发展"这一点睛之笔，捅破了这层窗户纸，最终把文章的意图直观地"亮"了出来。

点睛，就是要让主题由暗淡而明亮、由潜藏而外露、由具体而深刻、由狭小而高大、由浅近而深远。

在手法上，点睛有"明点"和"暗点"之分。上文所举各例都是"明点"，多用揭示、生发、挖掘的手法。暗点，就是不作定性揭示，不和盘托出意图，而是运用隐含、想象、虚实、烘托等手法来表现。

（1）隐含。多用相关数字说明，或以某种态势来隐含相关成果，其意不言自明。例如："挖掘 ×× 美食品牌'潜力'，重点扶持、精心培育 50 家'×× 厨师'创业品牌店，掀起'舌尖上'的创业热潮。"末句以比较概括、模糊的语言反映动态趋势，表现了"引导创业"的意图。

（2）想象。一般用某个虚构图景、画面来展示，如："四在农家·美丽乡村"创建覆盖 ×× 个乡镇 ×× 多个村。×× 呈现出四季有花、四季有色、四季多彩的美丽画卷和颜值担当。

（3）虚实。常以虚衬实，如：

要坚持无禁区、全覆盖、零容忍，坚持重遏制、强高压、长震慑，坚持受贿行贿一起查，坚决防止党内形成利益集团。在市县党委建立巡查制度，加大整治群众身边腐败问题力度。不管腐败分子逃到哪里，都要缉拿归案、绳之以法。

这里的"不管……都要"，通过假设的"虚写"，深化了反腐败坚如磐石的意志。

（4）烘托。侧面烘托，体现出较高的艺术性，能使主题更突出。例如：

在我们的共同努力下，城市路网得到完善，交通保障顺利完成；市容环境整洁优美、城市夜景震撼靓丽；城市保障更加坚强，城市秩序井然和谐。×× 的城市面貌让所有的人都为之"眼前一亮"！成绩背后，凝聚着每一个参建单位、每一位参与者的不懈努力和辛勤付出。

例文三句话，主题是说明在"人"的努力下，城市变美了。其中，第一句从路、景、序三个方面，先静态后动态地表现城"美"，表面看是写"城"，其实侧面看句句不离"人"（建设者），这是以"城美"来烘托人的"贡献大"。在此基础上，第二句水到渠成地提出"××的城市面貌让所有的人都为之'眼前一亮'"，这里"所有的人"重点是"其他人"（含建设者），显然这也是侧面烘托，即借他人之视角来体现城市之美、成果之显，暗含对建设"人"的夸赞。至此，文章主题已无限接近"浮出水面"。于是，最后一句"成绩背后……"直接点睛，加上前一句的点睛，文章先侧面后正面，先含蓄后明显，运用了"复合点睛术"，进一步揭示了主题，真是"犹抱琵琶半遮面，千呼万唤始出来"，由此也增加了文章的曲度，收到了"文似看山不喜平"的良好表达效果。

总之，要把主题表现好，除了要重视多层次标题的直接揭示（另文介绍），尤其要发挥全文中多处点睛、反复点睛、持续点睛的作用，使主题不断彰显、深化和升华。

第七节　框架最吸睛　打磨显"光采"

——文之骨（1）：编框立架术

从立意到构思，从宏观上确定了写作的大方向；从构思到框架，则从中观上进一步打开公文的主体内容。一篇公文若具备新巧的构思，就从根本上决定了框架的"天生丽质"。

曹植说："顾盼遗光采，长啸气若兰。"如果说，出众的构思让公文赢得了超凡脱俗的内在"神采"，那么，从构思出发进一步铺展开来的框架，就要以鲜亮夺目的光采，彰显出别有韵味的外在气质。

框架，包括"框"和"架"。框，是框子，即公文各部分将相应内容"框"在一处的标题，分开看均自成一体，呈横线排列；架，是架子，就是将各标题连为一体的关联性要素，联系看要"上下贯通"，呈纵线排列。从实质上说，框架是由各层次标题组成，是从整体上考虑系列标题的拟写效果。框架搭建的过程，就是打开思路的过程，即通过纵线和横线的布设，使文章经纬交织、纲举目张，按部就班地将立意传导到全文各部分的过程。

不少笔杆子遭遇起笔难，最难处就在搭建一套惊艳的框架。框架不靓难下笔，框架一定笔下安。出彩框架"横空出世"，就扫清了公文写作的主要拦路虎，

"攻破难中难，秒变王中王"。

一套质量上乘的框架，必须符合四个标准，那就是明晰、紧凑、牢固、美观。明晰，就是桥归桥、路归路，全文各"框子"里的内容必须明确、清晰，体现出井井有条的秩序性；紧凑，就是全文各"架子"必须致密严谨，起到强有力的支撑作用，使上下文脉络相通，气韵贯通，体现出环环相扣的逻辑性；牢固，就是框子要"框"得住，架子要"架"得稳，体现出思路吻合思想的高度统一性；美观，就是语言形式、表达技巧要匠心独运，努力成为框架出彩的最大"得分点"，体现出独具特色的新颖性。

如何搭建一套优质吸睛的框架呢？必须做到"三有"：有一个好调子，有一套好框子，有一副好架子。

首先，要坚持一个好"调子"。

其实，在框架搭建之前，调子就已经定了，这就是构思。搭建框架就是打开构思视角，使其进一步具体化。对于搭建框架来说，良好的构思等于成功了一半。例如，一篇有关数据赋能法律监督的材料，从修辞（拟人）角度构思，可以这样打开框架：大数据赋能，让案件疑点"开口说话"；数据云监督，让案件线索"自动上门"；既要唤醒内部"沉睡"数据，也要打通外部数据壁垒。

其次，要编制一套好"框子"。

框子就是各部分的标题，后文将做专篇详述（两篇可联系起来看），这里拟从音、形、意方面对框子整体美感的锤炼方法作重点介绍。

一是巧用"装饰音"，让框子更顺口。

讲究音韵美是公文写作的更高追求。在编制框子时，运用一些音韵处理技巧，有利于产生装饰、美化的效果，读来上口、好听、易记。用作装饰音的常见方法有：

（1）连音。即组合音的拆解与复合，或是运用相关手法使不同位置的音连为一体，如"平安高于一切。宜居先于一切。康乐大于一切。就业重于一切"。框架中的"安居乐业"拆解开是四个框子，组合起来是一个词语。拆解的词语可以出现在各句的同一位置，也可以在不同位置。

（2）叠音。同音的就近叠加使用，能够产生较为炫彩的效果。常见的有：紧紧（AA 式），沉甸甸（ABB 式），清清楚楚（AABB 式），稀里糊涂（A 里 BC 式），赶一赶（A 一 A 式），节节高（AAB 式），一波一波（ABAB 式），等等，产生错落有致的整体效果。如：一层一层的分解落实，一波一波的宣传攻势，等等。

（3）重音。同字词的接连使用，易于使复杂的句式简单化，也上口易记。如："思想要统一，目标要统一，步调要统一。"常见的有前缀词、后缀词、中缀词的反复使用。前缀词如：新标准、新方法、新成效等；中缀词如：拉得出、打得响等；后缀词如：紧迫感、获得感、幸福感等。据此，我们可以"创造"出类似词语在各框子中使用，如正能量、正反馈、正效应，扑下去、沉下去、传下去，一个声音、一张图纸、一条路线，及时性、准确性、前瞻性，杭州样本、余杭范本、建设蓝本等。造词的方法是，以第一个词为模本，先确定一个和几个相同的字，结合事物的不同角度仿造，如：开心一刻、暖心一瞬、会心一笑（围绕"心一"变换角度仿造），等等。这类词的使用在公文框子拟制中非常普遍。

（4）谐音。同音不同字的连续出现，既实现了各框子的"音接"，也产生出绚丽多变的表达效果，例如缘、元、圆、源，芯、辛、馨、欣，用来编制"智慧化建设"主题的框子，比较出彩：迭代升级，打造智慧之"芯"；夜以继日，体现智慧之"辛"；贴近民意，营造智慧之"馨"；根深叶茂，收获智慧之"欣"。

（5）押韵。在句子的不同位置，适当运用押韵，也能产生意想不到的表达效果。例如：打响"当头炮"，唱响"同心调"，吹响"集结号"的"炮、调、号"，读来韵和成调，顺畅悦耳。

（6）短句、平仄和节奏变化。多使用短句、适当使用平仄并注意节奏变化，往往能产生抑扬顿挫、张弛有度、疾徐有致的表现力。例如：目标明，久久为功，一张蓝图绘到底；成效显，招招见力，四个进位攀新高。两句字数均为3+4+7，语势顺畅，节奏多变。平仄为"（上句）仄平平，仄仄平平，平平平平仄仄仄；（下句）平仄仄，平平仄仄，仄仄仄仄平平平"。两句平仄总体上错落而相对，读来铿锵有力，一气呵成。

音韵技法的运用须注意整体效果，单个使用往往平淡无奇。例如"能早则早"这个词语若只出现一次似也平常，但如果仿照该词语法结构造词，并有变化地接连使用，如"能早则早，应快尽快，愿改当改"，则效果立变。

需要指出的是，公文不是韵文写作，凡事皆要适度，如果不顾实际地乱用、滥用，就南辕北辙、适得其反了。

二是多用"酷句型"，让框子更好看。

框子说到底就是句子，框架靓，先须句子美。平时注意多积累一些格式化句型，有助于提高框子拟写的熟练程度和质量水平。常用句型有：

单句。要多用提炼和修辞，使框子更出彩。如：组建了"三个群"，建好了"三个家"，完成了"三道题"。（陈述句，运用提炼）多问守土有责之"责"是什么？多问守土负责之"负"怎么办？多问守土尽责之"尽"路在哪？（疑问句，运用排比）要常想"高压线"，要多铸"防火墙"，要勤念"紧箍咒"。（祈使句，

运用比喻）

单句的大句套小句。如：问一问"现状怎么看"，做到眼里有路；比一比"效果怎么样"，做到心中有数；想一想"我们怎么办"，做到手下有活。

总起句。先总后分，如"创新：三个机制显成效"。先分后总，如"学＋干＋靠：修为'三字经'念出了新气象；建＋管＋改：工作'三本账'晒出了新成果"。

排比句。连续使用某个词引出相关内容的排比手法，运用比较普遍。如"有利于……有利于……""这是……的一年，这是……的一年……"。有时也会有一些变化，如"强化……优化……固化……"。

单句使用中，一字句、二字句、三字句、四字句、五字句、六字句、七字句多有使用，可视情选用。同时，要注意否定句、肯定句、双重否定句、"把"字句等其他句式运用，并借助嵌词、字数变化、短句，以及讲究句式对称而有变化等方式，进一步丰富语句的表现手段。

复句。复句的使用要注意两个方面：一是字数变化。如两个分句的"4+4（如统一思想，提高认识）、4+6（如多向发力，健全工作机制）、5+5（如打造增长极，提高首位度）"等使用频率较高。二是关联词运用。主要有并列、转折、递进、取舍、选择、因果、顺承关系等复句，各自都有特定的关联词语，如"不仅……也（递进）""虽然……但是（转折）""或是……或是（取舍）""越……（递进）"，等等。

三是须有"惊爆点"，让框子更有神。

框子要出彩、吸睛，必须"螺蛳壳里做道场"，努力"制造"出引人注目的"惊爆点"。主要有"三个点"。

（1）提升**"点晶"**。晶，即以少总多，将丰富的内容沉淀结晶为简明的几个字，主要手法有四个：一是"嵌"词。就是引用，即嵌入固定词语、警句、诗句等，如"问题'一山放出一山拦'，我们必须锲而不舍"。二是"造"词。在合乎规范的情况下创造词语，如"多做多错的'懒人心态'风行，必须立纠立改"。三是"析"词。对某个关键词加引号作突出强调，如"加强作风建设突出'严'字"。四是"仿"词。参照某些具有广泛认可度的固定词语或句子，通过谐音、换字等手段仿词，如"前腐（赴）后继""步步为赢（营）"等。仿词有时能产生诙谐幽默的效果，如用"饮（引）以为荣""有杯（备）无患""喝喝（赫赫）有名"等词形容腐败之风。

（2）提取**"点菁"**。菁，事物美好的部分。点菁，或运用修辞，或通过描摹写景、想象"造"景、细节显景的方式，增加形象性和画面感，如"河海交汇处，又现鸟翩跹""工作方式上，既要绘制千姿百态的盆景，也要营造绚丽多彩的风景""到户看院子，进门开柜子"等。

（3）**提炼"点睛"**。点睛，就是凸显表达的情感、意图、目的。如"令人感动的是……，令人鼓舞的是……，令人欣慰的是……""综合实力更为强劲，增长方式更加科学"，等等。

最后，要支起一副好"架子"。

缺少架子的联结，框子各自为政；有了架子的联通，框子就浑然一体。用架子从纵向上组装框子，有"三个连"：连"芯"，连"线"，连"珠"。

（1）**连"芯"**。"芯"，就是框子的内核、真核，一般借助"情""意"的贯通来打通和串联上下级框子。如：市场主体活力持续激发；科技创新和产业提升联动推进；生态环境质量持续改善。显而易见，这三个框子，借助一条肯定成绩之"意"的暗线连为一体。

（2）**连"线"**。"线"是时间的推移、事情的发展和空间的变化等。如：规划端，要精心编制老旧设施"本底图"；建设端，要一心打赢老旧改造"攻坚战"；管理端，要用心激活老旧区块"神经元"。这里的规划、建设和管理，有一个从先到后的时间顺序。

（3）**连"珠"**。"珠"，是指突出重点、彰显特色的关键词，以及用来增色添彩的表现手法，如想象、烘托、小中见大等。例如：要亮出"百日攻坚"的"关键一招"，要踢好"百日攻坚"的"临门一脚"，要实现"百日攻坚"的"最后一跃"。这里就是通过"百日攻坚""关键一招""临门一脚""最后一跃"等词汇"珠串"上下连接，珠联璧合。

熟练掌握了上述搭建框架的技法，我们再来举例说明如何破解"起笔难"的问题。

曾有一网友对我说，他接到了领导要求写公安十年工作成就回顾材料的任务，2000字，不知如何下笔，为此十分苦恼，想请我提供相关模板或建议。

我说，这其实并不是什么难写的材料，十年来要写的内容很多，但只写2000字，显然要删繁就简，注重提炼，特别是要理出一个比较亮眼的框架。

他说，想了几天，就是不知框架往哪个方向定，如何出彩。

我说，认真研究材料要求，紧扣写作主题来设计框架句式，如运用修辞、场景描写、情感渲染、细节捕捉、思想统领、引用诗句名言、提炼关键词等，都是拟写第一个"框子"的好方式。之后，按此句式再旋转角度"变"出其他内容，最后再对框架进行材料填充。

他说，老师能否举个例子。

我说，我不掌握你的具体情况，这里不妨给你提供一个原则性的思路。比如，不妨以"思想统领"来提炼框架：建设"意志铁军"，驱雷策电作风强；建设"行动铁军"，雷霆出击保平安；建设"攻坚铁军"，谨防"聚蚊成雷"铸坚盾；建设"作风铁军"，雷厉风行树形象。

我接着说，这只是运用上述方法提炼框架的一个例子，其他方法也都可用。

他说，老师，本来是回顾公安机关十年来的发展历程，但经你一提炼，立马感觉档次上来了。

我说，你讲的这句话中有个关键词"十年"，那就以时间为经，以不同内容为纬形成框架，比如：这十年，……是打造公安新军之路；这十年，……是锻打公安铁军之路；等等。或换个句式并变换角度填充：这十年，我们风雨兼程，狠抓……，走过了一条……之路。

框架定好了，再往不同的框架里填充相关材料，还不简单？

网友最后说，老师，经启发，我有些想法了。

第八节　转益多师"学习版"，好标题一网打尽

——文之骨（2）：标题的出彩和出新

众所公认的好公文，往往在刹那间就通过亮眼标题"惊"到了我们。透过标题看文章，立意、构思、技法、语言等，无一不巧，也无一不美。要写出一篇公文佳作，实在离不开一套出新、出彩的好标题。

要摆脱不出彩、老一套的"标题之困"，必须从语言积累求突破，向实战训练要水准，于思维创新寻亮色。有了语言、技法、经验积累作基础，标题平淡、平庸的难题终将一朝破解。

写出好公文离不开学习、借鉴，拟出好标题同样需要阅读、思考、顿悟、模仿。经研究人民日报近年来海量标题，笔者以为，公文标题要出彩，不妨向以下14 大类型"借脑生智"：

一、要素承载型

标题再好，不过是内容的载体。因此，拟写标题首先要考虑的就是内容。根据本书前文所述"12 大要素构思法"（人事、物理、情意、语法、时空、想象），

可扩充、延伸出"20+1基点法"，由此几乎囊括了公文写作的主要内容。

其中，公文标题表现的主要内容是"20"：人、事、景、物、法、理、情、感、意、想、失、效、时、空、本、别、因、应、言、语，"1"是"合"，即"20"中任意内容的复合体。其中，"因"，是原因、缘由等；"应"，与"因"相对，是由"因"而起的回应事项、措施等内容；"言"，即语言要素，包括与写作内容相关的某些关键词、成语等；"语"，是相关法规、文件、领导指示等的原话、论述等。下文就常用要素进行举例说明。

1. 人。包括形象、职责、角色、行为、精神、素养、品德、作风等。如：

把"服务人民"牢记心里

当好就业红娘，服务供需双方

2. 事。包括事项、事件、事态、性质、特点、意义等。如：

白洋淀生态修复记

优质资源下乡，乡土文化上云

3. 景，包括实景、虚景。如：

京杭千里大运河，汩汩清水荡碧波

冬奥的底色，是美丽中国

4. 物。即物化的对象，包括形诸视觉的实体物和诉诸思维的产物，如制度、文件、网络等，皆在此列。如：

城市绿道延展，服务设施拓展

社区公园、口袋公园不断增加

5. 法。就是做事的方法、方式、渠道、载体等。如：

生态产业化，青山变"金山"

"码""网"衔接，方便百姓

6. 理。即语中蕴"理"，如哲理、原理、事理、机理等，由此产生警策、启迪意义，如：

攀登之路，勇者不孤

图绘幸福，寄寓"天道酬勤"

7.情。即人不同的情绪反应，包括感谢、欢迎、祝贺、希望、赞赏等。如：

四十年，情暖"云中哨所"

××多举措拥抱"冰雪热"

8.感。即感觉、感想、感受、感慨、感悟等。

感觉，包括颜色、声音、味道、芳香、质感（如粗糙、光滑）等"五觉"要素（视觉、听觉、味觉、嗅觉、触觉），一般用以形容事物的特点、特性、特质。如：

让好声音成为最强音

感想、感受、感慨、感悟，是人的心得、体会、观点、见解、启迪等，如：

感慨之一，贪欲断送了政治生命——可惜
感慨之二，贪欲断送了家庭幸福——可悲
感慨之三，贪欲断送了人身自由——可怜

9.意。包括宗旨、目的、意图、意义等，即"要做某事""实现某事"。如：

提升粮食产能，筑牢大国粮仓
以高质量发展引领绘制新画卷

10.想。包括想象、计划、打算等。如：

让传统工艺开出灿烂之花
今年拟建上千城市"口袋公园"

11.失。就是问题、不足、缺陷等。如：

资金保障、人才队伍存在短板
职业培训体系尚未完全建立

12.效。即效果、效能、结果、影响、外在评价等。如：

拥有智慧支座，高架桥更"抗压"
农机网购，直达家门

13.时。即以时长、时间、时令、环节、过程等为题（反映事情向前发展的过程，为"递进结构"）。如：

四时 ×× 谷，风光无限

研发端精确发力，孵化端精心搭建，转化端细化路径

14.空。即以地点、场所、空间变化为题。如：

小巷亭台，诉说岁月故事

服务到村头，村民喜心间

15.本。即说明对象自身及其内在、构造、组成、内容、重点、典型等。如：

农村气象新，农民日子美，农业发展强（"三农"的构成）。

奋力在做大做强实体经济上再开新局，建设产业坚实的富强新 ××；奋力在增创生态文明优势上再开新局，建设山清水秀的绿色新 ××；奋力在全面增进民生福祉上再开新局，建设殷实康乐的幸福新 ××（三个"在……上"即是内在组成）。

16.别。即外在的其他方面影响因素。如：

构筑生态堤坝（本：做的事），生物多样性迅速恢复（别：产生的外在效果）。

丰富业态，助力美好生活。

上述 2 题，既是"本—别"，也是"因—果"。

17.合。即上面各内容的复合体，公文标题内容要素，以"合"为最多。如：

海上牧场，"云上"管理（空 + 物 + 法）。

一份工作稳民生；一杯黑茶解民忧；一项爱好聚民心（散点选材：事、物、人、法、效）。

二、结构精巧型

内容明确之后，接下来重点要考虑的是用什么样的语言结构来分布内容，包括句式、字数、各句内容的逻辑关联等。常见的标题内在结构有并列式、递进式、对照式、因果式、总分式、混合式等。

1.并列式。各标题内容呈平行关系，前后颠倒不影响意义逻辑。如：

向科技要空间，向机械要效率。

农业节水增收，工业节水减排，城镇节水降损。

2. 递进式。从内容上看有事理递进（时间推移、事件发展）、意义递进；从形式上看，有句中递进和句间递进。如：

以讲促学，以学促思，以思促干（意义、句间递进）。

追寻光，成为光，散发光——时代楷模××先进事迹引反响（事理、句间递进，含排比、象征）。

出航就是出征，下潜就是战斗（句中、意义递进）。

绿叶生"金"富山乡："先富"饮水思源——一株茶苗连山海；"后富"扬鞭奋蹄——撸起袖子加油干；"共富"开启新篇——互助精神永相传（事理递进）。

3. 总分式。即先总写，后分写。如：

民生实事，民字为先：便民、惠民、靠民。

××全力打造安澜×河：铿锵起笔，浓墨重笔，如椽巨笔。

4. 对照式。即句中、句间内容相反或相对，形成鲜明的对比。如：

一个半小时，解一桩心事。

"微网格"托起"大民生"。

5. 因果式。即句中、句间内容形成因果关系。如：

用好云助手，致富有帮手。

守好"防控线"，畅通"民生线"。

技术加力，美丽加分。

此外，还有混合式，即兼有两种以上结构类型。如：

搭建智慧平台，布设智慧设施，发展智慧产业（前为并列），树立智慧标杆（并列＋递进）。

三、修辞吸睛型

运用修辞为标题增彩添色，是公文标题出彩的最主要手段之一。修辞的运用，从形式上增强了标题的靓度，文采斐然耀人眼；从内容上提升了表达的高度，旨意显豁境界出。

1. 比喻。如：

资金"及时雨"催开"创新花"。

科学探索的"眼睛"，高端制造的"尺子"。

2. 双关。如：

网红城市，如何长红？（红：红色，名气大）。

"满天星"覆盖××城乡社区（一是满天的星星，二是"满天星"是机构名）。

3. 回环。如：

从"登山科考"转为"科考登山"。

众人行善善行多。

何为青年，青年何为。

4. 拟人。如：

大数据赋能，让案件疑点"开口说话"。

引长江水，解太湖渴。

5. 借代。如：

一场展览，遇见夏商周（以展品代夏商周）。

奏响新时代的"国风雅韵"（借代优美音乐）。

乌蒙山区飘出悠扬牧歌（借代牧业）。

奏响多瑙河畔的"钢铁交响曲"（借代工业化）。

6. 拈连。通过关键词语的连接，将看似不相关的几个方面连在一起，一般先实后虚，先点后面，往往起到画龙点睛的作用。如：

"种"下致富希望（"种"的是树，树代表致富希望，"种"直接联系了貌似不相干的"树"和"希望"）。

"游"出美丽经济，"搬"进幸福生活。

中国光伏，照进欧洲能源困局。

琴弦之上，青春飞扬。

7. 引用。如：

踔厉奋发，芙蓉国里尽朝晖。

行行重行行，山林寄衷情。

8. 象征。如：

微光成炬，薪火相传。

党旗飘扬在抗雪救灾一线。

让居住消费绿意更浓。

9. 对偶。如：

融入长株潭，联通湘赣边。

面对面商议，实打实解决。

古今诚信事，说与众人听（流水对）。

10. 互文。如：

左肩扛荣誉，右肩担责任（左肩扛的是荣誉、责任，右肩担的是荣誉、责任，前后互指）。

关爱身心，护佑健康。

跟着市场走，围着企业转。

流动医院进村，医疗服务到家。

11. 排比。如：

用心用情用功讲好中国故事（句中排比）。

聪明的车，智慧的路，灵活的网。

聚民心，暖人心，筑同心。

12. 反复。如：

参赛十三项，夺得十三冠。

发动身边人，共管身边事。

单元楼有了"单元长"。

少年宫内"少年游"。

13. 对比。包括相反或相对两种意义。相反如：

昔日清清河水，今朝滚滚黑汤。

相对，包括正面对和反面对。

反面对，如：

只吹冲锋号，不打退堂鼓。

深耕冷门，心怀热爱。

业余队打出专业范儿。

正面对，如：

传统戏曲，展现时代魅力。

退的是资金，增的是信心。

北斗远在天外，应用近在身边。

资源沉下去，服务提上来。

线上听诉求，线下解难题。

现代汉语的修辞手法不下六七十种，除了上述 13 种，还有一些修辞手法，如反语、夸张等，也时有所见。修辞手法用得越丰富、越新颖，标题就越出彩。

四、情景展示型

通过场景展示、细节特写，让抽象的内容具体化；或移情于物、融情入景，增强标题表达的形象性、感染力。

1. 诗意描绘。如：

红蕖还向月中开。

飞扬在田野上的青春之歌。

帧帧光影，重现"万园之园"。

2. 情景交融。如：

梦想在"贵州屋脊"开花。

赴天宫相会，向星河"问天"。

山水盛月色，风光美如画。

3.形象化。如：

颗粒饱满的文学收获。

一生热爱，守护花开。

情真意切，涓涓流淌。

4.场景特写。如：

于世界之巅书写荣耀。

在竞技赛场一展风采。

五、文学增亮型

散文、诗歌、小说的一些手法，如托物言志、欲扬先抑、平中见奇、小中见大等，也多见于拟写公文标题，以丰富表达方式，增强表达效果。

1.小中见大。如：

一叶轻舟见证生活巨变。

寻觅一叶印痕，解密亿年时光。

2.托物言志。如：

涓泉归海，大道同行。

写在黑土地上的劳动者之歌。

3.欲扬先抑。如：

办小案也需"绣花功"。

昔日撂荒地，今变丰收田。

4.似抑实扬。如：

二十年专注一件事。

小城市攀登电商高地。

5.平中见奇。如：

治沙治出个植物园。

一条路串起八十四段美景。

6.反弹琵琶。如：

别让快递盒成为虚假广告的藏身地。
吊装千吨，不差毫厘。

7.烘托。如：

岁月无声，唯石能言。
一渠清水，一份守护。
漫漫蜀道，脚印蹄声。

8.时尚化。如：

博物馆加快"登云入网"。
数据中心"变绿"，能源消耗"瘦身"。

9.虚实结合。如：

建立网络中心，埋下希望种子。
架起新铁索桥，奔向幸福生活（运用拈连）。

10.疑问设悬。如：

如何建设好——需求导向，一村一图；
如何管护好——养护为本，群众参与；
如何运营好——服务为先，完善体系。

11.反衬。如：

美国在拱别人的火，算自己的账。
用政府"紧日子"，换百姓"好日子"。

12.画龙点睛。如：

唱响新时代的青春之歌。
有温度的举措，暖民心的行动。

13.移花接木。从别处移植过来。如：

坚持老有所养，推动老有所乐，鼓励老有所为。

齐心协力唱好新时代的"黄河大合唱"。

14.典型化。即用典型场景、细节等反映文章意蕴。如：

江南巷陌深，山青水迢迢；石屋石桥，一派古朴风貌；古村古道，一览百年时光；好山好水，一片秀美土地。

15.四六骈偶。如：

升级产业，提高竞争水平；创新方法，加快产业转型。

六、精要提炼型

从海量素材中去粗取精，提炼出具有典型意义的关键字（词）、数、事、物、意等，往往能一针见血，突出重点，彰显主题。如：

（1）提炼"数"。如：一座奥林匹克奖杯，属于全体中国人民；一幅冰雪画卷，展开贯彻新发展理念大格局；一曲时代乐章，奏响团结、和平、进步的主旋律。（提炼出典型的"1"）

（2）提炼"字词"。如《惠游武汉 打卡一夏》（十大板块）：逛展一夏·文博展览季；清凉一夏·欢乐戏水季；惠游一夏·文旅惠民季；种草一夏·直播促销季；乐动一夏·仲夏音乐季；OH夜一夏·缤纷夜游季；饕餮一夏·汉味美食季；舞台一夏·文化展演季；野趣一夏·乡村旅游季；惠游武汉·定格一夏。

（3）提炼"事"。如农机专业合作社的一天：耕——自动驾驶，耕作科学高效；种——智能育秧，质量精准调控；管——高效管理，建设无人农场。

（4）提炼"物"。如："一块屏"带来生产方式之变；"一张图"带来组织方式之变；"一根线"带来经营方式之变。

（5）提炼"意"。如：用奉献书写"最美"，用践行诠释"最美"，用传承兑现"最美"。

七、通俗上口型

常言道：鬼斧神工，浑成无迹。以俗语、口语入题，往往能产生易懂易记、朗朗上口、平中蕴奇的感觉。如：

探出新路子，过上好日子。舞台在基层，灵感在田间。数据来跑腿，在线能治水。为民服务，多走一步。群众期盼事，办到心坎里。上学有资助，毕业有去处。干部怎么干，群众来评判。

八、学科跨界型

在标题拟写中，打通公文写作内容与相关熟知学科的界限，实现语言学、管理学、经济学、文学、数学、历史学、绘画、音乐等多学科的互通，既丰富了标题的表现手段，也清新扑面，让人眼前一亮。

（1）运用数学符号。如：（怎么种才更好吃）合作化＋规模化；（鲜嫩果子怎么运）专属"座位"＋绿色通道；（为啥可以这么快）货运专机＋高铁专列；（最后一公里怎么办）优先配送＋合理存放。

（2）运用语言学符号。常用的有破折号、冒号等。如《×应变克难韧性发展》：应急·逆行——全力以赴稳定运行；守护·攻坚——直面难题应对挑战；复苏·合作——投资热土魅力依旧。

（3）运用跨学科术语。如：××商会的星空，环绕着光芒万丈的"太阳系"；××商会的星空，守护着皎洁无瑕的"白月光"；××商会的星空，汇聚着竞相争辉的"满天星"（天文学词汇）。

九、语言微雕型

"微雕"，即追求标题局部微结构的美感，包括主语、谓语、宾语、定语、状语、补语等，一般通过对称、复沓、连贯、错落等语言学手段，呈现出新巧、精致的韵味和美感。标题再短，微结构也要力求新颖、严谨、别致、工整，体现出建筑美、绘画美、音乐美。建筑美，即讲究字、词、句的对称、均齐；绘画美，强调用词优美、明快，注重色度，有画面感；音乐美，就是营造出语言节奏、音调、韵律的美感。常见的有：

（1）单字重复型。即句中个别字眼反复出现，如：多彩贵州精彩蝶变（句中反复）。社会救助兜底，居民心中有底（句间反复）。重要之年看开年：从变量看质量，平稳开局实不易；从挑战看应战，稳打稳扎有章法；从起势看走势，稳中求进添底气；从开年看全年，稳健前行信心强（全文反复）。

（2）镶金嵌玉型。就像套娃一样，在大句中嵌入小句子或固定短语，如：

"有意义"还要"有意思"；多想一想"合不合法"，多问一问"依不依规"。

（3）谐音显意型。通过词语谐音，关联、生发出深层的意蕴，如：百姓"码"上反映，代表马上处理。从会种地到"慧"种地。林长制力促"林长治"。寻找讲好中国故事的用"舞"之地。别让"盛果期"变成"剩果期"。

（4）叠词反复型。通过相同字词的连续或间隔出现，产生一唱三叹的艺术效果，常见的有 AA 式，A — A 式，AABB 式，ABAB 式等。如：村村通宽带，县县通 5G，市市通千兆。人人爱团结，处处显团结。打通堵点卡点，推进稳链补链。

（5）音韵押和型。通过押韵、同音等手法，增强标题的语言美感。押韵如：超市有卖，碗里有菜。餐饮"老字号"，吃出新味道。代表聚一堂，江畔议事忙。同音（或近音）如：现场听民声，实事惠民生。书屋里，"农"味浓。

（6）词语活动型。为了突出某个意义而对标题中的个别词汇进行拈字（突出词语）、析字（析出某个词语）、换字、拆解词的处理。

拈字如："智慧吊装"展现中国技术；"隔空建厂"打造行业标杆；"绿色工厂"促进生态环保。

析字如：老兵驿站，"兵"至如归；智能客服不"智能"问题亟待解决；坚持"保险姓'保'惠民生"。

换字如：一"码"当先，推动数字化改革（以"码"偷换"马"）；好风景赚得好"钱景"；塔巴村成了远近闻名的"风光村"。

拆字如：预警在先，防范在前（对"先前"的拆字）；企业增信心添活力（对"增添"的拆解）。

（7）意象造词型。意象即"意"和"象"。意，是意图、主旨、目的、理念，为"虚"；象，是物象、景象、对象，为"实"。造词的结构一般为"主题词（概念词、种属词）+ 事物对象"（顺序可变化），两者一宏观一微观、一外在一内在、一主导一从属、一目的一手段、一共性一个性、一抽象一具象，两"象"并行合体，顿收虚实相生、平中见奇、大气磅礴之效，由此创造的新词往往能于个别中见一般，于现象中见本质，深化意蕴，升华主题。如：全球发展倡议，"时代之问"的中国答案；我国形成最庞大"数字社会"；"科技冬奥"照见"创新中国"；"绿色商场"刷新购物体验；"磁石效应"汇聚人才；打造"乡愁文化"，带来农民增收；公共文化空间多些"用户思维"；破解文字背后的"文明密码"；武林衣秀，宋韵杭州。

（8）简缩概括型。通过词语简缩、数字概括、借用文言等手段，精心"制造"标题中的亮眼词汇。如：建"暖心之家"；实施"百村巡察"行动；展现"粮安天下"的壮阔图景；礼赞大地，读懂"藏粮于地"；品牌建设助力"桂品出乡"（广西重点培育多个农业品牌）。

（9）套系渐进型。以某个原型标题为基础，通过对局部的精刻细镂和多维审视，衍生出大同小异的系列标题，给人如孔雀次第开屏般摇曳生姿的美感，各标题总体看来像一个系列，局部工整，前后对应，多为时间发展、语意加深的递进结构。如：守土有责，守土负责，守土尽责；常下乡，常在乡，常惠乡，常念乡；安全供水，科学管水，节约用水；明职责要细之又细，见行动要快之又快，强举措要实之又实，固成果要全之又全；点对点服务，面对面沟通，心贴心交流；"有呼必应，一呼百应"，"未呼先应"。

（10）点睛传神型。通过运用某种表达方式、表现手法等，"着一字而境界全出"，使某个词语出彩、出新，彰显深刻意蕴，显现独特神采，凸显生动场景，成为让人意想不到的点睛之笔、神来之笔。如：足球越位有"新解"；团结之花盛开，幸福之果共享；绿电东送，点亮万家灯火；信息高速，连通幸福。

十、简要直陈型。以简洁明快的语言直陈事实，明确措施，表明态度。

肯定观点，往往单刀直入，吹糠见米，如：用合理的制度破解"对跪"尴尬；打造反腐倡廉的金规铁律；把党员质量视作生命来呵护；主攻智能制造，加快两化融合。

否定观点，往往一针见血，反弹琵琶，如：算法不能变算计；支持创新，政策别卡壳；不规范的职业培训，不利于新职业长远发展。

疑问观点，往往设置悬念，设计包袱，启人思维。①无疑而问，如：加强思想引领，深化认识委员读书"怎么看"；精选读书主题，科学把握委员读书"读什么"；完善制度机制，持续探索委员读书"怎么读"。②有疑而问。看"账面"：下行压力下，经济大局怎么看？看"市面"：震荡波动中，活力如何？看"人面"：民生底线能否兜牢？看"基本面"：形势复杂多变，长期向好发展趋势会不会改变？

十一、一线串珠型。即以人、事、物、时、意等要素，或某个关键词的连续出现来串联一系列标题，使之成为一个有机的整体，多为前后对等、平行展开的并列结构。如：

（1）护佑生命健康，一个都不能少；全面建成小康，一个都不落下；筑牢社会保障，一个都不掉队（人）。

（2）抓消防安全的思想一刻不能松，抓消防安全的措施一刻不能停，抓消防安全的责任一刻不能放（事+意）。

（3）这一年的践行，让我们更有方向；这一年的劳作，让发展更有质感；这一年的变革，让和美更加具象；这一年的执着，让幸福更有温度；这一年的探索，让明天更可持续（时+事+意+效：混合型）。

（4）这是一曲创新合作的青春之歌，这是一曲共创未来的青春之歌，这是一曲文明互鉴的青春之歌，这是一曲命运与共的青春之歌（意）。

（5）行走湘赣边，红色资源在焕发活力；行走湘赣边，红色血脉在赓续传承；行走湘赣边，红色基因在发扬光大（事）。

十二、高频网红型。大量阅读公文佳作后发现，一些类型的标题，如上述的单字重复型、一线串珠型、修辞增亮型等，长期"霸榜"公文佳作标题版图，一度成为公文标题的"流量王"。此外，还有"自撰诗句型"，文字功底较扎实的作者多有采用，最为常见的是五言、七言、四言，如：河海交汇处，又现"鸟翩跹"；诗意越千年，浓香飘万里；古寺今何在，流水尚能西；搭建平台助创业，引才返乡促振兴；高原飞驰复兴号，沿着天路看变迁。

十三、多法兼用型。一般来说，作者会杂糅上述各大类型的多种拟写技法，使标题更出彩。如：支部带动——选对带头人，激活整个村；产业拉动——增收不用愁，致富有奔头；改革推动——集体有保障，农民享分红（单字重复型+自撰诗句型）。

十四、辩证思维型。以全面的、联系的、发展的辩证观点分析事物、发现问题、提出对策，也是公文标题拟写的常见思路。如：推进教育公平，要在"有学上"的基础上做到"上好学"（发展观点）；既是植物园，又是科学馆（联系观点）；电商进村，特产出山（因果联系）；直播加电商，流量变销量（联系、发展观点）；从"通路"迈向"通车"（因果联系，事情发展）。

第九节　千变万化"宝库版"，亮眼标题信手来

——文之骨（3）：标题的金钥和密钥

上文精选的标题，给了我们强烈的视觉冲击。虽说都是新闻标题，但作为写作艺术，其间也蕴藏着令公文标题出彩的很多"真经"。它山之石，可以攻玉。公文标题要出彩，除了要运用修辞、跨界、提炼等技法，还要重点掌握公文写作规范和汉语语法。一篇公文的出彩，首先通过框架展现出来。如果说框架是对标

题的整体考虑，那么标题就是框架的具体展开。标题出彩，框架必定出众。

从写法上看，公文标题分为格式化标题（也叫公文式标题）和文章式标题两类。完整的公文式标题一般由"机关＋时间＋事由＋文种"四部分组成，如"××局2022年党务工作总结"。因公文式标题相对固定，本文重点讨论文章式标题。

常言道：题好一半文。要写出好公文，首先必须在拟写标题上下苦功夫、下巧功夫。这个"巧"，可以让我们少走弯路，捷径速达。这个"巧"，集中体现在"3层12步出彩法"上。"3层"即写得出、写得活、写得好，具体通过"12步"来体现。

第一步，选好基点，定经纬。根据前篇"20+1基点法"横实纵虚的原则，先选择经线和纬线的"点"，纵横交织来勾画一个粗疏的标题轮廓。横向10要素（人事景物失①理本感应言）和纵向10要素（情意想法时空效别因语）两两组合，至少可得10×10=100种"基本型"标题。如果再考虑不同的写作角度、写作内容以及语言的丰富性，还要有几何级数增长。如基点"意"，可以站在时代、政府、思想、工作、学科等制高点，兼顾上下、前后、里外、虚实等多个角度，得到肯定、落实、建议、请求等无限多内容，而表意的语言可以自己归纳，也可以引用批示、警句、诗句等。以无限丰富的语言去表达无限丰富的"意"，会得到海量的标题表达式。"意"如此，其他19基点也是如此。以无限丰富的"意"之表达式，与同样无限丰富的其他19基点两两组合，会得到数量相当惊人的标题表达式。限于篇幅，本文只讨论100个基本型标题拟写法。

以某园文局相关绿化材料（包括总结、讲话、经验交流等）为例。先横向看，我们从"人事景物失理本感应言"中选择一个点"事"，本文即"绿化"，包括绿化种植、绿化养护、绿化监管等，这里以"绿化种植"为例；再纵向看，我们从"情意想法时空效别因语"中选择一个点，比如"空"，从空间上来看，绿化种植的范围有山边、路边、水边、场边、屋边以及立体绿化等，这里以"水边绿化"为例。

第二步，紧扣经纬，定路径。公文标题，总体包含四方面不同内容：是什么，为什么，怎么办，怎么样。这些内容从路径取向看，无外乎3种：一是概述型，如：水边绿化"点、线、面"全面推进；二是显旨型，如：水边绿化提高到新水平；三是事项型，即"就事说事"，如：着力推进全市水边绿化工作。

---

① 指问题。

截止到第 2 步，标题雏形已出，但客观来说，这还是第 1 层次"写得出"，思路还有局限性，必须向第 2 层次"写得活"进发。

第三步，拓宽思路，定角度。本书前文所述选材"8 面玲珑"，同样适用于标题拟写：全面和截面（面和点）、背面和迎面（过去和现在）、凸面和凹面（主次关系）、表面和里面（虚实、浅深、显隐等）、正面和反面、上面和下面、本面和外面（含侧面）、前面和后面（远近、位次、当前和未来）。以第 2 步显旨型标题"水边绿化提高到新水平"为例，对应 8 个面进行改造提升（每组各有 4 法，如紧扣"全面和截面"可形成 4 种不同标题，分别是全面型、截面型、全面 + 截面型、全面截面融合型，可任选其一），可大致形成如下思路和标题：

（一）水边绿化（全面），绿化"小品"（截面之一）。形成标题为：市区水边绿化水平全面提高（全面）；绿化"小品"成为最大亮点（截面）；水边绿化全面"开花"，节庆"小品"成为亮点（全面 + 截面）；节庆"小品"提升了水边绿化好评度（融合型）。

（二）以往水边绿化（背面），当前水边绿化（迎面）。形成标题为：水边绿化工作根底实（背面），明确目标，建立了水边绿化常态化机制（迎面）；填"空"换"新"，水边绿化稳步推进（背面 + 迎面）；水边绿化工作机制进一步完善（融合型，"进一步"暗含与"过去"的比较）。

（三）小修小补（凹面），重点绿化工程（凸面）。形成标题为：做好盲区、空地的补种插绿工作（凹面）；改头换面，推进了水边绿化工程建设（凸面）；见缝插绿补"白"，规模造景增"亮"（凹面 + 凸面）；插绿和造绿齐头并进（融合型）。

（四）推进面上绿化（表面），美丽风光带、美丽河道、美丽城区、休闲生活圈、宜居环境、幸福指数、生态文明等（里面）。形成标题为：完成了"三港四河"的面上绿化工作（表面）；"美丽河道"建设加快推进（里面）；建设绿色河道（表面），打造水边"休闲生活圈"（里面）；水边绿化成为美丽城区建设的重要抓手（融合型）。

（五）绿化工作成绩（正面），水边绿化不足和问题（反面）。形成标题为：水边绿化成果显著（正面）；水边不绿、岸边不美现象得到根本改观（反面）；水边绿化大为改观，水边不绿、岸边不美成为历史（正面 + 反面）；水边绿化在查漏补缺、造绿增亮中全面提升（融合型）。

（六）水边绿化目标任务（上面），属地绿化工作得到加强（下面）。形成标题为：水边绿化"三个一"目标全面完成（上面）；各城区水边绿化呈"多点开花"态势（下面）；围绕"三个一"目标，协同推进区域绿化工作（上面＋下面）；市区水边绿化工作同频共振、全面推进（融合型）。

（七）统筹全市水边绿化工作（本面），领导肯定、社会好评、媒体报道等（侧面）。形成标题为：全市水边绿化工作迈上新台阶（本面）；水边绿化攀升了"三个高度"（侧面：领导评价高、百姓满意高、媒体肯定高）；水边绿化亮点纷呈，获得各界较好评价（本面＋侧面）；水边绿化社会美誉度稳步提高（融合型）。

（八）水边绿化在同行、全市、全省等层面走在前列（前面），做好落后地区、单位的示范领导工作（后面）。形成标题为：水边绿化率在全省名列前茅（前面）；打造了水边绿化的"×市样本"（后面）；创新水边绿化"××模式"，为省内同行提供了"×市经验"（前面＋后面）；获评全省水边绿化的"标杆城市"（融合型）。

（九）上面（八）是位次的前后关系，还有时间上的当前和未来关系，可形成标题为：一步一实推进水边绿化工作（后面，即当前）；制定水边绿化工作"顶层设计"（前面）；超前规划，全面启动水边绿化"三步走"计划（后面＋前面）；坚持"三位一体"逐步绘制水边绿化"实景图"（融合型）。

可见，概述型、显旨型、事项型的标题基本型三选一，即形成了上面9×4=36个标题表达形式（全列就是36×3=108个基本型）。当然，这只是语言相对"固定"的静止状态下拟出的标题最基本样式，如果每种形式的语言表达再有所变化，简直是变化无穷，难以尽述了。

第四步，紧扣角度，定句式。句式分类复杂多样，由此可以拟出丰富多变的标题表达形式。以上述"36式"的"水边绿化成果显著（正面）"为例。

（一）从语气上分，汉语句子有陈述句、疑问句、祈使句、感叹句（标题一般不用），其中陈述句又可分为肯定句、否定句、双重否定句、强调句（是……的）等；疑问句又可分为是非问句（是、不是）、选择问句（是……还是……）、特指问句（谁、什么、怎么）、反问句（无疑而问，以肯定表达否定，以否定表达肯定）、反复问句（肯定否定叠加，是不是、能不能等）；祈使句表达命令、请求、制止、劝阻、建议、祝愿等，常用非主谓句表达。剔除语言的丰富灵活性因素，按语气分类的句类拟写标题，理论上讲，至少可以拟出20多种基本型标题。当然只就园文局经验交流材料来看，适宜使用的句类如：水边绿化工作翻开了提质增速的新篇章（肯定句，从自身看），水边绿化成为"美丽城区"建设的一个精彩篇章（肯定句，联系看），水边绿化，让水边更美（肯定句，从结果看），等等。由于写作意图、表达角度、语言词汇的丰富性，如果不限于写经验交流材料，仅用"肯定句型"就可以变换出成百上千种乃至更多的标题样式，再乘以20，标题拟写方式实在数量惊人。

（二）从结构上分，句子可分为单句和复句。

复句又分为承接复句、并列复句、选择复句、递进复句、转折复句、假设复句、条件复句、因果复句、目的复句、取舍复句。每种复句常用不同的关联词语标示，也可不用关联词。关联词有单个的，也有两个或多个连用的，每种复句的常见关联词少则五六个，多则十几、二十几个（关联词不同，写出的标题又有所区别）。如递进复句的关联词有：不仅……也，既……又，而且，甚至，等等；因果关系的关联词有：因为……所以，由于……因此，因此，鉴此，等等。

这里仅以递进复句和因果复句为例：水边绿化不仅有"量"的拓展，在"质"上也有了全面提升（递进）；市区协同，加速了水边绿化提档升级（因果，不用关联词）。

仅从造句拟标题的方式看（剔除文种和内容的适宜性限制），以每种复句有5个关联词计（不考虑每种复句细分和分句数量的复杂情况，不用关联词的情况也姑且不算），用复句拟写标题至少可以得到5×5=25个基本型。

再从单句的语法构成来分析句型拟写标题的形式（我们通常所说的句子多指单句）。从语法上看，单句分为主谓句和非主谓句（情况较少，姑且不提）。

主谓句包括：名词性谓语句，即以名词或名词性短语作谓语；动词性谓语句，即以动词性词语作谓语，包括单个动词、动宾短语、动补短语（如提升明显）、双宾语以及动词性偏正短语（如"从三个方面着手"）等；形容词性谓语句，即以形容词性词语作谓语，包括形容词性并列短语（又快又好）、偏正短语（很好）、形补短语（好得很）等；主谓谓语句，即以主谓短语作谓语（如：水边绿化可以提升的空间很大）等；省略句，一般省去主语。

以主谓句拟写标题如（必须以"水边绿化"做主语）：一年来，水边绿化提升明显（动词性谓语句，动补短语做谓语）；水边绿化获得的关注度前所未有（主谓谓语句，主谓短语做谓语）；水边绿化量大质优（主谓短语并列做谓语）；水边绿化工作有力有效（形容词性短语）；（水边绿化）取得了新成效（省略句，省略主语）。显而易见，词汇越丰富，角度越多元，我们能够拟出的主谓句标题就越多。

（三）从语法成分看，单句有主语、谓语、宾语、定语、状语、补语六种。

主语表示陈述的对象，常用来回答"谁"或"什么"，可以是动作的施受对象、工具、范围、时间、处所等。作主语的通常是名词性、动词性词语，时间、处所名词也可以做主语。如：水边绿化实现了"举首观景，低头见绿"（名词性主语）；加强水边绿化唱出了"最强音"（动词性主语）；今年是水边绿化提升最显著的一年（时间名词做主语）。

谓语是用来陈述主语的，回答"怎么样"或"是什么"。从构成上看，谓语有动词性的，也有形容词性的。如：水边绿化工作赢得了普遍赞誉（动词性）；水边绿化工作全面而深入（形容词性）。

宾语是谓语动词的支配成分，能回答"谁或什么"之类的问题，表示动作行为的受事、施事对象、结果、处所、工具等。一个及物动词可以带各种各样的宾语，如提高效率、提高水平、提高成绩等。有时，一个谓语可以带双宾语，一般是前一个指人，叫近宾语，后一个指事物，叫远宾语。如：水边绿化进一步提升了美丽指数和幸福指数（施事）；水边绿化工作受到了媒体的高度关注（受事）；水边绿化带给周边居民一个绝佳的休闲场所（双宾语）。

补语是动词性词语后边起补充说明作用的成分，表示"怎么样"或"多久"等意思，或者表示程度，常常由"得"引出（有时省略）。补语可以是动词性成分的结果、趋向、情态、数量、程度等。如：水边绿化目标完成得很到位（结果）；水边绿化推进到田间地头（趋向）；水边绿化进展顺利（情态）。

定语是用来修饰、限定、说明名词或代词的品质与特征的。定语用在主语或宾语前，常带"的"，表示"谁（的）""什么样（的）""多少"等意思。与定语相对的成分是定语中心语。定语对中心语的修饰大致有三种情况：一是对中心语进行限定，一般可称为"限制性定语"，限定角度比较丰富，如时间、区域、性质等。二是对中心语加以描述，一般称为"描述性定语"。三是表示领属关系，可以称为"领属定语"。如：一年来的水边绿化体现了高速度（"一年来"是限定性定语；"高"是描述性定语）；亮点纷呈的水边绿化成了水边美丽风景线（"亮点纷呈"，描述性定语）；各城区的水边绿化工作明显加快（"各城区"，表领属关系）。

状语附加在谓语中心语的前面，是动词或形容词前面的连带成分，用来修饰、限制动词或形容词，表示动作的状态、方式、时间、处所、条件、对象、肯定、否定、范围、程度或语气等。例如：××河水边绿化已成为市民的网红打卡地（"已"，表示时间）；水边绿化让市民有了一个休憩娱乐的好去处（"让市民"，表对象）；水边绿化全面提升了景观品质（"全面"，表范围）。紧扣"状语"造句，从不同层面铺开，有利于标题出彩。如：水边绿化让市民……水边绿化让游客……水边绿化让城市……

如果不考虑内容适合因素，对照上述句式分类，至少可以拟出 100 种以上标题基本型，限于篇幅，本文不一一举例。

截止到第四步，标题拟写完全可以做到写得出、写得活，但还是"纯手工"，靓度不够。要广泛吸睛，必须运用相关技巧，这就进入到第 3 层次：写得好。

第五步，分层次，定内容。从内部结构看，文章式标题有单层、双层和多层之分，单层标题居多。就单层标题看，文种不同，所概括的内容也不一样。比如，领导讲话稿标题以表明观点、阐析意义、揭示做法、肯定成绩等为主；政务信息以说明措施、展示成果为主；工作总结以肯定成绩、分析经验和问题等为主；实施意见以提出目标、思路、做法等为主。总的来说，标题一般包括观点、形势、措施、结果、成绩、目的、宗旨、意义、要求、问题、计划、目标、建议等。

标题除了吸睛，还必须简明、概括。要以有限的字数表达最惹眼的内容，文字不宜过多。常见的标题内容表达式有：

（一）观点 + 措施 + 目的。如：坚持"民呼所应"，多措并举实现"应绿尽绿"（顺承复句）。

（二）观点 + 措施。如：坚持"实际、实用、实效"，推进智慧绿化系统建设（省略句）。

（三）措施 + 目的。如：安排水边绿化"十大工程"建设，努力实现"绿化上水平，百姓得实惠"（顺承复句）。

（四）措施 + 结果。如：推进水边绿化专项行动，帮属地解决了很多实际问题（主谓句）。

（五）观点。如：水边绿化"议事厅"是让百姓参与、请百姓监督的一种好形式（主谓句）。

（六）措施。如：完善绿化工作机制（动宾句）。

（七）观点措施融合型。如：坚定不移支持绿化养护企业高质量发展（动宾句）。

（八）观点要求融合型。如：绿化养护企业要练好内功、健康发展（主谓句）。

（九）形势 + 观点。聚焦政策、目标导向，水边绿化必须科学应对，迎难而上（因果复句）。

（十）问题＋措施。针对业态"小、散、弱"，加快有机更新（单句：状语＋中心语）。

（十一）方式＋措施。按照先易后难的顺序，稳步推进水边绿化（状语＋中心语）。

（十二）观点（意义）＋计划。项目设计是关键，前期投入要精准（因果关系）。

第六步，按内容，定组合。在句子内容确定后，要考虑语言表达的句式结构。可以从两个方面考虑：句式组合和字数搭配。

从句式组合上看，常见的有这么几种形式：单句式、单句＋单句式、复句式。如：开展河道绿化"四乱八小"大检查（单句式）；××区绿化基层治理的经验，值得其他城区借鉴（单句＋单句）；河道绿化脏乱差形象有所好转，但还要再接再厉，把"城市靓化"行动推向深入（转折复句）。

从字数搭配上看，常见的有：①一句式单句，四个字、五个字、六个字、七个字的句式，较为常见，一字句、二字句、三字句也有所见。②多句式，以省略成分型复句为多见。常见的句式字数组合有：3+3，如"拉得出，打得响"（并列复句）；4+4，如"统一思想，提高认识"（并列复句）；5+5，如"提高首位度，打造增长极"（并列复句）；4+6，如"周密部署，形成防控合力"（顺承复句）。

第七步，抓关键，定靓词。标题不只可以在句子上出彩，有时也能够在局部某些关键词上"微雕"出彩。方法有：

（一）嵌字法。即引用亮眼的成语、警句、诗句等，并嵌入标题中，如："咬定青山不放松"的韧劲，"不破楼兰终不还"的拼劲，"踏平坎坷成大道"的闯劲（嵌诗句）；"凤凰涅槃"的勇气，"腾笼换鸟"的举措，"浴火重生"的气魄（嵌成语）。

（二）析字法。即用引号把某些表示性质、特点、成果、行动的词语凸显出来，犹如结晶"析"出，如：打好改革这块"铁"，走好发展这步"棋"，算好经济这笔"账"（析名词）；把理想信念看虚了，认为"太远"；把宗旨意识看轻了，认为"太累"（析短语）。

（三）提字法。即把某些关键字词提到标题最前面，然后用冒号或破折号引出具体内容，形成总分结构。如："底色"——高于预期，稳中有进；"成色"——质效双升，结构更优；"亮色"——强化优势，夯实基础。

（四）对应法。即以某个字词为枢纽，使句式词汇形成对称、对偶的效果，如"唱得好，做得实""干字当头，实字为先""获得感、安全感、幸福感""作风拖拉的、做事不实的、效率不高的""不温不火，不急不躁""重心下移，眼睛下看，身子下蹲""用得着、管得着，够得着"等，标题中多用这些词汇，能够产生整齐、顺畅、上口、简练的表达效果。

以某个关键词为轴心创造类似词汇并接连词语，近年来成了"网红标题"，这样的词汇很多（如"群""圈""区"等），造词十分灵活，如：抓核心建优双创"金课群"；抓关键建强双创"教师群"；抓主体建好双创"孵化群"；抓平台建全双创"资源群"。

（五）复合型。兼用多种字词"加彩"法，如：初生牛犊不怕虎的"傻劲儿"，俯首甘为孺子牛的"奉献劲儿"，勇立潮头奋力闯的"拓荒劲儿"，老骥伏枥志在千里的"韧劲儿"（嵌入诗句，析出俗语词汇）。

第八步，理逻辑，定结构。常言道：麻雀虽小，五脏俱全。标题虽然短小，但也有内在逻辑关系，由此形成表达的逻辑层次。常见的标题逻辑结构有：总分结构、并列结构、递进结构、对照结构。

（1）总分结构。先总说，后分说，如文翰阁：文化殿堂，大国气象。先分说，后总说，如"绿树红花绿道，碧水古桥画舫：'变'出的美景"。或是标题总写，文章内容承标题分写。如总标题为"××省笔力遒劲护安澜；正文小标题为：铿锵起笔、浓墨重笔、如椽巨笔。"正文三个小标题的"笔"，即紧扣大标题的"笔力遒劲"分写。

（2）并列结构。两个或两个以上的词语、句子在意义上呈并列关系，如：推进绿化管理精细化、智慧化、法制化（词语并列）；交流经验、加强互动（短语并列）；群众有反映、基层有上报（句子并列）。

（3）递进结构。即标题句子形成先后不可颠倒的逻辑关系，在意义上环环相扣、层层递进。有五种常见的递进形式：一是层级递进，如：市级重点布置、属地重点落实。二是时间递进，如：从"脏乱差"到"净序美"。三是程度递进，如："预热"成"大热"，"小众"变"大众"。四是事理递进，如：辛勤耕耘结硕果，机制创新成样板。五是隐含递进，如：效能进一步提高，田埂上长出"合唱团"（分别隐含了"低效""发展"之意）。

（4）对照结构。即语句或词语在意义上相对或相反，如：服务更贴心，群众少跑腿（行动结果相对）；新市民盘活了"老家产"（性质相对）；一个半小时，解一桩心事（反差）；昔日臭水沟，如今幸福河（相反）。

第九步，分情况，定表达。公文内容不同，文种不同，拟写标题所用的表达方式也要有所区别。五种表达方式公文标题拟写都能用到，而记叙、说明用得最多，议论次之，抒情、描写用得最少。

记叙，是写人记事，一般适合总结性、背景性、报告性材料，多用概叙。如：开展水边绿化行动，合力打响净水、护水、美水三场硬仗（重在"人"的行动）。

说明，是以简要、平实的文字，说明事物的形状、构造、性质、特征、成因、关系、功用等。如：水边绿化，立起净水、护水、美水三道屏障（重在说明绿化的功用）。

议论，阐明道理，表明观点和态度。如：水边绿化，有利于净水、护水、美水（"有利于"表明观点）。

描写，是以形象的语言，对人物、事件、环境作细致入微的描绘。如：碧水安澜岸线美，游人如织入画图。

抒情，就是抒发、表达自己的感情。如：净水、护水、美水，水边绿化建奇功（赞叹之情）。

第十步，增亮色，定修辞。恰当地运用修辞为标题增色，在公文写作中比比皆是。公文修辞分为消极修辞和积极修辞。消极修辞使表达更抽象、概括，比如统括、简缩、数概、警策等，在标题拟写中多有采用。

简缩，也叫缩略语，是名称的简化形式，在构成复杂的词汇中，各选一个代表性词汇组成，如"公务文书"简称"公文"。如：水边绿化，是"旧改"的点睛之笔（"旧改"，是指老旧城区改造）；狠抓"改扩建"，奠定水边绿化的基础（"改"，就是河道整改；"扩"，就是扩大游步道面积；建，就是兴建一批绿化管护设施）。

统括，是将词语几部分中共有的成分抽取出来，并在其前面标上与构成数相等的数字，如：落实"四共"，汇聚水边绿化合力（"四共"是指共建、共管、共治、共享）。

数概，是在原句式的基础上重新概括，并以数字表示，有词语概括和句意概括两种，前者如"五讲四美三热爱"，后者如"两长两短（"两长"是技术雄厚、资源丰富；"两短"是交通薄弱、地点偏僻）"。如：推进"三清两迎"，拉响水边绿化的序曲（"三清"是清岸、清网、清障；"两迎"是迎文明城市复检、迎亚运）。

警策，就是语简言奇，词语深切，如"鞠躬尽瘁，死而后已"，运用警策能够彰显思想深度，升华主题，为标题增色。如：水边绿化"因水而兴，护水利民"。

积极修辞使表达更形象、生动，如比喻、排比、反复、对比、对偶、拈连等，甚为常见。

比喻：绿化"金钥匙"，解锁水边"致富梦"。

对偶、比喻：打造"绿色长廊"，传扬"水边故事"。

拟人、对偶：碧水传情奏新曲，绿荫致意传佳话。

排比：护一湾水，修一组桥，添一抹绿。

双关：观念绿化是水边绿化的"胜负手"。

拈连、比喻：行走水边，就像行走在一幅幅画里。

回环：共建美丽河道，何为绿化？绿化何为？

借代：向偷挖乱排宣战，为"红马甲"点赞。

象征：水边绿化，让休闲时光绿意更浓。

对比：水边绿化"三清"，减少了怨意，增加了满意（相对）；黑水黄土今何在？碧波长堤照眼明（相反）。

反复：身系绿化岗，情系绿化事。

互文：水边绿树路边花，古桥卧波风景佳（即水边的绿树、花，路边的绿树、花，互文见义）。

引用：最爱河畔行不足，绿树荫里红步道（化用白居易的"最爱湖东行不足，绿杨阴里白沙堤"）。

顶真：四季见绿，绿满水滨。

通感：百鸟喧水边，如入春画图（由"喧"的听觉，转入"春画图"的视觉）。

第十一步，多跨界，定手法。公文语言要求庄重典雅、简明朴实，但也不排除跨界运用一些形象生动的手法来增强表达效果，如运用文学的烘托、小中见大、欲扬先抑等手法，以及新闻特写技巧、论文的论证方法、数学符号、英语词汇等有关技巧。

烘托：催生"水边经济"，同心圆越画越大（"越画越大"，烘托水边绿化深得人心）；续写"水边故事"，民生事越做越大；再现"水边文化"，治水史越写越美。

小中见大：水边的"义务工作团"："微力量"托起"大民生"。

映衬：昨日勤耕耘 今朝绿满堤。

欲扬先抑：水边拆违，小众拍砖大众拍掌。

新闻特写：网红"紫薇堤"——一位老园丁的新杰作。

推论："三率"之高，是"绿化惠民"的完美演绎。

数学符号："三位一体"（规划、建设、管理）+"三者合一"（部门、专家、社会）="三图合璧"（设计图、施工图、成果图）。

英语字母：念好水边绿化 ABC，即 A（ability）+B(busy)=C（consummate）。

第十二步，选语体，定风格。公文标题拟写，还要注意选用适当的语体。语体指人们在不同社会领域中，针对不同人群、不同环境，使用语言进行交际时所形成的常用词汇，以及不同特点的语言表达体系。语体一般分为口头语体和书面语体两类，其中口头语体包括谈话语体和演讲语体，书面语体分为事务语体、科技语体、政论语体、文艺语体四类。拟写公文标题，既要用到书面语体，也要用到口头语体。口头语体明白如话，接地气；书面语体生动优美，有文采。如：绿化"故事汇"，越听越有味（口语）；向百姓宣传，为百姓造福（口语）；沿河绿化，情满长堤（书面）；古风今韵延续文脉，旧堤新貌传递初心（书面）。

第十节　奥妙尽在"实操版"，百法拟题成高手

——文之骨（4）：标题的仿拟和自拟

常言道：题好一半文。拟出好标题是写出好公文的重要一环。一套亮眼的标题，蕴含着文秘人员精巧的构思、广阔的视野和扎实的功底，不仅能博取阅读人良好的第一印象，也为最终写出好公文奠定了坚实基础。

通过"学习版"和"宝库版"，我们对公文标题怎么拟，已经"心中有数"。那么，如何才能做到"笔下有活"呢？本文以"公文写作训练营总结（全面总结，或选取相关知识点总结）"为例，具体探讨如何多角度地拟写标题（其他行业可对应仿拟套用）。

一、从结构层次看

（一）总分型

1. 先总后分

聚焦"三准"：注重实际，精心设计培训方案。

紧扣"三环"：注重实用，突出常用文种训练。

抓好"三练"：注重实效，强化培训效果考评。

（二）并列型

2. "意"的并列："实用"主题

摸实情，坚持"缺什么讲什么"。

重实操，坚持"讲什么练什么"。

见实效，坚持"练什么考什么"。

3."意"的并列:"创新"主题

坚持小班化,点面结合强基础。

坚持实训化,讲练结合抓效果。

坚持常态化,近远结合建机制。

4."意"的并列:"构思"主题

下好先手棋,出好"思路训练题"。

走好大盘棋,上好"思路指导课"。

弈好长局棋,办好"思路拓展班"。

5."人"的并列

落实专人,强化全程组织。

面向专职,设计培训专题。

遴选专家,确保培训质量。

6."失"的并列

征集"难题集",点对点铺平写作"凹陷区"。

精解"大题集",实打实照亮写作"无人区"。

赏析"错题集",手把手带出写作"雾障区"。

7."本"的并列:公文写作的主要内容

突出常用文种,力求写得出写得好。

突出核心文法,力求用得上用得活。

突出精巧文思,力求想得到想得高。

8."效"的并列

盯住"人",确保培训"到课率"。

盯住"质",确保考查"过关率"。

盯住"用",确保实战"优秀率"。

9."事"的并列

亮出"前勾拳",汇集部门需求。

抢出"连环拳",明确培训内容。

打出"后摆拳",强化实操演练。

10."时"的并列

"每周一题",办好"佳作园地"。

"每月一课",办好"名师有约"。

"每季一讲",办好"脱口秀场"。

"每年一赛"，办好"秘苑擂台"。

11. "合"的并列：散点选材法，从多维度入手

出台文件，绘制文秘培养"路线图"（物）。

设计专题，定期举办写作"训练营"（事）。

着眼长远，建立写作人才"后备军"（时）。

（三）递进型

12. 句中递进

动员解"疙瘩"，让大家从怕写到想写。

开课教"秘籍"，让大家从会写到写好。

指津架"桥梁"，让大家从写好到干好。

13. 段间递进：时间，针对新人这个"点"

提笔能"写"，把好新人求职的入门关（过去）。

举笔练"写"，把好新人入职的转型关（现在）。

携笔常"写"，把好新人履职的提升关（将来）。

14. 段间递进：时间，指向全体这个"面"

锻造队伍，公文写作成为必修课（过去）。

加快发展，公文写作成为助推器（现在）。

点亮梦想，公文写作成为新工具（未来）。

15. 段间递进：三段论

面向非文岗位，晓之以理提认识（思想）。

面向新进人员，授之以渔讲技法（措施）。

面向专职文秘，传之以道建机制（保障）。

16. 段间递进：事理

实施"青蓝工程"，××出品广受好评（情况）。

遭遇"发展之痒"，写作专才日益流失（问题）。

健全"培养机制"，骨干力量蔚为大观（对策）。

17. 递进：范围

业务第一、内务第二，材料工作"缺人写"（无）。

外在推进、内在促进，材料工作"有人写"（有）。

近期突破、远期提升，材料工作"全能写"（多）。

18. 递进：程度

坚持"高"标准选人，锻炼文秘新手（起点）。

坚持"精"细化育人，历练文秘老手（中点）。

坚持"尖"刀班用人，锤炼文秘高手（终点）。

19. 递进：综合

勾画原点，熟悉规范"写得出"（基础）。

突出重点，活用技巧"写得好"（加强）。

打造强点，研究套路"写得快"（提升）。

（四）对照型

20. "前后"的效果对照

质量不高、办文不专，成为影响工作质量的"硬伤"。

培训文员、提升文质，成为展示发展成果的"硬招"。

21. 句中对照：做法对照

高度重视，从"不培训"到"常培训"。

授人以渔，从"写不出"到"写得好"。

健全机制，从"不想写"到"全在写"。

（五）综合型

22. 总分 + 并列 + 递进 + 对照

常抓不懈，"爱写"氛围不断形成（总）。

选任重用，"肯写"队伍不断壮大（分 1：并列）。

加强培训，"会写"能力不断提升（分 2：并列）。

拓展空间，"写好"成果不断积聚（递进）。

完善考评，"怕写"心态日益消遁（对照）。

二、从工作内容看

（一）培训环节

23.

准备环节：摸清需求，立足实际编方案。

实训环节：注重实操，运用案例讲技巧。

考查环节：结合所学，以考督写见实效。

（二）培训内容

24.

围绕管用，注重多维文思训练。

围绕常用，突出典型文种教学。

围绕实用，强化核心文法指导。

（三）培训过程

25.

深入动员，全链条看待写作功能。

立体培训，全方位提高写作水平。

健全机制，全过程强化培训效果。

着眼长远，全周期培养写作人才。

（四）培训方法

26.

突出"例"，授人以渔教有方。

鼓励"说"，以说带写架桥梁。

注重"练"，当堂实训固成果。

（五）培训要素

27.

落实责任，确保培训"有人抓"（人）。

遴选师资，确保培训"有人气"（人）。

强化保障，确保培训"有人为"（财、物、制）。

（六）培训效果

28.

全面规划，写作人才"井喷式"增长。

系统培训，写作成果"春花般"绚丽。

赓续传统，写作氛围"链条状"传递。

（七）培训宗旨

29.

致力"培养人"，坚持会写和会干并重。

立足"服务人"，坚持为己和为人同谋。

着眼"激励人"，坚持有为和有位齐抓。

（八）培训特点

30.

周期"长"，化整为零效果佳。

内容"专"，系统培训目标明。

措施"实"，各负其责强保障。

（九）培训目标

31.

化无法为有法，讲授技法确保"写得出"。

化平淡为新巧，多维构思确保"写得好"。

化复杂为简单，顺理成章确保"写得快"。

（十）培训类型

32.

注重公文知识培训，举办"文字处理大课堂"。

注重基本技能培训，举办"写作技巧提升班"。

注重文种实操培训，举办"当堂写作争先赛"。

（十一）培训管理

33.

强化课程管理，突出培训的针对性。

强化过程管理，突出培训的专注性。

强化远程管理，突出培训的长效性。

（十二）培训渠道

34.

聘请专业培训，建构全面的教材体系。

组织内部培训，营造互学的良好氛围。

搭车上级培训，产生良好的叠加效应。

三、从表达方式看

（一）记叙型

35. 记事

组建"初级班"，上好新手写作第一课。

组建"中级班"，上好老手写作技能课。

组建"高级班"，上好高手写作思维课。

36. 写人

专心"听"，启动思维悟"文理"。

细心"记"，抓住关键学"文法"。

用心"练"，活学活用畅"文笔"。

（二）说明型

37. 说明思路

注重全面，把解决突出问题放在首位。

面向全体，把实用文种培训放在首位。

着眼全局，把写作人才培养放在首位。

38. 说明方法

以"读"悟写，从佳作中汲取思路。

以"讲"导写，从课堂中求取真经。

以"赛"促写，从评点中记取得失。

39. 说明效果

坚持岗位"练笔"，一批写作新人脱颖而出。

坚持培训"润笔"，一批公文精品广受称赞。

坚持阅读"磨笔"，一批奖项成果增光添彩。

40. 说明影响

不看名头看名声，"名师"传经人气佳。

不重形式重方式，"公式"解惑效果好。

不抓数量抓质量，"流量"剧增影响大。

41. 说明范围

从上级到下级，以文载道树形象。

从领导到员工，以文促干提水平。

从内业到外业，以文为媒架桥梁。

（三）议论型

42. 议效果

方案精细，切合需求把脉准。

方法精当，切中要害措施实。

方向精准，切入主脉效果佳。

43. 议角色

讲师好状态，形神兼备方法当。

学员好心态，听练结合收获大。

管理高姿态，穿针引线安排妥。

44. 议方法

讲法活泼，内容充实受欢迎。

练法简易，步骤分明见效快。

考法可行，一课一考执行好。

（四）描写型

45. 细节描写

信口拈来，语锋机敏"讲"不停。

气氛热烈，话锋热烈"问"不断。

屏息凝想，笔锋如电"写"不止。

46. 场景描写

如数家珍，讲师口若悬河惊四座。

全神贯注，学员目不转睛承甘露。

目光如炬，领导火眼金睛强管理。

47. 人物描写

谈笑风生，"讲"得灵感乍现、情感飞扬。

鸦雀无声，"听"得士气高昂、人气爆棚。

争分夺秒，"赛"得一声不吭、一气呵成。

（五）抒情型

48. 赞老师

妙趣横生，"脱口秀"赢得"满堂彩"。

举重若轻，"活字典"收获"金口碑"。

深入浅出，"一招鲜"引燃"笔易达"。

49. 赞效果

对症下药，公文知识基础课深入人心。

因材施教，公文技法精品课精彩不断。

量身定制，公文文种实践课有口皆碑。

四、从修辞手法看

50. 比喻

在工作中学"写"，厚植公文写作土壤。

在阅读中学"写"，汲取公文写作源泉。

在听课中学"写"，迈进公文写作殿堂。

51. 拟人

一支笔，述说人生精彩。

一张纸，道尽秘路春秋。

一堂课，铺展事业画卷。

52. 拈连

每月一讲，讲出质量"好口碑"。

每课一练，练出写作"好前途"。

每期一考，考出学习"好状态"。

53. 互文

于实践学本领，向理论要水平。

于课堂学技法，向书本求秘籍。

于平时抓积累，向长远谋提高。

54. 句内排比

设计方案：设目标、明思路、定内容。

组织培训：抓管理、重教材、求实效。

强化保障：建机制、严责任、强督查。

55. 句间排比

聚焦业务，从善于"干事"中积累素材。

聚焦课堂，从善于"悟道"中丰富技能。

聚焦阅读，从善于"借鉴"中参透门道。

56. 反复

注重"双基"积累，实现知识手中记，技能手中留。

加强"双基"培训，实现知识有人讲，技能有人教。

坚持"双基"实践，实现知识随时用，技能随时练。

57. 引用

注重素材积累，力避"无源之水，无本之木"。

开展写作竞赛，鼓励"八仙过海，各显神通"。

强化实操训练，做到"拳不离手，曲不离口"。

58. 对偶

思想提到位，责任落到点。

教材内容全，讲授方法活。

感悟须用脑，积累常在心。

59. 顶真

坚持在干中学，学中思。

坚持在听中悟，悟中学。

坚持在说中练，练中写。

60. 回环

磨砺构思，破除"笔下难，难下笔"。

讲授技法，坚持"学中悟，悟中学"。

精选案例，力求"例从写，写从例"。

61. 谐音双关

案例"悦"读，描红刻翠"写得出"。

百"法"百中，技法导引"写得好"。

一"写"千里，才思敏捷"写得快"。

62. 语义双关

坚持高标准，眼高手也高（目标）。

坚持实举措，课实技也实（培训）。

坚持严要求，质严心也严（考查）。

63. 象征

越讲越精彩，"每月一课"播下心中绿荫。

越赛越多彩，"每季一辩"搅动满眼春光。

越写越出彩，"每日一练"评改一路飘红。

64. 借代

眼中含"泪水"（感情），下笔最动人。

胸中装"墨水"（知识），写作路子宽。

身上有"汗水"（辛劳），功到自然成。

脚板沾"泥水"（实践），知多行更易。

笔端带"露水"（风格），清水出芙蓉。

脑里盛"海水"（生活），文成皆风景。

65. 夸张

思接千载，尺幅之内千波横。

视通万里，信笔拈来万顷涛。

笔蘸百色，须臾之间百重霞。

66. 警策

厚积累，积跬步成千里。

学技法，百见不若一练。

勤实践，久滴水可穿石。

67. 对比

读千篇佳作，著一纸文章（积累）。

技法千万条，心法就一条（逻辑）。

昨日写不出，今日笔若奔（成果）。

68. 设问

方案怎么定？摸需求、应诉求、提要求。

培训如何抓？定题材、选素材、编教材。

真经是什么？务实际、重实践、求实效。

69. 反问

手无存粮岂会写？积累是写作的第一工序。

脑中无方安可写？构思是写作的第一要务。

久不动笔焉能写？实践是写作的第一秘籍。

70. 撮要

积累有一"诀"：砍得千山柴，笔下惊涛来。

构思有一"绝"：灵感一闪光，思路积满仓。

实操有一"觉"：行笔有技巧，逻辑先知晓。

71. 简缩

立意务求"新巧奇"（理念新、角度巧、表达奇）。

选材讲求"广厚精"（广度、厚度、精度）。

文法追求"齐白实"（立意齐、语言白、技法实）。

72. 数概

注重"三个积累"：思想积累、工作积累、语言积累。

力求"三个创新"：结构创新、技法创新、语言创新。

做足"三个功夫"：模仿功夫、实践功夫、学习功夫。

73. 统括

构思要"两想两炼"（想结构、内容，炼观点、标题）。

动笔要"两讲两除"（讲技法、语法，除冗余、无关）。

修改要"三看一去"(看语言、语法、语感，去语病)。

五、从提炼手法看

(一)本质提炼

74. 化具象为抽象(以本质意义代具体事物)

取"精"用"弘"，锤炼写作思维(精、弘的东西)。

汰"冗"去"杂"，提炼写作素材(冗、杂的东西)。

标"新"立"异"，淬炼写作技法(新、异的东西)。

(二)数字提炼

75. 数字典型化

培训组织要突出"3"个到位。

课堂教学要抓住"5"大环节。

实操训练要办好"2"个竞赛。

(三)要素提炼

76. 多要素提炼：人 + 事 + 物 + 时 + 地

要发挥"3"个作用(人)：领导、老师、学员。

要重视"3"个环节(时)：方案、课堂、考评。

要抓住"3"个事项(事)：招标、训练、竞赛。

要讲透"3"个文章(物)：内刊、例文、习作。

(四)意义提炼

77. 以少总多

公文写作训练营的公文写作"12 字经"。即：

写作要讲究"长宽高深"。

内容要反对"怪力乱神"。

语言要避免"老少边穷"。

"长"，就是有长度，抚今追昔；

"宽"，就是有宽度，到边到角；

"高"，就是有高度，登高望远；

"深"，就是有深度，由表及里。

"怪"，就是不搭调，匪夷所思；

"力"，就是用力猛，长篇大论；

"乱"，就是没逻辑，前后脱节；

"神"，就是神经刀，东拉西扯。

"老"，就是语言老，陈词滥调；

"少"，就是生僻语，人所少见；

"边"，就是非主流，风格不宜；

"穷"，就是变化少，词穷义薄。

六、从思维跨界看

（一）跨界文学

78. 小中见大

一个训练营，体现了对"人"的重视。

一堂培训课，提升了对"文"的认识。

一套小技巧，加深了对"理"的顿悟（事的底层逻辑）。

79. 烘云托月

公文训练营 3 期 10 天，同类单位仅此一例。

公文培训课 6 天 12 场，同类培训仅此一家。

公文小窍门 4 类 56 个，同类课程仅此一场。

80. 反衬

课程安排井井有条，没有一起前后脱节现象。

课堂秩序严肃活泼，没有一次接听手机现象。

课后督查严格高效，没有一例卡壳挂零现象。

81. 托物言志

训练开营，俨然开启了一次新的旅程。

投影开启，仿佛点燃了一炷新的火炬。

老师开讲，好像打开了一扇新的大门。

（二）跨界语言

82. 英语词汇

公文写作出发点"3A"：ability（才能），acumulate（积累），ambition（志向）。

公文写作落脚点"3B"：brief（短），bulge（实），brand-new（新）。

公文写作着重点"3C"：caption（标题），center（主题），content（内容）。

83. 汉语词汇变化

培训是一次加油充电：加知识的油，充技法的电（望文生义）。

培训是一次起航出征：起的是力量，出的是效果（析字）。

培训是一次把脉指向：把牢 3 主脉，指明 3 方向（拆字）。

培训是一次笔友聚会：既以文会友，也以"闻"会友（仿词：音仿）。

培训是一次交流沟通：先交流沟通，再自流自通（仿词：义仿）。

（三）跨界自然科学

84. 数学符号

夯实基础"写得出"：有体 + 有料 + 有话。

运用技法"写得好"：文思 + 文理 + 文笔。

总结窍门"写得快"：熟路 + 近路 + 新路。

注重积累"写得活"：多读 + 多思 + 多练。

（四）跨界社会科学

85. 艺术名词

锤炼思路：脑海中既有主题曲，也有交响乐（音乐）。

选取素材：脑海中既有全景图，也有特写画（绘画）。

安排结构：脑海中既有哥特式，也有穹顶式（建筑）。

雕琢语言：脑海中既有歌舞剧，也有民间戏（舞戏）。

七、从网红频率看

（一）单字重复型

86. 句间、句中连续重复

开头：讲究造势、蓄势。

主体：运用顺势、壮势。

结尾：注意就势、收势。

关联：学会逆势、借势。

（二）以俗为雅型

87. 口语、押韵

开创"公文园地"：佳作如百花，观感顶呱呱。

开办"公文课堂"：老师舌似簧，学员笔下忙。

开设"公文擂台"：笔阵若军阵，墨痕如月痕。

（三）局部微雕型

88. 局部工整：词汇对称

公文标题注重简单化形象化。

公文结构力求精巧化体系化。

公文技法讲究规范化实用化。

公文队伍实现年轻化专业化。

89. 局部创造：自创新词

在信念上矢志"笔头事业"。

在立意上树立"全局思维"。

在工作上享受"键盘时光"。

在写作上传导"本营效应"（训练营）。

90. 局部奇特：追新逐异，套用新词汇

老师满腹经纶，一开口便成"粉丝收割机"。

课堂妙趣横生，一开场便成"流量加速器"。

教材干货满满，一开卷便成"秘籍取款机"。

91. 局部诗意

培训"充电"：大鹏同风起，直上九万里。

课堂"传经"：山间有清泉，汩汩入梦来。

提档"加速"：池塘生春草，园柳变鸣禽。

92. 局部美感：美景、美音、美言等

立意：眼前有一束光——思想之光。

选材：心中有一片海——生活之海。

结构：文里有一重山——层次之山。

语言：笔下有一路景——五色之景。

93. 局部深意：反弹琵琶、着一字尽得风流等

立意不是手电光：随意之手揿按不出生活的美景。

思路不是万金油：枯涩之笔粘贴不出时代的潮流。

技法不是方便面：生硬之水冲泡不出佳作的韵味。

94. 局部独立：自成体系

弄清"职责是什么"，以事框文逻辑顺。

思考"立意为什么"，意遣言随表里一。

琢磨"命笔怎么办"，顺理成章血肉丰。

忖度"文成怎么样"，增彩添色气象新。

（四）一线串珠型

95. 一线：介词结构（以、把、用、让字句等）

以新人为主体，培养写作人才。

以课堂为主打，讲授写作技法。

以实战为主题，提高写作水平。

96. 一线：动宾短语（主谓、偏正、并列短语等）

开展公文培训，培的是人才，训的是习惯（拆词）。

开展公文培训，培的是意识，训的是技法（拆词）。

开展公文培训，培的是梦想，训的是实践（拆词）。

97. 一线：主题词、关键词等

结构的创新创造，讲究自然严谨，不可硬新硬造（仿词）。

技法的创新创造，讲究简单直接，不可乱新乱造（仿词）。

语言的创新创造，讲究新鲜质朴，不可无新强造（仿词）。

语言的创新创造，讲究自创自造，不可人新我造（仿词）。

98. 一线：数词、成语等

写得好，胸中叠厚"一"摞书。

写得好，手上运活"一"支笔。

写得好，脑里记熟"一"门经。

（五）辩证思维型

99. 辩证思维：相互联系

诗内功夫与诗外功夫相结合：加厚写作积累。

课内学习与课外实践相结合：加快技能转化。

业内提升与业外助推相结合：加强写作保障。

100. 辩证思维：发展变化

从起笔到住笔：云海初起，大潮将息。

从开营到闭营：期望而来，满载而归。

从新手到熟手：提笔生疑，出手成章。

第十一节　行文巧布线　全文都来电

——文之脉：穿针引线术

为什么有些公文是那样纲举目张，读来令人神清气爽？其真谛在于：行文分布着纵横交错、贯穿始终的线索。

任何一座宜居建筑，都有一套精心设计的电路，生活之"电"经四通八达的布线被传送到各个功能区。同样，任何一篇公文，也都有一串线索将内容"彩珠"连通在一起，使全文脉络分明，不枝不蔓，辞畅意达。

思路如电路。有了清晰分明、合理精巧的线索前串后连、内通外达，文章主题之"电"就能畅流各处，照彻全文。

公文写作的"布线"，就是线索安排。古人云：草蛇灰线，伏脉千里。一篇文章内容再多，哪怕洋洋万言，只要飞针走线，经纬交织，就不会支离破碎、杂乱无章。

公文的线索，要求分明、连通、严谨、完整。分明，就是在线索串联之下，上下文头绪清楚，各归其位；连通，就是上下文因线索而相互连接，并如浩浩之水不断向前；严谨，就是行文各条线既相互连通，又各行其道，绝不因条目混杂而剪不断、理还乱；完整，就是线索应该统一集中、贯穿始终，不可时断时续、断断续续。

公文线索的"材质"丰富，常见的有七要素：以"意"（意图、目的、宗旨）为线索，以"人"（思想、情感、活动等）为线索，以"事"为线索，以"物"为线索，以"理"为线索，以"时间"为线索，以"空间"为线索，等等。

根据功能特点不同，可把线索分为天线和地线、总线和分线、纵线和横线、主线和次线、明线和暗线、粗线和细线、长线和短线、单线和多线、直线和曲线、实线和虚线。

从构思意图看，可分为天线和地线。天线，是把上级意图、指令等作为"优先项"，以此为线索贯穿全文，文章"高度"由此猛涨；地线，是从本部门实际出发，面向服务对象和社会大众，将相关热点要素作为文章线索，文章"热度"为之陡增。

从结构关系看，可分为总线和分线。总线，是贯穿全文或全段的一条主线；分线，是总线的支脉，隶属于总线并散布于行文各个部分。就全文或全段来说，总线一般只有一条，而分线可以有多条。

从内容走向看，可分为纵线和横线。纵线，串联的是层层递进、向前发展的内容，往往以"一线"贯穿全篇或全段；横线，呈平行分布、并排而列，每每以"多线"分布全篇或全段。纵线，标示时间的推移、事件的发展和程度的加深，显示的是递进结构；横线，表明的是同级、同等、同类内容的分点排列，体现的是并列结构。

从性质地位看，可分为主线和次线。主线，是横贯全文或全段的线索；次线，是只在文章或段落某个局部呈现的线索。

从呈现特点看，可分为明线和暗线。明线，即表露于上，能直观察觉的线索，是常以关键词串联要素（意、人、事、物、时、空、理等）的实体线；暗线，即潜藏于下，须分析、辨别方可捕捉的线索，也是表明行文秩序的思想线、逻辑线。

从笔墨浓淡看，可分为粗线和细线。粗线，用笔较多，内容直白显豁，常作文章的主线；细线，笔墨较淡，内容琐细分散，多为文章的次线。

从串联幅度看，可分为长线和短线。比较而言，长线贯穿于文章大部，跨度较大，内容较多，连绵不断；短线只在文章局部出现，内容单一，当止即止，可断则断。

从数量多少看，可分为单线和多线。单线，即一线贯穿、绝无旁枝、清清爽爽；多线，是"花开数朵，各表一枝"，若干条线索犹如大地的径流，有秩序地分布于全文各部分。

从笔法变化看，可分为直线和曲线。直线，即单刀直入，直来直去，直起直收，内容一般比较简单，较少波澜；曲线，多用欲扬先抑、以退为进、蓄势待发等手段，使文章张弛有度、收放自如，产生"文似看山不喜平"的韵外之致、味外之旨。

从行进轨迹看，可分为实线和虚线。实线，是实实在在的线索，在行文中条脉纵横、一以贯之；虚线，若隐若现，或断或续，时有时无，颇具"行到水穷处，坐看云起时"之神韵。

厘清线索的材质、类别后，再来厘清思路、方法，有利于科学、合理地安排线索。除非特别宏大的结构，线索安排一般宜简、宜明、宜新，以便直观、清晰地表达行文意图。总体来看，文章布线应遵循"三个前"：

一是构图当在选料前。构图是布线方法的总体呈现。行文线索的安排，或纵线＋横线，或单线＋多线，或直线＋曲线，或实线＋虚线等，应在布线前作总体考虑。

二是选料当在布线前。在具体布线前，应先考虑选什么要素作为线索。一般来说，文章侧重展现过程的，可以"时""空"为线；侧重布置任务的，可以"事""物""理"为线；侧重表现人物的，可以"人"为线；侧重传达上级精神的，可以"意"为线，等等。具体安排方法当因文而异，灵活处理。

三是布线当在动笔前。未动笔，先布线。在拟定框架时，要重点考虑全文和重点部分如何布线，特别是横贯全文的主脉，如天线和地线、总线和分线、纵线和横线、主线和次线、明线和暗线等，要作重点考虑；关于文章局部的线索安排，可在构思时考虑，也可边写作边琢磨。

以撰写某市 2020 年工作报告为例。

首先，从全文来看，要优先考虑五组线索：

第一组，天线和地线。"天线"是高质量发展，以此统摄政治、经济、社会、文化、生态建设等各个方面；"地线"是服务为民，全文各主要部分都要紧扣民生需求总结成绩、谋划思路。

第二组，总线和分线。总线是"智慧标杆、文明窗口、幸福家园"，分线是打造"五个地"，即电商高地、创业天地、人才洼地、旅游胜地、生活福地。

第三组，纵线和横线。纵线是"时间线"：去年的工作、当前的形势、明年的思路；横线是"事情线"：去年和明年党务、政务、业务、服务、杂务等各条线的工作事项。

第四组，长线和短线。显而易见，全文有两条长线，一条是过去一年的工作成绩，另一条是明年各条线的工作安排短线众多，例如"着力打好三大攻坚战"这一章节的内容"金融风险防范化解有力有效；精准脱贫有力有效；污染防治有力有效"，以"意"（有力有效）为线索，是一条短线。

第五组，主线和次线。全文贯穿始终的主线有高质量发展、民生为先等；次线为民族工作、老龄工作等"杂务"。

其次，从局部来看，要考虑其他五组线索：

第六组，明线和暗线。例如，在总结去年工作时，一般以"事"（成绩）为明线，以"人"的情感（肯定）和"人"的努力为暗线（字里行间，以适当笔触略点各条战线辛勤奋斗、忘我付出的精神风貌）。

第七组，粗线和细线。例如，紧扣"高质量发展"这一主线（以"意"为线索），可浓墨重彩地分项列举稳企惠企、数字经济、深化改革、城乡发展、文化繁荣等方面的成绩，这是粗线；至于成绩归功、存在问题等相关内容，稍作"细线"补缀即可。

第八组，单线和多线。例如总结民生工作，"发展上水平，市民得实惠"是"单线"，而从医疗、教育、住房、就业等方面列举民生工作的进展，则是"多线"了。

第九组，直线和曲线。例如：总结文明城市复评工作，先讲存在问题，再概述大整治取得的成绩，这是曲线；先分析当前面临的挑战，再基于挑战提出明年思路，这也是曲线；而逐条说明去年工作成绩和明年工作安排，则是"直线"了。

第十组，实线和虚线。如总结"文化发展"，具体从文化事业成果突出、文化产业蓬勃发展、精神文明不断提升、新时代文明实践中心建设成效明显等四个方面展开，可以清晰看出"成绩提升"是一条实线，而对奋斗者的赞扬、对文化兴盛的肯定等，则是或明或暗、若隐若现的，全文虚实相生、表里结合，进一步拓展了内容厚度，也拉升了文章高度。

第十二节　文势之"水"高处来

——文之势：起承转合术

"黄河之水天上来，奔流到海不复回"，这是一种百转千回、跌宕起伏、令人荡气回肠的自然伟力。水的走高就下，起伏盈亏，自始至终其实都是"势"在变化。这是"水势"的运动美学，其间，开合有度、收放自如的美感显露无遗。

为文当知水，行笔擅万变。苏轼在《答谢民师书》中说："大略如行云流水，初无定质，但常行于所当行，常止于所不可不止，文理自然，姿态横生。"大意是：文章如云之行、水之流一样，虽无一定之规，却行止有据，符合规律，这样写出的文章才文理自然，姿态横生。

水势在变，事物在变，写作也要善变，不囿模式，不拘一格。"在平地滔滔汩汩，虽一日千里无难；及其与山石曲折，随物赋形"（苏轼《文说》）。公文写作要体现这种"随物赋形"的变化，就必须潜心研究文势的变化规律，熟练运用"势"的变化技巧。

文势如水势，须得有高度。文章有了高度，就有了一贯而下的力度、吞吐万象的气度、兼收并蓄的厚度、游走万仞的深度和变化发展的广度。文势从高落下，就产生了起承转合、变化发展的波折之美。

起：生势要"活"，造势要"高"。

这是"势"的起点。为了下文行笔气势如虹、如水顺下，开篇造势一定要登高望远，并据此"高度"采取灵活多样的文势生成策略。

世间万水皆有源，多在高峡大山间。开篇造势当如水之初行，须把构思"泉眼"凿在一个高点上，有高度就有落差，落差在则文势生，文势生则万象成，万象成则风景现。但凡公文写作，都不是无源之水，总有一个执笔言事的由头：或起于上级布置，或发于宏观战略，或始于全局目标，或源于事业发展，或源于思想变化，或萌于理论创新，或出于时代驱动，等等。上述七个方面，恰恰都体现了大于文秘人员自身所处时空站位这一"点"的高度。这七个方面，分别对应的是政治高度、战略高度、全局高度、历史高度、思想高度、理论高度和时代高度。其中，每一高度的大项又包含无限多内容小项，例如政治高度来自上级文件、领导讲话、总体任务等，思想高度包括政治思想、民本思想、改革思想等，历史高度体现在经验启示、规律探寻、精神指引等方面。这为文章开篇生势提供了多样性来源，可以得到变化无穷的起笔生势方法。例如：

1.党的二十大报告将"坚持以人民为中心的发展思想"明确为前进道路上必须牢牢把握的重大原则之一。近年来，××省××市牢固树立群众观点，认真贯彻群众路线，切实解决群众急难愁盼问题，努力让人民群众的获得感、幸福感、安全感更加充实、更有保障、更可持续。

2.近日，中共中央、国务院印发《扩大内需战略规划纲要（2022—2035年）》，提出"推动城乡区域协调发展，释放内需潜能"，要求"扎实推动共同富裕，厚植内需发展潜力"。坚持全国一盘棋，全面实施乡村振兴战略，坚持实施区域重大战略、区域协调发展战略，将会增强发展的整体性、协调性，充分释放内需潜在势能。

上述两例都是文章开头段，其中，例1两句话分别体现了政治高度、思想高度和全局高度，例2则从战略高度和全局高度出发，综合体现了生势之"活"、造势之"高"，多"高"叠加，也实现了蓄势之"厚"。接下来开闸放水，必将产生势大力雄、汪洋恣肆、一泻千里的文势畅达之美。

承：就势要"巧"，走势要"宽"。

开篇占据高度，就催生了不可阻挡的文势；文势一旦产生，就有了飞流直下的力量。行笔要善于迎着这股力量，借势发力，前后勾连，顺势而下，文思一开天地宽。

承，就是接住上文话题，进一步作内涵阐释、语意连接、内容铺开、主旨提示或观点揭示，在笔锋衔接上就是"就势"。就势，是"就"上文之势，笔锋调转向下；走势，就是顺上文笔锋所向，借势向前行笔，全面开启文思的"黄金水道"。就势确保了上下文的衔接顺畅，走势则裹挟、推动着文意不断向前发展，是文意的进一步打开。

例如：上文例1开篇居高临下，确立了"以人民为中心"这一主题，字字句句都在为此蓄势。接下来，文章就着这股文势，借力顺势打开"文路"，分别从用心用情解民忧、问政于民集民智、不忘初心促民富三个方面详述为民、惠民的一系列措施，形成文章的主体部分，内容顿然丰富，走势为之开阔。

转：逆势要"紧"，乘势要"顺"。

转笔一般包含转"向"和转"正"两个方面。转"向"，就是调转笔锋，即反向的"逆势"。逆势是逆前文而行笔。如果前文是正锋行笔，这里就是逆锋起笔；如果前文是反面阐述，这里就要正向引申。不管是先正后反，还是先反后正，要始终保持上下文的思路缜密、衔接紧密、逻辑严密。转"正"，就是转入正题，即正向行笔，"乘势"而下。乘势，是接过前文的话锋，更深一层阐述实质，更进一步推动发展。乘势实现了文意从量到质的转变，往往把文意推向最高峰，从中可以清晰看出文意变化的顺序，如由表及里、由浅入深、从正到反、从点到面、自先而后、自内而外等。

合：收势要"圆"，固势要"强"。

在文势经历一番跳崖过峡、腾溪越涧后，终于来到一片"收纳四海、融汇五湖"的"茶壶口"地界。正如气势恢宏的乐章，在大开大合之后，文章开始收篇结意。

这里的"圆"，就是全面的意思。收势要"圆"，就是收笔要能全面概括前文；固势要"强"，就是在收势作"结"的基础上，要进一步彰显前文引申、挖掘出的主旨，并作出或强化、或深化、或拔高、或推远的固化处理，最终把文意推向新境界，力求与文章开篇在高度上双峰并峙、遥相呼应。

文似看山不喜平。文势通过起、承、转、合的丰富变化，文章就腾挪转让、开合自如，形成了曲折有致、耐人寻味的美感。不仅一篇文章要讲究起承转合，一段文字也应讲究起承转合。例如：

①古人讲，称物平施，为政以公。②公平公正是市场活力和社会创造力的保障，也是市场主体对政策满意度的一杆秤，政府理应是公平公正竞争的守护者，这也是廉洁施政的重要基础。③公共资金资源配置中有很多权力，如果缺失公平，就会滋生腐败。④这些年，我国发展面临的国内外环境极其复杂严峻，特别是××年遭遇××、××多重不利因素冲击，经济增速一度大幅下滑。⑤如何实施宏观调控，面临不少两难多难选择。⑥如果仅仅依靠扩大投资、上大项目，不仅要花时间论证审批、见效慢，还会导致资金分配不科学、不公平；或者直接给居民发钱、拉动消费，这看似公平有效，但我们还是发展中国家，难以做到，做了也不可持续，而且地区之间发展不平衡、消费水平不一样，也会产生不公平。⑦我们贯彻新发展理念，坚持不搞"大水漫灌"式强刺激，而是创新宏观调

控方式，把宏观政策着力点聚焦到市场主体这个经济发展的根基上，持续实施大规模减税降费。⑧实践证明，减税降费直接有效，公平普惠，把肥施到了根上。

上述例文中，①以古语"起"，彰显了思想高度。②"承"古语阐释内涵，并借势提出"政府要守护公平"这一观点。③—⑥是逆势"转"。其中，③是从面中取点，因为政府守护公平包括很多方面，这里只选取公共资金管理这一个方面，并顺势表明观点，下文紧接着进行论证分析；④⑤两句是"客观情况＋主观思考"：由问题引发思考，并由思考带出下文的分析，环环相扣，层层推进；⑥指向对不公平现象的分析，是假设论证。⑦⑧是"合"：⑦是收势，针对上文问题提出策略，反振强烈，对比鲜明；⑧是固势，进一步强化了"措施公平有效"这一主题。

当然，也不是每一篇文章或每段话都要全面做到"起承转合"四个字，有时可以没有"承"，有时可以没有"转"，有时可以没有"合"，一切要视文种、内容作出灵活处理。

第十三节　头绪清楚，才能眉目清爽

——文之序：撮要分条术

俗话说：饼要一口口吃，话要一句句说。意思是说：吃饼不能囫囵吞枣，否则要被噎；说话不能眉毛胡子一把抓，否则语无伦次，会让人丈二金刚摸不着头脑。

说到底，这句话在启示我们干任何事都得有个"头绪"。头，是事物突出的部分；绪，是复杂纷乱的事情中的条理、纹理、脉络。换言之，倘若我们抓住了事物的突出部分、关键脉络，就能牵一发而动全身，举重若轻地认识事物、驾驭事物。以此为基础，说话就能条理分明，写作就能文理清晰，办事就能对照"纹理"、应付裕如。

这种抓突出、理脉络的方法，就是"撮要分条术"。撮要，就是摘取要点；分条，就是把撮取的要点按一定顺序一条条展现出来。撮要和分条，对应的分别是头绪的"头"和"绪"。

撮要分条，是公文写作的常见方法；运用撮要分条术写出的文字就能顺理成章，眉目清楚，言之有序。

撮要，是公文写作的基础工序，是指向"客观对象"，通过理清事物头绪为文章"撮"来主要内容。总体来说，撮要应抓这"六个头"：上头，即来自上面的指示、任务等；下头，是管理对象以及社会大众的行动、诉求等；里头，是内在的思想、意图、精神等；外头，即外在的表现、措施等；大头，即主要工作事项、措施、成果等；奔头，就是将来的思路、打算、安排等。抓住了这"六头"，写出的公文就能内容全面，重点突出，有血有肉。

分条，即把撮来的内容，按特定逻辑分条列项进行说明，涉及语言表达顺序，离不开文秘人员的主观思维。分条有两种情况：一种是用序号或序数词标明条目，提纲挈领地写作；一种是不用序号或序数词，从内容的内在逻辑即可清晰看出先后次序关系。

除了特定文种写作规范既定的内容格式顺序，公文写作要做到条理清楚、秩序井然，必须遵循"66 原则"，即"6 绪 6 逻辑"。

（1）思绪。即人的思想、思路的头绪，公文写作中的思想表达、思路产生总有一个如抽丝剥茧般的先后顺序。思想表达顺序一般遵循从主要到次要、从宏观到微观等顺序，鉴于此，撰写个人年度思想工作总结可如此安排结构：政治思想＋敬业思想＋惠民思想＋廉政思想＋品德思想等。思路产生一般遵循"是什么＋为什么＋怎么办＋怎么样""提出问题＋分析问题＋解决问题""情况＋问题＋措施""具体—抽象"等顺序，它决定了文章内容的先后安排，是决定内容顺序的深层结构，符合人们思维发展变化的规律，按思想、思路顺序进行写作的内在逻辑，体现了文秘人员内在的智力性因素，本文称之为"思理逻辑"。

（2）事绪。就是事情的头绪，包括内容构成和过程推进的条理。公文写作是主观对客观的反映，主观思路是对客观事件变化规律的反映，这类规律，本文称之为"事理逻辑"。如时间推移、事情发展顺序（先—后），从全局到局部的顺序（大—小），从现象到本质的顺序（表—里），从初级到高级的顺序（浅—深），等等。例如某市"安全百日大整治"行动方案的结构为"总体目标＋指导思想＋主要内容＋工作措施＋进度安排（宣传发动＋问题排摸＋集中整治＋落实长效）＋工作保障"，从中可见文章的主要顺序是：总体—具体、内在—外在、先做—后做、主要—次要等。

（3）物绪。就是物件的头绪，包括事物的构成、变化等。物件，有实体物和抽象物（智力产物），前者如设施、设备、资源、资金等，后者如网络、制度、文章等。公文写作以"物"为专门内容的情况不多，一般以文章某个部分的内容出现，如"强化保障"。公文对"物"的反映要遵循物件的客观逻辑，如大—小、主—次、远—近、此—彼，等等。按物件的客观顺序写作的逻辑，本文称之为"物理逻辑"。如某篇实施意见"相关保障"部分的内容为"加强组织保障＋加强资源保障＋加强资金保障＋加强制度保障＋加强宣传保障"，遵循的主要顺序是：大—小、实—虚、近—远、内—外等。

（4）情绪。也叫意绪，即心意、心情的头绪。"情动于中而形于言"，公文写作与文学创作活动一样，都强调有感而发。写作中情感的发生也有着内在规律和先后顺序，本文称之为"情理逻辑"。例如某市领导在全省乡村旅游工作大会上的欢迎词为"欢迎＋感谢＋肯定＋希望＋相信＋预祝＋祝愿＋感谢"，这就是遵循情理逻辑写作形成的表达顺序。

（5）空绪。就是关于区域、范围、位置、距离、方向等空间变化的头绪。公文写作表达的事件有发生地点的不同，说明的物件有距离的远近，按空间位置关系安排内容顺序的逻辑，本文称之为"地理逻辑"。例如某新任领导乡村调研活动信息的结构安排为"走访村镇农户＋深入厂矿站所＋县委座谈交流"，显而易见，就是按活动地点变化的地理逻辑写就的文稿。

（6）文绪。就是语言表达的线索和头绪。上述五大逻辑反映的客观内容最终都要形成文字，体现出语言表达的先后顺序，如总—分、主—次、先—后、正—反等，由事（物）而成文，因文而现事（物），主观语言思维要和客观内容相一致，这种语言表达的逻辑，本文称之为"文理逻辑"。根据文理逻辑写作可形成我们熟知的段落结构，如总分型、并列型、对照型、递进型、综合型等。例如某领导在新任青年干部集体谈话会上的讲话，即可有以下五种不同的写法。

按总分结构写：先总说"要做新时代的'五好'青年（思想好、工作好、作风好、学习好、口碑好）"，然后分别按"五好"逐一提要求。

按并列结构写：勇于在高质量发展中争先进、作表率；勇于在克难攻坚中争先进、作表率；勇于在服务基层中争先进、作表率；勇于在提高修养、锤炼品德上争先进、作表率（全局—个人，中心—其他）。

按递进结构写：要成为善于学习、志存高远的新青年；要成为团结协作、身先士卒的领头雁；要成为创新发展、出类拔萃的佼佼者（点—面）。

按对照结构写：要牢记初心多自励，不要优游卒岁忘本根；要百尺竿头常进步，不要浑浑噩噩混日子；要一心为民下基层，不要关门主义走形式；要思想屋子常打扫，不要耳聪目昏蠹虫生。

按综合结构写：要在勤于学习中追求进步；要在长期实践中追求进步；要在锤炼品行中追求进步（前文为并列型结构）；要在服务大局中追求进步（与前文形成从点到面的递进关系，全文来看是运用了并列和递进的综合型结构）。

不仅一篇文章的写作要遵循"6绪6逻辑"，一段落乃至一句群都是如此。例如：

①深化"放管服"改革（总）。②全面实施全国统一的市场准入负面清单制度。③在全国推开"证照分离"改革，重点是照后减证，各类证能减尽减、能合则合，进一步压缩企业开办时间。④大幅缩短商标注册周期。⑤工程建设项目审批时间再压减一半。⑥推进企业投资项目承诺制改革试点。⑦全面实施"双随机、一公开"监管，决不允许假冒伪劣滋生蔓延，决不允许执法者吃拿卡要。⑧深入推进"互联网＋政务服务"，使更多事项在网上办理，必须到现场办的也要力争做到"只进一扇门""最多跑一次"。⑨加强政务服务标准化建设。⑩大力推进综合执法机构机制改革，着力解决多头多层重复执法问题。⑪加快政府信息系统互联互通，打通信息孤岛。⑫清理群众和企业办事的各类证明，没有法律法规依据的一律取消。⑬优化营商环境就是解放生产力、提高竞争力，要破障碍、去烦苛、筑坦途，为市场主体添活力，为人民群众增便利。

上述全段主要采用的表达方式是说明，说明顺序主要是从大到小、从面到点、从主到次、从正到反、从表到里等。

例文纲举目张，简明扼要，逻辑严密。通篇按照"措施—目的"安排内容，体现了"简缩"的主题，思绪明确，遵循"思理逻辑"；全段"理"事鲜明，事绪清晰；主体内容按"放、管、服"依次写来，遵循"事理逻辑"；从意绪来看，全段主要表达了相关"放管服"改革措施的提倡、希望等情感，对一些冗政、弊政表达了反对之情，语气干练、坚定，体现了情理逻辑；全段"放管服"改革涉及的主体有国家、企业、地方、社会等，这其实是一个"空域"概念，符合"地理逻辑"；全段是"总分型"结构，符合"文理逻辑"。

从结构上看，①句是总写，②—⑫句紧扣①的"放管服"三个字分写，⑬再总写，因此从全篇来看是总—分—总结构。从各分句来看，有并列结构，比如③—⑦句都是"管"的内容，⑧—⑫句都是"服"的内容；有对照结构，比如⑦⑩句；有递进结构，如⑧。总体看，文章条目清晰，层次清楚。

第十四节　语言出彩的实用镀金术

——文之采（1）："5讲4美"拟金句

关于语言表达，孔子说过："言之不文，行而不远。"大意是：文章没有文采，就不能流传很远。

这种观点在自古至今的作家中颇具代表性。讲究文采，是文学创作的显著特点，也是公文写作的内在要求。

但凡经典名诗，总有一两句流传千古的名句。公文的文采，集中体现在思想亮眼、语言养眼、技巧显眼的金句上。

公文语言称得上金句的，一般都意丰辞达、整齐优美、明白晓畅。金句之"金"，就在于：价值高，以一当十；色彩艳，夺人眼球；很稀缺，清新扑面；造型美，匠心独具。金句体现了作者精巧的思维锤炼和扎实的文字功底。

金句，取自语言的富矿，离不开思维的锻造。从出现频次看，金句主要有六大类型。

一、警句。警句是语言简练而深刻的句子。"立片言而居要，乃一篇之警策。"（刘勰《文心雕龙》）警句虽着墨不多，却微言大义，起着画龙点睛的作用。从来源看，警句有引用、化用古句和名句，以及笔者自撰三种；从内容意图看，有譬喻明理、辩证发展、朴中见奇、启思励行、警钟长鸣、饱含哲理等六种情况。例如：

> 风起于青萍之末，浪成于微澜之间（譬喻明理）。
>
> 小者大之渐，微者著之萌（辩证发展）。
>
> 与其在别处仰望，不如在这里并肩（朴中见奇）。
>
> 不畏苦寒，自得其芳（启思励行）。
>
> 事辍者无功，耕怠者无获（警钟长鸣）。
>
> 芳林新叶催陈叶，流水前波让后波（饱含哲理）。

二、诗句。运用诗句，多见于事务性公文，古今诗句都有采用。用诗句表达，一方面是指运用诗歌的句式，如四言、五言、七言等；另一方面是讲究诗歌的韵律、节奏和意境美。在公文写作中，要练就必备的诗词写作功底，努力为语言增色。

引用诗句如：

> "不畏浮云遮望眼，只缘身在最高层"，争做理想崇高、志向远大的新青年；"海到无边天作岸，山登绝顶我为峰"，争做敢于追梦、昂首向未来的新青年。

自撰诗句如：

> 开弓没有回头箭，反腐没有休止符。

征程万里风正劲，重任千钧唯担当。

三、整句。在语法上，把字数相等、结构相同、语气一致的句子叫整句（反之叫散句）。这是金句的最重要来源。常见的整句有运用对偶的联句、排比的排句等，形式活泼，可引用、化用或自撰。这也是语言出彩的必练基本功。

对偶，从语言上看，有词语、短语、句子对偶等；从形式上看，有工对、宽对；从内容上看，有正对、反对、流水对等。例如：

创意要"落地"，灵感来"敲门"。

硬碰硬地抓，实打实地改。

本领不换代，早晚被替代；换代不见底，打赢难托底。

运用联句，从四言、五言、六言、七言、八言、九言到多言，字数不限，练达为宜；有古韵十足的，也有形式自由的。运用联句，是提高语言"靓度"的常见手段。

排比，有短语、句子、语段排比等。例如：

作风不散、秩序不乱、工作不减、标准不降。

新办法不会用，老办法不管用，硬办法不敢用，软办法不顶用。

举什么旗、走什么路、以什么样的精神状态、担负什么样的历史使命、实现什么样的奋斗目标。

四、短句。无论是法定公文还是事务公文，都提倡使用短句。短句的好处是表意直白，节奏明快，干脆有力。例如：

形势的发展、事业的开拓、人民的期待。

在创新中加速、在转型中追赶、在实干中突破。

敢干闯出了新路，竞干展示了风采，苦干结出了硕果，实干赢得了人心。

五、俗句。就是引用或化用方言口语、俗语谚语，或运用打比方、对比、拟人等手法撰写的句子，往往寓意深切，生动活泼，朗朗上口，嬉笑怒骂皆成文章。例如：

喊破嗓子，不如甩开膀子。

一等二靠三落空，一想二干三成功。

机关压基层，层层加码，看似"码"到成功；基层哄机关，层层加水，结果

"水"到渠成。

金贵的资金趴在账上"睡大觉"，珍稀的资源躺在空地"晒太阳"。

六、散句。公文不是韵文，一般情况下，公文整句使用少，散句运用多。散句，就是将整句和散句、长句和短句、单句和复句等混杂在一起的句子。散句角度多元，节奏多变，能丰富表达内容，增强表达效果。例如：

找不到痛点、啃不动难点，那就只能任凭老问题"涛声依旧"，最终熬成老大难。

人生如船，信仰就是压舱石。航船有了压舱石，吃水就深，航行就稳。

总之，金句之"金"，既在"金色"诱人，也在"金质"动人。"金色"，就是句子光彩熠熠，语言鲜活，手法新颖，气势流畅，力透纸背；"金质"，即内在意蕴笃实深厚，思想深邃，感情饱满，内容丰满，耐人寻味。大到一篇文章，小到一段话，要力求出彩、出众，总得有几句"风景独好"的金句令人一见倾心，过目难忘，这有赖于文秘人员在长期实践积累的基础上不断提高。

信笔成佳句，满篇溢春光。要获得上述形神兼备、文质俱佳的金句拟写功夫，务须做到"5讲4美"。"5讲"指讲思想、讲视角、讲逻辑、讲技巧、讲内容。具体如下：

一讲思想。这里的"思想"，是情、意、理、思、趣等的结合体。较之语言，最耐人寻味、唇齿生香的还是金句的思想。富含思想的金句，往往能以简驭繁、"一句顶一万句"。

金句的思想，是文章主题的展开和深化，是时兴理念的表达和创新，是专门理论的解读和运用，是独特见解的归纳和分享，是蕴含哲理的思辨和启迪。金句的思想，是藏于语言沃土下的精神矿藏，是高度、深度、靓度的统一体。

只有骨头硬，才有"明知山有虎，偏向虎山行"的勇敢精神，才有"逢山开路，遇水架桥"的攻坚精神（"骨头硬"的主题贯穿始终）。

打破"信息孤岛"、拆除"数据烟囱"，抛弃"部门分割"、突破"中间梗阻"（时兴词汇表达"要共享"之意）。

供给侧改革除了做"减法"，还要及时做"加法"，补充和导入新的企业和产业，实现高品质"腾笼换鸟"（"腾笼换鸟"，产业发展理论，宗旨所在）。

有的心存"温水煮青蛙"式的麻痹，有的囿于"矮子看戏何曾见"的短视（用俗语作独到归纳）。

一棵树摇动另一棵树，一朵云推动另一朵云，一个灵魂唤醒另一个灵魂（大道至简，充满哲理）。

二讲视角。常言道：单丝不成线，独木不成林。金句再短，也要内容，须有层次。只有两个以上的句子组合成句群，才能形成或连贯、或错综、或并列、或对照、或层递的运动和发展之美。句子多了，就要讲究变化，总不能"一个角度看山景"。变化，来源于"旋转视角"，或主或陪、或左或右、或上或下、或前或后、或里或外、或虚或实、或面或点、或大或小、或深或浅、或长或短、或正或反、或人或物、或事或理等，如此多角度地观察事物，就能体现事物的层次感和立体感。正如摄像取景一样，不同句子的拟写视角宜新、宜巧、宜多、宜小。例如：

积极适应时代的"千变万化"（大）、主动经受创新的"千锤万凿"（小），在发展的前沿展现"千姿万态"（点）、在新的征程上奔腾"千军万马"（面）。

三讲逻辑。逻辑，是将不同句子按特定属类紧密联系在一起、反映事物的先后次序、展现事物本质规律的思维力量。句子没有逻辑，犹如一堆废土瓦砾，何来"金"光耀眼？句子按先后组合在一起，总遵循一定的规则、秩序，例如"想法—做法""目标—任务""主要—次要""整体—部分""问题—措施""上级—下级""开始—经过—结果""肯定—希望—祝愿"，等等，从中可以看出十分严密的思维逻辑、事理逻辑、时间逻辑、情感逻辑等。例如：

闻警而惕聚焦重点抓预防、对标而行不折不扣保落实（如何行动：想法—做法，先—后）。

壮大产业"摘穷帽"、生态补偿"保家园"、易地搬迁"挪穷窝"、医疗救助"除病魔"、教育就业"绝穷思"、政策兜底全保障（如何脱贫：主—次、标—本）。

四讲技巧。金句之"金"，成色是否足，靓度是否高，靠的是高超的"镀金"术。文秘人员就像一名高明的雕金匠，键盘之下，往往能点铁成金，化朽为奇，善于击打出一串串活色生香的文字。

句子从平淡无奇到生动传神的巨变，离不开"1818 金句生成术"，即章法的"1 个母句（词）"，句法的"8 字原则"，词法的"18 大花式技巧"。

"1 个母句（词）"，即在整个句群的章法上，以脑海中先出现的某个小句或句中的某个词汇为母句（词），由此衍生出其他句子（词汇）。如"加大力度"是个动宾短语，以此为母句（词）可以衍生出扩大覆盖、做大蛋糕，或提升高度、增加厚度、挖掘深度，等等。

在以母句（词）为基础锻造金句的时候，既要考虑内容，也要考虑句式，往往按"内容＋句式"来造句。例如：

面对大是大非要敢于亮剑而不是当"绅士"，面对矛盾要敢于迎难而上而不是当"鸵鸟"，面对危机要敢于挺身而出而不是当"逃兵"。

例句中，以第一句为母句造句时须把握三点：一是内容上遵循"情境＋角色表现"；二是句式上按照"面对……要敢于……而不是……"，以此转换角度填充即可；三是"而不是"后连接的是角色形象，且是反面典型。

"8字原则"：等量齐观、错综变化。具体指：

等，就是同等、对等，各句的内容、对象应属同一层面；

量，是句子有一定的"量"，一般两个以上（含）；

齐，就是形式向第一个句子看齐；

观，就是美观，尽量形式整齐、规则律动，具有乐感、画面感，这是金句的最终标准；

错，错开，各句内容应是同一层面的不同方面；

综，各句内容要全面包含主要方面；

变，不同句子要同中有"变"；

化，即一体化、连排化，体现新颖独特的语言风格。

例如：走的走得舒心、分的分得安心、留的留得尽心。句中，"走、分、留"指向同一层面的不同对象，符合"等、错、综"；全句有三个小句，有一定的"量"；第一小句是主谓短语，后两个也一样，是以第一个作为模板"仿"写的，符合"齐""化"；"舒心、安心、尽心"，形式整齐而有变化，符合"观""变"。

18大"花式技巧"涉及内容和形式上的"镀金术"，可归纳为接、续、拈、引、重、叠、走、进、转、换、理、解、造、反、点、化、生、发。

接：指各小句之间的接应、呼应、联系。连接是句子逻辑性的第一要义，各小句必须通过某种方式像链条一样连在一起，常见连接法有音接、词接、意接等。

音接，是利用字音的相同或相似将前后句子联系在一起；词接，是利用词语的关联性连接句子，包括关联词语（如"只有……才能……""既……又……"）、介词结构（如"在……上""以……为"）、连词（如"以及""还有"）等；意接，是利用意义的关联性连接句子，各意义之间或并列、或递进、或对照、或因果等，遵循一定的逻辑顺序，如先总后分、先正后反、先浅后深、先主后次、先思后行，等等。例如：

保障和改善民生要抓住人民最关心最直接最现实的利益问题，既尽力而为，又量力而行，一件事情接着一件事情办，一年接着一年干。

本句先提出观点，接着用"既……一年干"承前文重点说明"怎么干"，先"抓住"而后"为、行、办、干"，是属于递进关系的"意接"；"一件……""一年……"这两个小分句间，也是从点到面的"意接"。词接如"既……又……"，音接如"最……最……""力而……力而……""一件……一件……"等。

续：把本是一个整体（过程）或属同一类的内容拆分成几个方面，后文紧接着前文阐述下去，或者后文按照前文的语言风格"一个调子唱到底"，利于浓墨重彩地把事情讲深讲透。例如：

围绕疏解和"治病"，坚定不移"瘦身"，千方百计"健体"（事理"续"）。
奏好参谋助手"主旋律"，弹好综合协调"合奏曲"，唱好狠抓落实"最强音"（同类"续"）。
思想上要体现"高站位"，工作上要突出"补短板"，履职上要力求"高效率"（内容"续"）。

拈：把句中某个词单独拈出来加以强调，引人注意。拈出的词语有时加引号，有时不加。"拈"，在金句中比比皆是。例如：

励先进先进更先，推后进后进不后（不加引号）。
思想上充了"电"。精神上补了"钙"。工作上加了"油"。（加引号）

引：引用名人名言、谚语俗语、诗词成语等来为句子增色。例如：

感悟"风雨不动安如山"的坚定信仰，做到信念如磐、一心向党；感悟"但愿苍生俱饱暖"的人民情怀，做到我将无我、一心为民。

重：相同词语反复出现，可以是名词、动词等实词，也可以是副词、介词等虚词，还可以是短语。"重词"犹如一根线，把前后句紧密联系在一起。以词语重复来扩充句子，大大丰富了造句手段。例如：

用全面的观点来深学，用联系的观点来深思，用发展的观点来深悟（重的是名词"观点"）。

思想政治要过硬、打仗本领要过硬、战斗作风要过硬（重的是偏正短语"过硬"）。

叠：就是相同词语的连续或间隔出现，常见形式有：

疲疲沓沓占位子、平平安安混日子、忙忙碌碌装样子（AABB 式）。

在一次次挑战中，意志更加坚韧；在一次次突围中，信心更加坚定（ABB）。

一条一条地订方案，一件一件地抓落实，一波一波地掀高潮（ABAB 式）。

还有一种"叠"，不是相同词汇而是同类词汇的铺排叠用。例如：

继续保持在"抓改革、促发展"中的铁军风骨，积极向大事、难事、急事请战，着力培养一批敢打能拼、能谋善断的尖兵、战将、帅才（末尾三词，是优秀角色的连续使用，是"叠用"）。

走：即单字反复，就是一系列词语中的某个字相同，就像在句群中"走动"一样。这个相同的字常出现在词首或词尾。换言之，围绕同一个字组成不同的词，用以扩充句子，能起到前后连接、铺展句意的表达效果。例如：

在思想上对标对表、在行动上紧跟紧随、在效果上落实落地（"对""紧""落"在词首）。

在方向上不能有"偏差"，在行动上不能有"温差"，在成效上不能有"落差"（"差"在词尾）。

进：即递进、推进，通过某个字词的承继变化，在事理、意义上形成环环相扣、层层递进、向前发展的变化。例如：

靠不上去、说不上话、站不上位。

说说自己的难、解解心中的结、想想脚下的路。

受命之时则忘其家，临阵之时则忘其亲，击鼓之时则忘其身。

转：各分句内容要不断地旋转角度，围绕一个主题从不同层面分析、说明，最能体现内容的立体感，几乎每一组金句都必须转换角度。例如：

时时争上游、事事高标准、行行过得硬（时—事—业）。

生活中遇到困惑，主动到讲话中寻找答案；工作中遇到难题，主动到讲话中寻找办法；训练中遇到瓶颈，主动到讲话中寻找动力（生活—工作—训练）。

换：把母句中的某些词进行换"芯"或换"位"处理，产生层进迭出、出奇制胜的效果。例如：

以"不落实之事"倒查追究"不落实之人"，做到有责必问、失责必究、追责必严（换字：用"人"换"事"，很巧；"责""必"的前后一换字，变换新内容，打开新思路）。

思想上尊重群众、态度上学习群众、感情上贴近群众、行动上深入群众，才能真正赢得群众（换词：尊重—学习—贴近—深入—赢得，层层递进）。

批评他人"不怕辣"，自我批评"怕不辣"，接受批评"辣不怕"（换位，意义迥然不同，构思精巧）。

理：就是说理，或引经明理，或借事说理，或托物喻理，或严密推理，或自论其理，以言简意赅、深入浅出的文字增强文章的说服力，散发出思想的光彩。例如：

不虑于微，始成大患；不防于小，终亏大德。不因"小腐败"而违规逾矩，不因"小问题"而姑息迁就，不因"小意思"而欣然笑纳（引经明理）。

生态保护是一场"马拉松"，起跑阶段摔了跤，我们还能站起来，痛定思痛，迎头赶上（借事说理）。

人生历程是没有回程票的单程列车，更是一盘输不起的棋。一旦搭错车、走错路、下错棋或偏离轨道，就会前程尽毁、满盘皆输（托物喻理）。

立言先立德，做文先做人。人品扭曲，文品就好不到哪里，官德肯定也不怎么样，其言便难以服众（严密推理）。

方法不对头，累死老黄牛；方法对了头，一步一层楼（自论其理）。

解：就是解释、解析，用以揭示事物的深层含义和特殊意蕴，使事物本质更清晰，让人眼前一亮。例如：

"补位"体现的是担当精神、责任意识、大局观念，并非"占位""越位""抢位"（深层含义）。

军人也有风花雪月，但那风是"铁马秋风"、花是"战地黄花"、雪是"楼船

113

夜雪"、月是"边关冷月"（特殊意蕴）。

"拿得起"是能力，"放得下"是智慧；"拿得起"是担当，"放得下"是信任；"拿得起"是勇敢，"放得下"是坦荡（独到见解）。

造：就是借他人之长，扬自己之智，通过语言创新，琢磨出新表达，有意造、塑造、仿造、深造、锻造、制造、移造、创造八种。其中，意造是凭想象力组词造句，塑造是注重人物形象的描写刻画，仿造就是模仿熟知或已有的出彩表达，深造就是借助举例、细节描摹等手段从微观上进行深度加工，锻造就是化平常为新奇、"草鸡变凤凰"，制造就是同一"款式"句子的"批量"生产，移造就是跨界运用一些其他学科的语言表达，创造就是文秘人员的全新独创。例如：

理想信念是"原生动力"，职责使命是"意志盔甲"（意造）。

克服坐而论道的"讲话秀"、议而不决的"问题秀"、走马观花的"调研秀"（塑造）。

感到"本领恐慌"、出现"知识枯竭"、发生"岗位倦怠"（仿"本领恐慌"）。

对待自己的事情宁可飞蛾扑火，对待群众的事情却高高挂起，不仅做不到把群众的事情当成天大的事，甚至根本不当个事儿（深造：举例）。

纪检监察体制改革持续深入，工作持续向基层延伸。随着监督"牙齿"越磨越锋利，纪法尺度越来越明晰，再细小、再"隐蔽"的贪腐行为也逃不过监督的"火眼金睛"（锻造：从平常到形象）。

"不妄取"者靠觉悟，"不苟取"者保名节，"不敢取"者畏纪法（制造：对"不……取"批量创造）。

咬紧牙关、严防"稻草效应"，全力抢通、保畅"生命通道"，密切协作、打破"信息孤岛"（移造，运用了心理学、医学、信息学等学科词汇）。

用"眼球效应"构筑"投资效应"，以"注意指数"拉动"发展指数"（创造）。

"线索清仓"要立竿见效，"逃犯清零"要保持高压，"案件清结"要发起总攻，"伞网清除"要彻底围歼，"黑财清底"要扩大战果，"行业清源"要争创一流（创造）。

反：就是反弹琵琶，通过不同内容的对立统一、对照比较，使表达意图更突出，有反对、反例、反理、反证、反警、反照、反问等。例如：

少些奢靡之风，多些清新之风；少些推杯换盏，多些民俗清香；少些低俗之举，多些高雅之趣（反对：即反面对照）。

干部在群众心目中如果立起的是"样子"，自然不会去摆"架子"。相反，一名干部如果"架子"十足，在群众那里也就没了"样子"（反例）。

要追求名节，不要追名逐利。要以权谋事，不要以权谋私。要有所畏惧，不要无所畏惧（反理）。

脓包不挑破，就会养痈遗患；讳疾而忌医，难免病入膏肓（反证）。

点：就是点睛、点穴式的议论或说明，往往一针见血、三言两语即能窥一斑见全豹，以典型代全面，抓现象看本质，使要表达的思想、意图、精神显山露水更突出。例如：

提振"一日不为、三日不安"的责任心，激发"时不我待、只争朝夕"的紧迫感，奋斗的征途才会通向理想的彼岸（点精神）。

"横刀立马、舍我其谁"的干劲，"深入虎穴、才得虎子"的闯劲，"一往无前、势如破竹"的冲劲（点形象）。

抓一抓学一学，催一催动一动，考一考背一背（点问题）。

化：就是"消化吸收再创新"，通过化用他人的，最终变成自己的，有化用其意和化用其言两种。例如：

"长安何处在，只在马蹄下。"梦想不会自动变为现实，初心只能用行动去体现（正用其意）。

克服"蜻蜓点水"，力求精准把脉、细处着眼；避免"浅尝辄止"，注重刨根问底、追本溯源（反用其意）。

对准问题的"准劲儿"，重拳整改的"狠劲儿"，久久为功的"韧劲儿"（化用方言词汇）。

生：就是无中"生"有，实中见虚，通过挖掘、望文生义等，进一步揭示表象背后的本质和规律。例如：

这种血性，源自对信念的坚守，源自对祖国的忠诚，源自对人民的热爱（实中见虚）。

有少数同志不能正确对待监督，把上级监督看成是对自己不信任，把同级监督看成是跟自己过不去，把下级监督看成是对自己不尊重。如果把监督当成挑刺儿，或者当成摆设，就听不到真话、看不到真相，有了失误、犯了错误也浑然不知，那是十分危险的（无中"生"有：用"如果"提出假设的情况）。

发：就是发散、延宕开来，通过点中见面、小中见大、由此及彼等（反之亦然），进一步拓展表达的思路和内容。例如：

俗话说，"心急吃不了热豆腐"，耐心是成功的关键因素之一（由此及彼）。

当好领导干部很不容易，优秀的领导干部永远都是稀缺资源，到哪里都有用武之地（从面到点）。

五讲内容。语言再亮眼，如果没内容，就如瓶中之花，缺少养分，终不能久香。金句之"金"，其价值就在于着墨虽不多，却以少总多，言近旨远。语言表达讲内容，就是字里行间要见事项、事实、事例、事件、事物、事理、事体（组织、构架、机制、方法等）、事情（情况、情景）、事态（动态、状况）、事由、事先、事变、事关、事迹等。例如：

在政治上更加坚定，在学习上更加深入，在实践上更加扎实，在结合上更加紧密，在落实上更加见效（事项）。

在波涛汹涌的蓝色国土，海军官兵驾鲸蹈海，劈波斩浪，坚守的是使命；在祖国领空的九天国门，空军将士展翅翱翔，搏击天宇，坚守的是责任（事实：具体场景）。

遇事装聋作哑，对群众要办的事情打太极、踢皮球，甚至对群众反映的问题漠视忽视、无动于衷（事例）。

各级纪检监察机关要敢担当、敢碰硬，将群众深恶痛绝、反映强烈、藏身于群众身边的"蝇贪""蚁贪"揪出来，把全面从严治党覆盖到"最后一公里"（事件）。

自我净化，就是要过滤杂质、清除毒素、割除毒瘤；自我完善，就是要修复肌体、健全机制、丰富功能（事物）。

"艰难困苦，玉汝于成。"困难就是试金石，迎战挫折能够砥砺坚韧不拔、不骄不躁的品质，锤炼逢山开路、遇河架桥的意志（事理）。

建立了实体经济"现场解难、常态服务"机制，区领导带头赴一线协调解难，变"坐堂接诊"为"跑堂问诊"，变解决一个为解决一批（事变：事的变化）。

把"规划图"变成"施工图"，把"时间表"变成"计程表"（事体：体制机制）。

在本节前文"六、散句"下文"信笔成佳句"自然段里，有句总起的话"务须做到 5 讲 4 美"，前文已写了讲思想、讲视角、讲逻辑、讲技巧、讲内容等"5 讲"，接下来写"4 美"，"建筑美"是第一美。

一是建筑美。为文犹如建筑，其美体现在材料新颖美观、结构新巧牢固。语言的基础材料是句子。公文语言一般通过句式变换，如长短句、整散句、单复句、虚实句等，产生参差错落、张弛有度、跌宕起伏的美感。

要有雷厉风行的干劲，拿出"开局就是决战、起跑就是冲刺"的劲头，做到反应快、推进快、落实快（长短句）。

简者"减"也，不慕虚华见本真。简单则心无杂念，简单则执着笃定，简单则清白干净。可以说，简单彰显着信念操守、责任担当、胸怀境界（整散句）。

抬头看天是一种方向，低头看路是一种清醒；抬头做事是一种勇气，低头做人是一种底气；抬头微笑是一种心态，低头看花是一种智慧（单复句）。

要有舍我其谁的境界，时刻保持大战状态、弘扬大考作风，关键时刻敢于挺身而出，斗争面前敢于亮剑，充分展现锤炼出来的英雄气概（虚实句）。

金句"麻雀虽小，五脏俱全"，常见结构类型有因果、并列、递进、对照、总分、顺承、混合等，确保了语言表达的层次感、逻辑性。

不唯身份论人才、不唯学历评人才、不唯职称用人才，让技能人才无"身份"之忧、无学历之"绊"、无"草根"之虑（因果）。

既讲理论又讲实践，既讲当下又讲长远，既讲问题又讲方法，既讲战略又讲战术（并列）。

引领实践、指导实践、推动实践（递进）。

"硬钉子"扎在党的肌体上是如芒在背，那么"软钉子"就如鲠在喉，更具"杀伤力"（对照）。

重要的时间节点，是我们工作的坐标。以时间节点为坐标，可以环环相扣、节节取胜，击鼓催征稳驭舟；以历史方位谋伟业，方能高屋建瓴、势如破竹，不畏浮云遮望眼（总分）。

"身份一亮，做出榜样。"党员身份不是一阵子的坚持，而是一辈子的坚守（顺承）。

有权必有责，有责要担当，失责必追究（混合：递进＋对照）。

二是画面美。公文虽不是文学作品，不要求作过细的描绘和刻画，但适当的点染、铺陈，有助于提高语言的形象性和表现力，大大增强文章的质感。常见手法有比拟、状貌、例举、具象化、渲染等。例如：

蓝天包容每一片云彩，故能成就绚丽多姿；高山包容每一块岩石，故能成就雄伟壮观；大海包容每一朵浪花，故能成就浩瀚无涯（比拟）。

获取"带露珠"的一手资料，采集"冒热气"的生动案例，学习"接地气"的群众语言（状貌）。

办公室的空调吹多了，田间地头的自然风吹少了；软沙发靠多了，硬板凳坐少了；高脚杯端多了，大碗茶喝少了；走过场的事干多了，深入群众的行为少了（例举）。

以"领跑者"的责任、"弄潮儿"的闯劲、"施工队"的作为，奋力展现"重要窗口"的"头雁风采"（具象化）。

三是修辞美。修辞是为语言"镀金"的最重要手段，甚至没有之一。不善修辞，很难写出高质量的金句来。常见的修辞手法，有增强语言形象性的，如比喻、夸张等；有增强语言美感的，如排比、对偶、顶真、反复、回环等；有增强表意功能的，如拈连、对比、双关、象征、警策等。例如：

架好监督"高压线"，拍好问责"惊堂木"，用好考评"指挥棒"，装好干部"减压阀"（比喻）。

克服生活中的"不容易"，挑战工作上的"不可能"（对偶）。

解决热点问题的能手，解决焦点问题的高手，解决难点问题的强手（排比）。

战士看骨干、骨干看委员、委员看书记；基层看机关、机关看常委、常委看书记（顶真）。

移的是驻地，不移的是忠诚；换的是任务，不换的是使命；变的是岗位，不变的是责任（拈连）。

"严"和"实"的炉火能冶炼真金、陶冶英才；"松"与"虚"的泡沫能断送前程、毁掉英才（对比）。

四是韵味美。公文姓"公"，其语言规范、严谨、庄重、典雅、得体、朴实，呈现出不同于文学、论文作品的语言风格，这就是"公文味"。根据文种、内容以及文秘人员风格的不同，公文语言风格也五味俱全、异彩纷呈，个中之"味"有官味、雅味、土味、辣味、趣味、诗味、理味、情味等。例如：

要有"不待扬鞭自奋蹄"的自觉，要有"大雁高飞头雁领"的担当，要有"一枝一叶总关情"的情怀（官味）。

廉洁方能聚人，律己方能服人，身正方能带人，无私方能感人（雅味）。

常言道："针尖大的洞笆斗大的风"，针对当前作风建设中的问题，我们一定要及时打上制度"补丁"（土味）。

必须深入推进反腐败斗争，做到零容忍的态度不变、猛药去疴的决心不减、刮骨疗毒的勇气不泄、严厉惩处的尺度不松，发现一起查处一起（辣味）。

最大气磅礴的书写，是用脚步在大地上书写；最震撼人心的文章，是句句有民意、字字见世情（诗味）。

调查研究就像"十月怀胎"，决策就像"一朝分娩"（趣味）。

智者以教训制止流血，愚者以流血换取教训（理味）。

奋斗是时代的前进引擎，奋斗是人生的精彩乐章；奋斗是中华民族的优秀品格，奋斗是中国共产党的明亮底色（情味）。

当然，在金句构思中，绝不能孤立地看待"5 讲 4 美"，唯有综合考虑、贴切运用，我们才能写出内强外美、铿锵悦耳、气势恢宏的金句来。例如：

坚持标本兼治惩腐除恶，既要夯实治本的基础，又要敢于用治标的利器，做到监督、执纪、问责一体推进，监督、调查、处置一体推进，不敢腐、不能腐、不想腐一体推进，"打虎""拍蝇""猎狐"一体推进，巡视巡察、整改落实一体推进，"两个责任"落实一体推进，省市县乡村一体推进（"5 讲 4 美"的全面运用）。

第十五节　感人心者，莫先乎情

——文之采（2）：情采

唐代大诗人白居易云："感人心者，莫先乎情。"公文虽不是文学作品，但同样需要情注笔端，充盈行间。

情动于中，而形于言。自古文学作品如此，公文写作亦如此。带着情感写作，是对公文文秘人员的基本要求。"诗从肺腑出，出则动肺腑。"公文写作有感而发，情从中来，才能打动读者、感召人心、引发共鸣，写出上乘之作。

然则情从何来？又作何用？

作为文秘人员，公文写作的情感不是凭空发生的，它源于生活，蓄于内心，泻于笔端。在提笔的刹那间，情闸开启，思绪点燃，情浆奔突，继化为气，气挟文溪，句句喷涌，行行飞溅，气盛言宜，语壮意满，积聚成篇。自始至终，公文作者秉持的"情"，都要求真实、真切、真挚。一切公文佳作外露的"情"，都与寡淡无味、无病呻吟、矫揉造作绝缘。

写作中流泻于心的这一腔真"情"，有四个主要来源。

首先，源于作者对事业的热爱。热爱，是热衷的起点。没有对公文写作的热爱，就不会一年 365 日始终如一地热衷于此，笔耕不辍。同理，只有热爱自己的本职工作，热爱与自己岗位相关的事业，才会潜下心来研究，扑下身去实践，获得对事业发展、工作规律最真切、最深入的认识，拿起笔来才能如数家珍、轻车熟路、游刃有余，由此写作的公文才文质俱佳，具有丰厚的生活质感。革命战争年代，毛泽东同志亲自领导农民运动，全面观察农民运动，深入思考农民运动，最终才写成具有巨大实践意义和理论价值的光辉著作《湖南农民运动考察报告》。如果没有对无产阶级革命事业的满腔热情，是写不出这样字字珠玑的经典名篇的。

其次，源于作者对人民的热肠。"穷年忧黎元，叹息肠内热（杜甫）。""是岁江南旱，衢州人食人（白居易）。"这些脍炙人口的经典诗句，无不充分体现出诗人关心民瘼、悲天悯人的情怀。公文，反映的是公务，服务的是人民。文秘人员自然要更多地接触人民、服务人民，不断培养和增进对人民的深情。只有对人民的困境感同身受，对人民的诉求满怀关切，与人民干在一起、坐在一起，急民所需、想民所想，才能用百姓话讲百姓事，把公文写到百姓心坎里。

曾有一篇县委书记的扶贫论坛交流发言红遍网络，其主要结构是：到户看院子，全面改善人居环境；抬眼看房子，全面落实住房保障；进门开柜子，全面实现吃穿不愁；伸手开管子，全面确保饮水安全；走近问身子，全面杜绝因病致贫；坐下问孩子，全面推进扶智树德。全篇一贯而下，涵盖了人民生活的各个方面，字里行间饱蘸深情，没有"眼里常含泪水，身上浸透汗水，脚底常带泥水"的人民情怀，"笔下的墨水"是写不出这样带有新鲜泥土味的材料的。

再次，源于作者对公文所指对象的热忱。公文的指向对象不同，表达内容不同，体现的情感也有所区别。不管是哪一类公文，都必须体现出热忱、热切之情。这种感情，可以是谦恭有礼的，也可以是声色俱厉的。一般来说，上行文语言要恭敬、谦虚，平行文语言应热情、诚恳，下行文语言当严肃、满含期待等。总之，公文的"情"，应庄重、得体、真诚、谨慎。

例如，我们代为写单位献词，通篇就要洋溢着对过去的肯定、对新春的祝福、对未来的期待之情；写动员讲话，笔触就应鼓动人心，满含希望、勉励之情；写批评通报，就应展露严厉语气、责备之情；写自我剖析，态度应当认真、诚恳，等等。写公文，不可忽视一条潜在的感情线索。

最后，源于作者对自身的热望。自身，有时指单位，有时指文秘人员自己；既可以充满信心、满怀自豪、饱含希望，也可以内省自照，正视不足、勇于解剖。

例如，代拟本单位作风整改落实情况汇报材料，一般先要"肯定"前一阶段整改工作的成果，再"坦诚"地分析作风整改的问题，接着表明进一步强化整改的"决心"和意志。

情感"爝火"一经点燃，就要用它去"照亮"文章的主题、人物、措施、愿景等各个方面，给语言表达内置"暖垫"，外敷"炫彩"。

以情感为"旨"。有时，贯注公文全篇的情感，正是全文之灵魂，一篇之主题。如年度工作报告总结部分，一般在总结过去一年工作后，由表及里，以情"结"事：过去五年能够取得以上成绩，根本在于习近平新时代中国特色社会主义思想的科学指引和习近平总书记对××的关心厚爱，是党中央国务院、省委省政府坚强领导的结果，是市委团结带领全市人民拼搏奋斗的结果，是市人大、市政协监督支持的结果。"1 个在于，3 个是"，流露出对各方面关心关爱的感谢之情，也水到渠成地揭示了文章的主题。

以情感为"桥"。公文作为一种传达政令、部署政务、沟通上下、连通内外的工具，在上下内外之间往往起着感情沟通的桥梁、纽带作用，有利于加强联络、深化了解、增进互信、促进发展。如请示的"期请"之"情"，有助于"打动"上级，促成难题的最终解决；函的商洽、诚恳之"意"，最能"说服"对方，赢得理解和帮助；倡议书的呼吁、热忱之"心"，往往能汇聚起共同推进问题解决的巨大社会热能。

以情感为"线"。在行文结构上，有时，以某种情感贯穿始终，往往能一线串珠，起到纲举目张、形神兼备的表达效果。例如，有一领导的离任讲话，这样以"浓情"串连结构：今生有幸来×洲，我满怀感恩感谢；今生无悔为×洲，我深感欣慰欣喜；今生难忘念×洲，我诚挚祝愿祝福。

以情感为"色"。情感，是每一篇文章的内置芯片，能够产生吸引读者阅读的强大磁场。文章之美，真情为最。情，是公文最绚丽的一层"色"，感情越饱满、强烈，"色"越浓烈、鲜艳、持久、夺目。

如某年度报告以下面五段总结过去五年工作：

这是×洲牢记殷殷嘱托、展现头雁风采的五年。这是×洲强化创新驱动、激发澎湃动能的五年。这是×洲推进拥江发展、加速城市蝶变的五年。这是×洲深化改革开放、优化发展环境的五年。这是×洲践行人民至上、奔向共同富裕的五年。

上面这五段在总结做法、成绩后，分别以一句话收尾：

充满诗情、展现活力的××洲正成为中国走向世界舞台中央的城市典范。×洲创新主体倍增、民营经济实力跃升，正爆发出昂扬向上的强劲动力。×洲正成为生态与人居掩映、时尚与人文辉映、历史与现代交融的现代版"×图"。××洲活力四射、魅力无限，正日益成为改革开放新高地、营商环境新标杆、数智治理新样板。我们迈向共同富裕的步伐越走越坚定，道路越走越宽广。

常言道：单丝不成线，独木不成林。上面五段的结尾句彼此呼应、步步加强，鲜明揭示了对本市发展成就的赞美、自豪之情，进一步增强了文章的表现力和感染力。

当然，公文中寄寓的情感并不是天然产生的，而是运用相关艺术表现手法的结果。常见的情感表达手法有：

（1）直接抒情。例如：坚持底线思维，增强忧患意识，发扬斗争精神，掌握斗争策略，练就斗争本领，攻坚克难、锐意进取，做到难不住、压不垮，我们一定能战胜各种艰难险阻，创造新的时代辉煌、铸就新的历史伟业。"一定能"，直接表达了对战胜艰难、创造辉煌的坚定信心和满腔豪情。

（2）细节传情。通过对人物活动场景、特写镜头的细节刻画，含蓄蕴藉地传达出细腻的情感。如：多少个日日夜夜，我们一起忙碌在征地拆迁的第一线，一起置身于农村环境的大整治，一起奋战在蓝藻防治的最前沿，我们用自己的辛苦指数，换来了环境的美丽指数、群众的满意指数。"一起忙碌""一起置身""一起奋战"，以三个典型场景，展现了对人物不辞劳苦、亲临一线、连续奋战精神的赞美之情。

（3）景中蕴情。这是最为常见的抒情手法，包括触景生情、借景带情、情景交融等。例如一篇旅游推介词这样描写山水胜景：那几平方公里范围内，散落着××多座波光粼粼的大小湖泊，镶嵌在亭亭玉立的茂翠松林间，湖光倩影，一片静谧，凌空鸟瞰，银光闪闪，状若星辰，又似珍珠坠玉盘，熠熠生辉。漫游湖群，看渔翁行舟，观白鹭划波，听群鸟啼吟，您会陶醉在人与自然的和谐之中，感到比漓江如诗，比漓江似画，比漓江寄情。这里，通过景物描写、比喻、烘托等手法，赞叹了自然山水的美。

（4）隽语见情。即通过议论点睛、寄语寄望，以及运用意味深长的词语等，表达希望、期待、赞美、祝福等感情。例如：六千年煌煌文明，两千载北海名郡，造就了海纳百川、开放包容的××风骨，孕育了敢为人先、勇毅坚韧的精神特质。我们无时无刻不身受这方山水的滋养，无时无刻不感受这片乡土的富饶，无时无刻不领受这座城市的荣耀。文中，"海纳百川、开放包容""敢为人先、勇毅坚韧"，以及"3个无时无刻"，通过议论点睛、客观评价与主观感受相结合等，讴歌了这座城市的丰美富饶和人文精神。

第十六节　独家小窍门，助你攻克"说理难"

——文之采（3）：理采

议论，在公文中虽较少见，却甚为关键。虽只三言两语，却能起到表明观点、揭示本质、凸显主题的作用。公文在需要阐明观点、辨明是非、讲明道理时，往往要用到议论。

通过议论，作者就某对象发表见解，表明观点和态度。而观点和态度能否被人接受，须看议论的说服力。说服力哪里来？得以理服人。

议论的方法，简单地说就是摆事实、讲道理，大致有四种情况：先摆事实，后讲道理；先讲道理，后摆事实；边摆事实，边讲道理；只讲道理。不论哪种情况，都免不了要讲道理，即"说理"。

说理，要说得在理，让人心服，务须"辨表知里、深入浅出、气盛言宜"。这对文秘人员的语言功底、知识储备、洞察分析能力等提出了更高要求，稍有欠缺便会产生说不深、说不到、说不破等"症候"，令人读来始终有蜻蜓点水、隔靴搔痒之憾。

说理，由此也成了不少文秘人员难以跨越的一道坎。

任何事物都有其内在的规律性。在规律被发现之前，人们想认识并驾驭该事物是有难度的，说理也是如此。有些文秘人员之所以跨不过说理这道坎，就在于没有认识到说理必须掌握的规律和技巧，写作中遇到需要说理的情况，往往是跟着感觉走，而不是跟着规律走，导致说理没有"理"，其难一直"难"。

皆云说理难，其实有理就不难。我们所要有的这个"理"，就是规律、技巧、方法。

首先，要明白"说什么理"。公文要说的"理"，主要有以下 16 种，可按宏观、中观、微观三个层次作大致归类：

宏观上，就是普遍适用的准则、规律，包括哲理、学理、公理等。其中，哲理是关于宇宙和人生的根本原理和智慧，特指哲学、哲人、伟人的有关论述；学理，是科学上的法则、原则，特指从某些特定学科来看的道理；公理，是依据人类理性不证自明的基本事实，特指公众一致认定的事实或道理。宏观上的"理"，"放之四海而皆准"，可能与论题并不直接相关，一般作为最高准则放在说理内容最前面。

中观上，就是从所处系统、所属行业、所在方位来看，受到广泛认可的观点、见解，包括原理、道理、常理等。其中，原理重在"原"，特指事物发展变化的根本原则、方法，以及深层次原因等；道理之"道"，即以同道、业内为视角，对事情怎么样、应该怎么做等提出见解、观点，是从与论题相关而又比论题更宏观的"类项"来洞察事物；常理是一般人认可的规律、通常的道理，包括各种俗语、谚语等。

微观上，是就所要议论的具体对象、内容来阐析个人观点、见解等，包括事理、物理、情理、自理等。事理，是事情发展的规律性，特指对议题之"事"进行分析、议论；物理，是"物"的内在规律，特指对议论之"物"进行分析、说理；情理，是人之常情，特指从情感方面来分析的道理；自理，重在"自"，特指文秘人员自己的理解、观点、看法等。

此外，还有推理、义理、条理、机理、伦理、谬理等，可在上述说理中插入使用。其中，推理，是从已知前提推出某种结论，特指对议论内容进行层层深入的分析和推导；义理，特指对某事物、概念的内在含义作进一步阐释；条理，是事物的层次、秩序，特指对议论对象进行"分条"说理；机理，是事物变化的道理，一般指事物内在变化的机制；伦理，是人与人相处的各种道德准则，如与人为善、尊老爱幼等；谬理，是错误的道理，特指用以反面论证的事理。

吃透了上述"16 理"的基本义和特指义，在需要说理时，就可以分门别类、先后有序、有的放矢地运用。

其次，要学会"怎么说理"。具体来说，要掌握"6 个 3"。

第一个"3"：次序上紧扣"3 个点"。但凡为文，不论是一篇文章还是一段话，提笔一般都遵循"起—放—收"的次序，即起点、中点、终点。写作需要说理时，倘按起点、中点、终点的顺序理好层次，思路会更清晰。

围绕"3个点"，常见的说理顺序有：总—分—总（合），虚—实—虚（合），远—中—近（合），大—中—小（合），外—中—里（合），正—反—侧（合），始—中—终（合），上—中—下（合），等等。上述最后一个点，从行文上看，都是收篇"合"笔。当然，在具体写作时，3个点也可以变成2个点，次序也可以颠倒，须因文而异，灵活处理。不妨举例说明如下。

总—分—总。例如：

放眼全球，冷战思维和强权政治阴霾不散，传统和非传统安全威胁层出不穷（总：全球）。一些国家力图扩大军事同盟谋求绝对安全，胁迫别国选边站队制造阵营对抗，漠视别国权益大搞唯我独尊（分：一些）。如果任由这种危险势头发展下去，世界会更加动荡（总：结论）。

正—反—侧。例如：

反恐、应对极端气象事件……实践已反复告诫世人，人类是荣辱与共的命运共同体，团结合作才是人间正道（正）。任何自私自利、嫁祸他人、颠倒是非、混淆黑白的做法，不仅会对本国和本国人民造成伤害，而且会给世界各国人民带来伤害（反）。历史和现实都告诉我们，只要国际社会秉持人类命运共同体理念，坚持多边主义、走团结合作之路，世界各国人民就一定能够携手应对各种全球性问题，共建美好地球家园（侧：通过历史和现实的道理，从侧面委婉提出要合作应对疫情）。

第二个"3"：布局上厘清"3层次"。上文"16理"从总体上列举了说理的主要类型，但具体写作时往往只用到其中的几种，必须按大小、先后等次序进行细分。

上文按宏观、中观、微观分类的"16理"，换言之，即是"大项、类项、专项"三个层次。其中，大项是人类社会的普遍性原理，即"先哲公知怎么看"，一般与论题并不直接相关；类项，是有关论题所属"总类"的一般性规律，侧重业内"全景总貌怎么看"；专项，专门指向论题自身，侧重"外表内在怎么看"，文秘人员一般直接就论题发表观点。

举个例子。围绕"张×勤练王羲之书法成大家"这个话题进行说理，按"大项—类项—专项"的层次可这样展开：古今成事者务须勤奋（普遍规律，包含书法而不限于书法），练书法需要勤奋（笔锋指向书法业内"类项"，并包含"王书"），练"王书"尤需勤奋，张×勤练不辍终获成功（指向论题）。

按照上述"3层次"，可对"16理"进行合乎逻辑的大致排列（次序不是绝对的，同层级也可同时运用），用以指导说理写作，如：哲理—道理—自理，学理—事理—条理，公理—物理—机理，等等。上述三层次可以有"变体"，如二层次、四层次等；可以变换位置，调整次序；也可以各自分条，按"条理"分述。

哲理—原理—事理。例如：

万事万物是相互联系、相互依存的（哲理）。只有用普遍联系的、全面系统的、发展变化的观点观察事物，才能把握事物发展规律（原理）。我国是一个发展中大国，仍处于社会主义初级阶段，正在经历广泛而深刻的社会变革，推进改革发展、调整利益关系往往牵一发而动全身（事理）。

例文的"哲理—原理—事理"，实际也是"认识论—方法论—实践论"的论证顺序。

第三个"3"：内容上深化"3个论"。一是论"题"，对题目的内在涵义进行阐释，指出"是什么"；二是论"理"，阐明与论题有关的道理，分析"为什么"；三是论"事"，结合具体事件，从性质、意义、功能、价值、内涵、关系、影响、危害等方面，就"怎么办""怎么样"进行深入、细致阐析。例如：

增强受众意识，才能打动人、影响人（题）。廉洁文化产品越贴近时代、贴近生活，就越容易入脑入心（论"题"）。唯有记得住、受触动，才能推动思想自觉向行动自觉转变，产生持久的教育、塑造功能（论"理"）。近年来，许多地方积极探索新形式、新渠道，丰富廉洁文化产品内涵，提升质量，推动廉洁教育与党员干部日常生活相结合（论"理"：从"面"上）。比如，××市围绕"家书"打造品牌活动，鼓励领导干部和家人互写廉洁家书，在增进情感交流中提升思想认识，推动廉洁文化建设走深走实（论"理"：从"点"上）。

中国精神的生动注释，丰富了民族精神和时代精神的内涵（论"事"）。

第四个"3"：结构上遵循"3段论"。针对说理对象，一般先表明观点，进行议论；再条分缕析，逐层论述；最后演绎推导，得出结论。这就是经典"三段论"：议论（提观点）—分论（析）—结论。具体说，在提出论点后，分论部分是用事实、道理论据来证明论点的"论证"过程，结论部分或表明观点，或提出要求，或作出评价，或展望未来等。例如：

我们要推动更加包容的全球发展（论题）。团结就是力量，分裂没有出路

（针对"包容"，正面议论，提出观点）。我们生活在同一个地球村，面对各种风险挑战，应该同舟共济（"同一个"，从"联系"上正向分析）。以意识形态划线，搞集团政治和阵营对抗，只会割裂世界，阻碍全球发展和人类进步（反向分析）。人类文明已经进入 21 世纪，冷战思维早已过时（纵向分析）。我们应该携手努力，开辟合作共赢的新境界（通过前文的正、反、纵向分析，推出结论，发出倡议：携手努力）。

第五个"3"，窍门上用好"3 个词"。这三个词是理论、议论、分析。这三个词，字面上不难理解，但若稍作拆解，其实蕴含着说理的实用小套路，应用起来别有一番妙处，也体现了汉语造词的卓越智慧。具体如下：

理论 = 理 + 论（为什么 + 怎么做）。即先讲道理，再提出"怎么做"的观点、意图、结论，也可称为"必要（必须怎么做 + 要怎么做）""理应（按理怎么做 + 应该怎么做）"。例如：

发展中国特色社会主义是一项长期的艰巨的历史任务，必须准备进行具有许多新的历史特点的伟大斗争（理：客观—主观）。我们一定要毫不动摇坚持、与时俱进发展中国特色社会主义，不断丰富中国特色社会主义的实践特色、理论特色、民族特色、时代特色（论：怎么做）。

议论 = 议 + 论。即先"议"对象，再"论"做法和看法。议，是综合各种因素、理由，进行充分讨论、分析；论，在"议"的基础上，提出观点，明确思路、措施、要求。议论重在"论"，"论"的内容很丰富，可以给评价、讲意义、谈价值、说影响、明思路、作展望，等等，笔触可以指向过去、现在、将来，也可以紧盯内部本质、外面现象等。

根据说理的出发点和侧重点不同，可以把议论分为如下 15 种。

（1）高举式议论。即紧扣论题的某个点，立足于从高处、大处着笔，阐述大道理、大战略、大目标，在此基础上提出论点，进一步增强了权威性和说服力。例如：

要做群众的贴心人（论题）。全心全意为人民服务是我们党的根本宗旨（议1：间接原因，从宏观上讲大道理）。县委书记直接面对基层群众，必须坚持全心全意为人民服务的根本宗旨，自觉贯彻党的群众路线，心系群众、为民造福（议2：直接原因，中观上指出原因和方法）。希望大家心中始终装着老百姓，先天下之忧而忧，后天下之乐而乐，真正做到心系群众、热爱群众、服务群众（论：提出要求、做法，从"3层次"看，本段遵循"公理—道理—自理"的次序）。

（2）点穴式议论。即紧扣论题中的某个关键词，从缘由、性质、意义等方面作出评论，一般要言不烦、一针见血。例如：

必须坚持解放和发展社会生产力（论题）。解放和发展社会生产力是中国特色社会主义的根本任务（紧扣论题揭示性质）。要坚持以经济建设为中心，以科学发展为主题，全面推进……

（3）实证式议论。就是运用事实对前面的观点进行证明。例如：

共青团是党的助手和后备军，是党的青年工作的重要力量（论点）。在中国青年运动的光辉历程中，共青团发扬"党有号召、团有行动"的优良传统，为党争取青年人心、汇聚青年力量，在革命、建设、改革各个历史时期作出了积极贡献、发挥了重要作用（用"青运"的历史事实证明论点）。党旗所指就是团旗所向（推理：引申推导出"要跟党走"，承上启下）。共青团要毫不动摇坚持党的领导……

（4）层递式议论。即后一句紧扣前一句的话题，进行"击鼓传花"式的议论推进，直至逼近结论。例如：

以史为鉴、开创未来，必须进行具有许多新的历史特点的伟大斗争（论题）。敢于斗争、敢于胜利，是中国共产党不可战胜的强大精神力量（紧扣论题的"斗争"，指出党一贯"敢于斗争"）。实现伟大梦想就要顽强拼搏、不懈奋斗（承上落笔现在，提出观点，指出党实现梦想要"斗争"）。今天，我们比历史上任何时期都更接近、更有信心和能力实现中华民族伟大复兴的目标，同时必须准备付出更为艰巨、更为艰苦的努力（从上文推出：实现中国梦要"斗争"，主题所在）。

从上文思路看出，围绕"斗争"这条线，先后"插入"了"党""梦想""中国梦"的议题，越来越具体，越来越逼近主题，行文环环相扣、层层推进。

（5）剥笋式议论。与层递式议论是"向前""插入式"推进不同，剥笋式议论就像"套娃"一样是层层"向里""打开式"行文，直至最小、最关键的"内核"。例如：

以史为鉴、开创未来，必须坚持和发展中国特色社会主义（论题）。走自己的路，是党的全部理论和实践立足点，更是党百年奋斗得出的历史结论（"路""全部理论"，是总）。中国特色社会主义是党和人民历经千辛万苦、付出巨大代价取得的根本成就，是实现中华民族伟大复兴的正确道路（中国特色社会主义，是"全部"理论之一，也是自己的"路"之一）。我们坚持和发展中国特色社会主义，推动物质文明、政治文明、精神文明、社会文明、生态文明协调发展，创造了中国式现代化新道路，创造了人类文明新形态（"我们""五个文明"发展，是中国特色社会主义的理论内容，也是实践的"新道路"，可见，层层打开，步步缩小）。

（6）生发式议论。就是透过现象看本质，采用引申、联想、挖掘等手段，通过无中生有、实中见虚、小中见大、从点到面、由近及远等方法，进一步拓展前文议论的视野。例如：

脱贫攻坚取得举世瞩目的成就，靠的是党的坚强领导，靠的是中华民族自力更生、艰苦奋斗的精神品质，靠的是新中国成立以来特别是改革开放以来积累的坚实物质基础，靠的是一任接着一任干的坚守执着，靠的是全党全国各族人民的团结奋斗（5个"靠的是……"，就是由实转虚的生发式议论）。

（7）升级式议论。就是通过对事情可能变好或变坏、增强或弱化、扩大或缩小等未来、意外情况的预见、预判，事先给出一种或兼容并包、或重点强调的意见或态度，常用"不管""无论""任何""凡是""所有""如果""一旦""只要""也许""试想""令人鼓舞的是""退一步说"等词语引出，往往起到画龙点睛、升华主题的作用。例如：

要坚持无禁区、全覆盖、零容忍，坚持重遏制、强高压、长震慑，坚持受贿行贿一起查，坚决防止党内形成利益集团。在市县党委建立巡查制度，加大整治群众身边腐败问题力度。不管腐败分子逃到哪里，都要缉拿归案、绳之以法（升级式议论）。

（8）比较式议论。即把正面和反面、本面和侧面联系在一起议论，往往观点鲜明，效果分明。例如：

中国共产党始终代表最广大人民根本利益，与人民休戚与共、生死相依，没有任何自己特殊的利益，从来不代表任何利益集团、任何权势团体、任何特权阶层的利益（本句正反相对，观点分明）。任何想把中国共产党同中国人民分割开来、对立起来的企图，都是绝不会得逞的！9500多万中国共产党人不答应！14亿多中国人民也不答应（本句是比较式议论，从反面说明不允许割裂与人民的联系，与上文形成比较）！

（9）借题式议论。即借助一个看似不相关的观点、事实、现象，如名言警句、人物言论、热点新闻、焦点事件等，或是借助譬喻比兴等手法，通过进一步的阐释、议论、分析，一步步转入到正题上来。例如：

"志之难也，不在胜人，在自胜。"脱贫必须摆脱思想意识上的贫困（借用名言阐述必须思想脱贫）。我们注重把人民群众对美好生活的向往转化成脱贫攻坚的强大动能，实行扶贫和扶志扶智相结合，既富口袋也富脑袋，引导贫困群众依靠勤劳双手和顽强意志摆脱贫困、改变命运（转入正题：在说理后提出怎么做，即"理＋论"）。

（10）代入式议论。即先提出一个宏观的观点，再"代入"主题作相关性议论。例如：

伟大事业孕育伟大精神，伟大精神引领伟大事业。脱贫攻坚伟大斗争，锻造形成了"上下同心、尽锐出战、精准务实、开拓创新、攻坚克难、不负人民"的脱贫攻坚精神（把"脱贫攻坚"代入上句的"伟大精神"）。脱贫攻坚精神，是中国共产党性质宗旨、中国人民意志品质、中华民族精神的生动写照，是爱国主义、集体主义、社会主义思想的集中体现（顺势阐明脱贫攻坚精神的性质、内涵）。

（11）反振式议论。就是先提出或驳斥反面的论点进行蓄势，或分析问题、设置反问等来做好铺垫，在此基础上进一步提出正面论点。例如：

近代以后，中国人民遭受列强的侵略、凌辱、掠夺达百年以上，但中国人民不是从中学到弱肉强食的强盗逻辑，而是更加坚定了维护和平的决心（通过"不是……"深化了"而是……"的观点）。人类命运休戚与共，各国人民应该秉持"天下一家"的理念，共同推动构建人类命运共同体（进一步提出建议）。

（12）因果式议论。也叫前置式议论。前置，即紧扣论题先明确观点，再根据观点推导出相关的道理、原因，并把该道理、缘由放在观点的前面。例如：

必须坚持人民主体地位（论题）。中国特色社会主义是亿万人民自己的事业

（因是"自己的事业"，所以是"主人翁"）。要发挥人民主人翁精神，坚持依法治国这个党领导人民治理国家的基本方略，最广泛地动员……

（13）后补式议论。就是对前文论点的某个关键词的内涵进行补充阐释、说明。例如：

优化公共文化服务，方便人们奔赴一场场"文化的约会"，筑牢的是增强文化自信、建设文化强国的社会根基（论点关键词：增强文化自信、建设文化强国）。文明薪火相传，文脉渊远流长，不仅体现在流传千古的典籍里，更体现在人们日用而不觉的寻常生活中（承上进一步深化议论，提出文化传承要融入日常生活）。让优质文化产品和服务触达更多人，让有形或无形的文化元素与更多人相遇，文化认同就会在驻足凝视时悄然铸就，文化自信就能在纵览古今时油然而生，建设文化强国就能获得深厚根基和不竭动力（文化如何融入日常？文章以文化产品和服务"触达""相遇"更多人作"后补性议论"，使之更明晰；同时，从文化认同到文化自信、文化强国的阐述，环环相扣，层层递进，有力地论证了主题）。

（14）分项式议论。分项，即紧扣论点的相关方面，进行分条逐项的议论。例如：

中国人民是崇尚正义、不畏强暴的人民，中华民族是具有强烈民族自豪感和自信心的民族（论点）。中国人民从来没有欺负、压迫、奴役过其他国家人民，过去没有，现在没有，将来也不会有（分论 1：紧扣"崇尚正义"实证，"过去……不会有"，是对"从来没有"的后补式议论）。同时，中国人民也绝不允许任何外来势力欺负、压迫、奴役我们，谁妄想这样干，必将在 14 亿多中国人民用血肉筑成的钢铁长城面前碰得头破血流（分论 2：紧扣"不畏强暴"摆明观点，"谁……必将"是对可能情况的一种假设，是升级式议论）！

（15）旁白式议论。即以"实践证明""××的历程告诉我们""中国人民始终坚信"等第三人称提示语，引出对论题的归结性评价、观点和看法。例如：

40 年的实践充分证明，改革开放是党和人民大踏步赶上时代的重要法宝，是坚持和发展中国特色社会主义的必由之路，是决定当代中国命运的关键一招……

分析＝分＋析。分，即分开、分项；析，就是析出、得出。分析，就是先分条项，再通过提炼"析出"结论。分析，重在析，分析原因、结果，可以作猜测，也可以溯源倒推。

分析和议论密切相关，分析是议论的手段，议论是分析的目的。分析和议论也相互区别。议论重在摆观点、作评价，而分析旨在找答案、作引据；议论比较抽象，而分析相对具体。例如，针对"汽车开得慢"，如果议论，可就慢的性质、程度、影响等发表观点；如果分析，则可借助各种仪器、仪表检测的一堆数据以及相关事实，来阐明汽车开得慢的原因，而这正是议论的依据。

分析的情况和类别比较复杂，从内容看，有客观分析、对象分析、语词分析、主观分析、理论分析、比较分析、辩证分析等；从角度看，有理论和实践分析、整体和局部分析、内部和外部分析、主观和客观分析、共性和个性分析、正面和反面分析、工具和目的分析、特点和趋势分析等。归结来说，常见的有客观分析、对象分析、语言分析、理论分析、主观分析、比较分析、辩证分析、工具分析八种。不论是哪种分析，一般都遵循先"分"后"析"或边"分"边"析"的写作模式。

客观分析，是从对象所处的时代出发，对影响事物发展的外部环境、关联要素等所作的综合分析，如形势分析、历史分析、趋势分析、条件分析、实质分析等。例如：

自古以来，中华民族就以"天下大同""协和万邦"的宽广胸怀，自信而又大度地开展同域外民族交往和文化交流，曾经谱写了万里驼铃万里波的浩浩丝路长歌，也曾经创造了万国衣冠会长安的盛唐气象（先总后分：曾经……曾经）。正是这种"天行健，君子以自强不息""地势坤，君子以厚德载物"的变革和开放精神，使中华文明成为人类历史上唯一一个绵延5000多年至今未曾中断的灿烂文明（析：全段是历史分析）。

主观分析，是文章主角自身的宗旨、思路、措施、目的等所作的分析，如心理分析、行为分析等。

对象分析，是对所议论对象各方面情况所作的分析，包括分析"人"的角色、立场、措施、心理等，分析"事"的情况、过程、问题、发展规律等，分析"物"的性质、特点、构成、变化等，常见的有阶级分析、情况分析、问题分析、因果分析、事理分析、要素分析、价值分析等。例如：

现在，文艺工作的对象、方式、手段、机制出现了许多新情况、新特点，文艺创作生产的格局、人民群众的审美要求发生了很大变化，文艺产品传播方式和群众接受欣赏习惯发生了很大变化（对象分析）。对传统文艺创作生产和传播，我们有一套相对成熟的体制机制和管理措施，而对新的文艺形态，我们还缺乏有效的管理方式方法（主观分析）。这方面，我们必须跟上节拍，下功夫研究解决（析：观点）。

语言分析，是从语言上对观点的内涵、意义所作的分析，主要有内涵分析、意义分析等。例如：

"第一，所谓相'协'，首要之义为协商；第二，所谓相'协'，又有协力之义；第三，所谓相'协'，又有协和之义；第四，所谓相'协'，还有协同之义"（意义分析）。

理论分析，要从实践出发，透过现象看本质，从议论对象所属学科角度作出分析，如政治学分析、经济学分析、心理学分析等。例如：

马克思主义是我们立党立国的根本指导思想，是我们党的灵魂和旗帜。中国共产党坚持马克思主义基本原理，坚持实事求是，从中国实际出发，洞察时代大势，把握历史主动，进行艰辛探索，不断推进马克思主义中国化时代化，指导中国人民不断推进伟大社会革命。中国共产党为什么能，中国特色社会主义为什么好，归根到底是因为马克思主义行（哲学分析，三句话分别是：认识论—方法论—实践论）！

比较分析，是将不同部分、不同事物放在一起加以比较进行分析的方法，有纵向比较分析、横向比较分析等。例如：

古人说："事者，生于虑，成于务，失于傲。"伟大梦想不是等得来、喊得来的，而是拼出来、干出来的（比较 1：实现路径比较，先援引"别处"的哲理，再结合论述内容提出笔者自己的观点，就此作总体说理；"拼""干"统领下文）。我们现在所处的，是一个船到中流浪更急、人到半山路更陡的时候，是一个愈进愈难、愈进愈险而又不进则退、非进不可的时候（为下句铺垫：为何干）。改革开放已走过千山万水，但仍需跋山涉水，摆在全党全国各族人民面前的使命更光荣、任务更艰巨、挑战更严峻、工作更伟大（比较 2：今昔时代比较）。

辩证分析，是将事物分为对立统一的两个方面，并对事物的变化发展作出分析。例如：

改革开放以来，我国文艺创作迎来了新的春天，产生了大量脍炙人口的优秀作品。同时，也不能否认，在文艺创作方面，也存在着有数量缺质量、有"高原"缺"高峰"的现象，存在着抄袭模仿、千篇一律的问题，存在着机械化生产、快餐式消费的问题（辩证分析、全面分析）。

工具分析，是运用相关物质手段进行的分析，如图表分析、问卷分析、模型分析等。

第六个"3"：效果上讲究"3个感"。即层次感、立体感、力度感。层次感，就是论点、论据、论证等不同内容之间先后有序、界限分明，或有宏观、中观、微观之分，或有过去、现在、将来之别，或有层级、内容、程度之异，等等；立体感，是指论述内容角度多样，素材全面，呈现出八面看景、层进叠出、气象万千的纵深感；力度感，就是论点鲜明、论据充分、论证严密、文势饱满有张力，充分展现以情动人、以理服人的表现力、感染力和说服力。例如：

郡县治，天下安（公理）。我多次讲过，在我们党的组织结构和国家政权结构中，县一级处在承上启下的关键环节，是发展经济、保障民生、维护稳定的重要基础，也是干部干事创业、锻炼成长的基本功训练基地（道理：县一级总体"类项"的重要地位）。县委是我们党执政兴国的"一线指挥部"，县委书记就是"一线总指挥"，是我们党在县域治国理政的重要骨干力量（事理：从"县一级"缩小到本文重点"县委""县委书记"的作用）。

年初，我在同部分县委书记座谈时讲过，县委书记官不大，责任不小、压力不小，要当好县委书记是不容易的（插入"情理"：不容易，也是反振一笔）。焦裕禄、杨善洲、谷文昌等同志是县委书记的好榜样（插入"伦理"：举例提示学习的榜样力量），县委书记要以他们为榜样，始终做到心中有党、心中有民、心中有责、心中有戒，努力成为党和人民信赖的好干部（自理：通过上文一步步的剥笋式议论，最终提出观点，表达勉励之情）。

上文两段环环相扣，总体上属于剥笋式议论。"文似看山不喜平"，上文着墨不多，却曲折有致，从公理、道理、事理、情理、伦理到通过"自理"表明观点，文章层层推进，井然有序，娓娓道来，丝丝入扣，是说理力求"3感"的典型体现。

第十七节　议论速成，得八字定乾坤

——文之采（4）："38 定律"巧说理

公文作为部署政务的行政工具，既要有可执行性，也要有说服力。而说服力的提高，离不开精辟的议论。

较之记叙、说明，议论是语言表达的一大难点。学会议论，除了要熟练运用上文介绍的技巧、方法，还有一套"三八定律"，有助于我们快速提高议论能力。"三"，即"3 个实用套路"；"八"，即议论的"8 字成章法"。

先讲"3 个套路"。

套路一：引入—引进—引申—引出。

不管是一篇文章，还是一段话，在论点提出后，都需要调动相关知识、素材、语言等进行论证。一般说来，论证过程要遵循"提出问题—分析问题—解决问题"的内容逻辑。根据行文内容表达的方法，这里可以把全文或局部段落的内容分为引入、引进、引申、引出四个阶段。其中，引入就是导入话题，可对论点作解释、剖析，可引用、可说理、可言物、可述事、可设问等；引进就是为了证明论点，引进需要论证的观点、事实、对象；引申就是对引进的材料进行挖掘、生发，揭示其深层意义，文秘人员可就此提出独到见解、观点；引出就是借助上文的引申，最终得出与前文论点相一致或更进一步的结论。例如：

苏辙讲："主大计者，必执简以御繁。"郑玄讲："举一纲而万目张，解一篇而万篇明。"马克思唯物辩证法中讲，要善于抓住主要矛盾和矛盾的主要方面（以引用名言"引入"）。画龙要点睛，擒贼先擒王，忙碌而不盲目，实干而不蛮干，巧干而不乱干，面面想到而不面面俱到（进一步阐述）。工作抓不住重点就会事倍功半，甚至无功而返。抓工作如果丢了重点，干得再多也出不了成果（"引进"议论对象、主体内容）。抓重点就是要抓事物的主要矛盾、抓矛盾的主要方面，一旦列为重点的工作，就要精心谋划和实施，投入更多的精力，集思广益，反复研究，反复调度（引申：承接上文进一步深入议论）。抓重点不能眉毛胡子一把抓，西瓜芝麻一起捡（引出：提出结论性观点）。

套路二：理事＋议论，即"理—事—议—论"。有时，对论点的论证，也遵循这 4 字思路。

理，就是讲道理，即说理导入，可引用哲理、原理、道理等，也可阐述论点文字背后的道理，还可以由文秘人员调动素材储备自论其理，而要把道理说明白，文秘人员必须博览群书，进一步拓宽知识面。为了把"理"说清楚，可以把"理"分为公理、义理、道理、事理四个层次，顺序因文而异，层次可酌情增删。其中，公理，是古往今来为人一致认同的原理、定理、哲理等（多引用名言、诗句等）；义理，是对论题本身的内涵、意义进行阐释；道理，是逼近与论题相关的事实，从宏观层面阐述；事理，即"摆"进本文所论述的主体对象、具体事件，从微观层面作进一步议论。

事，即摆事实，要求文秘人员务须全面熟悉情况，掌握第一手资料。议，就是结合前文，进一步挖掘、引申，阐发、阐述自己的看法、观点、见解，拓宽对前文的理解，从中生发出与前文观点有关的独到见解，以便印证前文观点，要求文秘人员进一步提高分析能力。论，即在"议"的基础上通过推理，强化对观点的理解，得出结论。例如：

要严守政治纪律和政治规矩（论点）。党的政治纪律和政治规矩是全党在政治方向、政治立场、政治言论、政治行动方面必须遵守的刚性约束，也是最重要、最根本、最关键的纪律和规矩（理）。党员干部要严守政治纪律和政治规矩，增强"四个意识"、坚定"四个自信"、"拥护两个确立"、坚决做到"两个维护"，自觉在思想上政治上行动上同以习近平同志为核心的党中央保持高度一致，始终在重大原则问题和大是大非面前立场坚定、旗帜鲜明，始终不折不扣贯彻落实党中央各项决策部署，始终按规矩和制度办事（事：怎么做），该请示的要请示，该报备的要报备，不能随心所欲、擅作主张，不能口无遮拦、妄议中央，更不能明知故犯、肆无忌惮（议：归纳上文，进一步具体阐述怎么做），要做政治上的清醒人、明白人、带头人（论：结论）。

套路三：引述—阐析—推证—结论。引述，即"引"和"述"。引，就是引用相关权威观点（如格言、俗语、诗句等），顺势简要记述相关事件、事实。阐析，即对引用的道理和记述的事实进行深入挖掘、分析，从中揭示出内在的意蕴、实质。推证，就是将阐析出的内在意义与论题、论点结合起来，推导并证明论点的合理性。结论，收束前文，进一步强调论点，并提出建议，发出号召。

上述即"8字成章法"。综合考虑议论的各种技法，这4词8字很关键，有助于快速成段。4词拆开就是8字：引、述、阐、析、推、证、结、论。

引，就是引用，包括哲理、格言、名言、学术理论、谚语、俗语、领导讲话等，用以增强议论的权威性和说服力。

述，就是记述、叙述，即概括与论题有关的事件、事实，用以为下文议论提供对象，树立靶心。

引和述不是目的，目的是为下文证明论点奠定基础，提供源头活水，属于议论的基石。

阐，对于达成议论的目的十分关键。论点能否得到强有力的证明，关键在于"阐"是否深入、透彻，可否把引用内容运用好，能否把深藏于表象下的本质意义揭示给人看。阐，本意是打开，后指阐释、阐明、阐述、阐发等。阐释，就是对论点及引述内容进行浅易化、针对性的解释；阐明，就是把引述内容蕴含的道理讲明白；阐述，就是结合引述内容，概述与论题相关的事实，表明文秘人员自己的观点、立场、见解等；阐发，就是阐幽发微，即借助挖掘、拓展、生发、填补等，由表及里、由点到面、由此及彼，进一步揭示引述内容的深层意蕴和广泛影响。

析，就是分析、析出，即通过对前述内容或议论对象进行有针对性的分解、说明，从中"析"出证明论点所需要的内容、观点。

阐和析，因引和述而起，是打通论点、直达结论的主观性内容。引述内容能否真正体现价值，离不开阐析的针对性和深刻性。阐和析，能否把引述内容的论证意义揭示出来，有赖于文秘人员的敏锐眼光、丰富知识和分析能力。阐析，需要深入、透彻、细致和精准。

推，即推理，具体包括推开、推论、推广、推近、推己、推深、推反等"七部曲"。推开，是承接上文话题，进一步打开、拓展、延伸，掀起又一波议论高潮；推论，承接上文最近的话题，作出分论；推广，是铺毫，顺势拓宽视野，笔触向更广、更远处覆盖，为的是提供更为充足的论据；推近，是收笔，即在获得理论力量支持后，逐渐向议论主题靠近；推己，进一步缩小范围，聚焦议论对象，揭示文章主题；推深，把议论推向更深层次；推反，推出反面的观点。这"七推"，严谨细致，后文紧承前文写，增加了文章层次，能产生层层深入、步步进逼的表达效果。在实际写作时，可视情作繁简取舍，无须面面俱到。

引述内容经深入阐析后，其本质意义已显露无遗，但与论点的联系还不够明朗，需要用"推"将两者关联起来，通过层层推理，进一步显示引述内容对于证明论点的价值、意义所在，步步逼近主题。推，是聚焦论点和引述、阐析内容的内在联系，具有很强的逻辑性。

证，就是论证、证明。从引、述出发，历经阐、析、推，一路行笔，其实质就是一个"证"，证明论点的合理性、所证对象的合主题性。证，是引、述、阐、析、推的总方法、总目的，"证"的方法很多，主要有20法：

例证，运用典型举例来证明论点。

实证，即事实论证，运用真实、可靠、有代表性的事实、数据等，具体有力地证明中心论点，增强文章说服力、趣味性、权威性，让文章浅显易懂。

佐证，运用其他方面的辅助性资料进行证明。

印证，把有关联的多方面资料、观点结合起来证明论点。

引证，"道理论证"的一种，引用名家名言等作为论据，引经据典地分析问题、说明道理。

设证，是针对上面所举的事，设计恰当角度进行假设，进而推论论据的真实性、可靠性，从而深入论证中心论点，常用"如果……""假如……""一旦……""只要……""不管……""无论……"等词语引出。

求证，就是归纳论证，是从个别到一般，即从特称命题出发，通常是几个特称命题得出一个关于它们共同的可信结论。归纳论证的目的是对大量的事物做出可信的一般性结论。例如：鲁班被长有细齿的野草割伤了，大受启发，发明了锯子；牛顿看到苹果落了，经冥思苦想反复思考，发现了万有引力定律。善于思考的人，能由小及大，小中见大，从小事中得到大启发（最后一句是对前文的归纳）。

举证，就是演绎论证，"理论论证"，它是从一般到个别，根据一般原理或结论来论证个别事例，即用普遍性的论据来证明特殊性的论点。

谬证，就是归谬论证，即用反面论点引出错误结论，进而否定反面论点。例如：

如果把监督当成挑刺儿，或者当成摆设，就听不到真话、看不到真相，有了失误、犯了错误也浑然不知，那是十分危险的。这些年，从查处的领导干部案件来看，很多都是从不愿接受监督开始，发展到回避监督、抵触监督，最后失去监督，陷入了违纪违法的深渊。

上例既是谬证，也是举证（演绎论证）。

推证，即因果论证，是根据客观事物之间都具有的普遍的、必然的因果联系，通过提示原因来论证结果。例如：我们必须强化对市民的宣传，营造理解、支持、参与项目建设的社会氛围，力求用民主的办法解决民生问题，确保民生实事顺利推进。否则，我们办了实事，老百姓却不买账，为下年度的工程推进造成很大障碍（"否则"，承前文原因，推出另一种不利的后果）。

理证，即道理论证，是用经典著作中的精辟见解，古今中外名人的名言警句，以及人们公认的定理公式等来证明论点。

类证，就是类比论证，即根据两个对象在某些属性上的相同或相似，推论两者在其他属性上也有相同或相似，其逻辑形式为：A 具有 a、b、c、d 的属性，B 具有 a、b、c 的属性，所以，B 可能具有 d 的属性，属于形式逻辑中的归纳推理。例如：过去，我们开展"庭院改善""背街小巷改善"，注重决策的民主化，讲究设计的个性化，突出建设的精细化，推进管理的社会化，实现了好事办实、实事办好的宗旨。现在，我们实施"旧改"，只要坚持过去"四化"的传统，就一定能把这项工作做成叫座又叫好的民生工程。

喻证，是指用喻者之理去论证被喻者之理的论证方法。在两事物之间，只需要有类似之点，即可用一事物比喻另一事物，从而论证一个比较抽象的事理。

反证，不对论点做直接论证，而是对这一论点相反的另一论点进行论证。如果"另一论点"是正确的，那么"这一论点"就是错误的；如果"另一论点"是错误的，那么"这一论点"就是正确的。

辩证，即正反论证，要求先提出论点，先反后正，或先正后反，进行论证。

对证，即对比论证，也称比较法，是将两种相反的情况加以比较，推导出它们之间的差异点，使结论映衬而出的论证方法。有纵比、横比、正反对比三种。

驳证，即通过反驳错误言论的方法来证明。

诠证，通过对事物的内涵、本质进行阐释、反洗来证明。

考证，通过侧面考查、验证事物的历史、逸事等来证明。

自证，即运用自身实践、相关资料等来证明。

推和证，是沟通论点、论据和结论的关联性内容，为最终作结论提供根本参考。

结，就是小结，收束上文。结，可概述事实，可总结见解，可指出问题等。结，为最终的"论"作铺垫。

论。不论是一篇文章，还是一段话，往往都是从"论"开始，最终回到"论"，不过起初是"论点"，最后是"结论"。结论是对论点的深化和具体化，论点一般是思想性的，而结论不仅是思想观点，有时还指明方向、作出展望、描绘愿景、提出对策建议等。

完整地运用上述 8 字，能充分展现论证的层次感、立体感。例如：

"淫慢则不能励精，险躁则不能治性"（引），这是诸葛亮 54 岁临终前写给 8

岁儿子诸葛瞻的一封家书——《诫子书》里的一句话（述），意思是说，放纵懒散就不能振奋精神，急躁冒险就不能陶冶性情（阐），深刻地指出了严谨对于人生修养的重要性（析出"严谨"）。严谨是一种对人、对事、对己严肃认真的态度（推：承接上句"严谨"，推开议论角度、层次），没有这种态度，人生就可能流于放纵，事业就可能流于荒废（论：反面理证）。古今中外一切有成就的人，都是对人生、对事业、对自己采取严谨态度的人（推广：例证）。对于党员干部来说，严谨就是工作作风上的务实高效、追求卓越，就是生活作风上的洁身自爱、维系自我（推近：对党员干部共性要求）。我们在座的各位都很年轻（推己：议论主体），在今后的工作和生活中，更要把"严谨"二字时刻悬于脑际，始终保持一种"如临深渊，如履薄冰"的危机感（证＋结：总要求），慎言、慎行、慎独、慎微、慎终，决不能自我放纵（论）。否则，权力就有可能成为堕落沦丧的根源（补笔，设证，显示"不严谨"的后果，反衬主题）。

当然，上述"8字"并非缺一不可，个别字可能也不止出现一次，在顺序上也不是铁板一块。

除了上述"8字"，最常用的还有嵌、摆等。嵌，就是结束前文的论述，进入下一层次论述前，插入有关的名言或事例，一般一带而过，不占主要内容。摆，就是在充分说理的基础上，把需要论证的内容"摆"进来，两相衡量，结论显而易见，推论举重若轻。娴熟地议论，一定要学会"摆"，只有善于把自己"摆"进去，把身边人和事"摆"进去，把与论题相关的当前事"摆"进去，才能扣紧主题、凸显主题。同时，除了前文以引用引入、以道理引入外，还可以事例、事实引入。例如：

现实生活中，完美主义者总是给自己和他人设定过高的标准（事：举例引入，树立目标）。当人、事、物令他不满意时，他就会产生不良情绪，甚至厌恶和恼怒（析：摘取片段简述表现）。为了避免不完美，他们不惜多花许多时间、气力去做多余事情，结果适得其反（推：推进、推深，从因到果）。不仅在事业上难以成功，而且在家庭问题、人际关系等方面，也不可能取得满意的效果（结论：求证，即归纳论证。行文至此，既是例证，也是谬证，这是第一层次，说明完美主义不可行）。胡适有句话叫，"对事要于无疑处有疑，对人要于有疑处无疑（嵌：引用名言，作为内容深化后的又一层次观点）。"心理要健康，不要多疑（阐）。因为有疑，项羽逐范增，崇祯杀袁崇焕（推开：例证、反证）。人之处事，固不可以不思，而亦不可以过思（推论）。不想是"傻子"，但是想多了就是"疯子"（推深）。追求完美只会让人走进形式主义的怪圈，有智慧的行动家不会如此（推广到行动家）。完美主义就是空想主义，必然导致形式主义，而形式主义绝对会害死人（结论：推反）。现实生活中这样的例子举不胜举（脱贫攻坚前期一些地方走过的弯路）（举证）。所以，从去年开始全国上下，我省县、乡、村都在着力反对和防止形式主义（摆：也是举证）。

第十八节 这样的拿来主义，燃

——文之法（1）：移花接木术

每当看到一篇好公文，刹那间，我们便被文章奇巧的构思"惊"到了，并暗自喟叹：我怎么就写不出这样的文章呢？

临渊羡鱼，不若退而结网。对于那些"满纸流光照眼明"的佳作，我们一旦心动，务须即刻行动，何不"拿来主义"，来个"一仿才休"？

常言道天下文章一大抄，而事实情况是：机械照抄是犯罪，抄出智慧诚可贵。实践证明，抄百次不如仿一次，百仿终得一手新。仿多了，自然会"思维池边活水来，笔头风来春意闹"。在持续的临佳作、仿高手实践中，我们必然技艺精进，信手拈来，收获"键上生春色，纸端变佳篇"的巨大喜悦。拿来主义，其实就是仿来主义。

拿来主义的根本原则，在于要拿得了，拿得好，拿得没有非议。拿得了，基于两个前提：一是可拿，没有限制；二是能拿，笔力足够。拿得好，好就好在：一是眼光独具，拿的内容好；二是拿来后加工精良，与原作星月同辉、难分伯仲；或是翻出新意、自成高格。拿得没有非议，就是拿的权限、内容、方法等没有非议。

拿来主义，是一门移花接木的艺术，蕴含着智慧，体现着水准。要成为一名出色的拿来主义者，必须精通拿来之术，细数有三：拿谁的，拿什么，怎么拿。

首先是"拿谁的"，这是借鉴的对象。可供公文写作"拿来"的对象着实不少，只要内容适合、文笔好，都可以拿。拿得最多的，当属公文高手的佳作。既可以拿他人的，也可以拿自己的；既可以拿过去的，也可以拿现在的。不论对象，不问范围，只要适合，但拿无妨。有时，还可以跨界拿，比如报纸上有关内容的精辟观点，专业书籍的学术论述，相关期刊上的专业阐述，以及文学作品的有关手法、语言表达等，都可以为我所用，能拿则拿。

　　其次是"拿什么"，这是借鉴的内容。从公文的写作过程看，包括主题、构思、结构、选材、标题、语言等；从内容看，一篇综合性公文一般包括政策内容、理论阐述、事件、措施等。我们既可以从政策文件、领导批示中寻找主题灵感，从自己的旧作中摘取写作片段，也可以向同类公文借鉴构思方法、写作素材；还可以向报纸等学习结构安排、标题技巧、语言表达等。只要仿写改造后能为文章增色，无一不可。

　　最后是"怎么拿"，这是借鉴的方法。对于被看中的写作内容或语言形式，怎么拿很有讲究。毫无疑问，我们不能全文照抄，得有目的地拿，有选择地拿，有限度地拿，有艺术地拿。拿的最高境界，是拿来的内容要切合写作要求，不露斧凿之痕，在嵌入正文后要与全文主题一致、内容一致、风格一致。从拿的程度看，有两种：一是适当照搬，比如政策文件、领导批示的内容，但不宜多；二是改头换面，对拿来的内容回炉再造，精雕细琢，努力使之更相宜，更出彩。

　　如上所述，既然拿不是抄，拿后还需要加工改造，把他人的变成自己的，把过去的变成现在的，这一拿的过程其实就是仿写。但仿不是依葫芦画瓢，循线勾边，按框剪纸。仿作，必须是仿造之作，即仿中有创造、创新，最终通过推陈出新，甚至要努力超出原作，成为佳作。

　　仿，从对象看，有仿立意、仿构思、仿语言、仿结构、仿标题等；从范围看，有全文仿和局部仿；从来源看，有仿单篇和仿多篇。从一篇奉行拿来主义的公文材料看，仿写一般是多方面、立体化、全方位的，涉及上述各个方面。正是在一次次的仿写中，文秘人员越仿越出色，越学越精通，最终无痕无迹，化为己有，日积月累，终成高手。

　　有一同事曾写过一篇党支部书记的党建工作和"一岗双责"的即兴述职，虽只发言五分钟，却临场发挥，通过拿来主义"仿"出了新意，成为众多报告中最"燃"、最获"赞"的一篇。

　　事后交流中，该同事说他在列纲时想到了曾看过的一篇学党史体会文章，该文用"开天辟地、改天换地、翻天覆地、惊天动地"这四个成语，分别形容新中国成立、社会主义建设、社会主义改革以及新时代发展等四个历史阶段，令人历久难忘。于是，笔者稍加发挥，用六个"×天×地"结构的成语从中"仿"出了以下结构：一、职责上顶天立地；二、任务上铺天盖地；三、履职上昏天黑地；四、影响上震天动地；五、效果上欢天喜地；六、打算上战天斗地。

　　总体框架立好后，接下来是六部分的内容展开。每一段的各大信息点都有丰富内容，限于时间，该同事只作了提纲挈领式的分述，未作一一举例，减少了过细说明。具体如下：

一是职责上顶天立地。

顶天，是树"天线"，主要是贯彻落实"四个紧"：紧跟上级理念，将管党建、强作风、抓学习落实在全过程；紧扣上级要求，全面排查廉政风险点××个；紧盯上级目标，大力推进"以案促治"工作；紧贴上级文件，丰富党建"四个日"活动。

重点是抓好了"六个字"：学、走、干、查、改、建。学，就是学理论、学文件、学业务，完善学习计划，健全学习机制，进一步提高理论水平和工作能力，共组织学习××次；走，就是走村串户，访贫问苦，不断延伸党建工作的触角，共梳理问题××个，解决××个；干，就是紧扣年初党建目标、工作目标，撸起袖子干、一步一实干、坚持不懈干，实现了干出特色、干有成效，获得奖项××个，被市以上媒体报道××次；查，就是借助党小组、组织生活会等形式，查摆工作上、作风上存在的问题；改，就是对照问题清单，从紧、从严、从实整改，即知即改，立行立改，整改率××%；建，就是立足当前，着眼长远，切实完善党建和廉政工作制度，修订制度××个，新编制度××个，进一步勾画了党建工作蓝图，扎紧了作风建设篱笆。

立地，是插"地线"，切实做好为基层的服务、指导工作。借助办文、办事、办会"三办"，通过共商、共推、共治"三共"，尽心为基层出谋献策，竭力为市民排忧解难。围绕老旧小区改造这一民生实事工程，通过召开培训会、布置会、推进会、交流会、现场会、座谈会，细化措施，优化方案，强化协同，全年共完成了××个小区改造；聚焦百姓诉求，着力办好工作日常事、安全意外事、领导交办事、生活麻烦事、陈年棘手事、社会热点事，如广为关注的××号台风期间××楼宇车库进水事件、×月×日××立交桥隔音屏事件处理等，受到了外界较好评价。全年共办理领导批示件××个，紧急事件××个，受理热线投诉××个。

二是任务上铺天盖地。

铺天，即任务多。本年度，由于××、××等重大活动，本部门的任务大幅度增加，从过去的"三足鼎立"变成"七剑下天山"：在原先××、××、××的基础上又增加了××、××、××、××四项工作，并呈现"六个多"的特点：头绪多、事务多、材料多、检查多、急事多、难题多。如在难题方面，突出的特点是"老少边穷"。老，即队伍年龄结构老化；少，就是人手紧；边，即边界性、扯皮性问题多，牵扯了大量精力；穷，即陈年欠账多，还经常性"发作"，由于体制性、结构性缺陷，目前应对的办法不多（举例略）。

盖地，即下压多。由于属地管理的体制，各项任务都"翻斗车"一样传导到基层，导致基层人员任务重、压力大，因为"管水"的缘故，这里不妨引用有关水的诗句作形容：

任务，好似黄河之水天上来——太猛；

考核，好似流水落花春去也——太伤；

难题，好似巴山夜雨涨秋池——太愁；

希望，好似滚滚长江东逝水——太难。

三是履职上昏天黑地。

就是白天忙晚上也忙，工作日"5+2""白＋黑"地干，周末是"星期六一定不休息，星期天休息不一定"。具体体现为"新五子登科"：日常跟着夹子转（文件交办），晚上跟着格子转（写材料），周末跟着轮子转（一线检查），全年跟着框子转（各种指标考核），年年跟着梯子转（年年进步）。在全体同志的共同努力下，圆满完成了年度各项工作任务（相关数据成果略）。

四是影响上震天动地。

震天，就是引起了上级领导的高度关注，全年共收到省领导批示××个，市领导批示××个。

动地，就是吸引了部门基层的广泛参与，在老旧小区改造中，××个社区全面出动，××个部门协力联动，受惠群众大为感动，全年共接受市民赠送锦旗××面，群众对改造工作的满意度达到了××%。

五是效果上欢天喜地。

欢天，就是各级领导满意，市委、市政府、市人大、市政协的各类交办件、建议件办结率和满意率均为100%。

喜地，就是城区、街道工作人员满意，群众满意，社会各阶层满意，创成先进单位××个，示范小区××个，不达标单位、小区均为零。

六是计划上战天斗地。

明年的重点任务是打响五大战役：老旧小区改造主体战、各项目建设阵地战、城市五大难题攻坚战、社会宣传攻心战、治水"三年行动"抢滩战，为后续工作决战决胜争取主动，抢得先机，赢得先手。

具体是继续紧盯"7666"。祭出7剑，即：二供、供水、节水、营商、抗咸、管建、亚运；突出6字：学、走、干、查、改、建；办好6事：日常、意外、交办、烦心、陈年、热点事；破解"六多"：头绪多、事务多、材料多、检查多、急事多、难题多。

回顾过去，没有一年是轻松的，没有一年是平顺的，也没有一年成绩是打折的，而每一项成绩的取得，都是全体同志用辛苦拼来的，用付出搏来的，用汗水换来的。

遥望前方，铺满的不是彩云朵，而是满眼的铁蒺藜。我们将攻坚克难，持续用力，久久为功。最后，化用叶剑英的诗句：攻城不怕坚，治水莫畏难。前路多险阻，苦战能过关。我坚信，在××领导的带领下，在同志们的共同努力下，在城区部门的配合下，我们一定能拿下××××年"会战亚运，决战旧改"这场史无前例、后无来者的天王山之战。

上述即兴发言从总体上看，是借他人的"瓶子"装自己的"酒"。除了"拿"结构，其他的"拿来主义"也有不少。例如"老少边穷"原指革命老区、少数民族地区、边远地区和穷困地区，本文却赋予了新的意义；"五子登科"也用来形容工作中的五大突出现象，都用了借代的手法；"盖地"的四句故事以及文末化用叶帅的诗，都是文章出彩之处，使得本文在中规中矩的一众述职中别树一帜，给人留下了较为深刻的印象。

第十九节　简短，是缩龙成寸的艺术

——文之法（2）：删繁就简术

曾在文秘人员中征询过这样一个问题：公文是长文难写，还是短文难写？不出所料，绝大多数都认为文章越短越难写。其实也不难理解，如果让你用300字表达原本可写上万言的内容，或许会让你抓狂不已，大费周章。

短文难写，难就难在如何把复杂的事情简单化，以极俭省的文字表达极丰富的内容。简短不是简单缩短，而是在内容简化、文字提炼基础上的再加工、再创作，是一次全面、深入的材料"提质工程"。

常言道：浓缩的都是精华。经字斟句酌后形成的短文，往往以一当十、言近旨远，成为让人击节称赏、令人口耳相传的佳作名篇。

当然，公文到底是长些好还是短些好，不能一概而论，应具体情况具体对待。笔者以为，在内容全面、重点突出的前提下，公文当以简短为要，而且是越短越好。实践证明，质量高的短文，其效果丝毫不输大块文章，甚至远在大块文章之上。

简短二字，简是手段，短是效果；简的手段越高明，短的质量越突出。因此，要写出优质的短公文，须在"简"字上下功夫，熟练掌握"简"的艺术。

简，好似缩龙成寸的绘画艺术，龙首、龙腹、龙尾、龙须、龙神等，应有尽有，一应俱在，但所占空间资源却大大缩减，缩斗方成微寸。公文写作要求"简"，须在"二加三减"上下功夫：

观点要简"明"，思想加"盐分"。简明，就是简洁明了，三言两语就直戳思想内核。思想是一篇公文的"基本盘"，再简不能减思想，尤其是核心思想，这是文字简化的根本原则。短文在经历一番删枝去叶后，最抓人眼球、动人心魄的，莫过于思想。有思想的短文，正如加了盐分的羹汤，才会品之有味。而短公文的思想"盐分"，都充盈在意图明确、表达简明的观点中。公文常借助标题或主题句表达任务要求、主观认识、事项评价、策略见解等观点。

如习近平主席在二十国集团领导人第十七次峰会第一阶段会议上的讲话，言简意赅、直截了当地提出三个观点：我们要推动更加包容的全球发展，我们要推动更加普惠的全球发展，我们要推动更有韧性的全球发展，三个标题直指要害，令人印象深刻。

语言要简"括"，表达加"养分"。括，就是包括、概括，要让语言浓缩、集中，变多为少，最重要的是提高概括能力，尽可能用概括性强的语言来表达，如运用简缩、数概等手法，或运用文言词汇、借用学术词汇和专业术语、引用名言警句、活用修辞、化用诗句等，所有这些都能明显增加语言的"养分"，提高文章的表达水平。特别是从多到少、由粗变精的提炼，往往能产生平中见奇、点铁成金的表达效果。例如：

助力基层所盼精准服务，出台了加强乡镇建设"1+5"政策组合拳，部门"七站八所"纳入乡镇属地管理，促进了权力下放、力量下沉、重心下移。

这里，"1+5"对措施、"七站八所"对对象、"三个下"对结果进行了高度概括，大大简缩了篇幅。

构造要简"单"，层次减"辈分"。单，就是单一，不复杂。不少篇幅臃肿的材料，就是因为结构层次"辈分"太多，"子又生孙，孙又生子；子又有子，子又有孙；子子孙孙无穷匮也"。层次"辈分"缩减得越少，文章结构就越简单清晰，内容就越直观明了，给人神清气爽、干净利落、晓畅通透的感觉。特别是篇幅有限定的材料，要尽可能用单层结构，大刀阔斧去枝叶，一线贯通留主干。

例如某领导在重大节会安保会议上的讲话，全文主干就三个段落一个层次：强化服务保障，必须做到坚定清醒、不辱使命。确保万无一失，必须做到敢打硬仗、善打硬仗。打赢这场硬仗，必须做到实干至上、行动至上。

内容要简"要"，肌体减"水分"。要，就是重要、显要、主要的内容。有时限于篇幅，内容安排上不能尽兴挥洒、汪洋恣肆，必须有所取舍。此时，选材要注意分清主次，重点内容点到即止，次要内容一笔带过，边缘内容能省则省、能略则略，无需展开或指向宽泛的内容则可以用模糊语、概括提炼等手段加以压缩，最大限度地去除水分。例如：

××区抓牢"无证明城市"改革，通过直接取消、申报承诺、数据查询、部门核验四条途径，精简证明材料××种，取消证明××项，不断"刷新"群众办事体验。同时，抓牢列入全省改革试点的"标准地＋承诺制＋代办制"，对××家涉企部门的服务流程进行了重构优化，企业现在一次都不用跑了。

例文介绍"无证明城市"改革措施就事论事、点到即止，句句抓关键、提重点，至于"怎么办"的、过程如何等略去不提，精炼到只剩"骨头"。至于办事结果，文章用"刷新体验""重构优化"等内在信息量很大的模糊语进行概括，至于体验如何新、结构如何优无需点破细化，显得十分精炼。

技法要简"化"，语法减"成分"。为了证明观点、陈述事实、说明方法，公文有时会运用很多写作技法，如深入议论、插叙故事、列举事例、铺陈渲染、意义生发等。有时内涵的意蕴多了，句子的语法成分也大大增加。写短文，务须少用技法，减少不必要的议论，避免信马由缰、不着边际地讲故事、穿插事例，即使讲故事、举例子也不能拉杂汗漫，一发而不可收。明代开国皇帝朱元璋鞭笞茹太素的故事流传很广，茹太素之所以被施以鞭刑，就是因为文风不正，全文17000余字直到最后500字才入正题，这样的教训是非常深刻的，也启示我们公文写作中一定要努力砍掉铺垫渲染、东拉西扯的内容，让文字吹糠见米、去皮见筋。

此外，在句子结构上，要尽量去修饰、多直陈，最好多用简短直接、节奏明快的句子表达。例如：

围绕人、地、钱的难题，组建"智囊团"，出台"政策包"，设立"项目库"，切实打好村企结对、多村联创等乡村经营"组合拳"。这样的短句显得活泼明快，十分干练。

第二十节　出彩总结，写公文必备的"顶流技术"

总结，作为一种事务性公文，在各级机关企事业单位中应用十分广泛。无论是干部还是职工，无论是文职岗位还是业务工作，都少不了要写总结。可以说，写好总结是广大干部职工回顾工作历程、总结工作经验、展现工作业绩的必备基本功。

总结，不只是一个文种，也是一种技法。这个技法，不仅写各类工作总结要用到，也是写其他公文的核心技法；不只是写作需要总结技法，日常说话、工作汇报也离不开总结技法"垫场"。有人只寥寥数语，却口吐莲花，不仅能把平常工作说成"金招牌"，还赢得了"满堂彩"；而有人天上地下讲了老半天，虽讲得口干舌燥，听者却如坠云雾，不知所云。个中差别，即在于总结水平的高下。缺少了出彩总结法的有力支撑，工作、汇报焉能激起"眼球效应"、诱发"心灵电波"？

可见，练就一手过硬的总结功夫，是我们写好文章、讲好故事的必修课。公文要写好，技法有万千，而总结乃顶流。总结要出彩，须有"六真六亮"。

一、从概念出发，此中有真意，用思想点亮素材

总结，一个再普通不过的概念。倘若问总结是什么，很多人都会脱口而出：总结不过是对工作措施、成绩、经验、教训等的高度概括。这句话有没有错？没错。但这句话并不全面，只说了"总"；总结还有"结"，即工作的结果、阐述的结论、思想的结晶。比较而言，"总"和"结"，前者侧重"事实"方面，后者侧重思想、意图方面。如果文章有"总"没有"结"，不过是一些事实材料的堆砌，这是很多总结报告性文章难以出彩的一个重要原因。倘若有"结"没有"总"，文章就没有血肉，内容空洞，言之无物，同样不可取。

因此，在公文写作中要总结出彩，其真意在于：既要"总"，学会高度概括；也要"结"，要用简明扼要的思想、意图点亮看似平常的素材，画龙点睛，让读者看到真髓。例如：

严格管理，注重创新，进一步完善了各项业务规章制度，制定了行之有效的业务运行机制（总），基础业务工作继续名列全市前列，地面测报错情率及报表错情率均为×.×‰，资料上行传输及时率达到100%，杜绝了重大错情发生，并达到了"百班无错"，继续高质量保持"四星级台站"（结：工作的结果），为努

力把我县建设成为绿色生态、富裕文明、和谐宜居新××提供可靠的气象服务保障（结：思想的结晶）。

上例中，"总"是"结"的基础，"结"是"总"的升华，"总""结"结合，文章才有血有肉，形神兼备。

二、从实践出发，个中有真货，用匠心拨亮富矿

公文写作中运用总结技法，一方面要注重思想引领，另一方面也离不开素材支撑。生活是写作取之不竭的富矿。对工作进行总结，首先要从实践出发选取写作的真材实料，从客观事实中获取总结的源头活水。

然而，不经思维加工的生活素材，只是一堆没有灵魂的砖瓦。总结选取的素材要凸显针对性和典型性，离不开作者的别具慧眼和独具匠心。"看似平常最奇崛，成如容易却艰辛。"貌似平常、琐碎的日常工作，一经文秘人员的独特加工，往往能脱胎换骨、化腐朽为神奇。未经加工的素材是繁杂的、凌乱的，而经作者"凿山取矿"、被"砌"进文章的不同部分后，才"山石"有属，各归其类。

可见，加工素材的主要方法是文秘人员围绕既定的写作目的，首先对原始素材进行类型化处理，其法有三：一是纵剖，即从时间、过程维度来选材；二是横切，即从构成、组成维度来选材，主观反映客观，事物构成即文章构成，我们对事物构成的分析法不同，所得到的文章结构也大相径庭；三是意分，即按不同的思想、理念、意图、观点等分类取材。

例如"环境'百日整治'"工作。若按"纵剖法"总结，可把"百日整治"分为宣传发动阶段、全面落实阶段、巩固提升阶段，并由此写成"三段论"。按"横切法"总结，分类方法众多，如按区域分为：窗口地区整治，城郊结合部整治，乡村整治等；按性质分为：日常"四化"问题整治，疑难焦点问题攻坚，突出应急事件处理等；按内容事项分为：道路问题整治，水环境整治，工地乱象整治等：我们能作出几种分析，就有几种结构法。按"意分法"总结，文秘人员脑海中秉持几种思想，就有几种写法，如以"及时"为"意"：及时部署，及时推进，及时督促等；以"协同"为"意"：上下互动，凝聚战力；左右联动，全面发力；内外齐动，形成合力；等等。

三、从典型出发，其中有真功，用形象燃亮主题

作总结仅有一般性素材，还只是泛泛而谈，平淡无奇。总结要吸睛、走心，

除了要展现全貌，还需细处着眼，实处着手，深处着力。细，就是要注重相关细节的刻画，于细微处见真功显真情，力求人物形象化、选材典型化、事物场景化；实，就是要列举事例，使素材进一步具体化；深，就是注重对事件的深度挖掘，既有定性的事实评述，也有定量的数据分析，进一步彰显内容总结的层次感、立体感。可以说，细节描绘、列举事例、数据说明、融情于文，是总结更加生动、具体的四大法宝。例如：

着力精准查漏补缺，开展落实"两不愁三保障"回头看大排查，组织××万余名干部和帮扶工作队员一村一村地查、一户一户地过、一项一项地问（细节描写），进一步摸清底数、补齐短板。着力精准验收退出，做到脱贫县"一低三有"、村"一低五有"、户"一超六有"（典型做法），确保脱贫质量经得起历史和人民检验。脱贫攻坚以来，×××万建档立卡贫困人口通过易地扶贫搬迁"挪穷窝"，×××万贫困群众通过农村危房改造住上"安心房"，×××万贫困患者得到分类救治，×××万贫困群众纳入农村低保兜底保障，特殊困难儿童和贫困残疾人全部享受社会保障，×××万贫困群众的饮水安全问题和×××万贫困人口供电质量不达标问题全面解决（数据说明，从产、住、医、保、助、用等方面列举事例）。脱贫群众不愁吃不愁穿，义务教育、基本医疗、住房安全、饮水安全都有了保障（收笔对上文总结，从五个方面历数脱贫攻坚的巨大成就，自豪满满，真情贯注），贫困群众过上了过去想都不敢想的好日子（赞叹之情）。

上面例文选自脱贫攻坚总结讲话，该段总结正因为综合运用了细节捕捉、事例列举、典型概括、数据说明、叙事带情等手法，所以才主题鲜明、材料充实，给人要言不烦、文质俱佳之感。

四、从本质出发，当中有真谛，用提炼加亮文字

总结工作，不仅要从事实出发，有一说一，还要透过现象看本质，对普通事实进行由表及里、由此及彼、去粗取精、去伪存真的"深加工"，通过"共性"提取、"本质"抽象等方式，道人所未道，写出与众不同的"独一个"。"共性"提取，就是超越具体、零散的一堆表象，善于看到事物的共同之处，并以少总多，就此作出高度简练的概括；"本质"抽象，是触及事物的深层，善于揭示事物的基本原理、根本宗旨和主要规律，由实转虚，据此实现不同凡响的思想升华。"共性"提取和"本质"抽象，实则公文写作的提炼功夫。提炼，是总结水平高低的关键分水岭。脍炙人口、令人过目难忘的总结，往往都运用了自出机杼

的提炼艺术。例如某领导用做好"长宽高"三篇文章来总结现代农业发展工作："长"即延长农业产业链条；"宽"即着力打造覆盖全时、全景、全域的新型农业嘉年华；"高"即加快打造以农高区为核心的农业硅谷。"长宽高"的语言类比和抽象概括，令人眼前一亮，耳目一新。

语言提炼在文中无处不在，成为日常工作总结的利器。例如：

> 大力发展现代农业园区，结合"10+3"现代农业体系建设，推行"一村一品""一乡一业""一县一特"，累计落地农业产业扶贫项目××××个，建成扶贫车间、扶贫基地××××个，优质农产品贴上"××扶贫"公益性集体商标标识，走出深山、卖出了好价钱。

这里的"10+3""一村一品""一乡一业""一县一特"，去粗取精，从多到少，是对扶贫体系、做法的高度提炼。

五、从个性出发，心中有真念，用思维照亮新路

写总结如果按既定套路写，每年都是基本情况、主要做法、存在问题、下步打算，必然了无新意，自会令人味同嚼蜡。总结要出彩、出色，就必须不走寻常路，立足自身特色，善于从套路中出新路，为人吹来一股拂面的清风。文秘人员心中应有这样的"执念"：要把总结当作个性化的文学创作来写，主题、素材、结构、语言、标题等力求"占尽春光第一枝"，构思要求新、求巧。思维，是总结出彩的终极"大杀器"。优质总结，独擅胜场，其"胜"即在思维上。思维一出彩，满纸皆流光。因此，写公文时要作精彩总结，须在思维创新上下功夫。大致来说，总结的思维创新，其核心在高、远、深、广、独、特"六字"上。

高，就是占据制高点，即在构思时坚持宏观思维，善于向上看齐，从全局着眼。如有领导这样总结推进企业党建促进"高质量发展"工作，就做到了高处着眼、大处落笔：高举"红色旗帜"（党的领导），强化核心把方向。打造"红色引擎"（党建工作），围绕中心管大局。激发"红色动力"（队伍建设），凝聚信心保落实。培育"红色情怀"（服务民生），关爱民生显担当。

远，就是把握联结点，即在构思时坚持发展思维，善于瞻前顾后，使行文波澜壮阔，气象万千。如有领导从五个方面总结脱贫攻坚工作的历史性成就："经过这场感天动地的脱贫攻坚大战，人民生活实现历史性跨越。经过这场感天动地的脱贫攻坚大战，山乡面貌发生历史性巨变。经过这场感天动地的脱贫攻坚大战，农村产业取得历史性突破。经过这场感天动地的脱贫攻坚大战，群众精神风

貌实现历史性转变。经过这场感天动地的脱贫攻坚大战，基层基础得到历史性巩固。"显然，五个"历史性"从往昔纵比中凸显了今天脱贫攻坚工作的巨大成就，以发展的眼光联结今昔。

深，就是找准生发点，即在构思时坚持抽象思维，善于辨表知里，于细微处显精神，从点滴中见本质。如有领导这样总结抓班子带队伍工作：坚持"有为者才有位"，把"帽子"戴到有能力的人"头上"。坚持"实干者得实惠"，把"票子"发到干实事的人"手里"。坚持"庸劣者受惩戒"，把"板子"打到做虚功的人"身上"。从行文看，全文三段话，都是"思想＋措施"的写法，"有为者有位""实干者得实惠""庸劣者受惩戒"，是对具体措施的本质抽象，彰显了思想深度。

广，就是推开延展点，即在构思时坚持发散思维，善于窥一斑见全豹、看见事物的普遍联系，既见树木更见森林。如有领导这样总结脱贫攻坚工作的基本经验，涵盖了各个主要方面：必须提高政治站位，坚决推动党中央大政方针和决策部署不折不扣落地落实。必须坚持以人民为中心的发展思想，一切为了人民、一切依靠人民。必须坚持科学方法，因时因势精准施策破解发展难题。必须统筹协调各方，汇聚事业发展行稳致远的强大力量。必须崇尚严实作风，保持克难攻坚的奋斗精神。

独，就是寻找切入点，即在构思时坚持排异思维，善于另辟蹊径，剑走偏锋，写出独特性来。如有领导这样总结脱贫攻坚工作的做法：定点立靶找准"穷苗子"，变"概略漫灌"为"精准滴灌"。定向切脉拔除"穷根子"，变"人工输血"为"自我造血"。定责问效摘掉"穷帽子"，变"短期治标"为"长效治本"。文中，从"穷苗子""穷根子"到"穷帽子"，步步深入；三个"变……为"，都形象概括了效果的巨大变化，通篇表达既用了比喻，也用了对比，思维独特，标新立异。

特，就是挖掘闪光点，即在构思时坚持典型思维，善于发现事物的优势、特点，并作出精辟、准确的概括。如有领导这样总结干部队伍作风建设的独特做法：分层分类"查"，把查纠整改的靶子树起来。深挖深究"问"，把自觉整改的党性强起来。入情入理"讲"，把预期整改的标准立起来。全员全程"晒"，把具体整改的措施严起来。例中，查—问—讲—晒，即是该单位作风建设的鲜明特点。

六、从表达出发，文中有真味，用语言擦亮眼球

对工作进行总结，最常用到的是记叙、说明。但如果通篇都是普通的记叙和平实的说明，读来难免干瘪无味，令人生厌。因此，适当地运用议论，有利于扣

毛辫骨，点亮主题；偶尔运用描写和抒情，也有助于让表达更加生动、形象，增强文章的表现力和感染力。此外，善于运用名言、诗句、俗语、拆词等语言技巧，以及运用比喻、对偶、拈连等修辞手法，都能够点铁成金，提升表达水平，让总结语言更出彩。例如：

贫困地区经济实力不断增强，基础设施建设突飞猛进，行路难、用电难、通信难等问题得到历史性解决（总写）。率先在××实现县县通高速，在山地丘陵高原上架起了一马平川、四通八达的"交通平原"，昔日"地无三尺平"的××地区，如今万桥飞架、天堑变通途！在××地区率先实现村村通硬化路、村村通客运，建成×.××万公里通组硬化路，铺就了产业发展的"致富路"、子孙后代的"幸福路"。贫困村全部实现通动力电、光纤或 4G 网络，"交通靠走、通讯靠吼、照明靠油"的日子不再有。××万群众搬出了"一方水土养不起一方人"的大山，"昔日破旧土坯房，如今新屋亮堂堂"。从出山要攀"手扒岩"、坐"溜索桥"到组组通，从透风漏雨茅草房到宽敞明亮砖瓦房，从电力进村寨到网络广覆盖，××大地旧貌换新颜，处处呈现山乡巨变、山河锦绣的时代画卷！

本段总结采用"总—分—总"的结构，读来之所以令人感到大气磅礴、生动形象，平中见奇、出类拔萃，个中原因即在于实现了"四个化"：一是口语化。如"交通靠走、通信靠吼、照明靠油""昔日破旧土坯房，如今新屋亮堂堂"等俗语的运用，增强了文章的概括力。二是场景化。例如"万桥飞架、天堑变通途"。三是形象化。综合运用了多种修辞手法，如比喻：处处呈现山乡巨变、山河锦绣的时代画卷；对比：昔日"地无三尺平"的××地区，如今万桥飞架、天堑变通途；排比：交通靠走、通信靠吼、照明靠油；拈连：建成×.××万公里通组硬化路，铺就了产业发展的"致富路"、子孙后代的"幸福路"。四是着眼于"大变化"。文中随处可见的今昔对比，如结尾的三个"从……到……"，综观往昔，概括巨变，体现了历史纵深感，凸显了讴歌时代巨变和奋斗伟力的宏大主题。

第二十一节　提炼，好公文的"标配"

——文之法（4）：取精用弘术

当你参观某展览回来，如有朋友问你观感如何，你是像报账似的一一讲述，还是提纲挈领地摘要介绍？有经验的人多选择后者。因为，三言两语就能把事情说清楚，不仅讲起来省力，听起来也轻松。

个中诀窍，正在于提炼技巧的运用。提炼，是公文写作技法中"顶流的顶流"。提炼水准的高低，是公文质量优劣的分水岭。要写出好公文，我们就不能不打磨提炼的功夫，提高提炼的水平。

提炼，是铺陈的反面。铺陈，是放开来写；提炼，是收起来写。提炼包括两道工序：提和炼。提，即根据写作意图，从一堆素材中提取出有价值的、能够以点带面的核心元素，它是内容的去伪存真、多中提少、以一当十，是"简化"工程；炼，锤炼、润饰，是内容的由表及里，语言的由粗变精，是"美化"工程。这"两化"的实质，是将复杂的东西简单化。那些经典又经久的公文，往往都有虽三言两语却脍炙人口的精粹提炼。提炼的最大魅力正在于：能让我们借助几个词或一两句话，就记住了洋洋万言大文章。

提炼的最高境界是简单、易记、顺口。要做到这"六字"，实在是"看似平常最奇崛，成如容易却艰辛"，意味着我们必须独具慧眼，别出心裁，耗费千淘万洗、千磨万击的提取、淬炼功夫。如此经思维高炉淬火、锻打而成的语言"结晶体"，方能光彩夺目，引人注目。

总体来说，"提"要有质量，必须"实、全、显、简、聚"；"炼"要见水平，务求"高、精、尖、同、活"。如果说"提"输入的是原材料，那么，经"炼"加工而输出的就是成品、精品、上品。

先说如何"提"。这好比探险者撞到宝藏，宝物琳琅满目带不走，咋办？显然，要能拿则拿，应带尽带，最优策略是：提"大"，提"新"，提"特"，提"要"，提"神"。写作提炼亦如此。唯有"五提"，方能形神兼备、血肉丰满，产生以少总多、言近旨远的表达效果。

笔者早年读过四川一领导去外地招商的致辞，虽汪洋恣肆上万言，但至今记忆犹新，随口即来。按常规写作套路，这篇致辞的"必写项"应包括：四川历史人文、当前省情、基础设施建设，以及投资的可能路径。该领导只寥寥数语就精彩作答，语惊四座。他用"三九大"简述了三星堆、九寨沟、大熊猫等该省最具代表性的历史人文景观，可谓兼容并包，尺幅千里，这是提"大"；接着，他用"四五六"介绍了该省总人口、总面积、经济总量在全国的位次，这是提"要"；用"铁公机"说明了铁路、公路、机场等基础设施建设最新成果，这是提"新"；最后，他用"1+3"言简意赅地概括投资路径："1"就是"一带一路"，"3"就是三个国家战略都与本省有关，这是提"特"。这四个"提"，有效地实现了"鼓动"客商投资的演讲目的，这是提"神"。该稿思路清晰，重点突出，讲者讲了该讲的，听者听了想听的，既悦耳更悦心，体现了讲话人棋高一着、胜人一等的语言提炼技巧。

提和炼，任务不同，性质迥异。根据取舍需要，作者如果只从全篇材料中照搬几个关键点，其他的略去不提，这实际上是提"要"。而一旦涉及内容的思维加工、归纳概括，且穿上了语言"新马甲"，这就是"炼"了。

提，是语言表达的初级阶段；炼，才是高级阶段。分清"提"和"炼"的意义在于：有利于我们明白语言加工不同阶段的本质区别，善于透过现象看本质，实现从写得出向写得好的突破和跃升。因此，我们写作时不能只满足于"提"，而要千方百计向"炼"攀登。

再说如何"炼"。"炼"着一"火"旁，说明宝器须经烈火烤，正所谓"真金不怕火炼"，所有上乘的提炼都是作者"视通万里，思接千载，凝神结想，一挥而就"的产物。要把原先"提"出的一堆"原料"加工成"精品"，思维熔炉至少包括"高、精、尖、同、活"五大锻造技术。

首先是语言的概念化，炼"靓词"。

要让无形的有骨，平淡的鲜明，得有彰显气度"一标签"知照四方，且要见思想，见灵魂。这"一标签"，通过对繁复内容的高度概括和升华，境界为之一变，显示出"吞吐日月，席卷天地"的气魄，如"中国智慧""枫桥经验""上海样本"等，都是从点到面，由表及里，无一例外地让我们领略了文章既有深度、又有广度，还有高度的提炼艺术。这是语言材料的抽象化、典型化、理论化，也是技法上的求"高"。

其次是语言的本质化，传"美声"。

炼，不能浮光掠影、蜻蜓点水，而要吹糠见米、剔皮取核。炼，要眼光独具，剑走偏锋，对庞杂内容进行由此及彼、由表及里的"深加工"，秉持琢玉"一把钻"，一往无前"锥"到底，"凿尽巨石始见光"。也许，最后琢出的只有米粒大小的一块"玉"，但这正是我们夜以继日劈山剖石所要的"本质"。如一篇领导干部修养提炼的体会文章，"修养"虽然林林总总，涉及很多方面，但作者最终提炼出"敬竞净静"的四字"本质"，音同意不同，从粗到精，朴中见奇，以少总多，令人耳目一新。这是技法上的求"精"。

再次是语言的形象化，上"炫彩"。

"炼"不只要提"本质"得"真核"，还要着"亮色"加"釉彩"；炼，不只让复杂的东西简单化，也要让抽象的东西形象化，以意象统现象。炼，要驾思维"彩云朵"，手摘天边"一缕霞"，想落天外，撷珠采珍，道人未道。经思维

"炼"过的内容要口耳相传，不可如焦土枯木，了无生趣；而应如山间新蕾，余香满怀。

如有作者用"金木水火土"等"喻指"意象来形容领导干部的修养，分别代表"惜时如金，昂扬如木，包容如水，热情如火，朴素如土"，一字千钧，有所象征，包含了品德修炼的丰富意蕴，朴中蕴美，虚中见实，令人拍案叫绝。可见，用一生动的"意象"提炼、概括事物的共同本质，体现了技法上的求"尖"。

从次是语言的精简化，创"佳句"。

要让松散的聚拢"窥一斑而见全豹"，须有"一根线"串珠成链，在技法上须求"同"。其间，作者务须上下、前后、左右地看，尽量"挖"出文中相关内容的共通点，如果没有现成的相同点，要努力向某一个"亮点"聚拢，通过改造、创新、润饰，慧眼探"珠"，"抠"出共通点，使之类型化、趋同化。常见的穿"线"方法有：

一是取"亮字"，造熟句。如《一一落实　久久为功》这篇总结，赢来点赞一片。标题八字耳熟能详，也是文章的"主题"，可谓提"神"。同时，文章还借题"从散到聚"串起了下文八个自然段标题的关键字：围绕一个圆心、紧扣一条主线、找准一个落点、践行"三严三实"、力求效果持久、谋划着眼长久、做好"四为"服务、产生良好功效，行文十分紧凑。

二是拈"数字"，成一句。如"强化责任落实，强化项目带动，强化制度建设"，可以概括为"三强化"。这种运用数概手法的归纳甚为常见。

三是巧"拆字"，再联句。"建设平安村镇，推进撤村建居，打造康乐文旅，招引富农业态"，可以提炼为"安居乐业'四重奏'联乡结村富农家"。

四是用"活字"，增异趣。如笔者曾用"吹拉弹唱"总结提炼宣传工作："既要做功，更要'吹'功；既要推广，更要'拉升'；既要弹性，更要弹力；既要唱曲，更要唱'经'"，收到了奇效。

最后是语言的口语化，增"流量"。

语言表达有这样一个现象：上口的不烦琐，烦琐的不上口。公文作为执行公务、传达政令的工具，语言提炼一定要如浑金璞玉，平易流畅，力求举重若轻，化难为易，用"听得懂的语言"传达"做得到的事务"，以"鲜活的词汇"表现"生活的事汇"。这是技法上的求"活"，即鲜活、得体，语言尽量通俗化、口语化，力求文质兼备，雅俗共赏。

为此，我们要迈出"一双脚"，常在间巷走，多说百姓话，借此让我们的语言既有质感，又带趣味。例如，有一秘友曾为领导写过一篇讲话，把他平时话不离口的俗语词汇都提炼在了《打出"组合拳"，促进"大合唱"》这篇文稿里：政府领唱，城建主唱，部门伴唱，社会合唱，令他不吝狂赞。

总之，提炼从"简化"到"美化"的跨越，既包含对提取"零部件"的拼接组装工程，也包括对"初级品"进行升级换代的提升改造工程，体现了语言艺术的无穷韵味。这一过程，也是作者从技术向艺术、从初级到高级的提高过程。这一过程到来之日，正是文秘人员从新手向高手转变之时。

第二十二节　不是不会写　而是不会意

——文之法（5）：知事晓理术

在日常办文中，我们时不时会听到一声喟叹：这篇文章我实在不会写，不知如何是好。有时，面对一篇公文的写作任务，不仅入行不久的新秘书会急得如坐针毡，连在材料堆中摸爬滚打多年的老秘书也愁得长吁短叹：这文章真不知从何写起，难！难！难！

果真不会写吗？非也。我们至少要区分三种情况：一是确实不会写，比如新手秘书，可能对公文写作规范还不甚了了，有一个不断学习提高的过程；二是文字功底不够，有话倒不出；第三种情况，其实并不是不会写，而是因为"不会意"，即不明白领导的意图，不清楚所写内容的概念和意义，对于干什么、怎么干也心中无谱，提起笔来自然就两眼一抹黑，无从写起了。可见，是否真的不会写，不可一概而论。如果是第三种情况，且听笔者进一言：莫！莫！莫！

不要说工作多年的老秘书，即便是刚走上工作岗位的年轻人，现如今也都是高学历，大多具备扎实的文字功底，假以时日，一旦熟悉工作情况后，都能胜任文字工作。至于不会写的问题，笔者以为大多皆因不会意。如果真如此，每当接到一个看似不会写的写作任务，我们就要考虑如下问题：写作对象的内涵是什么？日常涉及工作是什么？应该怎么干？不想清楚不动笔。一当我们把个中道理想明白，将其间要做的事理清楚，做到"知事且明理"，不会写的难题也将迎刃而解。

笔者曾与一干同事同堂作党建党风廉政和意识形态工作年度述职报告（笔者一贯都是即兴发挥、口述整理），这题目真是难坏了大家。有同事跟我说，如果是业务材料还好，这个报告真是不会写，唯有"手中没粮，度娘帮忙"了。听他这么说，我也上网搜了搜。不搜则已，一搜气全泄，搜了半天居然找不到一篇勉强入眼的。为什么会这样？是这个报告太难写没人会？错！错！错！

我反思了一下，觉得答案是：大家不会写，网上无佳作，根源就在于很多人"不会意"。我们只有把党建党风、廉政、意识形态这几个概念是什么、干什么想明白了，才能把这篇文章写好写出彩。有的同志可能觉得不会写情有可原，不会意就不大好讲。什么是意识形态还用问吗？大学都学过，现在问这个怕人笑话，于是乎：瞒！瞒！瞒！

子曰：知之为知之，不知为不知，是知也。不把这几个概念彻底搞清楚，即使写出来自己也不会满意。因此，动笔前，我先把这几个概念彻头彻尾研究了一番，直到头绪清楚、胸有成竹后，才气定神闲地提起笔来。

一、关于党建党风和廉政履职报告

显然，党建党风中包含廉政，两者可合并一起写。先看党建。党建"是什么"不难理解，而最大的难题是"写什么"。按一般的套路，无外乎思想建设、组织建设、载体建设、队伍建设、制度建设、作风建设等。但如果年年这样写，个个这样写，就很少有人愿意听，也没几个愿意这样写。于是，我对照当年党建工作的新要求、新内容，做足了"知事明理"的充分准备。

根据本书前文的"散点型"构思法，本年度党建工作的重点是"不忘初心"主题教育活动，亮点是本单位正在开展的"党建引领示范年"工作，热点是"大走访、大梳理、大落实"活动，焦点是党建纽带和触角延伸相关工作。在此基础上，笔者由"初心"联想到其他几个词：核心、热心、连心，由此，笔者信手列出党建部分的纲目（内容从略）。

1.初心不忘。一是主动学习，擦亮初心。学习政治理论，读原著、学原文、悟原理；学习有关文件；学习有关讲话。二是主动提高，永葆初心。坚定信仰；坚守初衷；坚持热情。三是主动落实，践行初心。与思想改造结合；与业务工作结合；与履职尽责结合（纵向递进型结构）。

2.核心示范。围绕"党建引领示范年"，发挥核心带动作用。一是举"专业"之旗。专业人员驻点基层；盯"点"协处。二是架"专项"之桥。由先锋党员挂帅，围绕两个重点专项，联手推进。三是扬"专攻"之长。组建党员"尖刀连""突击队"，紧盯难题，聚力攻坚（横向并列型结构）。

3.热心服务。围绕"大走访、大梳理、大落实"，优化"四大服务"：服务城区；服务基层；服务百姓；服务企业。

4.连心活动。围绕"触角延伸"，搭建沟通桥梁，增强凝聚力战斗力：与部门之间；与员工之间；与对象之间。

关于廉政工作。近些年关于廉政常抓的是八项规定、四风、"三不"（不担当、不落实、不作为），笔者归纳为"843查纠机制"，并归入"制度常抓"这一类。除此，当年主抓的工作还有：明确职责，各种提醒、教育，排查风险点，重大节庆监管，效能亮剑，等等。综上，就形成了这一部分的框架：职责常督；边鼓常敲；风险常摸；节庆常讲；制度常抓；效能常盯（每个点写法：记叙"人"+说明"效"）。

二、关于意识形态工作

这是本报告写作的难中难。很多人写不好这个报告，往往都是在这里卡壳，因对意识形态"是什么""干什么"似懂非懂，最终只能求助网络，一抄了之。知道了症结所在，我们在动笔前，务必对意识形态的概念先做深入研究，否则，乱写一通，必然不知所云。

首先，要弄懂意识形态"是什么"。

意识形态，书本的解释是：系统地、自觉地反映社会经济形态和政治制度的思想体系，是社会意识诸形式中构成思想上层建筑的部分，表现在政治、法律、道德、哲学、艺术、宗教等形式中。

这解释是不是太高大、太虚空了？对写意识形态履职报告有半点启示吗？不用多说，几乎没有。那怎么办？我们不妨对"意识形态"咬文嚼字一番，尽量作出通俗的解释。

从书本解释我们可以窥见：意识形态是关于思想意识层面的规定、提倡或约束内容，它要通过一定的形式来表达、宣传、灌输领导要解决的思想、观念和要求，"意识"代表的是"上层的思想"。

据此，我们可对"意识形态"作一一拆解。"意"，即"内在"的意图、思想，也即领导阶级的思想、意志；"识"，就是认识、看法等，是领导阶级关于"外在"世界、社会的看法、见解等，作为下级，相关单位相关人也应有这样的认识；"形"，即物质形式，亦即"静"的外在物，具体一点说，就是前文提及的关于传播政治、法律、道德、哲学、艺术、宗教等文化作品，包括书报、杂志、电视、网络等，必须以传播领导阶级的思想为己任；"态"，即"动"态，直白一点儿说，就是社会大众的言论、舆论、行为。"意识形态"一词中，"意识"诉诸主观，而"形态"形之客观。

综上，领导阶级的思想、认知，通过媒介物向社会传播、影响大众，体现在人们的言行中，合拍即合法、合规，否则就是背道而驰、令出不行，必须纠偏补弊、激浊扬清、正本清源，使社会人的意识、行为最大化地与领导阶级保持一致。鉴此，要做好此项工作，重点就在"意、识、形、态"四个字上，对应来说就是抓思想贯彻，抓认识提升（重点是对领导阶级思想、要求的认识），抓文化传播，抓言行规约和宣教，确保上下、内外各层面思想一致、认识一致、行动一致、目标一致，不合拍的要强化监管，促进整改。

这就是说，做好意识形态工作要抓"两面"：既要抓正面教育引导，也要抓反面监管整改。从正面看，就是坚持什么，拥护什么，赞成什么，提倡什么；从反面看，就是反对什么，批评什么，打击什么、取缔什么，等等。古人云：非礼勿视，非礼勿听，非礼勿言，非礼勿动。用现在的话讲就是：不乱看，不乱说，不乱发，不乱转，不乱为，不乱动，等等。

此外，要做好意识形态工作，我们还得有个通盘的考虑。从宏观上看，就是要牢牢把握思想工作的主导权，着力抓好"五个指"：一是理论指向，当前要深入学习贯彻习近平新时代中国特色社会主义思想；二是政治指路，要不折不扣地落实各领导机关的任务、要求；三是思想指引，要坚定马克思主义、社会主义信仰，树立正确的世界观、人生观、价值观，明辨是非，头脑清醒，自觉与各种不良思潮、倾向作坚决斗争；四是行动指南，就是遵循各类规章制度，法无授权不可为，法定职责必须为，法无禁止皆可为；五是形象指示，做好自己，影响他人。

其次，要明白意识形态"做什么"。

这是从中观层面对写作内容的梳理。对照上文"四点、两面、五指"，我们可以上下、内外、正反多角度地审视，上面提倡的要坚决执行，正面示范的要坚决跟随，反面警示的要坚决抵制。从领导阶级"意识"的传导过程来看，意识形态工作主要包括思想的学习、教育，认识的型塑、提高，优秀文化的弘扬、宣传，违规行为的警示、惩戒、抵制等。由此，形成意识形态"做什么"的大致内容：

（一）紧跟潮流，政治正确。这个潮流，就是中国特色社会主义思想（国家层面），就是共同富裕示范区（全省层面），就是品质之城建设（市级层面），就是亚运保障（行业层面），就是不发生安全事故（反面），就是像绣花一样管理城市（主要方面）。（本层次围绕上述内容展开）

（二）看清主流，坚定信念。想干；会干；勤干；干好。

（三）汇聚清流，正向激励。一是宣传，传播正能量。二是争先，提升美誉度。三是示范，创建先锋岗。

（四）警惕暗流，行有所止。坚决抵制不良言行，特别是有害于团结；有损于形象；有碍于工作；有扰于稳定。

（五）抵制逆流，心有所戒。紧扣纪委通报案例抓学习整改；紧扣本市 ×× 贪腐案例抓剖析，旗帜鲜明。

（六）从善如流，贡献力量。积极向上，绝不随波逐流；敬业奉献，汇入时代洪流；再创佳绩，成为砥柱中流。

再次，要想透意识形态"怎么做"。

这是对"做什么"的进一步细化，是微观层面的考虑。意识形态是宏观层面的"大"概念，最终要落地、落实为事无巨细的日常工作"小"事件，因此，从大到小、从虚到实，大小结合、虚实结合是"怎么做"的写法。例如：

一是小举措中有大政治。紧跟时代要求体现政治站位；优化营商环境贯穿政治思想；推动事业发展展现政治觉悟（"政治"作为一个抽象词汇，也具体化了）。

二是小细节中有大胸襟。推进"民生实事"中：面对面沟通体现"亲民"情怀；点对点服务践行"惠民"宗旨；手拉手解难落实"利民"思想……体现了"江山就是人民，人民就是江山"。

三是小事情中有大格局。民情小事坚持"跨一步带一把"；利民实事坚持"百姓利益无小事"；跨界难事坚持"全市一盘棋"。

四是小追求中有大情怀。城市治理中，追求"细致"，增造"小品"工程；追求"精致"，打造"佳品"工程；追求"极致"，锻造"精品"工程。

最后，还有"存在问题（"三不"）"、"下步打算"（"543"：5 大建设、4 个抓、3 项工作，从略）。

通过上文分析，我们分别按"是什么""做什么""怎么做"梳理了三套不同的意识形态报告写作思路。其实，角度不同，构思不同，稍加变化，我们还可以提出多种不同的思路，例如：

意识形态总结提纲（可适当增删，因文而异）

1. 重点脉络型

一、围绕重要理论，提升武装，坚定信仰。

二、围绕重要会议，加强学习，提高站位。

三、围绕重要任务，统筹协调，不辱使命。

四、围绕重要活动，紧扣主题，深化教育。

五、围绕重要典型，挖掘精神，弘扬正气。

六、围绕重要载体，营造氛围，打造精品。

2. 情感贯通型

一、加强党史教育，增强神圣感。

二、观看爱国展览，增强自豪感。

三、参与重要工程，增强使命感。

四、组织发展征文，增强幸福感。

五、参观廉政基地，增强危机感。

3. 对点聚焦型

一、开展思想教育，坚定理想信念。

二、认清目标任务，统一思想合力。

三、选树先进典型，弘扬新风正气。

四、针对错误思潮，廓清思想误区。

五、建设先进文化，增强免疫功能。

六、利用党建阵地，锻造优秀队伍。

4. 引用借用型

一、打造"书香处室"，力求"非礼勿视"。

二、开办"思想沙龙"，力求"非礼勿言"。

三、规范"网络边界"，力求"非礼勿动"。

四、厘清"闲暇自由"，力求"非礼勿去"。

五、编织"制度藩篱"，力求"非礼勿为"。

5. 观点价值型

一、加强哲学学习，树立正确的世界观。

二、深化思想教育，树立正确的权力观。

三、坚持人民至上，树立正确的政绩观。

四、提倡苦干奋斗，树立正确的地位观。

五、珍惜美好生活，树立正确的幸福观。

6. 反面树靶型

一、针对"小团体"，培植和谐沃土。

二、揪住"小尾巴"，坚持对症下药。

三、瞄准"小算盘"，强化思想教育。

四、盯紧"小疙瘩"，实行春风化雨。

五、看好"小喇叭"，采取正面引导。

六、管控"小情绪"，谨防破窗效应。

7. 内外兼顾型

一、加强教育，统一思想（认识）。

二、弘扬先进，提振精神（认识）。

三、搭建载体，强化执行（措施）。

四、加大宣传，传播效应（外，一二三为"内"）。

第二十三节　10大动作，让公文更具立体感

——文之法（6）：多维拓展术

立体感，是写作内容的多角度呈现，有利于让人物更丰满，使事件更厚实。不仅文学创作追求立体感，公文特别是结构较为宏大的公文也应讲究立体感。

公文要写出立体感，务须从多个方向选材，并对相关人、事进行多维度展示。否则，内容再多，如果都是一个方向上的堆叠、垒砌，就是平面的、单调的，并不具备立体感。

一篇有血有肉的公文佳作，其立体感大多源于"四体十法"。"四体"是从全文来看的内容构成，即：总体性内容，主体性内容，客体性内容，具体性内容；"十法"，是以反映对象为圆心，提笔向上下、前后、左右、内外、虚实等多个维度拓展延伸，其间要用到拔、挖、溯、旋、拉、叠、映、比、插、宕"10 大动作"，也因之大大拓展了文章内容。

从全文来看，内容构成包括以下"四体"：

总体性内容。在一篇文章或一段话的开头，往往都会居高临下，起笔造势，以简要的笔墨安排一些统揽全局、涉及全体、概括全面、引领全文的内容，先给人留下完整的印象，在此基础上再铺陈笔墨，开闸直书，形成"总（收）—分（放）—收（总）"的层次结构。有时，在篇章或段落结尾（或其他部分）也会收笔总说，或停笔展望全局、延展思维，再把读者思绪带回全局、全文上来。开头和结尾的上述内容，就是总体性内容。这里以某基层单位党委书记全面从严治党和"一岗双责"履责报告为例（下文同）：

××年，我们深入贯彻党的××大精神，全面落实中央、省委、市委、局

党委关于全面从严治党的各项决策部署（攀高造势），坚持"三位一体"强化党建和业务工作（全局），把"严"字贯穿于全过程，将"实"字体现在各方面（全面），扎实推进党建工作向行业覆盖、向基层延伸（全体），努力建成领导点赞多、对象称赞多、党群夸赞多的"五强"党支部（引领全文）。

主体性内容。主体，为全文（段）立框架，体现为"三个主要"：以文章涉及的主要对象为中心，详述其开展（或即将开展）的主要活动，占据着文章的主要部分。如上面履责报告可按"五强"组建文章的主体框架：支部建设强，运行机制强，组织生活强，党员管理强，纪律作风强。

客体性内容。客体内容，是与主体有关联的其他对象的相应活动，或为推动主体对象完成任务的物质保障措施，以及其他需要补充说明的内容，多见于"强化保障""相关要求""其他建议""几点体会"等内容。如上述例文主要报告的是本级党组织本年度全面工作情况，而书记本人需要报告的事项、外界对本组织的评价、服务对象受影响的情况等则属于"客体内容"。关于服务对象受影响的情况可以展开如下：一、组织共建，日常党务显亮点；二、实事共抓，核心业务创"强点"；三、计划共推，惠民服务出"热点"。

具体性内容。全文在以总体性内容"定调"、以主体、客体性内容"定边"后，接下来的最重要工作就是为文章"定体"，通过展开过程、陈述事实、描摹对象、列举要素等加填材料，层层铺开，充实文章框架主体，进一步做好各方面内容的深化、细化、强化工作，为文章添砖加瓦、筑基固体，使文章神完气足、血肉丰满。

大致说来，使文章更具体的方法见于"10大动作"：

往"上"拔，挺出高度。这是借势之术。文秘人员只站在自身角度写材料，高度每每先天不足，此时需要向上看一看，站在高于自身的角度扫视全局，通过借梯上楼，体现不一样的高度。例如：

按照局党委推进"四责协同"的要求（"上"拔），健全一级抓一级、层层抓落实的责任体系，自觉担起应当之责、该当之责，经常性研究并推进全面从严治党工作，管好"自家人"，种好"责任田"，坚决不做"甩手掌柜"。

向"下"挖，掘出深度。这是生发之术。陈述事实如果只是就事论事、平铺直叙，文章必然会留蜻蜓点水、隔靴搔痒之憾。必要时，提笔向下，向里面探一探，往深处掘一掘，辨表知里，挖潜显隐，循事度理，进一步揭示表象之下贴近主题的意蕴。如：

严明政治纪律和政治规矩，教育党员干部经常对照党章党规查摆自身问题，遇事多想政治要求，办事多想政治规矩，处事多想政治影响，在政治上讲忠诚、组织上讲服从、行动上讲纪律，不越界、不违规、不逾矩，对党忠诚老实、言行一致、表里如一，确保令行禁止、政令畅通，确保了上级各项决策部署落地落实。

例文中，"两个确保"挖掘出了行动措施的深层意义，令人见到了潜藏于事实背后的深层"本质"。

沿"往"溯，趔出曲度。这是回锋之术。正如登山离不开拾级而上的坡度，写作亦须展现"文似看山不喜平"的曲度。往，就是过去，公文写作有时需要追溯往昔之事，通过交代背景、补叙缘由、总结经验等，进一步增强文章的纵深感和韵味美。例如：

近年来，党委始终把干部作风建设放在首位，充分运用监督执纪"四种形态"，压苗头，堵源头，正心头，树龙头，进一步扎紧廉政建设的篱笆，干部作风为之一变。过去一年，持续保持正风肃纪高压态势，在日常监督上全面覆盖、全面发力、全面从严，梳理了××类重点监督内容，保障了廉政风险防控工作的常态化、规范化、长效化，全年服务零投诉、违纪零发生。

绕"今"旋，转出广度。这是旋转之术。"今"，是主体、大头，自然要体现一定的广度，必须旋转角度面面观。如今年的工作思路：

一、坚持强根铸魂，凝聚政治建设引领效能。二、坚持强基固本，集聚基层党建带动功能。三、坚持强筋健骨，齐聚干部队伍干事潜能。四、坚持强管创新，汇聚改革发展强大动能。五、坚持强防立德，积聚党风廉政制度热能。

朝"未"拉，抻出长度。这是伸展之术。未，就是未来；抻，就是拉伸长度。有时，通过对当前行动、措施的分析，顺势预测一下结果，展望一下前景，不仅是文势使然，也有助于凸显主题，增强韵味。例如：

深入实施"六个融进"，把最新精神融进重点工作、党建特色融进治理结构、整改成果融进制度体系、品牌打造融进机制建设、引领保障融进管控体系、守正创新融进日常工作，推动党的领导与公司治理、党建工作与生产经营有机嵌入、融为一体，实现党建工作由提质升级向融合发展转变，为"××五"起好步、开好局。

最后的六个字"起好步、开好局"四两拨千斤，拉升了主题，也拓展了文章的内容空间。

贴"正"叠，堆出厚度。这是渲染之术。常言道：疏处能跑马，密处难容针。对于在文章中不占主导的次要内容，可一笔带过、惜墨如金；而对于主要内容，运笔则要浓墨重彩，从正面着笔，极尽堆叠铺陈之能事，体现出事件周详、过程细致、细节生动、人物分明的浓度。例如：

①持续破除作风顽疾。大力弘扬"三牛"精神，对定下的目标、上级交办的任务要有"马上就办"的意识，以"起跑就是冲刺，开局就是决战"的姿态主动干、盯着办，重点抓不落实的事，管不作为的人，着力解决工作责任不清、推进链条不畅、落实不到边不到底的问题。②充分认识形式主义官僚主义的多样性和变异性，每个党员干部都要给自己"画像"、打分，找准改进提高的参照系。③继续为基层松绑，对会议、调研、发文、检查等工作，实行统一管理，不能因统筹不到位而出现临时工作多、会议文件多、表格统计多的问题。④要从"说""写"上破题，大力倡导"短而精"的会风文风，让"半小时会议""一页纸文件"成为常态。⑤继续改进调研方式，不打招呼，不事先安排，直插现场、直奔一线，必要时蹲点调研、跟班工作。

例文五句话，分别从踏实工作、求实正己、务实管理、笃实行政、唯实调研等五个方面提出改进作风的措施，旋转角度，层层上色，不厌其详，使纠改重点十分突出。

借"侧"映，托出靓度。这是烘托之术。为了使主题更突出，文秘人员往往不正面着笔，而是通过对其他人、事等内容的侧面介绍，间接地"映衬"出主题的靓度。例如：

注重在项目建设、隐患防控、应急抢险等各项工作中自觉发挥党员的先锋模范作用，顺利完成了上级党委下达的任务，获得了社会的广泛认可和业内的高度评价。

例文末句从侧面的良好反响，凸显了先锋作用的实效。

拿"反"比，突出力度。这是反振之术。有时，通过对反向人物、措施、结果的举证、剖析，一方面引起注意和警惕，另一方面也凸显工作的结果、效度，反映事情的性质、程度，体现思路的严谨、精度，最终体现用笔的力度。例如：

加强对制度规定执行情况的监督检查，严厉查处有令不行、有禁不止、随意变通等破坏制度的行为，坚决维护制度的严肃性和权威性。

例句从破中立，以反衬正则"正"强，使主题得到增强。

从"中"插，补出密度。这是切插之术，即在行笔中先切断原来的叙述，后退一步插入一段有关的内容，再回到原来线索。如此补笔，力求把所有与所述内容相关的各种因素都补充完整，使文章表意更全面、周密。例如：

要继续加强廉政风险点排查，紧盯关键角色、重要岗位，不放过任何的疑点、盲点、焦点，力求全方位、无死角。在去年的风险排查中，存在较为突出的敷衍了事、蒙混过关现象，个别同志甚至照抄上年度的表格虚于应付（此为"插"），今年要坚决杜绝这种"马虎主义"的心态再度上演，做到发现一起，纠正一起。各部门负责人要加强把关，按要求严格制定廉政风险"四张清单"，使之真正成为我们的"防火墙""安全网"，切实将细小隐患扼杀在萌芽状态。

对"大"宕，续出强度。这是延宕之术。有时，为了拓展内容宽度，深化文章主题，往往进一步延宕笔墨，"挨"着前文说明，"顺"着意图走向，"跟"着行笔势头，不断向大处靠近、往外层延展，使文章主题得到显著增强。总体来说，延宕之术具有点睛之效，延宕的主要方向体现在总、里、高、远、外、虚、实这七个字上。

总，即总收，往全面看。在前文基础上进行全面总结。例如：

优先实施人才强企战略，通过组织技能竞赛、专题研讨和业务培训等活动，着力创造引才、育才、用才、留才的工作环境。

里，即显隐，往里边挖，通过议论、提炼等，进一步显效果、抓本质、见宗旨目的。例如：

（1）把学习领会习近平新时代中国特色社会主义思想融入日常、抓在经常，积极组织广大党员干部持续深入读原著、学原文、悟原理，推动学习往深里走、往实里走、往心里走（目的）。（2）明确党组织在决策、执行、监督各环节的权责和工作方式，规范决策事项范围和程序，确保党组织发挥"把方向、管大局、促落实"作用、党支部发挥战斗堡垒作用（实质）。

高，即登高，往高处攀，以上级的理念、目标、要求、活动等作为主题句，在文末点睛收笔。例如：

立足新发展阶段，贯彻新发展理念，融入新发展格局，发扬孺子牛"为民服务"、拓荒牛"创新发展"、老黄牛"艰苦奋斗"精神，推动新时代全面从严治党向纵深发展，以优异成绩迎接党的二十大顺利召开。

远，即思远，往远处眺，对未来发展作出预测、展望。例如：

积极组织开展各类专题培训班，扩大培训工作覆盖面，实现培训一个、带动一片，有力提升教育培训质量和效果。

外，即外拉，往外侧想，更见视野宏阔、意境高远。例如：

深入开展青年文明号、青年安全示范岗、青年安全责任区的创建，充分发挥团员青年的生力军的作用，凝聚和服务青年，引导青年建功新时代。

较之青年的本职工作，"新时代"是"外在"的宏大背景。

虚，即联想，往幻处寻，通过描绘、修辞等展现清新、高远的画面。例如：

坚定不移把管党治党责任牢牢扛在肩上、抓住手上、放在心上，扎实推进全面从严治党向纵深发展，为全面完成今年各项目标任务提供强有力政治保障，以党建质量提升引领事业发展奏响"奋斗新征程，建功新时代"的雄浑交响。

实，即写实，往实处收，通过数据说明、事实成果、获得荣誉等，以扎扎实实的实际成果收结前文。例如：

切实把党的领导有机融合于日常治理之中，落实到企业改革发展稳定的各方面各环节，圆满完成了年度各项目标任务，被表彰为"先进单位"。

第二十四节　活用笔法成高手

——文之法（7）：变换出彩术

国画创作中用到的很多笔法，如中锋、侧锋、逆锋、拖锋、散锋、折钗股和屋漏痕、飞白锋等，使画作呈现出虚实、浓淡、曲直、方圆、轻重、涩畅、粗细等丰富变化，极大地增强了绘画的表现力。

写公文与画国画，事虽不同，理却无殊。借鉴国画的笔法，对公文写作也有触类旁通之效。深入研究并灵活运用写作笔法，有助于进一步提高公文写作的表现力。

正如一幅画作一般不会只用某一种笔法，一篇公文写作也往往要用到多种笔法，如此，写出的公文才能呈现出张弛有度、起伏多变、收放自如的强烈艺术感。

笔法，简单来说就是携笔裹墨运行的方法，行笔的用墨、姿态和方向会呈现出正侧、简繁、曲直、承转、进退等变化。公文写作多因意图、内容的变化而采用不同的笔法。常见笔法有顺笔、逆笔、直笔、曲笔、正笔、反笔、侧笔、简笔、繁笔、垫笔、补笔、承笔、转笔、剪笔、截笔等。

顺笔与逆笔。这是就行笔"顺序"而言的。顺笔，即顺势向下，就是顺着写作内容的先后顺序依次往下写；逆笔，即逆势向上，就是打破写作内容的内在顺序，把本该后写的前置。

直笔与曲笔。这是就行笔"姿态"而言的。直笔，就是笔锋始终按一个方向前行，不枝不蔓，不藏不隐，有一说一，绝不旁逸斜出，最终走笔成"一条直线"；曲笔，就是笔势曲折回环，左顾右盼，欲进还退，似退实进，给人"一山放出一山拦"的层叠感，颇具"文似看山不喜平"的纵深感。

正笔、反笔和侧笔。这是就行笔"角度"而言的。正笔，相当于国画的"中锋"，即以正锋在笔画中行，公文写作中就是对表现对象作正面的说明、记叙或描摹；反笔，就是反其道行之，以反衬正，反弹琵琶，反振一笔，从事物的反面进行介绍；侧笔，相当于国画中的"侧锋"，即从影响事物的其他方面进行说明，好似"烘云托月"之法。

简笔与繁笔。这是就行笔"墨量"而言的。古人所说"疏处能跑马，密处难容针""时而泼墨如云，时而惜墨如金"等，正是笔法的繁简之别。简笔，类似于国画的"白描"，即略施粉黛，收笔概括，往往三言两语就能把写作对象说明清楚，这符合公文简明求短的文风；繁笔，是铺笔展毫、浓墨重彩、急管繁弦，几次三番地对写作对象进行层层描摹、着色，使之更丰满、厚重，具有立体感。一篇公文的中心内容一般用繁笔，层层渲染；而其他内容则往往一带而过，采用简笔。笔法的繁简处理，有助于公文主次分明、详略得宜。

垫笔与补笔。这就是就行笔"辅助"而言的。垫笔之"垫"，即铺垫、蓄势，这是"盘马弯弓故不发"，为了引出所言之事物，而先从其他方面渲染、造势，正如为了说明作风整治的立行即改，文章可先从当前几件作风乱象及其不良影响写起，以体现作风建设的迫切性，这就是蓄势、铺垫；补笔，就是补充说，往往在主体部分说明完了之后，常用"此外""最后，需要指出的是""当然，还有几个细节我们也不可忽视"等词句引出。

承笔与转笔。这是就行笔"连接"而言的。公文各部分内容应是一个有机的整体，上下句、上下段、前后文之间应当无缝连接，要前有伏笔，后有照应。承笔，就是承接上文接着往下写，使原先的写作线索不中断，前后紧密衔接、勾连一体；转笔，就是从一个内容转入另一个内容，正如国画笔法的"折钗股"，既要展示旋转笔锋的迹象，使内容不断向前推进，同时又要棱角分明、饱满有力。承笔和转笔要求用语十分简练，以一当十，举重若轻。

剪笔与截笔。这是就行笔的"选择"而言。剪笔，类似国画的"皴笔"，突出事物的基本轮廓、内在纹理以及主要方面，给人以"梗概"的印象。截笔，就是删繁就简，只选取事物的某一个或几个方面说，其他的略去不提。剪笔和截笔，是抓住事物主要方面、使文字更简练的笔法，严格来说，也是属于简笔的范畴。

下面，我们以一篇活用笔法的发言稿为例，直观地展示全文的"笔法地图"。

××区推进出租房屋安全管理专项整治行动

今年×月全市出租房屋安全管理三个专项整治行动部署以来，××区围绕"三实（实有房屋、实有人口、实有单位）三清（清底、清理、清平）"目标，以拉网式排查、针对性清查、格式化抽查、发案后倒查的"四查"机制为抓手，推进出租房屋、流动人口及消防安全整治，取得阶段性成效。市领导××对我区的做法作出了"成绩可喜可贺，希再接再厉"的批示。

一、拉网式排查夯基础

拉网式排查是指按照"逐户、逐间、逐人"的要求，地毯式排查推进，做到户户进门查看、人人信息采集、隐患条条登记。具体抓好"四定"：一是定网格。以××名流动人口专管员为主体，按1人1格或2人1格划分包干区域，吸收××名社区治安员、物业保安员为补充，严格落实网格化排查责任制。二是定进度。由各派出所上网格完成排查时间表和责任人，每半月一次向××公安分局申报完成区块，由分局统一组织实地抽考验收。三是定标准。以实有人口清、

重点人员清、安全隐患清"三清"为排查标准，明确实有人口信息采集率达到
××%、重点人员全掌握、重点隐患全发现为合格线。四是定方法。配足流动人
口专管员警务通，全面采录房屋、单位、人员等基本信息进入"双实"系统、流
口系统及警务工作平台等数据库，核查收集重点人员活动信息，检查上报安全隐
患信息。

二、针对性清查除隐患

针对性清查是指不搞"大呼隆"扰民式清查，结合拉网式排查过程中发现的
重点区域、重点出租户和重点隐患问题，集中力量、定时定点开展针对性清查。
一是因地制宜，滚动清查。各派出所通过综合勤务室数据研判，组织开展每周一
次的滚动式集中清查，营造严查、严管、严控氛围。二是借势借力，联合清查。
各派出所依靠属地党委政府，会同市场监管、文化、卫生、城管等部门开展联合
清查整治行动，重点整治查处违章搭建、违法出租、消防隐患、无证经营、非
法行医等源头管理问题，减少滋生违法犯罪和安全隐患的土壤。如该区××街
道行宫塘村通过联合整治已累计拆除违章搭建点××个，取缔非法诊所等窝点
××家，行政处罚××人。三是突出重点，全局清查。由"××办"牵头，抽
调优势警力，对××、××等治安复杂地区进行集中清查××次，为重点区域
后续长效管理提供有力支撑。

三、格式化抽查强督考

格式化抽查是指对各派出所上报完成排查任务的区块，由"××办"组织
力量随机确定若干户房屋，逐间、逐人再排查登记一遍，以检验派出所排查效
果。行动以来，各派出所先后上报××个社区（村）完成拉网式排查，经格式
化抽查，有××个通过验收，通过数占全区社区（村）总数的××%。此外，
结合格式化抽查，运用"督考推"手段，对拉网式排查进度慢、质量不高的派出
所予以提醒告知、督考扣分，确保排查工作量质并举。

四、发案后倒查严问责

发案后倒查是指发生重大案件后，根据案件性质，由区公安分局业务部门
或派出所开展基础工作倒查，找问题查不足，并问责相关责任人，通过"借题
发挥"推动排查工作。一方面，由公安分局基础防范大队会同刑侦大队对"七
类"等重大案件开展倒查通报，今年以来已累计倒查××起，发现涉及基础工
作及消防安全问题××个。另一方面，在各派出所综合勤务室中组建××至
××个人不等的基础工作推进队，常态化开展基础工作实地抽考及其他重大案
件的倒查。同时，依托公安分局叠加式"督考推"机制，建立基础排查三级责任

捆绑制，即发现基础工作存在严重漏洞的，对网格队员扣除考核奖，同时对社区民警、分管负责人及所在单位督考扣分，若业务部门对责任派出所此类问题之前未检查通报过的予以捆绑扣分。今年以来，该区公安分局已对××个派出所、××个业务部门、××名所负责人和××名民警予以通报批评并扣分，对××名流动人口协管员扣发考核奖。

【笔法地图】

作者在例文写作中使用了多种笔法，具体如下：

首先，从全文来看，开头概叙主要做法，三言两语即勾勒出做法"路线图"，这是用了简笔、剪笔，最后一句引用批示从侧面肯定成果，是"侧笔"。文章主体四大部分放笔铺毫写做法，是"繁笔"。其中，"拉网式排查"是基础、主流，这是正笔、直笔，也是顺笔；"针对性清查""格式化抽查"是针对特别情况、某些方面，因此是"截笔"；"发案后倒查"，是从事情的反面写，这是"反笔"。总体来看，主体四个部分先"基础"，再针对"基础"的某些"点"，最后是"发案后"，可以看出行文遵循了由主到次、从先到后的次序，这是"顺笔"；同时，这"四查"有正面、有反面，还突出了针对性的"重点"，使文章内容角度多元，曲折多变，整体来看是"曲笔"。

其次，从局部来看，主体四部分的开头第一句话都对标题进行了解释，为增强读者对后文的理解扫清了障碍，是"垫笔"。每部分其他内容的笔法运用也大致相同，以"拉网式排查"为例。这部分的"四定"，勾画主要做法轮廓，是"剪笔"；把"四定"联系起来看，浓墨介绍具体措施，也是"繁笔"；而各自分开看，"四定"内容简明扼要，勾画轮廓，是"简笔""剪笔"；其中的"定方法"，按照先后顺序写，是"顺笔"，并用"如发现……"进行假设举例，是"截笔"。

此外，例文还在个别地方运用了补笔、承笔、转笔。补笔见"格式化抽查"的最后一句"此外……"，全文的最后一句也是补笔。"针对性清查"一部分中，"结合拉网式排查过程中发现的重点区域……"有承接第一部分之意，是"承笔"；"格式化抽查"中的"对各派出所上报完成排查任务的区块……"也有承笔之意；"发案后倒查"中的"一方面……另一方面……同时……"也是承笔，将文章联系为一个有机的整体；前文的"一是……二是……三是……"等，是用序数词衔接的"承笔"；此外，还有用同意、同字、同音、同形式、同逻辑承笔的情况，同意如"定网格、定进度、定标准、定方法"（都是排查方法之

"意"），同字如"逐户、逐间、逐人"，同形式如"户户进门查看、人人信息采集、隐患条条登记"（户户、人人、条条，都是 AA 式的叠词），同逻辑如"由各派出所上网格完成排查时间表和责任人，每半月一次向××公安分局申报完成区块，由分局统一组织实地抽考验收"（时间顺序逻辑）。转笔在本文不同段落不同层次间也多有采用，如文章中的"今年以来……""行动以来……""此外……""如……"都清晰地表明了行文内容层次的转变，这是转笔。

可见，笔法正如针线，将文章的不同部分"缝制"成了一件针脚细密、做工精良的"彩衣"。

第二十五节 一字妙招可破"空"

——文之法（8）：理事写实术

各级机关企事业单位传达政令、布置工作的主要途径，除了会议，就是公文。而会议传达、部署的相关事项，最终还是要借助公文才能得到有效贯彻和落实。可以说，机关公务执行的重要工具有且只有一个：公文。这是当下公文越来越受到重视的重要原因。

正因这一特殊使命，公文写作无须像文学作品那样以刻画人物、摹景状物为旨归，也不必像论文那样引经据典、滔滔宏论，公文写作的目的很明确，就是把事情说明白，把方法讲清楚，让受众易执行。

基于此，我们甚至可以说，公文写作的真谛就是两个字：事实。事实，无外乎两个方面："事"和"实"，不仅要说"事"，还要注重"实"，即借助实货、干货来说"事"。"实"是什么？是把"事"讲明讲透的过程、场景、物资，以及"人"采取的策略、措施、方式等。

关于把文章写"实"，我们常说"用事实说话"。这里的"事实"，指材料充实，显然是指文章内容；"说话"，说的就是主题，这是写法。把两方面联系起来理解，就是公文写作要围绕特定主题，列举事实来说明。

在日常写作中，如果有人问：公文写作最忌讳什么？答案也许会众说纷纭，莫衷一是。但对照上述分析，笔者坚信，公文写作的大忌就是一个字：空。空洞、空泛、空谈，在崇实、务实、笃实、唯实的机关政务运转中没有市场。

常言道：板凳要坐十年冷，文章不写一句空。公文内容一旦落"空"，导致该写的没写，该详写的没写够，不仅影响公务执行效率，也易形成"假大空"的不良文风，终致机关公文拟制和办理流于形式。

综上所述，务"实"忌"空"，应是公文写作的根本原则。澄清了认识误区，接下来要重点探讨的是：公文写作如何"实"起来？其诀窍其实就一个字："事"。

任何一篇公文，都少不了写事，但"事"在文中更多只是一个载体。要把"事"挑明说透，须借助"实"货、干货来填充，以使"事"的货架丰富多彩、琳琅满目。而各种各样的实货、干货都是在"事"的发展、"人"的活动中产生的，是"事"之大树上结出的硕果，是"人"之活动的产物。文章的干货从哪里来？归结来说，就来自"人""事"二字。

根据"人"活动的属性、特点、内容等，我们可按以下路径充实"事"（侧重前一个字）：①大事、差事、憾事、能事、往事、人事、时事等；②谋事、干事、议事等。根据"事"的变化、运行，可选下列内容充实"事"（侧重后一个字）：③事务、事实、事项、事业、事迹、事指、事况等；④事绪、事制、事权等；⑤事例、事理、事物、事变、事功、事绩、事虑、事由、事情等。其中，①指向"人"活动的性质、内涵、条件等，②指向"人"活动的内容、方式、途径等。大致说来，③是总体性内容，引领后述内容；④是主体性内容，贯穿全文；⑤是具体性内容，是对某些方面的重点说明和细致记述。

借助上述"事""人"两大路径的丰富内容，我们可因文而异、各取所需，进一步把内容写实。下面作摘要举例：

①如：

大事，指贯穿全局、全过程的重大标志性事件。例如有政府工作报告从三个方面总结去年的重点工作：（一）全力以赴稳住经济基本盘。（二）坚持不懈保障和改善民生。（三）坚决守牢安全发展底线。

差事，指上级交办的相关事项。如：全市上下以学习宣传贯彻党的××大××中全会精神为主线，全面落实省委省政府"六个一流"总要求，切实发挥"桥头堡""领头雁"示范作用，扎实打好"×场硬仗"，全市地区生产总值再上新台阶。

憾事，指存在缺陷和不足的事项。如：一些重点领域"卡脖子"问题亟待解决，部分行业企业特别是中小微企业发展仍有不少困难；城乡区域协调发展水平还需进一步提升，等等。

能事，重在"能"，即擅长的、具备明显优势的方面。如：潜心业务，当好"行家"；深耕公文，当好"专家"；善于学习，当好"杂家"。

往事，指对过往事件的追溯。如：过去五年，我们迎来一系列具有里程碑意义的大事盛事，满怀豪情地庆祝中国共产党成立 100 周年、新中国成立 70 周年和改革开放 40 周年，充分激发了全省人民踔厉奋发、勇毅前行的精气神。

人事，指开展工作的人员安排和职责分工。如：成立市综合整治工作领导小组，负责统一领导、组织、指挥违法占地、违法建设行为综合整治工作。领导小组组长由××担任，副组长由××、××、××担任。

时事，指对事情有重要影响的时代背景、形势特点、热点事件等。如：中国特色社会主义进入新时代，我国社会主要矛盾已经转化为人民日益增长的美好生活需要和不平衡不充分的发展之间的矛盾，我国经济已由高速增长阶段转向高质量发展阶段。今后五年是我国全面建成小康社会的决胜期、实现"两个一百年"奋斗目标的历史交汇期，也是××基本建成社会主义现代化国际大都市的决胜期。

②如：

谋事，重在"谋"，即关于事情怎么做的理念、思路、方法、打算、安排、措施等。如：（1）树牢"一体化"意识和"一盘棋"思想，深入实施国家《规划纲要》和《三年行动计划》，长三角生态绿色一体化发展示范区建设取得明显进展（理念）。（2）我们要把到 2035 年城市总体规划描绘的宏伟蓝图变成现实，奋力建设卓越的全球城市和具有世界影响力的社会主义现代化国际大都市（打算）。

干事，重在"干"，指正在采取的措施、落实的行动。如：加强经济运行调度，实行月分析、季调度制度，扎实做好能源物资保供、重点产业链供应链保畅工作。

议事，重在"议"，先作议论铺垫，对所述事件进行分析、说理等。如：人与自然是生命共同体，无止境地向自然索取甚至破坏自然必然会遭到大自然的报复（议）。我们坚持节约优先、保护优先、自然恢复为主的方针，像保护眼睛一样保护自然和生态环境，坚定不移走生产发展、生活富裕、生态良好的文明发展道路（事）。

③如：

事务，指要做的或所做的事情。如：大力实施国家重大区域战略，着力做好区域互补、跨江融合、南北联动大文章。

事实，重在"实"，常借助人物、物品、对象、过程、事项、细节等要素来体现，多用数据说话，角度全面、干货满满。如：积极落实"互联网+"行动计划，制定实施巩固提升实体经济能级"50条"，深入推进"四新"经济、智能制造、产业创新、工业强基、质量提升等系列工程，××国际、××二期、××光电二期等投资××元以上和××个投资××元以上的重大项目开工建设，新能源汽车、工业机器人、高端医疗装备等新兴产业产值年均增速超过××%。

事项，重在"项"，指分条列项地列举相关事件。如：标志性创新平台建设取得重大进展，××实验室获批建设，××实验室纳入国家战略科技力量体系，××实验室、××实验室挂牌运行，国家集成电路设计自动化创新中心获批在××建设，××国家自主创新示范区建设成效明显，国家创新型城市创建在全国率先实现设区市全覆盖。

事业，指不同方面的业态。如一篇题为《××县巧借外力加快推进县域经济发展》的信息稿这样介绍本地事业发展：（1）"借鸡下蛋"做大工业。（2）"借船出海"做强农业。（3）"借脑生智"发展旅游业。

事迹，指人过去所做的较重要的事情。如：两年时间里，他走遍了全村每一个角落，重点走访了贫困户、种养大户、五保户等家庭，倾听群众呼声，对群众反映的问题及时整理、分析原因、提出对策，切实履行驻村扶贫第一书记的职责，为打赢脱贫攻坚战凝聚力量。

事指，指行事的宗旨。如：聚焦民生"七有"目标，扎实推进民生实事，更好满足人民群众对美好生活的向往。

事况，指事情的基本情况。如有材料从三方面概述废旧物资循环利用的工作基础：回收网络体系基本形成；再生资源产业加快集聚；政策监管体系不断完善。

④如：

事绪，指事情的头绪，写公文必须明思路、理头绪。如某材料围绕"强化创业带动作用，放大就业倍增效应"提出以下思路，覆盖了主要方面：加大重点人群创业扶持力度；支持创业担保贷款发展；支持创业平台建设；强化创业导师服务；鼓励科研人员创业。

事制，指事情的制度、法度。如：建立重大工作定期调度制度，各区、县（市）政府及市级有关部门要研究出台相关政策，制定年度实施计划，分解落实年度任务。完善再生资源回收重点企业联系制度。

事权，指处理事情的职权。如：压实各地政府责任，政府主要领导为本地区就业工作第一责任人。发挥市就业工作领导小组作用，及时对就业工作进行协调研究。开展高质量就业社区（村）认定，市财政对市级高质量就业社区（村）给

予 ×× 元 / 个的一次性奖补；各区、县（市）对各级高质量就业社区（村）给予一定补助。

⑤ 如：

事例，即列举事例来说明。如：党内存在不少落实党的领导弱化、虚化、淡化问题，有些党员、干部政治信仰发生动摇，一些地方和部门形式主义、官僚主义、享乐主义和奢靡之风屡禁不止。

事理，指办事的原理、道理、规律等。如：构建人类命运共同体是世界各国人民前途所在。万物并育而不相害，道并行而不相悖。只有各国行天下之大道，和睦相处、合作共赢，繁荣才能持久，安全才有保障。

事物，重在"物"，即点出事情涉及的"物"。如：加快推进"531"产业链递进培育工程，特高压设备、晶硅光伏等 7 条产业链达到中高端水平。

事变，指事情的变化、发展。如某汇报材料这样构思：转变调解职能，变要我调解为我要调解；转变调解方式，变被动调解为主动调解；转变调解内容，变调解单一化为多元化。

事功，指事情完成对全局或其他方面产生的价值、贡献、影响等。如：推进重点领域风险隐患排查化解，持续化解存量政府性债务，稳妥处置大型企业债务风险，全力做好"保交楼"工作，扎实开展"信访突出问题攻坚化解年"行动，有力保障了经济社会大局稳定，为党的二十大胜利召开营造了良好环境。

事绩，指事情的成绩。如：采取更多举措惠民生、暖民心、解民忧，居民人均可支配收入达 ×× 万元、增长 ×%，年初安排的 ×× 类 ×× 件民生实事全面完成。

事虑，指办事的体会、感想等。如：回顾过去五年，我们深深体会到，做好各项工作，必须始终服从服务国家战略，始终把握当好新时代全国改革开放排头兵、创新发展先行者的要求，始终抓住发展这个党执政兴国的第一要务，始终树立以人民为中心的发展思想。

事由，即事情的缘起、发端、由头、原因等。如：长江大保护取得显著成效，坚决落实"共抓大保护、不搞大开发"战略要求，深入推进生态环境污染治理"4+1"工程，着力破解"重化围江"难题，切实抓好长江"十年禁渔"，长江生态环境实现"沧桑巨变"（"长江大保护"的规划在先，是事由）。

事情，指办事的情绪、情感。如：我们所处的是一个充满挑战的时代，也是一个充满希望的时代。中国人民愿同世界人民携手开创人类更加美好的未来！

第二十六节　"数"说工作，何以有"据"

文之法（9）：数据说明术

公文写作要言之有物，除了要有充分的事实说明，也离不开用数据说话。列数据，是增强公文权威性和执行力的重要手段。

数据与数字，虽只一字之差，却有天壤之别。数字，只是用来说明客观对象发展中相关数量的变化情况，一切以"明事"为目的；而数据却是文秘人员用来证明写作观点的支撑性材料，必须服从于特定的写作主题，带有强烈的主观色彩，一般以"显旨"为目的。数据与数字之别，唯"据"也。数据一定是数字，但数字不一定是数据。

统观公文写作数据运用全过程，数据之"据"，就在于"出"之有根据，"入"之成凭据，"来"之作实据，"去"之为考据。

可见，运用数据的要求，尽在"出入来去"四字。

出，即出处。"出"之有根据，指向数据的采集过程，就是数据的统计、梳理、搜集、汇总、提供等工序，务须确凿可靠、真实可信，经得起推敲和检验。

入，即入眼。"入"之成凭据，指向数据本身的特点，就是经过精挑细选的数据，显眼有特色，新鲜显亮点，给人以强烈的视觉冲击。无论是业内还是局外人，都能透过一连串数据看出事物的本质。数据，得以成为佐证事物变化成果的有力证据。

来，即来意。"来"之作实据，指向数据的实际运用，就是采集的数据必须吻合文秘人员的写作意图，成为他写作公文的事实论据。否则，如果不合文义，特色再鲜明也是无效数据。

去，即去向，"去"之为考据，指向数据的日后存用，就是运用数据的公文在完成行政使命后被存放起来，文中的数据因其真实性、权威性在日后常被用来作参阅、比对，成为证明事业发展轨迹的基础依据，被作为考据使用。

可见，数字一旦成为数据，就有了凭据、论据和考据等功能，这是数据的内在属性。数据的"数"是"量"的概念，"据"是"性"的概念，因此，数据的运用，就要把定量分析和定性说明结合起来。

事情的发展变化，以及数据的真实性、可靠性、权威性，决定了公文写作务须运用第一手数据、新鲜数据、经权威机构认可的数据等，未经核验的数据、想当然的数据以及道听途说的数据万万使不得，否则，会使公文的权威性大打折扣，也给事业发展造成负面影响，甚至酿成严重后果。

使用数据，不可照搬照抄，不能堆砌了事，而要区分数据的性质、内容、来源等，因文而异，因事而异。总体来看，一个单位不论大小，如果从对象看，数据一般包括基础性数据、全面性数据、指令性数据、完成性数据、目标性数据、特征性数据、结构性数据、成长性数据等八类。这八类也是使用频率最高的数据类型，其内涵如下：

（1）基础性数据。用来说明地区（单位、部门）的基本情况，一般变动较少，如地区的面积、矿藏、物产等。

（2）全面性数据。反映地区（单位、部门）发展总体状况，如年度经济总量、城市建设规模、生态治理面积等。

（3）指令性数据。上级部门下达的任务量。

（4）完成性数据。一定时间内事业发展实现的指标，如一年来完成的业态培养规模、污水处理量等。

（5）目标性数据。下一阶段要完成指标的预估量。

（6）特征性数据。彰显某阶段某单位工作独特性、凸显有关细节，如某单位在过去两个自然年同为接待考察团 100 多批（次），但较之前年，去年的厅级（含）以上及国外考察团明显增多，可以算出增幅，并结合考察主题的频次分析增加原因和特征（比如本单位智慧系统上线等）。

（7）结构性数据。对构成事物各部分进行解析式的数据说明，如列举经济发展总量中第一、二、三产业的数据构成。

（8）成长性数据。就是事业发展突破某个引人注目的关口、节点、门槛的数据，也叫标志性数据、标杆性数据、破关性数据，如今年某市经济总量突破万亿大关。这样的数据易于抓人眼球，把最突出的亮点呈现给人看。

数据运用要体现科学性、实用性、针对性，绝非易事。简言之，也是四个字：量率而型（谐音"量力而行"）。其中，"量""率"是内容；"型"是类型、方法。

公文运用的数据虽然林林总总，种类繁多，但最常见的就是"量""率"两类，包括：两者的基数测定、"量"的涨跌和"率"的升降。"量"就是数量，"率"就是数率，综观各类公文运用的海量数据，从数据内容看，莫不如此。

先看"量"。量，常见的有定量、总量、分量、增量、减量、均量、概量、准量、常量和变量等。定量，是人为确定的标准值；总量，是关于事物发展相关"数值量"的总和；分量，是事物发展各部分、分阶段的数量；增量，是事物定量之上的增加值；减量，是事物定量之下的减少值；均量，是取事物发展各部分或各阶段的平均值；概量，是经估计后的大致数值，常用"大约""预计""左右"等词语标明；准量，是经仪表统计或人工科学计算的精确数值；常量，是事物发展中具有恒定性的数值；变量，是事物发展中处于波动变化状态的数量，体现事物发展的不稳定性。对"量"的核定，主要有测定法、计算法、比较法等。

再看"率"。率，常见的有比率、速率、效率、费率、频率、概率等。比率，是事物中各不同类别数据之间的比值，常用百分比表示，如经济发展中增幅和降幅的概念，即事物发展新的增量（减量）较之上一阶段总量的比值；速率，在物理学中是路程和时间的比值；效率，即单位时间内完成的工作量，有增效、减效和不变三种情况；费率，是缴纳费用的比率；频率，指一定时间或范围内某事物发生或出现的次数；概率，亦称"或然率"，反映随机事件出现的可能性大小。"率"的计算，往往涉及不同数值之间的比较（包括纵比、横比），常用来衡量事物发展变化的程度。例如：

> 以"链长制"为牵引打造五大产业生态圈，规上工业增加值××××亿元、增长×％，战略性新兴产业增加值、高技术产业增加值分别增长×％和×％，数字安防产业集群入选国家先进制造业集群名单，战略性新兴产业集群发展工作获×××督查激励。

本句中，既有"量"，是增量；也有"率"，是比率。

在日常公文写作中，数据的运用要服从内容表达的需要。要通过对"量"和"率"的分析，指出实质，总结规律，证明论点，真正把数据用好、用到位。一般可围绕下文"五化"进行通盘考虑，精心选用数据。

一是数据的典型化。数据运用不是多多益善，不可遍地开花，要有的放矢、锦上添花。因此，公文在运用相关数据时，务须指向突出的、拔尖的、广为关注的、有代表性的重点内容。这就是数据的典型化，要求我们以分析的目光捕捉素材。日常写作中，数据要力求典型化，一般基于五个考虑：一是紧扣主体重点，二是体现工作量，三是展示工作成果，四是反映情况变化，五是彰显工作特色。这样的数据运用，往往会让文章增色不少。例如：

> 全市生产总值年均增长××％，从五年前的××亿元跃升到××亿元，迈上新台阶。每年新增就业岗位××万个左右，城镇登记失业率稳定在××％左右。

这里的数据突出"量"和"率"，说明了工作重点（经济）、工作量、工作成果和情况变化，特色也自然显现。显然，文中不多的数据直截了当、简明有力，起到了四两拨千斤的作用。

对照典型化的要求，写作中，对于一些并不突出到数据，可以弃而不用。如某领导在全省信访工作交流会上如此总结："两年来共收到业主送来锦旗 1 面，获评市级先进单位 1 次，辖区街道先进单位 2 次。"这里的数据不仅太少，街道先进的荣誉相对于省级交流会的层面也不够突出，可作删改。

二是数据的类型化。数字虽不是文字，但也得像文字表达那样讲究逻辑性，力求井然有序、严谨明晰。这要求文秘人员在搜集数据时，务须树立"类型化"思维，力求从"类"的角度去处理数据，且数字说明的"类"一般对应文字表述内容的"类"。"类数据"思维的形成，要求我们"到什么山上唱什么歌"，习惯于以全面的眼光看问题，对本是杂乱无章的数据进行科学分类。例如：

人民生活持续改善。居民人均可支配收入实际增长 ×%。提高个人所得税起征点，设立 × 项专项附加扣除。加大基本养老、基本医疗等保障力度，资助各类学校家庭困难学生近 ×× 万人次。棚户区住房改造 ×× 多万套，农村危房改造 ×× 万户。

人民生活包括收入、养老、就医、教育、住房等主要方面。围绕这些民生"门类"，例文分门别类运用了收入增长、资贫人次、房改数量等民生方面的"类型化"数据。

视角不同，对数据分出的"类"也会有所区别。"类"有很多，如从领域看，有政务数据、经济数据、治理数据、科学数据、民生数据等；从时间看，有基础数据、阶段数据、结果数据等；从层级看，有省级、市级、区级、县级数据等；从性质看，有正面数据、负面数据、中性数据；从内容看，有说明情况的数据、反映工作量的数据、显示业绩成果的数据等；从来源看，有官方数据、社会数据、民间数据等；从加工看，有原始数据、汇总数据、再核验数据等；从使用看，有主要数据、辅助数据、参考数据等。从不同的视角审视"类数据"，有利于我们围绕特定的写作主题，力求在数据的使用上做到"四精"：精选、精准、精炼、精用。

三是数据的矩型化。矩型化，即把相关数据按一定的秩序（或横向或纵向）排列成一个相对稳定的结构，并以一个有机的整体出现或变化，基本是"年年如是，个个相仿"，由此形成一个数字矩阵。矩型化数据，体现了数据结构的稳定性、系统性、联系性和发展性，从某种程度上说，是系统化、结构化、模型化数据。矩型化数据由于其重要性，一般是相关地区（部门、单位）公文材料常年必写的"经典曲目"。例如：

经济实力跃上新台阶。国内生产总值从××万亿元增加到××万亿元，年均增长××%，占世界经济比重从××%提高到××%左右，对世界经济增长贡献率超过××%。财政收入从××万亿元增加到××万亿元。居民消费价格年均上涨××%，保持较低水平。城镇新增就业××万人以上，××亿多人口的大国实现了比较充分就业。

例文中的各大经济数据及其相互变化关系，因反映了经济发展的主要规律和总体特点，几乎每年必讲，且大同小异，一般只是"量""率"的数值变化而已。

数据矩阵作为一个整体，体现了事物的多样性联系，如增与减、精与约、总与分、点与面、多与少、虚与实等，要求我们以辩证联系的眼光分析事物、研究问题、洞察规律，体现在数据运用上，就是要把全面分析与局部分析、定性分析与定量分析、共时分析和历时分析、动态分析与静态分析等结合起来。例如：

第三产业增加值占全市生产总值的比重从××%提高到××%，战略性新兴产业的制造业部分产值占工业总产值的比重提高××个百分点，现代服务业为主体、战略性新兴产业为引领、先进制造业为支撑的现代产业体系初步形成。

例文着重说明了比率"量"的增长，并从中揭示了产业体系的"初步形成"，把定量分析与定性分析有机结合起来，使文章既有"形"，又有"魂"，言出意随，神完气足。

四是数据的新型化。新型，包括两个方面：一是内容出新，要不断寻找新的出彩点。如某市"旧改"工程往年材料只是提及改造了老旧住宅××栋，领导并不能真切体会到与民生的关联度。新一年材料，文秘人员在原先数据的基础上增加了"惠及××户家庭，受益人群××万人"，表达效果明显增强。可见，文秘人员要紧扣听者的关注点、事情的关键点以及文章的出彩点，以敏锐的目光挖掘新特点，并用数据进行"量"的展示。

二是表述出新，要努力打造新的吸睛点。一方面是表述的角度要有变化。例如反映机关会风转变的相关材料，去年从"正面"总结：坚持"精、简、并"原则，积极改进会风，从"每日一会"变为"每周一会"，全年会议量减少××%；新一年则可从"上面"的角度着笔：根据市推进智能化工作要求，全面启用智能远程会务系统，全年召开视频会××次，面商会从去年的××次降至××次，实现了降本增效。另一方面是表述的方式要有新意。多采用求同、提炼、串联、公式化等方法，求同如"三个看，三个干"，提炼如"三清两迎"，串联如"1357工程"，公式化如"3+1 模式"等。

五是数据的小型化。 除非各种报表，在日常公文中，文字的篇幅一般多于数字说明，这就要求数据的选用必须一针见血，能简则简，精益求精。连篇累牍的数据说明不仅喧宾夺主、因数害意，看起来也眼花缭乱、其累无比。

数据不是越多越好。数据的小型化，要求数据结构的细分和层次不要太多太烦琐，一定要压缩去水，单个对象说明，最多三四个"数据点"足矣。数据用得好是"宝"，用坏了就是"草"，弃不足惜。数据，犹如文字汪洋中的绿色小岛，景色迤逦惊人目。因此，我们要树立"数字岛"意识，以专注的目光精筛细选，避免数据的琐碎、杂乱、堆砌。数据不用则已，一用就要使其成为文章的美丽风景线。例如二十大报告这样说明"经济实力历史性跃升"：

国内生产总值从五十四万亿元增长到一百一十四万亿元，我国经济总量占世界经济的比重达百分之十八点五，提高七点二个百分点，稳居世界第二位；人均国内生产总值从三万九千八百元增加到八万一千元。谷物总产量稳居世界首位，十四亿多人的粮食安全、能源安全得到有效保障。城镇化率提高十一点六个百分点，达到百分之六十四点七。制造业规模、外汇储备稳居世界第一。

上例的数据说明，既有数量，又有比率；既有总量，也有分量；既有定量，也有增量；既有纵比，也有横比；既有结构性数据，也有成长性数据，重点突出，干货满满。类似这样的数据说明，正如"韩信将兵，多多益善"。

公文写作中，运用数据是一门深蕴学问的艺术，我们既要懂得"用什么，怎么用"，也要切记哪些"不宜用、不可用、不必用"。一般来说，数据说明要遵循"八不用"原则：不相干的不用，不突出的不用，有争议的不用，易误解的不用，不可靠的不用，太陈旧的不用，未定型的不用，可用可不用的不用。深谙了"该用不该用"的门道，我们就能擦亮数据说明的利器，为公文写作增彩添色。

第二十七节　笔走龙蛇有良方

——文之法（10）：按章表达术

思路有了，内容有了，接下来就看我们手中的一支笔能否意遣语至、酣畅淋漓了。

在语言表达上，文学追求感染力，论文突出说服力，而公文强调执行力。公文以宣贯政策、部署政务为旨归，当以执行为使命，以平实为根本。体现在五种表达方式上，多以记叙、说明为主，议论为辅，而抒情、描写较少，除非节庆致辞、演讲、动员、表态讲话等，一般只作适当点缀之用。

公文语言技巧再多，也离不开五种表达方式的基础支撑。深入理解每种表达方式的实质、内涵，熟练掌握其方法和顺序，我们下笔就好似获得了追霞逐月、如有神助的"魔力"。

表达有章法，写作遵法度。要用好表达方式，先要弄清表达方式的概念边界，明白它们"是什么"；再围绕"怎么用"，研究表达方式运用的技巧。

首先，理解表达方式"是什么"。

记叙，就是写人记事，主要通过事件的过程记叙人"怎么干"。辨识记叙的显著标志是"人"的活动及其过程性。

说明，是用简明扼要的文字，介绍"物"的形状、构造、性质、特征、类别、成因、关系、功用等，并对事物的原理、含义、演变等作清晰的解说，旨在揭示事物"怎么样"。辨识说明的标志是"独立性"，即说明的内容可以单独成"块"，呈点状分布。

议论，是对某个议论对象发表见解，以表明自己的观点和态度，旨在显示作者对人、事、物"怎么看"。辨识议论的标志是"推导性"，即围绕某个观点，通过摆事实、讲道理进行层层推导，最后证明观点，得出结论。

描写，是用生动形象的语言把描写对象的状貌、情态描绘出来，为凸显主题"怎么立"展现细致画面，令读者如见其人，如入其境。辨识描写的显著特征是"形象性"，即抓住某个闪光瞬间，或渲染，或烘托，或白描等，重点展现特定时空、特别对象（人、事、物）的特殊细节，体现出鲜明的画面感。

抒情，就是抒发、表达自己的情感。公文的情感不是凭空发生的，它是围绕文章主题，源于内心"怎么想"而生发的对"人"之行为、"事"之结果的主观情绪、鲜明态度。辨识抒情的主要标志是"主观性"，即字里行间流露出鲜明而强烈的情绪倾向。

其次，研究表达方式"怎么用"。

在写作公文时，为了流畅、熟练地表达，我们必须研究表达内容、顺序和技法。

在内容方面：记叙的内容有六要素，即时间、地点、人物、起因、经过、结果。说明的内容有三要素，即物（理）、情况、质（量）。其中，物（理）是对象，包括实体的事物（景物、器物、动物等）和抽象的道理（思想、思路、原理、技术等）；情况是物（理）的形状、构造、含义、特点等；质（量）是事物的性质和数量说明。议论的内容有三要素，即论点、论据、论证。其中，论点是观点，论据是材料，论证是用论据证明论点的方法。描写的内容有五要素，即人、物、时、境、态。态，有"三态"：形态、情态、状态（包括动态和静态），能把对象刻画得更为形象、生动、具体、细致。抒情的内容有三要素，分别为人、事、情，即基于对人（事）的认识，生发特定情感，主要包括两种：一种是积极的、正面的，如号召、赞扬、肯定等；另一种是消极的、负面的，如反对、批评、否定等。

在顺序方面：记叙的顺序主要是时间顺序，即：起因＋经过＋结果。说明的顺序有三种：时间顺序，一般以时间先后及发展阶段为序；空间顺序，有从内到外、由远及近、由高到低、从上到下、从左到右、从整体到局部、从前到后等；逻辑顺序，主要以事物内部的本质联系为顺序，常见的有因果顺序、主次顺序、总分顺序、由表及里、由繁到简、由特殊到一般、由现象到本质等。议论的顺序主要是逻辑顺序，常见的有由浅入深、由表及里、从总到分、从正到反等。描写的顺序主要是时间顺序和空间顺序，常见的有从先到后、从面到点、从近到远、从上到下等。抒情的顺序有从人到情、从事到情、从情到情等。

除了注意表达顺序，还要安排好结构顺序。在内容结构上，常见的有总分式、并列式、递进式、对照式等；在逻辑结构上，完整的形式一般是"是什么—为什么—怎么办—怎么样"，或"提出问题—分析问题—解决问题"，等等。

在技法方面：记叙的方式有顺叙、倒叙、插叙、概叙、细叙等，公文写作最常用的是概叙。概叙即概括叙述，是综合扼要地对事件的全过程、人物的总面貌、事物的总情况、文章的总内容进行交待和介绍。说明的方法总体上分为生动说明和平实说明两种，公文常用的是平实说明，常见的有举例子、列数字、作比较、打比方、下定义、诠释说明等。为了把"理"阐析得更透彻，议论会经常运用一些论证方法，如事实论证、道理论证、类比论证、举例论证、比喻论证、对比论证、分析论证、归谬论证、假设论证、归纳论证、演绎论证等。描写的主要方法有人物描写（心理描写、语言描写、动作描写、神态描写、外貌描写）、环境描写（包括社会环境和自然环境）、场面描写、细节描写四种。常见的抒情方式有直接抒情和间接抒情两种，直接抒情是直接表达，感情强烈；间接抒情是情寓其中，一看便知。

最后，我们结合写作实例来体会表达方式如何区分和怎么用。

1. 过去一年，我国发展面临多重困难和严峻挑战。在以习近平同志为总书记的党中央坚强领导下，全国各族人民以坚定的信心和非凡的勇气，攻坚克难，开拓进取，经济社会发展稳中有进、稳中有好，完成了全年主要目标任务，改革开放和社会主义现代化建设取得新的重大成就。

例1是记叙，按时间顺序概叙人"怎么干"，内容上包括时间、地点、起因、经过（进取）、结果"六要素"，体现了鲜明的"过程性"。

2. 外商投资限制性条目减少一半，××%以上实行备案管理，实际使用外资××亿美元，增长×%。非金融类对外直接投资××亿美元，增长××%。

例2是说明，按逻辑顺序（主—次）说明物"怎么样"，两句话既相互联系又各具"独立性"，运用列数字、作比较的说明方法。

3. 从根本上说，发展的不竭力量蕴藏在人民群众之中（观点）。9亿多劳动力、1亿多受过高等教育和有专业技能的人才，是我们最大的资源和优势（是什么，事实论证）。实现新旧动能转换，推动发展转向更多依靠人力人才资源和科技创新，既是一个伴随阵痛的调整过程，也是一个充满希望的升级过程（怎么办，道理论证）。只要闯过这个关口，中国经济就一定能够浴火重生、再创辉煌（结论：怎么样）。

例3是议论，按照逻辑顺序（是什么—怎么办—怎么样）论证中国经济的"不竭力量"，层层深入，运用了事实论证和道理论证，体现了严密的"推导性"。

4. 这次抗击××台风中，各行各业扛起责任，××多万个基层党组织冲锋陷阵，××万名应急平台工作者在全国××个城乡社区日夜值守，××××名党员干部靠前指挥、带头拼搏，××万名一线作业人员起早贪黑、顶风冒雨，××支应急小分队深入一线，共同筑起了抗台防汛的钢铁长城。

例4按从总到分的顺序，对各条战线的人物进行描写："冲锋陷阵""顶风冒雨"体现"形象性"、画面感，展现了典型细节。

5. "××五"时期的辉煌成就，充分显示了中国特色社会主义的巨大优越性，集中展现了中国人民的无穷创造力，极大增强了中华民族的自信心和凝聚力，必将激励全国各族人民在实现"两个一百年"奋斗目标的新征程上奋力前行！

例 5 议论中有抒情，紧扣"成就"间接抒情，先"事"后"情"，暗含赞美、自豪、坚信、希望之情，具有强烈的主观性。

公文写作运用表达方式往往不是单一的，只有综合运用多种表达方式才能丰富写作内容，凸显文章主题。例如：

必须把改善供给侧结构作为主攻方向，通过简政减税、放宽准入、鼓励创新，持续激发微观主体活力，减少无效低效供给、扩大有效供给，更好适应和引导需求（说明"思路"）。这是一个化蛹成蝶的转型升级过程，既充满希望又伴随阵痛，既非常紧迫又艰巨复杂（议论，分析论证）。要勇往直前，坚决闯过这个关口（发出号召，摆明观点）。

第二十八节 9大技巧，让"插花句"大放异彩

——文之法（11）：语句贴金术

公文的句群，从表达功能来看可以分为两大类：一类是主体句，即文章主体部分用来记叙事件、说明情况的主要功能句；另一类是起过渡、衔接、铺垫、点缀作用的，我们称之为"插花句"。

插花句，首在"插"，即插在主要功能句的不同层次之间，主要作用有三个：一是对前一句进行阐释、说明，二是为下一句蓄势、铺垫，三是起到衔接上下文的关联作用；次在"花"，要产生较好的点缀、装扮效果，进一步增强文章的知识性、理论性、生动性、新颖性，使文章更出彩。

"插花句"之"插"，是在正文的主要线索之外，但绝不是可有可无的，而是与文章主题密切相关。在文章的不同层次之间（一般在段首或不同句群之间，具有鲜明的独立性），适当"插"一笔，往往能起到铺垫、引入，以及深化主题之效。既是"插"，要求插入的一笔要言不烦，切中要害。

公文中的"插花句"，一般以议论性、说明性、描写性和记叙性句式为主，抒情句较少。常见的插花方式可以归纳为九个方面：法、理、时、事、知、识、情、意、景。

一、插入"法"，凸显精度。这里的"法"，既有原则性的思想方法，也有指导性的方式路径。例如："对河道的日常管理，从根本上说就是对人、景、水

的管理。今年以来，我们加大了对污水入河、违章垂钓、私自开挖等行为的执法力度；推进了市管河道景观岸线的打造，推出了一些绿化'小品'、亲水平台和健身绿道，实现了人水和谐；加大了河面巡查频次，实施了清淤疏浚工程，有序实施引配水计划，再现了碧波荡漾、鱼翔浅底的美丽风景。"第一句即为插入句，点明了河道的日常管理方法。在一开始就简明扼要地指出总体思路、方法，为下文分别从人、景、水三方面具体展开提供了总纲。如此总分有序，使行文收放自如，无缝衔接。

二、插入"理"，增加力度。除了领导讲话稿，一般公文材料里说理的句子很少，偶尔插入一句，往往能产生显筋见骨、画龙点睛之效。这里的"理"，包括真理、哲理、公理、定理、常理、事理等。例如："行百里者半九十。中华民族伟大复兴，绝不是轻轻松松、敲锣打鼓就能实现的。全党必须准备付出更为艰巨、更为艰苦的努力。"第一句插入的"行百里者半九十"，即为常理。综观行文，在后文两个层次"伟大复兴"的主线之前插入这一句，从表意上看，举重若轻、以面概点，十分显明地阐述了实现伟大复兴必须付出超凡的努力；从结构上看，为凸显最后一句"必须付出努力"的主题作了铺垫。可见，这一"插"，奠定了后文议论的基石，增强了行文的说服力。

三、插入"时"，拉伸跨度。这里的"时"，包括过去时、现在时和将来时。插入"时"，有历时和共时两个角度。"时"和"势"往往联系紧密，文章对特定时势的交代，有助于说明事情的宗旨、目的。例如："当前，国内外形势正在发生深刻复杂变化，我国发展仍处于重要战略机遇期，前景十分光明，挑战也十分严峻。全党同志一定要登高望远、居安思危，勇于变革、勇于创新，永不僵化、永不停滞，团结带领全国各族人民决胜全面建成小康社会，奋力夺取新时代中国特色社会主义伟大胜利。"第一句插入的"时势"，实际上为后一句分析了勇于变革、不懈奋斗的缘由。形势是工作的先导，因其"前景光明"，所以"决胜小康社会、夺取伟大胜利"才有奔头；因其"挑战严峻"，所以要"登高望远、勇于变革"。正是第一句的"插花"揭示的深层逻辑，把上下文紧密衔接为一个有机的整体，展现了从外到内、自近及远、由表及里的宏阔跨度。

四、插入"事"，拓展宽度。有时，在进入正题前，先插入一段相关的故事、逸闻、"插曲"等，能够反振一笔，达到很好的烘托、渲染效果。例如："前几年，在做好基层工作上，我们十分被动，往往出现奖杯多而口碑却差的怪现象。今年以来，我们采取了'反弹琵琶'的做法，坚持'一线工作法'，深入基层解难帮困，敞开大门问需求策，老百姓对我们工作的满意度直线上升。"通过第一句的插叙，凸显了今年工作创新的必要性。同时，两相对比，一方面补叙了过去的不足，另一方面也凸显了如今的创新，使表达的宽度得到了较大拓展。

五、插入"知"，加大厚度。即在正文开头或相关层次之间插入相关学科知识，如历史、人文、社会学等知识，一方面深化读者的理解，另一方面增强了文章的趣味性和可读性。例如："公元前××年，×国××君在此置××县，这是××省历史上第一次有县级建制。对于××市而言，也是城市之源的特殊存在。历经两千多年的沧桑巨变，××城遗址仍然保存完好，掩映在××乡××村的绿水青山之间，距离我们主办地不到×公里的地方，同时积淀下来的，还有深沉丰厚的××文化遗产。在××乡境内，现有国家、省、市级文物保护单位××处，融儒、释、道于一地，集禅、茶、诗之精华，堪称××文化遗产的自然博物馆。"这是一篇旅游推介会致辞，第一句插入了战国人物在此设县的历史知识，既引出下文，也增加了该地的历史厚重感。最为突出的是，第一句"插花"，为后文提供了表达之源，从本句的"置县"到后文的"城市之源""保存完好＋文化遗产""文化遗产的博物馆"，自源到流、由古而今，一路写来，如水波顺高就下，蜿蜒曲折，形成了层层叠叠的厚度，颇见纵深感。

六、插入"识"，挖掘深度。"识"，就是见识、见解、看法、评价等。公文"插花句"中的"识"，既可以是自己的见解，也可以引用权威的看法、评价。例如："古人说过，'学以立志，学以养德'。清代学者余怀认为，'读书能够使糊涂的人变得聪明，狭隘的人变得旷达，忧郁的人变得愉快，笨拙的人变得灵巧，愁闷的人将会欣然起舞，有病的人将会霍然而愈'。可见，读书学习对提升一个人的道德修养和塑造一个人的良好品行非常重要。高尚的人格、良好的操守不是天生的，而是一种积累，一种养成。作为一名共产党员和人民法官，只有加强政治理论学习，才能时刻保持清醒的头脑，才能在纷乱复杂的现实生活中不被金钱、美色、权力诱惑。"例文第一、二句借引用阐述读书的巨大价值；第三句由表及里揭示读书对于修身、修行的重要作用；第四句紧扣前句"非常重要"，进一步揭示人格品行形成之法在于积累、养成，换言之，离不开"读书学习"，由此深化前文的观点；末句回到论述主题"眼前人"，即"共产党员和人民法官"加强理论学习的必要性和重要性。为了揭示这一主题，作者行笔并未直入正题，而是"盘马弯弓故不发"，看似"漫不经心"地从古人写起，由此层层生发、步步推进，逐步逼近正题，增加了行文的"曲度"，读来摇曳生姿，更具韵致。可见，第一、二句虽着墨不多，却是后文生成的枢纽。这一"插"，犹如泉眼高悬，就此生发了万顷波涛、无限风光。

七、插入"情"，体现浓度。"情"有直接抒情和间接抒情。通过融"情"于文，能够增强文章的表现力和感染力。例如："中国人历来言必信、行必果。确保北京冬奥会、冬残奥会如期安全顺利举办，确保'两个奥运'同样精彩，是中国人民向国际社会作出的庄严承诺。"此处是间接抒情。论述的主题是如今"两个奥运"同样精彩的承诺。由此看，第一句看似与后文赞扬"两个奥运"精彩的主题不相关，在行文中充当的正是"插花句"的角色。这一"插"如何体现在行文表达中不可或缺的地位？其奥妙就在"历来"二字。"历来"，不仅包含过去的中国人，也包括眼下的"中国人"，揭示了重信守诺是流淌在中国人骨子里的深层基因。文章借助"历来"一词，就从普遍性上为当下中国人"言必行、行必果"提供了强有力的论据。

八、插入"意"，提升高度。在进入正文之前，插入一句说明总体意图、宗旨的话，有助于增强理解，凸显主题，提升高度。例如："7年磨一剑，砥砺再出发。北京冬奥会、冬残奥会是在全党全国各族人民向第二个百年奋斗目标迈进的关键时期举办的重大标志性活动。我们要积极谋划、接续奋斗，管理好、运用好北京冬奥遗产。"插入的第一句简明扼要地发出了呼吁。"磨一剑"是回顾过去，总结了之前"7年"为此付出的巨大努力，构成了横跨时代的重大事件；"砥砺"是展望未来，行动是"砥砺"，目的是"再出发"，这是例文论述之重。"砥砺"，一方面暗示要继续"磨剑"，同时也暗点"剑"的巨大价值，正因"砥砺"，所以要"再出发"。有了第一句统摄文意，后文第二句进一步揭示"磨一剑"的成果就顺理成章，"重大标志性活动"，其巨大历史价值不言自明。正因如此，末句提出要"管理好、运用好"的要求，行文水到渠成、自然而然。总之，第一句的"插花"高屋建瓴，大气磅礴，既体现了高度的概括力，也成为后文写作的总源头。

九、插入"景"，增加靓度。这里的"景"，可以是全景，也可以是特景；可以是实景，也可以是虚景。"景"的插入，往往能起到烘托背景、渲染气氛的作用，也增加文章的美感，激发人的豪情。例如："站立在九百六十多万平方公里的广袤土地上，吸吮着五千多年中华民族漫长奋斗积累的文化养分，拥有十三亿多中国人民聚合的磅礴之力，我们走中国特色社会主义道路，具有无比广阔的时代舞台，具有无比深厚的历史底蕴，具有无比强大的前进定力。"例文插入的"站在……广袤土地上"，虽是意中"景"，却笔力雄厚，为我们展现了壮阔的场景和真实的画面。从后文得知，文化皆由此出，人物皆由此生，舞台皆由此成，底蕴皆由此积，据此汇聚成强大的"前进定力"，行文环环相扣、层层推进，而这一逻辑不断推进的生成之源即在"第一句"。若缺少第一句的"插花"，后文的"养分""力量""舞台""底蕴"等都将无所依附，成为无源之水、无本之木。可见，高明的语句"插花"，不是横生枝节造成表意的中断，而是制造丰富内容的触发器。有了拓展文意、丰富表达的插花句助力，公文语言犹如镀金般，形神兼备。

使用插花句，是公文语言表达的一个重要手段。用得好，能锦上添花、增强表达效果；用得不好，也易陷入流于形式、喧宾夺主之误区。因此，在公文写作中，我们要熟谙插花句的表达艺术，把握好三个原则：一是简明原则。插花之"法"在一"插"字，说明只是"添加"在行文主要线索中的一个插曲、一个花絮，绝不能汗漫拉杂、臃肿拖沓。二是出彩原则。插花之"效"在一"花"字。插花句不同于一般的说明、陈述性句子，插花句的强大生命力就在于能为文章增色，或凸显思想深度，或深化文章主题，或彰显文章美感等。若所插之"花"无花韵，无异于画蛇添足，多此一举。三是适度原则。插花句不是多多益善，而要适可而止，一般是"插"在行文自浅入深、由实转虚或从点到面处，犹如神来之笔，往往能立竿见影、点铁成金，达到显筋见骨、画龙点睛之效。

第二十九节　写得好，多因"改得好"

——文之法（12）："76"修改术

修改文章犹如为人美容，首先要"祛斑"，即去除存在瑕疵甚至有"病症"的内容；其次才是"美容"，即通过修饰、增彩等，使文章总体效果看起来更加精彩、美观。

写出好公文，一般源于两种情况：一是全凭灵感加持，随着思维之泉的飞流直泻，文秘人员下笔千言，一气呵成，几无卡顿，鲜有改动，出手即佳篇；一是多按规范写作，文秘人员边想边写，边写边想，写写停停，停停写写，终至成篇，其间或终稿后多有改动，成稿虽算不上"扛鼎"，但也不失为一篇中规中矩、四平八稳的得意之作。

就实际来看，前一种情况并不多见，后一种情况才是常态。一篇公文的"出炉"，往往需要几经推敲、锻打、润饰，最终成为出类拔萃的妙文。修改，是公文从平淡无奇到新鲜出奇的必备功夫。写得好，还需改得好。

公文修改，不只是改语病（语法），使之更通顺；也不只是改语意，使之更严谨；还要改语言，使之逻辑更严密、层次更清晰、修辞更出彩、表达更规范，最终成为一篇文质俱佳的优秀之作。修改，是让公文发生质变的必备功夫。

改语病，重在"改"。早在学生时代，我们就历经了大量反复的训练，这主要是解决语言表达"对与错"的问题。归结起来，去语病主要有"七改之法"：改、移、接、留、增、删、调。

（1）改。是指改正、改换，即把错误内容圈起来，并用引线引至文章空白处加以改正（后换成新内容）。

（2）移。是指转移、移位，即用特定符号圈起要转移的词语和内容，并指向要转移位置。例如：对选举的各个环节要高度重视，做到心中有数，精心组织。例句的"对……环节"放在句群作状语，使得全句"重视""组织"等动词缺少对象，且前后头重脚轻，有些脱节，据此可将"对……环节"置于"重视"之后；再者，"重视"与"环节"不搭调，将"环节"改为"工作"似乎更妥。综上，全句可改为：要高度重视选举各环节工作，做到心中有数，精心组织。

（3）接。是指接应、连接，即借助音接、意接等手段，将看似松散的内容连为一体，或把不需要另起一行的两行文字用特定符号连接起来。如："对列入区上市企业培育对象的，可允许分割受让；也可对园区内工业楼宇进行统租，统租后可实行低租金或零租金招商。"例句增加的两个下划线的"可"字，借助"音接"，将前后文紧密联系为一个整体，表意也更确切。

（4）留。是指保留、恢复，即用特定符号把改错、删错的内容恢复原状。

（5）增。是指增加、增补，即用特定符号把要添加的内容指向待填入的位置。

（6）删。是指删除、删减，即用特定符号把需要去除的内容移除。

（7）调。是指对调、调换，即用特定符号把顺序颠倒的相关字、句调换位置。例如：

过去的五年，是我区经济社会加速发展的五年。这期间，我们在深入贯彻全面从严治党、营造风清气正的政治生态方面做了大量的工作。这些都是我们在今后工作中可以沿用、借鉴的宝贵经验。

上例中，"大量的工作的'的'"显得多余，可删除；沿用和借鉴顺序欠妥，应先借鉴后沿用，两者要对调。

从语意表达、语言提质来看，重在"修"，即修饰、润饰、装饰，尤需掌握

"六修之术"：飞天揽月术、合并同类术、大道至简术、提纲挈领术、点铁成金术，主要解决语言表达"优与劣"的问题。

一是飞天揽月术：远观近看攀"高亲"，让立意更高深。一般来说，公文的立意应"能高则高"，高度是一篇公文贴近时代、紧跟领导、体现水准的关键所在。有时，笔者自身所处的位置可能还不够开阔，此时尤需"举目仰视"，以时代视野和领导视角看问题、定思路、出对策，进一步拔高文章立意，方能居高临下、气势酣畅，获得与"代拟领导"角色匹配的口吻，大幅提升公文的权威性和执行力。例如：

①这次区政协"请你来协商"聚焦养老服务高质量发展这一民生实事，选题精准，调研深入，充分体现了"人民政协为人民"的工作理念和增进人民福祉的美好愿望。②随着人口老龄化程度和生活水平的不断提高，群众对养老服务的需求也越来越大，需要我们更加重视养老服务工作，更加关心关爱老年群体，帮老年人更解除后顾之忧让他们安享幸福晚年。③刚才，×××、×× 等委员，分别围绕×××、×× 等方面工作，提出了许多有价值的意见建议。④从大家的发言中，我们充分感受到政协委员饱满的政治热情、强烈的责任意识和较高的参政议政水平。

例文的①②是按领导要求后来添加的，一是聚焦了全区"高质量发展"这一中心主题，二是由表及里地揭示了思想认识，三是从更广的角度把握了时代脉搏和群众需求，使得全段从总体上体现了全局高度、思想高度和时代高度，较之原文的就事论事，文章高屋建瓴，切换了视角，升华了主题。

二是合并同类术：物归其类分"框格"，让逻辑更清晰。每当提笔写公文时，笔者脑海中必先有个"类"的概念，通过反复梳理，最终将不同类的内容分布在不同的段落层次中。然而，由于事情的复杂性和认识的局限性，有时笔者对事物的分析、分类很难一步到位，往往会产生类似内容的混搭、重叠、交叉现象，这就需要通过后续的修改，分离混搭的，归并重叠的，剔除交叉的，使文章逻辑更清晰，表达更严谨。

如某篇《在××××年安全生产工作动员大会上的讲话》包括三部分内容：一、加强教育，以珍爱生命的理念认识安全。二、狠抓落实，以严肃负责的态度对待安全。三、预防为主，以务实严谨的作风确保安全。

从"理念""态度""作风"等词即可看出，该文内容难免存在交叉、重叠现象。再看文章第二部分中这两段话：

第三，加强党、团和工会组织的安全监督工作机制，进一步发挥党、团、工会组织的积极性、主动性和监督作用，积极参与安全生产监督管理，发扬企业主人翁精神，全面推进县局安全文化建设。

第四，部门负责人、党、团组织和工会干部，要切实发挥各自在安全生产管理直接执行者和监督者的作用，每个同志都要认真履行安全生产管理工作职责，当好领导的参谋，发挥安全管理专长，积极主动做好安全生产工作。

显而易见，上述两段内容空洞混乱，语焉不详，有价值、可操作性强的"点"几近于无，雷同、单调现象较突出（如监督、管理、积极、主动等内容多次重复），文章情节静止呆板，缺少发展和变化，有必要将这两段先归并再"补血"。

三是大道至简术：删繁就简去"赘瘤"，让内容更精干。公文语言以简明为要，无论是传达文件，还是布置工作，只要把理讲明，把事说清即可，忌讳信马由缰、不着边际的铺陈和渲染。公文修改一定要本着简单、简要、简明、简洁的原则，把多余的去除，让繁杂的清净，大刀阔斧地实施语言表达"瘦身计划"。

公文语言的尚"简"，一方面体现在语句的清爽感、求短化，如"一份好的党代会报告离不开大家群策群力、集思广益"这句话中，"群""集"都有"大家"的意思，因此，"大家"属于赘余，可删；另一方面是层次的立体感、简单化。例如：

①区第××届人大一次会议，是全区上下立足"两个一百年"历史交汇点和行政区划调整历史新方位，开启"十四五"规划新篇章，高水平建设创新××、品质之区、文明圣地，全力创建"综合性国家科学中心核心区、全国共同富裕示范先行区、全面数字化改革引领区"的关键时期召开的一次十分重要的会议。②我们要切实提高政治站位，从全局和政治的高度，充分认识到完成大会选举任务是推进行政区划调整的关键环节，关系到实现我区第××次党代会描绘的发展蓝图，关系到我区作为裂变而来的高能新区、机遇叠加的战略高地、充满希望的发展热土的能级提升。

上例共两句话，①点明会议召开的客观背景，时代意义非凡；②在此基础上从客观转到主观，由重要性转向必要性，提出要提高思想认识。总体行文逻辑没有问题，但文章最突出的不足有两点：一是语句太长。如①"是……会议"中宾语"会议"前的定语太长，导致句子十分臃肿、累赘，不仅读来十分吃力，也不便于听者理解。二是语病不少。如②中的"政治站位""政治的高度"重复，

②中"关系到……发展蓝图"不搭配，"关系到……能级提升"，既不搭配，也语意含混，且句子太累赘。鉴此，可作如下修改：

①区第××届人大一次会议，是在"两个一百年"历史交汇、全市行政区划调整的关键时期召开的一次十分重要的会议。②当前，全区上下正全面开启"十四五"规划新篇章，奋力实现创新之区、品质之区、文明之区建设新目标，加快落实"综合性国家科学中心核心区、全国共同富裕示范先行区、全面数字化改革引领区"创建新举措。③我们要切实提高政治站位，把准形势，着眼全局，充分认识到：完成大会选举任务关系到行政区划调整的稳步推进，关系到区第十五次党代会有关发展蓝图的顺利实现，关系到区划调整后我区把握新机遇、激发新优势、促进新发展的全面提速。

四是提纲挈领术：提精求源理"头绪"，让重点更突出。为了简明扼要地叙事明理，公文讲究头绪清、重点明，提纲挈领，结构紧凑，一目了然。头绪清，就要在"理"上下功夫。理，是整理、梳理，即按照一定的顺序对全文、某段或某部分内容进行再梳理，使之条理清晰，合乎逻辑。重点明，就要在"提"上做文章。提，是提炼、提纯，力求以少总多，使重点更突出，语言更加精炼、上口、易记。例如：

鼓励盘活存量土地。根据园区提升改造综合规划，对低效闲置且无力或没有意愿提升改造的企业，可以由政府通过协商对企业全部或部分土地收回进行二次开发；对适合搬迁且符合国家产业政策的企业，经依法收回原国有土地使用权后，可以协议方式为原土地使用权人异地置换安排工业用地；对需要发展空间的优势企业鼓励其对园区内低效闲置企业实行兼并重组。对上述需要盘活的存量土地，如未取得合法建设用地手续或存在违法用地的，可以在依法依规处理到位、补办相关审批手续后进行二次开发。

例文有关盘活存量土地的措施令人颇费思量，在经提炼后令人眼前一亮，一览便知。改稿如下：

鼓励盘活存量土地。根据园区有机更新综合规划，可采取"收、换、并、补"方式盘活存量土地。"收"：经政企协商后，由政府收回低效闲置且企业无力、无愿进行有机更新的存量土地进行二次开发；"换"：对适合搬迁、符合国家产业政策的企业，由政府采取先收后换的形式，为企业用地进行异地置换；"并"：鼓励需要发展空间的优势企业对园区内低效闲置企业进行兼并重组；"补"：对手续不全或存在违法用地情况的上述存量土地，可在依法依规补办相关审批手续后进行二次开发。

五是望文生义术：凿山开渠育"新苗"，让内容更丰满。望文生义，就是在修改时，抓住原文的某些关键词进行内容"生发"，通过旋转视角、打开层次、拓展扩充、填充事实、延伸联想等手段，使单调的变丰富、空泛的变具体、模糊的变清晰。如前文提及的《在××年安全生产工作动员大会上的讲话》中两段原文，通过细抠"生产监管""安全文化""职责""专长"等有丰富意涵但未打开的词语，经梳理、归并、修改、生发后可改为：

第三，发挥组织优势，汇聚安全监管合力。以党、团、工会组织为纽带，加强安全生产教育，通过"一月一训""一岗一训"等形式，重点抓好安全法规、排险技能的常态化培训，进一步拧紧安全生产思想阀门；坚持"一岗双责"，倡导"人人都是生产员，个个都是安全员"，细化安全生产职责，优化安全生产机制，制定安全生产职责、巡查、监督、考核"四张清单"，确保"苗头有人问，问题有人追"；开展立体化宣传，通过"典型墙""英雄榜""播报台""报告会"等形式，加大对安全生产"尖刀班组""精兵强将"的宣传力度，着力培育特色鲜明的安全文化，营造齐抓安全、大抓安全、常抓安全的浓郁氛围，并健全奖惩激励机制，进一步激发全员参与安全监管的积极性主动性。

六是点铁成金术：增光添彩造"爆款"，让语言更吸睛。由于时间紧迫、材料受限，有时我们拿出的第一稿难言"写得好"，为此每每被领导发回修改，甚至难逃被全文"枪毙"的厄运。要改得好，不仅要按领导意图拉高立意，充实素材，还要开动脑筋，挥舞生花妙笔，对原稿标题和语句进行改头换面的再创作，力求点铁成金，努力打造具有强烈视觉冲击力的佳作。语言润饰的手段有很多，包括运用俗语、修辞生辉、成语点睛、描绘增色、深意挖掘、词语创造、金句锤炼等，旨在进一步增强语言表达的形象性、生动性和深刻性。例如：

水利保障惠民生形成合力。一是着力解决饮水安全问题。农村自来水入户工程累计完成投资××万元，铺设供水管网××余公里，解决××个村××户的农村自来水入户"最后一公里"问题。二是强力推进基础设施建设。实施产业发展、环境治理、美丽家园等基础配套设施建设项目，不断提高群众幸福指数和满意度。三是扎实开展扶贫结对帮扶。对××街××村××户建卡贫困户进行"一对一"结对帮扶，今年以来，机关干部共走访贫困户 ×× 余次，帮助、协调解决贫困户难题 ×× 件。

上例层次井然，文从字顺，但某领导阅后认为语言比较平淡，建议再推敲。后经文秘人员反复琢磨提炼、充实修改，最终在立意提升、重点强化、语言锤炼上都有了脱胎换骨的变化。如增加的"聚焦'两不愁三保障'突出问题"，升华了主题；"净水入户""配套进村""扶贫到家"的提炼，既接地气，又工整流畅，朗朗上口。改文如下：

水利保障惠民生求实务实。大力实施"净水入户"。聚焦"两不愁三保障"突出问题，把农村饮水安全作为底线任务，完成 ×× 万户农村自来水入户安装，实现了 × 个市级贫困村、× 个区级滞后村和建卡贫困户饮水安全全覆盖，全面保障全区 ×× 户建卡贫困户饮水安全。着力推进"配套进村"。投入资金 ×× 万元，在 ×× 镇 ×× 村、×× 街 ×× 村开展产业发展、环境整治、美丽家园等基础设施建设，铺设灌溉主管 ×× 米，新建公路排水沟 ×× 米、人行便道 ×× 米，硬化混凝土路面 ×× 米。合力开展"扶贫到家"。对 ×× 街 ×× 村 ×× 户建卡贫困户进行"一对一"结对帮扶，今年以来，机关干部共走访贫困户 ×× 余次，帮助、协调解决贫困户难题 ×× 件。

最后需指出的是，修改还需把握三个基本原则：一是通读全文。有些文稿把关人员看一句改一句，导致改前不顾后，改后又瞻前，出现前后修改冲突、矛盾的情况，结果越改越乱，越改越累，这是修改大忌。二是忠实原文。正如医生看病不能随意更换器官一样，公文修改要尽量忠实于原稿，如原文的某些表达确无必要，或含混不清，方可大刀阔斧进行修改。三是表意第一。文章修改切忌因文害义，不能为了修改而修改，不可为了美化而极尽雕饰堆砌之能事。否则，不仅与公文规范渐行渐远，也与公文写作的初衷背道而驰。

第三十节　公文姓"公"，得有点"劲道"

——文之道：五格合辙术

机关企事业单位涉及的文章样式主要有三种，即公文类、文学类（包括新闻）、论文类。不同的样式有着不同的体式要求，必须符合所写文章的内在属性，这就是写文章务须遵循的"格"。公文、文学、论文各有其"格"，偏离所属之格，就会导致文章属性"变异"，以至于写公文不像公文，写文学不像文学，写论文不像论文，最终沦为"三不像"。这就是写作的"出格"现象。

写公文首先不能"出格"，这是公文写作的正道、大道、王道。出格即出界，公文写作倘若出了格，不仅入不了领导法眼，也登不了公文殿堂，哪怕语言再出彩，稿件最终注定要"挂彩"，必定被改得体无完肤。格，是以规定格式之"框"限制思维活动、限定语言边界的基本要求。只有先熟悉并用好公文之格，写出的公文才能中规中矩、合辙合"格"，显出务须执行的力道劲道来。公文要入的"格"主要有五个方面：

一是人格。人格，重点在"人"。常言道：文如其人。文章体现的是作者的思想、禀赋、性格、气质、能力等人格因素。而公文的作者是公共单位，不是个人，个人只是执笔者。公文姓"公"，反映的是公务，受体是公职人员或公众，用来表达的语言是"公话"，所体现的自是所涉单位的公共"人"格。单位作为一个全员为之奋斗的集体，其精神必须被贯彻，规定必须被遵守，目标和任务事项必须得到执行，由此展现的公共人格应该是一贯的权威性、决策的严肃性、执行的高效性、站位的客观性和本单位的独特性，体现在语言表达上就给人以庄重、典雅、简明、得体之感。写公文正要体现这样的"格"，这在法定公文中体现得尤为明显，如决定、命令、通告、公告等，字里行间都显露着无可辩驳、强力推行的权威性。

事务公文方面，如领导讲话稿，也常体现出不严而自威、有令须厉行的磅礴之势来。例如：

以中央、省生态环境保护督察组"回头看"为契机，要对涉及我市的具体问题实行清单管理，杜绝"表面整改""假装整改""敷衍整改"等问题，确保全部按时销号。充分发挥"两办"督查室、"两代表一委员"等监督作用，狠抓一批破坏环境的反面典型，严肃问责环保领域不作为、慢作为现象。

例文的"杜绝""确保""狠抓""严肃问责"等，无不体现了权威性、严肃性、高效性、客观性等公共人格，"表面整改""假装整改"等内容，体现了本单位问题的独特性。

二是规格。规格之"规"，就是关于公文写作要求或条件的"规定"。为了易于执行、高效执行，在长期应用实践中，公文写作逐渐形成了一整套标准化的规范体系，法定公文见于《党政机关公文处理工作条例》（中办发〔2012〕14号），事务公文在国家层面虽无明确的格式要求文件，写作的自由度和创造性虽然相对宽泛，但不同单位、不同领导也有一套合乎自身实际的特殊写作要求。如动员讲话稿写作内容的"通行版"是"思想动员＋任务布置＋资源保障"，全面工作总结是"情况＋问题＋打算"，调研报告是"情况＋问题＋对策"，等等。

三是品格。"品"，即品位、水平。公文虽然强调的是公务执行，不以语言出彩为最大目的，但始终要追求写作的高"品位"。上品的公文思想出新、内容实在、语言干练、逻辑严密，中品的公文思想平庸、内容浮浅、语言平淡、逻辑模糊，下品的公文思想空洞、内容空泛、语言杂乱、逻辑混乱。写公文要始终坚持走上品路线。例如：

全面落实教育扶贫和资助政策。各地要完善义务教育扶贫助学工作机制，认真落实义务教育"两免一补"、农村义务教育学生营养改善计划等惠民政策。加大对残疾学生就学支持力度，对符合资助政策的残疾学生和残疾人子女优先予以资助，建立完善残疾学生特殊学习用品、教育训练、交通费等补助政策。完善高中阶段教育和高等教育资助政策，加大对家庭经济困难学生资助力度，免除公办普通高中建档立卡等家庭经济困难学生学杂费，继续实施高校面向农村和贫困地区定向招生专项计划，畅通绿色升学通道，提高贫困地区义务教育学生升学信心［摘自《国务院办公厅关于进一步加强控辍保学提高义务教育巩固水平的通知》（国办发〔2017〕72 号）］。

上述例文思想饱满（相关"惠民政策"），主题鲜明（落实扶贫和资助），内容实在（既有宏观政策措施，又针对残疾学生、高中阶段提出的具体措施），语言精炼（以一系列动宾句明确任务内容，要言不烦，绝无冗句），逻辑严密（从总到分，从面到点，主要有总分式、递进式句群等），体现了十足的"公文味"。

四是风格。自然界常刮东南西北风，公文界劲吹雅俗新巧风。"风"是风格、味道。风格，因文种、单位、领导、写者、对象、内容等不同而有所区别。归纳来说，公文的风格因人而异、因文而异、因事而异，并由此呈现出雅、俗、新、巧四大风格。

（1）雅。公文的一种内在属性，如法定公文，会经常运用一些文言词汇（如"兹有""妥否"），使语言显得十分典雅；还有一些文秘人员会在特定内容中运用一些文学笔法（如节庆致辞），如描写、渲染等，使文章文采飞扬；还有一些公文，会用到一些警句、格言、诗词、理论术语等，格调非常高雅。

（2）俗。即通俗，用"通"行的语言讲入"俗"的事。一般来说，法定公文语言要简明直接，减少枝节，有一说一；事务性公文特别是领导讲话稿，经常以百姓话讲百姓事，例如：

> 群众上公共厕所你不上，群众吃公共食堂你不吃，群众洗公共澡堂你不洗，群众坐公共汽车你不坐，群众骑自行车你不骑，群众骑骡子你不骑，群众步走你不走。群众一切的事情你都不做，你说你叫不叫脱离群众？脱离群众最主要的一条是失人心。你感觉不到，老百姓的心里面能感觉到。

例文完全以"口语入文"，如清泉喷涌，语势流畅，一气呵成，正所谓"清水出芙蓉，天然去雕饰"，一股乡野清新之风扑面而来。

（3）新。即贯彻的是新思想，表现的是新内容，运用的是新语言，时代的新风、新词在文中时有可见。例如：

> 创新平台不是看台，而是推进高质量发展的"大舞台"。打造科技成果"孵化器"，创新推进"七步培育法"，构建从创业到孵化再到产业化的全周期培育链条。打造产业赋能"加速器"，聚焦六大传统优势产业，做到每个产业都有"1+N"科创支撑平台。

例文中，"大舞台""孵化器""加速器"的比喻形象生动，"七步培育法""1+N"提炼独到，概括有力，别具一格。

（4）巧。有些公文的构思精巧奇特，想人所未想，道人所未道，显示了公文"别是一家"的高水准，也体现了文秘人员独特的思维和超卓的眼光。例如一篇《全力建设世界一流高科技园区》的汇报材料这样安排内容：

> ××区启动硬科技攻坚，建立"三色预警"机制，以自主创新破解循环关键堵点，政企合力实现"以我为主、内外兼顾"的战略转变，经济指标逆势而进。
>
> 面向经济主战场，合力攻硬核。用"蓝色"标识有望实现国产化替代的领域，推进产业链创新链上下游联动、产学研协同，组建创新联合体，开拓"新蓝海"。发挥头部企业领导力，引导产业链协同创新，激发产业创新活力。将数字技术嵌入生命健康产业，推动生命健康产业与数字经济融合发展，实施新制造业计划，形成软硬适度的产业结构。
>
> 链接产业链创新链，重塑供应链。用"绿色"标识已经可以实现国产化替代的领域，政策服务双向发力为新技术、新产品升级绿色通道。实行超常规之策，

兑现产业扶持资金 ×× 亿元，同比上升 ××%；出台集成电路、5G 等专项政策，前三季度集成电路产业营收增速达 ××%。创新"亲清三访"机制，推广"亲清在线"平台，以线下减窗口、线上增服务，撬动政务服务数字化转型，精准对接上下游，逐个打通关键环节。

抢占产业竞争制高点，勇闯无人区。用"红色"标识短期内难以实现国产化替代的领域。动员各方力量、拓宽储备渠道、提高安全库存，妥善建立关键零部件、原材料的储备池。紧抓人才回流窗口期，加大力度引才，前三季度引才 × 万多人，近三年海外设立 ×× 个重点研发机构。紧抓自贸试验区机遇，发挥数字贸易、数字支付先发优势，探索数字贸易新模式新规则。

全文思路清晰，结构严谨，以"三色预警"统括全文，分别用蓝色、绿色、红色作象征，独具匠心，立意深远，虚实结合，耐人寻味。

五是定格。有时，相关领导、某些活动对于公文如何写会有一些特别的要求或特定的主题，有的上级单位对于文章怎么写还专门下发总体的框架格式，文秘人员在写作中必须严格贯彻这些要求、主题和框架，否则，写作"返工率"会大大增加。这就是公文写作的"定格"。定格，是针对相关人和事的个别情况，务须体现相关领导的"独特人格"，具体写作时应因人而异，不可以偏概全，"一统天下"。

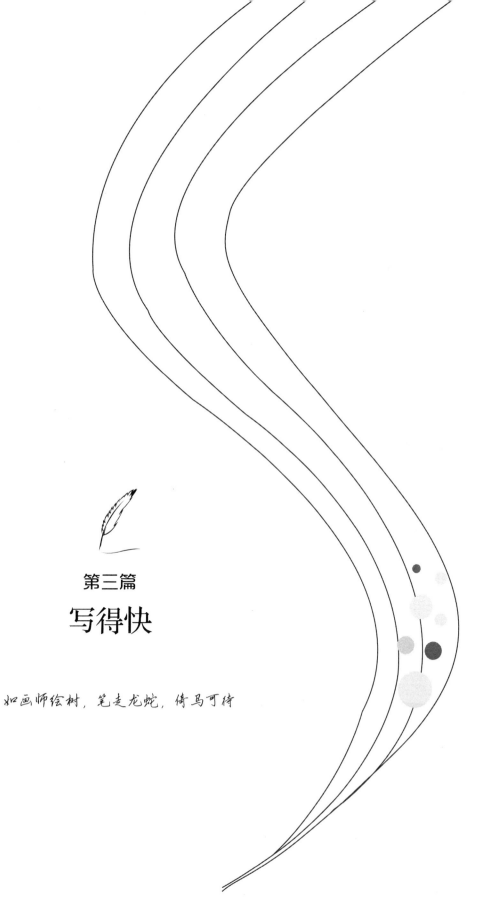

第三篇

写得快

如画师绘树，笔走龙蛇，倚马可待

在单位写材料，仅仅写得出、写得好是不够的，文秘人员还要努力让自己写得快。

如果说，写得出是能力问题，写得好是质量问题，那么，写得快就是速度问题。

为什么要追求一定的写作速度呢？一方面，公务活动都有一定的时间要求，写得快有利于尽早启动相关工作，提升工作效率；另一方面，写材料往往要占用大量时间，对有些文秘人员而言，加班几乎是常态，如果能把速度提上去，就有利于节省出时间，进一步提高生活质量，并借此保持充沛的工作精力和旺盛的写作激情，让自己的写作生活始终处于良性循环中。

写得快绝非易事，离不开文秘人员丰富的经验积累和长期的实践训练，离不开价值上的认知、意识上的刺激、路径上的清障、方法上的准备和实操上的探索。换句话说，要写得快，务须在五大环节上下功夫：目标上求"快"，意识上想"快"，路径上促"快"，方法上会"快"，实践上能"快"。鉴于此，本篇将分为五个章节逐一介绍。

第十四章　慢，其实是隐形杀手

——写不快的 5 大"危害指数"

现在，单位里年轻人口中最辛苦的岗位，莫过于写材料了。诚然，为了拿出高质量的公文材料，广大文秘人员三天两头地要奋笔疾书在枯灯下、键盘旁。说写材料苦，这大约没有多少人反对；但如果说写材料的人都是那样"凄凄惨惨戚戚"，倒也未必。

写材料其实是苦中作乐，其乐无穷。有些文秘人员之所以写材料太辛苦，一方面是因写不好，反复修改都交不了差，写稿之"乐"，自然就会被辛苦、痛苦吞噬；另一方面，对于一些笔头慢一点的秘友，难免"眼睛一睁，忙到熄灯"，每天不是在写材料，就是奔忙在写材料的路上，熬夜加班渐渐就成了常态。久而久之，写材料就成了他们心中如临大敌、挥之难去的梦魇。

上述两个方面，归根结底，还是在于写得慢。但由于不少文秘人员往往浑然不觉"慢"是"苦"之源，自然就没有采取相应措施，长此以往，就逐渐地陷入了越写越慢、越慢越苦、越苦越怕、越怕越慢的怪圈，导致写作能力值、全局贡献值、领导期望值、自身健康值和事业热情值全面走低，一路看去尽是吃不完的苦、受不完的气、看不完的黑，可谓是"独坐众文山，相看两皆厌"。

要避免上述"5 个值"的一路下滑，文秘人员务须在目标上"求快"。

第一节　速度，是写作能力值的关键指标

有些公文材料，篇幅不长、难度不大、要求不高，在高手那里，可能也就在唾手之间，可一旦到了某些文秘人员手里，就像黄梅天的阴雨断断续续、滴滴哒哒没个完。你上午去看他，他在噼噼啪啪敲键盘；你下午去找他，他在冥思苦想爬格子；你次日去问他，他还在马不停蹄写稿子。如此这般地慢，写者苦熬，候者焦躁，实在是引发一系列写作顽疾的"毒瘤"。

写得慢，有可能是性格问题，有人天生就慢，做啥都慢；可能是习惯问题，

有人做什么都是慢半拍、温吞水，优哉游哉，哪怕天塌下来也不急，你火烧眉毛，他却稳如泰山；也可能是态度问题，一听写材料，千个不想万种不愿，但又推不掉挡不住，于是乎三十六计"拖"是上策，慢得人"三尸神暴跳，七窍里生烟"。也有人说，慢工出细活，慢是为了追求更高的质量，这种说法听起来很有道理，但是，快工同样可以出细活。因此，为了"细活"而旷日持久地慢，大约也说不上水平高。既好又快才是公文写作的"天花板"。

从根本上说，写得慢还是能力问题。如果文秘人员练就了提笔如奔的写作功夫，他大约也不会能快却慢地"折磨"自己吧。

衡量一名文秘人员写作能力高低，速度是一个关键指标。写得快，说明思维敏捷，业务精通，技法娴熟；写得慢，盖因思维不快，情况不明，技法不熟。轻车熟路自然快，眼盲手拙自然慢。

写得慢，起初是能力问题，但若迟迟得不到改观，只要写材料，就是思维慢热型、敲键慢进型、催稿慢交型，习惯成自然，那就渐渐发展成了作风问题。能力问题与作风问题并存，慢于无形之中，就成了文秘人员身心和梦想的"隐形杀手"，万万使不得。

文秘人员要彻底摆脱写材料昼夜不分的苦行僧生活，就必须努力让思维跑起来，让笔锋快起来。具体要做到"四多"：一是多练，可经常找一些公文写作命题进行构思训练，让思维的犁铧在反复的训练中日益发出锋利的光芒。二是多走，只要一有空儿，就多走动，多接触，尽可能多地了解业务工作、相关信息，努力成为工作上的专家。三是多用，对于公文的常用文种，以及一般性的写作技巧，如结构成文术、段落打开术、语句生成术、修饰打磨术等，要通过高频次的运用形成娴熟的套路，"百炼钢化成绕指柔"。四是多悟，在日常写作中，还要注重揣摩研悟，努力找到不断提高写作速度的捷径，尽可能多地总结出熟能生巧、一招制敌的写作"心法"。如此，快乐写作的大门终将向文秘人员敞开。

第二节　写稿一慢，全局难办

有人认为，写稿处于"后场"，慢一点无关大碍；核心业务才是"前场"工作，必须争分夺秒。其实不然。就像足球比赛一样，无论是后场还是前场，都是全链条上的一个重要环节，若后场不能把相关指示、做法的"球"及时输送到

"前场"，业务部门的同志又怎能瞅准时机、把"球"踢进预定目标的"球门"？

有时，写稿一慢，拖累全局。文场如战场，时间就是胜利。从工作全局出发，撰稿人必须树立时间观念、效率意识，力求从紧、从快地拿出优质稿，把开展工作的重要讯息快速地传布四方。

曾有这样一个文秘人员，他在写材料上虽自求每出必精，但也慢得出奇。有一次，上级部门要求报送先进事迹自评材料，并有明确的截稿期限。该文秘人员一开始还想着提速，但写着写着就又习惯性地拐进了"慢车道"，直到截稿后一天才上报，其间竟漏接了数次催稿电话，也就此一次次错过本可以采取补救措施的"窗口期"。问题的关键在于：因为报送自评的单位可参与上级荣誉评选，而此次获评也是上一级评选的前置条件。该文秘人员所在单位本是志在必得，而因这一"慢"，导致上述两级评优双双落选。一步错，步步错，由此导致后续工作的被动。每当写稿常误事，如此秘书谁敢用？

可见，写稿慢不得，特别是事关全局的文稿，更是一刻不能慢，否则，将使全局工作陷入一着变慢、满盘皆输的被动局面。

第三节 先"快"起来，领导评价常满格

在单位里写材料，到底是"快"更有市场，还是"慢"更受欢迎？

答案是显而易见的。比较而言，在质量有保证的前提下，当然出手快一点儿好，而且是越快越好。

有人可能要说，写作是一项复杂的思维活动，一味求快出不了精品。曹雪芹写《红楼梦》用了 10 年，司马迁写《史记》花了 15 年，马克思写《资本论》用了 40 年，歌德写《浮士德》用了 60 年，你看写作能快吗？

话是这么说，但那毕竟是文艺和学术创作，和公文写作还是有质的区别。除了庄重、简明、平实等特点外，讲究时效性也是一个重要方面。但凡公文，大多有明确的执行时间、要求，如果没有时间观念，不要说写个三年五载，即使拖个三五天，怕是也不行。如果耽误了时间、影响了工作，即便公文写得再好，又有什么意义呢？

写得慢，不仅耽误工作，也直接影响文秘人员在领导心中的地位。久而久之，领导对文秘人员的信任感和好评度会一路走低。对秘书人员来说，如果领导每次交代的写作任务都不能按时完成，领导在派任务给你时就会犹豫不决，文风

看作风嘛！接下来，倘遇重要文稿写作任务，领导另派"保险系数"高的秘书担此重任也就在情理之中了。

一般来说，无论是什么单位、什么领导，也不管他是急性子还是慢性子、男同志或者女同志，就写材料而言，没有不欢迎写得快的。特别是对急性子领导布置的写作任务，更要高度重视写作速度，如果他三番五次、心急火燎地催你出稿都不见动静，而当你四平八稳地把稿子报给他时，早已过了他的"兴趣点"，他也早已下调了对你的信任和好感。

有些文秘人员，可能太过注重写作质量，不论什么稿子，一拿到手里都喜欢"磨"它几个来回。从一定程度上说，在写作上追求完美是好事，当然也无可厚非，但不能一概而论，要具体情况具体分析。笔者以为，有几种情况是万万慢不得的，个中有四看：一是看"人"，如果领导是个急性子，无论如何，写作必须快，"快"字为先，一快胜百慢。二是看"事"，如果所撰公文反映的是急事要务，就必须提高写作速度，早早出稿、出手。三是看"文"，例如写的是短文，如果你出手还是那么慢，领导会怎么想？四是看"时"，例如临近下班，领导还在等稿，能慢吗？再如，临近开会，领导熟悉稿子一般都需要有个"提前量"，能慢吗？

能否写得快，并不是小事。有时，领导会把能否及时完稿作为衡量执行力的一个重要指标，如果这样，那就是讲政治。写得好不好是水平问题，写得快不快是态度问题。在领导眼里，态度往往是要大于质量的。写作速度之于质量，有两个明显的优势：一是更易被领导感知，领导每当交办一个写作任务，首先要检验的是承办人是否有令必行、有令快行，若能及时完稿甚至提前交稿，你的超高执行力会让他感觉自己说话管用，他在心理愉悦的同时对你的好感度也自然拉到满格。二是在交稿的初期，写作质量往往不易被发现，越到后面，质量才日益为领导所重视。如果在他极为看中写作速度阶段，你就在领导心里留下了差评，后面即使文稿质量再高，也难以抬升他对你的信任值。

因此，笔者以为，在公文写作中，有时，要把速度看作比质量更为关键的优先项。作为文秘人员，一定要记住两点：遇有"急稿"，先把速度提起来，即使质量暂时达不到预期，也不要再磨稿耽误时间，而要把稿子先交出去，先以快写收获领导的好感；如果领导审稿后确实对质量不满意也不要紧，毕竟他对你执行政令的态度和效率是非常满意的，关于稿件质量，大不了按他的要求改个几回又如何呢？

第四节　身体在苦熬中被掏空

写材料是个苦力活儿，地球人都知道。

为了尽可能把材料写得完美，他们几乎每天都在冥思苦想，想着想着，头发就越来越白了。

眼睛要一刻不停地盯着屏幕看，看着看着，近视度数就越来越高了。

每天，他们坐在屏幕前，茶来不及喝一口，颈部竖着，肩部垂着，一动不动，竖着竖着，垂着垂着，肌肉就僵硬了，就感觉头部、颈部、肩部难受了，颈椎病、肩周炎不知不觉就犯了。

一篇稿子要得急，他们心急火燎，紧赶慢赶，饭将就着吃几口，觉将就着眯一会，将就来将就去，胃不好了，失眠也缠身了。

为了保持持续的写作灵感，能坐着半天不动，坐着坐着，腰椎不好了，前列腺也不好了。

由于一门心思扑在写作上，参加聚会少了，户外运动少了，渐渐地，他们变木讷了，身体一大堆指标都飘红了……

他们本来还算不错的身体底子，因着案牍劳形，就这样一天天地被掏空，越发变得形容枯槁、形销骨立、鸠形鹄面……

当然，上述是个别秘书的真实写照。当你一入材料铺，如不能让写材料为你所驭，那你就会为写材料所累。

秘书挣脱写材料役心劳形的唯一途径，就是想方设法让写材料变得轻松些、再轻松些，不仅要写得快，也要写得轻松，要确保写作始终在高效的状态下进行。

换言之，别人要写两天的，我几个小时就能完成；以前我必须熬几个晚上才能完成的，现在在工作时间内就能完成。如此，工作和生活就清爽地分开了，我们就能有更多时间放飞身心和参与文体活动，做到工作和身体 "互促两不误"、写作和生活 "相看两不厌" 了。

因此，抑 "慢" 求 "快"，能使秘书始终保持浓烈的写作兴趣和亢奋的写作热情，写作就能苦尽甜来，成为一件快乐的事情。

从快写到快乐，这应成为我们的写作追求。

第五节　热情一落千丈，痛苦深渊万丈

干任何事都需要有点热情，写材料亦是如此。

赶不完的这会议那材料，连轴转的左修右改，没间歇的加班熬夜……写材料若没有一股子热情，能行吗？

万万不行。

写材料的热情从哪里来？比如说，领导交给一个写作任务，你速战速决，领导那里也一稿通过；写作时热情似烈火、若涌浪，下班后如闲云、像野鹤；当日事当日毕，工作和生活分得开，不需要动辄就熬红双眼到天明、累得散架到天黑……

可实际情况往往是"理想很美好，现实很骨感"。上述情况得空时自我畅想一下可以，若想着都能实现，怎么可能？毕竟任何单位，工作再清闲，也总有十万火急的时候。而一旦需要救急救场，没有热情，没有两把刷子，可否？

若没有两把刷子，一旦笔头慢下来，秘书人员就不得不面对热情之火被频繁吹熄的窘境。比如说，领导急三火四地让你把关一个材料，你想三下五除二、快刀斩乱麻，但任你再怎么着急笔头就是不听使唤，越急越乱，越乱越慢，到点交不了稿领导不满意，改不出亮点别人不满意，疲于应付、蒙混过关自己又不满意；每天的任务不会因你慢而减少，各种大差小事一如既往地像潮水一样涌向你，只是你一坐下来就是各路电话各种催，你就像欠了巨额债务；你紧赶快办，好不容易如期交稿，谁知领导一个电话打过来：这个材料你还要从头再来过，当场你就感到兜头一瓢冷水；你为着挤出点闲暇陪亲友吃个饭，或看场演出，于是你一个下午都很"拼"，茶顾不上喝一口，厕所都尽量少跑一趟，原指望下班一交稿就可以"鲤鱼脱却金钩去，摇头摆尾再不回"，谁承想领导早已在办公室"恭候多时"，随即一个电话过来说：明天一早有个考察团要来调研，你手头的活先放一放，抓紧赶一下明天的稿子……

可见，一旦笔头慢下来，秘书就身不由己要被泡在各种"材料井"里，大量的时间被挤占，大把的闲暇被填满，完全失掉了放飞自我、支配时间的自由。若要解套，事务一点不会减少，时间也不会自己衍生出空余时间，唯一出路，靠文秘人员"挤"，即在有限的时间限度内力争更大的产出，从而给自己"腾"出可自由支配的时间。而挤的方式，就是写得快。

一旦笔头慢下来，今天要把关的材料改不完，新的材料又来了，我们的案头难免要堆积如山……

一旦笔头慢下来，本来半天可草就的材料，居然持续进行了两天两夜，于是，我们只能被动地陷入无休止的加班中，被疲劳、厌烦和苦恼推着走，就像在茫茫暗夜中踽踽独行……

一旦笔头慢下来，手中的活就像一团乱麻，剪不断、理还乱，领导催得要死，同事问个不停，自己就像转累了的陀螺，恍惚间掉进了万丈深渊……

慢，真是让我们"痛苦无极限，快乐有尽时"。文秘人员何时才能过上"痛苦如云烟过眼，快乐似细水长流"的生活呢?

努力"快"起来吧，你的前方一定会春花烂漫、绿草如茵。

第十五章 急，是为了不急

——凡写必快的6大"效率刺激"

鉴于公务工作的时效性，写公文务须追求较快的写作速度。直白点说，就是要让写作畅起来、快起来。

有人可能会说，心急吃不了热豆腐，公文写作总体上属于一件慢活，一急写作质量就难以保证。

这句话貌似有理，其实存在认识误区。一方面，公文写作很多情况下并不是越慢越好，通过牺牲写作速度往往并不能换来写作质量的提高。据笔者个人经验，有时速度越快，反而写得越好，思维敏捷大多能下笔如风、一气呵成，如此写出的稿子一般如浑金璞玉，较少瑕疵；而磕磕绊绊写出的文稿容易思维断档、文笔断流、语意断线，很难成为汪洋恣肆、顺势而下的佳作。另一方面，公文姓"公"的特质，决定了写作绝不能像文学作品那样文火慢炖，可以写个三年五载。写公文就是要快，必须在快中求好、又好又快。不要说短小精悍的公文，即使是一篇结构复杂的大材料，例如工作报告、行动计划、实施意见等，最多写个十天半月，若拖成一季半年都很少见，或许已成"烂尾楼"似的材料。

若要快，先得意识上想"快"。在写作速度上，要注意掌握急与不急的辩证法。不急，绝非不温不火、慢条斯理、优哉游哉，而是万事俱备的镇定、胸有成竹的心态、熟能生巧的能力和十拿九稳的把握，不急并非不快，而是写作稳、准、快的自信表现；为了写作时的"不急"，动笔前，文秘人员要在三个方面催促自己先"急"起来：一是意识的"急"，要摒弃慢一点不要紧的写作态度，从思想上先要快起来；二是目标的"急"，即给自己划定一个完稿的大致日期，能快则快；三是准备的"急"，要尽可能快地做好征询意见、收集资料等工作，为后续的"不急"奠定坚实的基础。

因此，除非出台法规制度、政策性文件，有可能以年计，大多数公文都是以时计，文秘人员一定要逼迫自己、磨炼自己，让自己"急"起来，通过效率的深刺激、强刺激、久刺激，让笔头快些、再快些。

第一节　带着"三感"写材料

公文写作要全面提速、不断加"急"，并不是一句空洞口号，而是要贯穿于写作全过程的具体实践。

我们知道，车要跑得快，务须有引擎的连续驱动。公文写作也是如此。写作也不是想快就能快，必须要有内在驱动和外在促动。文秘人员要让写作速度快起来，除了领导加压、任务逼迫等外在因素外，尤需构建强大的内驱系统，不断驱使自己思想"急"、运笔"快"、完稿"早"。

为了保持快写的内动力，文秘人员要带着"三感"写作：责任感、紧迫感、荣誉感。这是"心理刺激"。

首先是责任感。各类公文往往涉及全局的相关工作，体现一个单位的对外形象，代表着机关的整体意志和领导的思想态度，文秘人员必须以高度的责任感、事业心投入到写作中。要从"著文无小事"的高度重视写作，把质量当作写作生命线，把速度看作写作基准线，坚持思想和行动并重、质量与速度齐抓，不折不扣地完成每一次公文写作任务。

其次是紧迫感。一旦投入写作，就要把自己当成一辆全速疾驰的跑车，思想持续集中，思维持续亢奋，思路持续展开，尽可能避免各种精力上的"跑冒滴漏"现象。持续的紧迫感，促使文秘人员心无旁骛，风驰电掣奔终篇，全面刺激着文秘人员的思维不断发送电波，展示最佳的写作状态，实现写作速度的最大化。

最后是荣誉感。写得好是荣誉，写得快也是成就。一篇类似的公文，过去要写上半天，现在只要两个小时，这难道不是一种荣誉感吗？同样的一篇稿子，其他同事要写两三天，而自己只要半天即可，这难道不是一种成就感吗？写出的稿子，领导不仅夸赞写得好，还特别表扬写得快，这难道不是一种幸福感吗？可见，荣誉感也是文秘人员力求写得快的强大推动力。

第二节　快写也能出细活

关于写作质量和速度的关系，不少文秘人员在认识上存在一个误区：若要写得好，只能写得慢。在他们脑海中似乎存在这样一个逻辑：要把公文写好，就不能有时间约束；如果要写得快，质量就很难保证。

其实，慢工也未必出细活。就写作而言，写得慢可以出精品，写得快同样可以出精品。实践证明，快写而成的作品，大多是灵感喷溅的产物；写作一旦有灵感注入，往往一气呵成、浑然天成、巧夺天工。古往今来，写得快又写得好的文豪不胜枚举，耳熟能详的有曹植七步成诗的故事、袁虎倚马可待的故事、王勃即兴作《滕王阁序》的故事等。

文学创作没有明确的时间要求，写多久完全由作者自己掌控。公文写作却不能无限期地"慢"下去，否则，不仅领导着急，也易耽误工作。因此，文秘人员在写作上必须摒弃"慢才能好"的观念，时时给思维植入这样的"理念刺激"：即使写得快，也能写得好。

快写出细活，要求文秘人员在写作上力求一次成稿、一稿送审、一审通过。一次成稿，就是构思定型之后，手攥之笔宛如开闸之洪，酣畅淋漓，一泻千里，成稿即终稿，其间绝无磕碰和卡顿，无需任何耗费时间的返工，就此也保证了"一稿送审"。一稿通过，就是稿子完全契合领导意图，无需回炉再造，审阅一次性过关，可以直接转入发文办理程序。上述"三个一"，体现了"快"的高质量，否则，三个环节中任意一个遭遇波折，都说明写作有速度没质量，最终也会拖累写作速度。

为快而快，这样的"快"是没有意义的。

第三节　速度永远在路上

在写作上，质量追求永无止境，速度要求也要"苟日新，日日新，又日新"。

好了要更好，快了要更快，这是公文写作始终要坚持的自我要求。

随着写作经验的不断积累和写作水平的持续提高，文秘人员的写作速度也越来越快。文秘人员要不断追求写作的加速度：今天高于昨天，明天高于今天，后天高于明天……这是写作发展、进步的辩证法。

文秘人员对写作速度的追求应是永不满足、永不懈怠。在写得快上，不是他人比我写得慢，我因此就可以原地踏步；也不是今天比昨天写得快，明天我就可以原地打盹、裹足不前。为了不断攀登写作高峰，文秘人员务须有这样的"目标刺激"：快些，再快些。

笔者早年刚入行时，由于初涉公文，对于公文的一些基本概念知之甚少、胸中无谱，故而写得很慢，往往领导催了又催才能匆匆交差，而且还经常落得个稿重写、人挨批的尴尬境地；及至后来，随着感性认识的积累和理性认识的深化，笔者对如何写好公文有了比较清晰的认识，写出的稿子领导经常夸赞，成了单位里赫赫有名的"快枪手"。现在，由于对公文写作规律的研究越来越深入，写起公文来往往驾轻就熟、信手拈来，虽不敢说达到了唾地成文的地步，但一般的材料也能如砍瓜切菜，甚至都不用动笔，成稿只在须臾间。这都是辛勤苦练、熟能生巧的成果，也是自我加压、自我提速的结果。

毋庸置疑，写得好永远是公文写作的第一标准。写不好，一切都无从谈起。但在写得好的基础上，文秘人员还要努力追求"写得快"的第二标准。在速度追求上，宁快三分，不停一秒。写作一篇公文，今天用一个小时，明天要努力缩短至五十分钟，后天要进一步降到四十分钟……在追求高质量的过程中，不断凸显高速度。

速度，永远在路上。

第四节 "长"是缓速带，"短"是加速器

同等条件下，写出的公文篇幅越长，交稿越慢；篇幅越短，速度越快。

写得快，要求我们尽可能写短文。

短，不是简单地删削内容，"砍枝及干"，而是保留全文精华内容的浓缩和精简。抓大放小，除杂汰冗，这是"短"的主要目的和根本方法。如此的篇幅求短，要求文秘人员必须强化去芜存菁的"质量刺激"，笔笔精到、句句中的、丝丝入扣。

概括、简缩、归并、省略、勾边、提炼，是写短文常见的"6法"。概括，是以少总多而"见短"；简缩，是删枝去叶而"摆短"；归并，是整散求同而"变短"；省略，是存此去彼而"留短"；勾边，是剔皮留核而"精短"；提炼，是取精用宏而"缩短"。

例如："今年以来，××局围绕三大目标，重点实施了×大项目"，这是概括；

"经过大刀阔斧的改革，××局的管理发生了质变"，至于怎么改革的，如何质变的，只字未提，这是简缩；

"一年来，××局在机制上有三大创新，在范围上有三大拓展，在质效上有三大提高，归结来说，就是'高、大、强'三个字。高，就是……"，这是归并；

"关于工程质量管理的有关规范，由于时间关系，这里就不一一细说了，请大家参看有关文件"，这是省略；

"一年来，党务工作展现新气象，政务工作得到新加强，业务工作实现新突破，服务工作树立新标杆……"，这是勾边；

"围绕'123'工作思路，××局狠抓质量管理，注重项目带动，深化问题整改，打造了园区改造的'×市经验'"，这是提炼。

公文要写短，要努力做到"4去"：去繁，就是尽量简单不复杂；去冗，就是尽量精准不絮余；去杂，就是尽量聚焦不凌乱；去虚，就是尽量务实不浮飘。

做到上述"6法4去"，写作速度会迎来一个质的飞跃。

第五节　勇于把自己"逼上绝路"

曾有文秘人员跟我讲过一次写材料被折磨个半死的痛苦历程。

刚入门写材料，他接触了写稿人生中的第一个领导。该领导是个女同志，对文稿要求非常高，近似于苛刻。那时，在写公文上他还是一个门外汉，一报到，领导就让他写年度报告。刚接手的第一份任务，事关领导对他的第一印象，因此他在思想上高度重视，找来类似模板学着写，连续写了五天五夜总算写好交差。自以为写得并不差，甚至暗地里还为其中的文采自鸣得意。谁知稿子交到领导手里，领导只粗粗瞄了几眼，脱口的一句话就宣判了这篇公文"处女作"的"死刑"：文笔可以，但写得像散文！

后来，这稿子在一来二去间反复修改，一共改了33稿！改得他晕头转向、昏天黑地、几欲癫狂，不承想原以为美差的文字工作竟是这样深不见底的万丈深渊。

"难道我后半生的职业生涯都要在这种一写作就抓狂的状态中度过吗？"痛定思痛，他当机立断，决定补上公文写作这一课，边学边写，边写边学。毕竟有着"狂热"文学青年的底子在，很快，他的写稿水平有了明显提高，并逐渐成长为小有名气的"一支笔"。

就在那时，为了避免被无休无止的加班拖垮身体、摧毁热情，他给自己立下了一条规矩：写作要有效率意识，能快则快绝不拖。例如领导让他写一篇讲话稿，他估计一个小时能完成的，绝对不会拖上一小时10分钟，只许快不许慢。即使非加班不可，他也不会轻易就熬上一个通宵，一般都要给写作划下一道"时长红线"，原则上最迟不能突破夜间11点以后。渐渐地，时间意识深深植入他的思想，只要一写作，他即刻马不停蹄、飞笔舞墨。就这样，在有意识的持续训练中，他的写作速度不断换挡提速。三五年后，他竟练就了这样的功夫：坐上半天写个五六千字不在话下，而且养成了写材料不上网搜索的良好习惯，从根本上剪断了写作的"网络依赖"，有利于保持全程写作的高速度。写得快也让他获益匪浅，从此加班越来越少了，幸福感和获得感却大大提高了。

他成了远近闻名的"快手"。有时，逼一逼自己，坚持"效率刺激"，在写作速度上会有意想不到的飞跃。

第六节　把首战当终战

古人云：好文不厌百回改。说好文章离不开修改，大约没有人反对。但任何事情都有两面性。修改，一方面能精雕细琢出精品，而另一方面也拖累了成稿效率。常言道：习惯成自然。在日常写作中，好修改的文秘人员不在少数，有些人甚至养成了每稿必改的习惯，一篇稿子不改它几个来回总感觉不对劲，久而久之，"磨"稿子就上了瘾。写材料一旦与"磨"搭上边，写得快几乎就是一句空话。

公文写好后，必要的修改打磨无可厚非，但"磨"稿成癖实不可取。笔者熟悉这样一位办公室主任，每次审稿不是一个顶天立地的大叉，就是改个稀巴烂，搞得来人尴尬不已，他自己也经常起早贪黑，累个半死。每每看他"眉一蹙，头一偏，一个句子改半天"的苦思状，我就暗自想：这是何苦？又有何必？其实很多句子大可不必改，有些句子也许还是原稿的好，总要按自己的思路来，这是改稿成癖了！关于改稿子，笔者一直坚持"能不改则不改，非得改也巧改"的原则，尽量保持原稿本意和风格。如此，避免了改稿"折腾"和内耗，同时，也大大提高了写作效率。

每每接到写稿任务，笔者始终坚持一稿成型的习惯，把首战当终战，以"绝境刺激"倒逼自己提高写作速度和质量，不给自己任何偷懒和拖延的退路。如果写第一稿时始终想着后面还有几稿要改，还能以郑重其事、精益求精的态度去写作吗？显然，写得好、写得快很可能"双输"。

把首战当终战，笔者始终坚持弹响"四部曲"：提前下手、尽早脱手、暂缓出手、务须拿手。

提前下手，就是及时响应，写作任务一下达，马上就动手，尽早进入状态，提早做好各项准备，"万事俱备，只欠东风"，写作就能顺风顺水、举笔直达。

尽早脱手，就是不粘手，一旦启动写作后，思维如车轮高速旋转，笔头如齿轮快速飞转，力求在规定时间前止笔完稿。

暂缓出手，就是不要忙着送审交差，要适当地压一压，不是为了故意拖延，而是留出一定的时间快速过稿，彻底消灭细小笔误和逻辑疏漏，尽量不以满眼低级错误的稿子呈报领导，否则，那样的差评会严重拉低领导对你的印象分。

务须拿手，是说不能为了写得快而牺牲对质量的追求。写得再好，写不快也等于空"好"；写得再快，写不好也等于白"快"。要在一稿成型的长期快写训练中练就快速构思和顺畅表达的功夫，力求"天生丽质、一鸣惊人"。

久骋文场，常把首战当终战，我们就逐步练就了一剑封喉的功夫，成为善打"遭遇战""闪电战""速决战"的文场超级"战神"。

第十六章

天下武功，唯快不破

——避免 7 大"过程损耗"

写得快，不只是写作某个环节快，而是全程都快，从准备阶段、动笔阶段到完稿修改阶段，都要快。天下武功，唯快不破。一旦提笔，"求快"的意识要一线贯穿，"加快"的行动须从未将息，"难快"的短板应及时补齐。

在写作过程中，经常会遇到一些影响写快的因素，就像阴招不断、横行于道的"妖孽"，让飞速旋转的思维齿轮不得不停息下来。要"促快"，斩"7 怪"。这"7 怪"涉及思想、准备、习惯等各个方面。

第一节　克服思想焦虑

遇有大稿、快稿、难稿的写作任务，有些文秘人员不免会患上"写作焦虑症""快稿恐惧症""大稿综合征"，表现出焦虑、失眠、担心、自卑、恐慌等负面心态，迟迟不想动笔，即使动了笔也往往是写写停停、停停写写，写作效率不高。

心态决定状态，状态影响结果。心态一坏，状态不佳。就文秘人员而言，上述心态的形成由来已久，影响因素是多方面的，例如功底不厚、领导批评、怕苦畏难、时急任重等。要想阻断上述焦虑心态的蔓延，必须综合施治，及时注射 3 大"干扰素"。

一是注射"免疫干扰素"。焦虑的产生因人而异，要坚持辨证施治，对症下药，不断提高对各种负面情绪的心理免疫力。例如自信不足的，就要自我鼓励，相信困难只是暂时的，只要久久为功，必能兵来将挡，水来土掩；怕挨领导批评的，就要以阳光心去理解领导的善意，以勇敢心来矫正自己的怯意，以平常心去看待暂时的失意，努力在"顶风冒雨"中练就抗击打的"金刚不坏之身"。

二是注射"准备干扰素"。写作焦虑的存在，归根结底是信心不足，而信心不足首先源自准备不足。准备不足，写起来自然畏首畏尾，前怕狼后怕虎，难免破绽百出、纰漏不断。因此，克服焦虑的重要手段是提前做好各方面的准备，缺什么补什么。例如材料不足的，就要提前下发通知，做好材料收集和汇总；理解领导意图有误的，就要用足心思研究"人"，多读领导的有关材料，潜心揣摩领导的真正意图，等等。克服思想焦虑，往往是"有备而无患，备足而无忧"。

三是注射"营养干扰素"。上述信心不足，还来源于能力不足。这是克服心理焦虑的最大拦路虎。焦虑不是一天形成的，能力不是一天练就的。文秘人员要善于听取别人关于材料的意见，认清自己写作的不足，做到有的放矢，精准补课。例如眼界不高的，就要多读各级党委政府的政策文件、领导讲话等；构思不新的，不妨多阅读优质公文佳作，从一般构思到新巧构思，注重分类收集、活学活用，不断提高构思水平；语言生涩的，就要多多学习语言技法，积累鲜活词汇，活学活用，不断提高，等等。"腹有诗书气自华"，有一定的阅读量打底，文秘人员的写作水平必将与日俱增。终有一天，思想焦虑会烟消云散、荡然无存。

第二节　写作要有方向感

公文写作最忌"盲人骑瞎马——乱撞"。为了抢速度，有人提起笔来，习惯于"脚踩西瓜皮——滑到哪里是哪里"，这样的信马由缰、离题万里，结局常常是难免一"毙"，最终反而影响了速度。

写作当有方向感，这样才能确保思维之车始终在正确的道路上行驶，直至指定目的地。总体来说，文秘人员在动笔前要认清四个方向：

一是文种方向，风格要对。公文的常用文种不下二三十种，不同的文种有不同的写作规范，文秘人员首先要弄清写作所用文种的规范要求，不能张冠李戴、履不适足。例如调查报告不能写成调研报告，决定不能当通知，动员讲话不能混同于表态发言。否则，写出的材料弄不好会成为"四不像"。

二是主题方向，表意要准。主题好比乐曲之主调，主题若偏了向，就像奏曲跑了调。写作之初，文秘人员首先要思索所写材料到底要表达什么主题。一篇材料所要表达的思想、意图、情感等，一般都融合在主题中，文秘人员要带着意图去写作。例如《国务院关于同意将××省××县列为国家历史文化名城的批复》，首先要表明"同意"的态度，而重点在对同意后如何建设历史文化名城提出"希望、要求"，这正是本篇批复的主题。

三是领导方向，思路要合。领导往往是公文写作的发起者，对于公文怎么写一般都有自己的思路、喜好、习惯，文秘人员受命而写，焉能不把准领导意图？领导关于写作的要求，构成了所写材料的"理想模型"，有些文秘人员若不明就里、产销不对路，也就难逃"稿毁人烦"的厄运。写材料多在研究"人"上下功夫，就能少走弯路，容易一稿成型。

四是事件方向，选料要正。公文写作可谓"无事不成文"，"事"是文章的精华和骨架。用什么事来表意很有讲究，稍有不慎，写作也会遭遇倾覆"翻车"的事故。关于写什么事，要把握两个方向：一是大方向，即横贯全文、占据重要篇幅的大事件。例如某领导在××系统××××年总结表彰大会上的讲话，要重点表彰的那些事决定了文章的主体框架，务须精选过。二是小方向，就是在大事已经明确的前提下，选择哪些细节，也不可随意而为。例如某局抗击××号台风工作总结，毫无疑问，应包括风险排查、物资准备、一线排险等主要内容，但要写得生动，离不开相关细节，例如一线人员是如何排险的，必须借助于一些特写场景来表现，这些场景同样要按照表现力、感染力的要求进行精选。

方向感一明确，下笔瞬间就有了顺手感、滑行感，立等可取不再遥不可及。

第三节　盲目地快，不若谨慎地慢

在追求写得快上，一定要把真快和假快区别开来。

所谓"真快"，就是想得快、写得快、收笔快，完成即完稿，这是真实的写作速度；"假快"，是表面看来非常快，但由于考虑不足、准备不足，其间经常会遇到各种掉链子的突发事件，有时虽然提前交稿却遭遇全盘推翻、从头再来的情况，这是"为快而快"，真实的写作速度也因中途卡顿、经常返工而大打折扣。

因此，盲目地快，不若谨慎地慢。动笔前不妨慢一下，为的是追求真正的"快"。正如一辆临行的车，出发前要做好行程攻略、物资准备、设备检修等各项工作，一旦启动，才能无所旁顾、避免路损、一路畅行、直达终点。

慢一下，为的是捋一捋思绪，想清楚了再动笔。要重点思考：初步定下的写作框架与领导的思路是否吻合，这样的框架是否覆盖了写作的主要内容，有没有亮点，自己的思路是否足够清晰，等等。通过对思路的反复揣摩，确保写作方向正确，努力提高一次过稿率。

慢一下，为的是做一做预案，准备好了再动笔。例如：写作中可能需要的政策文件、事实材料、典型细节以及会遇到的难点、疑点等，要通过事先的收集、查阅、调研等逐个解决，避免"用时无所备、一急四处寻"的过程损耗。如此，才不会中断灵感的持续喷发，最终达到理想的写作速度。

慢一下，为的是理一理急务，安排妥了再动笔。写作过程中，最怕各种繁杂事务的打扰，思路中断后再起航，经常会陷入"山已不是那座山，水也不是那片水"的困境。文秘人员除了写作，手头也往往堆积着各种大小事务。在遇到时效性要求很高的写作任务时，文秘人员有必要在动笔前把可能会影响写作的各种"干扰因素"处理完毕，力求写作时"躲进小楼成一统，管他春夏与秋冬""两耳不闻窗外事，一心只为写公文"。如此写稿，思路"油门"才能踩到最大，在通往出色完稿的高速路上一路狂飙。

第四节　不问清楚不动笔

写一篇公文稿可能会遇到各种问题，文秘人员不可能什么都知晓。站位有落差、观点有偏差、事实有误差的材料，常常会赢了前半场、输掉一整场。

写稿子一般要面对各种人、很多事，对于其间的有关信息、细节等，文秘人员有时也并不掌握，因此，"一探二求三校准，处处有疑皆须问"，也是文秘人员动笔前要做的重要工作。

一探，即"探底"领导，问明领导意图。公文大多是领导授意而作，文秘遵意而写。是否探明领导关于写作的想法，包括主题、内容、风格等，往往决定着写作的质量和速度。多年来，笔者写公文养成一个习惯：正式动笔前，一般先列个提纲呈报领导审阅，通过投石问路，摸清领导关于增、删、留的想法，进一步把"供需"磨合到位。否则，一旦出现意图偏离、风格相左的情况，对写作速度的负面影响可不是一星半点。

二求，即"求取"真经。再熟练的写手，也有生疏的时候。有时，我们可能遇到的是写法"拦路虎"，比如很少写的文种。此时，我们可以向具有相关写作经验的同志请教怎么写，包括领导意向、大致内容、注意事项等。如果令我们深感困惑的是某些业务上的问题，就要加强与专业人员的沟通，彻底解开疑窦，并从中厘清写作的思路。

三校准，就是"校准"信息。对于所写材料中的一些重要信息，一定要事先列出清单，逐一问询核准。例如撰写会议纪要前，可先就会上明确的有疑事项，与相关领导或对象进行确认；撰写汇报材料时，可就相关数据、细节等进行核实；撰写制度文件时，需就相关规范措施先行摸底、调研，以确认可行性。

"一探二求三校准"，有利于扫清可能影响写作速度的"路障"，让写作过程顺风顺水，提笔直遂。

不问清楚不动笔，切忌"眉毛胡子一把抓"。要加快写作速度，文秘人员先要提高谋篇布局、加材添料的命中精度。

第五节　减少返工率

返工是提升写作速度的大忌，是一稿过关的"天敌"。写公文若能做到少返工，速度大抵不会太慢。

关键在于：如何能做到不返工呢？

取决于领导和文秘人员两方面因素。

有时，确实存在这样的情况：你的材料哪怕写得再好，领导也还是要改，不改上几笔，领导好像"技痒难耐"；或者，领导基于现实情况的变化，思路有所调整，必然要影响到材料的整体布局和局部安排，材料返工也就在所难免。不过，因领导个人因素而导致的降速之责，"板子"自然打不到文秘人员身上。

文秘人员要重点减少因个人情况导致的返工。例如：还没想好就急于动笔，结果欲速则不达；涉及新的写作内容，未做充分研究，只是按照"老八股"的套路应差而作，写不到点子上，结果所写非所需，难逃返工厄运；对领导的意图、风格等研究不够深入，只是想当然按自己的思路来，存在站位不高、眼界不宽、思考不深等问题，等等，所有这些，都埋下了返工的隐患。

此外，笔者也曾遇到过一些文秘人员，他们特别喜欢修改文稿。过去，有的人常常为了一个标题而思量许久、修改半天，这样的习惯导致其思维运转速度很难提高。因此，无谓修改是大忌，文秘人员应着力培树"急"的意识、"快"的习惯、"迅"的行动、"捷"的作风。

工欲善其事，必先利其器。要把写公文这件事做好，文秘人员就必须把促进"写"的这个"器"磨尖磨亮，重点要在以下六个方面下功夫：一是磨亮技法之"器"，力求写得好；二是磨亮思路之"器"，力求写得准；三是磨亮准备之"器"，力求写得顺；四是磨亮语言之"器"，力求写得快；五是磨亮逻辑之"器"，力求写得严；六是磨亮时代之"器"，力求写得新。

有此"六器"，即使想返工，亦已难矣！

第六节　增强对公文的正确认知

对公文的写作规范、基本内涵、常用技法缺乏准确认知，导致写作中出现偏差，也是影响速度的一个重要因素。

例如写作要切题，这是一个尽人皆知的写作原理，但在具体写作中要能始终遵循这一要求也绝非易事。有些文秘人员写着写着就不知不觉地"脱轨变道"，掉进了下笔千言、离题万里的"天坑"。

这其实是一个容易感染、十分普遍的"流行病毒"。

有这样一个小伙子，他的语言功底应该不差，但我看了他写的几篇材料后，发现其中存在明显的扣题不紧问题。例如下面这两段话（摘自《在××市抗咸保供现场演练活动后的讲话》）：

一、发扬精神，保持状态。今天的演练，××区水利局、××水务公司、××管委会准备充分，展现出了令行禁止和高效协同，需要继续发扬和保持。亚运来临之际，我们要以这次演练为契机，继续畅通预报机制、做好沿江三级监测，保持清醒的头脑，发生预警后第一时间启动响应，确保不让××片区人民再喝咸水。

二、迎接大考，优化方案。两区的城市供水主管部门要积极对接气象、水利、生态环境等部门，建立会商机制，共享新情况、新问题，研判旱情、雨情及可能出现的各种安全风险，及时掌握水源、水量、水质情况。今天演练后，区、企两级要继续针对完善供水保障预案及重点场所"一点一方案"。城市供水主管部门督促供水企业备足供水厂混凝、消毒、应急所需的各种水处理药剂和耗材，做好应急演练，及送水车、应急人员和物资设施储备，迎接好亚运保障。

上述两段均存在思路不清、扣题不紧的问题，难免要返工，怎能不影响写作速度呢？

第一段要着重写的点是"精神"和"状态"，第二段写作的重点是"大考"和"优化"，本该要具体写的内容文章却语无伦次、语焉不详，必须理顺逻辑，打开包袱，扣紧重点写。第一段要发掘出"精神"的内涵，再由此引出"状态"的内容；第二段先要指明什么"大考"，再写如何优化相关方案来"迎接"大考。

同时，两段中还存在一些病句和表达欠妥的内容，例如："展现出了令行禁止和高效协同"（"展现"缺少宾语），"保持清醒的头脑"（难道相关部门和人员都"糊涂"吗），等等。

改稿如下：

一、发扬精神，保持状态。常言道：台上一分钟，台下十年功。今天演练的圆满成功，离不开××区水利局、××水务公司、××管委会相关同志台前幕后的辛勤努力。为了准备这次演练，相关领导披挂上阵、聚焦问题、潜心研究，展现了敢于攻坚、锐意突破的"头雁"精神；不少同志放弃休息，白天跑现场、晚上写方案，发扬了甘于吃苦、乐于奉献的"耕牛"精神。在今天的演练中，参演各单位围绕既定目标，群策群力、临场应变、合力破难，体现了围绕中心、协同作战的"狮群"精神。接下来，希望大家继续把这种奋斗精神、顽强作风带到应急响应中去，带到"亚运保供"工作中去，完善预报工作，加强三级监测，畅通预警响应机制，努力打好抗咸保供遭遇战、攻坚战、整体战，全力实现不让××片区人民喝咸水、抗咸保供取得决定性胜利的既定目标。

二、迎接大考，优化方案。还有一个多月，举世瞩目的亚运盛会即将在我市开幕。做好抗咸保供工作，是整个亚运保供的一个重要组成部分。抗咸保供演练，不仅是对我们前期抗咸成果的一次检验，更是迎接亚运大考的一次特殊彩排。通过本次彩排，我们也发现了一些问题，比如各单位配合度问题、应急预警的灵敏度问题，等等。对于这些问题，我们要抓紧建立整改清单，力求早发现、早处置、早解决，完善方案要细之又细，采取行动要快之又快，落实措施要实之又实。今天演练后，两区有关部门要进一步完善供水保障预案及重点场所"一点一方案"；供水主管部门要主动对接气象、水利、生态环境等部门，建立会商机制，共享动态信息，及时掌握水源、水量和水质情况，准确研判旱情、雨情及可能出现的各种险情；有关供水企业要做好送水车、混凝土、消毒剂、水处理药剂、耗材等应急物资储备，加大应急演练力度，建立应急值班制度，全力以赴、卓有成效地做好亚运保供工作。

通过上面的改动，文章思路清晰了许多。其中，第一段先总写后分写，分写部分按时间顺序写；第二段按照"认识—问题—思路、要求（提落实要求，先面后点，很顺畅）"的顺序安排内容，层次清晰，重点突出，以这样的逻辑思维组段，自然意遣言随，顺理成章。

此外，对篇章、段落内部的逻辑关系，对语法结构的运用，对语言风格和节奏的灵活把握，等等，都应形成正确的认知和清晰的思路，否则就会影响表达的严密性、流畅度和整体美，如果因此而几易其稿，就必然导致写不快了。

第七节　材料汇总的小窍门

材料收集、汇总是写好公文的一项基础性工作。材料收集水平如何，在一定程度上决定了成稿的质量。

写公文，特别是"大块头"公文写作，因涉及面广，文秘人员难免会存在一些认知盲区。为了全面反映面上的情况，一般都要先行开展素材的搜集、汇总工作。怎么收集、收集什么、如何汇总，不仅左右着所写公文内容的精度、厚度和靓度，也直接影响着文秘人员写作的速度。"看似平常最奇崛"，材料的搜集和汇总，实在是一门平中蕴奇的大学问。

有些文秘人员每次收集材料就像例行公事一样，通知一发了之，材料一收了之，汇总一统了之，自己没有想法也不提要求，如此收集上来的材料大多是芜菁并存、良莠难辨，要想从一堆材料里检索一点干货，自然免不了要大海捞针、费尽九牛二虎之力了。如此收集，费时费力，返工之事常八九，写作速度又焉能不受影响？

显然，这样的材料收集法，不足取。

收集，要带着目的去布置，务须目标明确、精干高效；汇总，要分门别类去填充，丁是丁卯是卯，各归其位。

每当撰写大材料，笔者往往是按下面的"九个字"来收集、汇总各条线材料的：明、快、短、严、齐、加、减、乘、除。

明，就是思路明晰、要求明确。根据写作要求，首先精心构思，列出一个大致提纲，如有可能，该提纲最好呈报领导敲定过，以免后续发生"推倒重建"的不测事件，造成材料收集徒劳无功；然后给相关部门下发报送材料的通知，对应提纲明确各自要报送的内容。

快，就是材料报送要迅速，明确时间要求。

短，就是报送的材料力求短小精悍，尽量都是经过初次提炼、萃取的干货，并提出字数和篇幅要求。这一点也很关键。一旦没有字数要求，相关单位动辄会十页二十页地报上来，或者随心所欲地找来一篇并无多大关系的材料一报了之。提出篇幅要求，就能很好地避免"茫茫暗夜苦苦搜寻那一点点光亮"的辛苦，大大提高材料的针对性。

严，就是采取措施避免各种不按要求报送的情况发生，比如纳入年终办文考核、公示违背报送要求的材料、选择反面案例呈报领导参阅等。在这方面一开始不要怕得罪人，一次不得罪就会次次要得罪。不妨有针对性地"严"一次、"狠"一下，往往会起到杀一儆百的良好效果。

齐，就是汇总材料时可轻松地"对号入座"，对照提纲的相应内容，把对应部门报送的短材料粘贴到相应位置。

加，就是先做"加法"，待把各单位报送的所有材料都粘贴完毕后，一篇大材料的雏形就"大厦告竣"了。

减，就是做减法，通读一遍成型的初稿，快速删去重叠交叉的内容。

乘，就是做乘法，即仔细过稿，对关键章节、重点部分进行整合、提纯、润饰，产生 1+1>2 的效果，进一步提档升级，大大提升表达的靓度。

除，就是做除法，即透过现象看本质，通过化多为少、变粗为精、缩龙成寸的提纯、提质，力求达到以少总多、意蕴无穷的效果。例如"某村把边边角角的闲置地块分划给各个农户发展副业经济"，可提炼为"飞地经济"；"一些古街区缺少文保意识，图一时利益，将大片古建拆除发展房地产"，可挖掘、归纳为"发展上的'短视思维'"，等等，如此去"水"增"质"，将使语言表达脱胎换骨、发生质变。

第十七章 破茧成蝶，只待乘风起舞

——8大"通用秘籍"

前文三章，第一章侧重思想准备，第二、三章依次是方法准备、过程准备，本章要讲的是能力准备。

写得快，从根本上说，是一种技能。文秘人员的快写技能储备、积淀到位，就好似破茧而出的彩蝶，随时都能完成唯美的"御风一舞"。

快写的技能，主要包括写作思维能力、创新能力、驾驭能力、应急能力、总结能力等。

第一节　谋篇四部曲，按下快写键

常言道：万事开头难。写公文如果在谋篇之时就断电卡壳，写作速度无疑会大受影响。

一些文秘人员，特别是新手，由于缺少经验积累，往往在谋篇上左右为难，举棋不定。踟蹰之间，时间从指尖悄然流逝。谋篇，实在是公文写作最具决定性的一环。谋篇顺，则一顺百顺，写起来一马平川、一泻千里；谋篇不顺，不仅开篇减速，后续写作说不定还会因思维的磕磕绊绊而返工，由此耗费的时间更多，写作焉能"快"哉？

能否写得快，谋篇绝对是"一剑定江山"。谋篇要避免忙中出错、错中生乱，就必须讲究点套路。"套路在此"，写作时就能心不慌、气不喘，拿起笔来自能"导航"引路、快马加鞭，为写作揿下"快写键"。

谋篇讲套路，就是有章法，对于先做什么、后做什么等，都有熟练的把握和清晰的条理。谋篇要按照一定的套路坚持长期训练，才能形成熟悉的技能。笔者以为，写一篇公文，谋篇要迈好"四步"，方能摆脱提笔无绪的"窘境"。

第一步，谋定主题。可以从政治"宏"意、时代"新"意、领导"授"意、发文"用"意、事实"示"意和普遍"民"意等方面选取确定。

第二步，选定写法。公文式和文章式二选一，让写作在依样剪裁、按部就班中进行。

公文式写法，千人一体、相对固定。如"总结"一般是"情况＋做法＋问题＋思路"，会议纪要是"要素交代＋议题讨论（事项＋观点）"，等等。

文章式写法，因人而异，各不相同。例如某教育培训工作总结用"拆词法"写：挽好"教"字弓，把师资强起来；选好"育"字箭，把学员强起来；立好"培"字靶，把本领强起来；练好"训"字功，把学风强起来。

再如某汇报材料《构筑生态新优势推进发展高质量》：一、生态保护不能"按下葫芦浮起瓢"，需要统筹谋划、综合施策。二、生态产业必须"一把钥匙开一把锁"，坚持因地制宜、注重特色。三、生态惠民应当"敲鼓敲在鼓心上"，突出问题导向、以民为本。

第三步，敲定构思。构思方法千头万绪、千变万化，但为了便于掌握、出手迅捷，要善于举重若轻、化难为易，将复杂的问题简单化。写一篇公文，最常见的一般是从纵向和横向两个维度构思。

一是纵向构思法。包括两个方面：时间的先后和程度的深浅。前者如学习保密法、宣传保密法、遵守保密法；后者如知保密、懂保密、会保密、善保密。

二是横向构思法。也包括两个方面：平行的罗列和同类的构成（可概括可具体）。前者如：领导肯定、社会欢迎、专家支持，后者如内务工作、业务工作、服务工作等（这是概述一单位的主要工作内容，选材也可具体点，如：完善三大制度，建设三大系统，加强群团建设等）。

第四步，酌定层次。在构思搭建了全文的框架后，接下来对每一部分进行内容铺陈和层次打开。打开段落层次的方法主要有三种：一是按结构逻辑打开，包括总分型、并列型、递进型、对照型、因果型、综合型六种；二是按内容逻辑打开，如"是什么＋为什么＋怎么办＋怎么样""情况＋问题＋措施""人＋事＋物"，等等；三是按顺序逻辑打开，如先虚后实、从点到面、由此及彼等。

公文写作遵循上述"四步"法，长此以往、久久为功地练习下去，下笔就能临场不乱、心中有谱，每次写作甚至都无需费神劳思，只需如法炮制、依样描红即可，不经意间，我们定能从一提笔就"抓瞎"的"初级工"，成长为一构思就"开闸"的"熟练工"，写作速度自是不可同日而语。这里以前述《构筑生态新优势推进发展高质量》为例，实战演练快速写作"四步"法。

首先，确定本文的主题为"高质量发展"，其落脚点在"生态建设"；而生态建设要成为"高质量发展"的推手，自身就必须具备一定的特色和优势，这是着力点。在明确"构筑生态新优势"这一写作重点后，接下来就围绕"生态新优势"构思、选材。

其次，确定本文不遵循汇报材料"情况＋做法＋问题＋思路"的固定写法，而采用便于创新的文章式写法。

再次，生态新优势体现在哪些方面呢？可以从生态建设的构成方面进行横向构思，如空间构成：乡村生态、城市生态、河湖生态等；内在构成：生态治理、生态产业、生态文化等；概括内容构成：突出重点、攻克难点、打造亮点等。也可以按纵向构思，例如可按"人"的活动轨迹：增强生态意识、加强生态建设、提高生态效益；也可按"事"的演进（发展的程度）：生态规划、生态治理、生态样板等；还可以按实现的宗旨：改善自然环境、造福人民群众、打响城市品牌，前文所列"生态保护—生态产业—生态惠民"即体现了实现宗旨的层层递进思维。

最后，本文三大部分，各自可采用不同的层次打开术，例如"生态保护"部分可采用结构逻辑打开法（六选一），"生态产业"部分可采用内容逻辑打开法，"生态惠民"部分可采用顺序逻辑打开法。这里以"生态保护"部分为例。

①在×河入江水道城区段有一个避风港，积聚了近×百户渔民、×百条渔船，平时生活污水未经处理直接排入河道，岸上还有×家建材企业，粉尘污染比较严重，对下游水质造成了一定影响。②我们也曾采取了渔船截污、修建公厕等措施，但这种零打碎敲的治理方式，效果一直不明显，周边群众意见不断。③为彻底改变这一状况，我们经过反复调研论证，制订了系统的解决方案，投入××亿元，为每户渔民提供安置房，拆除所有船只和×家建材企业，全面清理避风港周边环境，并规划建设滨湖湿地公园，生态环境得到了彻底修复。④栽下梧桐树，引得凤凰栖。⑤近期，我们成功引进了投资×亿元的综合保护开发项目，建成后将集水上娱乐和旅游度假于一体，成为最能彰显×湖水韵特色的景观名片。⑥通过这个问题的处理，我们深切感受到，生态修复不能头痛医头、脚痛医脚，必须运用系统思维，从全域全局高度谋划推进。

总体看来，这一部分是按照"看到＋想到＋做到＋达到＋悟到"的内容逻辑安排内容层次的。其中，①是"看到"的问题；②用曲笔，插入采取行动中遇到的波折，为下文张本、蓄势，寓示着改变势在必行，也体现"行之不易"；③是"想到（为……状况）＋做到（我们……公园）＋达到"；④是过渡句；⑤是"做到＋达到"；⑥是"悟到"，即从中引发的深层思考，升华了文章主题。

第二节　善用网红构思法，增靓更提速

近年来，网络上瞬时流量剧增的爆款红文，文采飞扬，吸睛率高。多积累这样的构思法，并用于公文写作实践，不仅能写得好，也有助于写得快。

这里，且分享 10 大增靓更提速的"网红构思法"。

一、嵌词法。即在构思时围绕拟写作的主要内容，提取其中的关键要素，力求提炼成相同结构、相同类型的词语或句子，并在标题中运用引号加以强调突出。例如：

> 踏遍"千山万水"，用细心体察民情（物）。
>
> 走进"千家万户"，用耐心倾听民生（人）。
>
> 经过"千锤百炼"，用真心纾解民困（法）。

二、修辞法。修辞的运用，在公文构思中比比皆是。熟练运用修辞，形成固定的套路，既能给文章添彩，也能稳步提速，是文秘人员必须重点训练的一大实战能力。常见的有：

1.类比法。常以一组物类比人，借挖掘"物"之特性彰显"人"之品行，使"人"之特点更加形象、鲜明、突出。例如下文以不同类型的"草"类比"干部"：

> 把牢信念"方向标"，莫当"墙头草"干部。
>
> 把稳实干"方向盘"，莫当"浮萍草"干部。
>
> 把住奋斗"方向灯"，莫当"含羞草"干部。

2.引用法。构思中，多为引用一组名言或诗句来串联写作的主要内容。例如某心得体会：

> 一要保持"春江水暖鸭先知"的细心，在以学铸魂中树立造福人民的政绩观。
>
> 二要保持"吾将上下而求索"的信心，在以学增智中鼓足干事创业的精气神。
>
> 三要保持"踏平坎坷成大道"的决心，在以学促干中形成狠抓落实的好局面。

3.比喻法。借助朴素生动的比喻，在公文构思中比比皆是。例如某党建经验材料：

> 以责任落实有力，牵住"牛鼻子"。
> 以载体创新助力，细耕"责任田"。
> 以队伍建设给力，激活"一池水"。

4.排比法。排比句式选材简单、结构单一、句式均衡、内容易记，在构思中运用频率最高，没有之一。例如某干部任用总结材料：

> 推动考察内容具象化。
> 推动路径方法多元化。
> 推动结果运用实效化。

5.象征法。构思中运用象征，往往能产生含蓄蕴藉、意味深长、令人耳目一新的表达效果。例如某组工干部总结人才工作（床、房、云等，都是象征）：

> 以松弛有度的"一张床"，让云有泊处，安心择业。
> 以自主自在的"一套房"，让云有归处，定心就业。
> 以软硬兼备的"一片区"，让云有落处，舒心成业。

6.对偶法。就是运用对偶的修辞手法，包括工对、流水对等。

> 一是统一思想，提高认识。
> 二是领导带头，率先垂范。
> 三是加强管理，规范行为。
> 四是加强督查，正风肃纪。

三、求同法。 这是从"一"到多的构思法，即围绕写作主题，先确定一个要写的"点"，再通过形仿或意仿，"仿"写或"推"出"形似"的其他写作内容。例如某组工干部总结乡村振兴工作，由"微党课"联想出"微观影""微实践"，从"大发展"联想到"大作为""大篇章"。具体如下：

> 田间地头"微党课"，共话振兴"大发展"。
> 凝心铸魂"微观影"，共担振兴"大作为"。
> 房前屋后"微实践"，共绘振兴"大篇章"。

四、拆词法。 对某个约定俗成的固定词语进行拆解，十分"凑巧"地拆出要写的主要方面。如此构思，往往给人逻辑精致、耳目一新之感。例如《做"高矮胖瘦"型组工干部》：

> 品行要"高"。
> 心气要"矮"。
> 学识要"胖"。
> 风骨要"瘦"。

五、典型法。即精心选取几个典型人、事、物（或所含部分）等要素进行构思，使文章内容更加直观化、形象化。例如：

> 步入基层，是从"一杯明前茶"开始。
> 熟悉基层，是从"一场板凳会"启发。
> 扎根基层，是从"一盏白炽灯"落实。

六、填空法。在公文构思时，常以彰显主题、凸显本质的关键词为"轴"，借助细抠字眼、外延扩充等手段，从不同角度"代入"涉及事项进行填空，一个个地批量"制造"出拟写内容。例如《调查研究须下"凿深井"之功》，显而易见，文章的主要内容都集中在"凿深井"三个字上。那么，凿什么深井呢？可以从不同的角度对深井的属性进行扩充式填空。

> 凿"基层深井"，把准问题，瞄准靶心。
> 凿"民情深井"，听民之声，纾民之困。
> 凿"实际深井"，精准滴灌，谋求实效。

七、数字法。即提炼出具有鲜明特征、能够反映事物本质的一组数字来构思。例如：

> 一、突出一个核心，强化党建引领。
> 二、着力两个维度，做实声像效果。
> 三、聚焦三个层级，构建精神家园。
> 四、实现四个转化，提升宣传效能。
> 五、激发五种意愿，增强内生动力。

八、符号法。成组地运用数学符号、语言符号等构思，不仅思路顺畅，也使表达简洁、直观。例如某信息稿《××区落实"三扶"措施助推××发展》：

"资金＋项目"扶贫。

"输血＋造血"扶智。

"支持＋指导"扶技。

九、类词法。选取几个单字或多字相同的形近词作为切入点，分别代入要写的不同内容，这也是构思的常见方法。例如：

往心里走，谋定"思路"。

往实里走，避免"套路"。

往深里走，形成"回路"。

十、解构法。写作涉及的相关主题或事项比较笼统、抽象，可以对之进一步打开包袱进行构思。例如某篇总结《建强党课"交流系统"》，"交流系统"是一个内容丰富的系统，到底包含什么内容？可对此进行解构打开。

建立党课教育"语言普适系统"。

用好党课教育"体感交互系统"。

配强党课教育"介质处理系统"。

第三节　走简单路线　尽量小清新

在日常写作中，有些文秘人员只要拿起笔就刹不住车，一写就是洋洋万言。不可否认，大材料确实容易体现一名文秘人员的功力，但如果每写必长，不仅占用阅稿者的宝贵时间，也耗费写稿者的大量体力，实在是"两全"而不能"齐美"。其实，把公文写短，不只是一种可贵的作风，更是一种特殊的能力。同样的内容，言简意赅难道不比汗漫拉杂强出许多吗？而且，唯有让篇幅短下来，才能把速度提上去。

笔要走得快，须把赘余汰。简单些，再简单些，才能让笔"轻装上阵"，"直扑"终点。短小精悍的文章，犹如清风扑面，能让人清新爽目，一目十行，过目不忘，我们又何乐而不为？

文欲"小清新"，笔须"简通灵"。简，就是简短、简明、简要，去芜存菁，通篇看来没有冗枝余蔓；通，就是通畅、通透、通达，纲举目张、文从字顺、一气呵成；灵，就是灵巧、灵活、灵气，总体构思以简驭繁，语言表达别树一帜，通篇读来犹如天朗气清、碧野平畴，令人如沐春风、不忍释卷。要写出这样的小清新，不可忽视以下5个小窍门。

一、大巧若拙

构思一篇公文，能想人所未想固然好，但那往往太过于依赖灵光一闪，很难成为常态化的思维输出。写作倘若不能出奇制胜，是否就必定平淡无奇？非也。"看似平常最奇崛"，有时，最奇巧的构思恰恰就蕴藏于轻松写意的一次次漫不经心中。例如，某领导的离任感言就简中蕴奇、令人称道。他跟大家回忆说当初带来了三样东西：一是一只碗，我用它盛装了民主与公平；二是一张纸，我用它交出了一份满意的答卷；三是一颗心，我凭它赢得了大家的信任和支持。这样的感言明白如话、直击人心，可谓"一语天然万古新，豪华落尽见真淳"。

二、事不过三

除非十分必要，写公文务须把握一个原则，即：内容不要超过三点。具体来说就是：全文结构尽量不要超出三个部分，同时段落的结构也不要超过三个层次，一下有（一），（一）下有1，1下又有（1）……里三层外三层的，不仅让人看了累，也让人在"一山放出一山拦"中不明就里、迷失方向。

三、满眼都是短、短、短

《红楼梦》有一句经典名言：世事洞明皆学问，人情练达即文章。练达，这正是公文语言的追求。轻灵通畅的公文都有一个鲜明的特点，那就是：短。不仅篇幅短，而且段落短、句子短、标题短，总之就一个短、短、短！从头到脚，从里到外，短得非常彻底。这样的文章令人易读、想读、爱读。有的文章，标题常常转行，句子每每跨行，段落连页顶行，读来实在费时、费劲。例如下面这篇《违反中央八项规定精神案例警示教育发言稿》就值得推崇，也就500字不到，不仅写得快，也让人读得快、记得快，一举多得。

案例是教科书，也是清醒剂。《以案为鉴、警钟长鸣》一片，以具体的贪腐细节、惊人的犯罪事实、思想滑坡的自我剖析、直白的认罪反思，令观者触目惊心、发人深省。

一要看好自己，从学。"行源于心，力源于志"。一个党员的党性，不会随着党龄增长和职务提升而自然提高，不加强修养和锤炼，党性不仅不会提高，反而会降低会丧失。党员干部要坚定理想信念，认真落实主题教育各项要求，以学促改，以学正身。

二要看清自己，从细。"每日三省吾身"。一个人能否廉洁自律，最大的诱惑是自己身处的环境，最难战胜的敌人也是自己。共产党人的"心学"，思深悟远、常省常学常新，需要的是一辈子的清扫、打磨和精进。要从细微做起，从小事做起，挺身为梯，躬身为桥，用心想事，用心谋事，用心干事，用实际行动锤炼党性。

三要看牢自己，从严。"君子夕惕若厉，无咎"。人生都是现场直播，没有办法重来，要慎独慎微。做到人前人后一个样、八小时内外一个样、台上台下一个样，有没有监督一个样，坚持做到不仁之事不做、不义之财不取、不正之风不沾、不法之事不干，在磨砺精神品质中保持共产党人的政治本色。

四、留下骨头，去掉水分

除非说理性强的公文，如领导动员讲话、党课讲话等，很多公文都要求少发议论，确需发表观点、见解，也须点到即止、画龙点睛。公文毕竟不是坐而论道的议论文，其主要以传达精神、布置工作、交流信息为目的，倘议论过多，难免喧宾夺主、枝蔓丛生。至于描写、抒情等，更是大可不必，就公文写作而言，此类渲染性笔墨，应少之又少、慎之又慎。对于一些有篇幅限制、无需过多发挥的公文，也要简短截说，列数字、举实例力求精干，特别注重归纳，尽量减少细节，最好能一二三地讲个明白即可。

五、让人读一遍或听一次就记住

什么样的公文是好公文？笔者多年来始终坚持这样一个标准：让人读一遍或听一次就记住，这大抵是一篇佳作。这虽不能说是唯一标准，但肯定是一个重要标准。如何才能让人"一次记住"呢？毫无疑问，首先，观点不能多，"事不过三"；其次，必须"提炼"，力求以最少的文字、最明白的语言，概括尽可能多的复杂内容，"窥一斑而见全豹"。例如某文秘人员在口头汇报年度工作时，因精当提炼而在众多发言者中"鹤立鸡群"。他说，去年的工作可以用一个"满"字来概括，具体表现在四个方面：一是任务加满；二是时间排满；三是力量拉满；四是结果圆满。该汇报从上到下，从先到后，思路清晰、结构简明、逻辑严密，令人过耳不忘、印象深刻。

第四节　大材料也能"飙"出加速度

有人说，大材料篇幅长、结构繁、内容多，写作慢一点、耗时多一点理所当然。这句话貌似有理，细推敲也不尽然。大材料就一定写得慢吗？小材料就一定写得快吗？肯定不是。有些文秘人员因思想上懈怠、行动上迟缓、技法上欠缺，即使是三五百字，也可能写个三天五日；而另一些文秘人员因为求快成癖、每写必快，纵然洋洋万言，也可能一挥而就、立等可取。写作的快与慢，始于思想，源于积累，成于训练，根于技法。

大材料写作要把速度"飙"出来，须在以下五个方面下功夫。

一、准备要一步到位

写作大材料少不了要做一些充分的准备，包括拟写提纲、搜集素材、观点论证、信息沟通等。关于写作所要涉及的内容，动笔前最好能统筹考虑，尽可能全面地列在一份"万能提纲"上。其"万能性"体现在：既标注了拿不准的观点，可以直接拿着与领导沟通；也明确了手头拿不出的素材，可直接印发给相关部门、人员；还附带了拿不住的难题，如专业性强的政策文件、需要另外提供的帮助等，让信息提供者一看便知。这份万能提纲，相当于一份写作指南，各种信息一应俱全，既与领导确认了方案的可行性，避免不必要的返工，又保证了写作顺利的可能性，"万事俱备，只欠东风"。大材料写作所需素材最好要一次性拿到位，最忌讳准备工作东鳞西爪，今天要一点，明天补一点，既让提供者无所适从，疲于应付，也体现了文秘人员思虑不周，准备得"滴滴答答"，必然导致写得"慢慢吞吞"。

二、构思要一锤定音

构思是大材料写作最重要的基础工程。基础不牢，地动山摇。构思不到位，一方面，文秘人员自己难言满意，总是写写停停，停停改改，不是写不顺，就是写不好，更难写得快；另一方面，即使最终成稿交到领导手里，恐怕也凶多吉少，难逃一劫。在构思上，万万不可大拆大建，有时甚至小修小补都不宜过频。构思就是要一锤定音。

构思百分百的成功率，离不开文秘人员的审时度势和驾轻就熟。大致说来，要做到"四求"。

一是求稳。稳，来源于文秘人员深入的分析和准确的判断。比如领导一贯偏好哪一路的构思，选择写什么内容最能入领导"法眼"，等等，对这些问题思考透彻，构思才能命中靶心，八九不离十。什么稳就写什么，怎么稳就怎么写，这是构思的一个基本原则。例如写年度报告，笔者原先的领导就喜欢那"老三样""老格式"，因此，每当写年度报告，笔者就大多"旧瓶装新酒"，因为再时尚的"新瓶"也擦不出领导心中的火花，不必要的创新反而大大增加写作返工的风险系数。

二是求巧。构思质量高一点总是没有错，谁不爱质量上乘的"高级货"？构思之"巧"，有奇巧、新巧、轻巧之意。例如某领导《在××市人大机关退役军人工作座谈会上的讲话》，巧用"纵向构思法（时间）"：一、昨日武能定国，一腔热血报家国。二、今日文能安邦，苦干实干为人民。三、明日再续辉煌，勇立潮头谱新篇。通篇构思给人大道至简、浑然天成之感。

三是求靓。"靓"，说白了就是加点包装，"力不够，色来凑"。对于公文写作而言，必要的语言包装、知识装点，也能提高构思的靓度，大大提高吸睛率和过关率。例如某篇关于在学习党的二十届三中全会培训班上的发言，以"望闻问切"的医学视角（跨界思维）串起全文，就受到了讲者、听者的一致肯定。该文通过引用相关诗句，增强了文章的可读性：一、以"一枝一叶总关情"的细心，深入基层"望"民情。二、以"臣心一片磁针石"的真心，倾听心声"闻"民言。三、以"言及百家，问道于民"的诚心，放下身段"问"民计。四、以"致广大而尽精微"的贴心，把准脉搏"切"民困。

四是求实。任何文稿都承载一定的公务使命，一般要靠"实"来说话，内容求实，措施务实，文风朴实。"实"体现在"是什么、干什么、怎么干"等内容都要明明白白，表现在时间、地点、人物、事件、经过、结果等要素都清清楚楚上，显现在表达上要有一说一、有二说二上。一般来说，务实的文章领导都会高看一眼、多看一眼。例如××届亚运会其间，某政协会员的调研报告就干货满满，最终被党委政府顺利采用，其提纲是：

一、丰富花样载体 展未来新×市
1. 植物花卉打底。
2. 数智花卉点缀。
3. 流动花卉添彩。
4. 多样花卉补充。
二、统筹满身感知 展独特新×市
1. 所见满城花境。
2. 所闻满城花香。
3. 所听满城花语。

4.所食满城花点。

三、彰显×市韵味　展花韵新×市

1.展现×韵风采。

2.展现人文魅力。

3.展现民俗典故。

4.展现乡土风情。

四、主抓城市重点　展秀美新×市

1.主抓纵横水陆。

2.主抓重要点面。

3.主抓街巷里弄。

4.主抓宅前屋后。

五、集聚专业智力　展智慧新×市

1.办花展集技力。

2.办竞赛集智力。

3.办会展集创力。

4.办食节集厨力。

三、结构要一次成型

一次成型，并不是绝对不可以修改，而是不宜大改，因为每一次大改都意味着伤筋动骨，甚至推倒重来。对大材料来说，在把结构框架的组织和层次想好、想定之后，就要一次定型，保持总体架构基本不变。这里的"型"，主要有总分型、并列型、递进型、对照型、综合型等，要对应不同的内容变换使用。既要精心设计全文的结构型，也要巧妙安排局部段落的层次，如"大递进—小并列""大并列—小递进""大并列—小并列"等，使全文呈现出纲举目张、纵横交错、参差错落、鳞次栉比的美感。例如某领导关于《培塑青年团结奋斗的精神品质》的党课讲稿：

一、团结奋斗是青年担当使命不可或缺的重要精神品质

（一）团结奋斗为青年担负使命强化志气、骨气、底气

（二）团结奋斗为青年担负使命厚植爱国主义情怀

（三）团结奋斗为青年担负使命增强历史主动精神

（四）团结奋斗为青年担负使命夯实集体主义观念

（五）团结奋斗为青年担当使命涵养敢于斗争品格

二、党的百年奋进征程，是培塑青年团结奋斗精神品质的丰厚养料

（一）英雄模范人物为培塑团结奋斗精神品质树立榜样

（二）重大历史成就为培塑团结奋斗精神品质提振底气

（三）重大历史经验为培塑团结奋斗精神品质凝集智慧

（四）伟大建党精神为培塑团结奋斗精神品质充实力量

三、培塑青年团结奋斗精神品质必须遵循的方法论原则

（一）坚持理论性与实践性相统一

（二）坚持继承性与创新性相结合

（三）坚持主导性与主体性相结合

（四）坚持整体性与层次性相结合

（五）坚持常态性与节点性相结合

上文中，从第一层次结构来看，"一"回答"为什么"，"二"回答"培什么"，"三"回答"怎么培"，总体看是递进结构；从"一""二""三"的内部结构来看，都是并列。因此，本文从总体看，是"大递进—小并列"的结构范例。

在大材料的写作中，不仅宏观结构安排要有板有眼，微观结构的安排也要力求心中有谱。心中的"技法谱系"积存多了，写作时自然能即写即取，随写随取，自成曲调，快奏快弹。

四、下笔要一气呵成

写作最忌写写停停。写完一段，停笔去干其他，然后趔回来再写，很难写好，思维的"断裂"必然造成灵感的"断线"，最终体现为文稿的"断层"。在大材料写作中，一开始可能略微"卡顿"，而一旦写顺了之后，灵感就像春野之草应风而发，而一旦强行阻断，最终"春草已不再是那片春草，春风也不再是那阵春风"。

行笔要做到一气呵成绝非易事。一方面，时间上要有充分保证，让文秘人员能够"两耳不闻窗外事，心无旁骛专门写"；更重要的是文秘人员写作要形成自己特有的章法，例如分析问题一般遵循"问题＋原因＋措施"，阐明事理可围绕"宏观＋中观＋微观"的顺序，介绍情况可采取"全部＋局部＋细部"的策略，等等。如此，写作就能源源不断如抽丝，丝丝入扣，丝丝亮眼。

五、写作要一稿成功

一稿成功，是写得快的根本保证。写作的一气呵成也为最终的一稿成功奠定

了坚实基础。倘若不能一稿成功，返工率剧增，写作就难言写得快。当然，一稿成功光有主观意愿远远不够，因其涉及多方面因素，包括领导意图、材料准备、写作功底等，只有把这些工作都做到位，一稿成功才不会是未来遥不可及的梦想，而是眼前可抵可达的现实。

第五节　培育灵感，为写作装配超音速

曾看过不少作家借助灵感写作的故事。例如德国作家席勒喜欢在书桌抽屉里放一些烂苹果，写作时只要打开抽屉闻闻带有酒味的烂苹果，就会文思泉涌；挪威剧作家易卜生写作时，常把死对头斯特林堡的画像放置于案头，时刻提醒自己写出好剧本，灭灭那家伙的威风；鲁迅先生则更像是个"萌翻"的"零食控"，喜欢在书桌下放一些零食，我们可以想见，夜深人静，一个身材瘦小、满脸胡茬的男人在灯下边写边吃……

文学创作常常离不开灵感的助力，那么，公文写作要不要灵感？答案显而易见。可能有人以为，公文只要按相应格式写即可，何需灵感？表面看，不无道理；细推敲，谬以千里。

作为一种主观的思维活动，在很多情况下，写出高质量的公文也需要灵感的刺激和"点燃"。有无灵感的驱动，获得的是大相径庭的写作体验，写出的文章也有云泥之别。

笔者以为，写作时缺少灵感，一般是想一句写一句，属于"硬写"，斧凿之痕甚重，难以达到艺术的层次；而一旦有灵感的参与，文字的输出顷刻间就像潮水的涌流，顺高就下，自然而然，不仅写得快，而且写得好。也许我们很难说出个中缘由，但灵感来时，思维确像决堤之水，势不可挡。诺奖得主莫言曾因一个梦境，在六天时间内写出了小说《透明的红萝卜》；画家迪士尼只因看见行李包的一只小老鼠，脑海中瞬间闪过了风靡世界几十年的漫画形象"米老鼠"；托尔斯泰在一个午后的白日梦里看见了一位衣着华丽却充满哀愁的妇人，他仅用三周就完成了《安娜·卡列尼娜》的初稿。

宋代大诗人陆游说："文章本天成，妙手偶得之。"诚者斯言！古人说"好文不厌百回改"，而借灵感写就的文章往往很少改，甚至根本无需改，何也？浑然天成、浑金璞玉是也。

那么，公文写作的灵感从何而来？可谓众说纷纭、莫衷一是。归结来说，主要有三个方面：

一是来源于生活。写作源于生活，但又高于生活。公文写作的灵感，来源于文秘人员各自所从事的工作。基于对工作的长期观察和实践，文秘人员脑海中积存了丰厚的素材富矿，一经开掘，必将喷薄而出。多观察、多实践，灵感必然会在某时某刻"撞门而入"。

二是来源于学习。很多作家的创作灵感，来源于对前人或他人艺术成果的学习、借鉴，即使大作家也少不了学习、模仿，例如鲁迅对果戈理的借鉴、莫泊桑对福楼拜的学习、莫言对马尔克斯作品的阅读等。公文写作很多时候也需要从同行的公文佳作中获取灵感来源，或是从对其他事物的学习中受到启迪。笔者有一篇工作总结《一一落实　久久为功》的写作灵感，正是来源于一所学校的校训——样样落实　天天坚持。在路过该学校不经意间看到这个校训时，突然电光石火一般，多天百虑未得的写作灵感瞬间如从天降，回家后奋笔疾书、一气呵成。

多年来，笔者订阅了很多文学期刊，而其中的几本诗歌杂志对我形成写作灵感帮助极大。读读诗、写写诗，灵感训练就会成为一种常态，写作时每每与灵感不期而遇，会让人获得前所未有的写作快感。

三是来源于思考。鲁迅先生说"静观默察，烂熟于心，然后凝神结思，一挥而就"，这正是灵感蹑足来访时的状态。写作公文时，针对写作主题和惯用题材的反复思考、日积月累，必然厚积薄发，久发骤至。若套用鲁迅先生的名言，可以这么说：写作时，这脑海里本没有路，思考多了，这眼前便终于有了路。思考之履的千万次到访，终于帮我们叩开写作之门，迎来灵感之光，就此开辟一条通向写得好、写得快的金光大道。

第六节　建立急写快写的实用"版本馆"

常言道：不打无准备之仗。在公文写作中，有备而来才能应急无患，积极备战才能最终赢战。

在笔者的电脑上，分门别类地建立了多个写作"加油站"，也可以说是笔者多年来的应急资料库，主要包括原始版、通用版、借鉴版、应急版、升级版、火花版、典藏版、特殊版等8大板块，这些素材的日常搜集为笔者"战时"提速立下了汗马功劳。古人云"兵马未动，粮草先行"，每个志在提速的文秘人员，都应放眼长远、立足当前，不断储备并适时更新自己写作须臾不可或缺的"粮草"。在一定程度上，这是决定公文写作成败的补给线、生命线。

原始版：用于储备基础性材料。例如经过精心推敲、仔细打磨过的单位基本情况、项目背景材料、典型数据、同行单位的经验做法等，大部分材料都能用得上，其用途是"先存在此，以供后抄"。一旦有公文需要相关内容，可秒速粘贴。

通用版：用于储备万能性材料。包括套路十足、即插即用的范文、框架，以及每年必写、使用频次高的材料等，如工作总结、民主生活会剖析报告等。这类材料有放之四海而皆准的显著特点，比如动员讲话的"三段论"、会议纪要的"会议 + 纪事 + 观点摘'要'"等，可以分文种储备一些"万能模板"，以备不时之需。

借鉴版：用于储备可仿性材料。看到他人的好公文，或是自己曾经写过的好公文，其框架内容具有较强的通用性，可存于借鉴版文件夹中，并标记清楚今后可以套仿的类别，"手有余粮，心中不慌"。

应急版：用于储备速写性材料。这是属于真刀真枪、指哪打哪的"救火"资料，在写作提速中具有举足轻重的地位。例如：多年来，笔者在各种场合发言从不写稿、带稿，大多即兴发挥，而且几乎都取得了不错的效果，何也？在于笔者在应急版中存留了一些即兴构思的模板，既管用，又好用，也完全够用。主要有以下 10 类：

1. 求"高"类。主要是引用相关政策文件、领导指示、书刊隽语进行构思，如此移花接木构思术，给人的感觉相对"高大上"一些。

2. 求"同"类。主要是挖掘出各方面内容的共同性本质、特质。例如：刚才 ×× 领导的讲话体现了"三个一刻"：思想之弦一刻也不能松懈，奋斗之弦一刻也不能松弛，作风之弦一刻也不能松软。

3. 求"深"类。主要是透过现象看本质，着眼于从事物的深层提炼出观点来。例如：看了刚才的系统演练，我认为体现了五个理念：一是体现了精细管理的理念；二是体现了协同管理的理念；三是体现了智慧管理的理念；四是体现了系统管理的理念；五是体现了社会管理的理念。

4. 求"简"类。要熟练掌握语言"提炼"法，即能用简单的几个字、词、数字，或是精练地选取几个要素来归纳。例如在"迎亚运、强保障"座谈时，有人用"切实、务实、落实"这三个词来条分缕析。

5. 求"美"类。即注重语言美、情味浓、知识丰等方面，如运用比喻、排比、象征、引用等修辞手法。例如：看到了今天的园区提升现场，我的感受是：绘制了一幅画；合奏了一段曲；写成了一首诗。

6. 求"新"类。即采用以往没有、别人少用的新思路。例如在作民生实事工程阶段性工作汇报时，有领导分别用三个故事引出：首先我讲一个建设者的故事；其次我讲一个受益者的故事；最后，我再讲一个管理者的故事。接下来再总结这三个故事说明了什么：说明了应改尽改、愿改尽改的方针是正确的，说明了群策群力、集中发力的措施是管用的，说明了以人为本、为民惠民的宗旨是受欢迎的……

7. 求"奇"类。即那些出自灵光一闪、可遇不可求的唯一性想法。例如有人曾用四个谐音字"甚、深、神、慎"，分别汇报个人在找问题、谈思想、抓重点、塑作风方面的做法。

8. 求"巧"类。常言道：无巧不成书。要让人感觉"巧"，就必须注重因地制宜、因人制宜、因时制宜。只有善于挖掘出受众十分熟悉、几乎每天在接触的内容，才能让他们发出心有灵犀一点通的会意之笑。例如某领导在一次营商大会上的即兴主持，最后总结即是用本次大会重点讨论的主题"方法论"进行拆词：今天会议既明确了"方"，方向的"方"，第一场的政策宣贯即为我们明确了"方向"；也介绍了"法"，方法的"法"，第二场的业务解读即为我们讲授了"做法"；还提供了"论"，结论的"论"，针对营商环境工作如何做，第三场的领导讲话为我们提供了一些结论性意见，希望大家后续抓好落实。

9. 求"活"类。活，就是灵活、活络。即兴讲话，没有过多的时间考虑，在极短的时间内想不走寻常路并不是一件容易的事，因此，哪个方法好用，哪个方法路子多，就用哪个。例如单字重复型构思在公文写作中应用甚广，只要语言功底扎实，要找出一组有相同字眼的词语并不是难事，如"心系、身系、情系""适时、适应、适合"等，这类词语是否可以用来组成一篇文章的框架呢？只要我们会裁剪，当然可以。

10. 求"易"类。易，就是越简单越好，能越快想出来越好。例如用"疑问法"设计几个问题：首先想想"解放思想是什么"，再想想"解放思想为什么"，重点想想"解放思想怎么办"。再如还可以采取"懒人做法"，在一时想不到上佳思路时以不变应万变，如按照所用文种的常规格式发言，或按自己用过的老框架，或套用他人的构思方案，或"拿来主义"、套用上级文件中的一系列观点、说法来构思，等等。如此构思，大大降低了即兴发挥的构思难度，也提高了脑中成型、下笔成纲、出口成文的速度。

升级版：用于储备关键性材料。单位领导重点关注的工作内容、重要领导来访的讲话等，都属于关键性材料，每写一次，都严阵以待、全民皆兵，几乎是一个写作班子在集体创作。因此，写作此类材料往往汇聚了众智，对本单位的主要工作作了一次全面、深入的梳理，语言表达更是逐字逐句地进行了斟酌，一般质量较高，远胜于个人写作。存放这类材料至少可"管"一段时间"丰衣足食"，最多作细枝末节的增删修改，即可在不久的将来派上用场。

火花版：用于存放闪念性材料。材料写多了，灵感会持续处于亢奋状态，写作期间会不断地来"敲门"。多年来，笔者在写作中产生了很多的灵感火花，有的已陆续写到公文材料中，有的可能一时还用不到，但将来大抵都能用到。在"火花版"文件夹中，笔者存放有上千条灵感碎片，在后续写作中稍作修改、扩充，即可形成相关的文章，既为日常写作积存了"余粮"，也纾解了很多燃眉之急。

典藏版：用于储备品赏性材料。党委政府的工作报告、本单位的年度总结，以及平时阅读中看到的高出侪辈、文质俱佳的好公文，包括构思精巧型、气韵贯通型、文采飞扬型、情感饱满型、诗意盎然型、理味十足型、短小精悍型等，都一一存放于"典藏版"，以供揣摩、研习、借鉴。

特殊版：用于储备独特性材料。近年来，在公文写作领域也出现了一些体裁独特、构思奇特的公文，如有的用"诗歌体"写述职报告，有的用"章回体"写调研报告，有的用"散文体"写致辞等，这些看似有点儿另类的写法虽不常用，但却有着另辟蹊径、开拓创新的重要意义，对于启迪我们写作创新有着重要的参考价值。此类文章具有很强的身份识别性和个性辨识度，偶尔仿一次，往往能收到有别于常、令人难忘的奇效。

当然，束之高阁不如记之于心。上面8大版本再好，总不能每逢写时都去翻阅资料吧？如果能存之脑海，临写时即可省却查阅时间，写作速度因此又可以提升到一个新的高度。

第七节　百篇厚度换来一篇速度

百闻不如一见，百见不如一练。写得快，最根本的要靠一个"练"字。

练，是把脑海中积淀的公文知识转化为写作能力的过程，是在写作实践中不断总结、感悟和升华的过程，也是文秘人员实现从写得出向写得好、写得快，从新手向老手、高手飞跃的必经之路。

常言道：光说不练假把式，光练不说傻把式，又练又说真把式。说和练，都是文秘人员立身处世的重要技能，两者各有特点又相互联系，而核心还在于"写"。写得好，"说"必然不会差到哪里去。而要说得流利，写得快捷，归根结底，文秘人员要不断强化写的实践，特别是在学习期的初级阶段，一定要坚持多写多练，努力以百篇厚度换来一篇速度。

当然，也不能在百篇厚度和一篇速度之间简单地画等号，厚度的增加并不必然地带来速度的提升。这里的"厚度"，是有质量的厚度，是勤于学习、反复琢磨、不断改进、努力提升换来的厚度。这样练出来的厚度，才能实实在在地带来写作技能和速度的提高。如果文秘人员每写一篇都是硬着头皮、疲于应付、草草收场，纵使练到一千篇的厚度，又有何益？

那么，如何才能练出有质量的厚度，最终实现写得快？

首先，要有"文法"地练。文法，是指不同文种的写法。在法定公文、事务公文这两大类公文中，常用的文种不下二三十种，包括通知、决定、请示、报告、会议纪要、意见、领导讲话稿、工作总结、调研报告、政务信息等。不同文种有不同的写法，一个文种一个调，到什么山上唱什么歌。文秘人员学习写作的第一步，首先要把常用文种的基本格式、主要写法等弄个明白，在用到相关文种时至少能合辙，不至于把请示写得像报告，或把动员部署讲话稿写成表态发言稿。如果写作不能体现所用文种的特点，就是不懂文法的表现。

其次，要有"心法"地练。心法，是文秘人员写作的心得、方法，直白地说，就是土方土法、小窍门。文秘人员不同、所写材料不同，心得也各不相同。本书所介绍的技法，几乎都是笔者在长期实践中不断运用、完善和总结出来的小窍门，这样的心得多了，几乎覆盖到了公文写作的立意、选材、构思、表达等各个层面，基本形成了一套完整的体系。每当写作时，在构思、起笔等的不同阶段，都会有针对性的"心法"涌现于脑际，写作速度自然如水行就下，畅流无碍。

再次，要有"章法"地练。章法，是关于篇章的技法。写公文不能满足于掌握某个方面的技法，而要覆盖公文写作涉及的各方面技法，包括标题、立意、结构、逻辑、生发等。从宏观上看，包括立意、构思、框架等；从中观上看，包括段落、层次、过渡等；从微观上看，包括开头、结尾、句法、议论、烘托、生发等。脑海中带着章法去写，有利于写出有章法的公文。

最后，要有"战法"地练。战法，是写作"临战"时运用的技法，上述文法、心法、章法是否管用，最终要到"战时"检验，不管白猫黑猫，抓到耗子就是好猫。一方面，我们要有宏观上的综合运用能力，写什么文种，不同阶段分别运用什么技法，要能成竹在胸，提笔即来，烂熟于心；另一方面，要有急写时的特殊技法，包括本章写得快提及的很多技法，如简短技法、"应急版""万能套路"，等等，都可以在接手写作任务时应用，以久渡文海的历练真经迎来写作速度的蝶变。

第八节　解开大笔杆的速度密码

每当看到大笔杆写的公文，我们都情不自禁地赞叹：怎么写那么好？

是啊，立意高屋建瓴，结构缜密精巧，语言清爽悦目……大笔杆这材料写的……确实好！然而，大笔杆学历并不比我们高，资历也没有多少特殊，为什么他们就能写那么好呢？

常言道：看人挑担不吃力，自己挑担步步歇。表面看，大笔杆写出这样高质量的文章毫不吃力，轻轻松松。殊不知，这背后隐藏着多少吃力的故事和难言的苦涩！大笔杆们当年所"吃"的"力"，既用在了千百次写稿、千百次修改、千百次熬夜中，也用在了每次熬夜写稿后的千百次思考、千百次顿悟和千百次总结中。

对于大笔杆来说，熬夜写稿属于"埋头拉车"，是他们日常工作中的常态。但光有埋头拉车的苦劲还不够，他们还有着常人没有的"抬头看路"的巧劲，这正是他们从众多写手中脱颖而出、最终成为大笔杆的终极密码。

大笔杆的故事启迪我们：光有写还不行，必须得学会"悟"；先悟道后入道，最终才能得"道"。

因此，我们能否成长为大笔杆，能不能实现从写得出向写得好、写得快的巨变、质变，从写到悟、以悟促写至关重要。

悟得写作最真经，从此下笔有神助。关于写不快的问题，我们在日常写作中要积极地思考、深入地感悟，力求切中要害、把握实质、抓住命门。

一、思考写不快的"解题密码"

把写作速度放在突出位置，就要确立时间观念，坚持问题导向。每次写作，建议最好能看下时间，计算自己写作不同材料大致需要多长时间，预估自己今后写作能够提速的空间，从而对自己的写作速度有个基本把握。对于遭遇到的写作速度"滑铁卢"，要深入反思，好好总结。比如领导要求第二天早上9点交稿，结果你拖到中午12点才完成，为什么会这样？是不是没摸准领导的意图，稿件最终返工了？是遇到从没写过的文种，写作时摸着石头过河了？还是材料掌握不充分，写作过程中的"路损"过多？借助这样的思考，建立写不快的问题清单，以便在下次写作时消化整改，力求一次比一次写得顺，一次比一次写得快，一次比一次写得好。

二、思考大笔杆的"速度密码"

大笔杆为什么能写那么快呢？可以通过侧面观摩、学习，窥其究竟。不难发现，大笔杆写得快是有很多基础优势在支撑的，这是他们的"杀手锏"。主要有：

一是经验足。比如同样写节会致辞，大笔杆可能一两个小时即可，而生手有可能用时一天都不够，原因即在于大笔杆写得多，轻车熟路、熟能生巧。

二是储备厚。公文写作可能要用到很多知识，包括业务知识、学科知识等，大笔杆在长期写作中库存充足，而新手上场脑袋中空空如也，自然要耗上大量急补、恶补的时间。

三是窍门多。写作中可能面临一些意外情况，如材料不够、数据不准等，新手可能会束手无策，而大笔杆却凭借出色的协调能力、分析能力轻松化解，其所耗费的时间，新手自然不可同日而语。

四是技法灵。关于公文写作，大笔杆总结了很多硬核技法，比如构思如何飞速到位、结构如何快速成型、标题如何极速过关、层次如何迅速打开，等等，一般能确保兵来将挡、水来土掩，写作速度有 "全保险" "金保险"，而新手在积累技法方面还有很长的路要走。

五是脑子活。"宝剑锋从磨砺出，梅花香自苦寒来。"大笔杆构思成稿速度惊人，在于他们对写作的思考太多，对于构思方法，他们的 "必选项" "优选项" "常选项" "急选项" 实在太多，有时甚至于都无需想，快刀斩乱麻，脑子十分活，触墨成佳篇。罗马不是一天建成的，新手要达到写得快的 "自由王国"，无疑要经过无数次 "必然熔炉" 的淬炼。

六是笔头快。在语言表达上，大笔杆几乎是天花板的存在，对于何时该用记叙、说明、议论，可以运用哪些层次打开术，句群组织可用什么技法，什么内容用什么技，什么阶段用什么法，等等，都有一套严谨完整的体系，形成了一整套言之有序、出之成理的娴熟 "拳路"。任何写得快，都事出有因、有章可循，新手首先要耐心、细心、全心地做一个静观者、学习者、模仿者。

三、思考写得快的 "独家密码"

作为新手，没有人不想有朝一日成为大笔杆。常言道：多年媳妇熬成婆。新手先须在练中熬，从一次次的 "笔熬" 中 "熬" 出引以为 "傲" 的能力和水平。每次写作，要像大笔杆那样持续地思考、感悟、总结。总结，是写好公文的基石，更是新手成长为大笔杆的柱石。对于写作经验的总结，文秘人员要力求深入浅出、出口成诵，一类类地归纳成套路，一条条地建立起体系，最终形成自己针对不同写作需求的独特话语体系，这就是自己在漫长的写作生涯中克敌制胜的 "核武库"。如笔者在本书所总结的 "开头 28 式" "腾挪转让、顾盼生姿 '8字诀'" 等，都是既具独特性、又有普适性的写作 "取胜密码"。此 "码" 在手，"码" "码" 合力，必然有助于我们快马加鞭，在奔向写得快的征途上马到成功。

第十八章

欲戴王冠，必承其重

——裹雷挟电的 3 大"快写真经"

要想写得快，正如一场精彩的足球赛，不仅离不开中、后场的调度、准备，还需要前场的"临门一脚"。

这临门一脚，是真刀真枪的硬核快写功夫，是让写作立马提速的实用技法。

一语不能践，万卷徒空虚。前文所述的思想、知识、材料等各种准备，只是高潮前的序曲、铺垫，最终要借助临门一脚一气呵成地踢进快写的"球门"。因此，作为一名文秘人员，我们必须熟练掌握临门一脚的高超技艺，具体来说，就是走好以下"三条路"——熟路、近路、套路。

第一节　走熟路，最易飙出加速度

文稿要写得快，无外乎两个方面：一是想得快，二是写得快。其中，写得快是指语言表达，这离不开长期的积累，如果文秘人员文字功底有所欠缺，一时半会往往很难写快；而想得快是指构思谋篇，很多文秘人员写不快就是因为在"想"上耗费了太多时间，一步慢步步慢。要想得快，当然需要长期训练，同时也有赖于一些独特的窍门。有了小窍门、老经验的助力，写作就能省去大量构思时间，熟门熟路、轻车熟路地飙出加速度。

常言道：熟能生巧。毋庸置疑，沿着熟悉的路径走，自然要比"摸黑""抓瞎"快不少。总体来看，写公文"走熟路"的方式主要有仿作、移作、翻作三种。

一、仿作

仿作，就是模仿"他人的"类似文章。在日常写作中，我们经常会遇到眼前一亮的好材料，可以用心存留。在今后遇到类似写作任务时，可参照一"仿"以解燃眉之急。仿，绝不是全文照搬，否则就是抄袭。抄袭绝无可取，乃文之耻。

仿作，常见的有仿构思、仿结构、仿语言等。如仿构思，笔者在一次口头汇报时曾借鉴"实事求是"的拆词法构思，仿写出了"群策群力"（实事工程汇报材料）的拆词思路："群"就是以人为本，问题导向；"策"就是政策先行，制定对策；"群"就是加强群治，协同推进；"力"就是聚合力量，确保实效。

二、移作

移作，就是迁移"现成的"精辟之论。移，就是移花接木，"移栽"来文或约定俗成的成套言论作为文章框架，这是十分讨巧的一种构思法，也叫"定向构思法"，即靶向精准，"来意是什么，我就写什么"。例如某文秘对照上级文件"下实功、察实情、见实效"的要求，如此构思成文：以思辨为方向，在常学常新中"下实功"；以民声为指向，在走深走实中"察实情"；以问题为导向，在立查立改中"见实效"。

三、翻作

翻作，就是翻造"以往的"自创佳作，类似于旧屋翻新。这种情况在日常写作中比较多见，可分为旧瓶装旧酒、旧瓶装新酒、新瓶装旧酒、新瓶装新酒四种情况。这里，"瓶"是语言形式，"酒"是事项内容。其中，"旧瓶装旧酒"属于原封不动地"整体搬迁"，属于"懒功"，不太可取，在现实写作中难以奏效，少有令领导满意者，毕竟情况一直在变，如此以不变应万变，无异于刻舟求剑。"旧瓶装新酒""新瓶装旧酒"，前者是沿用旧结构填充新内容，后者是创制新结构填装旧内容，这两种翻作，要么是语言创新，要么是内容换新，都有所创新，在写作实践中多有采用。最后一种"新瓶装新酒"，即在内容和结构上都有所翻新，此种情况也比较多见。

例如某文秘在代领导拟《在加强××博览会服务保障工作推进会上的讲话》中提出了"提高站位、找准战位、熟悉点位、随时补位、确保到位"的要求，第二年该文秘又恰巧代某领导拟《在××运会用水保障工作会议上的讲话》，于是"旧瓶装新酒"，用"5个位"的结构填充了××运会的专项保障内容，快速交稿，既有速度又有质量，受到好评。

第二节　抄近路：一字绝技，快速确定写什么

日常写公文，有时我们迟迟不能下笔，一个主要原因就是不知写什么，也就是在写作内容选择上常常陷入"老虎吃天——难以下口"的窘境。明确写作内

容，说到底就是选材问题。如果选材心中有数，写作内容的"选择困境"自然就迎刃而解，写作速度也将如开闸之水，飞流直下，一路狂奔。

关于写什么，实在是一个千头万绪的话题，不同的人有不同的考量，不同的公文有不同的要求。如果不按套路"出牌"，写作速度难免不受影响。这里不妨分享"一字套路"，也许能让你在踟蹰之际快速定位，一下圈住、锁定要写的重要内容。这个字，就是"局"。

任何工作，说到底就是一个"局"。公文写作有哪些经常要涉及的"局"呢？可归纳为7个易记的词，分别是"大全、定时、开结、变困、好布、新旧、分解"，分开来讲，就是"14局"：大局、全局、定局、时局、开局、结局、变局、困局、好局、布局、新局、旧局、分局、解局。这正是大多数公文写作的主要内容。视写作的不同要求，一篇材料可能包含上述的一个或多个"局"，如《××局长在春节收心会上的讲话》一般讲如何开局，也会涉及时局、困局、布局等；而《关于加强亚运期间供水保障工作的通知》则涉及大局、全局、布局等。

（1）大局。写公文一般要秉持大局意识，尽量"眼睛上看"，关注上级部门有关推进工作的理念、思路、要求等，由此拓展写作的视野，拉升文章的高度。

（2）全局。就是"落眼本级"，从所在单位（部门）的"全面"工作和工作的"全程"出发，着眼内部各要素的相互关系及其全程发展，着重讲思想、提要求、定目标、明思路、抓协同等。如某领导关于人才工作的交流发言：精准引进，扩充人才"数量"；精准培育，提高人才"质量"；精准服务，稳住人才"流量"。这正是从"全程"的角度取材。

（3）定局。"定"，即固定、特定、规定，就是本单位的工作职责、常规要写的事项、相关主题必写的方面以及有关方面规定要写的内容，如党建工作按常规写，一般包括思想建设、组织建设、文化建设、队伍建设、作风建设等。例如《在××市委全体会议上的讲话稿》：一、常态化推进思想能力作风建设，必须强化政治引领，以科学理论凝心铸魂。二、常态化推进思想能力作风建设，必须认清现实挑战，以自我革命破冰除弊。三、常态化推进思想能力作风建设，必须聚焦中心工作，以实战实训厉兵秣马。四、常态化推进思想能力作风建设，必须厚植为民情怀，以群众满意检验成效。五、常态化推进思想能力作风建设，必须突出领导带头，以示范引领化风成俗。

（4）时局。"时"，即当前时势、与工作有关的思想理念、背景事件，以及眼下新推进的工作，等等。例如某市即将召开全市信息化工作会议，与此同时，邻近地市正在举办世界互联网大会，那么全市信息化会议讲话材料，则可以提及世界互联网大会的有关内容、观点，并据此对下步工作可能的"变局"作出预测。

（5）开局。主要对某项工作开始阶段的情况进行说明和记叙，包括情况、做法、成绩、问题等，如《××县第一季度经济工作情况汇报》。

（6）结局。主要是对某事项结束时的情况进行简要总结、说明或评价，包括成效、影响、期待等。

（7）变局。"变"即变化、变动、发展，要着眼事物发展中的变化、波动，侧重从比较的视角去选材，包括工作中面临的新情况、作出的新调整、明确的新重点、推出的新措施，等等。

（8）困局。即工作中的不利因素。"困"是困惑、困境，主要是工作中存在的问题、短板、不足等。

（9）好局。即工作中取得的成绩、显现的优势、正向的影响和积极的趋势等。

（10）布局。"布"，即布置、部署，是关于"做什么""怎么做"的具体工作安排。一方面，复杂一点儿的工作要细化为更小的构成单元逐一介绍；另一方面，要明确工作责任、任务、措施、要求、标准等。

（11）新局。"新"，主要指工作新思路、新内容、新方法、新措施等。例如某领导《在全市人才引智推进工作会议上的讲话》：一、以筑巢引能为主线，瞄准招才引智"切入点"。二、以平台搭建为抓手，选准干事创业"训练场"。三、以精细管理为支撑，盯准服务保障"快车道"。四、以品牌打造为突破，找准人才建设"闪光点"。这就写出了人才工作的创新内容。

（12）旧局。把眼光推远，回到过去，"打捞"旧时故事，"钩沉"陈年旧事，包括历史故事、往事回放、时光穿越等。

（13）分局。就是把"全局"分成若干方面进行重点说明。如上文提到的"常态化推进思想能力作风建设，必须聚焦中心工作，以实战实训厉兵秣马"，围绕"厉兵秣马"，可分为：一要前线墩苗育"精兵"。二要挂图攻坚淬"尖兵"。三要争先创优锻"标兵"。

（14）解局。"解"，是解释、解析。解局，一般用于对复杂的事项、特定的含义进行深入、细致的剖析，以揭示其看不见的深层含义，使之更清晰、具体。如某领导《关于"江山就是人民，人民就是江山"专题发言材料》，紧扣"人民"这一关键词，从三个方面解析，彰显其内在意义：一是坚持人民至上，始终把人民群众利益放在首位。二是厚植人民情怀，始终保持同人民群众的血肉联系。三是坚守人民立场，始终聚焦民生领域腐败强化监督。

总的来说，上述"14局"基本涵盖了大多数公文的材料来源，从中选取几种，即可组成文章的主要内容。例如：

在全县乡村振兴研讨会上的讲话

各位领导、各位同志：

大家好！

今天，我们在这里召开全县乡村振兴研讨会，旨在总结过去一年的工作成绩，分析当前的发展形势，明确下一步的工作目标和措施。我代表县委、县政府，向大家表示热烈的欢迎和衷心的感谢！（这是着眼"全局"）

过去一年，我们全县上下团结一心，紧紧围绕乡村振兴战略，深入实施"三农"工作，推动农业农村高质量发展，取得了显著的成效（"全局"）。主要表现在以下几个方面。

一是农业生产稳中有进。我们坚持抓好粮食生产，实现了连续十年增产增收；加快推进农业结构调整，培育了一批特色优势产业；加强农业科技创新和推广应用，提高了农业生产效率和质量。

二是农村基础设施不断完善。我们加大投入力度，实施了一批涉农重点项目，改善了农村供水、供电、通信、交通等基础设施条件；加快推进美丽乡村建设，提升了农村人居环境质量；加强农村公共服务体系建设，满足了农民群众日益增长的文化、教育、卫生等方面的需求。

三是农民收入持续增长。我们坚持以增加农民收入为出发点和落脚点，拓宽了农民增收渠道；支持和引导农民发展多种形式的经营主体，壮大了农村集体经济；加强对贫困地区和贫困群众的扶持帮助，实现了全县贫困人口脱贫摘帽。

【注】以上三段是对前文"三农"的分写，属于"分局"；同时，"三农"也是农村工作的既定内容，属于"定局"。

这些成绩的取得，是全县广大干部群众共同努力的结果，是党中央、省委、市委正确领导和大力支持的结果。在此，我向为我县乡村振兴事业作出贡献的各级领导、各部门单位、各乡镇村和广大干部群众，表示衷心的感谢和崇高的敬意！（归结深层原因，属于"解局"）

同时，我们也要清醒地看到，我县乡村振兴工作还存在不少问题和不足。

一是农业生产基础仍然薄弱。

我们的耕地面积有限，耕地质量不高，耕地保护不够；我们的水利设施落后，灌溉水源不足，抗旱能力不强；我们的农业机械化水平低，农业生产方式粗放，农业资源利用效率低。

二是农村发展不平衡不充分。

我们的城乡差距仍然较大，部分地区和群众还没有享受到现代化带来的便利和福祉；我们的产业结构不合理，一、二、三产业比例失衡，高附加值产品少；我们的公共服务水平低下，教育、医疗、养老等方面的供给不足，农民群众的获得感不强。

三是农村治理能力有待提高。

我们的基层党组织建设不够规范，基层党员干部队伍素质不高，基层党风廉政建设不够扎实；我们的农村社会治安形势不容乐观，涉农矛盾纠纷多发，农村法治建设不够完善；我们的农村文化建设滞后，农民群众的思想道德水平和文明素养有待提高。

【注】以上是"困局"。

这些问题和不足，制约了我县乡村振兴的步伐，影响了我县经济社会的发展，必须引起我们高度重视，采取有效措施，加以解决。（分析"困局"的影响，是"解局"）

下一步，我们要认真贯彻落实习近平总书记关于乡村振兴战略的重要指示精神，按照省委、市委的部署要求，坚持以人民为中心的发展思想，坚持以问题为导向的工作方法，坚持以改革创新为动力的工作举措，全面推进我县乡村振兴工作（眼睛上看，是"大局"；同时勾勒下一步的"全面"工作，是"全局"）。具体来说，主要有以下几个方面。

一是加强农业生产基础建设。我们要坚持把粮食安全放在首位，保障好粮食播种面积和产量；加大耕地保护力度，提高耕地质量和利用效率；加快水利设施建设，增加灌溉水源和灌溉面积；推进农业机械化和智能化，提升农业生产水平和竞争力。

二是优化农村发展格局和结构。我们要坚持城乡一体化发展，缩小城乡差距，提高农村居民生活水平和幸福感；加快培育壮大特色优势产业，增加农民收入来源和稳定性；加强农村公共服务体系建设，提升教育、医疗、养老等方面的供给能力和质量。

三是完善农村治理体系和机制。我们要坚持以党建引领乡村振兴，加强基层党组织建设和作风建设，提高基层党员干部队伍素质和能力；加强农村社会治安综合治理，预防和化解涉农矛盾纠纷，维护农村稳定和法治；加强农村文化建设和文明创建，培育和弘扬社会主义核心价值观和良好家风家训。

【注】以上是"分局""布局"，也是从"三农"的主要工作（"定局"）中摘要选取的重点内容，更是"新局"，指向未来新思路、新措施。

各位领导、各位同志！

乡村振兴是一项长期而艰巨的任务，需要我们付出持续而艰苦的努力。让我们在省委、市委的坚强领导下，以习近平新时代中国特色社会主义思想为指导，团结奋斗、开拓创新、锐意进取、攻坚克难，在全面建成小康社会的基础上，为实现第二个百年奋斗目标而努力奋斗（"大局"＋"全局"）。

第三节　祭套路：3大实操"典藏版"，让笔御风起舞

万事俱备，只欠东风。在做好了"快写"的一应准备后，接下来就是整装待发，让笔御风起舞。

写得快，绝不是嘴上喊喊的空头口号，必须有实实在在的行动和扎扎实实的效果。

写得快，根源于想得快。这里的"想"，就是构思，可分为两种情况：一是无所凭依地全新构思，一是有章可循地即时回忆。显而易见，后者更有助于迅速构思、快速成文，这里的"章"，即是写作的套路。

套路，可来自于前人或他人的经验，而大部分则来自于自己长期实践的积累。脑海中存有大量管用、易用的"预制"套路，构思即可"快火烹煮"、信手拈来，下笔自然如有神助、一气呵成。

下面以相对比较难写的内容为例，演示运用现成套路快速成段的写法（成篇技法同此）。这里，笔者共分享3方面快写套路"典藏版"，以"公文写作要'提高认识，采取措施'"为题，实战模拟运用套路写作法。

一、独特套路型

这是笔者多年来结合自身写作实践总结、提炼的写作套路，共列举10条。

1."问题＋原因＋结论"型。先列举问题，再分析原因，最后推出结论。例如：

①对于写公文，不少同志在思想上还不够重视，在认识上还存在误区。②有些同志一直以来持有短视观念，认为干好业务最容易出彩、最为领导重视，而写公文属于"冷门"，"公文无用论"还很有市场；有些同志抱有轻视思想，认为公文不过是"八股文"，一看就会，无需耗费更大精力；有些同志还有漠视心理，

觉得自己反正不是专门写材料的，对于零星的写作任务，目前的水平完全够用了；更有一些同志，甚至对公文惯有仇视主义，认为整天闭门造车、加班不断，把一切不如意的"元凶"都归之为写公文。③凡此种种，貌似有理，其实都是极为有害的。④上述错误思想，一方面，关上了借公文促进工作的"正门"，另一方面，也堵塞了写公文提升自身素质的"偏门"。⑤殊不知，当今时代，无论你从事什么职业，也不管你身处什么岗位，其实都离不开写公文，都必须要把公文写好。⑥写好公文，不仅能提升工作水平，也有助于锤炼表达能力和思维能力。⑦实践证明，公文越来越成为事业出色、人生出彩的核心竞争力。⑧每一位在岗工作的同志，特别是年轻同志，一定要把写好公文作为一门追求进步的必修课和追逐梦想的实践课。

上文共八句话，按"问题＋原因＋结论"的逻辑安排结构。其中，①②为第一层，先总后分，围绕标题的"思想"打开包袱，将"思想"分解为四个方面列举问题，扣题严密，重点突出。③④⑤为第二层，分析原因，先反面分析危害，再正面分析时代需求，先反后正揭示公文写作的重要性；分析问题是先总后分，逻辑严密。⑥⑦⑧为第三层，层层深入，推出结论，摆明观点，行文先理性后感性，先说理后呼吁，有理有据，具有很强的说服力。

2. "是什么＋为什么＋怎么办＋怎么样"型。"是什么"一般揭示事物的性质，实际上是定性归"类"；"为什么"分析原因，即归"因"；"怎么办"提出措施、方法，即"行"；"怎么样"说明达到的结果、目的，即"果"。该套路也可简单归纳为"类＋因＋行＋果"。例如：

①写好公文，是我们做好日常工作必备的能力素质。②业务工作，需要借助公文来推进；党务、政务工作，需要通过公文来加强；上对下的布置、下对上的汇报、左对右的交流等，也都离不开写公文；写公文中日渐厚积的逻辑思维能力、语言表达能力，也是我们人生出彩的"加分项"。③我们一定要从围绕中心、服务大局的高度认识公文写作，用好手中一支笔传达上级指令、部署工作任务、推动事业发展；要从彰显特色、宣传亮色的高度来重视公文写作，借助手中一支笔总结经验、交流做法、汇报进展、提出思路；要从锤炼本领、服务人民的高度看待公文写作，紧握手中一支笔传递政府的思与为，表达人民的盼与愿。④"文章合为时而著，歌诗合为事而作"，我相信，只要我们知时局、顾大局、站全局、重布局，高度重视文字工作，精心研究文字工作，积极推动文字工作，我局的办文工作一定会迈上新台阶，大家手中的这支笔一定能在为事业助力、为人民服

务、为人生加持中发出夺目的光彩。

上文共四句话，其中，①回答写公文"是什么"；②分析"为什么"；③细述"怎么办"，即如何具体认识"写公文"；④展望在上述认识基础上会"怎么样"，行文始终紧扣"写公文秉持的思想认识"这一主题展开，笔墨集中，重点突出。

3."想到＋做到＋达到"型。"想到"，即脑海中的思考、想法、意图等；"做到"即行为、措施；"达到"即（要）实现的目的、效果。例如：

①要把写公文与干业务放在同等重要的位置，内外一起抓、上下协同抓，努力克服"干业务出彩，写公文出力""业务重要，文字次要"等消极思想。②要树立"业务工作重要，文字工作同样重要"的理念，做到远期有规划，中期有发展，近期有任务，切实把文字工作抓在手中，落到实处；要树立"业务工作专业，文字工作同样专业"的理念，健全培训制度，完善考核机制，鼓励全员参与写，促进人人都会写，力争个个写得好；要树立"业务工作出彩，文字工作同样出彩"的理念，畅通写作人才成长渠道，拓宽写作人才发展空间，努力让每一个默默无闻、埋头写作的文秘人员不只洒下辛苦的汗水，更要收获成功的喜悦。③要通过谋划长远、统筹全局，大力促进写作人才培养工程建设，切实营造敢于写、善于写、乐于写的浓厚氛围，合力推动我局文字工作再上新台阶。

上文共三句话，①正反结合，为脑海中秉持的思想，是"想到"；②从三个方面回答应该还有什么样的认识，是"做到"；③是展望未来，指出预期将要"达到"的效果。

4."认识论＋方法论＋实践论＋目的论"型。"认识论"是对事物的总体认识，"方法论"是采取行动的原则、思路，"实践论"即具体的事项、措施，"目的论"即（要）实现的目的、结果。例如：

公文是各级单位上下沟通、内外交流的一个重要工具（总写，引出下句的具体说明）。方针、政策要通过公文宣布，思想、理论要通过公文传达，目标、任务要通过公文落实，意见、建议要通过公文传递，进度、成果要通过公文汇报。公文，就像车之四轮和鸟之双翼，各单位、部门之间缺少了公文的"穿针引线"，工作推进之车就会失轮停滞，事业发展之梦就会断羽难飞（认识论）。公文写作十分重要，任何单位的任何公务人员都免不了写公文。特别是专职文秘人员更应把写公文作为必修课（过渡句），既要广泛阅读，不断充电，切实提高写作的理论水平；也要积极实践，勤于笔耕，努力在持续的感悟和总结中写出"名堂"

来（方法论）。总的来说，要在 "四四如意，九九归一" 这八个字上下苦功、提水平。所谓 "四四"，就是 "4 个 4"，即要做好思想、生活、语言、知识 "4 个积累"，注重人、事、文、理 "4 个研究"，落实写得出、写得好、写得快、写得活 "4 个要求"，走好跟着感觉走、跟着经验走、跟着套路走、跟着灵感走 "4 个阶段"；"如意"，就是体现立 "意" 的高度、靓度、准度和深度；"九九"，就是要强化对实用文种、相关学科和具体工作的研究，力求写作中心到、眼到、手到；"归一" 就是注重技法的学习和套路的总结，特别是要用好分类、角度、层次、总结、提炼等 5 大基本技法（实践论）。常言道：功到自然成，铁杆磨成针（过渡句）。只要坚持多读、多写，我们就一定能出色地做好文字工作，发挥以文传声、以文鼎新、以文辅政的作用，实现从小白到大笔的 "华丽转身"（目的论）。

5. "凭 + 事 + 析 + 断 + 祈" 型。"凭" 是根据、缘由，"事" 是事项，"析" 是分析原因，"断" 是怎么办，"祈" 是请求、要求。例如：

习近平总书记强调："不断增强脚力、眼力、脑力、笔力，努力打造一支政治过硬、本领高强、务实创新、能打胜仗的宣传思想工作队伍。""增强笔力" 不只是做好宣传思想工作的 "硬功夫"，也是我们职场打拼必备的 "真本领"（凭）。每一个党员干部务须高度重视公文写作，深刻认识公文写作，潜心研究公文写作，努力提高写作水平（事）。职场打拼，公文写作能力常被视为核心竞争力，是因为这既是职责使然，也是履职皆然，更是发展必然（析）。要写好公文，必须要做到 "三高"：一是眼高。要提高站位，善于从领导的角度把握全局、思考问题，"眼界" 宽必然视野阔；要拓展阅读，提高鉴赏和学习能力，他山之石可以攻玉，"眼力" 好必然笔力雄。二是手高。写作最忌眼高手低。要学以致用、积极实践，多练笔、多感悟、多总结，练十篇精一篇，以厚度换靓度。三是心高。要努力向大笔杆看齐，找差距，察不足，深学细悟，接短补弱，力求一篇更比一篇好，一年更比一年强（断）。不仅专职文秘人员要刻苦锤炼写作能力，即使是非专业写手，也应追求 "三高"，从服务全局的高度、事业出彩的角度稳步提高公文写作水平，不断为远航的人生之舟加油蓄电。

6. "事 + 情 + 因 + 为" 型。"事" 是事件、事项，"情" 是情感、感受，"因" 是原因，"为" 是行为、做法。例如：

现在，几乎每一个同志都离不开写公文，哪怕是再简单不过的情况说明，也往往要通过 "写" 来完成。每天，我们都或多或少地要接到一些关于写的任务

（事）。对于写，希望大家不要抱着排斥、厌恶的消极心态；不但不要排斥、厌恶，还要喜欢、热爱（情）。只有喜欢写、热衷写，我们才不会觉得写是一件枯燥的事，痛苦指数会大幅降低，幸福指数会显著上扬；只有喜欢写、热衷写，我们才会潜心研究写，努力改进写，终能长于写，努力实现轻松写、乐于写、写得好，不断加大成功"阈值"，提升人生"高度"（因）。走向写作之旅，我们要充满热情，坚定信念，努力摒弃不利于提高写作水平的消极思想，充分认识公文写作的内在价值，摆正心态，自我加压，砥砺前行，在见贤思齐中升起梦想之帆；走在写作之旅，我们要打好基础桩，苦练必修课，从基本文种学起，从规范写法入手，不断广视野、厚积累、强内功，在日拱一卒中鼓起希望之帆；走好写作之旅，我们要善于做工作的专家、写作的行家、知识的杂家，既要读，也要写，更要悟，还要走，与写作有关的事项要积极参与，与写作有关的知识要主动汲取，在百舸争流中扬起出圈之帆（为）。

7．"时＋势＋理＋应"型。"时"是时令、特殊时期，"势"是外在形势、环境，"理"是有关道理、认识，"应"是应该采取的行动、措施等。例如：

现在，文秘人员越来越成为各级企事业单位的"香饽饽"。是否会写，成为考量各类人才能力水平的一个重要指标（时）。在竞争激烈的职场，我们要想从千军万马中杀出重围，考入理想单位，必须具备出色的写作能力；要想成功跨越一道道升职"云梯"，在一众好手中脱颖而出进入领导视线，必须精心练好写作"必杀技"（势）。可见，写公文已成为登堂入室的重要敲门砖（总结句）。职场打拼几十年，正如一次登山之旅（过渡句）。要想揽上梦寐以求的"瓷器活"，攀登朝思暮想的人生"巅峰"，就必须把磨砺写作"金刚钻"作为必修课，既要重视公文理论素养，又要加强写作实践锻炼，还必须提高政策理论水平（理：先承后转的总起句）。要行之有效地提升公文写作水平，文秘人员应唱好进阶"三部曲"：一是学习。要熟悉常用文种的基本写作规范，临池摹写，笔耕不辍，在反复的实践中积累基本知识。二是研究。研究自己所服务领导的工作艺术以及关于公文写作的要求、喜好，研究所从事工作的基本规律，不断拓展写作的构思空间，为日常写作积累"源头活水"。三是提高。一方面，要确立自己的理想标杆，通过坚持不懈的努力追赶之并超越之；另一方面，要以一当十，在写作中树立精工意识，写一篇有一篇的效果，拟一次有一次的进步。"日拱一卒无有尽，功不唐捐终入海"，通过仔细琢磨、反复感悟、持续进步，最终化茧成蝶，实现自我超越（应）。

8."起 + 承 + 转 + 合"型。"起"是开始、发生，"承"是对"起"的承接、衔接，"转"是转入正题，"合"是收篇、收势、作结。例如：

作为一名新时代的公务人员，必须把提升公文写作能力摆在一个比较突出的位置（起）。业务能力固然重要，但写作水平同样不可忽视，两者密不可分、相辅相成，不能畸轻畸重、有所偏废，而应同等看待、一并提高（承）。在日常工作中，我们要像重视业务那样重视公文，把公文写作当作毕生事业去追求，及时制定明确的职业规划，持续补充必需的成长养分，不断追逐绚丽的理想之光；要像精研业务一样精研公文，树立全局导向、实践导向、问题导向，坚持研究人、研究事、研究文相结合，不断拓宽视野、总结经验，努力掌握公文写作基本规律，探寻公文写作底层逻辑；要像做深业务那样做深公文，按照"没有最好，只有更好"的要求，追求卓越、实现超越、勇毅前行、笃行不怠，努力以创新追赶标杆、超越自我，以雕琢推出精品、打造佳品（转）。在公文写作逐梦之旅上，只要持之以恒地"凿深井""掘旺泉"，有朝一日，我们定能成长为圈内的标杆、翘楚；到那时，凭借出色的写作"硬实力"，我们必将品尝到为事业发展添砖加瓦，为人生出彩书写"宏大叙事"的喜悦（合）。

9."学 + 思 + 践 + 悟"型。"学"是对客观内容的学习，"思"是由"学"产生的感悟、思考，"践"是"学""思"后采取的行动，"悟"是对整个过程的感悟、心得、收获。例如：

今年初，在全市办公室系统写作能力专题培训班上，××主任结合自身工作实践，深入浅出地给全体人员上了一堂有关公文写作的专业辅导课（缘起）。在这堂课上，××主任概述了公文写作的基本理念，分享了公文写作的主要经验，讲授了公文写作的核心技法，揭示了公文写作的底层逻辑，令参训人员获益匪浅，印象深刻（学）。这不仅是一节思想提升课，也是一堂实践指导课（过渡句）。这堂课，犹如一盏指路明灯，带给我很多的思考和启迪（"思"的总起句）。比如：在业务和内务上，我一直存在着"重业务、轻文务"的片面思想，在一定程度上造成了业务上不去、写作难出彩的困境，其实"会写就会干，会干就会写"，写和干并非参商难遇、相互颉颃，而是水乳交融、相得益彰；再如，在写作能力提升上，总是信奉"天下文章一大抄""重模仿、轻研究""缺啥补啥"等思想，导致"头痛医头、脚痛医脚"，一直缺少系统研究和学习，水平始终上不去，现状和理想就像方枘圆凿，相去甚远（思）。问题是实践的先导，也是转型的罗盘（过渡句）。此后，在那堂课有针对性的方法论指导下，我逐渐摒弃了有关公文写作的片面观念，加强了系统学习、研究，重视了公文写作内在规律的研究，特别是在写作技法、章法的运用上有了显著突破和提高，近来的连续几篇公文都受到普遍的点赞，这绝非偶然，而是理念转变和行动改变的必然（践）。公文写作一直有标线，技能提高永远在路上（过渡句）。我相信，只要沿着正确的方向一路前行，坚持"有体、有料、有话"并重，"文思、文笔、文理"兼擅，勤奋之笔必将耕耘出一片希望的春野（悟）。

10."客体＋主体＋总体＋具体"型。"客体"是从某个外在对象入笔；"主体"是转到主要部门或写作反映的对象；"总体"是对下文内容先作总的说明，提出总的观点、方法；"具体"是详细阐述有关事项，翔实说明行动、措施。例如：

前不久，市政府办公厅极为罕见地通报了一批办文用心不专、审稿不严、业务不精的典型案例，在各区各部门中引起了较大反响（客体）。对照该文，反躬自省，虽然所幸本次并未被点题整改，但类似差错在本部门也时有所见，并多次被相关领导当面指出。此次通报，可算是再次对本部门敲响了"边鼓"（主体）。为了不成为被通报的"下一个"，不被纳入"重点关照"的"黑名单"，必须就此徙木立信，即知即改（过渡句）。在日常办文上，既要树立"办文无小事"的意识，也要秉持"求精无止境"的理念，以更高的标准、更细的流程、更实的措施，确保审稿"零遗漏"、出稿"零差错"（总体）。一是要用心。稿件不论大小，层级不问高低，都时刻铭记"稿经我手无差错"的信条，认真对待每一篇稿件，力求写稿必专、来稿必审、出稿必精。二是细心。要避免审稿上的不识大体、麻痹大意、粗枝大叶，建立严格的文稿审稿机制，确保责任到边到角，纰漏有案底，问题可追溯。三是精心。把文稿质量看作办文机关的生命线，提高工作标准，建立奖惩机制，注重人才培养，不断提高办文水平（具体）。

二、形式结构型

从外在形式上看，公文的结构有总分型、并列型、递进型、对照型、综合型等五大常见类型。熟练运用这些结构型，也有助于构思依样描红，携笔瞬间"入轨疾驰"，快速成稿。例如上述话题用递进型结构可梳理为"认识写作—参与写作—提高写作"这一先后有别、层层递进的过程，据此可粗略拟稿如下：

公文是推动工作运转、促进事业发展的重要工具（起）。写好公文，是工作职责赋予我们的使命，是相关领导寄予我们的厚望，也是追逐梦想可以通达的路径（认识）。作为一名文秘人员，我们要把公文写作当职业，把研究写作当事业，主动应对写作面临的一次次挑战，积极承接领导交付的一次次写作任务，潜心研究写作技法，用心突破写作瓶颈，悉心揣摩写作规律，在持续的写作实践中，厚积薄发，稳步提高，日行不怠地多写稿、写好稿、出快稿、献优稿，努力成长为单位的"领军人物"、圈内的"公文大咖"（参与＋提高）。

三、逻辑梳理型

从不同的逻辑关系入手，梳理客观对象的基本构成，理清内容安排的先后次序，探寻构思成文的基本规律，也是写得快的常见方法。常见的构思逻辑有事理逻辑、情理逻辑、文理逻辑、道理逻辑、条理逻辑等。

事理逻辑，是关于事物发展规律的研究，主要包括纵向和横向两个维度。纵向是指事物发展中时间的先后和程度的深浅，前者如学习理论、理解理论、运用理论、深化理论，后者如初学、掌握、精通等；横向是按事物的构成谋篇布局，例如大型会议组织工作总结，可按组织构成来安排内容，包括统筹安排、协调指挥、现场会务、后勤保障、任务督办等。

情理逻辑，是按照情感发生的内在规律梳理文章脉络，如春节慰问信可紧扣"慰问＋感谢＋期盼＋祝愿"等情感关键词分四个方面写。

文理逻辑，是按照不同文种的写作规范和独特的文法技法来安排结构，前者如决定一般按"缘由＋事项"两部分写，后者如借物喻理（物＋理）、欲扬先抑（否定＋肯定）、随物赋形（物的构成即为文章构成），等等。

道理逻辑，是关于"道"（即人们对事物的认识、看法、见解、思考等）的规律和先后次序安排。人们对事物的认识，一般要遵循从简单到复杂、从表面到深层、从局部到整体等顺序。在公文写作中，表达相关观点、见解、看法、结论等，须符合人们对事物的认识规律，体现出严谨有序、环环相扣的逻辑性，例如从宏观到中观、微观，从普遍到特殊，从现象到本质等，这就是道理逻辑。

条理逻辑，即按思维的习惯安排先后次序关系，使文章内容呈现出清晰的层次关系和严谨的顺序逻辑。常见的顺序有从主到次、先内后外、由表及里、由此及彼、从上到下、从虚到实、从点到面、先总后分（前述反之亦可）、宏观＋中观＋微观＋渺观、情况＋问题＋对策，等等。例如：

公文写作是××系统牵一发而动全身的基础性工作，各单位要从系统性、长期性的高度加强写作人才队伍建设，切实提高办文水平（总＋分，下文从三个方面分写）。一是出台写作人才培养制度。要建立写作人才培养、使用、选拔机制，加强写作人才实践锻炼，建立"拔尖人才"重点培养名单，通过"青蓝工程""雏鹰计划"等，助推写作人才加快成长、担当重任（实＋虚）。二是实施写作人才培养计划。以举办"青苗学院"为抓手，加强对新入职人员写作能力培养，通过专家讲课、作业讲评、写作竞赛等，加强系统训练，让新人尽快脱颖而出；举办年度公文写作大课堂，以实用文种为重点，结合实践案例，进一步强化基本知识、基本技法培训，稳步推动写作人才提素养、上水平（点＋面）。三是帮助基层提高办文水平。采取上下结合的方式，一方面，通过"委派一批、带动一批"，选拔写作"拔尖人才"下派到基层单位，迅速提高基层办文水平；另一方面，实行"选送一批、培养一批"，让基层选送有写作潜质的年轻同志上挂到机关各部门，让他们在写作实践中长见识、上水平（上＋下）。

例文总体看来，是先总后分；分写的三个部分，遵循从面到点、从虚到实、从上到下、由近及远（"近"是机关，"远"是基层）。

后　记

从萌生想法到完稿，不经意间，将近四年时光在写作中弹指而逝。"回首向来萧瑟处，归去，也无风雨也无晴。"停笔的刹那间，我忽然有种如释重负、回归自我的快感。

写作实在是一件苦差事。四年间，写作几乎成了我生活的全部。为此，我放弃了大量休息时间，别人忙于行走山水、放飞自我之际，我却在不遗余力地爬格子。这"格子"爬得多了、久了，视力也每况愈下，颈肩腰腿痛时不时要发作，老胃病也隔三岔五来"折腾"一下，身体虽未崩盘，人却成了医院的常客。写作和生活是一对矛盾，但于我而言，写作始终居于主导地位。有时，也计划借周末或假日给自己放放假，可无巧不巧，灵感来敲门了。没办法，只有改弦易辙回归书桌。因为，灵感不会等你，此时如果不奋笔疾书，灵感就会奋蹄而去。有时，为了"逮住"灵感，也借此把相关问题一下写个明白，废寝忘食自是在所难免，谢绝一应往来也是家常便饭。当此之时，于我只有两件东西：脑里的文和手中的笔。这也许就是我四年间的主旋律吧。

古人云：苦心人，天不负。聊以自慰的是，我这四年的辛苦没有白费，多年来关于公文写作的一系列疑窦，现在都一一有了能让自己片刻心安的详解、优解，"实用、好用、管用"的属性也更加突出，希望本书全新、系统、深入的阐述，能为有志于公文写作的广大读者吹送一股拂面的清风，成为推开会写、会干、会说"三重大门"的开山槌。

例如，本书总结了公文写作的"12大要素"：人事、物理、情意、时空、语法、想象。我以为，这是公文写作最核心的底层逻辑。公文写作技法林林总总，包罗万象，但最终都可归结为这"12要素"。

将"12要素"用于构思，例如某文结构为"当好领导的'参谋员'，当好同事的'服务员'，当好对外的'联络员'"，这是以"人"为角度的构思；再如围绕"事"来构思：尽心竭力为百姓办急事，群策群力为百姓解难事，齐心协力为百姓做好事。

　　将"12要素"用于结构内容，例如"意见"这一文种的通用结构，从根本上看可以归纳为"人＋事＋物"；"请示"就是围绕一个字"事"，包括"事"的"缘由＋方案（即事项）"；"表态讲话"的结构就是"事、情＋法＋意"，等等。

　　再如，关于旋转"角度"问题。可能一般人认为角度只是写作的一个切入点，仅此而已。而经全新解读后，却是一个打开写作思路的核心技巧。例如要写"为什么开展主题教育"这一内容，通过"方向"旋转，我们可以"获得"以下内容：这是一项重大的政治任务（对"上面"看），这是一次思想的全面升级（对"里面"看），这是推动发展的有力抓手（对"凸面"看），这是纠风补弊的重要行动（对"反面"看），这是服务惠民的响亮号角（对"全面"看），等等。此外，还有对部门、职责、目标、性质、来源等"角度"旋转的情况。深入理解"角度"的功能，有利于我们轻松构思、确保提笔"写得出"。

　　公文写作技法不胜枚举，如何能触类旁通、举一反三呢？说到底，就是底层逻辑！本书写作的根本宗旨，就是要努力帮助读者找到如此举一反三、直击实质的底层逻辑。

　　此外，本书还有一个显著特点：实操。为了便于读者把握、运用，书中的不少案例都是笔者亲手所写、即时所写，可谓"现炒现卖"吧。例如公文拟标题如何打开思路，书中以"公文写作培训"这一话题为例，把读者带入情境中，边讲边写，即兴拟写出100套不同样的框架，力求在顷刻间给读者脑洞大开、涌潮骤至的感觉。其间，还带着读者一起想，带着读者一起评，带着读者一起写，突出了现场感、过程感、代入感、实操性，让读者感同身受、身临其境，如此，更能融会贯通、活学活用。

　　本书写作得到了亲朋好友的大力支持，清华大学出版社的编辑老师们为本书出版倾注了大量心血，在此表示衷心的感谢！

　　但愿本书能成为广大文秘人员写作的好参谋、好帮手，衷心祝愿大家的公文写作之路春叶葳蕤、硕果满枝！

　　限于自身水平，书中难免存在不足和有待商榷之处，敬请广大读者批评指正。